33 ESTRATÉGIAS DE GUERRA

ROBERT GREENE

Projeto de
JOOST ELFFERS

33 ESTRATÉGIAS DE GUERRA

*Aprenda com as batalhas da história
e vença os desafios cotidianos*

Tradução de
Talita M. Rodrigues

Rocco

Título original
THE 33 STRATEGIES OF WAR

Copyright © Robert Greene e Joost Elffers, 2006
Todos os direitos reservados.

Direitos para a língua portuguesa reservados
com exclusividade para o Brasil à
EDITORA ROCCO LTDA.
Rua Evaristo da Veiga, 65 – 11º andar
20031-040 – Rio de Janeiro – RJ
Tel.: (21) 3525-2000 – Fax: (21) 3525-2001
rocco@rocco.com.br | www.rocco.com.br

Printed in Brazil / Impresso no Brasil

PREPARAÇÃO DE ORIGINAIS
Danielle Vidigal

DESIGN DE CAPA
Bruno Moura

Nenhuma parte desta obra pode ser reproduzida ou transmitida
por qualquer forma ou meio eletrônico ou mecânico, inclusive fotocópia,
gravação ou sistema de armazenagem e recuperação de informação,
sem a permissão escrita do editor.

CIP-Brasil. Catalogação na publicação.
Sindicato Nacional dos Editores de Livros, RJ.

G831t	Greene, Robert, 1959-
	33 estratégias de guerra: aprenda com as batalhas da história e vença os desafios cotidianos / Robert Greene ; produção de Joost Elffers; tradução de Talita M. Rodrigues. – 1. ed. – Rio de Janeiro : Rocco, 2022.
	Tradução de: The 33 strategies of war
	"Edição em capa dura"
	ISBN 978-65-5532-205-7
	1. Conduta. 2. Técnicas de autoajuda. I. Elffers, Joost. II. Rodrigues, Talita M. III. Título.
21-74759	CDD-158.1
	CDU-159.947

Camila Donis Hartmann – Bibliotecária – CRB-7/6472

O texto deste livro obedece às normas do Acordo Ortográfico da Língua Portuguesa

Impressão e Acabamento:
GEOGRÁFICA EDITORA LTDA.

A Napoleão, Sun Tzu, a deusa Atena e meu gato, BRUTUS

SUMÁRIO

PREFÁCIO página 15

PARTE 1
GUERRA AUTODIRIGIDA página 25

1 página 27

DECLARE GUERRA A SEUS INIMIGOS: A ESTRATÉGIA DA POLARIDADE

A vida é um sem-fim de batalhas e conflitos, e você não pode lutar com eficiência se não puder identificar seus inimigos. Aprenda a desmascará-los, a localizá-los pelos sinais e padrões que revelam sua hostilidade. E, então, com eles à vista, declare interiormente guerra. Seus inimigos podem encher você de propósito e direção.

2 página 41

NÃO COMBATA A GUERRA QUE JÁ PASSOU: A ESTRATÉGIA DA GUERRILHA MENTAL

Aquilo que com mais frequência o desanima e o deixa infeliz é o passado. Você deve travar conscientemente uma guerra contra o passado e fazer um esforço para reagir ao momento presente. Seja implacável com você mesmo; não repita os mesmos métodos esgotados. Trave uma guerrilha mentalmente, não aceitando linhas estáticas de defesa – torne tudo fluido e móvel.

3 página 55

EM MEIO AO TURBILHÃO DE ACONTECIMENTOS, NÃO PERCA A PRESENÇA DE ESPÍRITO: A ESTRATÉGIA DO CONTRAPESO

No calor da batalha, a mente tende a perder o equilíbrio. É vital conservar a presença de espírito, mantendo seus poderes mentais, sejam quais forem as circunstâncias. Fortaleça sua mente ainda mais, expondo-a a adversidades. Aprenda a se desprender do caos do campo de batalha.

4 página 73
CRIE UMA SENSAÇÃO DE URGÊNCIA E DESESPERO: A ESTRATÉGIA DA ZONA DE MORTE

Você é seu pior inimigo. Você perde um tempo precioso sonhando com o futuro em vez de se envolver com o presente. Corte seus laços com o passado; entre no território desconhecido. Coloque-se na "zona de morte", na qual suas costas estão contra a parede e você tem de lutar como um louco para sair vivo dali.

PARTE 2
GUERRA ORGANIZACIONAL (DE EQUIPE) página 87

5 página 89
EVITE AS ARMADILHAS DO PENSAMENTO EM GRUPO: A ESTRATÉGIA DE COMANDO-E-CONTROLE

O problema da liderança de qualquer grupo é que as pessoas inevitavelmente têm as próprias prioridades. Você precisa criar uma cadeia de comando na qual elas não se sintam constrangidas por sua influência, mas sigam sua liderança. Crie um sentido de participação, mas não caia no pensamento de grupo – a irracionalidade da tomada de decisão coletiva.

6 página 105
SEGMENTE SUAS FORÇAS: A ESTRATÉGIA DO CAOS CONTROLADO

Os elementos críticos na guerra são rapidez e capacidade de adaptação – o talento para se mover e tomar decisões mais depressa do que o inimigo. Divida suas forças em grupos independentes que possam operar por si próprios. Torne suas forças difíceis de capturar e mais soltas infundindo nelas o espírito de campanha, dando-lhes uma missão e, aí, deixando-as funcionar.

7 página 117
TRANSFORME SUA GUERRA EM UMA CRUZADA: ESTRATÉGIAS PARA LEVANTAR O MORAL

O segredo de motivar as pessoas e manter seu bom astral é fazer com que pensem menos nelas mesmas e mais no grupo. Envolva-as em uma causa, uma cruzada contra um inimigo odiado. Faça com que vejam a própria sobrevivência como associada ao sucesso do exército como um todo.

PARTE 3
GUERRA DEFENSIVA página 137

8 página 139
ESCOLHA SUAS BATALHAS COM CUIDADO: A ESTRATÉGIA DA ECONOMIA PERFEITA

Todos nós temos limitações – nossas energias e habilidades nos levam somente até certo ponto. Você precisa conhecer seus limites e escolher suas batalhas com muito cuidado. Considere os riscos ocultos de uma guerra: perda de tempo, desperdício da boa vontade política, um inimigo irritado querendo vingança. Às vezes é melhor esperar, minar as bases de seus inimigos veladamente, em vez de agredi-los de frente.

9 página 155
VIRE A MESA: A ESTRATÉGIA DO CONTRA-ATAQUE

Fazer o primeiro movimento – iniciando o ataque – com frequência o colocará em desvantagem: você está expondo sua estratégia e limitando suas opções. Em vez disso, descubra o poder de se conter e deixar que o outro lado mova-se primeiro, dando a você a flexibilidade para contra-atacar de qualquer ângulo. Se seus adversários são agressivos, atraia-os para um ataque surpresa que os deixará em uma posição fraca.

10 página 171
CRIE UMA PRESENÇA AMEAÇADORA: ESTRATÉGIAS DE DISSUASÃO

A melhor maneira de combater agressores é impedi-los de atacar você primeiro. Construa uma reputação: você é meio maluco. Combatê-lo não vale a pena. Incerteza às vezes é melhor do que ameaça declarada: se seus adversários nunca têm certeza do que vai lhes custar meter-se com você, não vão querer descobrir.

11 página 187
TROQUE ESPAÇO POR TEMPO: A ESTRATÉGIA DO NÃO COMPROMISSO

Recuar diante de um inimigo forte não é sinal de fraqueza, mas de força. Ao resistir à tentação de reagir a um agressor, você arruma um tempo precioso para si mesmo – tempo para se recuperar, pensar e ganhar perspectiva. Às vezes você consegue mais se não fizer nada.

PARTE 4
GUERRA OFENSIVA página 197

12 página 199
PERCA BATALHAS, MAS GANHE A GUERRA: A GRANDE ESTRATÉGIA

A grande estratégia é a arte de ver o que vai acontecer depois da batalha e calcular com antecedência. Ela requer que você se concentre em seu objetivo principal e planeje como alcançá-lo. Deixe que os outros fiquem presos nas voltas e reviravoltas da batalha curtindo suas pequenas vitórias. A grande estratégia lhe dará o maior prêmio: rir por último.

13 página 221
CONHEÇA SEU INIMIGO: A ESTRATÉGIA DA INTELIGÊNCIA

O alvo de sua estratégia deve ser não tanto o inimigo que você enfrenta, mas a mente da pessoa que o comanda. Se você compreende como essa mente funciona, você tem a chave para iludi-la e controlá-la. Aprenda a entender as pessoas, captando os sinais que elas inconscientemente enviam sobre seus pensamentos e intenções mais íntimos.

14 página 237
VENÇA A RESISTÊNCIA COM MOVIMENTOS VELOZES E IMPREVISÍVEIS: A ESTRATÉGIA DA *BLITZKRIEG*

Em um mundo onde muitas pessoas são indecisas e cautelosas em excesso, o uso da velocidade vai lhe dar um poder extraordinário. Atacar primeiro, antes que seus adversários tenham tempo para pensar ou se preparar, os deixará emotivos, desequilibrados e propensos ao erro.

15 página 245
CONTROLE A DINÂMICA: FORÇANDO ESTRATÉGIAS

As pessoas estão constantemente lutando para controlar você. A única maneira de se impor é tornar seu jogo pelo controle mais inteligente e insidioso. Em vez de tentar dominar todos os movimentos do adversário, trabalhe para definir a natureza do relacionamento em si. Manobre para controlar a mente de seus adversários, mexendo com suas emoções e forçando-os a cometer erros.

16 página 263
ATINJA-OS ONDE DÓI: A ESTRATÉGIA DO CENTRO DE GRAVIDADE

Todo mundo tem uma fonte de poder da qual depende. Ao olhar para seus rivais, procure sob a superfície essa fonte, o centro de gravidade que mantém unida toda a estrutura. Atingi-los ali causará uma dor imensa. Descubra aquilo que o adversário trata com mais carinho e protege – é ali que você deve atacar.

17 página 273

DERROTE-OS EM DETALHES: A ESTRATÉGIA DO DIVIDIR-E-CONQUISTAR

Nunca se intimide com a aparência de seu inimigo. Em vez disso, examine as partes que compõem o todo. Ao separá-las, semeando divergência e divisão, você pode enfraquecer e derrubar até o inimigo mais formidável. Ao enfrentar aborrecimentos ou inimigos, divida um grande problema em partes pequenas, eminentemente derrotáveis.

18 página 291

EXPONHA E ATAQUE O LADO FRÁGIL DE SEUS ADVERSÁRIOS: A ESTRATÉGIA CRUCIAL

Quando você ataca as pessoas diretamente, enrijece a resistência delas e dificulta muito sua tarefa. Há um jeito melhor: distrair a atenção de seus adversários para a frente de batalha, em seguida atacá-los pela lateral, por onde menos esperam. Atraia as pessoas para uma situação difícil, expondo seus pontos fracos, em seguida atire pela lateral.

19 página 307

CERQUE O INIMIGO: A ESTRATÉGIA DA ANIQUILAÇÃO

As pessoas usarão qualquer tipo de brecha em suas defesas para atacar você. Então não as ofereça. O segredo é cercar seus adversários – criar implacável pressão sobre eles de todos os lados e fechar o acesso ao mundo exterior. Ao sentir que estão ficando indecisos, esmague sua força de vontade apertando o laço.

20 página 319

MANOBRE-OS EM DIREÇÃO À FRAQUEZA: A ESTRATÉGIA DO AMADURECIMENTO-PARA-A-FOICE

Por mais forte que você seja, travar batalhas intermináveis com as pessoas é exaustivo, caro e sem imaginação. Estrategistas hábeis preferem a arte de manobrar: antes mesmo de começar a batalha, eles encontram meios de colocar seus adversários em posição de tamanha fragilidade que a vitória é fácil e rápida. Crie dilemas: imagine manobras que lhes deem uma variedade de modos para reagir – todos ruins.

21 página 341

NEGOCIE ENQUANTO AVANÇA: A ESTRATÉGIA DA GUERRA DIPLOMÁTICA

Antes e durante as negociações, você precisa continuar avançando, criando implacável pressão e forçando o outro lado a aceitar seus termos. Quanto mais você tira, mais você pode devolver em concessões inexpressivas. Crie fama de ser firme e intransigente, para que as pessoas fiquem perplexas antes mesmo de conhecer você.

22 página 355
SAIBA COMO TERMINAR AS COISAS: A ESTRATÉGIA DA SAÍDA

Neste mundo, você é julgado pelo modo como termina as coisas. Uma conclusão confusa ou incompleta pode reverberar por muitos anos no futuro. A arte de terminar as coisas bem é saber quando parar. A suprema sabedoria estratégica é evitar todos os conflitos e emaranhamentos para os quais não há saída real.

PARTE 5
GUERRA (SUJA) NÃO CONVENCIONAL página 371

23 página 373
TEÇA UMA MESCLA IMPERCEPTÍVEL DE FATO E FICÇÃO: ESTRATÉGIAS DE PERCEPÇÕES ERRADAS

Visto que nenhuma criatura sobrevive se não puder ver ou sentir o que está acontecendo ao redor, dificulte para seus inimigos saber o que está em volta deles, inclusive o que você está fazendo. Alimente suas expectativas, produza uma realidade que combine com os desejos delas e elas se iludirão. Controle as percepções que as pessoas têm da realidade e você as controlará.

24 página 389
ADOTE A LINHA DO MÍNIMO DE EXPECTATIVAS: A ESTRATÉGIA DO ORDINÁRIO-EXTRAORDINÁRIO

As pessoas esperam que seu comportamento se encaixe em padrões e convenções conhecidos. Sua tarefa como estrategista é abalar as expectativas delas. Primeiro, faça qualquer coisa comum e convencional para fixar a imagem que elas têm de você, depois atinja-as com o extraordinário. O terror é maior por ser tão súbito. Às vezes, o ordinário é extraordinário por ser inesperado.

25 página 411
OCUPE O TERRENO ELEVADO DA MORAL: A ESTRATÉGIA JUSTA

Em um mundo político, a causa pela qual você está lutando deve parecer mais justa do que a do inimigo. Ao questionar os motivos de seus adversários e fazê-los parecer perversos, você pode estreitar suas bases de apoio e espaço de manobra. Quando você mesmo sofrer ataques morais de um inimigo esperto, não se lamente ou se zangue; combata fogo com fogo.

26 página 425
NEGUE-LHES ALVOS: A ESTRATÉGIA DO VAZIO

A sensação de vazio ou vácuo – silêncio, isolamento, não comprometimento com os outros – é intolerável para a maioria das pessoas. Não dê a seus inimigos um alvo para atacar, seja perigoso mas esquivo, em seguida observe como eles o caçam no vazio. Em vez de batalhas frontais, desfeche ataques laterais irritantes, mas prejudiciais, e alfinetadas.

27 página 439
FAÇA DE CONTA QUE ESTÁ TRABALHANDO PELOS INTERESSES ALHEIOS ENQUANTO PROMOVE OS SEUS: A ESTRATÉGIA DA ALIANÇA

A melhor maneira de promover sua causa com o mínimo de esforço e derramamento de sangue é criando uma rede de alianças que mudem constantemente, conseguindo que os outros compensem suas deficiências, façam o trabalho sujo, combatam suas guerras. Ao mesmo tempo, trabalhe para semear dissidências nas alianças dos outros, enfraquecendo seus inimigos ao isolá-los.

28 página 457
DÊ A SEUS INIMIGOS CORDA PARA SE ENFORCAREM: A ESTRATÉGIA DE MANOBRA PARA GANHAR VANTAGEM

O maior perigo na vida não costuma ser o inimigo externo, mas nossos supostos colegas e amigos que fingem trabalhar pela causa comum enquanto se esforçam para nos sabotar. Trabalhe para instilar dúvidas e inseguranças nesses rivais, fazendo-os pensar demais e agir na defensiva. Faça com que se enforquem com suas próprias tendências autodestrutivas, deixando você sem culpa e limpo.

29 página 475
MORDA AOS BOCADINHOS: A ESTRATÉGIA DO *FAIT ACCOMPLI*

Tomadas de poder excessivas ou ascensões agudas ao topo são perigosas, gerando inveja, desconfiança e suspeita. Muitas vezes a melhor solução é morder aos poucos, engolir pequenos territórios, jogar com a atenção relativamente curta das pessoas. Antes que percebam, você acumulou um império.

30 página 485
PENETRE EM SUAS MENTES: ESTRATÉGIAS DE COMUNICAÇÃO

A comunicação é um tipo de guerra; seu campo de batalha, as mentes resistentes e defensivas das pessoas a quem você quer influenciar. O objetivo é avançar, penetrar em suas defesas e ocupar suas mentes. Aprenda a infiltrar suas ideias por trás das linhas inimigas, enviando mensagens por meio de pequenos detalhes, seduzindo as pessoas para que cheguem às conclusões que você deseja e pensem que fizeram isso sozinhas.

31 página 501

DESTRUA DE DENTRO PARA FORA: A ESTRATÉGIA DO FRONTE-INTERIOR

Ao se infiltrar nas fileiras de seus adversários, trabalhando de dentro para fora para derrubá--los, você não lhes dá nada para ver ou a que reagir – a suprema vantagem. Para pegar aquilo que você quer, não lute contra quem o tem, mas junte-se a eles – depois, lentamente, tome posse dessa coisa ou espere pelo momento de encenar um coup d'état.

32 página 515

DOMINE ENQUANTO PARECE SE SUBMETER: A ESTRATÉGIA DA AGRESSÃO PASSIVA

Em um mundo onde as considerações políticas são soberanas, a forma mais eficaz de agressão é a que melhor se oculta: agressão por trás de uma aparência complacente, até amorosa. Para seguir esta estratégia passivo-agressiva, você deve parecer estar de acordo com as pessoas sem oferecer resistência. Mas na verdade você domina a situação. Apenas certifique-se de disfarçar bem sua agressão para poder negar que ela existe.

33 página 533

SEMEIE INCERTEZA E PÂNICO COM ATOS DE TERROR: A ESTRATÉGIA DA REAÇÃO EM CADEIA

O terror é a melhor maneira de paralisar a vontade de resistir e tornar a pessoa incapaz de planejar uma reação estratégica. O objetivo em uma campanha de terror não é sair vencedor no campo de batalha, mas causar o máximo de caos e provocar o outro lado para uma reação exagerada de desespero. Para tramarem a contraestratégia mais eficaz, as vítimas do terror devem permanecer equilibradas. A racionalidade de uma pessoa é a última linha de defesa.

BIBLIOGRAFIA página 551

PREFÁCIO

Vivemos em uma cultura que promove valores democráticos de justiça para com todos, a importância de se encaixar em um grupo e saber cooperar com outras pessoas. Aprendemos cedo na vida que aqueles que são visivelmente combativos e agressivos pagam um preço social: impopularidade e isolamento. Estes valores de harmonia e cooperação são perpetuados de modo sutil e não tão sutil – por meio de livros sobre como ter sucesso na vida; com as aparências agradáveis e pacíficas que aqueles que avançaram no mundo apresentam aos outros em geral; com noções de correção que saturam o espaço público. O nosso problema é que fomos treinados e preparados para a paz, e não estamos nem um pouco prontos para o que nos confronta no mundo real – guerra.

A vida do homem na terra é uma guerra.
JÓ 7:1

Qui desiderat pacem, praeparet bellum (se queres a paz, prepara-te para a guerra)
VEGETIUS,
SÉCULO IV D.C.

Esta guerra existe em vários níveis. Mais obviamente, temos nossos rivais do outro lado. O mundo se torna cada vez mais competitivo e desagradável. Na política, nos negócios, até nas artes, enfrentamos adversários que farão quase de tudo para ganhar uma vantagem. Mais perturbadoras e complexas, entretanto, são as batalhas que enfrentamos com aqueles que supostamente estão do nosso lado. Há aqueles que, visivelmente, fazem o trabalho em equipe, que agem de forma muito amistosa e agradável, mas que nos sabotam nos bastidores, que usam o grupo para promover as próprias prioridades. Outros, mais difíceis de se identificar, fazem o jogo sutil da agressão passiva, oferecendo ajuda que não vem nunca, instilando culpa como uma arma secreta. Superficialmente tudo parece bastante pacífico, mas, por baixo, é cada homem e mulher por si próprio, esta dinâmica infectando até famílias e relacionamentos. A cultura pode negar esta realidade e promover um quadro mais gentil, mas sabemos e sentimos isto em nossas cicatrizes de batalha.

Não é que nós e nossos colegas sejamos criaturas ignóbeis que não estão à altura dos ideais de paz e altruísmo, mas é que não podemos deixar de ser como somos. Temos impulsos agressivos que são impossíveis

> *[Estratégia] é mais do que uma ciência: é a aplicação de conhecimentos à vida prática, o desenvolvimento de pensamentos capazes de modificar a ideia original e orientadora à luz de situações sempre em mudança; é a arte de agir sob a pressão das mais difíceis condições.*
> HELMUTH VON MOLTKE, 1800-1891

de ignorar ou reprimir. No passado, indivíduos podiam esperar que um grupo – o Estado, uma família ampliada, uma empresa – cuidasse deles, mas isto não acontece mais, e nesse mundo desamparado temos que pensar, antes de tudo, em nós mesmos e em nossos interesses. O que precisamos não é de ideais impossíveis e desumanos de paz e cooperação para realizar, e da confusão que eles nos causam, mas sim de conhecimento prático sobre como lidar com os conflitos e as batalhas diárias que enfrentamos. E este conhecimento não é sobre como ser mais enérgico para conseguir o que queremos ou para nos defender, mas sim sobre como ser mais racional e estratégico na hora do conflito, canalizando nossos impulsos agressivos em vez de negar ou reprimi-los. Se existe um ideal a ser alcançado, deve ser o do guerreiro estratégico, o homem ou a mulher que administra situações difíceis e pessoas por meio de manobras hábeis e inteligentes.

Muitos psicólogos e sociólogos têm argumentado que é através do conflito que problemas são, com frequência, solucionados e diferenças reais, reconciliadas. Nossos sucessos e fracassos na vida podem ter suas origens na boa ou má forma de lidar com os conflitos inevitáveis com os quais nos deparamos na sociedade. As maneiras como as pessoas costumam lidar com eles – tentando evitar todos os conflitos, emocionando-se e vociferando, com dissimulações e manipulação – são todas contraproducentes no longo prazo, porque não estão sob controle consciente ou racional e, muitas vezes, pioram a situação. Guerreiros estratégicos operam de forma bem diferente. Eles pensam com antecedência em suas metas de longo prazo, decidem que lutas evitar e quais são as inevitáveis, sabem como controlar e canalizar suas emoções. Quando obrigados a lutar, eles o fazem com manobras indiretas e sutis, tornando difícil perceber suas manipulações. Deste modo, eles podem manter o exterior pacífico tão acalentado nestes tempos políticos.

Este ideal de combate racional nos vem da guerra organizada, em que a arte da estratégia foi inventada e refinada. No início, a guerra não era nada estratégica. Batalhas entre tribos eram travadas de um modo brutal, uma espécie de ritual de violência no qual indivíduos podiam exibir seu heroísmo. Mas conforme as tribos se expandiram e evoluíram para Estados, tornou-se bem evidente que a guerra tinha muitos custos ocultos, que travá-la às cegas muitas vezes levava à exaustão e autodestruição, mesmo para o vencedor. De algum modo as guerras precisavam ser combatidas de uma forma mais racional.

A palavra "estratégia" vem do grego antigo *strategos*, significando literalmente "o líder do Exército". Estratégia neste sentido era a arte de ser general, de comandar todo o esforço de guerra, decidir que formações utilizar, em que terreno lutar, que manobras usar para ganhar uma vantagem. E conforme progredia este conhecimento, líderes militares descobriam que quanto mais pensassem e planejassem com antecedência, mais possibilidades tinham de sucesso. Novas estratégias podiam lhes permitir derrotar exércitos muito maiores, como Alexandre, o Grande, fez em suas vitórias sobre os persas. Ao enfrentar adversários astutos que também estavam usando estratégia, desenvolvia-se uma pressão de baixo para cima: para ganhar vantagem, um general tinha de ser ainda mais estratégico, mais indireto e esperto do que o outro lado. Com o tempo, as artes do comando foram ficando cada vez mais sofisticadas, conforme se inventavam mais estratégias.

Embora a palavra "estratégia" em si seja de origem grega, o conceito aparece em todas as culturas, em todos os períodos. Princípios sólidos sobre como lidar com os acidentes inevitáveis da guerra, como traçar o melhor plano, como melhor organizar o Exército – tudo isto pode ser encontrado em manuais de guerra desde a China antiga até a Europa moderna. O contra-ataque, a manobra de atacar pelo flanco ou cercar e as artes da dissimulação são comuns aos exércitos de Genghis Khan, Napoleão e o Shaka Zulu. Como um todo, estes princípios e estratégias indicam uma espécie de sabedoria militar universal, um conjunto de padrões adaptáveis que podem aumentar as chances de vitória.

Talvez o maior estrategista de todos tenha sido Sun Tzu, autor do antigo clássico chinês *A arte da guerra*. Nesse livro, escrito provavelmente no século IV antes de Cristo, encontram-se traços de quase todos os padrões e princípios estratégicos desenvolvidos mais tarde ao longo dos séculos. Mas a conexão entre eles, o que de fato constitui a arte da guerra em si aos olhos de Sun Tzu, é o ideal de vencer sem derramamento de sangue. Ao jogar com as fraquezas psicológicas do adversário, ao manobrar para colocá-lo em posições precárias, ao induzir sentimentos de frustração e confusão, um estrategista pode fazer com que o outro lado sucumba mentalmente antes de se render fisicamente. Deste modo, a vitória pode ser obtida por um custo bem menor. E o Estado que vence guerras com poucas perdas de vida e desperdício de recursos é o que pode prosperar por períodos mais longos de tempo. Certamente a maioria das guerras não são travadas de forma tão racional, mas aquelas campanhas na história que seguiram este princípio (Cipião, o Africano, na Espanha; Napoleão em Ulm; T. E. Lawrence nas campanhas no deserto da Primeira Guerra Mundial) distinguem-se do resto e servem como o ideal.

Guerra não é um reino distinto divorciado do resto da sociedade. É uma arena eminentemente humana, repleta do que há de melhor e pior de nossa natureza. Guerra também reflete tendências na socieda-

*"E, então, meu garoto, desenvolva a sua estratégia
para que prêmios em jogos não lhe escapem das mãos.
Estratégia é mais útil ao lenhador do que força.
Estratégia mantém o navio do piloto em seu curso,
quando ventos contrários sopram sobre o mar azul arroxeado.
E a estratégia vence corridas para os condutores de bigas.
Um tipo de condutor confia em seus cavalos
e em seu carro
e muda de direção para lá e para cá despreocupado,
durante todo o curso, sem controlar seus cavalos.
Mas um homem que sabe como vencer com cavalos inferiores mantém seus olhos no poste
e faz a curva fechada, e desde o início conserva a tensão das rédeas
com mão firme enquanto observa o líder."*
ILÍADA, HOMERO, C. SÉCULO IX A.C.

> *O eu é o amigo do homem que se domina através do eu, mas para o homem sem autodomínio o eu é como um inimigo em guerra.*
> BHAGAVAD GITA, ÍNDIA, C. SÉCULO I D.C.

de. A evolução para estratégias menos convencionais, sujas – guerrilha, terrorismo –, espelha uma evolução similar na sociedade, na qual vale quase tudo. As estratégias que tiveram sucesso na guerra, sejam elas convencionais ou não, baseiam-se na psicologia atemporal, e grandes fracassos militares têm muito a nos ensinar sobre a estupidez humana e os limites da força em qualquer arena. O ideal estratégico na guerra – ser extremamente racional e emocionalmente equilibrado, esforçando-se para vencer com o mínimo de derramamento de sangue e perda de recursos – tem infinitas aplicações e relevância para nossas batalhas diárias.

Inculcados com os valores de nossos tempos, muitos argumentarão que a guerra organizada é inerentemente bárbara – uma relíquia do passado violento do homem e algo a ser superado de uma vez por todas. Promover as artes da guerra em um ambiente social, essas pessoas dirão, é bloquear o progresso e encorajar o conflito e a dissensão. Já não existe o suficiente disso no mundo? Este argumento é muito sedutor, mas nem um pouco razoável. Sempre haverá, na sociedade e no mundo em geral, gente mais agressiva do que nós somos, que encontra um jeito de conseguir o que quer, por bem ou por mal. Temos de estar vigilantes e saber como nos defender desses tipos. Não se promovem valores civilizados se somos obrigados a nos render aos ardilosos e fortes. Na verdade, o pacifismo diante desses lobos é fonte de intermináveis tragédias.

Mahatma Gandhi, que elevou a não violência ao posto de grande arma para mudanças sociais, teve um simples objetivo mais tarde em sua vida: livrar a Índia dos suseranos britânicos que a haviam aleijado durante tantos séculos. Os britânicos eram governantes espertos. Gandhi compreendeu que, para a não violência funcionar, ela precisava ser extremamente estratégica, exigindo muito pensar e planejar. Ele chegou ao ponto de chamar a não violência de um novo modo de fazer guerra. Para promover qualquer valor, até a paz e o pacifismo, você deve estar disposto a lutar por ele e ter em mira resultados – não simplesmente o bom e confortável sentimento que a expressão dessas ideias poderia lhe trazer. No momento em que você visar a resultados, você está no reino da estratégia. Guerra e estratégia têm uma lógica inexorável; se você quer ou deseja alguma coisa, deve estar pronto e capaz de lutar por ela.

Outros argumentarão que guerra e estratégia são basicamente questões que se referem a homens, particularmente àqueles que são agressivos e pertencem à elite de poder. O estudo de guerra e estratégia, dirão, é uma busca masculina, elitista e repressora, um meio para a perpetuação do poder. Esse argumento é um absurdo perigoso. No início, a estratégia realmente era domínio de uns poucos escolhidos – um general, sua equipe, o rei, um punhado de cortesãos. Soldados não aprendiam estratégia, porque isso não lhes serviria de nada no campo de batalha. Além disso, não era sensato armar os próprios soldados com um tipo de conhecimento prático que poderia ajudá-los a organizarem um motim ou rebelião. A era do colonialismo levou este princípio ainda mais longe: os povos indígenas das colônias europeias eram recrutados para os exércitos ocidentais e faziam grande parte do trabalho de polícia, mas mesmo aqueles que subiam de posto na hierarquia eram rigorosamente mantidos na ignorância da ciência da estratégia, que se considerava perigosa demais para que soubessem. Manter a estratégia e as artes da guerra como um ramo de conhecimento especializado é, na verdade, fazer o jogo das elites e dos poderes repressores, que gostam de dividir e conquistar. Se a estratégia é a arte de conseguir resultados, de colocar ideias em prática, então ela deve ser divulgada amplamente, em especial entre aqueles que têm sido tradicionalmente mantidos em sua ignorância, inclusive as mulheres. Nas mitologias de quase todas as culturas, as grandes divindades eram femininas, entre elas Atena, da Grécia antiga. A falta de interesse das mulheres por estratégia e guerra não é biológica, mas social e talvez política.

Em vez de resistir à atração da estratégia e às virtudes da guerra racional ou imaginar que são indignas de você, é bem melhor enfrentar sua necessidade. Dominar a arte só tornará sua vida mais pacífica e produtiva a longo prazo, pois você saberá como fazer o jogo e vencer sem violência. Ignorá-la conduzirá a uma vida de confusões e derrotas sem fim.

O que você verá a seguir são seis ideais fundamentais que você deve ter como objetivo para se transformar em guerreiro estratégico no dia a dia.

Veja as coisas como elas são, e não com o colorido que suas emoções lhe dão. Na estratégia, você deve ver suas reações emocionais ao que acontece como uma espécie de doença que precisa ser curada. O medo o fará superestimar o inimigo e agir de uma forma muito defensiva. Ira e impaciência o levarão a atitudes precipitadas e que reduzirão suas opções. Excesso de confiança, particularmente como resultado de um sucesso, fará você ir longe demais. Amor e afeto o deixarão cego para as traiçoeiras manobras daqueles que aparentemente estão a seu lado. Mesmo as gradações mais sutis destas emoções podem colorir o modo como você vê os acontecimentos. O único remédio é ter consciência de que a atração das emoções é inevitável, notar quando ela está

Embora uma deusa da guerra, [Atena] não sente prazer na batalha... mas na solução de disputas, e na preservação das leis por meios pacíficos. Ela não porta armas em tempos de paz e, se precisa delas, em geral as pede emprestadas a Zeus. Sua misericórdia é grande... No entanto, uma vez envolvida na batalha, ela jamais perde seu dia, mesmo contra o próprio Ares, sendo mais fundamentada em táticas e estratégias do que ele; e capitães sensatos sempre procuram os seus conselhos.
THE GREEK MYTHS VOL. 1, ROBERT GRAVES, 1955

acontecendo e equilibrá-la. Quando você tiver sucesso, esteja ainda mais atento. Se estiver zangado, não faça nada. Com medo, saiba que vai exagerar os perigos que enfrenta. A guerra exige o máximo de realismo, ver as coisas como elas são. Quanto mais você puder limitar ou equilibrar suas reações emocionais, mais perto chegará deste ideal.

Julgue as pessoas por suas ações. A genialidade da guerra é que não há eloquência ou falatório que possa explicar um fracasso no campo de batalha. Um general levou suas tropas à derrota, vidas foram desperdiçadas e é assim que a história o julgará. Você deve se empenhar para aplicar este padrão cruel em sua vida diária, julgando as pessoas pelos resultados de suas ações, pelos feitos que se podem ver e medir, pelas manobras que elas usaram para ganhar o poder. O que as pessoas dizem sobre si mesmas não importa; elas dirão qualquer coisa. Veja o que elas fizeram; feitos não mentem. Você também deve aplicar esta lógica a si mesmo. Ao examinar uma derrota, você deve identificar o que poderia ter feito diferente. A culpa de seus fracassos é de suas más estratégias, não do adversário desonesto. Você é responsável pelo que há de bom e de ruim em sua vida. Como corolário, olhe para tudo que as outras pessoas fazem como uma manobra estratégica, uma tentativa de vencer. As pessoas que o acusam de ser injusto, por exemplo, que tentam fazer você se sentir culpado, que falam de justiça e moral, estão tentando ganhar uma vantagem no tabuleiro de xadrez.

Dependa das próprias armas. Em busca de sucesso na vida, as pessoas tendem a confiar em coisas que parecem simples e fáceis ou que já funcionaram. Isto poderia significar o acúmulo de riqueza, recursos, um grande número de aliados ou a tecnologia mais recente e a vantagem que ela traz. Isto é ser materialista e mecânico. Mas a verdadeira estratégia é psicológica – uma questão de inteligência, não de força material. Tudo na vida pode ser tirado de você e, geralmente, o será em algum momento. Sua fortuna desaparece, a engenhoca mais recente de uma hora para outra fica ultrapassada, seus aliados o desertam. Mas se sua mente estiver armada com a arte da guerra não há poder que possa tirá-la. Em meio a uma crise, sua mente encontrará o caminho para a solução correta. Ter estratégias superiores nas pontas dos dedos dará as suas manobras uma força irresistível. Como diz Sun Tzu, "Depende de você ser imbatível".

Adore Atena, não Ares. Na mitologia da Grécia antiga, o imortal mais esperto de todos era a deusa Metis. Para impedir que ela fosse mais astuciosa do que ele e o destruísse, Zeus casou-se com ela, em seguida engoliu-a inteira, esperando absorver com isso a sua sabedoria. Metis, entretanto, estava esperando um filho de Zeus, a deusa Atena, que em seguida nasceu de sua testa. Como condizia a sua linhagem, ela foi abençoada com a esperteza de Metis e a mentalidade guerreira de Zeus. Ela era considerada pelos gregos como a deusa da guerra estratégica. Seu mortal preferido e acólito era o engenhoso Ulisses. Ares era o deus da guerra em sua forma direta e brutal. Os gregos desprezavam Ares e adoravam Atena, que sempre lutou com suprema inteligência e sutileza. Seu interesse na guerra não é a violência, a brutalidade, o desperdício de vidas e de recursos, mas a racionalidade e o pragmatismo que ela nos impõe e o ideal de vencer sem derramamento de sangue. Usando a sabedoria de Atena, seu objetivo é o de transformar a violência e a agressão desses tipos contra eles, fazendo com que sua brutalidade seja a causa de sua ruína. Como Atena, você está sempre um passo à frente, fazendo com que seus passos sejam mais indiretos. Sua meta é mesclar filosofia e guerra, sabedoria e batalha, em uma mistura imbatível.

Eleve-se acima do campo de batalha. Na guerra, a estratégia é a arte de comandar por inteiro a operação militar. Tática, por outro lado, é a habilidade de compor o exército para a batalha em si e lidar com as necessidades imediatas do campo de batalha. Nós, na grande maioria, somos táticos na vida, não estrategistas. Ficamos tão envolvidos nos conflitos que enfrentamos que só conseguimos pensar em como obter o que queremos na batalha que temos pela frente no momento. Pensar estrategicamente é difícil e pouco natural. Você talvez imagine que está sendo estratégico, mas deve estar apenas sendo tático. Para ter o poder que só a estratégia confere, você precisa ser capaz de estar acima do campo de batalha, concentrar-se em seus objetivos de longo prazo, armar uma campanha inteira, sair do modo reativo em que tantas batalhas na vida o trancaram. Mantendo em mente todos os seus objetivos, fica muito mais fácil decidir quando lutar e quando se afastar. Isso torna as decisões táticas do cotidiano bem mais simples e mais racionais. Pessoas táticas são pesadas e presas no chão; estrategistas têm os pés mais leves e são capazes de ver mais longe e de uma forma mais ampla.

Espiritualize sua guerra. Você enfrenta batalhas todos os dias – essa é a realidade para todas as criaturas em sua luta pela sobrevivência. Mas a maior batalha de todas é com você mesmo – suas fraquezas, suas emoções, sua falta de decisão em compreender as coisas até o final. Você deve declarar guerra incessante contra você mesmo. Como um guerreiro na vida, você deve aceitar o combate e o conflito como modos de

E Atena, de olhos cinza como os da coruja: "Diomedes, filho de Tideu... Não precisas temer Ares ou qualquer outro dos imortais. Veja o que está aqui a seu lado. Dirija seus cavalos diretamente para Ares. E quando estiver no seu alcance, ataque. Não se aterrorize com Ares. Ele nada mais é do que um estúpido matreiro..." E quando Diomedes atacou em seguida, ela dirigiu a lança dele para a boca do estômago de Ares, onde a túnica plissada cobria... [Ares] rapidamente escalou as alturas do Olimpo, sentou-se amuado ao lado de Zeus Cronion, mostrou-lhe o sangue imortal escorrendo de sua ferida e queixou-se com estas palavras aladas: "Pai Zeus, isso não o enfurece, ver esta violência? Nós, deuses, recebemos o pior uns dos outros sempre que tentamos ajudar os homens..." E Zeus, por baixo de suas sobrancelhas trovejantes: "Estúpido matreiro. Não fique aqui sentado a meu lado se lamentando. Você é o deus mais odioso no Olimpo. Você realmente gosta de lutas e de guerras. Puxou a sua mãe cabeça-dura, Hera. Eu também mal consigo controlá-la... Seja como for, eu não posso tolerar que esteja sofrendo..." E chamou Paieon para cuidar da ferida dele...

> *Depois, de volta ao palácio do grande Zeus, chegou a Argiva Hera e Atena a protetora, tendo impedido o brutal Ares de cometer uma chacina contra os homens.*
> ILÍADA, HOMERO, C. SÉCULO IX, A.C.

provar quem você é, de melhorar suas habilidades, de ganhar coragem, confiança e experiência. Em vez de reprimir suas dúvidas e temores, você deve derrubá-los de frente, lutar contra eles. Você precisa de mais desafios, e você convida a mais guerra. Você está forjando o espírito do guerreiro, e somente a prática constante o levará até lá.

33 estratégias de guerra é uma destilação da sabedoria eterna contida nas lições e nos princípios da guerra. O livro é projetado para armar você com conhecimentos práticos que lhe darão infinitas opções e vantagens ao lidar com os guerreiros impalpáveis que o atacam na batalha diária.

Cada capítulo é uma estratégia voltada para a solução de um problema em particular que você encontrará com frequência. Esses problemas incluem lutar com um exército desmotivado atrás de você; desperdiçar energia combatendo em muitas frentes; sentir-se massacrado por atritos, pela discrepância entre planos e realidade; entrar em situações das quais não consegue sair. Você pode ler os capítulos que se aplicam ao problema particular atual. Melhor ainda, você pode ler todas as estratégias, assimilando-as, permitindo que se tornem parte de seu arsenal mental. Mesmo quando você está tentando evitar uma guerra, e não combatendo uma, muitas destas estratégias merecem ser conhecidas por propósitos defensivos e para você ter consciência do que o outro lado pode estar aprontando. De qualquer maneira, eles não foram escritos como doutrina ou fórmulas para serem repetidas, mas como auxiliares do julgamento no calor da batalha, sementes que se enraizarão em você e o ajudarão a pensar por si mesmo, desenvolvendo seu estrategista interior latente.

> *Contra a guerra pode-se dizer: faz do vitorioso um estúpido, do derrotado um malicioso. A favor da guerra: com a produção desses dois efeitos ela barbariza e, portanto, torna mais natural; é o inverno ou o tempo de hibernação da cultura, a humanidade dela emerge mais forte para o bem ou para o mal.*
> FRIEDRICH NIETZSCHE, 1844-1900

> *Sem guerra os seres humanos ficam estagnados no conforto e na riqueza e perdem a capacidade de grandes ideias e sentimentos, eles se tornam cínicos e caem no barbarismo.*
> FIÓDOR DOSTOIÉVSKI, 1821-1881

As próprias estratégias são selecionadas dos escritos e das práticas dos maiores generais da história (Alexandre, o Grande; Aníbal; Genghis Khan; Napoleão Bonaparte; Shaka Zulu; William Tecumseh Sherman; Erwin Rommel, Vo Nguyen Giap) bem como dos maiores estrategistas (Sun Tzu; Miyamoto Musashi; Carl von Clausewitz; Ardant du Picq; T. E. Lawrence; coronel John Boyd). Elas variam desde as estratégias básicas da guerra clássica às estratégias sujas, não convencionais, dos tempos modernos. O livro está dividido em cinco partes: guerra autodirigida (como preparar sua mente e espírito para a batalha); guerra organizacional (como estruturar e motivar seu exército); guerra defensiva; guerra ofensiva; e guerra não convencional (suja). Cada capítulo é ilustrado com exemplos históricos, não só da guerra em si, mas da política (Margaret Thatcher), da cultura (Alfred Hitchcock), dos esportes (Muhammad Ali), dos negócios (John D. Rockefeller), que mostram a íntima conexão entre o militar e o social. Estas estratégias podem se aplicar a lutas em todas as escalas: guerra organizada, batalhas nos negócios, a política de um grupo e até relacionamentos pessoais.

Finalmente, a estratégia é uma arte que requer não só um modo diverso de pensar, mas uma abordagem totalmente diferente de ver a vida em si. Com muita frequência existe um abismo entre nossas ideias e conhecimentos de um lado e nossa experiência real do outro. Absorvemos trivialidades e informações que nos tomam espaço mental, mas não nos levam a parte alguma. Lemos livros que nos divertem, mas têm pouca relevância para nossas vidas diárias. Temos ideias sublimes que não colocamos em prática. Temos experiências tão ricas que não analisamos o suficiente, que não nos inspiram ideias, cujas lições ignoramos. E estratégia requer um contato constante entre os dois reinos. É conhecimento prático em sua forma mais elevada. Os acontecimentos na vida nada significam se você não refletir a respeito deles profundamente, e ideias adquiridas em livros são inúteis se não tiverem aplicação na vida como você vive. Na estratégia, tudo na vida é um jogo que você está jogando. Este jogo é excitante, mas também exige profunda e séria atenção. As apostas são altas. O que você sabe precisa ser traduzido em ação, e ação precisa ser traduzida em conhecimento. Deste modo, estratégia passa a ser um desafio para a vida inteira e fonte de constante prazer na superação de dificuldades e solução de problemas.

> *A natureza decidiu que o que não pode se defender sozinho não será defendido.*
> RALPH WALDO EMERSON,
> 1803-1882

> *Neste mundo, onde se joga com dados chumbados,*
> *um homem precisa ter um temperamento de ferro, com armadura*
> *à prova dos golpes do destino, e armas para enfrentar homens.*
> *A vida é uma longa batalha; temos de combatê-la a cada passo;*
> *e Voltaire com toda a razão diz que, se temos sucesso,*
> *é à ponta da espada, e que morremos*
> *com a arma na mão.*
>
> – Arthur Schopenhauer, *Conselhos e máximas*, 1851

PARTE 1

GUERRA AUTODIRIGIDA

A guerra (ou qualquer tipo de conflito) é travada e vencida com estratégia. Pense em estratégia como uma série de linhas e setas direcionadas para um objetivo: levar você a um certo ponto no mundo, ajudá-lo a atacar um problema em seu caminho, imaginar como cercar e destruir seu inimigo. Antes de direcionar estas setas para seus inimigos, entretanto, você deve primeiro apontá-las para si mesmo.

Sua mente é o ponto de partida de todas as guerras e estratégias. Uma mente que seja dominada com muita facilidade por emoções, que esteja enraizada no passado e não no presente, que não possa ver o mundo com clareza e urgência criará estratégias que sempre errarão o alvo.

Para se tornar um verdadeiro estrategista, você deve dar três passos. Primeiro, tomar consciência das fraquezas e doenças que possam se apoderar da mente, deformando seus poderes estratégicos. Segundo, declarar uma espécie de guerra contra si mesmo para se fazer andar para a frente. Terceiro, trave uma cruel e contínua batalha contra os inimigos dentro de você aplicando certas estratégias.

Os quatro capítulos a seguir são projetados para chamar a sua atenção para os distúrbios que estão provavelmente se desenvolvendo em sua mente agora mesmo e armar você com estratégias específicas para eliminá-los. Estes capítulos são setas cujo alvo é você. Uma vez tendo-as assimilado por meio de pensamentos e prática, elas servirão como um expediente autocorretivo em todas as suas futuras batalhas, liberando o grande estrategista que existe dentro de você.

I

DECLARE GUERRA A SEUS INIMIGOS

A ESTRATÉGIA DA POLARIDADE

A vida é um sem-fim de batalhas e conflitos, e você não pode lutar com eficiência se não puder identificar seus inimigos. As pessoas são sutis e evasivas, disfarçando suas intenções, fingindo estar a seu lado. Você precisa de clareza. Aprenda a desmascarar seus inimigos, a localizá-los pelos sinais e padrões que revelam sua hostilidade. E, então, com eles à vista, declare interiormente guerra. Como os polos opostos de um ímã criam movimento, seus inimigos – seus opostos – podem encher você de propósito e direção. Como pessoas que ficam em seu caminho, que representam o que você abomina, pessoas às quais reagir são uma fonte de energia. Não seja ingênuo: com alguns inimigos não pode haver concessões, não existe meio-termo.

O INIMIGO INTERIOR

Na primavera de 401 a.C., Xenofonte, senhor rural de trinta anos e que vivia nos arredores de Atenas, recebeu um intrigante convite: um amigo estava recrutando soldados gregos para lutarem como mercenários por Ciro, irmão do rei persa, Artaxerxes, e o chamava para ir junto. O pedido era um tanto inusitado: havia muito tempo que gregos e persas eram inimigos figadais. Por volta de oitenta anos antes, de fato, a Pérsia havia tentado conquistar a Grécia. Mas os gregos, renomados guerreiros, tinham começado a oferecer seus serviços a quem pagasse mais, e dentro do Império persa havia cidades rebeldes que Ciro queria punir. Mercenários gregos seriam os reforços perfeitos em seu grande exército.

Xenofonte não era um soldado. Na verdade, ele levava uma vida calma, criando cachorros e cavalos, viajando para Atenas para conversar sobre filosofia com seu bom amigo Sócrates, vivendo de sua herança. Mas ele queria aventura, e esta era uma chance de conhecer o grande Ciro, aprender sobre guerra, ver a Pérsia. Talvez quando tudo tivesse terminado, ele escrevesse um livro. Ele não iria como mercenário (era rico demais para isso), mas como filósofo e historiador. Depois de consultar o oráculo de Delfos, ele aceitou o convite.

Por volta de 10 mil soldados gregos uniram-se à expedição punitiva de Ciro. Os mercenários eram um bando misto de toda a Grécia, que estavam ali pelo dinheiro e a aventura. Eles se divertiram por uns tempos, mas depois de alguns meses de atividade, após liderá-los até o interior da Pérsia, Ciro admitiu seu verdadeiro propósito: estava marchando sobre a Babilônia, armando uma guerra civil para derrubar seu irmão e se fazer rei. Descontentes por terem sido enganados, os gregos argumentaram e se queixaram, mas Ciro lhes ofereceu mais dinheiro, e isso os acalmou.

Os exércitos de Ciro e Artaxerxes encontraram-se nas planícies de Cunaxa, não muito longe da Babilônia. Logo no início da batalha, Ciro foi morto, colocando um rápido ponto final à guerra. Agora a situação dos gregos de repente era precária: tendo combatido do lado errado de uma guerra civil, eles estavam longe de casa e cercados por persas hostis. Ficaram logo sabendo, entretanto, que Artaxerxes não estava zangado com eles. Só queria que saíssem da Pérsia o mais rápido possível. Ele até lhes enviou um emissário, o comandante Tissaphernes, para lhes oferecer provisões e escoltá-los de volta para a Grécia. E, assim, guiados por Tissaphernes e o exército persa, os mercenários iniciaram a longa viagem de volta para casa – uns 2.400 quilômetros.

Dias depois de iniciada a marcha, os gregos tiveram novos temores: os suprimentos que tinham recebido dos persas eram insuficientes, e o

---

Então [Xenofonte] levantou-se e convocou primeiro os suboficiais de Proxenus. Quando eles se reuniram, ele disse: "Senhores, não posso dormir e penso que os senhores também não; e não posso ficar parado aqui quando vejo em que apuros nos encontramos. É claro que o inimigo não nos declarará guerra aberta até pensar que tem tudo bem preparado; e nenhum de nós se esforça para fazer a melhor resistência possível. Mas se cedermos e cairmos em poder do rei que destino esperamos que seja o nosso? Quando seu próprio irmão morreu, o homem cortou sua cabeça e cortou sua mão e as espetou em um mastro. Não temos ninguém para nos defender, e marchamos até aqui para fazer do rei um escravo ou matá-lo se pudéssemos, e qual pensam que será nosso destino? Ele não chegará a todos os extremos da tortura para que o mundo inteiro tema entrar em guerra contra ele? Ora, devemos fazer tudo para escapar de seu poder! Enquanto durou a trégua, eu nunca deixei de sentir pena de nós, nunca deixei de congratular o rei e seu Exército. Que vasto país eu via, tão grande, que intermináveis provisões, que multidões de

caminho escolhido por Tissaphernes para eles, problemático. Eles podiam confiar nos persas? Começaram a discutir entre eles.

O comandante grego Clearchus expressou as preocupações de seus soldados para Tissaphernes, que foi solidário: Clearchus deveria levar seus capitães para um encontro em um local neutro, os gregos manifestariam suas tristezas e os dois lados chegariam a um entendimento. Clearchus concordou e apareceu no dia seguinte com seus oficiais na hora e no lugar combinados – onde, entretanto, um grande contingente de persas os cercou e prendeu. Foram decapitados no mesmo dia.

Um homem conseguiu escapar e avisou os gregos da traição persa. Naquela noite o acampamento grego era um lugar desolado. Alguns homens discutiam e acusavam, outros caíam bêbados no chão. Uns poucos pensaram em fugir, mas com seus líderes mortos eles se sentiam condenados.

Naquela noite, Xenofonte, que tinha permanecido a maior parte do tempo nos bastidores durante a expedição, teve um sonho: um raio de Zeus incendiou a casa de seu pai. Ele acordou suando. De repente percebeu: a morte estava olhando na cara dos gregos, mas eles estavam ali choramingando, desesperados e discutindo. O problema estava sobre suas cabeças. Lutando por dinheiro e não por um propósito ou causa, incapazes de distinguir entre amigo e inimigo, eles haviam se perdido. A barreira entre eles e seu lar não eram rios e montanhas ou o exército persa, mas o próprio estado de espírito confuso. Xenofonte não queria morrer deste modo desgraçado. Não era um militar, mas conhecia filosofia e como os homens pensam, e acreditava que se os gregos se concentrassem nos inimigos que queriam matá-los ficariam alertas e criativos. Se focalizassem a vil traição dos persas, ficariam zangados, e sua ira os motivaria. Tinham de parar de ser mercenários confusos e voltar a ser gregos, o extremo oposto dos infiéis persas. O que eles precisavam era de clareza e direção.

Xenofonte decidiu ser o raio de Zeus, despertando os homens e iluminando seu caminho. Convocou uma reunião com todos os oficiais sobreviventes e expôs seu plano: nós declararemos guerra sem negociação aos persas – nada mais de ideias de barganhas ou debates. Não vamos mais perder tempo com argumentos ou acusações entre nós mesmos; cada grama de nossa energia será gasto com os persas. Seremos tão inventivos e inspirados como nossos ancestrais em Maratona, que combateram vencendo um exército persa bem maior. Vamos queimar nossas carroças, viver da terra, mover rápido. Nem por um segundo vamos baixar os braços ou esquecer o perigo a nossa volta. Somos nós ou eles, vida ou morte, bem ou mal. Se algum ho-

servos, quanto gado e ovelhas, quanto ouro, que roupas! Mas quando pensei nestes nossos soldados – não tivemos nenhuma parte em todas estas coisas boas, a não ser comprando-as, e a poucos restava alguma coisa com que as comprar; e obter alguma coisa sem comprar estava proibido por nossos juramentos. Enquanto raciocinava assim, eu às vezes temia a trégua mais do que a guerra agora. Entretanto, agora eles quebraram a trégua, existe um fim tanto para a insolência deles como para nossas suspeitas. Ali estão todas estas coisas boas diante de nós, prêmios para o lado que provar ter os melhores homens; os deuses são os juízes da prova, e estarão conosco, naturalmente... Quando tiverem nomeado tantos comandantes quantos necessários, reúnam todos os outros soldados e os encorajem; isso será exatamente o que eles querem agora. Talvez tenham notado como estavam desanimados quando entraram em campo, como estavam abatidos quando faziam guarda; nesse estado não sei o que poderão fazer com eles... Mas se alguém conseguir fazer com que parem de pensar no que vai lhes

> *acontecer, e pensem no que podem fazer, ficarão muito mais animados. Os senhores sabem, tenho certeza, que não são números ou força que dão origem à vitória na guerra; o exército que entrar na batalha com espírito forte, seus inimigos em geral não lhes podem resistir."*
> Anabasis:
> THE MARCH UP COUNTRY,
> XENOFONTE,
> 430?-355? A.C.

mem tentar nos confundir com conversa mole e com vagas ideias de conciliação, vamos declará-lo idiota e covarde demais para estar do nosso lado e vamos afastá-lo. Que os persas nos tornem impiedosos. Devemos estar consumidos por uma ideia: voltar vivos para casa.

Os oficiais sabiam que Xenofonte estava certo. No dia seguinte, um oficial persa veio vê-los, oferecendo-se para atuar como embaixador entre eles e Artaxerxes; seguindo o conselho de Xenofonte, ele foi rápida e rudemente mandado embora. Agora era guerra e nada mais.

Incentivados a agir, os gregos elegeram líderes, Xenofonte entre eles, e começaram a marcha para casa. Forçados a depender de seu bom senso, eles logo aprenderam a se adaptar ao terreno, evitar a batalha, mover-se de noite. Conseguiram iludir os persas, derrotando-os até uma passagem na montanha-chave e atravessando-a antes que pudessem ser apanhados. Embora muitas tribos inimigas ainda estivessem entre eles e a Grécia, o temido exército persa agora tinha ficado para trás. Levou muitos anos, mas quase todos voltaram vivos para a Grécia.

> *O pensamento político e o instinto político se provam teórica e praticamente na habilidade para distinguir entre amigo e inimigo. Os pontos altos da política são simultaneamente os momentos em que o inimigo é, em concreta clareza, reconhecido como inimigo.*
> CARL SCHMITT,
> 1888-1985

Interpretação. A vida é batalha e lutas, e você se verá constantemente diante de situações ruins, relacionamentos destrutivos, compromissos perigosos. Como você enfrenta estas dificuldades vai determinar seu destino. Como disse Xenofonte, seus obstáculos não são rios ou montanhas ou outras pessoas; seu obstáculo é você mesmo. Se você se sente perdido e confuso, se você perde seu senso de direção, se você não sabe a diferença entre amigo e inimigo, você só tem a si mesmo para culpar.

Pense em você mesmo como sempre prestes a entrar em uma batalha. Tudo depende de seu estado de espírito e de como você vê o mundo. Uma mudança de perspectiva pode transformar você de um mercenário passivo e confuso em um guerreiro motivado e criativo.

Somos definidos por nosso relacionamento com as outras pessoas. Quando crianças desenvolvemos uma identidade ao nos diferenciarmos dos outros, até o ponto de empurrá-los para longe, rejeitá-los, com rebeldia. Quanto mais claramente você reconhecer quem você *não* quer ser, então, mais nítido o seu sentido de identidade e propósito será. Sem uma noção dessa polaridade, sem um inimigo contra o qual reagir, você está tão perdido quanto os mercenários gregos. Ludibriado pela traição dos outros, você hesita no momento fatal e passa a se lamentar e argumentar.

Concentre-se no inimigo. Pode ser alguém que bloqueie seu caminho ou sabote você, seja sutil ou obviamente; pode ser alguém que o magoou ou que combateu você injustamente; pode ser um valor ou uma ideia que você abomina e que você vê em um indivíduo ou grupo. Pode ser uma abstração: estupidez, presunção, materialismo vulgar. Não dê ouvidos às pessoas que dizem que a distinção entre amigo e inimigo é primitiva e antiquada. Elas estão apenas disfarçando o medo que sentem de conflitos por trás de uma fachada de falsa cordialidade. Estão tentando forçá-lo a sair de seu caminho, contaminá-lo com a incerteza que os aflige. Uma vez sentindo-se claro e motivado, você terá espaço para a verdadeira amizade e o verdadeiro compromisso. Seu inimigo é a estrela polar que o guia. Dada esta direção, você pode entrar na batalha.

Quem não está comigo, está contra mim.
– Lucas 11.23

O INIMIGO EXTERNO

No início da década de 1970, o sistema político britânico havia se acomodado a um padrão confortável: o Partido Trabalhista venceria uma eleição e aí, na eleição seguinte, os Conservadores venceriam. De lá para cá o poder seguia, tudo razoavelmente polido e civilizado. Na verdade, um partido já estava se parecendo com o outro. Mas quando os Conservadores perderam em 1974 alguns deles deram um basta. Querendo sacudir as coisas, eles sugeriram Margaret Thatcher como sua líder. O partido se dividiu naquele ano, Thatcher tirou vantagem da divisão e venceu a indicação.

Ninguém jamais tinha visto um político como Thatcher. Uma mulher em um mundo governado por homens, ela também se orgulhava de ser de classe média – filha de um dono de mercearia – no tradicional partido da aristocracia. Suas roupas eram caretas, mais como as de uma dona de casa do que uma política. Ela não tinha sido uma participante ativa no Partido Conservador; na verdade, ela estava na periferia da ala de direita. O mais surpreendente de tudo era seu estilo: enquanto os outros políticos eram afáveis e conciliadores, ela enfrentava seus adversários atacando-os diretamente. Ela possuía o apetite pela batalha.

A maioria dos políticos viram a eleição de Thatcher como um feliz acaso e não esperavam que ela durasse. E nos primeiros anos em que liderou o partido, quando os trabalhistas estiveram no poder, ela pouco fez para mudar a opinião deles. Ela vociferava contra o sistema socialista, que em sua mente havia sufocado todas as iniciativas e era em grande parte responsável pelo declínio da economia britânica. Ela criticou a União Soviética em uma época em que as tensões estavam se relaxando. E aí, no inverno de 1978-79, vários sindicatos do setor público resolveram entrar em greve. Thatcher partiu para a guerra, associando as greves ao Partido Trabalhista e ao primeiro-ministro

Sou por natureza belicoso. Atacar é um de meus instintos. Ser capaz de ser um inimigo, ser um inimigo – isso pressupõe uma natureza forte, é em qualquer situação uma condição de natureza muito forte. Ela precisa de resistências, consequentemente busca resistências... A força de quem ataca tem na oposição de que necessita um tipo de medida; cada crescimento revela-se na busca de um poderoso adversário – ou problema: pois um filósofo que é belicoso também desafia problemas para um duelo. O empreendimento é dominar, não qualquer resistência que por acaso se apresente, mas aquelas contra as quais a pessoa tem de reunir todas as suas forças, flexibilidade e domínio de armas – para dominar adversários iguais.
FRIEDRICH NIETZSCHE, 1844-1900

James Callaghan. Este foi um discurso ousado, divisor, bom para os noticiários do fim da tarde – mas não para ganhar uma eleição. Você precisa ser gentil com os eleitores, tranquilizá-los, não amedrontá-los. Pelo menos, essa era a sabedoria convencional.

Em 1979, o Partido Trabalhista convocou uma eleição geral. Thatcher continuou no ataque, classificando a eleição como uma cruzada contra o socialismo e a última chance de modernização para a Grã-Bretanha. Callaghan era a síntese do político cortês, mas Thatcher o irritava. Ele não sentia outra coisa que não desdém por esta dona de casa arremedo de político e devolveu fogo: ele concordava que a eleição era um divisor de águas, mas se Thatcher vencesse colocaria em choque a economia. A estratégia pareceu funcionar em parte; Thatcher assustou muitos eleitores, e as pesquisas que sondavam a popularidade pessoal mostravam que seus números haviam caído bem abaixo dos de Callaghan. Ao mesmo tempo, entretanto, sua retórica e a reação de Gallaghan a ela polarizavam o eleitorado, que pôde finalmente ver uma nítida diferença entre os partidos. Dividindo o público em esquerda e direita, ela atacou na fenda, absorvendo as atenções e atraindo os indecisos. Ela teve uma vitória de bom tamanho.

[Salvador Dalí] não tinha tempo para aqueles que não concordavam com os seus princípios, e levava a guerra para o campo inimigo ao escrever cartas ofensivas a muitos dos amigos que havia feito na Residencia, chamando-os de porcos. Ele gostava de se comparar a um touro esperto evitando os vaqueiros e em geral se divertia muito atiçando e escandalizando quase todos os intelectuais catalães merecedores do nome. Dalí estava começando a queimar suas pontes com o zelo de um incendiário... "Nós [Dalí e o cineasta Luis Buñuel] tínhamos resolvido enviar uma carta manuscrita

Thatcher havia convencido os eleitores, mas agora, como primeira-ministra, ela teria de moderar seu tom, sarar as feridas – segundo as pesquisas de opinião, de qualquer modo, era isso que o público queria. Mas Thatcher, como sempre, fez o contrário, decretando cortes de orçamentos que iam ainda mais fundo do que ela havia proposto durante a campanha. Conforme suas políticas foram levadas a efeito, a economia realmente entrou em choque, como Callaghan dissera, e a taxa de desemprego subiu vertiginosamente. Os homens de seu próprio partido, muitos dos quais naquela altura dos acontecimentos, havia anos, se ressentiam do tratamento que ela lhes dava, começaram publicamente a questionar sua capacidade. Estes homens, a quem ela chamava de "wets", eram os membros mais respeitados do Partido Conservador e estavam em pânico: ela estava levando o país a um desastre econômico que eles temiam ter de pagar com suas carreiras. A reação de Thatcher foi expulsá-los de seu gabinete. Ela parecia inclinada a afastar todo mundo; sua legião de inimigos crescia, seus números nas pesquisas de opinião pública caíam ainda mais. Certamente a próxima eleição seria a sua última.

Então, em 1982, do outro lado do Atlântico, a junta militar que governava a Argentina, precisando de uma causa para distrair o país de seus muitos problemas, invadiu as Ilhas Falkland, uma possessão britânica à qual, entretanto, a Argentina tinha um direito histórico. Os oficiais da junta estavam certos de que os britânicos abandonariam as ilhas, áridas e remotas. Mas Thatcher não hesitou: apesar da distância – 12.874

quilômetros – ela enviou uma força-tarefa naval para as Falkland. Líderes trabalhistas a atacaram por esta guerra sem sentido e cara. Muitos de seu partido ficaram aterrorizados; se a tentativa de retomar as ilhas falhasse, o partido estaria arruinado. Thatcher estava mais sozinha do que nunca. Mas uma boa parte do público agora via suas qualidades que tinham parecido tão irritantes sob uma nova luz: sua obstinação tornou-se coragem, nobreza. Comparada com os homens confusos, efeminados, carreiristas a sua volta, Thatcher parecia resoluta e confiante.

Os ingleses recuperaram com sucesso as Falkland, e Thatcher ergueu-se mais alta do que nunca. De repente, os problemas econômicos e sociais do país foram esquecidos. Thatcher agora dominava o cenário, e nas duas eleições seguintes esmagou o Partido Trabalhista.

Interpretação. Margaret Thatcher chegou ao poder como uma estranha no ninho; uma mulher de classe média, uma radical de direita. O primeiro instinto da maioria das pessoas de fora que alcançam o poder é o de se tornar íntimas – a vida do lado de fora é dura –, mas com isso elas perdem sua identidade, sua diferença, a coisa que as faz se distinguirem aos olhos do público. Se Thatcher tivesse se tornado como os homens a sua volta, teria simplesmente sido substituída por mais um homem. Seu instinto foi o de continuar do lado de fora. De fato, ela insistiu nisso o mais que pôde: ela se colocou como uma mulher contra um exército de homens.

A cada etapa do caminho, para lhe dar o contraste de que precisava, Thatcher escolhia um adversário como alvo: os socialistas, os wets, os argentinos. Estes inimigos ajudaram a definir sua imagem de pessoa determinada, poderosa, capaz de sacrifícios pessoais. Thatcher não se deixou seduzir pela popularidade, que é efêmera e superficial. Os especialistas podem ficar obcecados com os números da popularidade, mas na mente do eleitor – que, para um político, é o campo de batalha – uma presença dominante é mais atraente do que a simpatia. Que uma parte do público deteste você; impossível agradar a todos. Seus inimigos, aqueles que se colocam nitidamente contra você, o ajudarão a forjar uma base de apoio que não o desertará. Não se aglomere no centro, onde está todo mundo; não há espaço para lutar em uma aglomeração. Polarize as pessoas, afaste algumas delas e crie um espaço para batalha.

Tudo na vida conspira para empurrar você para o centro, e não apenas politicamente. O centro é o reino do compromisso. Dar-se bem com outras pessoas é uma habilidade importante, mas tem riscos: ao buscar sempre o caminho da menor resistência, da conciliação, você esquece quem é, você mergulha no centro com todo mundo. Em vez disso veja a si mesmo como um combatente, um estranho cercado de

---

venenosa a uma das grandes celebridades da Espanha", Dalí mais tarde contou a seu biógrafo Alain Bosquet. "Nosso objetivo era pura subversão... Os dois estávamos fortemente influenciados por Nietzsche... Nós achamos dois nomes: Manuel de Falla, o compositor, e Juan Ramón Jiménez, o poeta. Jogamos no palitinho e Jiménez ganhou... Então compomos uma carta frenética e desagradável de incomparável violência e a endereçamos a Juan Ramón Jiménez. Ela dizia: 'Nosso distinto amigo: acreditamos ser nosso dever informá-lo – desinteressadamente – de que seu trabalho nos é profundamente repugnante devido a sua imoralidade, sua histeria, sua qualidade arbitrária...' Ela causou um grande sofrimento a Jiménez..." THE PERSISTENCE OF MEMORY: A BIOGRAPHY OF DALÍ, MEREDITH ETHERINGTON-SMITH, 1992

A oposição de um membro a um associado não é um fator social puramente negativo, no mínimo porque essa oposição é com frequência o único meio de tornar

> *a vida com pessoas, que na verdade são insuportáveis, pelo menos possível. Se não temos nem mesmo o poder e o direito de nos rebelarmos contra tirania, arbitrariedade, mau humor, falta de tato, não poderíamos suportar ter qualquer relação com pessoas cujos caracteres nos fazem assim sofrer. Nos sentiríamos forçados a dar passos desesperados – e estes, na verdade, terminariam a relação mas não, talvez, constituiriam um "conflito". Não só pelo fato de que... a opressão em geral aumenta se é suportada com calma e sem protestos, mas também porque a oposição nos dá íntima satisfação, distração, alívio... Nossa oposição nos faz sentir que não somos totalmente vítimas das circunstâncias.*
> GEORG SIMMEL, 1858-1918

inimigos. A batalha constante o manterá forte e alerta. Ela ajudará você a definir em que acredita, tanto para si mesmo como para os outros. Não se preocupe por estar antagonizando as pessoas; sem antagonismo não há batalha; e sem batalha, não há chances de vitória. Não se deixe seduzir pela necessidade de que gostem de você: melhor ser respeitado, temido até. A vitória sobre seus inimigos lhe dará uma popularidade mais duradoura.

> *Não dependa do não aparecimento do inimigo; depende, sim, de estar pronto para ele.*
> – Sun Tzu, *A arte da guerra* (século IV a.C.)

CHAVES PARA A GUERRA

Vivemos em uma era em que é raro as pessoas serem diretamente hostis. As regras das relações – sociais, políticas, militares – mudaram, e o mesmo deve acontecer com sua noção de um inimigo. Um inimigo visível é raro hoje em dia e é, na verdade, uma bênção. As pessoas dificilmente o atacam abertamente como antes, mostrando suas intenções, seu desejo de destruir você; em vez disso elas são políticas e indiretas. Embora o mundo esteja mais competitivo do que nunca, a agressão aparente é desencorajada, de modo que as pessoas aprenderam a agir em segredo, a atacar de forma imprevisível e ardilosa. Muitas usam a amizade como um meio de mascarar desejos agressivos: elas se aproximam de você para causar um dano maior. (Um amigo sabe melhor como magoar você.) Ou sem na verdade serem amigas, elas oferecem assistência e aliança: podem até parecer que o apoiam, mas no final estão promovendo os próprios interesses às suas custas. E há aqueles que dominam a guerra moral, colocando-se como vítimas, fazendo você se sentir culpado por algo inespecífico que você fez. O campo de batalha está repleto desses guerreiros, escorregadios, evasivos e espertos.

> *Quando se sobe um dos grandes rios [de Bornéu], encontram-se tribos que são sucessivamente mais belicosas. Nas regiões costeiras estão comunidades pacíficas que jamais lutam a não ser em autodefesa, e, mesmo assim, com pouco êxito; enquanto nas regiões centrais, onde*

Compreenda: a palavra "inimigo" – do latim *inimicus*, "não amigo" – tem sido demonizada e politizada. Sua primeira tarefa como um estrategista é ampliar seu conceito de inimigo, para incluir nesse grupo aqueles que estão trabalhando contra você, frustrando você, ainda que sutilmente. (Às vezes a indiferença e a negligência são armas mais eficientes do que a agressão, porque você não pode ver a hostilidade que ocultam.) Sem paranoia, você precisa perceber que existem pessoas que lhe desejam o mal e operam indiretamente. Identifique-as e de repente você terá espaço para manobrar. Você pode recuar e esperar para ver ou agir, seja de forma agressiva ou apenas evasiva, para evitar o pior. Você pode até trabalhar para fazer deste inimigo um amigo. Mas, seja lá o que você fizer, não seja a vítima ingênua. Não se veja constantemente recuando, reagindo às manobras de seus inimigos. Arme-se de prudência, e jamais deponha suas armas, nem mesmo para os amigos.

As pessoas em geral escondem muito bem sua hostilidade, mas com frequência dão inconscientemente sinais de que nem tudo é o que parece. Um dos melhores amigos e conselheiros do líder do Partido Comunista Chinês, Mao Tsé-Tung, era Lin Biao, um alto membro do Politburo e possível sucessor do presidente. No final da década de 1960 e início dos anos 1970, entretanto, Mao percebeu uma mudança em Lin: ele havia se tornado efusivamente amistoso. Todos elogiavam Mao, mas os elogios de Lin eram constrangedoramente entusiásticos. Para Mao isto significava que alguma coisa estava errada. Ele observou Lin atentamente e decidiu que o homem estava tramando uma derrubada de poder ou, pelo menos, se preparava para o posto mais alto. E Mao estava certo: Lin estava tramando ativamente. A questão não é desconfiar de todos os gestos amigos, mas notá-los. Registrar qualquer mudança na temperatura emocional: uma intimidade fora do comum, um novo desejo de trocar confidências, elogios excessivos a seu respeito para terceiros, o desejo de uma aliança que talvez faça mais sentido para a outra pessoa do que para você. Confie em seus instintos: se o comportamento de alguém lhe parecer suspeito, provavelmente é. Pode se revelar benigno no final, mas enquanto isso é melhor ficar atento.

Você pode se recostar e ler os sinais ou trabalhar ativamente para desmascarar seus inimigos – soque a grama para surpreender as serpentes, como dizem os chineses. Na Bíblia lemos sobre as suspeitas de Davi de que seu sogro, o rei Saul, secretamente o queria morto. Como Davi podia descobrir? Ele confessou sua desconfiança ao filho de Saul, Jonatas, seu melhor amigo. Jonatas recusou-se a acreditar, então Davi sugeriu um teste. Ele era esperado na corte para um banquete. Não iria; Jonatas, sim, e transmitiria as desculpas de Davi, que seriam adequadas mas não urgentes. Sem dúvida alguma, a desculpa enraiveceu Saul, que exclamou: "Mande buscá-lo imediatamente e traga-o até mim – ele merece morrer!"

O teste de Davi funcionou porque era ambíguo. A sua desculpa para faltar ao banquete podia ser entendida de mais de uma maneira: se Saul estivesse com boas intenções com relação a Davi, teria visto a ausência do genro apenas como uma atitude egoísta, na pior das hipóteses, mas, porque secretamente odiava Davi, ele a viu como uma afronta e se descontrolou. Siga o exemplo de Davi: diga ou faça alguma coisa que possa ser entendida de mais de uma forma, que possa ser suficientemente polida, mas que também um amigo possa ficar intrigado mas deixará passar.

nascem os rios, estão várias tribos extremamente belicosas cujos ataques têm sido uma constante fonte de terror para as comunidades estabelecidas nas partes mais baixas... Pode-se supor que os povos pacíficos das costas seriam superiores em qualidades morais a seus vizinhos guerreiros, mas é o contrário.
Em quase todos os aspectos, a vantagem está com as tribos guerreiras. Suas casas são mais bem construídas, maiores, e mais limpas; sua moral doméstica é superior; eles são fisicamente mais fortes, mais corajosos, física e mentalmente mais ativos e, em geral, mais confiáveis.
Mas, acima de tudo, sua organização social é mais firme e mais eficiente porque respeitam e obedecem mais a seus chefes e são muito mais leais a sua comunidade; cada homem se identifica com toda a comunidade, aceita e fielmente cumpre os deveres sociais que lhe competem.
WILLIAM MCDOUGALL, 1871-1938

O homem existe desde que lhe façam oposição.
GEORG HEGEL, 1770-1831

O inimigo secreto, entretanto, vai reagir com raiva. Qualquer emoção forte e você saberá que tem algo fervendo sob a superfície.

Muitas vezes a melhor maneira de fazer com que as pessoas se revelem é provocando tensão e argumentos. O produtor de Hollywood Harry Cohn, presidente da Universal Pictures, usava com frequência esta estratégia para deixar clara a verdadeira posição das pessoas no estúdio que se recusavam a mostrar de que lado estavam: ele de repente atacava o trabalho delas ou assumia uma posição extrema, até ofensiva, em uma discussão. Ele provocava diretores e escritores que abandonavam suas usuais cautelas e mostravam suas verdadeiras crenças.

Compreenda: as pessoas tendem a ser vagas e escorregadias porque é mais seguro do que se comprometer com alguma coisa abertamente. Se você é o chefe, elas imitarão suas ideias. A concordância delas é muitas vezes pura bajulação. Faça-as ficar emotivas; as pessoas em geral são sinceras quando discutem. Se você escolher uma discussão com alguém e essa pessoa continuar copiando suas ideias, você talvez esteja lidando com um camaleão, um tipo particularmente perigoso. Cuidado com pessoas que se escondem por trás de uma fachada de vaga abstração e imparcialidade: ninguém é imparcial. Uma pergunta expressa com rispidez, uma opinião destinada a ofender, fará com que reajam e tomem uma posição.

Às vezes é melhor adotar uma abordagem menos direta com seus inimigos em potencial – ser tão sutil e conivente quanto eles. Em 1519, Hernán Cortés chegou ao México com seu bando de aventureiros. Entre estes quinhentos homens estavam alguns cuja lealdade era duvidosa. Durante toda a expedição, sempre que um dos soldados de Cortés fazia alguma coisa que ele via como suspeita, ele jamais se zangava ou adotava uma atitude acusadora. Em vez disso, fingia concordar com ele, aceitando e aprovando o que tinham feito. Pensando que Cortés era fraco ou que estava do lado deles, davam mais um passo. Agora ele tinha o que queria: um sinal claro, para si mesmo e os outros, de que eram traidores. Agora ele podia isolá-los e destruí-los. Adote o método de Cortés: se amigos ou seguidores de quem você suspeita de ter outros motivos sugerem algo sutilmente hostil, ou contra seus interesses, ou simplesmente estranho, fuja à tentação de reagir, de dizer não, de se zangar ou até de fazer perguntas. Concorde ou pareça fazer vista grossa: seus inimigos em breve se adiantarão mais um pouco, mostrando melhor suas intenções. Agora você os tem à vista e pode atacar.

Um inimigo muitas vezes é grande e difícil de distinguir – uma organização ou uma pessoa oculta por trás de alguma rede complicada. O que você precisa fazer é mirar uma parte do grupo – um líder, um porta-voz, um membro importante do círculo interno. Era assim que o ativista Saul Alinsky atacava corporações e burocracias. Em sua

Escutar com frequência minha senhora ler a Bíblia – pois ela costumava ler em voz alta na ausência do marido – logo despertou minha curiosidade por este mistério

campanha da década de 1960, para acabar com a segregação no sistema de escolas públicas de Chicago, ele se concentrou no superintendente das escolas, sabendo muito bem que este homem tentaria transferir a culpa para os níveis superiores. Ao golpear repetidas vezes o superintendente, ele conseguiu tornar público seu esforço e ficou impossível para o homem esconder-se. No final, aqueles que estavam por trás dele tiveram de vir em seu auxílio, expondo-se nesse processo. Como Alinsky, jamais mire um inimigo vago, abstrato. É difícil convocar as emoções para combater uma batalha tão livre do derramamento de sangue que de qualquer forma deixa seu inimigo invisível. Personalize a luta, olho no olho.

O perigo está por toda parte. Há sempre pessoas hostis e relacionamentos destrutivos. A única maneira de sair de uma dinâmica negativa é enfrentá-la. Reprimir sua raiva, evitar a pessoa que o ameaça, sempre procurando conciliações – estas estratégias comuns significam a ruína. Evitar conflitos se torna um hábito, e você perde o gosto pela batalha. Sentir culpa não faz sentido; a culpa não é sua se você tem inimigos. Sentir-se enganado ou na posição de vítima é igualmente inútil. Em ambos os casos você está olhando para dentro, concentrando-se em si mesmo e em seus sentimentos. Em vez de internalizar uma situação ruim, externalize-a e enfrente seu inimigo. É a única saída.

O psicólogo infantil Jean Piaget via o conflito como uma parte crítica do desenvolvimento mental. Por meio de batalhas com colegas e depois pais, as crianças aprendem a se adaptar ao mundo e desenvolver estratégias para lidar com problemas. As crianças que buscam evitar conflitos a qualquer custo ou aquelas com pais superprotetores acabam incapazes social e mentalmente. O mesmo vale para os adultos: é através de suas batalhas com os outros que você aprende o que funciona, o que não funciona e a se proteger. Em vez de se encolher diante da ideia de ter inimigos, então, aceite-os. Conflitos são terapêuticos.

Inimigos trazem muitas dádivas. Por exemplo, eles o motivam e colocam em foco as suas crenças. O artista Salvador Dalí descobriu desde cedo que existiam muitas qualidades que ele não podia suportar nas pessoas: conformidade, romantismo, piedade. A cada estágio de sua vida, ele encontrava alguém que achava personificar estes anti-ideais – um inimigo nos quais desabafar. Primeiro foi o poeta Federico García Lorca, que escrevia poesias românticas; depois foi André Breton, o líder abrutalhado do movimento surrealista. Ter tais inimigos contra quem se rebelar fez com que Dalí se sentisse seguro e inspirado.

Inimigos também lhe dão um padrão segundo o qual julgar a si mesmo, pessoal e socialmente. O samurai do Japão não tinha como afe-

da leitura e fez surgir em mim o desejo de aprender. Não sentindo nenhum temor por minha boa senhora diante de meus olhos, (ela não me havia dado razão para temer) eu francamente lhe pedi para me ensinar a ler; e, sem hesitar, a querida mulher iniciou a tarefa, e não demorou muito, com sua ajuda, dominei o alfabeto e pude pronunciar palavras de três ou quatro letras...

Mestre Hugh ficou pasmo com a simplicidade de sua esposa e, provavelmente pela primeira vez, revelou-lhe a verdadeira filosofia da escravatura, e as regras peculiares que era necessário que senhores e senhoras observassem na administração de seus escravos. O senhor Auld prontamente proibiu o prosseguimento de sua instrução [de leitura], dizendo-lhe, em primeiro lugar, que a coisa em si era ilegal; que também não era seguro, e que só poderia levar a coisas ruins...

A senhora Auld evidentemente sentiu a força de suas observações; e, como uma esposa obediente, começou a moldar seu curso na direção indicada pelo marido. O efeito das palavras dele, em mim, não foi nem leve nem transitório. Suas frases inflexíveis – frias e duras – calaram

fundo em meu coração, e atiçaram não apenas meus sentimentos em uma espécie de rebelião, mas despertaram dentro de mim uma série de ideias vitais adormecidas. Foi uma nova e especial revelação, disseminando um mistério doloroso, contra o qual minha jovial compreensão havia lutado, e lutado em vão, para perceber: o poder do homem branco de perpetuar a escravidão do homem negro. "Muito bem", pensei; "o conhecimento incapacita uma criança para ser escrava." Instintivamente concordei com a proposição; e a partir daquele momento compreendi o caminho direto da escravidão para a liberdade. Isso era exatamente o que eu precisava; e recebi a tempo, e de uma fonte, de onde menos esperava... Sábio como era, o senhor Auld evidentemente subestimou minha compreensão, e não teve ideia do uso que eu era capaz de fazer da importante lição que estava dando a sua mulher... Aquilo que ele mais amava eu mais odiava; e a própria determinação que ele expressava para me manter na ignorância apenas me tornava mais decidido a buscar a inteligência.
MY BONDAGE AND MY FREEDOM, FREDERICK DOUGLASS, 1818-1895

rir sua excelência a não ser combatendo os melhores espadachins; foi preciso Joe Frazier para fazer de Muhammad Ali um verdadeiro grande lutador. Um adversário difícil extrairá de você o que há de melhor. E quanto maior o adversário, maior sua recompensa, mesmo na derrota. É melhor perder para um adversário de valor do que esmagar um inimigo inofensivo qualquer. Você conquistará simpatia e respeito, aumentando o apoio para sua próxima luta.

Ser atacado é um sinal de que você é importante o suficiente para ser um alvo. Você deveria sentir prazer na atenção e na chance de provar quem é. Todos nós temos impulsos agressivos que somos obrigados a reprimir; um inimigo lhe dá uma válvula de escape para estes impulsos. Finalmente você tem alguém sobre quem liberar sua agressão sem sentir culpa.

Os líderes sempre acharam útil ter um inimigo às portas em épocas de agitação, distraindo o público de suas dificuldades. Ao usar seus inimigos para organizar suas tropas, polarize-os até onde for possível: eles combaterão com mais ferocidade quando se sentirem um pouco odiados. Portanto exagere as diferenças entre você e o inimigo – trace as linhas claramente. Xenofonte não fez nenhum esforço para ser justo; ele não disse que os persas não eram realmente um bando tão ruim e que tinham feito muito pelo progresso da civilização. Ele os chamava de bárbaros, a antítese dos gregos. Ele descrevia sua recente traição e dizia que eram uma cultura nociva que não tinha a simpatia dos deuses. E o mesmo acontece com você: a vitória é sua meta, não a justiça e o equilíbrio. Use a retórica da guerra para aumentar o interesse e estimular os ânimos.

O que você precisa na guerra é espaço de manobra. Cantos apertados significam morte. Ter inimigos lhe dá opções. Você pode colocá-los uns contra os outros, fazer um amigo como uma forma de atacar o outro, repetidas vezes. Sem inimigos, você não saberá como ou onde manobrar e perderá a noção de seus limites, de até onde pode ir. Desde o início, Júlio César identificou Pompeu como seu inimigo. Medindo suas ações e calculando cuidadosamente, ele fazia só o que o colocasse em uma sólida posição em relação a Pompeu. Quando a guerra finalmente explodiu entre os dois, César estava em sua melhor forma. Mas depois de derrotar Pompeu e não ter mais rivais, ele perdeu toda a noção de medida – na verdade, ele se imaginava um deus. Derrotar Pompeu foi seu erro. Seus inimigos lhe impõem uma noção de realismo e humildade.

Lembre-se: há sempre pessoas ali que são mais agressivas, mais traiçoeiras, mais cruéis do que você, e é inevitável que algumas delas cruzem seu caminho. Você terá uma tendência a querer conciliar e se comprometer com elas. A razão é que esses tipos são com frequência brilhantes impostores que veem o valor estratégico do charme e da aparência de lhe permitirem bastante espaço, mas na verdade os desejos deles não têm limites, e eles estão simplesmente tentando desarmá-lo. Com certas pessoas você tem de ser mais duro, reconhecer que não existe meio-termo, nenhuma esperança de conciliação. Para seu adversário, seu desejo de fazer concessões é uma arma a ser usada contra você. Conheça estes perigosos inimigos pelo passado deles: procure achar rápidas tomadas de poder, súbitos aumentos de sorte, atos prévios de traição. Assim que desconfiar que está lidando com um Napoleão, não deponha suas armas ou as confie a outra pessoa. Você é a última linha de sua própria defesa.

Imagem:
A Terra. O inimigo é o chão sob seus pés. Ele tem uma gravidade que o segura no lugar, uma força de resistência. Lance raízes profundas nesta terra para conquistar firmeza e força. Sem um inimigo para pisar, sobre o qual caminhar, você se desorienta e perde todo o senso de proporção.

Autoridade: *Se você conta com a segurança e não pensa no perigo, se você não sabe o suficiente para estar atento quando chegarem os inimigos, é como o pardal fazendo ninho em uma tenda, um peixe nadando em um caldeirão – não duram um dia.* – Chuko Liang (181-234 d.C.)

INVERSO

Sempre mantenha a busca e o uso de inimigos sob controle. É de clareza que você precisa, e não de paranoia. É a decadência de muitos tiranos ver em todos um inimigo. Eles perdem a noção de realidade e se tornam irremediavelmente envoltos nas emoções que a paranoia deles agitam. De olho nos possíveis inimigos, você está simplesmente sendo prudente e cauteloso. Guarde suas suspeitas para si mesmo, de modo que, se estiver errado, ninguém fique sabendo. Também, cuidado para não polarizar as pessoas tão completamente que não possa recuar. Margaret Thatcher, em geral brilhante no jogo de polarização, acabou perdendo o controle: ela fez inimigos demais e continuou repetindo a mesma tática, até em situações que pediam recuo. Franklin Delano Roosevelt foi um mestre polarizador, sempre procurando traçar um limite entre ele mesmo e seus inimigos. Mas assim que deixava essa linha clara ele recuava, o que o fazia parecer um conciliador, um homem de paz que ocasionalmente entrava em guerra. Mesmo que essa impressão fosse falsa, criá-la foi o auge da sabedoria.

2

NÃO COMBATA A GUERRA QUE JÁ PASSOU

A ESTRATÉGIA DA GUERRILHA MENTAL

Aquilo que com mais frequência o desanima e o deixa infeliz é o passado, na forma de apegos desnecessários, repetições de fórmulas desgastadas e a lembrança de antigas vitórias e derrotas. Você deve travar conscientemente uma guerra contra o passado e fazer um esforço para reagir ao momento presente. Seja implacável com você mesmo; não repita os mesmos métodos esgotados. Às vezes você precisa se obrigar a partir em novas direções, mesmo se elas envolverem riscos. O que você talvez perca em conforto e segurança, ganhará em surpresa, deixando seus inimigos sem saber o que você vai fazer. Trave uma guerrilha mentalmente, não aceitando linhas estáticas de defesa, nenhuma cidadela exposta – torne tudo fluido e móvel.

> A teoria não pode equipar você com fórmulas para solucionar problemas, nem pode marcar o estreito caminho no qual a única solução deve ser mentir plantando uma barreira de princípios dos dois lados. Mas ela pode dar à mente uma percepção para a grande quantidade de fenômenos e de seus relacionamentos, então deixe-a livre para alçar-se às esferas superiores de ação. Ali a mente pode usar seus talentos inatos ao máximo, combinando-os todos de modo a compreender o que é certo e verdadeiro como se esta fosse a única ideia formada por sua pressão concentrada – como se fosse uma reação ao desafio imediato em vez de um produto do pensamento.
> DA GUERRA, CARL VON CLAUSEWITZ, 1780-1831

A ÚLTIMA GUERRA

Ninguém subiu ao poder mais rápido do que Napoleão Bonaparte (1769-1821). Em 1793, ele foi de capitão no exército revolucionário francês a general de brigada. Em 1796, tornou-se líder da força francesa na Itália combatendo os austríacos, a quem esmagou naquele ano e de novo três anos depois. Ele foi o primeiro cônsul da França em 1801, imperador em 1804. Em 1805, humilhou os exércitos austríaco e russo na Batalha de Austerlitz.

Para muitos, Napoleão foi mais do que um grande general; foi um gênio, um deus da guerra. Nem todos se impressionaram, entretanto: houve generais prussianos que pensavam que ele tinha tido sorte, apenas. Quando Napoleão era duro e agressivo, eles acreditavam, seus adversários tinham sido tímidos e fracos. Se tivesse enfrentado os prussianos, teria se revelado uma grande fraude.

Entre estes generais prussianos, estava Friedrich Ludwig, príncipe de Hohenlohe-Ingelfingen (1746-1818). Hohenlohe era de uma das famílias aristocratas mais antigas da Alemanha, com um ilustre registro militar. Ele havia começado sua carreira cedo, servindo sob Frederico, o Grande (1712-86), o homem que havia sozinho transformado a Prússia em uma grande potência. Hohenlohe subira na hierarquia, tornando-se general aos cinquenta anos – jovem pelos padrões prussianos.

Para Hohenlohe, o sucesso na guerra dependia de organização, disciplina e do uso de estratégias superiores desenvolvidas por mentes militares treinadas. Os prussianos eram exemplo de todas estas virtudes. Os soldados prussianos exercitavam-se incansavelmente até poderem executar manobras complicadas com a precisão de uma máquina. Os generais prussianos estudavam intensamente as vitórias de Frederico, o Grande; guerra para eles era uma questão matemática, a aplicação de princípios eternos. Para os generais, Napoleão era um corso de cabeça quente liderando um exército de cidadãos indisciplinados. Superiores em conhecimento e habilidade, eles o superariam em estratégia. Os franceses entrariam em pânico e se desmontariam diante dos disciplinados prussianos; o mito napoleônico estaria arruinado, e a Europa voltaria a seus velhos modos.

Em agosto de 1806, Hohenlohe e seus companheiros generais finalmente tiveram o que queriam: o rei Frederico Guilherme III, da Prússia, cansado das promessas não cumpridas de Napoleão, decidiu declarar guerra em seis semanas. Nesse meio-tempo, ele pediu que os generais armassem um plano para esmagar os franceses.

Hohenlohe ficou extasiado. Esta campanha seria o clímax de sua carreira. Havia anos que ele pensava em uma forma de derrotar Napoleão e apresentou seu plano na primeira sessão de estratégia dos generais: marchas precisas colocariam o exército no ângulo perfeito de onde atacar os franceses quando avançassem pelo sul da Prússia. Um ataque em formação oblíqua – a tática preferida de Frederico, o Grande – descarregaria um golpe devastador. Os outros generais, todos com seus sessenta e setenta anos, apresentaram seus próprios planos, mas estes não passavam de variantes das táticas de Frederico, o Grande. A discussão virou debate; várias semanas se passaram. Finalmente o rei teve de intervir e criar uma estratégia conciliadora que deixaria satisfeitos todos os seus generais.

Uma sensação de exuberância tomou conta do país, que em breve reviveria os anos gloriosos de Frederico, o Grande. Os generais perceberam que Napoleão sabia de seus planos – ele tinha excelentes espiões –, mas os prussianos estavam em vantagem, e assim que sua máquina de guerra começasse a se mover, nada poderia pará-la.

Em 5 de outubro, dias antes de o rei declarar guerra, notícias perturbadoras chegaram até os generais. Uma missão de reconhecimento revelara que divisões do exército de Napoleão, que eles tinham acreditado estar disperso, haviam marchado para o leste, fundindo-se e se concentrando no interior do sul da Prússia. O capitão que havia liderado a missão escoteira relatou que os soldados franceses estavam marchando com mochilas nas costas: enquanto os prussianos usavam carroças lentas para as provisões de suas tropas, os franceses carregavam os próprios suprimentos e moviam-se com surpreendente rapidez e mobilidade.

Antes que os generais tivessem tempo de ajustar seus planos, o exército de Napoleão girou para o norte, seguindo direto para Berlim, o coração da Prússia. Os generais argumentaram e se agitaram, movendo suas tropas para lá e para cá, tentando decidir por onde atacar. Instalou-se o pânico. Finalmente o rei ordenou uma retirada: as tropas deveriam se reunir no norte e atacar Napoleão pelo flanco conforme ele avançasse para Berlim. Hohenlohe estava encarregado da retaguarda, protegendo a retirada dos prussianos.

Em 14 de outubro, perto da cidade de Jena, Napoleão emparelhou com Hohenlohe, que finalmentee enfrentou a batalha que desejava tão desesperadamente. Os números em ambos os lados eram iguais, mas enquanto os franceses eram uma força indisciplinada, lutando desordenada e sempre correndo de um lado para o outro, Hohenlohe mantinha suas tropas em ordem rígida, orquestrando-as como um corpo de baile. O combate ia e vinha até que finalmente os franceses capturaram a aldeia de Vierzehnheiligen.

Hohenlohe ordenou que suas tropas recuperassem a aldeia. Em um ritual que datava de Frederico, o Grande, um tambor-mor batia uma

Ele [Barão Antoine-Henri de Jomini] – com frequência bastante arbitrariamente – comprime [os feitos de Napoleão] em um sistema que impõe a Napoleão, e, ao fazer isso, falha completamente em ver o que, acima de tudo, realmente constitui a grandeza de seu capitão. Isto é, a imprudente audácia de suas operações, onde, zombando de todas as teorias, ele sempre tentou fazer o que melhor se adequava a cada ocasião.
FRIEDRICH VON BERNHARDI, 1849-1930

cadência e os soldados prussianos, bandeiras desfraldadas, refizeram suas posições em perfeita ordem de parada, preparando-se para avançar. Mas eles estavam em uma planície aberta e os homens de Napoleão estavam por trás de muros de jardins e sobre os telhados das casas. Os prussianos caíram como paus de boliche diante dos atiradores franceses. Confuso, Hohenlohe ordenou a seus soldados para parar e mudar de formação. Os tambores soaram de novo, os prussianos marcharam com magnífica precisão, sempre à vista – mas os franceses continuavam atirando, dizimando a linha prussiana.

Hohenlohe nunca tinha visto um exército assim. Os soldados franceses eram uns demônios. Ao contrário de seus soldados disciplinados, eles se moviam por conta própria, mas havia método na loucura deles. De repente, não se sabia de onde, eles avançaram correndo por ambos os lados, ameaçando cercar os prussianos. O príncipe ordenou uma retirada. A Batalha de Jena tinha acabado.

Como um castelo de cartas, os prussianos rapidamente desmoronaram, uma fortaleza caindo após a outra. O rei fugiu para o leste. Em questão de dias, virtualmente nada restava do exército prussiano, outrora poderoso.

Interpretação. A realidade diante dos prussianos em 1806 era simples: estavam atrasados cinquenta anos. Seus generais eram velhos e, em vez de reagir às circunstâncias presentes, estavam repetindo fórmulas que haviam funcionado no passado. Seu exército movia-se lentamente, e seus soldados eram bonecos mecânicos desfilando. Os generais prussianos tiveram muitos sinais para alertá-los do desastre: seu exército não havia se saído bem em seus embates recentes, muitos oficiais prussianos haviam pregado a reforma e, por último, mas não menos importante, eles tinham tido dez anos para estudar Napoleão – suas estratégias inovadoras e a velocidade e fluidez com que seus exércitos convergiam sobre o inimigo. A realidade os olhava de frente, mas eles preferiram ignorá-la. Na verdade, diziam a si mesmos que Napoleão é que estava condenado.

Você talvez ache o exército prussiano apenas um exemplo histórico interessante, mas, na verdade, é provável que você esteja marchando na mesma direção. O que limita indivíduos, assim como nações, é a incapacidade de enfrentar a realidade, de ver as coisas como elas são. Conforme envelhecemos, ficamos mais enraizados no passado. O hábito toma conta. Algo que funcionou para nós passa a ser uma doutrina, uma casca para nos proteger da realidade. A repetição substitui a criatividade. Raramente percebemos que estamos fazendo isto, porque é quase impossível para nós ver o que está acontecendo em nossas men-

---

O MORCEGO E OS FURÕES
Um morcego caiu no chão e foi apanhado por um furão. Percebendo que estava para ser morto, o morcego implorou por sua vida. O furão lhe disse que não podia soltá-lo, pois espera-se que os furões sejam inimigos naturais de todas as aves. O morcego respondeu que não era uma ave, mas um camundongo. Desse modo ele conseguiu se livrar do perigo que corria. Mas, caindo uma segunda vez, o morcego foi apanhado por outro furão. De novo ele implorou para que o furão não o comesse. O segundo furão declarou que detestava todos os camundongos. Mas o morcego afirmou com toda a segurança que não era um camundongo, mas um morcego. E, portanto, foi solto mais uma vez. E foi assim que ele se salvou da morte duas vezes: com uma simples mudança de nome esta fábula mostra que nem

tes. E aí, de repente, um jovem Napoleão cruza nosso caminho, uma pessoa que não respeita as tradições, que luta de um modo novo. Só então vemos que nossas maneiras de pensar e reagir ficaram antiquadas.

Nunca dê como certo que seus sucessos no passado continuarão sendo assim no futuro. Na verdade, seus êxitos do passado são o seu maior obstáculo: cada batalha, cada guerra, é diferente, e você não pode supor que o que funcionou antes vai funcionar hoje. Você deve se libertar do passado e abrir os olhos para o presente. Sua tendência para combater a guerra anterior pode levá-lo a sua derradeira guerra.

sempre é necessário nos limitarmos às mesmas táticas. Mas, pelo contrário, se nos adaptarmos às circunstâncias podemos escapar mais facilmente do perigo.
FÁBULAS, ESOPO, SÉCULO VI A.C.

Quando em 1806 os generais prussianos... mergulharam nas mandíbulas escancaradas do desastre usando a ordem oblíqua de batalha de Frederico, o Grande, não foi apenas uma questão de estilo que havia sobrevivido a sua utilidade, porém a mais extrema falta de imaginação à qual a rotina sempre conduziu.

– Carl Von Clausewitz, *Da Guerra* (1780-1831)

Nunca li nenhum tratado sobre estratégia... Quando lutamos, não levamos conosco nenhum livro.
MAO TSÉ-TUNG, 1893-1976

A GUERRA PRESENTE

Em 1605, Miyamoto Musashi, um samurai que ganhou fama como espadachim na tenra idade de 21 anos, foi desafiado para um duelo. O desafiador, um rapaz chamado Matashichiro, era da família Yoshioka, um clã também famoso por bons espadachins. No início daquele ano, Musashi havia derrotado o pai de Matashichiro, Genzaemon, em um duelo. Dias depois, ele matara o irmão mais novo de Genzaemon em outro duelo. A família Yoshioka queria vingança.

Os amigos de Musashi farejaram uma armadilha no desafio de Matashichiro e se ofereceram para acompanhá-lo até o duelo, mas Musashi foi sozinho. Em suas lutas anteriores com os Yoshiokas, ele os havia irritado aparecendo com horas de atraso; desta vez, entretanto, ele chegou cedo e se escondeu nas árvores. Matashichiro chegou com um pequeno exército. Musashi "chegaria muito atrasado como sempre", um deles disse, "mas esse truque não vai mais funcionar com a gente!". Confiantes em sua emboscada, os homens de Matashichiro deitaram-se escondidos na grama. De repente, Musashi saltou de trás de sua árvore e gritou:

– Já esperei o bastante, saque de sua espada!

Em um golpe rápido, ele matou Matashichiro, depois se posicionou em ângulo para os outros homens. Todos eles se colocaram a postos, mas foram apanhados de surpresa e se assustaram, e em vez de cercá-lo, ficaram em uma linha quebrada. Musashi simplesmente passou correndo pela linha, matando os homens atordoados um após o outro em questão de segundos.

REFRESCANDO A MENTE. Quando você e seu adversário estão envolvidos em um combate que se arrasta sem um fim à vista, é crucial que você invente uma técnica totalmente diferente. Ao refrescar sua mente e técnicas enquanto continua a lutar contra seu adversário, você vai encontrar um senso de oportunidade ritmado com o qual derrotá-lo. Sempre que você e seu adversário ficam estagnados, você deve imediatamente empregar um método diferente com ele a fim de vencê-lo.
O LIVRO DOS CINCO ANÉIS, MIYAMOTO MUSASHI, 1584-1645

NÃO COMBATA A GUERRA QUE JÁ PASSOU | 45

A vitória de Musashi selou sua reputação como um dos maiores espadachins do Japão. Agora ele vagava pelo país procurando desafios adequados. Em uma cidade ele ouviu falar de um guerreiro invencível chamado Baiken, cujas armas eram uma foice e uma longa corrente com uma bola de aço na extremidade. Musashi queria ver estas armas em ação, mas Baiken recusou: a única maneira de vê-las atuando, Baiken disse, era em um duelo.

Mais uma vez os amigos de Musashi escolheram o caminho seguro: insistiram para que ele fosse embora. Ninguém tinha chegado perto de derrotar Baiken, cujas armas eram invencíveis: girando a bola no ar para aumentar o impulso, ele forçava a vítima a recuar com uma investida inexorável e aí lançava a bola no rosto do homem. Seu adversário tinha de se desviar da bola e da corrente e, enquanto seu braço da espada estava ocupado, em um breve instante Baiken o golpeava no pescoço com a foice.

Ignorando os conselhos dos amigos, Musashi desafiou Baiken e apareceu na tenda do homem com duas espadas, uma longa e outra curta. Baiken nunca tinha visto ninguém lutar com duas espadas. Também, em vez de deixar Baiken atacar primeiro, Musashi atacou antes, deixando o inimigo perplexo. Baiken hesitou em lançar a bola, pois Musashi poderia desviá-la com um golpe da espada curta e atingi-lo com a outra. Enquanto procurava uma oportunidade, Musashi de repente o desequilibrou com um golpe da espada curta e então, em uma fração de segundo, concluiu com um golpe da espada longa, perfurando-o e matando o, até então, invencível mestre Baiken.

Anos depois, Musashi soube de um grande samurai chamado Sasaki Ganryu, que lutava com uma espada muito longa – uma arma surpreendentemente bela, que parecia possuída de um espírito guerreiro. Esta luta seria o teste definitivo para Musashi. Ganryu aceitou o desafio; o duelo ocorreria em uma pequena ilha perto da casa do samurai.

Na manhã do duelo, a ilha estava lotada. A luta entre guerreiros como eles não tinha precedentes. Ganryu chegou na hora, mas Musashi estava atrasado, muito atrasado. Passou uma hora, duas; Ganryu estava furioso. Finalmente um barco foi avistado aproximando-se da ilha. Seu passageiro estava deitado, meio adormecido, parecia, desbastando um longo remo de madeira. Era Musashi. Ele parecia perdido em seus pensamentos, olhando as nuvens. Quando o barco chegou à praia, ele amarrou uma toalha suja na cabeça e saltou fora, brandindo seu longo remo – mais longo do que a famosa espada de Ganryu. Este homem estranho tinha vindo para a maior luta de sua vida usando um remo como espada e uma toalha como faixa na cabeça.

Ganryu gritou zangado:

É uma doença ficar obcecado com a ideia de vencer. É também uma doença estar obcecado com a ideia de empregar sua habilidade de espadachim. Também é, estar obcecado com a ideia de usar tudo que você aprendeu, e com a ideia de atacar. É também uma doença estar obcecado com a ideia de se livrar de qualquer uma dessas doenças. Uma doença aqui é uma mente obcecada que não para de pensar em uma coisa. Porque todas estas doenças estão em sua mente, você deve se livrar delas para colocar sua mente em ordem.
TAKUAN, JAPÃO, 1573-1645

— Está com tanto medo de mim que quebrou sua promessa de estar aqui às oito?

Musashi não disse nada, mas se aproximou mais. Ganryu sacou de sua magnífica espada e jogou a bainha na areia. Musashi sorriu.

— Sasaki, você acabou de selar o seu destino.

— Eu? Derrotado? Impossível!

— Que vitorioso na terra — respondeu Musashi — abandonaria sua bainha ao mar?

Esta enigmática observação só irritou Ganryu ainda mais.

Então Musashi atacou, mirando seu remo afiado direto nos olhos do inimigo. Ganryu rapidamente ergueu a espada e tentou acertar a cabeça de Musashi, mas errou o golpe, cortando apenas a toalha em duas. Ele nunca errara antes. Quase no mesmo instante, Musashi baixou sua espada de madeira, derrubando Ganryu. Os espectadores estavam de boca aberta. Enquanto Ganryu se esforçava para se levantar, Musashi matou-o com um golpe na cabeça. Em seguida, depois de se curvar polidamente para os homens oficializando o fim do duelo, ele entrou de novo no barco e partiu com a mesma calma com que tinha chegado.

A partir daquele momento, Musashi foi considerado um espadachim sem rival.

Interpretação. Miyamoto Musashi, autor de *O livro dos cinco anéis*, venceu todos os seus duelos por uma razão: em cada caso ele adaptava sua estratégia a seu adversário e às circunstâncias do momento. Com Matashichiro, ele decidiu que era hora de chegar cedo. O que não havia feito em suas lutas anteriores. A vitória sobre colegas superiores dependia da surpresa, portanto ele saltou quando seus adversários estavam deitados; então, depois de matar o líder deles, colocou-se em um ângulo que os convidava a atacá-lo em vez de cercá-lo, o que teria sido muito mais perigoso para ele. Com Baiken foi simplesmente uma questão de usar duas espadas e depois lotar seu espaço, não lhe dando tempo para reagir com inteligência a esta novidade. Com Ganryu ele teve a intenção de enfurecer e humilhar seu arrogante adversário — a espada de madeira, a atitude de pouco caso, a toalha suja amarrada na cabeça, a observação enigmática, o golpe nos olhos.

Os adversários de Musashi dependiam de técnica brilhante, espadas faiscantes e armas não ortodoxas. Isso é o mesmo que lutar a guerra passada; em vez de reagir ao momento, eles confiavam no treinamento, na tecnologia e no que havia funcionado antes. Musashi, que havia compreendido a essência da estratégia quando ainda era muito jovem, transformou a rigidez deles em derrota. Seu primeiro pensamento foi com relação ao movimento inicial que mais surpreenderia este ad-

Qualquer um pode planejar uma campanha, mas poucos são capazes de travar uma guerra, porque só um verdadeiro gênio militar pode lidar com evoluções e circunstâncias.
NAPOLEÃO BONAPARTE, 1769-1821

Trovões e vento: a imagem de DURAÇÃO. Assim o homem superior permanece firme e não muda sua direção. O trovão ribomba, e o vento sopra; ambos são exemplos de extrema mobilidade e, portanto, aparentemente são o próprio oposto de duração, mas as leis que governam seu aparecimento e diminuição, seu ir e vir, resistem. Do mesmo modo a independência do homem superior não está baseada na rigidez e imobilidade de caráter. Ele sempre acompanha a evolução dos tempos e muda com ela. O que resiste é a diretriz invariável, a

lei interior de seu ser, que determina todas as suas ações.
I CHING, CHINA, POR VOLTA DO SÉCULO VIII A.C.

versário em particular. Em seguida ele se fixaria no momento: tendo desequilibrado o adversário com algo inesperado, ele observaria atentamente, depois reagiria com outra ação, em geral improvisada, que transformaria o mero desequilíbrio em derrota e morte.

Ao se preparar para a guerra, você deve se livrar de mitos e interpretações errôneas. Estratégia não é uma questão de aprender uma série de movimentos ou ideias para serem seguidas como receita; a vitória não tem fórmulas mágicas. Ideias são simples nutrientes para o solo: elas ficam em seu cérebro como possibilidades, para que no calor do momento elas possam inspirar uma direção, uma resposta apropriada e criativa. Abandone todos os fetiches – livros, técnicas, fórmulas, armas faiscantes – e aprenda a ser seu próprio estrategista.

Minha política é não ter política.
ABRAHAM LINCOLN, 1809-1865

> *Assim, as vitórias pessoais na batalha não podem ser repetidas – elas assumem sua forma em resposta a circunstâncias inesgotavelmente cambiantes.*
> – Sun Tzu (século IV a.C.)

CHAVES PARA A GUERRA

Ao olharmos para uma experiência desagradável ou incômoda do passado, a ideia inevitavelmente nos ocorre: se tivéssemos dito ou feito x em vez de y, se pudéssemos fazer de novo. Muitos generais perderam a cabeça no calor da batalha e depois, olhando para trás, pensaram na única tática, na única manobra, que teria mudado tudo. Até o príncipe Hohenlohe, anos mais tarde, pôde ver como ele havia estragado a retomada de Vierzehnheiligen. O problema, entretanto, não é que só pensamos na solução quando já é tarde. O problema é que imaginamos que o conhecimento é o que estava faltando: se tivéssemos sabido, se tivéssemos pensado melhor. Esta é exatamente a abordagem errada. O que nos desviou do caminho certo é não estarmos sintonizados com o momento presente, insensíveis às circunstâncias. Estamos ouvindo nossos próprios pensamentos, reagindo às coisas que nos aconteceram no passado, aplicando teorias e ideias que digerimos faz tempo, mas que nada têm a ver com nossas dificuldades no presente. Mais livros, teorias e ideias só pioram o problema.

Se você coloca uma cuia vazia na água e a toca, ela escorrega para um lado. Por mais que você tente, ela não fica em um lugar só. A mente de quem chegou ao estado máximo não fica com coisa alguma, nem por um segundo. É como uma cuia vazia na água que é empurrada de um lado para o outro.
TAKUAN, JAPÃO, 1573-1645

Compreenda: os maiores generais, os estrategistas mais criativos, se destacam não porque têm mais conhecimentos, mas porque são capazes, quando necessário, de largar suas noções preconcebidas e se concentrar intensamente no momento presente. É assim que nasce a centelha da criatividade e as oportunidades são aproveitadas. Conhecimento, experiência e teoria têm limitações: nenhuma quantidade de ideias antecipadas pode preparar você para o caos da vida, para as infinitas possibilidades do momento. O grande filósofo da guerra, Carl von Clausewitz, chamava a isto de "atrito": a diferença entre nossos planos e o que realmente acontece. Visto que o atrito é inevitável, nossa mente precisa ser capaz de acompanhar as mudanças e se adaptar ao inesperado. Quanto melhor pudermos adaptar nossos pensamentos às circunstâncias que não são mais as mesmas, mais realistas serão nossas respostas a elas. Quanto mais nos perdermos em teorias pré-digeridas e experiências passadas, mais inadequada e ilusória será nossa reação.

Pode valer a pena analisar o que deu errado no passado, mas é muito mais importante desenvolver a capacidade de pensar no momento. Assim você terá muito menos erros para analisar.

Pense na mente como um rio: quanto mais rápido ele corre, melhor ele acompanha o presente e reage às mudanças. Quanto mais rápido ele flui, também mais ele se renova e maior é sua energia. Ideias obsessivas, experiências passadas (sejam traumas ou sucessos) e noções preconcebidas são como rochas ou lama neste rio, ali se sedimentando e endurecendo e represando-o. O rio para de se mover; a estagnação se estabelece. Você deve travar mentalmente uma guerra constante contra esta tendência.

O primeiro passo é simplesmente estar atento ao processo e à necessidade de combatê-lo. O segundo é adotar algumas táticas que talvez o ajudem a restaurar o fluxo natural da mente.

Reexamine todas as suas crenças e princípios prediletos. Quando perguntaram a Napoleão que princípios de guerra ele seguia, a resposta foi: nenhum. Seu gênio era sua habilidade para reagir às circunstâncias, fazer o máximo do que lhe era dado – ele foi o supremo oportunista. Seu único princípio, igualmente, deve ser não ter princípios. Acreditar que a estratégia tem leis inexoráveis ou regras eternas é aceitar uma posição rígida, estática, que será seu erro. Claro que o estudo da história e da teoria pode ampliar sua visão do mundo, mas você tem de combater a tendência da teoria de se enrijecer em dogma. Seja brutal com o passado, com a tradição, com os antigos estilos de fazer as coisas. Declare guerra às vacas sagradas e vozes do convencional na própria cabeça.

Nossa educação é, muitas vezes, o problema. Durante a Segunda Guerra Mundial, os ingleses combatendo os alemães no deserto da África do Norte estavam bem treinados na guerra com tanques; você poderia dizer que eles foram doutrinados com teorias a respeito disso. Mais tarde, na campanha, uniram-se a eles as tropas americanas que eram muito menos educadas nestas táticas. Em pouco tempo, entre-

A derrota é amarga. Amarga para o soldado comum, três vezes mais amarga para seu general. O soldado pode se consolar com a ideia de que, seja qual for o resultado, ele cumpriu seu dever fiel e resolutamente, mas o comandante falhou em seu dever se não conquistou a vitória – pois esse é seu dever. Ele não tem nenhum outro que se compare a isso. Ele irá remoer em suas lembranças os acontecimentos durante a campanha. "Aqui", ele pensará, "eu errei; aqui eu

aceitei os conselhos do meu temor quando deveria ter sido ousado; ali eu deveria ter esperado para ganhar força, não atacado pouco a pouco; nesse momento eu falhei em aproveitar a oportunidade quando ela se apresentou." Ele irá se lembrar dos soldados que enviou para o ataque que falhou e que não voltaram. Ele recordará a expressão nos olhos dos homens que confiaram nele. "Eu falhei com eles", ele dirá para si mesmo, "e falhei com o meu país!" Ele se verá como é realmente – um general derrotado. Em uma hora sombria, ele se acusará e questionará os próprios fundamentos de sua liderança e masculinidade. E então ele deve parar! Pois se vai comandar em batalha de novo, deve se livrar destes arrependimentos, e reprimi-los, pois eles se agarrarão a sua vontade e autoconfiança. Ele deve rechaçar estes ataques que desfere contra si próprio e abandonar as dúvidas nascidas do fracasso. Esqueça-as e lembre-se apenas das lições a serem aprendidas com a derrota – elas estão em maior número do que com a vitória.
DEFEAT INTO VICTORY, WILLIAM SLIM, 1897-1970

tanto, os americanos começaram a lutar em um estilo que era igual, se não superior, ao dos britânicos; eles se adaptaram à mobilidade deste novo tipo de combate no deserto. Segundo o próprio marechal de campo Erwin Rommel, líder do exército alemão na África do Norte, "Os americanos... aproveitaram muito mais do que os ingleses com sua experiência na África, confirmando assim o axioma de que educação é mais fácil do que reeducação".

O que Rommel quis dizer era que a educação tende a marcar a ferro na mente preceitos que são difíceis de abalar. Em meio ao combate, a mente treinada pode ficar para trás – concentrando-se mais em regras aprendidas do que nas circunstâncias diferentes da batalha. Quando você se vê diante de uma nova situação, muitas vezes é melhor imaginar que não sabe nada e que precisa começar a aprender tudo de novo. Limpar a mente de tudo que você pensava saber, mesmo suas ideias preferidas, lhe dará o espaço mental para ser educado por sua experiência presente – a melhor escola de todas. Você vai desenvolver os seus próprios músculos estratégicos, em vez de depender das teorias e livros dos outros.

Apague a memória da última guerra. A última guerra que você combateu é um perigo, mesmo que você tenha vencido. Ela está fresca em sua mente. Se você saiu vitorioso, tenderá a repetir as estratégias que acabou de usar, pois o sucesso nos deixa preguiçosos e complacentes; se você perdeu, talvez esteja desconfiado e indeciso. Não pense na última guerra; você não tem a distância nem o desapego. Em vez disso, faça o que puder para apagá-la de sua mente. Durante a Guerra do Vietnã, o grande general norte-vietnamita, Vo Nguyen Giap, tinha um simples sistema empírico: depois de uma campanha bem-sucedida, ele se convencia de que na verdade tinha sido um fracasso. Consequentemente, ele não se embriagava para comemorar seu sucesso e nunca repetia a mesma estratégia na batalha seguinte. Pelo contrário, ele tinha de examinar cada situação de novo.

Ted Williams, talvez o maior autêntico batedor de beisebol, fazia questão de sempre esquecer sua última rebatida. Tivesse conseguido um *home run* ou um *strikeout*, ele esquecia. Duas rebatidas nunca são iguais, mesmo contra o mesmo lançador, e Williams queria uma mente aberta. Ele não esperava pelo próximo rebate para começar a se esquecer: assim que voltava do *dugout*, ele começava a se concentrar no que estava acontecendo na partida. Atenção aos detalhes do presente é, de longe, a melhor maneira de excluir o passado e esquecer a última guerra.

Mantenha a mente em movimento. Quando crianças, nossas mentes não paravam nunca. Estávamos abertos a novas experiências e absorvíamos o máximo possível. Aprendíamos rápido, porque o mundo a nossa volta nos excitava. Quando nos sentíamos frustrados ou aborrecidos, encontrávamos algum modo criativo de conseguir o que queríamos e depois, rapidamente, esquecíamos o problema assim que algo novo cruzasse nosso caminho.

Todos os grandes estrategistas – Alexandre, o Grande; Napoleão; Musashi – foram infantis neste aspecto. Às vezes, na verdade, eles até agiam como crianças. A razão é simples: estrategistas superiores veem as coisas como elas são. Eles são altamente sensíveis a riscos e oportunidades. Nada permanece a mesma coisa na vida e acompanhar as circunstâncias conforme elas mudam requer uma grande fluidez mental. Grandes estrategistas não agem de acordo com ideias preconcebidas: eles reagem ao momento, como crianças. Suas mentes estão sempre se movendo e eles estão sempre excitados e curiosos. Eles esquecem rapidamente o passado – o presente é muito mais interessante.

Aristóteles, o pensador grego, pensava que a vida era definida pelo movimento. O que não se move está morto. O que tem velocidade e mobilidade tem mais possibilidades, mais vida. Todos nós começamos com a mente móvel de um Napoleão, mas, conforme envelhecemos, tendemos a ficar mais parecidos com os prussianos. Você talvez ache que o que gostaria de recuperar de sua juventude é sua aparência, seu bom condicionamento físico, seus prazeres simples, mas o que você realmente precisa é da fluidez mental que possuiu um dia. Sempre que você perceber seus pensamentos girando em torno de um assunto ou ideia em particular – uma obsessão, um ressentimento – empurre-os para o passado. Distraia-se com outra coisa. Como uma criança, encontre algo novo em que se concentrar, algo que mereça a sua atenção. Não perca tempo com coisas que não pode mudar ou influenciar. Não fique parado.

Absorva o espírito dos tempos. Ao longo de toda a história da guerra, tem havido batalhas clássicas nas quais o passado se confrontou com o futuro em uma irremediável disparidade. Aconteceu no século VII, quando os persas e bizantinos enfrentaram os invencíveis exércitos do Islã, com sua nova forma de combate no deserto; ou na primeira metade do século XIII, quando os mongóis usaram incansável mobilidade para vencer os pesados exércitos russos e europeus; ou em 1806, quando Napoleão esmagou os prussianos em Jena. Em cada caso, o exército conquistador desenvolveu um jeito de lutar que maximizava uma nova forma de tecnologia ou uma nova ordem.

Saber que se está em uma determinada condição, em um determinado estado, já é um processo de liberação; mas o homem que não tem consciência de sua condição, de sua luta, tenta ser outra coisa que não é ele, que dá origem ao hábito. Portanto, então, tenhamos em mente que queremos examinar o que é, observar e estar atento a exatamente o que é o real, sem lhe dar uma interpretação. É preciso uma mente extraordinariamente astuta, um coração extraordinariamente flexível, para estar atento e acompanhar o que é; porque o que é está sempre se movendo, continuamente passando por uma transformação, e se a mente está acorrentada à crença, ao conhecimento, ela cessa de buscar, ela cessa de acompanhar o rápido movimento do que é. O que é não é estático, certamente – está constantemente se movendo, como você verá, se observar com atenção. Para acompanhá-lo, você precisa de uma mente rápida e um coração flexível – que são negados quando a mente é estática, fixada em uma crença, em um preconceito, em uma identificação; e uma mente e um coração secos não podem

> *acompanhar com facilidade, rapidez, o que é.*
> JIDDU KRISH-NAMURTI, 1895-1986

Você pode reproduzir este efeito em uma escala menor sintonizando-se com o espírito dos tempos. Desenvolver antenas para as tendências que ainda estão para surgir toma tempo e estudo, assim como a flexibilidade para se adaptar a estas tendências. Conforme você envelhece, é melhor alterar periodicamente seu estilo. Na era dourada de Hollywood, a carreira da maioria das atrizes era muito curta. Mas Joan Crawford lutou contra o sistema dos estúdios e conseguiu ter uma carreira notavelmente longa mudando constantemente de estilo, indo de sereia, heroína *noir* até rainha cult. Em vez de permanecer sentimentalmente apegada a um estilo dos velhos tempos, ela foi capaz de perceber uma tendência surgindo e acompanhá-la. Ao se adaptar e mudar de estilo constantemente, você evitará as armadilhas de suas guerras anteriores. Assim que as pessoas acharem que o conhecem, você muda.

Curso inverso. O grande romancista russo Fiódor Dostoiévski sofria de epilepsia. Pouco antes de um ataque, ele experimentava um momento de intenso êxtase, que descrevia como uma sensação de estar de repente inundado de realidade, uma visão momentânea do mundo exatamente como ele é. Mais tarde ele se veria deprimido, pois esta visão tinha ficado repleta de hábitos e rotinas da vida diária. Durante essas depressões, querendo sentir essa proximidade com a realidade de novo, ele ia ao cassino mais próximo e jogava fora todo seu dinheiro. Aí a realidade tomava conta dele; conforto e rotina desapareciam, padrões rançosos desandavam. Tendo de repensar tudo, ele recuperava sua energia criativa. Isto era o mais próximo que ele podia chegar deliberadamente da sensação de êxtase que conseguia com a epilepsia.

O método de Dostoiévski era um pouco exagerado, mas às vezes você precisa se sacudir, libertar-se das garras do passado. Isto pode assumir a forma de inversão de seu curso, fazer o oposto do que faria normalmente em uma determinada situação, colocando-se em alguma circunstância inusitada, ou literalmente começando tudo de novo. Nessas situações a mente tem de lidar com uma nova realidade, e aí acorda para a vida. A mudança pode ser alarmante, mas também é renovadora – até excitante.

É comum os relacionamentos desenvolverem uma previsibilidade tediosa. Você faz o que habitualmente faz, as outras pessoas reagem da maneira que habitualmente fazem, e por aí vai. Se você inverter o curso, agir de uma maneira nova, altera totalmente a dinâmica. Isso frequentemente rompe o padrão rançoso do relacionamento e o faz florescer para novas possibilidades.

Pense em sua mente como um exército. Exércitos precisam se adaptar à complexidade e ao caos das guerras modernas tornando-se mais fluidos e manobráveis. A extensão máxima desta evolução é a guerrilha, que explora o caos fazendo da desordem e da imprevisibilidade uma estratégia. A guerra de guerrilhas nunca para para defender um lugar em particular ou uma cidade; ela vence ao se mover sempre, permanecendo um passo à frente. Sem obedecer a nenhum padrão definido, ela não dá ao inimigo um alvo. O exército de guerrilha jamais repete a mesma tática. Ele reage à situação, ao momento, ao terreno onde se encontra. Não há uma frente de batalha, nenhuma linha concreta de comunicação ou suprimentos, nenhuma carroça lenta. O exército de guerrilha é pura mobilidade.

Esse é o modelo para sua nova maneira de pensar. Não aplique nenhuma tática rígida; não deixe sua mente se acomodar em posições estáticas, defendendo um lugar ou ideia em particular, repetindo as mesmas manobras desanimadas. Ataque os problemas de novos ângulos, adaptando-se ao cenário e ao que você recebe. Ficando em constante movimento, você não mostra a seus inimigos um alvo para mirar. Você explora o caos do mundo em vez de sucumbir a ele.

Imagem: *Água.*
Adaptando sua forma
para onde quer que
        se mova o rio,
    empurrando
as pedras que estão
      em seu caminho, alisando
        as rochas,
          ele nunca para,
            nunca é o mesmo.
              Quanto mais rápido
                se move,
                  mais claro
                    fica.

Autoridade: Alguns de nossos generais falharam porque resolveram tudo segundo as regras. Eles sabiam o que Frederico fez em um lugar e Napoleão em outro. Eles estavam sempre pensando no que Napoleão faria... Não subestimo o valor do conhecimento militar, mas se os homens fazem a guerra em servil observação de regras, fracassarão... A guerra é progressiva. – Ulysses S. Grant (1822-85)

INVERSO

De nada vale lutar a guerra anterior. Mas enquanto você está eliminando esta perniciosa tendência precisa imaginar que seu inimigo está fazendo o mesmo – tentando aprender com o presente e se adaptar a ele. Alguns dos piores desastres militares aconteceram não por se combater a guerra anterior, mas por se supor que isso é o que o adversário vai fazer. Quando invadiu o Kuwait, em 1990, Saddam Hussein, do Iraque, achou que os Estados Unidos ainda precisavam se recuperar da "síndrome do Vietnã" – o medo de mortes e perdas que tinham sido tão traumáticas durante o período do Vietnã – e que eles evitariam totalmente a guerra ou então lutariam do mesmo modo que antes, tentado vencer a luta pelo ar e não por terra. Lembre-se: o perdedor em qualquer batalha talvez esteja traumatizado demais para lutar de novo, mas talvez também aprenda com a experiência e siga em frente. Erre por excesso de cautela; esteja preparado. Jamais deixe seu inimigo surpreendê-lo na guerra.

3

EM MEIO AO TURBILHÃO DE ACONTECIMENTOS, NÃO PERCA A PRESENÇA DE ESPÍRITO

A ESTRATÉGIA DO CONTRAPESO

No calor da batalha, a mente tende a perder o equilíbrio. Você enfrenta muitas coisas ao mesmo tempo – contratempos, dúvidas e críticas dos próprios aliados. É perigoso reagir emocionalmente, com medo, depressão ou frustração. É vital conservar a presença de espírito, mantendo seus poderes mentais, sejam quais forem as circunstâncias. Você deve resistir ativamente ao impulso emocional do momento – permanecendo decidido, confiante e agressivo, não importa o que o atacar. Fortaleça sua mente ainda mais, expondo-a a adversidades. Aprenda a se desprender do caos do campo de batalha. Deixe que os outros percam a cabeça; sua presença de espírito o afastará da influência deles e o manterá no curso.

A TÁTICA HIPERAGRESSIVA

O vice-almirante Lorde Horatio Nelson (1758-1805) tinha passado por tudo. Perdera um olho no cerco de Calvi e o braço direito na Batalha de Tenerife. Derrotara os espanhóis no Cabo de São Vicente, em 1797, e frustrara a campanha de Napoleão, no Egito, ao derrotar sua marinha na Batalha do Nilo no ano seguinte. Mas nenhuma de suas tribulações e triunfos o preparou para os problemas que enfrentara com os próprios colegas na marinha britânica ao se aprontarem para a guerra contra a Dinamarca em fevereiro de 1801.

Nelson, o mais glorioso herói de guerra da Inglaterra, era a escolha óbvia para comandar a frota. Mas o almirantado escolheu Sir Hyde Parker, com Nelson como o segundo em comando. Esta guerra era um assunto delicado; ela devia forçar os desobedientes dinamarqueses a concordar com o embargo liderado pelos britânicos à remessa de mercadorias militares para a França. O inflamado Nelson era propenso a perder a calma. Ele odiava Napoleão e, caso se excedesse contra os dinamarqueses, provocaria um fiasco diplomático. Sir Hyde era um homem mais velho, mais estável, equilibrado, que faria o que tinha de ser feito e nada mais.

Nelson engoliu seu orgulho e aceitou a incumbência, mas viu problemas no futuro. Ele sabia que o tempo era essencial: quanto mais rápido os navios partissem, menor a chance de os dinamarqueses aumentarem suas defesas. Os navios estavam prontos para levantar as velas, mas o lema de Parker era "Tudo em ordem". Correr não era de seu estilo. Nelson detestava seu ar despreocupado e estava doido por ação; ele revia relatórios do serviço secreto, estudava mapas e propôs um plano detalhado para combater os dinamarqueses. Escreveu a Parker insistindo para que ele tomasse a iniciativa. Parker o ignorou.

Finalmente, no dia 11 de março, a frota britânica içou as velas. Em vez de seguir para Copenhague, entretanto, Parker ancorou bem ao norte do porto da cidade e convocou uma reunião com seus capitães. Segundo os relatórios do serviço secreto, ele explicou, os dinamarqueses tinham preparado defesas sofisticadas para Copenhague. Barcos ancorados no porto, fortes ao norte e ao sul e baterias de artilharia móvel podiam fazer os britânicos voar pelos ares. Como combater esta artilharia sem terríveis perdas de vidas? E, também, os pilotos que conheciam as águas ao redor de Copenhague relataram que elas eram traiçoeiras, com bancos de areia e ventos astuciosos. Navegar nessas águas arriscadas sob bombardeio seria horrível. Com todas estas dificuldades, talvez fosse melhor esperar que os dinamarqueses deixassem o porto e, então, combatê-los em mar aberto.

[A presença de espírito] deve representar um grande papel na guerra, o domínio do inesperado, visto que nada mais é do que uma capacidade aumentada de lidar com o inesperado. Nós admiramos a presença de espírito em uma resposta adequada, como admiramos o pensamento rápido diante do perigo... A expressão "presença de espírito" transmite exatamente a velocidade e imediação da ajuda proporcionada pelo intelecto.
DA GUERRA,
CARL VON CLAUSEWITZ,
1780-1831

Mais vida escorre de um homem através de seus pensamentos do que através de uma ferida aberta.
THOMAS HARDY,
1840-1928

Nelson lutou para se controlar. Finalmente explodiu, andando de um lado para o outro na sala, o toco de seu braço perdido sacudindo enquanto falava. Jamais uma guerra fora vencida protelando-a. As defesas dinamarquesas pareciam formidáveis "para aqueles que são crianças em guerra", mas ele havia planejado uma estratégia semanas antes: atacaria do sul, a abordagem mais fácil, enquanto Parker e uma força reserva ficariam ao norte da cidade. Nelson usaria sua mobilidade para tomar as armas dinamarquesas. Ele tinha estudado os mapas, bancos de areia não eram ameaça. Quanto ao vento, a ação agressiva era mais importante do que ficar se queixando do vento.

O discurso de Nelson deu nova energia aos capitães. Ele era de longe o melhor líder, e sua confiança era contagiante. Até Sir Hyde ficou impressionado, e o plano foi aprovado.

Na manhã seguinte, a linha de navios de Nelson avançou sobre Copenhague, e a batalha teve início. Os canhões dinamarqueses, disparando sobre os britânicos de perto, cobraram feroz tributo. Nelson andava de um lado para o outro no convés de sua nau capitânia, HMS *Elephant*, incentivando os homens. Ele estava excitado, quase em êxtase. Um disparo atravessando o mastro principal quase o acertou: "Isso é aquecimento, e hoje pode ser o último dia de qualquer um de nós a qualquer momento", ele disse a um coronel, um tanto abalado com a explosão, "mas tome nota, eu não estaria em outro lugar por nada neste mundo."

Parker acompanhou a batalha de sua posição ao norte. Agora lamentava ter concordado com o plano de Nelson; ele era responsável pela campanha, e uma derrota aqui poderia arruinar sua carreira. Depois de quatro horas de troca de bombardeio, ele deu um basta; a frota estava levando a pior e não tinha conseguido nenhuma vantagem. Nelson nunca soube quando parar. Parker decidiu que era hora de içar a bandeira de sinais 39, a ordem para retirada. Os primeiros navios a vê-la tinham de reconhecê-la e passar o sinal adiante. Uma vez reconhecida, não restava outra coisa a fazer senão recuar. A batalha estava encerrada.

A bordo do *Elephant*, um sargento falou a Nelson sobre o sinal. O vice-almirante o ignorou. Continuando a bombardear as defesas dinamarquesas, ele chamou um oficial, "A número 16 ainda está içada?". Número 16 era sua própria bandeira; ela queria dizer "ataque o inimigo mais de perto". O oficial confirmou que a bandeira ainda estava içada. "Cuide para mantê-la assim", Nelson lhe disse. Minutos depois, o sinal de Parker ainda tremulando sob a brisa, Nelson virou-se para seu capitão de bandeiras: "Sabe, Foley, eu só tenho um olho – tenho o direito de não enxergar às vezes." E levando o telescópio em direção ao olho cego, observou calmamente, "Realmente não vejo nenhum sinal".

Portanto, Grant estava sozinho; seus subordinados mais fiéis imploravam para que ele mudasse seus planos, enquanto seus superiores estavam atônitos com sua temeridade e lutavam para interferir. Soldados de reputação e civis em altos postos condenavam, por antecedência, uma campanha que lhes parecia tão sem esperanças quanto sem precedentes. Se ele fracassasse, o país iria concordar com o Governo e os generais. Grant sabia disso tudo, e avaliava o risco que estava correndo, mas era tão invulnerável às apreensões de ambição quanto às súplicas de amizades, ou às ansiedades até de patriotismo. Essa tranquila confiança em si mesmo que jamais o abandonou, e que chegava na verdade quase a uma sensação de destino, era ininterrupta. Uma vez determinado em uma questão que exigia decisão irreversível, ele jamais voltava atrás, nem ficava apreensivo, mas era firme em sua fidelidade a si mesmo e a seus planos. Esta fé absoluta e implícita estava, entretanto, o mais longe possível da vaidade ou do entusiasmo; era simplesmente uma conscientização ou convicção, que dava origem à própria força em que acreditava; que era em si a mesma

força, e que inspirava outras pessoas a confiarem nele, porque ele era capaz de assim confiar em si mesmo.
MILITARY HISTORY OF ULYSSES S. GRANT, ADAM BADEAU, 1868

Divididos entre obedecer a Parker e aceitar suas ordens, os capitães da frota escolheram Nelson. Arriscariam suas carreiras junto com ele. Mas não demorou muito e as defesas dinamarquesas começaram a ceder; alguns navios ancorados no porto se entregaram e os disparos das armas diminuíram de intensidade. Menos de uma hora depois do sinal de Parker para parar a batalha, os dinamarqueses se renderam.

No dia seguinte, Parker congratulou Nelson sem grandes efusões pela vitória. Não mencionou a desobediência de seu subordinado. Estava esperando que a questão toda, inclusive a própria falta de coragem, ficasse tranquilamente esquecida.

Era uma vez um homem a quem se pode chamar de "generalíssimo" dos ladrões e que atendia pelo nome de Hakamadare. Ele tinha uma mente forte e uma estrutura poderosa. Era veloz com os pés, rápido com as mãos, sábio nos pensamentos e tramas. No todo, não havia ninguém que se comparasse a ele. Seu negócio era roubar os bens alheios quando as pessoas estavam desprevenidas. Certa vez, lá pelo décimo mês do ano, ele precisava de roupas e resolveu se apoderar de algumas. Foi a locais propícios e ficou andando de um lado para o outro, procurando. Por volta da meia-noite, quando as pessoas tinham ido dormir e estavam quietas, sob o luar um tanto enevoado ele viu um homem fartamente vestido passeando a pé por um bulevar. O homem, com suas calças largas amarradas com cordões,

Interpretação. Quando o almirantado confiou em Sir Hyde, cometeu um clássico erro militar: entregou a guerra nas mãos de um homem que era cuidadoso e metódico. Homens assim podem parecer calmos, até fortes, em tempos de paz, mas seu autocontrole muitas vezes esconde uma fraqueza: eles pensam demais porque estão assustadíssimos com a possibilidade de cometer um erro e com o que isso significaria para eles e para suas carreiras. Isso só se revela quando são testados em batalha: de repente, eles não conseguem tomar uma decisão. Veem problemas por toda parte e derrota ao menor contratempo. Recuam não por paciência, mas por medo. Muitas vezes estes momentos de hesitação selam seu destino.

Lorde Nelson operava de acordo com o princípio oposto. Franzino, de constituição delicada, ele compensava sua fraqueza física com feroz determinação. Ele se obrigava a ser mais decidido do que qualquer um a sua volta. Assim que entrava em batalha, ele destravava seus impulsos agressivos. Quando outros senhores do mar se preocupavam com casualidades, vento, mudanças na formação do inimigo, ele se concentrava em seu plano. Antes da batalha, ninguém planejava estratégias ou estudava seus adversários mais meticulosamente. (Esse conhecimento ajudava Nelson a sentir quando o inimigo estava prestes a cair.) Mas uma vez iniciado o combate, hesitações e cuidados eram deixados de lado.

A presença de espírito é uma espécie de contrapeso para a fraqueza mental, para nossa tendência de nos deixar levar pelas emoções e perder a perspectiva no calor da batalha. Nossa maior fraqueza é perder o ânimo, duvidar de nós mesmos, tornando-nos desnecessariamente cautelosos. Ter mais cautela não é do que precisamos; ela é só uma cortina para nosso medo do conflito e de cometer um erro. Precisamos é do dobro de resolução – uma intensificação de nossa confiança. Isso nos servirá de contrapeso.

Nos momentos de tumulto e confusão, você deve se forçar a ser mais determinado. Convoque a energia agressiva de que você precisa para superar a cautela e a inércia. Qualquer erro que você cometer poderá retificar com ações ainda mais enérgicas. Guarde sua cautela para as horas de preparação, mas quando a luta começar, tire as dúvidas da cabeça. Ignore aqueles que se acovardam diante de qualquer revés e pedem para recuar. Divirta-se no modo de ataque. O ímpeto o levará avante.

> *Os sentidos causam uma impressão mais forte na mente do que o pensamento sistemático... Mesmo o homem que planejou a operação e agora a vê sendo executada pode muito bem perder a confiança em seu julgamento anterior... A guerra tem um jeito de mascarar o palco com um cenário cruelmente revestido de temíveis aparições. Uma vez esclarecido o cenário, e o horizonte desobstruído, os acontecimentos confirmarão suas convicções anteriores – este é um dos grandes abismos entre planejar e executar.*
>
> – Carl von Clausewitz, *Da Guerra* (1780-1831)

A TÁTICA DO BUDA DESAPEGADO

Observar o diretor de cinema Alfred Hitchcock (1899-1980) trabalhando em um *set* de filmagem era quase sempre uma surpresa e tanto para quem via isso pela primeira vez. A maioria dos cineastas é novelo de energia retesada, gritando com a equipe, vociferando ordens, mas Hitchcock ficava sentado na sua cadeira, às vezes cochilando, ou pelo menos com os olhos semicerrados. No *set* de *Pacto sinistro*, produzido em 1951, o ator Farley Granger achou que o comportamento de Hitchcock significava que ele estava zangado ou aborrecido e lhe perguntou se alguma coisa estava errada. "Oh", Hitchcock respondeu sonolento, "estou tão entediado." As queixas da equipe, as explosões de mau humor de um ator – nada o perturbava; ele apenas dava um bocejo, mudava de posição na cadeira e ignorava o problema. "Hitchcock... não parecia estar nos dirigindo", disse a atriz Margaret Lockwood. "Ele era um Buda sonolento, balançando a cabeça com um sorriso enigmático no rosto."

Era difícil para os colegas de Hitchcock compreenderem como um homem fazendo um trabalho tão estressante podia permanecer tão calmo e desapegado. Alguns pensavam que era parte de seu caráter – que havia nele uma espécie de sangue-frio. Outros achavam que era um recurso para chamar a atenção, que ele estava fingindo. Poucos suspeitavam da verdade: antes mesmo de começar a filmagem, Hitchcock teria se preparado para ela com tanta atenção aos detalhes que nada podia dar errado. Ele estava totalmente no controle; nenhuma atriz temperamental, nenhum diretor de arte em pânico, nenhum produtor

talvez, e com uma túnica formal de caça que delicadamente cobria seu corpo, estava tocando flauta, sozinho, aparentemente sem pressa nenhuma de ir a algum lugar em particular. Oba, aqui está um cara que apareceu só para me dar suas roupas, Hakamadare pensou. Normalmente, ele correria todo alegre para derrubar a socos sua presa e roubar as roupas. Mas desta vez, inexplicavelmente, ele achou o homem um tanto assustador, então o seguiu por uns 100 ou 200 metros.

O homem parecia não pensar: "Alguém está me seguindo." Pelo contrário, ele continuou tocando sua flauta com o que parecia ser uma calma ainda maior. Teste-o, Hakamadare disse a si mesmo, e correu para perto do homem, fazendo o máximo de barulho com os pés. O homem, entretanto, não parecia nem um pouco perturbado. Simplesmente se virou para olhar, ainda tocando a flauta. Não era possível saltar em cima dele. Hakamadare saiu correndo. Hakamadare tentou abordagens semelhantes várias vezes, mas o homem permanecia totalmente imperturbável. Hakamadare percebeu que estava lidando

*com um homem incomum. Quando já tinham andado quase 1 quilômetro, entretanto, Hakamadare decidiu que não podia continuar assim, sacou da espada e correu para o homem. Desta vez ele parou de tocar a flauta e, virando-se, disse: – O que você está fazendo? Hakamadare não podia ter sido atingido por um medo maior mesmo que um demônio ou um deus tivesse corrido para atacá-lo quando estava caminhando sozinho. Por alguma razão inexplicável ele perdeu o ânimo e a coragem. Tomado de um medo mortal e desprezo por si mesmo, ele caiu de quatro.
– O que você está fazendo? – o homem repetiu. Hakamadare sentiu que não podia escapar mesmo que quisesse.
– Estou tentando roubá-lo – ele balbuciou. – Meu nome é Hakamadare.
– Ouvi falar de um homem com esse nome, sim. Um sujeito perigoso, incomum, me disseram – o homem falou. E aí simplesmente disse a Hakamadare:
– Venha comigo. – E continuou seu caminho, tocando de novo a flauta. Assustadíssimo, achando que estava lidando com um ser*

metido poderia perturbá-lo ou interferir em seus planos. Com absoluta segurança no que havia montado, ele podia dar-se o luxo de se recostar na cadeira e pegar no sono.

O processo de Hitchcock começava com um *storyline*, fosse o de um romance ou uma ideia sua. Como se tivesse um projetor na cabeça, ele começava a visualizar o filme. Em seguida, começava a se reunir com um escritor, que logo perceberia que seu trabalho era diferente de qualquer outro. Em vez de pegar a ideia incompleta de algum produtor e transformá-la em um roteiro de cinema, o escritor estava ali simplesmente para colocar no papel o sonho capturado na mente de Hitchcock. Ele ou ela acrescentaria carne e osso aos personagens e escreveriam, é claro, os diálogos, mas quase nada além disso. Quando Hitchcock se sentou com o escritor Samuel Taylor na primeira reunião para o roteiro do filme *Um corpo que cai* (1958), suas descrições de várias cenas eram tão vívidas, tão intensas, que as experiências pareciam quase terem sido reais ou talvez algo com que ele havia sonhado. Esta totalidade de visão excluía o conflito criativo. Como Taylor logo observou, embora fosse o escritor do roteiro, ele continuaria sendo uma criação de Hitchcock.

Uma vez terminado o roteiro, Hitchcock o transformaria em um elaborado plano de filmagem. Blocos, posições de câmera, iluminação e dimensões do *set* eram explicados em notas detalhadas. A maioria dos diretores se permite certa liberdade de ação, filmando cenas de vários ângulos, por exemplo, para dar ao editor opções para trabalhar mais tarde. Hitchcock, não: ele editava essencialmente o filme inteiro no plano de filmagem. Ele sabia exatamente o que queria e anotava. Se um produtor ou ator tentasse acrescentar ou mudar uma cena, Hitchcock se mostrava cordial – podia dar-se o luxo de fingir que estava escutando –, mas por dentro não arredava pé.

Nada era deixado ao acaso. Para a construção dos *sets* (bastante elaborados em um filme como *Janela indiscreta*), Hitchcock apresentava ao diretor de produção cópias heliográficas precisas, plantas baixas, listas incrivelmente detalhadas de figurantes. Ele supervisionava todos os aspectos da construção dos *sets*. Era particularmente atento às roupas de suas atrizes principais: segundo Edith Head, figurinista de muitos filmes de Hitchcock, entre eles *Disque M para matar*, em 1954, "Havia uma razão para cada cor, cada estilo, e ele tinha certeza absoluta de tudo que decidia. Para uma cena ele viu [Grace Kelly] de verde-claro, para outra, de chiffon branco, em outra ainda, de dourado. Ele estava realmente realizando um sonho no estúdio". Quando a atriz Kim Novak se recusou a usar um *tailleur* cinza em *Um corpo que cai*, achando que ia ficar com uma aparência desbotada, Hitchcock lhe disse que queria que ela parecesse uma mulher misteriosa recém-saída da névoa de San Francisco. O que ela poderia dizer diante disso? Ela usou o *tailleur*.

Os atores de Hitchcock estranhavam mas gostavam de trabalhar com ele. Alguns dos melhores de Hollywood – Joseph Cotten, Grace Kelly, Cary Grant, Ingrid Bergman – diziam que ele era o diretor mais fácil de trabalhar: sua despreocupação era contagiante, e visto que seus filmes eram cuidadosamente encenados de modo a não dependerem da performance do ator em nenhuma cena em particular, eles podiam relaxar. Tudo funcionava como um relógio. Como James Stewart disse ao elenco de *O homem que sabia demais* (1956): "Estamos nas mãos de um especialista, aqui. Vocês podem confiar nele. É só fazer tudo que ele manda e sai tudo bem."

Enquanto Hitchcock sentava-se calmamente no *set*, parecendo cochilar, o elenco e a equipe podiam ver apenas a pequena parte que cada um representava. Não tinham ideia de como tudo se encaixaria na visão dele. Quando Taylor viu *Um corpo que cai* pela primeira vez, foi como ver o sonho de outro homem. O filme reproduzia exatamente a visão que Hitchcock havia lhe expressado muitos meses antes.

Interpretação. O primeiro filme que Hitchcock dirigiu foi *The Pleasure Garden*, um filme mudo que fez em 1925. A produção deu errado em todos os modos concebíveis. Hitchcock detestava o caos e a desordem; acontecimentos inesperados, membros da equipe em pânico e qualquer perda de controle o deixavam aflitíssimo. A partir daí, ele decidiu, trataria a produção de filmes como uma operação militar. Não daria a seus produtores, atores e equipe espaço para se meterem no que ele queria criar. Aprendeu sozinho todos os aspectos da produção cinematográfica: direção de arte, iluminação, as especificidades técnicas das câmaras e das lentes, edição, som. Ele dirigia todas as etapas da produção do filme. Não podia haver nenhuma sombra entre planejamento e execução.

Estabelecer o controle com antecedência, como Hitchcock fazia, talvez não pareça presença de espírito, mas na verdade transporta essa qualidade a seu zênite. Significa entrar na batalha (no caso de Hitchcock, em uma filmagem) sentindo-se calmo e pronto. Contratempos podem acontecer, mas você terá de prevê-los e pensar nas alternativas e estará pronto para reagir. Sua mente jamais ficará perplexa se estiver assim preparada. Quando seus colegas o assediarem com dúvidas, perguntas ansiosas e ideias desgastadas, você pode concordar com um movimento de cabeça e fingir que está escutando, mas na realidade você os está ignorando – você pensou antes deles. E seu jeito relaxado se mostrará contagiante para outras pessoas, ficando mais fácil dirigi-las.

extraordinário, como se possuído por um demônio ou deus, Hakamadare seguiu o homem, totalmente desorientado. O homem acabou entrando por um portão por trás do qual havia uma casa grande. Ele entrou na casa pela varanda, depois de retirar os sapatos. Enquanto Hakamadare pensava, "ele deve ser o dono da casa", o homem voltou e o chamou. Enquanto lhe dava uma túnica feita de tecido grosso de algodão, ele disse:
– Se precisar de alguma coisa assim no futuro, é só vir até aqui e me dizer. Se pular em cima de alguém que não souber de suas intenções, você pode se machucar.
Depois ocorreu a Hakamadare que a casa pertencia ao governador de Settsu Fujiwara no Yasumasa. Mais tarde, quando foi preso, dizem que ele falou que "Ele era um homem tão estranho, tão assustador!". Yasumasa não era um guerreiro por tradição familiar porque era um filho de Munetada. Mas não era em nada inferior a alguém que fosse um guerreiro por tradição familiar. Ele tinha uma mente forte, era rápido com as mãos e tinha uma força tremenda. Era também sutil de pensamento e trama. De modo que

até a corte imperial não se sentiu insegura em empregá-lo como guerreiro. Consequentemente, o mundo inteiro o temia muito e se sentia intimidado por ele.
LEGENDS OF THE SAMURAI, HIROAKI SATO, 1995

É fácil sentir-se assoberbado por tudo que se enfrenta na batalha, em que tantas pessoas lhe perguntam ou lhe dizem o que fazer. São tantas questões vitais fazendo pressão que você pode perder de vista seus objetivos e planos; de repente, você não consegue mais ver a floresta, em vez das árvores. Compreenda: presença de espírito é a capacidade de se desapegar de tudo isso, de ver o campo de batalha por inteiro, o quadro todo com clareza. Todos os grandes generais têm esta qualidade. E o que dá a você essa distância mental é a preparação, dominando os detalhes com antecedência. Deixe que as pessoas pensem que o seu desapego vem de alguma fonte misteriosa. Quanto menos elas o compreenderem, melhor.

Pelo amor de Deus, controle-se e não veja as coisas de forma tão sombria: o primeiro passo atrás causa uma impressão ruim no exército, o segundo passo é perigoso e o terceiro torna-se fatal.
– Frederico, o Grande (1712-86), carta a um general

CHAVES PARA A GUERRA

Nós, humanos, gostamos de nos ver como criaturas racionais. Imaginamos que o que nos separa dos animais é a nossa capacidade de pensar e raciocinar. Mas isso é verdade apenas em parte: o que nos distingue dos animais tanto quanto isso é nossa capacidade de rir, chorar, sentir uma variedade de emoções. Somos de fato criaturas emocionais assim como racionais, e embora gostemos de pensar que governamos nossas ações por meio da razão e do pensamento, o que dita com mais frequência nosso comportamento é a emoção que sentimos no momento.

Nós mantemos a ilusão de que somos racionais com a rotina de nossas ocupações cotidianas, que nos ajuda a manter as coisas calmas e aparentemente sob controle. Nossas mentes parecem bastante seguras quando estamos seguindo nossas rotinas. Mas coloque qualquer um de nós em uma situação adversa e nossa racionalidade desaparece; nós reagimos à pressão ficando cada vez mais temerosos, impacientes, confusos. Esses momentos nos revelam como as criaturas emocionais que somos: atacados, seja por um inimigo conhecido ou por um colega de forma imprevisível, nossa reação é dominada por sentimentos de raiva, tristeza, traição. Só com grande esforço conseguimos pensar em uma saída para estas fases e reagir racionalmente – e nossa racionalidade raramente dura até o próximo ataque.

Compreenda: sua mente é mais fraca do que suas emoções. Mas você só tem consciência desta fraqueza nos momentos de adversidade – exatamente quando você precisa de força. O que o faz mais bem equipado para enfrentar o calor da batalha não é mais conhecimento nem mais inteligência. O que fortalece sua mente e a torna mais capaz de controlar suas emoções é disciplina e firmeza interior.

Ninguém pode lhe ensinar esta habilidade; você não aprende nos livros. Como qualquer disciplina, ela vem apenas com a prática, a experiência, até um pouco de sofrimento. O primeiro passo para se ter mais presença de espírito é ver que ela é necessária – você a deseja tanto que está disposto a trabalhar por ela. Figuras históricas que se destacam pela presença de espírito – Alexandre, o Grande; Ulysses S. Grant; Winston Churchill – adquiriram-na em situações adversas, através de tentativas e erros. Eles estavam em posições de responsabilidade nas quais tinham de desenvolver esta qualidade ou afundar. Embora estes homens talvez tenham sido abençoados com uma extraordinária fortaleza pessoal, eles tiveram de trabalhar para fortalecê-la em presença de espírito.

As ideias a seguir baseiam-se em suas experiências e vitórias arduamente conquistadas. Pense nestas ideias como exercícios, modos de fortalecer sua mente, cada uma um tipo de contrapeso para a irresistível atração das emoções.

Exponha-se ao conflito. George S. Patton vinha de uma das famílias militares mais distintas dos Estados Unidos – entre seus ancestrais incluíam-se generais e coronéis que haviam combatido e morrido na Revolução Americana e na Guerra Civil. Criado ouvindo histórias sobre suas ações heroicas, Patton seguiu suas pegadas e escolheu uma carreira militar. Mas ele era também um rapaz sensível e tinha um medo enorme: que em batalha se revelasse um covarde e desgraçasse o nome da família.

Patton teve seu primeiro gostinho de batalha em 1918, aos 32 anos, durante a ofensiva aliada em Argonne, na Primeira Guerra Mundial. Ele comandava uma divisão de tanques. Em um determinado momento, durante o combate, Patton conseguiu liderar alguns homens da infantaria americana para uma posição no topo de uma colina que dava para uma cidade estratégico-chave, mas o fogo alemão os forçou a se proteger. Viram logo que tinham caído em uma armadilha: se recuassem, ficariam sob tiroteio de posições nas laterais da colina; se avançassem, cairiam direto em uma bateria de metralhadoras alemãs. Se todos iam morrer, como parecia a Patton, melhor morrer avançando. Na hora que teve de liderar as tropas para o ataque, entretanto, Patton foi tomado de um intenso medo. O corpo tremia e as pernas pareciam gelatina. Em uma confirmação de seus maiores temores, ele havia perdido o sangue-frio.

A primeira qualidade de um general chefe é ter uma cabeça fria que receba impressões exatas das coisas, que jamais se esquente, que jamais se permita ficar deslumbrada ou inebriada pelas boas ou más notícias. As sucessivas sensações simultâneas que ele recebe ao longo de um dia devem ser classificadas e ocupar os lugares certos onde merecem estar, porque o bom senso e a razão são resultados da comparação de várias sensações, cada uma igualmente bem considerada. Existem certos homens que, por conta de suas constituições morais e físicas, pintam quadros mentais de tudo: por mais exaltadas que sejam suas razões, suas vontades, suas coragens, e sejam lá quais forem as boas qualidades que talvez possuam, a natureza não os equipou para comandar exércitos, nem para dirigir grandes operações de guerra.
NAPOLEÃO BONAPARTE, 1769-1821

Era uma vez uma raposa que nunca tinha visto um leão. Mas um dia ela se viu frente a frente com uma dessas feras. Nesta primeira ocasião, ela ficou tão aterrorizada que achou que ia

*morrer de medo. Ela o encontrou de novo, e desta vez também se assustou, mas não tanto como da primeira vez. Mas, na terceira ocasião, ao vê-lo, ela na verdade reuniu toda a coragem para se aproximar dele e conversar.
Esta fábula mostra que a familiaridade atenua nossos medos.*
FÁBULAS, ESOPO, SÉCULO VI A.C.

Naquele instante, olhando as nuvens por trás das baterias alemãs, Patton teve uma visão: ele viu seus ilustres ancestrais militares, todos fardados, olhando firme para ele. Pareciam estar convidando-o a se juntar a eles – a companhia de heróis de guerra. Paradoxalmente, a visão desses homens teve um efeito calmante sobre o jovem Patton: convocando voluntários para segui-lo, ele gritou: "É hora de outro Patton morrer!" A força tinha voltado às pernas; ele se ergueu e avançou em direção às armas alemãs. Segundos depois, Patton caiu, atingido na coxa. Mas sobreviveu à batalha.

Desde então, mesmo depois de se tornar um general, Patton fazia questão de visitar as linhas de frente, expondo-se desnecessariamente ao perigo. Ele se testava repetidas vezes. A visão que teve de seus ancestrais permaneceu como um estímulo constante – um desafio a sua honra. Cada vez ficava mais fácil enfrentar seus temores. Parecia a seus colegas generais e a seus próprios homens que ninguém tinha mais presença de espírito do que Patton. Eles não sabiam o quanto de sua força era um produto da força de vontade.

A história de Patton nos ensina duas coisas. Primeiro, é melhor enfrentar seus medos, deixar que venham à tona, depois ignorá-los ou recalcá-los. O medo é a emoção mais destrutiva para a presença de espírito, mas ele se alimenta do desconhecido, que deixa nossa imaginação correr frouxa. Ao se colocar intencionalmente em situações nas quais é obrigado a enfrentar o medo, você se familiariza com ele e sua ansiedade se torna menos aguda. A sensação de superar um medo profundamente enraizado, por sua vez, lhe dá confiança e presença de espírito. Quanto maior o número de conflitos e situações difíceis em que você se colocar, mais testada para a batalha estará a sua mente.

Segundo, a experiência de Patton demonstra o poder motivador de uma noção de honra e dignidade. Cedendo ao medo, perdendo a presença de espírito, você coloca em desgraça não só a si mesmo, sua autoimagem e sua reputação como também sua companhia, sua família, seu grupo. Você derruba o espírito comunal. Ser líder de um grupo, por menor que ele seja, lhe dá um motivo para viver: as pessoas o observam, julgam você, dependem de você. Perdendo a serenidade, ficaria difícil para você conviver consigo mesmo.

Tenha confiança em si mesmo. Não há nada pior do que se sentir dependente dos outros. A dependência o deixa vulnerável a todos os tipos de emoção – traição, desapontamento, frustração – que destroem seu equilíbrio mental.

No início da Guerra Civil americana, o general Ulysses S. Grant, futuro comandante supremo dos exércitos do Norte, sentiu que estava

Nas palavras dos antigos, deviam-se tomar decisões no espaço de sete fôlegos. Lorde Takanobu disse: "Se o discernimento demora, ele estraga." Lorde Naoshige disse: "Quando as coisas são feitas muito devagar, sete de dez delas sairão erradas. Um guerreiro é uma pessoa que faz as coisas rapidamente." Quando sua mente está aqui e acolá, o discernimento jamais chegará a uma conclusão. Com um espírito intenso, fresco e rápido, você faz seus julgamentos no espaço de sete fôlegos. É uma questão de ser determinado e ter o espírito para atravessar direto para o outro lado.
HAGAKURE: O LIVRO DO SAMURAI, YAMAMOTO TSUNETOMO, 1659-1720

perdendo sua autoridade. Seus subordinados transmitiam informações imprecisas sobre o terreno por onde ele estava marchando; seus capitães não seguiam suas ordens; seus generais criticavam seus planos. Grant era um estoico por natureza, mas com o controle de suas tropas diminuído ele perdeu o controle de si mesmo, e começou a beber.

Grant tinha aprendido sua lição na época da campanha de Vicksburg, em 1862-63. Ele mesmo percorreu o terreno, estudando-o em primeira mão. Ele mesmo examinou os relatórios do serviço secreto. Deu ordens mais precisas, ficando difícil que seus capitães zombassem delas. E uma vez tendo tomado uma decisão, ele ignorava as dúvidas de seus colegas generais e confiava em suas convicções. Para conseguir que as coisas fossem feitas, ele passou a confiar em si mesmo. Seus sentimentos de impotência se dissolveram, e bem como eles todas as emoções concomitantes que haviam arruinado sua presença de espírito.

Ter autoconfiança é crítico. Para depender menos dos outros e dos assim chamados especialistas, você precisa expandir seu repertório de habilidades. E confiar mais no próprio julgamento. Compreenda: nós tendemos a superestimar as habilidades alheias – afinal de contas, eles estão se esforçando para parecer que sabem o que fazem – e a subestimar as nossas. Você precisa compensar isto confiando mais em você mesmo e menos nos outros.

Mas é importante lembrar que ter autoconfiança não é se sobrecarregar com detalhes insignificantes. Você deve ser capaz de distinguir entre as coisas pequenas, que é melhor deixar para os outros, e questões maiores que exigem atenção e cuidado.

Tenha paciência e boa vontade para com os tolos. John Churchill, duque de Marlborough, é um dos generais de maior sucesso da história. Um gênio da tática e da estratégia, ele possuía uma tremenda presença de espírito. No início do século XVIII, Churchill foi com frequência o líder de uma aliança de exércitos ingleses, holandeses e alemães contra as poderosas forças da França. Seus colegas generais eram homens tímidos, indecisos, de mente estreita. Eles empacavam diante dos ousados planos do duque, viam perigo por toda parte, desanimavam ao mais leve contratempo e promoviam seus interesses próprios à custa da aliança. Não tinham visão, não tinham paciência: eram tolos.

O duque, um homem da corte sutil e experiente, jamais enfrentava diretamente seus colegas; não lhes impunha suas opiniões. Em vez disso, ele os tratava como crianças, satisfazendo-os em seus temores enquanto os eliminava de seus planos. De vez em quando ele lhes jogava um osso, fazendo algo de menos importância que tinham sugerido ou fingindo se preocupar com um perigo que tinham imaginado. Mas

---

Em uma famosa ocasião durante a guerra civil, César tropeçou ao desembarcar de um navio nas praias da África e caiu de cara no chão. Com seu talento para improvisações, ele abriu os braços e abraçou a terra como um símbolo de conquista. Pensando rápido, ele transformou um terrível presságio de fracasso em presságio de vitória.
CICERO: THE LIFE AND TIMES OF ROME'S GREATEST POLITICIAN, ANTHONY EVERITT, 2001

Estamos falando da capacidade de não perder a cabeça em épocas de excepcional estresse e violentas emoções... Mas talvez esteja mais próximo da verdade supor que a faculdade conhecida como autocontrole – o dom de se manter calmo mesmo sob a maior pressão – está enraizada no temperamento. É em si mesma uma emoção que serve para equilibrar os sentimentos apaixonados em personalidades fortes sem destruí-las, e é esse equilíbrio apenas que garante a dominância do intelecto. O contrapeso de que estamos falando é

simplesmente uma noção de dignidade humana, do orgulho mais nobre e da mais profunda necessidade de todas: a urgência de agir racionalmente em todos os momentos. Portanto, diríamos que um caráter forte é aquele que não se desequilibra pelas emoções mais poderosas.
DA GUERRA, CARL VON CLAUSEWITZ, 1780-1831

Seja como for, ele percebia agora que não importava grande coisa contra que tipo de soldados ele ia lutar, desde que lutassem, o que de fato ninguém contestava. Havia um problema mais sério. Ele estava em sua casamata pensando nisso. Ele tentava matematicamente provar a si mesmo que não ia fugir da batalha... Um pequeno pânico crescia em sua mente. Conforme sua imaginação se adiantava para uma luta, ele via hediondas possibilidades. Ele contemplava as ameaças ocultas do futuro, e fracassava em um esforço para se ver de pé corajosamente no meio delas. Ele lembrou suas visões de glória de lâminas partidas, mas à beira do iminente tumulto

jamais se permitia ficar zangado ou frustrado; isso teria arruinado sua presença de espírito, minando sua habilidade para liderar a campanha. Ele se forçava para permanecer paciente e animado. Ele sabia como tolerar os tolos sem perder o bom humor.

Compreenda: você não pode estar em toda parte ou combater todo mundo. Seu tempo e sua energia têm limite, e você precisa aprender a preservá-los. O esgotamento e a frustração podem acabar com sua presença de espírito. O mundo está cheio de gente tola – pessoas que não sabem esperar os resultados, que mudam com o vento, que não enxergam um palmo adiante do nariz. Você os encontra por toda parte: é o chefe indeciso, o colega precipitado, o subordinado histérico. Se trabalhar com tolos, não lute contra eles. Pelo contrário, considere-os da mesma forma que você considera as crianças ou os animaizinhos de estimação: eles não são importantes o suficiente para afetar seu equilíbrio mental. Desapegue-se emocionalmente. E enquanto estiver rindo por dentro da tolice deles, satisfaça-os em uma de suas ideias mais inofensivas. Conseguir não perder o bom humor com pessoas tolas é uma habilidade importante.

Exclua todos os sentimentos de pânico concentrando-se em tarefas simples. O lorde Yamanouchi, aristocrata japonês do século XVIII, certa vez convidou seu mestre do chá para acompanhá-lo em uma visita a Edo (mais tarde Tóquio), onde ia passar uns tempos. Ele queria exibir a seus colegas cortesãos a habilidade de seu criado nos rituais da cerimônia do chá. Ora, o mestre do chá sabia tudo que havia para se saber sobre a cerimônia do chá, porém pouca coisa mais; era um homem pacífico. Vestiu-se, entretanto, como um samurai, como sua alta posição exigia.

Um dia, passeando pela cidade grande, ele foi abordado por um samurai que o desafiou para um duelo. O mestre do chá não era um espadachim e tentou explicar isto ao samurai, mas o homem não quis ouvir. Recusar o desafio seria desgraçar tanto a família do mestre como também o senhor Yamanouchi. Ele tinha de aceitar, embora isso significasse morte certa. E aceitou, pedindo apenas que o duelo fosse adiado para o dia seguinte. Seu desejo foi atendido.

Em pânico, o mestre do chá correu para a escola de esgrima mais próxima. Se ele ia morrer, queria aprender a morrer com dignidade. Para falar com o mestre de esgrima era preciso ter cartas de apresentação, mas o mestre do chá insistiu tanto, e seu terror era tão evidente, que finalmente lhe foi concedida uma entrevista. O mestre de esgrima escutou sua história.

O espadachim foi compreensivo: ele ensinaria ao pobre visitante a arte de morrer, mas antes queria que lhe servisse um chá. O mestre iniciou o ritual, com calma e perfeita concentração. No final, o mestre de esgrima gritou excitado, "Você não precisa aprender a arte de morrer! O estado de espírito em que você está agora é o suficiente para enfrentar qualquer samurai. Quando vir seu desafiante, imagine que você vai servir chá a um convidado. Tire o casaco, dobre-o com todo o cuidado, deposite sobre ele seu leque, exatamente como faz em seu trabalho". Este ritual concluído, o mestre do chá devia erguer sua espada com o mesmo espírito alerta. Então ele estaria pronto para morrer.

O mestre do chá concordou em fazer como seu professor disse. No dia seguinte ele foi se encontrar com o samurai, que não pôde deixar de notar a expressão calma e digna no rosto de seu adversário ao tirar seu casaco. Talvez, o samurai pensou, este mestre do chá desajeitado seja mesmo um hábil espadachim. Ele se curvou, desculpou-se por seu comportamento no dia anterior e saiu correndo.

Quando as circunstâncias nos assustam, nossa imaginação tende a assumir o controle, enchendo nossas mentes de ansiedades sem fim. Você precisa controlar sua imaginação, o que é mais fácil de dizer do que de fazer. Quase sempre a melhor maneira para se acalmar e ter este controle é forçar a mente a se concentrar em algo relativamente simples – um ritual tranquilizante, uma tarefa repetitiva que você faça bem. Você está criando o tipo de serenidade que lhe é natural quando sua mente está absorta em um problema. Uma mente focada não tem espaço para ansiedades ou para os efeitos do excesso de imaginação. Uma vez recuperado seu equilíbrio mental, você pode então enfrentar o problema. Ao primeiro sinal de qualquer tipo de medo, pratique esta técnica até que ela se torne um hábito. Ser capaz de controlar sua imaginação em momentos intensos é uma habilidade crucial.

Não se deixe intimidar. A intimidação sempre será uma ameaça a sua presença de espírito. É uma sensação difícil de combater.

Durante a Segunda Guerra Mundial, o compositor Dmitry Shostakovich e vários colegas seus foram convocados para uma reunião com o governante russo Joseph Stalin, que lhes havia encarregado de compor um novo hino nacional. Reuniões com Stalin eram aterrorizantes; um passo em falso podia conduzir você a uma viela muito escura. Ele o olhava de cima para baixo até você sentir a garganta apertada. E, como costumava acontecer nas reuniões com Stalin, esta foi por um mau caminho: ele começou criticando um dos compositores pelo arranjo ruim que tinha feito para seu hino. Apavorado, o homem admitiu que tinha

suspeitava que fossem quadros de imagens impossíveis. Ele saiu da casamata e começou a andar nervosamente de um lado para o outro. "Bom Deus, o que está acontecendo comigo?", ele disse em voz alta. Ele sentia que nesta crise suas leis de vida eram inúteis. O que tivesse aprendido a seu respeito não servia de nada aqui. Ele era um número desconhecido. Ele via que seria de novo obrigado a experimentar como havia feito na juventude. Ele devia acumular informações sobre si mesmo e, enquanto isso, resolveu ficar atento para que essas qualidades das quais nada sabia não o desgraçassem pelo resto da vida. "Bom Deus!", ele repetiu desanimado... Durante dias ele calculou sem parar, mas os cálculos eram todos imensamente insatisfatórios. Ele descobriu que não podia definir nada. Finalmente concluiu que a única maneira de se provar a si mesmo era entrar na fogueira, e aí figurativamente observar suas pernas para descobrir seus méritos e falhas. Ele admitiu com relutância que não poderia ficar parado e com uma lousa e giz mental concluir uma resposta. Para consegui-la, ele deveria ter fogo, sangue e perigo,

como um químico requer isto, isso e aquilo. Portanto, ele esperou impaciente por uma oportunidade.
O EMBLEMA VERMELHO DA CORAGEM, Stephen Crane, 1871-1900

O homem centrado tem julgamento calmo, sem preconceitos. Ele sabe o que é importante, o que não tem importância. Ele enfrenta a realidade serenamente e com desapego, conservando seu senso de oportunidade. O Hara no aru hito [homem com centro] enfrenta a vida calmamente, é tranquilo e está pronto para qualquer coisa... Nada o perturba. Se de repente explode um incêndio e as pessoas começam a gritar em uma confusão louca, [ele] faz a coisa certa imediatamente e com tranquilidade, ele confere a direção do vento, resgata o que é mais importante, vai buscar água e se comporta sem hesitação conforme a emergência exige. O Hara no nai hito é o oposto de tudo isso. O Hara no nai hito se aplica ao homem sem julgamento calmo. Falta-lhe a moderação que deveria ser sua segunda natureza. Portanto, ele reage ao acaso e subjetiva, arbitraria e caprichosamente. Ele não sabe distinguir entre importante e não importante, essencial

usado um arranjador que tinha trabalhado mal. Aqui, ele estava cavando vários túmulos: claro que o pobre arranjador poderia ser repreendido. O compositor era responsável pela contratação, e ele também poderia pagar pelo erro. E os outros compositores, inclusive Shostakovich? Stalin podia ser implacável, uma vez tendo farejado o medo.

Shostakovich já tinha escutado o suficiente: era tolice, disse, culpar o arranjador, que estava principalmente cumprindo ordens. Então, com muita sutileza, ele mudou de assunto – se um compositor devia fazer suas próprias orquestrações. O que Stalin pensava a respeito? Sempre ansioso para provar seus conhecimentos, Stalin engoliu a isca. Passou o perigo.

Shostakovich manteve sua presença de espírito de várias maneiras. Primeiro, em vez de se deixar intimidar por Stalin, ele se forçou a ver o homem como ele era: baixo, gordo, feio e sem imaginação. O famoso olhar penetrante do ditador era apenas um truque, um sinal da própria insegurança. Segundo: Shostakovich enfrentou Stalin falando com ele normalmente e de forma direta. Com suas atitudes e tom de voz, o compositor mostrou que não estava intimidado. Stalin alimentava-se do medo. Se você, sem ser agressivo ou imprudente, não demonstrasse medo, em geral ele o deixaria em paz.

A chave para continuar não se deixando intimidar é convencer-se de que a pessoa que você está enfrentando é um mero mortal, em nada diferente de você – o que de fato é a verdade. Veja a pessoa, não o mito. Imagine-a como uma criança, como alguém cheio de inseguranças. Reduzir o outro as suas devidas proporções o ajudará a manter o seu equilíbrio mental.

Desenvolva seu *Fingerspitzengefühl* (tato na ponta dos dedos). A presença de espírito depende não só de sua habilidade mental para socorrê-lo em situações difíceis, mas também da velocidade com que isso acontece. Esperar até o dia seguinte para pensar qual é a atitude correta a tomar não é bom para você. "Velocidade" aqui significa reagir às circunstâncias com rapidez e tomar decisões relâmpago. Este poder muitas vezes é interpretado como uma espécie de intuição, o que os alemães chamam de *"Fingerspitzengefühl"* (tato na ponta dos dedos). Erwin Rommel, que liderou a campanha com tanques alemães no Norte da África durante a Segunda Guerra Mundial, tinha muito tato na ponta dos dedos. Ele podia sentir quando os aliados atacariam e de que direção. Ao escolher uma linha de avanço, ele tinha um extraordinário sentido para a fraqueza de seu inimigo; no início de uma batalha, ele intuía a estratégia de seu inimigo antes que ela se desenrolasse.

Para os homens de Rommel, seu general parecia ter um talento para a guerra, e ele possuía mesmo uma mente mais rápida do que a maioria.

Mas Rommel também fazia coisas para intensificar sua rapidez, coisas que reforçavam sua intuição para a batalha. Primeiro, ele devorava informações sobre o inimigo – desde detalhes sobre seu armamento até traços psicológicos do general adversário. Segundo, ele se tornou um especialista em tecnologia de tanques, de forma a tirar o máximo proveito de seu equipamento. Terceiro, ele não só memorizava mapas do deserto da África do Norte, como o sobrevoava, com grande risco, para ter uma visão geral do campo de batalha. Finalmente, ele personalizava o relacionamento com seus homens. Tinha sempre uma noção de seu estado de ânimo e sabia exatamente o que esperar deles.

Rommel não apenas estudava seus homens, seus tanques, o terreno e o inimigo – ele se colocava na pele deles, compreendia o espírito que os animava, o que os motivava. Tendo agido com cautela com relação a essas coisas, na batalha ele entrava em um estado mental no qual não tinha de pensar conscientemente na situação. A totalidade do que estava acontecendo estava em seu sangue, na ponta de seus dedos. Ele tinha *Fingerspitzengefühl*.

Tenha você ou não a mente de um Rommel, há coisas que você pode fazer para ajudá-lo a reagir mais rápido e despertar aquele sentimento intuitivo que todos os animais possuem. O conhecimento profundo do terreno permitirá que você processe informações mais rápido do que seu inimigo, uma tremenda vantagem. Ser sensível ao espírito de homens e materiais, entrar no pensamento deles em vez de vê-los de fora, ajudará a colocar você em um outro estado mental, menos consciente e forçado, mais inconsciente e intuitivo. Faça com que sua mente se habitue a tomar decisões relâmpago, confiando em sua sensibilidade na ponta dos dedos. Sua mente avançará em uma espécie de *blitzgrieg* mental, passando à frente de seus adversários antes que eles percebam o que os atingiu.

Finalmente, não pense na presença de espírito como uma qualidade útil apenas nos períodos de adversidade, algo para ligar e desligar conforme você precise. Cultive-a como uma condição diária. Segurança, destemor e autoconfiança são cruciais tanto na paz quanto na guerra. Franklin Delano Roosevelt mostrou sua tremenda firmeza mental e elegância sob pressão não só durante as crises da Depressão e na Segunda Guerra Mundial, mas nas situações do cotidiano – ao lidar com sua família, seu gabinete, seu próprio corpo abalado pela poliomielite. Quanto mais você se aprimorar no jogo da guerra, mais sua disposição de espírito guerreira o servirá na vida diária. Quando surgir uma crise, sua mente já estará calma e preparada. Uma vez tendo a presença de espírito se tornado um hábito, ela jamais o abandonará.

---

e não essencial. Seu julgamento não se baseia em fatos, mas em condições temporárias e se apoia em fundamentos subjetivos tais como humor, caprichos, "nervos". O Hara no nai hito é facilmente surpreendido, é nervoso, não por ser particularmente sensível, mas porque lhe falta o eixo interior que o impediria de ser lançado para fora do centro e que o capacitaria a lidar com situações de forma realista... Hara [centro, ventre] é apenas em pequena medida uma qualidade inata. É acima de tudo o resultado de persistente autotreinamento e disciplina, de fato o fruto do desenvolvimento individual responsável. É isso que os japoneses querem dizer quando falam do Hara no dekita hito, o homem que realizou ou terminou seu ventre, ou seja, ele mesmo, pois está maduro. Se este desenvolvimento não ocorre, temos o Hara no dekita inai hito, alguém que não se desenvolveu, que permaneceu imaturo, que é jovem demais no sentido psicológico. Os japoneses também dizem Hara no dekita inai hito wa hito no ue ni tatsu koto ga dekinai: o homem que não terminou seu ventre não pode ficar acima dos outros (não está apto para a liderança). HARA: THE VITAL CENTRE, KARLFRIED GRAF VON DÜRCKHEIM, 1962

Imagem:

O Vento. O afluxo de eventos inesperados e as dúvidas e críticas daqueles que o cercam são como um forte vento no mar. Ele pode vir de qualquer ponto da bússola, e não há para onde escapar, não há como prever quando e em que direção ele baterá. Mudar de direção a cada golpe de vento só o lançará para o mar aberto. Bons pilotos não desperdiçam tempo preocupando-se com o que não podem controlar. Eles se concentram em si mesmos, na habilidade e firmeza de sua mão, no curso que traçaram e em sua determinação de chegar ao porto, aconteça o que acontecer.

Autoridade: *Uma boa parte da coragem é a coragem de ter feito a coisa antes.* – Ralph Waldo Emerson (1803-82)

INVERSO

Nunca é bom perder sua presença de espírito, mas você pode usar aqueles momentos quando se é obrigado a saber como agir no futuro. Você deve descobrir um jeito de se colocar no meio da batalha, depois se observar em ação. Procure as próprias fraquezas e pense como compensá-las. Pessoas que nunca perderam a presença de espírito estão na verdade em perigo: um dia elas serão apanhadas de surpresa e a queda será cruel. Todos os grandes generais, de Júlio César a Patton, em algum momento perderam a calma e com isso se fortaleceram para recuperá-la. Quanto mais você perder seu equilíbrio, mais saberá como se corrigir.

Você não quer perder sua presença de espírito em situações-chaves, mas é uma atitude sensata encontrar um jeito de fazer seus inimigos perderem o rumo. Pegue o que faz você perder o equilíbrio e empurre para cima deles. Surpreenda-os – nada é mais perturbador do que a necessidade inesperada de agir. Descubra quais as fraquezas deles, o que os deixa exaltados, e lhes dê uma dose dupla disso. Quanto mais emotivos eles ficarem, mais você os desviará do rumo.

4

CRIE UMA SENSAÇÃO DE URGÊNCIA E DESESPERO

A ESTRATÉGIA DA ZONA DE MORTE

Você é seu pior inimigo. Você perde um tempo precioso sonhando com o futuro em vez de se envolver com o presente. Visto que nada lhe parece urgente, você está apenas parcialmente envolvido no que faz. A única maneira de mudar é com ações e pressão externa. Coloque-se em situações nas quais você tenha muitas coisas em jogo para perder tempo ou recursos – se não pode dar-se o luxo de perder, não perderá. Corte seus laços com o passado; entre no território desconhecido em que você deve depender de sua inteligência e energia para vencer. Coloque-se na "zona de morte", na qual suas costas estão contra a parede e você tem de lutar como um louco para sair vivo dali.

A TÁTICA DO SEM-VOLTA

Em 1504, um ambicioso espanhol de 19 anos chamado Hernán Cortés desistiu de estudar direito e embarcou para as colônias de seu país no Novo Mundo. Parando primeiro em Santo Domingo (a ilha hoje compreende o Haiti e a República Dominicana), depois em Cuba, ele não demorou muito para ouvir falar de uma terra a oeste chamada México – um império fervilhante de ouro e dominado pelos astecas, com sua magnífica capital nas terras altas de Tenochtitlán. A partir daí, Cortés não pensava em outra coisa: um dia ele iria conquistar e colonizar a terra do México.

Durante os dez anos seguintes, Cortés lentamente subiu de posto, acabando por se tornar secretário do governador espanhol de Cuba e depois tesoureiro do rei na ilha. Em sua cabeça, entretanto, ele estava apenas esperando o momento propício. Ele esperou pacientemente enquanto a Espanha enviava outros homens para o México, muitos dos quais jamais voltaram.

Finalmente, em 1518, o governador de Cuba, Diego de Velázquez, fez de Cortés o líder de uma expedição para ver o que tinha acontecido com estes primeiros exploradores, encontrar ouro e preparar o terreno para a conquista do país. Mas Velázquez queria fazer ele mesmo a conquista, portanto para esta expedição quis um homem que ele pudesse controlar, e logo começou a ter dúvidas a respeito de Cortés – o homem era esperto, talvez demais. Cortés ouviu boatos de que o governador estava em dúvida se o mandava ou não para o México. Decidindo não dar tempo a Velázquez para alimentar suas desconfianças, ele conseguiu sair sorrateiramente de Cuba no meio da noite com 11 navios. Ele se explicaria com o governador depois.

A expedição desembarcou na costa leste do México em março de 1519. Nos meses seguintes, Cortés colocou seus planos em ação – fundando a cidade de Veracruz, forjando alianças com tribos locais que odiavam os astecas e fazendo contato inicial com o imperador asteca, cuja capital ficava a uns 400 quilômetros mais para o oeste. Um problema, entretanto, atormentava o conquistador: entre os quinhentos soldados que tinham vindo de Cuba com ele havia alguns que Velázquez colocara ali para atuar como espiões e lhe dar trabalho caso ele se excedesse em sua autoridade. Esses homens fiéis a Velázquez acusaram Cortés de administrar mal o ouro que estava coletando e, quando ficou evidente que ele pretendia conquistar o México, espalharam boatos de que ele estava louco. Uma acusação bastante convincente contra um homem que planejava liderar quinhentos homens contra meio milhão de astecas, ferozes guerreiros conhecidos por comer a carne de seus prisioneiros e vestir suas peles como troféus. Um homem racional pe-

---

Cortés fez afundar todas as dez naves. Cuba, sem dúvida, continuava ali, no mar azul, com suas fazendas, vacas e índios dóceis; mas o caminho até lá não era mais sobre as ondas azuis ensolaradas, embalado em doce ociosidade, sem lembrar os perigos e esforços; era pela corte de Montezuma, que tinha de ser conquistada com artimanhas, pela força, ou ambas; por um mar de índios belicosos que comiam seus prisioneiros e vestiam suas peles como troféus; por um golpe da mão dominante de seu chefe, os quinhentos homens tinham perdido aquele fluxo de memórias e esperanças vitais que ligava suas almas à sua ilha-mãe; de um golpe, suas espinhas dorsais estavam murchas e tinham perdido toda sensação de vida. Daí por diante, para eles, toda a vida era para a frente, em direção àqueles picos ameaçadores que se erguiam gigantescos no horizonte, como para barrar todo o acesso ao que agora não era mera ambição, mas seu único objetivo possível – o México, poderoso e cheio de mistérios, por trás das tribos em conflito.
HERNÁN CORTÉS: CONQUEROR OF MEXICO, SALVADOR DE MADARIAGA, 1942

garia o ouro que tinha, voltaria para Cuba e retornaria depois com um exército. Por que ficar nesta terra assustadora, com suas doenças e falta de conforto material, se estavam em número tão inferior? Por que não partir para Cuba, de volta para casa onde suas fazendas, suas esposas e uma boa vida os aguardavam?

Cortés fez o que pôde com estes encrenqueiros, subornando alguns, ficando de olho em outros. Enquanto isso, esforçava-se para ter um bom relacionamento com o resto de seus homens, o que os resmungões não podiam prejudicar. Tudo parecia estar indo bem até a noite de 30 de julho, quando Cortés foi acordado por um marinheiro espanhol que, implorando misericórdia, confessou ter participado de uma trama para roubar um navio e voltar naquela mesma noite para Cuba, onde os conspiradores contariam a Velázquez sobre o objetivo de Cortés de conquistar o México sozinho.

Cortés sentiu que este era o momento decisivo da expedição. Ele podia facilmente esmagar a conspiração, mas haveria os outros. Seus homens eram uma turma rude, e só pensavam em ouro, Cuba, suas famílias – tudo menos combater os astecas. Impossível conquistar um império com homens tão divididos e pouco confiáveis, mas como enchê-los de energia e foco para a imensa tarefa que ele enfrentava? Pensando bem, Cortés decidiu agir rápido. Capturou os conspiradores e mandou enforcar os dois cabeças. Em seguida, subornou seus pilotos para abrirem furos em todos os navios e depois anunciar que os cupins tinham comido as tábuas das embarcações, deixando-as impróprias para o mar.

Fingindo estar aborrecido com a notícia, Cortés ordenou que tudo que pudesse ser salvo dos navios fosse levado para a praia e em seguida os cascos deviam ser afundados. Os pilotos obedeceram, mas não fizeram furos suficientes e apenas cinco dos navios foram ao fundo. A história dos cupins era bastante plausível, e os soldados aceitaram a notícia dos cinco navios com equanimidade. Mas quando, dias depois, outros navios afundaram e apenas um ficou flutuando tornou-se evidente que Cortés havia armado tudo. Quando ele convocou uma reunião, o estado de espírito deles era de revolta e morte.

Não era hora de sutilezas. Cortés se dirigiu a seus homens: ele era o responsável pelo desastre, admitiu; ele tinha dado as ordens, mas agora não tinha mais volta. Podiam enforcá-lo, mas estavam cercados de índios hostis e não havia navios; divididos e sem líder, eles iam morrer. A única alternativa era segui-lo até Tenochtitlán. Somente conquistando os astecas, tornando-se senhores do México, eles podiam voltar vivos para Cuba. Para chegar a Tenochtitlán, eles teriam de lutar com incondicional intensidade. Teriam de estar unificados;

> Meditar sobre a morte inevitável deve ser uma atividade diária. Todos os dias, quando o corpo e mente estão em paz, deve-se meditar sobre a possibilidade de ser dilacerado por setas, rifles, lanças e espadas, de ser carregado por ondas repentinas, ser lançado no meio de um grande incêndio, ser atingido por um raio, ser sacudido até a morte por um enorme terremoto, cair de rochas com muitos metros de altura, morrer de doença ou cometer seppuku pela morte de seu senhor. E todos os dias, sem falhar, a pessoa deve se considerar como morta.
> HAGAKURE: O LIVRO DO SAMURAI, YAMAMOTO TSUNETOMO, 1659-1720

> Há algo na guerra que entra tão profundamente em você que a morte deixa de ser a inimiga, mera participante em um jogo que você não deseja que acabe.
> PHANTOM OVER VIETNAM, JOHN TROTTI, USMC, 1984

CRIE UMA SENSAÇÃO DE URGÊNCIA E DESESPERO | 75

qualquer dissensão levaria à derrota e a uma morte terrível. A situação era desesperadora, mas se, por sua vez, os homens lutassem como uns desesperados Cortés garantia que os conduziria até a vitória. Visto que o exército era de um número tão pequeno, a glória e as riquezas teriam de ser bem maiores. Os covardes que não aceitassem o desafio podiam ir para casa no único navio que restara.

Ninguém aceitou a oferta, e o último navio foi afundado. Nos meses seguintes, Cortés manteve seu exército longe de Veracruz e da costa. A atenção deles estava concentrada em Tenochtitlán, o coração do império asteca. Os resmungos, o interesse próprio e a ganância desapareceram. Compreendendo o perigo da situação, os conquistadores lutaram sem piedade. Uns dois anos depois da destruição das naves espanholas, e com a ajuda dos aliados índios, o exército de Cortés cercou Tenochtitlán e conquistou o império asteca.

Interpretação. Na noite da conspiração, Cortés teve que pensar rápido. Qual era a raiz do problema que enfrentava? Não eram os espiões de Velázquez, ou os hostis astecas, ou a incrível desigualdade contra ele. A raiz do problema eram seus próprios homens e os navios no porto. Seus soldados estavam divididos em coração e mente. Estavam pensando nas coisas erradas – suas esposas, seus sonhos de ouro, seus planos para o futuro. E no fundo de suas mentes havia sempre uma rota de fuga: se esse negócio de conquista desse errado, eles podiam voltar para casa. Aqueles navios no porto eram mais do que apenas transporte; eles representavam Cuba, a liberdade para partir, a capacidade de pedir reforços – tantas possibilidades.

Para os soldados, os navios eram uma muleta, algo em que se apoiar se as coisas saíssem mal. Uma vez que Cortés identificara o problema, a solução ficou simples: destruir os navios. Ao colocar seus homens em um lugar desesperado, ele os faria lutar com extremo ardor.

A sensação de urgência surge de uma forte conexão com o presente. Em vez de sonhar com resgates ou esperar por um futuro melhor, você precisa enfrentar o problema que está à mão. Falhe e você morrerá. As pessoas que se envolvem totalmente no problema imediato são intimidantes; por estarem tão intensamente focadas, parecem mais poderosas do que são. Sua noção de urgência multiplica sua força e lhes dá ímpeto. Em vez de quinhentos homens, Cortés de repente carregava nas costas o peso de um exército muito maior.

Como Cortés, você precisa localizar a raiz de seu problema. Não são as pessoas a seu redor; é você mesmo e o espírito com que você enfrenta o mundo. No fundo de sua mente, você guarda uma rota de

---

"Você não tem tempo para esta exibição, seu tolo", ele disse em tom severo. "Este, seja lá o que estiver fazendo, talvez seja seu último ato na Terra. Pode muito bem ser sua última batalha. Não há poder capaz de garantir que você vá viver nem mais um minuto..." "Atos têm poder", ele disse. "Especialmente quando a pessoa que está agindo sabe que eles são sua última batalha. Existe uma estranha e preocupante felicidade em agir com pleno conhecimento de que, seja lá o que a pessoa estiver fazendo, pode muito bem ser seu último ato na Terra. Eu recomendo que você reconsidere sua vida e coloque seus atos sob essa luz... Concentre sua atenção no vínculo entre você e sua morte, sem remorso, tristeza ou preocupação. Focalize sua atenção no fato de que você não tem tempo e deixe seus atos fluírem de acordo. Que cada um de seus atos seja sua última batalha na Terra. Somente nessas condições seus atos terão seu justo poder. De outro modo eles

escape, uma muleta, algo para onde se virar se as coisas derem errado. Talvez seja um parente rico com que você possa contar para pagar sua saída. Talvez seja a grande oportunidade no horizonte, as perspectivas infindáveis de tempo que parecem estar diante de você; talvez seja um emprego familiar ou um relacionamento confortável que está sempre ali, se você falhar. Assim como os homens de Cortés consideravam seus navios uma segurança, talvez você veja este recurso como uma bênção – mas, na verdade, é uma praga. Ele divide você. Porque você pensa que tem opções, jamais se envolve profundamente o bastante em uma coisa para fazê-la bem, e jamais consegue o que quer. Às vezes você precisa afundar seus navios, queimá-los, e ficar só com uma opção: ter sucesso ou afundar. Torne a queima de seus navios o mais real possível – livre-se de sua rede de segurança. Às vezes você precisa ficar um pouco desesperado para chegar a algum lugar.

> *Os antigos comandantes de exércitos, conhecendo muito bem a forte influência da necessidade e como ela inspirava os soldados com a mais desesperadora coragem, nada menosprezavam a fim de submeter seus homens a tal pressão.*
> – Nicolau Maquiavel (1469-1527)

A TÁTICA DA MORTE-EM-SEUS-CALCANHARES

Em 1845, o escritor Fiódor Dostoiévski, na época com 24 anos, abalou o mundo literário russo com a publicação de seu primeiro romance, *Gente pobre*. Ele se tornou o preferido da sociedade de São Petersburgo. Mas algo em sua fama precoce parecia deixá-lo com um sentimento de vazio. Ele vagava pelas periferias da política de esquerda, frequentando reuniões de vários grupos socialistas e radicais. Um destes grupos centralizava-se no carismático Mikhail Petrashevski.

Três anos depois, em 1848, estourou a revolução em toda a Europa. Inspirados pelo que acontecia no Ocidente, grupos radicais russos, como o de Petrashevski, falavam em fazer o mesmo. Mas agentes do czar Nicolau I haviam se infiltrado em muitos destes grupos, e relatórios eram escritos sobre as coisas desvairadas que se discutiam na casa de Petrashevski, inclusive conversas sobre a incitação de revoltas camponesas. Dostoiévski era veemente quanto a libertar os servos e, em 23 de abril de 1849, ele e mais 23 outros membros do grupo de Petrashevski foram presos.

Após oito meses definhando na cadeia, os prisioneiros foram acordados em uma fria manhã e notificados de que naquele dia iriam finalmente ouvir suas sentenças. Alguns meses de exílio era a punição usual

serão, enquanto você viver, os atos de um homem tímido."
"É tão terrível ser um homem tímido?"
"Não. Não é se você vai ser imortal, mas se vai morrer não há tempo para timidez, simplesmente porque a timidez o faz se apegar a algo que existe apenas em seu pensamento. Ela o acalma enquanto tudo está tranquilo, mas aí o mundo medonho, misterioso, abrirá sua boca para você, como se abrirá para cada um de nós, e então você perceberá que seus métodos seguros não são nada seguros. Ser tímido nos impede de examinar e explorar nossa condição como homens."
VIAGEM A IXTLAN, CARLOS CASTAÑEDA, 1972

O senhor Naoshige disse: "O caminho do samurai é em desespero. Dez homens ou mais não podem matar um homem assim. O bom senso não fará grandes coisas. Simplesmente torne-se louco e desesperado."
HAGAKURE: O LIVRO DO SAMURAI, YAMAMOTO TSUNETOMO, 1659-1720

para o crime que haviam cometido; em breve, pensaram, terminaria sua provação.

Eles foram amontoados em carroças e levados pelas ruas geladas de São Petersburgo. Ao descerem das carroças na Praça Semionovski, eles foram recebidos por um padre; atrás do religioso eles podiam ver fileiras de soldados e, atrás dos soldados, milhares de espectadores. Eles foram conduzidos para um patíbulo coberto com um pano preto no centro da praça. Na frente do patíbulo havia três postes e, na lateral, uma fila de carretas carregadas de caixões.

Dostoiévski não podia acreditar no que via. "Não é possível que pretendam nos executar", ele sussurrou para seu vizinho. Eles foram acompanhados até o patíbulo e colocados em duas filas. Fazia muito frio, e os prisioneiros estavam com as mesmas roupas leves de quando tinham sido presos em abril. Os tambores soaram. Um oficial se adiantou para ler as sentenças: "Todos os acusados são culpados de pretender derrubar a ordem nacional e estão, portanto, condenados à morte diante de um pelotão de fuzilamento." Os prisioneiros estavam aturdidos demais para dizer qualquer coisa.

Conforme o oficial lia as acusações e as sentenças de cada um, Dostoiévski se viu olhando fixo para a flecha dourada da torre de uma igreja próxima e a luz do sol refletindo nela. As centelhas de luz desapareceram quando uma nuvem passou lá em cima, e lhe ocorreu a ideia de que estava para entrar na escuridão com essa mesma rapidez, e para sempre. De repente ele pensou outra coisa: "Se eu *não* morrer, se *não* me matarem, minha vida de repente parecerá infindável, toda uma eternidade, cada minuto um século. Prestarei atenção a tudo que passar – não perderei um segundo de vida novamente."

Os prisioneiros receberam camisas com capuzes. O sacerdote se adiantou para lhes dar a extrema-unção e ouvir suas confissões. Eles se despediram uns dos outros. Os primeiros três a serem fuzilados foram amarrados aos postes e os capuzes puxados sobre seus rostos. Dostoiévski ficou na frente, no próximo grupo a morrer. Os soldados ergueram seus rifles, miraram – e de repente uma carruagem entrou galopando na praça. Um homem desceu com um envelope. No último segundo, o czar havia comutado suas sentenças de morte.

Mais tarde naquela mesma manhã, Dostoiévski soube de sua nova sentença: quatro anos de trabalhos forçados na Sibéria, seguidos por um período servindo no exército. Pouco afetado com isso, ele escreveu naquele dia ao irmão, "Quando relembro o passado e penso em todo tempo que desperdicei em erros e ócio... então meu coração sangra. A vida é um dom... cada minuto poderia ter sido uma eterna felicidade! Se os jovens soubessem! Agora minha vida vai mudar; agora eu terei renascido."

Havia muito se sabia, é claro, que o homem que, treinado na disciplina, abandonara qualquer desejo ou esperança de sobrevivência e tinha apenas um objetivo – a destruição de seu inimigo – podia ser um inegável adversário e um guerreiro realmente formidável que jamais pedia nem dava cartel, uma vez tendo desembainhado sua arma. Deste modo, um homem aparentemente comum que, por força das circunstâncias e não por profissão, tivesse sido colocado na posição de precisar fazer uma escolha desesperada poderia se provar perigoso, mesmo para

Dias depois, grilhões pesando 4,5 quilos foram colocados nos braços e nas pernas de Dostoiévski – deveriam ficar ali enquanto durasse sua sentença –, e ele foi levado em uma carroça para a Sibéria. Durante os quatro anos seguintes ele suportou as condições mais tenebrosas na prisão. Não lhe tendo sido conferidos os privilégios da escrita, ele redigia romances mentalmente, memorizava-os. Finalmente, em 1857, ainda servindo o período da sentença no exército, ele teve permissão para começar a publicar suas obras. Quando antes ele se torturava para redigir uma folha, passando metade do dia só pensando, agora ele escrevia e escrevia. Os amigos o viam caminhando pelas ruas de São Petersburgo, murmurando pedaços de diálogo para si mesmo, perdido em seus personagens e tramas. Seu novo lema era "tentar fazer o máximo possível no menor tempo".

Alguns lamentavam o tempo que Dostoiévski passou na prisão. Isso o deixava zangado; ele era grato pela experiência e não sentia nenhuma amargura. Não fosse aquele dia de dezembro em 1849, era o que ele sentia, teria desperdiçado sua vida. Até sua morte, em 1881, ele continuou escrevendo em um ritmo frenético, produzindo um romance atrás do outro – *Crime e castigo*, *Os possessos*, *Os irmãos Karamazov* –, como se cada um deles fosse o último.

Interpretação. O czar Nicolau havia decidido condenar os radicais de Petrashevski aos trabalhos forçados logo depois que foram presos. Mas queria lhes dar uma lição mais dura também, então concebeu o cruel teatro da sentença de morte, com seus cuidadosos detalhes – o padre, os capuzes, os caixões, o perdão no último segundo. Isto, ele pensava, realmente os deixaria submissos e humilhados. Na verdade, alguns prisioneiros enlouqueceram com os eventos daquele dia. Mas o efeito sobre Dostoiévski foi diferente: ele vinha sofrendo havia anos com uma sensação de estar vagando, perdido, sem saber o que fazer com seu tempo. Um homem de enorme sensibilidade, naquele dia ele sentiu nos ossos a própria morte. E ele experimentou seu *pardon* como um renascer.

O efeito foi permanente. Pelo resto de sua vida, Dostoiévski voltaria conscientemente àquele dia, lembrando seu voto de jamais desperdiçar outro momento. Ou, se sentisse que estava ficando muito confortável e complacente, ia até um cassino e jogava fora todo seu dinheiro. Pobreza e dívidas eram para ele uma espécie de morte simbólica, lançando-o de volta ao possível nada de sua vida. De uma forma ou outra ele teria de escrever, e não como os outros romancistas escreviam – como se fosse uma agradável e trivial carreira artística, com todos os prazeres resultantes dos salões, palestras e outras superficialidades. Dostoiévski

---

um hábil mestre da esgrima. Um episódio famoso, por exemplo, fala de um professor de esgrima ao qual um superior pediu que entregasse um servo culpado de uma ofensa punível com a morte. Esse professor, desejando testar uma teoria própria com relação ao poder dessa condição a que chamaremos de "desespero", desafiou o homem condenado para um duelo. Com pleno conhecimento da irrevogabilidade de sua sentença, o servo não se preocupou e o duelo que se seguiu provou que até um hábil esgrimista e professor da arte podia se ver em grandes dificuldades quando enfrentado por um homem que, devido a sua aceitação da morte iminente, podia ir até o limite (e além dele) na sua estratégia, sem hesitar nem pensar em nada que pudesse distraí-lo. O servo, de fato, lutou como um homem possesso, forçando seu mestre a recuar até suas costas estarem quase contra a parede. No final, o professor teve de abatê-lo em um último esforço, no qual o próprio desespero do mestre causou a mais plena coordenação de sua coragem, habilidade e determinação.
SEGREDOS DOS SAMURAIS, OSCAR RATTI E ADELE WESTBROOK, 1973

escrevia como se sua vida estivesse em jogo, com um intenso sentimento de urgência e seriedade.

A morte é impossível de imaginar: é tão imensa, tão assustadora, que faremos quase tudo para não pensar nela. A sociedade é organizada para tornar a morte invisível, para mantê-la a muitos passos de nós. Essa distância pode parecer necessária para nosso conforto, mas tem um preço terrível: a ilusão de tempo infinito e uma consequente falta de seriedade com relação ao dia a dia. Estamos fugindo da única realidade que está diante de todos nós.

Como um guerreiro na vida, você deve virar esta dinâmica ao avesso: fazer da ideia de morte algo não para se escapar, mas para abraçar. Seus dias estão contados. Você vai passá-los meio dormindo e desanimado ou viverá com uma sensação de urgência? Teatros cruéis encenados por um czar são desnecessários; a morte virá até você sem eles. Imagine-a pressionando-o, não lhe deixando uma saída – pois não *há* saída. Sentir a morte em seus calcanhares tornará suas ações mais certas, mais vigorosas. Esta pode ser a última vez que você joga os dados: faça-a valer.

> *Embora sabendo que vamos morrer um dia, pensamos que todos os outros vão morrer antes e que seremos os últimos a partir. A morte parece muito distante. Este não é um pensamento superficial? É inútil e é apenas uma pilhéria dentro de um sonho... Visto que a morte está sempre a nossa porta, precisamos nos esforçar e agir rápido.*
> – Hagakure: O livro do samurai, Yamamoto Tsunetomo (1659-1720)

CHAVES PARA A GUERRA

Com muita frequência nos sentimos um tanto perdidos em nossas ações. Poderíamos fazer isto ou aquilo – temos muitas opções, mas nenhuma delas parece necessária o suficiente. Nossa liberdade é um peso – o que vamos fazer hoje, para onde vamos? Nossos padrões diários e rotinas nos ajudam a evitar sentimentos de falta de direção, mas existe sempre um pensamento exagerado e fútil de que poderíamos fazer muito mais. Desperdiçamos muito de nosso tempo. Ocasionalmente todos nós temos uma sensação de urgência. Com mais frequência ela vem de fora: estamos atrasados em nosso trabalho, inadvertidamente assumimos mais do que somos capazes de fazer, a responsabilidade por alguma coisa é jogada em nossas mãos. Agora tudo muda; não há mais liberdade. Temos de fazer isto, precisamos consertar aquilo. A surpresa é sempre o quanto isto nos faz sentir mais entusiasmados e vivos; agora tudo que fazemos parece necessário. Mas no final acabamos voltando

---

Aproveitando a oportunidade, eles começaram a questionar Han Hsin. "Segundo A arte da guerra, quando o guerreiro luta deve manter as montanhas a sua direita ou a suas costas, e rios e lagos à frente ou à esquerda", eles disseram. "Mas hoje você nos ordenou o contrário, para colocar as tropas em formação de costas para o rio, dizendo 'Derrotaremos Chao e nos banquetearemos juntos!'. Nós resisti-

a nossos padrões normais. E quando essa sensação de urgência se vai, realmente não sabemos como recuperá-la.

Líderes de exércitos têm pensado nisto desde que exércitos existem: como motivar os soldados, torná-los mais agressivos, mais desesperados? Alguns generais confiaram na oratória inflamada e aqueles especialmente bons nisso tiveram certo sucesso. Mas há mais de 2 mil anos o estrategista chinês Sun Tzu acabou por acreditar que ouvir discursos, por mais estimulantes que fossem, era uma experiência muito passiva para ter um efeito duradouro. Em vez disso, Sun Tzu falava de uma "zona de morte" – um lugar onde um exército está acuado contra algum acidente geográfico, como uma montanha, um rio ou uma floresta, e não tem por onde escapar. Sem ter para onde recuar, Sun Tzu argumentava, um exército luta com o dobro ou o triplo do ânimo que teria em campo aberto, porque a morte está visceralmente presente. Sun Tzu defendia intencionalmente o posicionamento de soldados na zona de morte para lhes dar o pique diferencial que faz os homens lutarem como demônios. Isso foi o que Cortés fez no México e é a única maneira garantida de criar um verdadeiro fogo no estômago. O mundo é governado pela necessidade: as pessoas só mudam de comportamento se forem obrigadas. Elas só sentirão a urgência se suas vidas dependerem disso.

A zona de morte é um fenômeno psicológico que transcende o campo de batalha; é qualquer conjunto de circunstâncias no qual você se sente preso e sem opções. Existe uma pressão muito real em suas costas, e você não pode recuar. O tempo está se esgotando. O fracasso – uma forma de morte psíquica – está encarando você. Você precisa agir ou sofrer as consequências.

Compreenda: nós somos criaturas intimamente ligadas a nosso ambiente – reagimos de forma visceral as nossas circunstâncias e às pessoas a nossa volta. Se a nossa situação é fácil e relaxada, se as pessoas são gentis e afetuosas, nossa tensão natural se desfaz. Podemos até ficar entediados e cansados; nosso ambiente não está nos desafiando, embora possamos não perceber isso. Mas coloque-se em uma situação de alto risco – uma zona de morte psicológica – e a dinâmica muda. Seu corpo reage ao perigo com um surto de energia; sua mente se concentra. A urgência lhe é imposta; você é compelido a não perder mais tempo.

O truque é usar este efeito deliberadamente de tempos em tempos, praticá-lo em si mesmo como uma espécie de toque de despertar. As cinco ações a seguir destinam-se a colocar você em uma zona de morte psicológica. Ler e pensar a respeito delas não vai funcionar; você precisa colocá-las em execução. São formas de pressão para aplicar a si mesmo. Dependendo de você querer um tranco de baixa intensidade para

---

mos à ideia, e no entanto ela terminou em vitória. Que estratégia é esta?"
"Ela está em A arte da guerra também", respondeu Han Hsin. "É só que vocês não perceberam! Não está dito em A arte da guerra: 'Coloque-os em uma posição fatal e eles sairão vivos; coloque-os em um lugar sem esperanças e eles sobreviverão?' Além do mais, eu não tinha a minha disposição tropas que tivesse treinado e liderado no passado, mas fui obrigado, como diz o ditado, a convocar homens no mercado e usá-los para combater. Em tais circunstâncias, se eu não os tivesse colocado em uma situação de desespero na qual cada homem era forçado a lutar pela própria vida, mas tivesse permitido que eles permanecessem em um lugar seguro, todos teriam fugido. Então, de que eles me teriam servido?"
"Realmente!", seus generais exclamaram admirados. "Nós jamais teríamos pensado nisso."
RECORDS OF THE HISTORIAN, SZUMA CHIEN, CERCA DE 145 A.C. – CERCA DE 86 A.C.

Ilimitadas possibilidades não convêm ao homem; se elas existissem, a vida dele apenas se dissolveria no ilimitado.

> *Para se fortalecer, a vida de um homem precisa de limitações impostas pelo dever e aceitas voluntariamente. O indivíduo se torna importante como um espírito livre apenas ao se cercar destas limitações e determinar para si mesmo qual é seu dever.*
> I CHING, CHINA, C. SÉCULO VIII A.C.

> *A morte não é nada, mas viver derrotado é morrer a cada dia.*
> NAPOLEÃO BONAPARTE, 1769-1821

> *Quando o perigo é maior. – É raro uma pessoa quebrar a perna quando no decorrer da vida ela está se esforçando para subir – isso acontece com muito mais frequência quando a pessoa começa a não se preocupar e escolhe os caminhos fáceis.*
> FRIEDRICH NIETZSCHE, 1844-1900

> *Tem certeza da morte; tanto a morte como a vida se tornarão, portanto, mais doces. Dialoga, assim, com a vida: perdendo-te, perco o que, tão-somente, só os tolos cuidam de preservar: é apenas um sopro, submisso a todas as*

uso regular ou um verdadeiro choque, você pode baixar ou levantar o nível. A balança depende de você.

Aposte tudo em um único lance. Em 1937, o jovem de 28 anos Lyndon B. Johnson – na época, diretor no Texas do National Youth Administration – enfrentava um dilema. O congressista texano James Buchanan tinha morrido de repente. Visto que os leais eleitores texanos tendiam a retornar os titulares a seus cargos, uma cadeira no congresso texano em geral só ficava disponível a cada dez ou vinte anos, e Johnson queria estar lá aos trinta anos; ele não tinha dez anos para esperar. Mas era muito jovem e praticamente desconhecido no antigo distrito de Buchanan, o décimo. Ele ia enfrentar pesos pesados políticos a quem os eleitores preferiam. Por que tentar algo que parecia fadado ao fracasso? Não só a corrida seria um desperdício de dinheiro, como a humilhação, se Johnson perdesse feio, poderia tirar suas ambições dos trilhos a longo prazo.

Johnson considerou tudo isto e depois decidiu concorrer. Durante as semanas seguintes, ele se dedicou intensamente à campanha, visitando cada vilarejo atrasado e cidade, apertando a mão do fazendeiro mais pobre, se sentando nas farmácias para encontrar pessoas que jamais tinham chegado perto de falar com um candidato antes. Ele sacou de todos os truques do manual – comícios e churrasco à moda antiga, modernas propagandas pelo rádio. Trabalhou dia e noite – e muito. Quando a corrida terminou, Johnson estava em um hospital, tratando-se de esgotamento e apendicite. Mas em uma das grandes reviravoltas na história política americana, ele vencera.

Ao apostar seu futuro em um único lance, Johnson colocou-se em uma situação de campo de morte. Seu corpo e seu espírito responderam com a energia de que ele precisava. Muitas vezes tentamos muitas coisas ao mesmo tempo, pensando que uma delas nos trará o sucesso, mas nestas situações nossas mentes estão difusas, nossos esforços, sem entusiasmo. É melhor enfrentar um desafio intimidante, mesmo um que os outros pensem ser tolice. Nosso futuro está em jogo; não podemos nos dar o luxo de perder. Assim, não perdemos.

Aja antes de estar pronto. Em 49 a.C., um grupo de senadores romanos, aliados a Pompeu e temendo o crescente poder de Júlio César, ordenou ao grande general que dispersasse seu exército ou seria considerado um traidor da República. Quando César recebeu este decreto, estava no sul da Gália (atualmente França) com apenas 5 mil homens; o resto de suas legiões estava bem distante, ao norte, onde estivera em uma campanha. Ele não tinha intenção de obedecer ao decreto – isso teria sido suicídio –, mas ia demorar semanas para o grosso de seu exército poder se juntar a ele. Não querendo esperar, César disse a seus capitães, "Que a sorte esteja lançada", e ele e seus 5 mil homens atravessaram o Rubicão, o rio que marcava a fronteira entre Gália e Itália. Liderar tropas até solo italiano significava guerra contra Roma. Agora não tinha mais volta; era lutar ou morrer. César foi forçado a concentrar suas forças, a não desperdiçar um único homem, a agir rapidamente e a ser o mais criativo possível. Ele marchou sobre Roma. Ao tomar a iniciativa, assustou os senadores e obrigou Pompeu a fugir.

Em geral esperamos demais para agir, principalmente quando enfrentamos pressão externa. Às vezes é melhor agir antes de achar que está pronto – para forçar a decisão e atravessar o Rubicão. Não só você surpreenderá seus adversários, como terá também aproveitado ao máximo seus recursos. Você se comprometeu e não pode voltar atrás. Sob pressão, sua criatividade desabrochará. Faça isso com frequência e você desenvolverá sua habilidade de pensar e agir rápido.

Entre em novas águas. O estúdio da MGM em Hollywood tinha sido bom com Joan Crawford: ele a havia descoberto, feito dela uma estrela, moldado sua imagem. No início da década de 1940, entretanto, Crawford deu um basta. Era tudo muito confortável; a MGM continuava escalando-a para os mesmos tipos de papel, nenhum deles era um desafio. Então, em 1943, Crawford fez o impensável e pediu para ser liberada de seu contrato.

As consequências para Crawford poderiam ter sido terríveis; desafiar o sistema do estúdio era considerado uma insensatez. Na verdade, quando ela foi contratada pela Warner Brothers, como era de se prever, ofereceram-lhe os mesmos roteiros medíocres. Ela os recusou. Na iminência de ser despedida, ela finalmente encontrou o que vinha procurando: o papel principal em *Alma em suplício*, que, entretanto, não lhe ofereceram. Disposta a convencer o diretor, Michael Curtiz, ela conseguiu fazer com que ele mudasse de ideia e ficou com o papel. Foi a performance de sua vida, ela conquistou seu único Oscar de melhor atriz e ressuscitou sua carreira.

Ao deixar a MGM, Crawford estava correndo um grande risco. Se não tivesse sucesso na Warner Brothers, e rápido, sua carreira estava acabada. Mas Crawford se fortalecia com as situações arriscadas. Quando se sentia desafiada, quando se sentia por um fio, ela explodia de energia e ficava em sua melhor forma. Como Crawford, você às vezes tem de se forçar a entrar na zona de morte – deixando para trás relacionamentos rançosos e situações confortáveis, cortando seus laços com o passado. Se você se colocar em uma situação sem saída, terá de fazer seu novo empenho funcionar. Trocar o passado por um terreno

influências celestes, que aflige a toda hora a tua casa. Não passas de um joguete da morte; pois dela apressa-te a fugir e, no entanto, continuas correndo para ela. Não és nobre; pois todos os confortos que tens são nutridos por mesquinharias. Não és valente; pois temes a delicada e macia lança de um verme. Teu melhor repouso é o sono, e esse provocas com frequência; no entanto seu maior medo é da morte, que outra coisa não é.
MEDIDA POR MEDIDA, WILLIAM SHAKESPEARE, 1564-1616

Senhores, a vida é curta! Gastar essa brevidade com mesquinharias foi demais, se a vida cavalgava um ponteiro de relógio, ainda terminando ao completar uma hora. E se vivemos, vivemos para pisar em reis; se morrermos, brava morte, quando príncipes morrem conosco.
HENRIQUE IV, PARTE I, WILLIAM SHAKESPEARE, 1564-1616

desconhecido é como uma morte – e sentir esta finalização o despertará de novo para a vida.

Converta isso em "você contra o mundo". Comparado com esportes como o futebol, o beisebol é lento e tem poucas oportunidades para agressão. Isto era um problema para o batedor Ted Williams, que jogava melhor quando estava zangado – quando sentia que era ele contra o mundo. Criar este estado de espírito no campo era difícil para Williams, mas desde o início ele descobriu uma arma secreta: a imprensa. Ele pegou o hábito de insultar os comentaristas esportivos, fosse apenas recusando-se a cooperar com eles ou ofendendo-os verbalmente. Os repórteres retribuíam escrevendo artigos fulminantes sobre seu caráter, questionando seu talento, trombeteando a mais leve queda em sua média de batidas. Mas era quando se via martelado pela imprensa que ele jogava melhor. Ele começava uma fúria de batidas, como para provar que eles estavam errados. Em 1957, quando levou adiante uma rixa que durou um ano com os jornais, teve sua melhor temporada e conquistou o título de melhor batedor na avançada idade, para um jogador de beisebol, de quarenta anos. Como um jornalista escreveu: "O ódio parece ativar seus reflexos como a adrenalina estimula o coração. Animosidade é seu combustível!"

Para Williams, a animosidade da imprensa e, com a imprensa, do público era uma espécie de pressão constante que ele sabia interpretar, ouvir e sentir. Eles o odiavam, duvidavam dele, desejavam seu fracasso, e ele lhes mostraria. E mostrou. Um espírito combativo precisa de certo nervosismo, um pouco de raiva e ódio para alimentá-lo. Portanto não se recoste na cadeira e espere que as pessoas fiquem agressivas; irrite-as, deixe-as furiosas, deliberadamente. Sentindo-se acuado por uma multidão de pessoas que não gostam de você, você lutará furiosamente. O ódio é uma emoção poderosa. Lembre-se: em qualquer batalha você está expondo seu nome e sua reputação; seus inimigos vão gostar de seu fracasso. Use essa pressão para lutar ainda mais.

Mantenha-se inquieto e insatisfeito. Napoleão tinha muitas qualidades que o fizeram talvez o maior general da história, mas o que o levava ao auge e o mantinha ali era sua ilimitada energia. Durante as campanhas, ele trabalhava de 18 a 24 horas por dia. Se necessário, ficava sem dormir vários dias, mas a falta de sono raramente reduzia sua capacidade. Ele trabalhava no banho, no teatro, em um jantar. De olho em todos os detalhes da guerra, ele percorria quilômetros sem fim no lombo de um cavalo sem se cansar ou se queixar.

Certamente Napoleão tinha uma resistência extraordinária, mas não era só isso: ele nunca se permitia descansar, nunca estava satisfeito. Em 1796, em sua primeira posição real de comando, ele liderou os franceses em uma vitória notável na Itália, em seguida, partiu para outra campanha, desta vez no Egito. Ali, descontente com o caminho que a guerra estava tomando e com uma falta de poder político que ele sentia estar interferindo em seu controle sobre questões militares, ele retornou à França e conspirou para se tornar primeiro cônsul. Conseguindo isso, ele imediatamente partiu para sua segunda campanha na Itália. E assim ele continuou, mergulhando em novas guerras, novos desafios, que exigiam dele recorrer a sua ilimitada energia. Se ele não enfrentasse a crise, morreria.

Quando estamos cansados, muitas vezes é por nos sentirmos entediados. Quando não temos nenhum desafio real diante de nós, baixa uma letargia mental e física. "Às vezes a morte vem só por uma falta de energia", Napoleão disse certa vez, e a falta de energia vem de uma falta de desafios, quando assumimos menos do que somos capazes. Arrisque-se e seu corpo e sua mente reagirão com um surto de energia. Faça do risco uma prática constante; jamais se deixe acomodar. Em breve, viver na zona de morte se tornará uma espécie de vício – você não vai conseguir viver sem isso. Quando os soldados sobrevivem a um esbarrão com a morte, com frequência sentem uma satisfação que querem repetir. A vida tem mais significado diante da morte. Os riscos que você continua assumindo, os desafios que você continua superando, são como mortes simbólicas que aguçam sua valorização da vida.

Imagem:
Fogo. Por si mesmo não tem força; depende de seu ambiente. Dê-lhe ar, madeira seca, um vento para soprar as chamas e ele ganha um impulso aterrorizante, cada vez mais quente alimentando-se de si mesmo, consumindo tudo em seu caminho. Jamais deixe um poder tão grande ao acaso.

Autoridade: *Quando você vai sobreviver se lutar rapidamente e morrer se não fizer isso, esta situação se chama de zona [de morte]... Coloque-os em um lugar onde não tenham para onde ir, e eles morrerão antes de fugir. Se vão morrer ali, o que não poderão fazer? Guerreiros exercem sua força total. Quando guerreiros estão em grande perigo, então não sentem medo. Quando não há para onde ir, eles são firmes, quando estão profundamente envolvidos, não vacilam. Se não têm escolha, lutarão.*
– *A arte da guerra,* Sun Tzu (século IV a.C.)

INVERSO

Se a sensação de mais nada a perder pode impulsioná-lo para a frente, o mesmo acontece com os outros. Você deve evitar qualquer conflito com pessoas nesta situação. Talvez elas estejam vivendo em condições terríveis ou, por algum motivo, sejam suicidas; seja como for, estão desesperadas, e quem está desesperado arrisca tudo em uma luta. Isto lhes dá uma vantagem imensa. Já derrotadas pelas circunstâncias, elas nada têm a perder. Você tem. Deixe-as em paz.

Inversamente, atacar inimigos quando estão sem ânimo dá a você uma vantagem. Talvez eles estejam lutando por uma causa que sabem ser injusta ou por um líder que não respeitam. Descubra um jeito de desanimá-los ainda mais. Tropas inseguras desanimam ao mais leve contratempo. Uma demonstração de força esmagará o espírito combativo delas.

Sempre tente reduzir a sensação de urgência do outro lado. Faça seus inimigos pensarem que têm todo o tempo do mundo; quando você de repente aparecer na fronteira deles, estarão sonolentos, e você facilmente os vencerá. Enquanto estiver afiando seu espírito de combate, sempre faça o possível para embotar o deles.

PARTE 2

GUERRA ORGANIZACIONAL (DE EQUIPE)

Você pode ter ideias brilhantes, pode ser capaz de inventar estratégias invencíveis, mas se o grupo que você lidera, e de que você depende para executar seus planos, é indiferente e pouco criativo, e se seus membros sempre colocam as prioridades deles em primeiro lugar, suas ideias não significarão nada. Você deve aprender a lição da guerra: é a estrutura do exército – a cadeia de comando e o relacionamento das partes com o todo – que dará força a suas estratégias.
O objetivo primário na guerra é dar rapidez e mobilidade à estrutura do seu exército. Isso significa ter uma única autoridade no topo, evitando a hesitação e a confusão da liderança dividida. Significa dar aos soldados uma noção do objetivo global a ser alcançado e a amplitude para agir a fim de realizar esse objetivo; em vez de reagir como autômatos, eles serão capazes de se mostrarem sensíveis ao que está acontecendo no campo. Finalmente, significa motivar soldados, criar um espírito de corporação que lhes dá um ímpeto irresistível. Com forças assim organizadas, um general pode adaptar-se às circunstâncias mais rápido do que o inimigo, ganhando uma decidida vantagem.

Este modelo militar é extremamente adaptável a qualquer grupo. Tem uma única e simples exigência: antes de formular uma estratégia ou agir, compreenda a estrutura de seu grupo. Você sempre pode mudá-la e redesenhá-la para se adequar a seus propósitos. Os três capítulos seguintes o ajudarão a se concentrar nesta questão crítica e lhe dar opções estratégicas – modelos organizacionais possíveis a seguir, assim como erros desastrosos a evitar.

5

EVITE AS ARMADILHAS DO PENSAMENTO EM GRUPO

A ESTRATÉGIA DE COMANDO-E-CONTROLE

O problema da liderança de qualquer grupo é que as pessoas inevitavelmente têm as próprias prioridades. Se você for autoritário demais, elas se ressentirão e se rebelarão silenciosamente. Se você for muito complacente, elas se voltarão a seu egoísmo natural e você perderá o controle. Você precisa criar uma cadeia de comando na qual as pessoas não se sintam constrangidas por sua influência, mas sigam sua liderança. Coloque no lugar as pessoas certas – pessoas que executarão o espírito de suas ideias sem serem autômatos. Comande de forma clara e inspiradora, concentrando a atenção na equipe, não no líder. Crie um sentido de participação, mas não caia no pensamento de grupo – a irracionalidade da tomada de decisão coletiva. Mostre-se como um modelo de justiça, porém jamais renuncie à unidade de comando.

A CADEIA QUEBRADA

*Como é diferente a coesão de um exército reunido em torno de uma só bandeira carregada para a batalha ao comando pessoal de um general e a de uma força militar aliada alastrando-se por cinquenta ou cem ligas, ou mesmo em lados diferentes do teatro! No primeiro caso, a coesão é a mais forte e a unidade a mais próxima. No segundo caso, a unidade é muito remota, com frequência consistindo de não mais do que uma intenção política compartilhada, e, portanto, apenas escassa e imperfeita, enquanto a coesão das partes é principalmente fraca e muitas vezes não mais do que uma ilusão.
DA GUERRA, CARL VON CLAUSEWITZ, 1780-1831*

A Primeira Guerra Mundial começou em agosto de 1914 e, no final daquele ano, em toda a Frente Ocidental, britânicos e franceses foram apanhados em um beco sem saída com os alemães. Enquanto isso, entretanto, na Frente Oriental, a Alemanha estava derrotando os russos, aliados da Grã-Bretanha e da França. Os líderes militares ingleses tinham tentado uma nova estratégia, e o plano deles, apoiado pelo ministro da Marinha Winston Churchill e outros, era encenar um ataque a Gallipoli, uma península no estreito de Dardanelos. A Turquia era aliada da Alemanha, e Dardanelos era o portão de entrada para Constantinopla, a capital turca (hoje Istambul). Se os aliados pudessem tomar Gallipoli, Constantinopla seria a próxima e a Turquia teria de sair da guerra. Além disso, usando bases na Turquia e nos Bálcãs, os aliados poderiam atacar a Alemanha pelo sudeste, dividindo seus exércitos e enfraquecendo sua capacidade para lutar na Frente Ocidental. Teriam também uma linha de suprimentos aberta até a Rússia. A vitória em Gallipoli mudaria o curso da guerra.

O plano foi aprovado e, em março de 1915, o general Sir Ian Hamilton foi nomeado para liderar a campanha. Hamilton, aos 62 anos, era um hábil estrategista e experiente comandante. Ele e Churchill tinham certeza de que suas forças, incluindo australianos e neozelandeses, levariam vantagem sobre os turcos. As ordens de Churchill foram simples: tomar Constantinopla. Ele deixou os detalhes para o general.

O plano de Hamilton era desembarcar em três pontos no extremo sudoeste da península de Gallipoli, assegurar as praias e correr para o norte. Os desembarques aconteceram no dia 27 de abril. Desde o início quase tudo deu errado: os mapas do exército eram imprecisos, as tropas desembarcaram nos lugares errados, as praias eram muito mais estreitas do que o esperado. Pior de tudo, os turcos revidaram inesperadamente, com fúria e muito bem. No final do primeiro dia, a maior parte dos 70 mil homens aliados tinha desembarcado, mas eles não conseguiam avançar além das praias, onde os turcos os deixariam cravados por várias semanas. Foi outro impasse; Gallipoli tinha se tornado um desastre.

Parecia que estava tudo perdido, mas, em junho, Churchill convenceu o governo a enviar mais tropas e Hamilton imaginou um novo plano. Ele desembarcaria 20 mil homens na baía de Suvla, cerca de 32 quilômetros ao norte. Suvla era um alvo vulnerável; tinha um porto grande, o terreno era baixo e fácil e estava sendo defendido apenas por um punhado de turcos. Uma invasão ali forçaria os turcos a dividirem suas forças, liberando os exércitos aliados ao sul. O impasse estaria desfeito, e Gallipoli cairia.

Para comandar a operação em Suvla, Hamilton foi obrigado a aceitar o inglês mais antigo disponível, o general de divisão Frederick Stopford. Abaixo dele, o major Frederick Hammersley lideraria a 11ª Divisão. Nenhum destes homens era a primeira escolha de Hamilton. Stopford, um professor do exército de 61 anos, nunca tinha liderado tropas na guerra e via o bombardeio de artilharia como a única maneira de vencer uma batalha; e também era um homem doente. Hammersley, por sua vez, tinha sofrido um colapso nervoso no ano anterior.

Na guerra o que importa não são os homens, mas o homem.
NAPOLEÃO BONAPARTE, 1769-1821

O estilo de Hamilton era informar seus oficiais sobre o propósito de uma batalha iminente, mas deixar a realização por conta deles. Era um cavalheiro, jamais indelicado ou prepotente. Em uma de suas primeiras reuniões, por exemplo, Stopford requisitou mudanças nos planos de desembarque para reduzir riscos. Hamilton polidamente submeteu-se a sua vontade.

Hamilton tinha um pedido. Assim que os turcos soubessem dos desembarques em Suvla, mandariam reforços correndo. Hamilton queria que eles avançassem imediatamente para uma cadeia de montanhas a 6,5 quilômetros para o interior, chamada Tekke Tepe, e chegassem lá antes dos turcos. De Tekke Tepe, os aliados dominariam a península. A ordem era bastante simples, mas Hamilton, para não ofender seu subordinado, expressou-a em termos muito gerais. E o mais crucial, ele não especificou em quanto tempo. Foi tão vago que Stopford confundiu tudo: em vez de tentar chegar a Tekke Tepe "o mais rápido possível", ele achou que deveria avançar até as montanhas "se possível". Foi essa ordem que ele deu a Hammersley. E quando Hammersley, nervoso com tudo que se referia à campanha, transmitiu-a a seus coronéis, a ordem se tornou menos urgente e ainda mais vaga.

Também, apesar de seu respeito por Stopford, Hamilton passou por cima do general de divisão em um aspecto: negou um pedido de mais bombardeios de artilharia para desagregar os turcos. As tropas de Stopford seriam dez vezes mais numerosas do que os turcos em Suvla e Hamilton respondeu; mais artilharia seria supérfluo.

O ataque começou de manhã cedo, no dia 7 de agosto. De novo, muita coisa deu errado: as mudanças de Stopford nos planos de desembarque causaram muita confusão. Desembarcando, os oficiais começaram a discutir, incertos quanto a suas posições e objetivos. Eles enviaram mensageiros para perguntar qual era seu próximo passo: avançar? Consolidar? Hammersley não tinha respostas. Stopford tinha ficado em um barco ao largo, de onde controlava o campo de batalha, mas nesse barco era impossível alcançá-lo com rapidez suficiente para receberem ordens imediatas. Hamilton estava em uma ilha ainda mais distante. O dia se passou em discussões e intermináveis envios de mensagens.

Na manhã seguinte, Hamilton começou a perceber que alguma coisa tinha saído muito errada. Por um avião de reconhecimento ele soube que os pântanos ao redor de Suvla estavam vazios e sem defesa; o caminho para Tekke Tepe estava livre, as tropas só precisavam marchar – mas elas continuavam onde estavam. Hamilton decidiu visitar ele mesmo a frente. Chegando ao barco de Stopford no final daquela tarde, encontrou o general muito satisfeito consigo mesmo: todos os 20 mil homens tinham desembarcado. Não, ele ainda não havia ordenado que as tropas avançassem até as montanhas; sem artilharia, ele temia que os turcos contra-atacassem e precisara do dia para consolidar sua posição e desembarcar suprimentos. Hamilton esforçou-se para se controlar: soubera uma hora antes que os reforços turcos tinham sido enviados correndo para Suvla. Os aliados tinham de assegurar Tekke Tepe esta noite, ele disse, mas Stopford era contra marchas noturnas. Perigoso demais. Hamilton conservou a calma e polidamente se desculpou.

Quase em pânico, Hamilton decidiu visitar Hammersley em Suvla. Surpreso, ele encontrou o exército descansando na praia como se fosse um dia de feriado. Finalmente localizou Hammersley – ele estava no outro extremo da baía, ocupado supervisionando a construção de seu quartel-general temporário. Indagado por que não tinha se apoderado das montanhas, Hammersley respondeu que tinha enviado várias brigadas com esse propósito, mas elas tinham encontrado a artilharia turca e seus coronéis lhe disseram que não podiam avançar sem mais instruções. A comunicação entre Hammersley, Stopford e os coronéis estava demorando uma eternidade, ele havia retornado a mensagem para Hammersley dizendo para proceder com cautela, descansar seus homens e esperar para avançar só no dia seguinte. Hamilton não conseguiu mais se controlar; um punhado de turcos com poucas armas estava impedindo um exército de 20 mil homens de marchar meros 6,5 quilômetros! Amanhã de manhã seria tarde demais; os reforços turcos estavam a caminho. Embora já fosse noite, Hamilton ordenou a Hammersley que enviasse uma brigada imediatamente a Tekke Tepe. Seria uma corrida decisiva.

Hamilton retornou para um barco no porto a fim de monitorar a situação. Ao alvorecer do dia seguinte, ele observou o campo de batalha com o binóculo – e viu, horrorizado, as tropas aliadas recuando às pressas para Suvla. Uma grande força turca tinha chegado a Tekke Tepe trinta minutos antes deles. Em poucos dias depois disso, os turcos conseguiram recuperar os charcos ao redor de Suvla e encurralar o exército de Hamilton na praia. Cerca de quatro meses depois, os aliados desistiram de seu ataque a Gallipoli e evacuaram suas tropas.

> *Qualquer exército é como um cavalo, no que ele reflete o temperamento e o espírito de seu cavaleiro. Se existem uma inquietação e uma incerteza, elas se transmitem pelas rédeas, e o cavalo se sente inquieto e inseguro.*
> LONE STAR PREACHER, CORONEL JOHN W. THOMASON, JR., 1941

Interpretação. Ao planejar a invasão em Suvla, Hamilton pensou em tudo. Ele compreendia a necessidade do elemento surpresa, enganando os turcos quanto ao local de desembarque. Ele dominava os detalhes logísticos de um complexo ataque anfíbio. Localizando o ponto-chave – Tekke Tepe – de onde os aliados podiam romper o impasse em Gallipoli, ele traçou uma excelente estratégia para chegar até lá. Ele até tentou se preparar para as contingências inesperadas que sempre podem acontecer em batalha. Mas ignorou a única coisa mais perto dele: a cadeia de comando, e o circuito de comunicações pelo qual ordens, informações e decisões circulariam de um lado para o outro. Ele dependia desse circuito para lhe dar controle da situação e lhe permitir executar sua estratégia.

Os primeiros elos na cadeia de comando eram Stopford e Hammersley. Ambos morriam de medo de riscos, e Hamilton errou ao não se adaptar às fraquezas deles: sua ordem para chegarem até Tekke Tepe foi polida, civilizada e pouco enérgica, e Stopford e Hammersley a interpretaram segundo seus temores. Eles viram Tekke Tepe como uma meta possível de ser alcançada depois de garantidas as praias.

Os elos seguintes da cadeia eram os coronéis que liderariam o ataque a Tekke Tepe. Eles não tinham nenhum contato com Hamilton em sua ilha ou com Stopford em seu barco, e Hammersley estava ocupado demais para liderá-los. Eles mesmos estavam aterrorizados com a ideia de agir por conta própria e talvez atrapalhar um plano que nunca tinham entendido; eles hesitavam a cada passo. Abaixo dos coronéis estavam oficiais e soldados que, sem liderança, foram deixados vagando pela praia como formigas perdidas. A imprecisão no topo virou confusão e letargia na base. O sucesso dependia da velocidade com que as informações podiam passar em ambas as direções ao longo da cadeia de comando, de modo que Hamilton pudesse compreender o que estava acontecendo e se adaptar mais rápido do que o inimigo. A cadeia foi quebrada, e Gallipoli foi perdida.

Quando o fracasso assim acontece, quando uma oportunidade de ouro escorre por entre seus dedos, você naturalmente procura uma causa. Talvez você culpe seus oficiais incompetentes, sua tecnologia imperfeita, sua inteligência defeituosa. Mas isso é olhar para o mundo de trás para a frente; é garantia de mais fracassos. A verdade é que tudo começa de cima. O que determina seu fracasso ou sucesso são o estilo de liderança e a cadeia de comando que você traça. Se suas ordens são vagas e sem entusiasmo, ao chegarem ao campo de batalha não terão sentido. Deixe as pessoas trabalhando sem supervisão e elas retornarão a seu estado natural de egoísmo: elas verão em suas ordens o que querem ver, e o comportamento delas promoverá seus próprios interesses.

A não ser que você adapte seu estilo de liderança às fraquezas das pessoas em seu grupo, é quase certo terminar com uma ruptura na cadeia de comando. As informações no campo de batalha vão demorar muito para chegar até você. Uma cadeia de comando adequada e o controle que ela lhe dá não acontecem por acaso; é sua criação, uma obra de arte que requer atenção e cuidado constante. Ignore-a por sua própria conta e risco.

*Como são os líderes, assim, como uma regra,
serão os homens abaixo deles.*
– Xenofonte (430?-355? a.C.)

CONTROLE REMOTO

No final da década de 1930, o brigadeiro George C. Marshall (1880-1958) pregava a necessidade de uma grande reforma militar. O exército tinha muito poucos soldados, eles eram mal treinados, a doutrina corrente não era adequada à tecnologia moderna e a lista de problemas continuava. Em 1939, o presidente Franklin D. Roosevelt teve de escolher seu próximo chefe do Estado-Maior do Exército. A indicação era crítica: a Segunda Guerra Mundial tinha começado na Europa, e Roosevelt acreditava que certamente os Estados Unidos estariam envolvidos. Ele compreendia a necessidade de reforma militar, portanto passou por cima dos generais mais antigos e experientes e escolheu Marshall.

A indicação foi uma maldição disfarçada, pois o Departamento de Guerra era irremediavelmente disfuncional. Muitos de seus generais tinham egos monstruosos e o poder de impor suas maneiras de fazer as coisas. Oficiais mais antigos, em vez de se aposentarem, assumiam cargos no departamento, acumulando bases de poder e feudos que faziam todo o possível para proteger. Um lugar de feudos, desperdícios, quebras de comunicação e tarefas sobrepostas, o departamento era uma bagunça. Como Marshall poderia reformar o exército para uma guerra global se não o podia controlar? Como ele podia criar ordem e eficiência?

Cerca de dez anos antes, Marshall havia servido como comandante auxiliar da Escola de Infantaria em Fort Benning, na Georgia, onde havia treinado muitos oficiais. Enquanto serviu ali, ele foi registrando em um caderno os nomes de rapazes promissores. Logo depois de se tornar chefe do estado, Marshall começou a aposentar os oficiais mais velhos no Departamento de Guerra e a substituí-los por estes homens mais jovens a quem havia treinado pessoalmente. Estes oficiais eram

Qual deve ser o resultado de uma operação que seja apenas em parte compreendida pelo comandante, visto ele mesmo não a ter concebido? Eu passei por uma penosa experiência como instigador no quartel-general, e ninguém valoriza mais esses serviços do que eu; e é principalmente em um conselho de guerra que esse papel é absurdo. Quanto maior o número e mais alta a patente dos oficiais militares que compõem o conselho, mais difícil será realizar o triunfo da verdade e da razão, por menor que seja a quantidade de dissidentes. Qual teria sido a ação de um conselho de guerra ao qual Napoleão propôs o movimento de Arcola, a travessia do Saint-Bernard, a manobra de Ulm, ou a de Gera e Jena? O tímido deve tê-las

ambiciosos, compartilhavam seu desejo de reforma, e ele os incentivou a falar o que pensavam e a mostrar iniciativa. Entre eles, incluíam-se homens como Omar Bradley e Mark Clark, que seriam cruciais na Segunda Guerra Mundial, mas ninguém era mais importante do que seu protegido, com quem Marshall passava a maior parte do tempo: Dwight D. Eisenhower.

O relacionamento começou dias depois do ataque a Pearl Harbor, quando Marshall pediu a Eisenhower, então um coronel, para preparar um relatório sobre o que deveria ser feito no Extremo Oriente. O relatório lhe mostrou que Eisenhower pensava como ele a respeito de como dirigir a guerra. Nos meses seguintes, ele manteve Eisenhower na Divisão de Planos para a Guerra e o observou de perto: os dois homens se encontravam todos os dias, e nesse período Eisenhower assimilou o estilo de liderança de Marshall, seu modo de conseguir que as coisas fossem feitas. Marshall testou a paciência de Eisenhower indicando que planejava mantê-lo em Washington em vez de lhe dar as atribuições em campo que ele tanto queria. O coronel passou no teste. Muito parecido com o próprio Marshall, ele se dava bem com os outros oficiais mas se impunha silenciosamente.

Em julho de 1942, quando os americanos se preparavam para entrar na guerra lutando junto com os ingleses na África do Norte, Marshall surpreendeu a todos ao nomear Eisenhower comandante do Teatro de Operações Europeu. Eisenhower nessa época era um tenente-coronel mas ainda relativamente desconhecido, e em seus primeiros meses no cargo, enquanto os americanos passavam mal na África do Norte, os britânicos clamavam por uma substituição. Mas Marshall ficou do lado de seu homem, oferecendo-lhe conselhos e incentivo. Uma sugestão importantíssima foi a de Eisenhower cultivar um protegido, como Marshall tinha feito com ele – uma espécie de assessor ambulante que pensasse como ele e funcionasse como mediador com os subordinados. A sugestão de Marshall para o posto foi o major-general Bradley, um homem que ele conhecia bem; Eisenhower aceitou a ideia, essencialmente duplicando a estrutura do corpo de assistentes que Marshall havia criado no Departamento de Guerra. Com Bradley colocado, Marshall deixou Eisenhower sozinho.

Marshall posicionou seus protegidos por todo o Departamento de Guerra, onde eles tranquilamente divulgaram seu estilo de fazer as coisas. Para facilitar a tarefa, ele cortou o desperdício no departamento com total crueza, reduzindo de sessenta para seis o número de delegados que se reportavam a ele. Marshall detestava excessos; seus relatórios para Roosevelt o fizeram famoso por sua habilidade de resumir uma situação complexa em poucas páginas. Os seis homens que se reporta-

considerado imprudência, até loucura, outros teriam visto milhares de dificuldades de execução, e todos teriam concordado em rejeitá-las; e se, ao contrário, elas tivessem sido adotadas, e executadas por qualquer um que não fosse Napoleão, não teriam certamente demonstrado serem fracassos?
BARON ANTOINE-HENRI DE JOMINI, 1779-1869

"Achas que todos os gregos aqui podem ser reis? Não é bom ter uma carroça cheia de comandantes. Nós precisamos de um comandante, um rei, um a quem Zeus, Filho de Cronos o trapaceiro, tenha dado o bastão e o direito de tomar decisões para seu povo." E assim Ulisses dominou o exército. Os homens todos saíram de novo de seus barcos e cabanas e se reuniram em ovação.
ILÍADA, HOMERO, C. SÉCULO IX A.C.

vam a ele descobriram que qualquer relatório que tivesse uma página a mais simplesmente não era lido. Ele ouvia suas apresentações orais com embevecida atenção, mas assim que fugiam ao assunto ou diziam algo mal pensado ele desviava o olhar, entediado, sem interesse. Era uma expressão que eles temiam: sem dizer uma palavra, ele deixava claro que não tinha gostado e que era hora de irem embora. Os seis assistentes de Marshall começaram a pensar como ele e a exigir daqueles que a eles se reportavam a mesma eficiência e o mesmo estilo simplificado de comunicação que era exigido deles. A velocidade das informações fluindo de cima para baixo agora era quatro vezes maior.

Marshall transpirava autoridade, mas jamais gritava e jamais desafiava os homens frontalmente. Ele possuía um dom para comunicar seus desejos indiretamente – uma habilidade que era ainda mais eficaz já que fazia seus oficiais pensarem sobre o que ele queria dizer. O brigadeiro Leslie R. Groves, diretor militar do projeto para o desenvolvimento da bomba atômica, certa vez chegou ao gabinete de Marshall para conseguir que ele autorizasse um orçamento para gastos no valor de 100 milhões de dólares. Encontrando o chefe do estado imerso em papeladas, ele esperou enquanto Marshall comparava com atenção documentos e fazia anotações. Finalmente, Marshall descansou a caneta, examinou o pedido de 100 milhões de dólares, assinou e devolveu-o a Groves sem uma palavra. O brigadeiro agradeceu e estava se virando para sair quando Marshall finalmente falou: "Talvez esteja interessado em saber o que eu estava fazendo. Estava preenchendo um cheque de US$ 3,52 para as sementes de grama de meu quintal."

Os milhares de pessoas que trabalharam como subordinadas de Marshall, seja no Departamento de Guerra ou no exterior no campo de batalha, não precisavam vê-lo pessoalmente para sentir sua presença. Elas a percebiam nos relatórios concisos, mas perspicazes, que seus assistentes lhes entregavam; na velocidade de suas respostas a perguntas e requisições; na eficiência do departamento e no espírito de equipe. Elas a sentiam no estilo de liderança de homens como Eisenhower, que haviam assimilado a maneira diplomática mas enérgica de fazer as coisas. Em poucos anos, Marshall transformou o Departamento de Guerra e o Exército dos Estados Unidos. Poucos realmente compreenderam como ele tinha feito isto.

Interpretação. Quando Marshall se tornou chefe do Estado-Maior, sabia que teria de se conter. A tentação era entrar em combate com todos em todas as áreas problemáticas: a desobediência dos generais, os feudos políticos, as camadas de desperdícios. Mas Marshall era esper-

Relatórios reunidos e apresentados pelo Estado-Maior, por um lado, e pelo Bureau de Estatística, por outro, constituíam assim as fontes mais importantes de informação à disposição de Napoleão. Subindo pela cadeia de comando, entretanto, esses relatórios tendiam a ficar cada vez menos específicos; quanto mais numerosas as etapas pelas quais eles passavam e mais padronizadas

to demais para ceder a essa tentação. Primeiro, eram batalhas demais para travar e elas o deixariam exausto. Ele ia se frustrar, perder tempo e provavelmente arrumar um ataque cardíaco. Segundo, ao tentar microadministrar o departamento, ele se envolveria em emaranhados mesquinhos e perderia de vista o quadro maior. E, finalmente, ele seria interpretado como um sujeito implicante. A única maneira de matar este monstro de muitas cabeças, Marshall sabia, era dar um passo atrás. Ele tinha de governar indiretamente por intermédio de outras pessoas, controlando com um toque tão leve que ninguém perceberia que ele dominava tudo.

A chave para a estratégia de Marshall foi sua seleção, o treinamento e colocação de seus protegidos. Ele metaforicamente se clonou nestes homens, que desempenharam o espírito de suas reformas em seu nome, poupando-lhe tempo e fazendo-o parecer não como um manipulador, mas como alguém que delegava poderes. Seu corte de desperdícios foi pesado no início, mas depois que ele colocou seu selo o departamento começou a funcionar eficientemente sozinho – menos pessoas para lidar, menos relatórios irrelevantes para ler, menos tempo perdido em todos os níveis. Feito este enxugamento, Marshall podia guiar a máquina com um toque mais leve. Os tipos políticos que estavam obstruindo a cadeia de comando foram aposentados ou uniram-se no espírito de equipe que ele infundia. Seu estilo indireto de comunicação divertia algumas pessoas de sua equipe, mas era, na verdade, um modo muito eficaz de afirmar sua autoridade. Um oficial podia ir para casa achando graça por ter encontrado Marshall criando caso por causa de uma conta do jardineiro, mas aos poucos ele começava a compreender que, se desperdiçasse um centavo, o seu chefe saberia.

Como o Departamento de Guerra que Marshall herdou, o mundo atual é complexo e caótico. É cada vez mais difícil exercitar o controle através de uma cadeia de comando. Você não pode supervisionar tudo sozinho; não pode ficar de olho em todo mundo. Ser visto como um ditador vai prejudicá-lo, mas se você se submeter à complexidade e abandonar a cadeia de comando o caos o consumirá.

A solução é fazer como Marshall: operar por meio de uma espécie de controle remoto. Contrate representantes que compartilhem sua visão, mas possam pensar por si mesmos, agindo como você faria no lugar deles. Em vez de perder tempo negociando com cada pessoa difícil, dissemine um espírito de camaradagem e eficiência que se torna autopoliciador. Enxugue a organização, reduzindo o desperdício – na equipe, nos relatórios irrelevantes sobre sua mesa, nas reuniões inúteis. Quanto menos atenção você gastar em detalhes insignificantes, mais tempo terá para o quadro mais amplo, para afirmar sua auto-

as formas como eram apresentadas, maior o perigo de se tornarem tão perfilados (e talvez adoçados ou apenas distorcidos pelos muitos resumos) a ponto de quase perderem o sentido. Para se proteger deste risco e manter os subordinados atentos, um comandante precisa ter, além disso, uma espécie de telescópio direcionado – a metáfora é adequada – que possa apontar à vontade para qualquer parte das forças inimigas, do terreno, ou de seu próprio exército, a fim de trazer informações que sejam não só menos estruturadas do que as transmitidas pelos canais normais, mas também feitas sob medida para satisfazer suas necessidades momentâneas (e específicas). Teoricamente, o sistema regular de reportagem deveria dizer ao comandante que perguntas fazer e o telescópio direcionado deveria lhe permitir responder a essas perguntas. Foram os dois sistemas juntos, cruzando-se e controlados pela mão magistral de Napoleão, que tornaram possível a revolução no comando.
COMMAND IN WAR, MARTIN VAN CREVELD, 1985

Amanhã ao alvorecer, você partirá [de St. Cloud] e viajará para Worms, ali atravessando o Reno, e garantirá que todas as preparações para que minha guarda atravesse o rio estejam sendo feitas ali. Em seguida você prosseguirá para Kassel e se certificará de que o lugar está sendo colocado em estado de defesa e abastecido. Tomando as devidas precauções de segurança, você visitará a fortaleza de Hanau. Poderia ela ser assegurada com um coup de main? *Se necessário, você visitará a cidadela de Marburg também. Depois você viajará para Kassel e me relatará por intermédio de meu chargé d'affaires naquele local, certificando-se de que ele esteja de fato ali.*
A viagem de Frankfurt a Kassel não deve ser feita de noite, pois você deve observar tudo que possa me interessar. De Kassel, você vai viajar, também de dia, pelo caminho mais curto, até Colônia. A terra entre Wesel, Mainz, Kassel e Colônia deve ser reconhecida. Que estradas e boas comunicações existem ali?
Colha informações sobre comunicações entre Kassel e Paderborn. Qual é a importância de Kassel? O lugar está armado e capaz de resistência? Avalie as forças

ridade geral e indiretamente. As pessoas o seguirão sem se sentirem intimidadas. Isso é o máximo no controle.

> *A loucura é exceção em indivíduos,*
> *mas a regra em grupos.*
> – Friedrich Nietzsche (1844-1900)

CHAVES PARA A GUERRA

Agora, mais do que nunca, a boa liderança requer um toque hábil e sutil. A razão é simples; estamos desconfiando mais da autoridade. Ao mesmo tempo, quase todos nós nos imaginamos como autoridades por nossa própria conta – oficiais, e não soldados rasos. Sentindo necessidade de autoafirmação, as pessoas hoje colocam os próprios interesses antes dos da equipe. A unidade de grupo é frágil e pode facilmente se romper.

Estas tendências afetam líderes em aspectos que eles mal sabem. A tendência é dar mais poder ao grupo: querendo parecer democráticos, os líderes sondam toda a equipe atrás de opiniões, deixam o grupo tomar decisões, dão aos subordinados subsídios para a elaboração de uma estratégia geral. Sem perceber, estes líderes estão deixando a política do dia seduzi-los para transgredir uma das regras mais importantes da guerra e da liderança: a unidade de comando. Antes que seja tarde, aprenda as lições de guerra: liderança dividida é receita para desastre, a causa das maiores derrotas militares da história.

Uma das primeiras derrotas desse tipo foi a Batalha de Canas, em 216 a.C., entre os romanos e os cartagineses liderados por Aníbal. Os romanos eram duas vezes mais numerosos do que os cartagineses, mas foram virtualmente aniquilados em um cerco estratégico executado à perfeição. Aníbal, é claro, era um gênio militar, mas com os romanos ficou uma boa parte da culpa por sua própria derrota: eles tinham um sistema de comando falho, com dois tribunos dividindo a liderança do exército. Discordando sobre como combater Aníbal, estes homens lutaram um contra o outro tanto quanto lutaram contra ele e confundiram tudo.

Quase 2 mil anos depois, Frederico, o Grande, rei da Prússia e líder de seu exército, venceu e sobreviveu às cinco grandes potências alinhadas contra ele na Guerra dos Sete Anos, em parte porque tomava decisões muito mais rápido do que os generais da aliança, que tinham de se consultar a cada movimento que faziam. Na Segunda Guerra Mundial, o general Marshall estava consciente dos perigos da liderança compartilhada e insistiu para que um supremo comandante liderasse os exércitos aliados. Sem sua vitória nesta batalha, Eisenhower não teria tido sucesso na Europa. Na Guerra do Vietnã, a unidade de comando desfrutada pelo general norte-vietnamita Vo Nguyen Giap lhe deu uma tremenda vantagem sobre os americanos, cuja estratégia foi traçada por uma multidão de políticos e generais.

A liderança compartilhada é perigosa porque pessoas em grupos, com frequência, pensam e agem de maneira ilógica e ineficaz – chame isso de pensamento de grupo. Pessoas em grupo são políticas: elas dizem e fazem coisas que creem melhorar sua imagem perante o grupo. Elas querem agradar os outros, se autopromover, em vez de ver as coisas de forma desapaixonada. Onde um indivíduo pode ser corajoso e criativo, um grupo frequentemente fica com medo de arriscar. A necessidade de chegar a um acordo entre tantos egos diferentes mata a criatividade. O grupo possui uma mente própria. E essa mente é prudente, lenta para tomar decisões, sem imaginação e, às vezes, completamente irracional.

Este é o jogo que você deve fazer: faça o possível para preservar a unidade de comando. Mantenha as cordas a serem puxadas nas mãos; a visão estratégica abrangente deve vir de você e apenas de você. Ao mesmo tempo, oculte suas pistas. Trabalhe nos bastidores; faça o grupo se sentir participando de suas decisões. Busque o conselho deles, incorporando suas boas ideias, polidamente recusando as ruins. Se necessário, faça pequenas mudanças estratégicas cosméticas para acalmar os animais políticos inseguros no grupo, mas basicamente confie em sua própria visão. Lembre-se do perigo da tomada de decisão em grupo. A primeira regra da boa liderança é jamais renunciar a sua unidade de comando.

Controle é um fenômeno difícil de alcançar. Muitas vezes, quanto mais você puxa as pessoas, menos controle tem sobre elas. Liderança é mais do que apenas berrar ordens; é preciso sutileza.

No início de sua carreira, o grande diretor de cinema sueco Ingmar Bergman costumava se sentir atolado em frustração. Ele tinha visões dos filmes que desejava fazer, mas o trabalho de diretor era tão oneroso e a pressão tão grande que ele descontava em seu elenco e sua equipe, berrando ordens e atacando-os por não lhe darem o que ele queria. Alguns ficavam cozinhando ressentimentos por seu estilo ditatorial, outros se tornavam autômatos obedientes. Em quase todos os novos filmes, Bergman tinha de começar tudo outra vez com novo elenco e nova equipe, o que só piorava as coisas. Mas ele acabou montando um time dos melhores cinegrafistas, editores, diretores de arte e atores na Suécia, gente que compartilhava os seus altos padrões e em quem confiava. Isso lhe permitiu afrouxar as rédeas de comando; com atores

do príncipe Eleitor no que diz respeito a seu presente estado, sua artilharia, milícia, locais fortes. De Colônia você viajará para me encontrar em Mainz; você deve ficar na margem direita do Reno e apresentar uma breve apreciação do campo em torno de Dusseldorf, Wesel e Kassel. Eu estarei em Mainz no dia 29 a fim de receber seu relatório. Você pode ver por si mesmo que é importante para o início da campanha e seu progresso que você tenha o terreno bem impresso em sua memória.
INSTRUÇÕES DE NAPOLEÃO POR ESCRITO A SEU GENERAL DE CAMPO, CITADAS EM *COMMAND IN WAR*, MARTIN VAN CREVELD, 1985

como Max Von Sydow, ele podia apenas sugerir o que tinha em mente e observar o grande ator dar vida as suas ideias. O controle maior agora vinha das rédeas soltas.

Um passo crítico ao se criar uma cadeia de comando eficiente é montar uma equipe qualificada que compartilhe suas metas e valores. Esse time lhe dá muitas vantagens: pessoas motivadas, cheias de ânimo, que possam pensar sozinhas; uma imagem de pessoa que sabe delegar poderes, um líder justo e democrático; e uma economia de sua própria e valiosa energia, que você pode redirecionar para o quadro maior.

Ao criar este time, você está procurando pessoas que compensem suas deficiências, que tenham as habilidades que faltam a você. Na Guerra Civil Americana, o presidente Abraham Lincoln tinha uma estratégia para derrotar o Sul, mas faltavam-lhe antecedentes militares e ele era desprezado por seus generais. De que adiantava uma estratégia se não podia realizá-la? Mas Lincoln logo encontrou seu companheiro de equipe no general Ulysses S. Grant, que compartilhava sua crença na guerra ofensiva e não tinha um ego exagerado. Quando Lincoln descobriu Grant, agarrou-se a ele, colocou-o no comando e deixou que ele dirigisse a guerra como achasse melhor.

Cuidado ao montar sua equipe para não ser seduzido pela perícia e a inteligência. Caráter, habilidade para trabalhar sob seu comando e com o resto da equipe e capacidade de aceitar responsabilidades e pensar com independência são igualmente importantes. Foi por isso que Marshall demorou tanto tempo testando Eisenhower. Talvez não lhe sobre todo esse tempo, mas jamais escolha um homem só por seu currículo brilhante. Procure por trás de suas habilidades sua constituição psicológica.

Confie na equipe que você montou, mas não seja seu prisioneiro nem lhe dê indevido prestígio. Franklin D. Roosevelt tinha seu famigerado "grupo de especialistas", os conselheiros e membros do gabinete de quem ele dependia para suas ideias e opiniões, mas nunca os deixava participar da verdadeira tomada de decisão e os impedia de aumentarem as próprias bases de poder dentro da administração. Eles os via simplesmente como ferramentas, ampliando suas próprias habilidades e poupando para si mesmo um tempo precioso. Ele sabia o que significava unidade de comando e nunca se deixava seduzir a violentá-la.

Uma função-chave em qualquer cadeia de comando é receber informações rapidamente das trincheiras, permitindo que você se adapte rápido às circunstâncias. Quanto mais curta e mais otimizada a cadeia de comando, melhor para o fluxo de informações. Mesmo assim, as informações muitas vezes se diluem ao passar pela cadeia: os detalhes importantes que revelam tantas coisas se tornam padronizados e gerais à medida que são filtrados através de canais formais. Algumas pessoas na cadeia, também, interpretarão as informações por você, filtrando o que você escuta. Para ter um conhecimento mais direto, seria bom que você visitasse de vez em quando o campo de batalha pessoalmente. Marshall, às vezes, aparecia incógnito em uma base militar para ver com seus próprios olhos como suas reformas estavam sendo feitas; ele também lia cartas dos soldados. Mas nestes dias de crescente complexidade isto pode consumir muito de seu tempo.

Você precisa é daquilo que o historiador militar Martin van Crevel chama de "um telescópio direcionado"; pessoas em várias partes da cadeia de informação e outros lugares, para lhe dar informações instantâneas do campo de batalha. Estas pessoas – uma rede de informações formada por amigos, aliados e espiões – permitem que você ignore a cadeia em marcha lenta. O mestre neste jogo foi Napoleão, que criou uma espécie de brigada espiã de oficiais mais jovens em todas as áreas do exército, homens escolhidos por sua lealdade, energia e inteligência. Em cima da hora, ele mandava um destes homens a uma frente ou guarnição distante ou mesmo para o quartel-general inimigo (ostensivamente como um enviado diplomático), com instruções secretas para colher o tipo de informação que ele não poderia obter com a rapidez necessária por canais normais. Em geral, é importante cultivar estes telescópios direcionados e plantá-los em todo grupo. Eles lhe dão flexibilidade na cadeia, espaço de manobra em um ambiente geralmente rígido.

O único grande risco para sua cadeia de comando vem dos animais políticos no grupo. Pessoas assim são inevitáveis; elas surgem como ervas daninhas em qualquer organização. Não apenas agem por conta própria como montam facções para promover suas próprias prioridades e quebram a coesão que você construiu. Interpretando seus comandos para seus próprios propósitos, encontrando brechas em qualquer ambiguidade, elas criam rupturas invisíveis na cadeia.

Tente eliminá-las antes que apareçam. Ao contratar sua equipe, examine o histórico dos candidatos: são inquietos? Movem-se com frequência de um lugar para o outro? Esse é um sinal do tipo de ambição que os impedirá de se ajustarem. Quando as pessoas parecem compartilhar suas ideias exatamente, cuidado: é provável que as estejam espelhando para encantar você. A corte da rainha Elizabeth I, da Inglaterra, estava cheia de tipos políticos. A solução de Elizabeth foi ser discreta em suas opiniões; sobre qualquer assunto, ninguém fora de seu círculo íntimo sabia o que ela pensava. Assim ficava difícil que as pessoas a espelhassem, que disfarçassem suas intenções por trás de uma fachada de perfeito acordo. A sua era uma sábia estratégia.

Outra solução é isolar os espiões políticos – não lhes dar espaço de manobra dentro da organização. Marshall fazia isto infundindo no grupo seu espírito de eficiência; quem perturbava esse espírito ficava em evidência e podia ser rapidamente isolado. Em qualquer situação, não seja ingênuo. Uma vez identificados os espiões no grupo, você deve agir rápido para impedi-los de construir uma base de poder de onde possam destruir sua autoridade.

Finalmente, preste atenção às ordens em si – as suas formas assim como a sua substância. Ordens vagas são inúteis. Ao passarem de pessoa para pessoa, elas são irremediavelmente alteradas, e sua equipe começa a vê-las como símbolos de incerteza e indecisão. É crítico que você mesmo seja claro sobre o que deseja antes de emitir suas ordens. Por outro lado, se seus comandos são específicos demais e muito restritos, você encorajará as pessoas a agir como autômatos e deixar de pensar por si mesmas – o que elas devem fazer quando a situação exigir. Não errar em uma ou outra direção é uma arte.

Aqui, como em tantas outras coisas, Napoleão era um mestre. Suas ordens eram cheias de detalhes interessantes, que davam a seus oficiais uma ideia de como sua mente funcionava, permitindo-lhes ao mesmo tempo margem para interpretações. Com frequência, ele explicava minuciosamente possíveis contingências, sugerindo como o oficial podia adaptar suas instruções caso fosse necessário. Mais importante, ele tornava suas ordens inspiradoras. Sua linguagem comunicava o espírito de seus desejos. Uma ordem bem enunciada tem um poder a mais; em vez de se sentir como um lacaio, ali apenas para executar os desejos de um imperador distante, quem a recebe torna-se participante de uma grande causa. Ordens burocráticas, suaves, filtram-se em atividade apática e execução imprecisa. Ordens claras, inspiradoras, fazem os oficiais se sentirem no controle e enchem as tropas de espírito de combate.

Imagem: *As Rédeas. Um cavalo sem rédea é inútil, mas igualmente ruim é o cavalo cujas rédeas você puxa a cada passo, em um vão esforço de controlar. O controle vem quase do abandono, segurando as rédeas tão de leve que o cavalo não sente nenhum puxão, mas percebe a mais ligeira mudança na tensão e reage como você deseja. Nem todos sabem dominar tal arte.*

Autoridade: *Melhor um mau general do que dois bons.*
– Napoleão Bonaparte (1769-1821)

INVERSO

Nada de bom pode vir de uma liderança compartilhada. Se um dia lhe oferecerem uma posição na qual você terá de dividir o comando, recuse, pois o empreendimento vai fracassar e você será considerado o responsável. Melhor aceitar um posto inferior e deixar a outra pessoa fazer o trabalho.

Mas é sempre prudente tirar vantagem da estrutura de comando falha de seu adversário. Nunca se deixe intimidar por uma aliança de forças contra você: se eles dividem a liderança, se são governados por comitê, sua vantagem é mais do que suficiente. Na verdade, faça como Napoleão e procure inimigos com esse tipo de estrutura de comando. Você não pode deixar de vencer.

6

SEGMENTE SUAS FORÇAS

A ESTRATÉGIA DO CAOS CONTROLADO

Os elementos críticos na guerra são rapidez e capacidade de adaptação – o talento para se mover e tomar decisões mais depressa do que o inimigo. Mas rapidez e adaptabilidade são difíceis de conseguir hoje em dia. Temos mais informações do que nunca nas pontas de nossos dedos, o que faz a interpretação e a tomada de decisão mais difíceis. Temos mais pessoas para controlar, essas pessoas estão mais espalhadas e enfrentamos mais incertezas. Aprenda com Napoleão, o maior mestre da guerra: velocidade e adaptabilidade vêm da organização flexível. Divida suas forças em grupos independentes que possam operar por si próprios. Torne suas forças difíceis de capturar e mais soltas infundindo nelas o espírito de campanha, dando-lhes uma missão e, aí, deixando-as funcionar.

Finalmente, um ponto importante a ser considerado é que o sistema revolucionário de comando utilizado por Napoleão foi resultado não de avanços tecnológicos, como se poderia esperar, mas simplesmente de organização e doutrina superiores. Os meios técnicos à disposição do imperador não eram nem um pouco mais sofisticados do que os de seus adversários; a diferença é que ele possuía a ousadia e a engenhosidade necessárias para transcender os limites que a tecnologia havia imposto a comandantes durante milhares de anos. Enquanto os adversários de Napoleão buscavam manter o controle e minimizar a incerteza conservando suas forças bem concentradas, Napoleão preferia fazer o contrário, reorganizando e descentralizando seu exército de maneira a permitir a suas partes operar independentemente por um período limitado de tempo e, por conseguinte, suportar um grau maior de incerteza. Em vez de deixar que meios tecnológicos à mão ditassem o estilo de estratégia e o funcionamento do comando, Napoleão tirava vantagem das próprias limitações impostas pela tecnologia.
COMMAND IN WAR, MARTIN VAN CREVELD, 1985

DESORDEM CALCULADA

Em 1800, ao derrotar a Áustria na Batalha de Marengo, Napoleão ganhou o controle do norte da Itália e forçou os austríacos a assinarem um tratado reconhecendo os ganhos territoriais da França ali e na Bélgica. Durante os cinco anos seguintes, uma paz constrangedora dominou, mas Napoleão coroou-se imperador da França, e muitos na Europa começaram a desconfiar de que este corso arrogante tinha ambições ilimitadas. Karl Mack, oficial intendente austríaco e membro mais velho e influente do exército da Áustria, defendia um ataque preventivo contra a França, com um exército grande o bastante para garantir a vitória. Ele disse a seus colegas: "Na guerra, o objetivo é derrotar o inimigo, não apenas evitar ser derrotado."

Mack e oficiais que pensavam como ele foram aos poucos ganhando influência e, em abril de 1805, a Áustria, Inglaterra e Rússia assinaram um tratado de aliança para combater a França e forçá-la a recuar até suas fronteiras pré-napoleônicas. Naquele verão, eles formularam seu plano: 95 mil soldados austríacos atacariam a França no norte da Itália, compensando a humilhante derrota de 1800. Outros 23 mil soldados protegeriam o Tirol, entre a Itália e a Áustria. Mack, então, lideraria uma força de 70 mil homens a oeste, ao longo do Danúbio, até a Baváría, impedindo este país estrategicamente localizado de se aliar com a França. Uma vez acampados na Baváría, Mack e seu exército aguardariam a chegada, poucas semanas depois, de 75 mil soldados da Rússia. Os dois exércitos se associariam e esta força incontida marcharia para o oeste em direção à França. Enquanto isso, os ingleses atacariam os franceses no mar. Mais tropas depois seriam canalizadas para cada zona de guerra, compondo um exército com um total de 500 mil homens – a maior força militar jamais reunida na Europa até aquele momento. Nem mesmo Napoleão podia resistir a um exército mais do que duas vezes maior do que o seu, avançando sobre ele de todos os lados.

Em meados de setembro, Mack começou sua fase da campanha avançando ao longo do Danúbio até Ulm, o coração da Baváría. Tendo montado acampamento ali, ele estava satisfeitíssimo. Mack detestava desordem e incerteza. Ele tentava pensar em tudo com antecedência, para apresentar um plano claro e ter certeza de que todos aderissem a ele – "guerra com a precisão de uma máquina", ele chamava. Ele achava seu plano perfeito; nada podia dar errado. Napoleão estava condenado.

Mack no passado fora capturado e obrigado a viver três anos na França, onde estudou o estilo de guerra de Napoleão. Uma estratégia-chave de Napoleão era fazer o inimigo dividir suas forças, mas agora o truque era o inverso: com problemas na Itália, Napoleão não podia se permitir o luxo de mandar mais do que 70 mil soldados atravessarem o Reno até a Alemanha e a Bavária. Assim que ele cruzasse o Reno, os austríacos saberiam de suas intenções e agiriam para retardar sua marcha; seu exército necessitaria de pelo menos dois meses para chegar até Ulm e o Danúbio. Naquela altura, os austríacos já teriam se associado com os russos e avançado por toda a Alsácia e França. A estratégia estava tão próxima de ser infalível quanto qualquer outra que Mack conhecia. Ele saboreava o papel que ia representar destruindo Napoleão, pois odiava o homem e tudo que ele representava – soldados indisciplinados, o estímulo à revolução por toda a Europa, a constante ameaça ao *status quo*. Mack mal podia esperar que os russos chegassem a Ulm.

Perto do final de setembro, entretanto, Mack começou a sentir que alguma coisa estava errada. A oeste de Ulm ficava a Floresta Negra, entre sua própria posição e a fronteira francesa. De repente, batedores lhe diziam que um exército francês estava atravessando a floresta em sua direção. Mack estava perplexo: fazia mais sentido para Napoleão cruzar o Reno até a Alemanha mais ao norte, onde sua passagem para o leste seria mais tranquila e difícil de impedir. Mas agora ele estava de novo fazendo o inesperado, canalizando um exército por uma estreita abertura na Floresta Negra e mandando-o direto até Mack. Mesmo que este movimento fosse apenas um ataque simulado, Mack tinha de defender sua posição, portanto, enviou parte de seu exército para o oeste até a Floresta Negra para conter o avanço francês durante tempo suficiente para que os russos viessem em seu auxílio.

Dias depois, Mack começou a se sentir terrivelmente confuso. Os franceses continuavam atravessando a Floresta Negra e parte de sua cavalaria estava bem próxima. Ao mesmo tempo, entretanto, Mack recebia a notícia de um grande exército francês em algum lugar ao norte de sua posição. Os relatórios eram contraditórios. Uns diziam que este exército estava em Stuttgart, 96 quilômetros a noroeste de Ulm; outros, que ele estava a leste ou mesmo mais ao norte ou bem próximo, perto do Danúbio. Mack não conseguia obter informações consistentes, visto que a cavalaria francesa que havia atravessado a Floresta Negra bloqueava o acesso ao norte para o reconhecimento. O general austríaco agora enfrentava o que ele mais temia – a incerteza –, e ela estava perturbando sua capacidade de pensar com coerência. Finalmente ele ordenou que todas as suas tropas voltassem para Ulm, onde ele concentraria suas forças. Talvez Napoleão pretendesse combater em Ulm. Pelo menos Mack estaria em igual número.

No início de outubro, os batedores austríacos conseguiram, afinal, descobrir o que realmente estava acontecendo, e era um pesadelo. Um exército francês havia atravessado o Danúbio a leste de Ulm, bloqueando o caminho de Mack de volta para a Áustria e isolando os russos.

Vemos nossa atenção atraída repetidas vezes pelo que se poderia chamar de "dimensão organizacional da estratégia". Organizações militares e os estados que as desenvolvem avaliam periodicamente sua própria habilidade para lidar militarmente com ameaças. Ao fazerem isso, elas tendem a olhar para o que pode ser quantificado: o número de tropas, as quantidades de munição, os índices de prontidão de equipamentos-chaves, a quantidade de transporte, e daí por diante. Raramente, entretanto, eles olham para a adequação de sua organização como tal, e, particularmente, da organização de alto nível, para lidar com estes desafios. Mas, como Pearl Harbor e outros casos sugerem, é na deficiência de uma organização que o embrião do infortúnio se desenvolve.
MILITARY MISFORTUNES: THE ANATOMY OF FAILURE IN WAR, ELIOT A. COHEN AND JOHN GOOCH, 1990

Outro exército estava ao sul, bloqueando a passagem dele para a Itália. Como 70 mil soldados franceses podiam aparecer em tantos lugares ao mesmo tempo? E se mover tão rápido? Em pânico, Mack enviou sondadores em todas as direções. No dia 11 de outubro, seus homens descobriram um ponto fraco: apenas uma pequena força francesa barrava o caminho ao norte e a leste. Ali, ele poderia forçar a passagem e escapar do cerco francês. Ele começou a se preparar para a marcha. Mas dois dias depois, quando estava a ponto de ordenar a retirada, seus batedores relataram que uma grande força francesa havia aparecido da noite para o dia, bloqueando o caminho a noroeste também.

No dia 20 de outubro, descobrindo que os russos tinham decidido não vir em seu auxílio, Mack se entregou. Mais de 60 mil soldados austríacos foram feitos prisioneiros quase sem nenhum tiro. Foi uma das vitórias mais esplêndidas e sem derramamento de sangue da história.

Nos meses seguintes, o exército de Napoleão virou-se para o leste para enfrentar os russos e austríacos restantes, culminando em sua espetacular vitória em Austerlitz. Enquanto isso, Mack definhava em uma prisão austríaca, sentenciado a dois anos por seu papel nesta derrota humilhante. Ali ele se torturava tentando compreender (perdendo sua sanidade mental no processo, disseram alguns): onde seu plano tinha errado? Como um exército havia aparecido do nada, a leste de onde ele estava, engolindo-o com tanta facilidade? Ele nunca vira nada igual e estava tentando entender até o fim de seus dias.

Interpretação. A história não devia ser tão dura ao julgar o general Mack, pois os exércitos franceses que ele enfrentou no outono de 1805 representaram uma das maiores revoluções da história militar. Durante milhares de anos, a guerra tinha sido combatida essencialmente da mesma maneira: o comandante liderava seu grande e unificado exército na batalha contra um adversário mais ou menos do mesmo tamanho. Ele jamais dividia seu exército em unidades menores, pois isso violaria o princípio militar de manter as próprias forças concentradas; além do mais, se espalhasse suas forças ficaria mais difícil monitorá-las, e ele perderia o controle da batalha.

De repente, Napoleão mudou tudo isso. Nos anos de paz entre 1800 e 1805, ele reorganizou o exército francês, unindo forças diferentes para formar a Grande Armée, com 210 mil homens. Ele dividiu esse exército em várias unidades, cada uma com sua própria cavalaria, infantaria, artilharia e estado-maior geral. Cada uma liderada por um general-marechal, quase sempre um oficial mais jovem de comprovada resistência em campanhas anteriores. Variando entre 15 mil e 30 mil

---

O fato de, historicamente falando, esses exércitos terem tido muito sucesso, que não transformou suas tropas em autômatos, não tentou controlar tudo desde o topo e permitiu aos comandantes subordinados considerável espaço de manobra, tem sido fartamente demonstrado. Os centuriões romanos e tribunos militares; marechais de Napoleão; comandantes do exército de Moltke; destacamentos de assalto de Ludendorff... – todos estes são exemplos, cada um dentro de seu próprio estágio de desenvolvimento tecnológico, do modo como as coisas eram feitas em algumas forças militares mais bem-sucedidas.

A filosofia de comando de Patton era: "Jamais dizer às pessoas como fazer as coisas. Diga-lhes o que fazer, e elas o surpreenderão com sua engenhosidade."
PATTON: A GENIUS FOR WAR, CARLO D'ESTE, 1995

homens, cada unidade era um exército em miniatura chefiado por um Napoleão em miniatura.

A chave para o sistema era a rapidez com que as tropas podiam se mover. Napoleão dava aos marechais sua missão, depois deixava que eles a cumprissem por sua própria conta. Pouco tempo era desperdiçado com a transmissão de ordens de um lado para o outro, e exércitos menores, precisando de menos bagagem, podiam marchar com mais velocidade. Em vez de um único exército movendo-se em linha reta, Napoleão podia dispersar e concentrar suas unidades em ilimitados padrões, que para o inimigo pareciam caóticos e incompreensíveis.

Este foi o monstro que Napoleão soltou sobre a Europa em setembro de 1805. Enquanto umas poucas unidades eram despachadas para o norte da Itália como uma força de contenção contra a planejada invasão da Áustria ali, sete unidades moviam-se para o leste até a Alemanha em uma ordem dispersa. Uma força reserva com muita cavalaria foi enviada através da Floresta Negra, arrastando Mack para o oeste, e assim tornando mais difícil para ele compreender o que estava acontecendo ao norte e mais fácil para cair em uma armadilha. (Napoleão compreendeu a psicologia simples de Mack e como a aparência de desordem o deixaria paralisado.) Enquanto isso, com Stuttgart como pivô, as sete unidades deram a volta para o sul até o Danúbio e cortaram as várias rotas de fuga de Mack. Um marechal da unidade, ouvindo que o caminho noroeste estava mal protegido, não esperou por Napoleão para enviar ordens, simplesmente correu e protegeu-o por sua própria conta. Para onde fosse, Mack encontrava uma unidade grande o suficiente para contê-lo até que o resto do exército francês pudesse apertar o cerco. Era como um bando de coiotes contra um coelho.

Compreenda: o futuro pertence a grupos que são fluidos, rápidos e não lineares. Sua tendência natural como líder pode ser a de controlar o grupo, coordenar cada um de seus movimentos, mas isso só deixará você preso ao passado e aos lentos exércitos da história. É preciso força de caráter para dar um espaço para o caos e a incerteza – relaxar um pouco –, mas, ao descentralizar seu exército e segmentá-lo em equipes, você ganha em mobilidade o que perde no controle total. E mobilidade é a maior força multiplicadora de todas. Ela lhe permite tanto dispersar quanto concentrar seu exército, lançando-o em padrões em vez de avançar em linhas retas. Estes padrões confundirão e paralisarão seus adversários. Dê a suas diferentes unidades missões que se encaixem em seus objetivos estratégicos, depois deixe que elas as cumpram conforme acharem adequado. Equipes menores são mais rápidas, mais criativas, mais adaptáveis; seus oficiais e soldados estão mais envolvi-

Agamenon sorriu e seguiu em frente, chegando perto dos dois capitães que compartilhavam o mesmo nome, Ajax, quando eles estavam amarrando seus capacetes.
Atrás deles uma nuvem de infantaria surgiu...
Agamenon ficou feliz em vê-los, e suas palavras foram pronunciadas: "Ajax, os dois, comandantes aqueus, eu seria incoerente se lhes desse ordens. Vocês já exigem muito de seus homens em combate.
Por Zeus Pai, por Atena e Apolo, se todos os meus homens tivessem sua coragem, a cidade do Rei Príamo em breve inclinaria sua cabeça, tomada e destruída em nossas mãos."
ILÍADA, HOMERO, C. SÉCULO IX A.C.

dos, mais motivados. No final, a fluidez lhe dará muito mais poder e controle do que um domínio banal.

Separe para viver, una para lutar.
– Napoleão Bonaparte (1769-1821)

CHAVES PARA A GUERRA

O mundo está cheio de gente procurando uma fórmula secreta para o sucesso e o poder. Elas não querem pensar sozinhas; querem apenas uma receita para seguir. São atraídas pela ideia de estratégia por essa mesma razão. Em suas mentes, estratégia é uma série de passos para se alcançar um objetivo. Elas querem que esses passos lhes sejam explicados por um especialista ou um guru. Acreditando no poder da imitação, elas querem saber exatamente o que alguma pessoa importante fez antes. Suas manobras na vida são tão mecânicas quanto seus pensamentos.

Para se separar dessa massa, você precisa se livrar de um equívoco comum: a essência da estratégia não é executar um plano brilhante que avance em etapas; é se colocar em situações nas quais você tem mais opções do que o inimigo. Em vez de se agarrar à opção A como a única resposta certa, a verdadeira estratégia é se posicionar para ser capaz de fazer A, B ou C, dependendo das circunstâncias. Isso é pensamento estratégico profundo, em oposição ao pensamento baseado em fórmulas.

Sun Tzu expressou esta ideia de modo diferente: o que você pretende na estratégia, ele disse, é *shih*, uma posição de força potencial – a posição de uma pedra pousada precariamente no topo de uma montanha, ou uma corda bem retesada no arco. Uma pancada de leve na pedra, o alívio da tensão da corda e a força potencial é violentamente liberada. A pedra ou a flecha podem ir em qualquer direção; elas estão voltadas para as ações do inimigo. O que importa não é seguir passos preordenados, mas se colocar em *shih* e dar a si mesmo opções.

Napoleão provavelmente não tinha consciência do conceito de *shih* de Sun Tzu, mas teve talvez a maior compreensão da história a esse respeito. Uma vez posicionando suas sete unidades em seus aparentemente caóticos padrões ao longo do Reno e suas forças reservas na Floresta Negra, ele estava em *shih*. Para onde quer que Mack se virasse, o que ele fizesse, a sorte dos austríacos estava lançada. Napoleão tinha infinitas opções, enquanto Mack tinha apenas algumas, e todas ruins.

Napoleão sempre teve como objetivo sua versão de *shih* e a aperfeiçoou na campanha de 1805. Obcecado com estrutura e organização, ele desenvolveu um sistema de unidades, inserindo flexibilidade no próprio esqueleto de seu exército. A lição é simples: uma organização

Foi durante este período de introspecção e avaliação pós-guerra que um dos conceitos militares fundamentais de Scharnhorst fundiu-se em uma doutrina claramente definida que todos os oficiais do exército podem compreender e compreendem. Este foi o conceito de Auftragstaktik, ou táticas de missão. O próprio Moltke inseriu no rascunho de um novo manual tático para comandantes superiores as seguintes linhas: "Uma situação favorável jamais será explorada se os comandantes esperarem ordens. O comandante mais graduado e o soldado mais jovem devem sempre estar conscientes de que omissão e inatividade são piores do que recorrer ao expediente errado."

rígida, centralizada, deixa você trancado em estratégias lineares; um exército fluido, segmentado, lhe dá opções, infinitas possibilidades para chegar a *shih*. Estrutura *é* estratégia – talvez a escolha estratégica mais importante que você fará. Se você herdar um grupo, analise sua estrutura e altere-a para se adequar a seus propósitos. Despeje sua criatividade nesta organização, fazendo da fluidez sua meta. Assim você estará seguindo as pegadas não só de Napoleão, mas talvez da maior máquina de guerra dos tempos modernos, o exército prussiano (e, mais tarde, alemão).

Logo depois da devastadora derrota dos prussianos para Napoleão na Batalha de Jena, em 1806 (ver capítulo 2), os líderes prussianos fizeram uma profunda análise de si mesmos. Eles viram que estavam encalhados no passado; seu estilo era muito rígido. De repente, os reformadores militares, entre eles Carl von Clausewitz, estavam sendo levados a sério e recebendo poderes. E o que eles decidiram fazer não tinha precedentes na história: eles institucionalizariam o sucesso concebendo uma estrutura militar superior.

No centro desta revolução estava a criação de um estado-maior, um quadro de oficiais especialmente treinados e educados em estratégia, táticas e liderança. Um rei, um primeiro-ministro ou mesmo um general podia ser incompetente na guerra, mas um grupo de oficiais brilhantes e bem treinados no estado-maior poderia compensar seu fracasso. A estrutura desta organização não era fixa: cada novo chefe desse estado--maior podia alterar seu tamanho e função para se adequar às necessidades e aos tempos. Depois de cada nova campanha ou exercício de treinamento, o estado-maior examinaria rigorosamente a si mesmo e a seu desempenho. Toda uma seção foi criada para estes exames e para o estudo da história militar. O estado-maior geral aprenderia com seus erros e com os erros dos outros. Teria de ser um trabalho constante.

A reforma mais importante foi o desenvolvimento do *Auftragstaktik* (sistema de comando orientado para missão). Em alemão existem duas palavras para "comando": *Auftrag* e *Befehl*. *Befehl* é uma ordem a ser obedecida ao pé da letra. *Auftrag* é bem mais geral: é uma declaração de missão global, uma diretriz a ser seguida em seu espírito, não ao pé da letra. A *Auftragstaktik* – inspirada no arqui-inimigo da Prússia, Napoleão, e no espaço de manobra que ele dava a seus marechais – permeou o estado-maior geral. Primeiro incutia-se nos oficiais a filosofia de guerra alemã: rapidez, a necessidade de tomar ofensiva, e daí por diante. Depois eles passavam por exercícios para ajudá-los a desenvolver a capacidade de pensar sozinhos, de tomarem decisões que satisfizessem a filosofia global, mas respondessem às circunstâncias do momento. Liderando o equivalente a uma unidade em batalha, os oficiais recebiam

... Nada resumiu melhor o ponto de vista e o desempenho do estado-maior geral alemão, e do exército alemão que ele coordenava, do que este conceito de tática de missão; a responsabilidade de cada oficial alemão e oficial subalterno... fazer sem questionar ou duvidar o que a situação exigisse, como ele a via. Isto queria dizer que ele deveria agir sem aguardar ordens, se a ação parecia necessária. Significava também que ele deveria agir contrário às ordens, se estas não parecessem ser consistentes com a situação. Para deixar bem claro que agir contrário às ordens não era considerado desobediência nem indisciplina, os comandantes alemães começaram a repetir uma das histórias preferidas de Moltke sobre um incidente observado em uma de suas visitas ao quartel-general do príncipe Frederick Charles. Um major, ao receber uma descompostura do príncipe por um erro tático, desculpou-se por ter obedecido a ordens, e lembrou ao príncipe que um oficial prussiano aprendia que a ordem de um superior era equivalente a uma ordem do rei. Frederick Charles respondeu prontamente: "Sua Majestade o nomeou

major por acreditar que o senhor saberia quando não obedecer a ordens." Esta simples história tornou-se um guia para todas as gerações seguintes de oficiais alemães.
A GENIUS FOR WAR: THE GERMAN ARMY AND GENERAL STAFF, 1807-1945, CORONEL T. N. DUPUY, 1977

missões a cumprir e depois eram deixados à vontade. Eles eram julgados pelos resultados de suas ações, não pela forma como esses resultados eram alcançados.

O estado-maior geral (com poucas interrupções) funcionou de 1808 até o final da Segunda Guerra Mundial. Durante esse período os alemães venceram regularmente outros exércitos no campo de batalha, inclusive os aliados na Primeira Guerra Mundial, apesar das graves limitações da guerra de trincheiras. O sucesso deles culminou na mais devastadora vitória militar da história moderna: a invasão *blitzkrieg*, a guerra-relâmpago, em 1940, na França e nos Países Baixos, quando o exército alemão foi muito mais rápido do que as rígidas defesas dos franceses. Foi a estrutura de seu exército e a utilização da *Auftragstaktik* que lhes deram mais opções e mais força potencial.

O estado-maior geral alemão deveria servir de modelo organizacional para qualquer grupo que tivesse como objetivos mobilidade e profundidade estratégica. Primeiro, a estrutura do estado-maior era fluida, permitindo a seus líderes adaptá-la às próprias necessidades. Segundo, ela se examinava continuamente e se modificava de acordo com o que tinha aprendido. Terceiro, ela replicava sua estrutura pelo resto do exército: seus oficiais treinavam os oficiais abaixo deles, e assim por diante. À menor equipe era incutida a filosofia global do grupo. Finalmente, em vez de emitir ordens rígidas, o estado-maior adotava o comando da missão, a *Auftragstaktik*. Ao fazer oficiais e soldados se sentirem mais criativamente envolvidos, esta tática melhorava seu desempenho e acelerava o processo de tomadas de decisão. A mobilidade estava inserida no sistema.

A chave para a *Auftragstaktik* era uma filosofia global de grupo. Isto pode ser construído em torno de uma causa pela qual você está lutando ou uma crença na maldade do inimigo que você enfrenta. Ela pode também incluir o estilo de guerra – defensivo, móvel, impiedoso, agressivo –, o que melhor lhe servir. Você deve unir o grupo em torno desta crença. Em seguida, com treinamento e exercícios criativos, você deve aprofundar o controle dela sobre eles, infundi-la no sangue deles. Agora, quando desatrelar suas unidades em suas missões, você pode confiar nas decisões delas e se sentir confiante em seu poder de coordená-las.

As hordas de mongóis lideradas por Genghis Khan na primeira metade do século XIII foram talvez as precursoras mais próximas das unidades de Napoleão. Genghis, que pregava uma filosofia de superioridade mongol, era um mestre da mobilidade na guerra. Suas forças segmentadas podiam se dispersar e se concentrar em padrões complicados; os exércitos que as enfrentavam ficavam chocados com sua aparência caótica, tão impossível de compreender, mas eles manobravam

[Tom] Yawkey tinha trinta anos de idade quando comprou o Red Sox, um time irremediavelmente falido que havia vencido apenas 43 jogos na temporada anterior e tinha em média apenas 2.365 clientes pagantes. O clube de beisebol passou a ser seu brinquedo. Como ele amava seus jogadores, ele os mimava. E porque os mimava, eles o colocavam nas alturas... Existe uma famosa conversa na qual Bobby Doerr

com espantosa coordenação. Os soldados mongóis sabiam o que fazer e quando sem que precisassem lhes dizer. Para suas vítimas, a única explicação era que eles estavam possuídos pelo demônio.

A sinistra coordenação dos mongóis, entretanto, era na verdade resultado de rigoroso treinamento. Todos os invernos, em tempos de paz, Genghis dirigia a Grande Caçada, uma operação que durava três meses, na qual ele espalhava todo o exército mongol ao longo de uma linha de 13 quilômetros de extensão nas estepes da Ásia Central e no que hoje é a Mongólia. Uma bandeira no solo, distante centenas de quilômetros, marcava o ponto final da caçada. A linha avançava, empurrando em sua frente todos os animais no meio do caminho. Lentamente, em uma manobra intrincadamente coreografada, as extremidades da linha se curvavam para formar um círculo, prendendo dentro dele os animais. (O ponto final da caçada formaria o centro do círculo.) Conforme o círculo apertava, os animais eram mortos; os mais perigosos, os tigres, ficavam por último. A Grande Caçada exercitava a habilidade dos mongóis de se comunicar por sinais, de longe, para coordenar seus movimentos com precisão, saber o que fazer em diferentes circunstâncias e agir sem esperar ordens. Até a bravura se tornava um exercício, quando soldados individualmente tinham de capturar um tigre. Com a caçada e uma espécie de brincadeira, Genghis podia instilar sua filosofia, desenvolver coesão e confiança entre seus homens, e apertar a disciplina de seu exército.

Ao unificar suas próprias hordas, encontre exercícios para aumentar o conhecimento e a confiança mútua em suas tropas. Isto desenvolverá habilidades de comunicação implícitas entre elas e sua noção intuitiva do que fazer em seguida. O tempo então não será desperdiçado em infindáveis transmissões de mensagens e ordens, ou em constante monitoração de suas tropas no campo. Se você puder disfarçar estes exercícios como uma brincadeira, como na Grande Caçada, melhor ainda.

Durante as décadas de 1940 e 1950, duas grandes organizações de beisebol se enfrentaram: a Boston Red Sox, criada em torno de Ted Williams, e a New York Yankees, com seu grande batedor Joe DiMaggio. O proprietário da Red Sox, Tom Yawkey, acreditava em mimar seus jogadores, criando um ambiente agradável para eles, desenvolvendo amizades entre eles. Um time feliz jogaria bem, ele pensava. Com este propósito ele saía para beber com seus homens, jogava cartas com eles, colocava-os em bons hotéis nas excursões. Ele também se metia em decisões administrativas, sempre de olho para melhorar as coisas para seus jogadores e deixá-los felizes.

pergunta a Tommy Henrich por que o Red Sox não conseguia vencer os Yankees em grandes jogos. "Não éramos bons o suficiente?", Doerr pergunta. Não é que não fossem bons, Henrich responde. "Seu proprietário era bom demais com vocês. O Red Sox não precisava entrar no World Series para dirigir Cadillacs. Os Yankees precisavam."
... [A organização Red Sox] era uma empresa de amadores... competindo com a mais firme, mais profissional empresa de todos os tempos.
HITTER: THE LIFE AND TURMOILS OF TED WILLIAMS, ED LINN, 1993

Em um sentido real, máxima desordem era o nosso equilíbrio.
T. E. LAWRENCE, 1885-1935

A filosofia dos Yankees era muito diferente, enfatizando a disciplina e a vitória a qualquer custo. As peças separadas da organização não se metiam nos assuntos umas das outras – elas compreendiam o etos do time e sabiam que seriam julgadas pelos resultados. Ao gerente cabia a responsabilidade de tomar suas próprias decisões. Os jogadores Yankees sentiam uma intensa necessidade de estar à altura das tradições vencedoras da equipe. Eles tinham medo de perder.

Naquelas duas décadas, os jogadores da Red Sox lutavam entre eles, dividiam-se em facções, choramingavam e se queixavam de qualquer escorregão percebido e ganharam apenas uma flâmula. Os Yankees eram coesos e animados; eles venceram 13 flâmulas e dez World Series. A lição era simples: não confunda um clima sociável, de clube, com espírito de equipe e coesão. Mimar seus soldados e agir como se todos fossem iguais arruinará a disciplina e promoverá a criação de facções. A vitória forjará elos mais fortes do que a amizade superficial, e vitória vem com a disciplina, o treinamento e padrões impiedosamente altos.

Finalmente, você precisa estruturar seu grupo de acordo com os pontos fortes e fracos de seus soldados, com suas circunstâncias sociais. Para fazer isso você precisa estar sintonizado com o lado humano de suas tropas; você precisa compreendê-las, e o espírito dos tempos, por dentro e por fora.

Durante a Guerra Civil Americana, os generais da União lutavam com a natureza desigual de seu exército. Ao contrário das tropas disciplinadas, bem treinadas da Confederação, muitos soldados nortistas tinham sido recrutados à força no último minuto; eram pioneiros, homens rudes da fronteira e eram de uma independência feroz. Alguns generais tentaram desesperadamente instilar disciplina, e na maioria das vezes falharam. Outros só prestavam atenção à estratégia dos mapas, enquanto seus exércitos continuavam a ter um mau desempenho.

O general William Tecumseh Sherman teve uma solução diferente: ele mudou sua organização para se adequar às personalidades de seus homens. Ele criou um exército mais democrático, encorajou a iniciativa em seus oficiais, deixou-os se vestir como achassem melhor; afrouxou a disciplina exterior para promover o moral e o espírito de grupo. Como homens de fronteira em geral, seus soldados eram inquietos e nômades, portanto ele explorou sua mobilidade e manteve seu exército em constante movimento, sempre marchando mais rápido do que seus inimigos eram capazes. De todos os exércitos da União, os de Sherman eram os mais temidos e com melhor desempenho.

Como Sherman, não lute contra as idiossincrasias de seus soldados, mas transforme-as em uma virtude, um modo de aumentar sua força potencial. Seja criativo com a estrutura de grupo, mantendo sua mente tão fluida e adaptável quanto o exército que você lidera.

Imagem:
A Teia da Aranha. A maioria dos animais ataca em linha reta; a aranha tece uma teia, adaptada a sua localização e a tece em um padrão, simples ou complexo. Uma vez tecida, o trabalho está feito. A aranha nãoprecisa caçar; ela simplesmente espera o próximo tolo cair nos fios quase invisíveis da teia.

Autoridade: *Assim o exército... se move para ter vantagem, e muda por meio da segmentação e da reunião. Assim sua velocidade é como o vento, sua lentidão como a floresta; sua invasão e pilhagem como um fogo... É tão difícil de saber quanto a escuridão; em movimento é como o trovão.*
– **A arte da guerra**, Sun Tzu, (século IV, a.C.)

INVERSO

Visto que a estrutura de seu exército tem de estar adequada às pessoas que o compõem, a regra da descentralização é flexível: algumas pessoas reagem melhor à autoridade rígida. Mesmo que você dirija uma organização mais frouxa, haverá momentos em que você terá de apertá-la e dar a seus oficiais menos liberdade. Generais sábios não gravam nada na pedra, sempre conservando a capacidade de reorganizar seu exército a fim de se adequar aos tempos e a suas necessidades variantes.

7

TRANSFORME SUA GUERRA EM UMA CRUZADA

ESTRATÉGIAS PARA LEVANTAR O MORAL

O segredo de motivar as pessoas e manter seu bom astral é fazer com que pensem menos nelas mesmas e mais no grupo. Envolva-as em uma causa, uma cruzada contra um inimigo odiado. Faça com que vejam a própria sobrevivência como associada ao sucesso do exército como um todo. Em um grupo em que as pessoas estão verdadeiramente unidas, humores e emoções são tão contagiantes que fica fácil contaminar suas tropas com entusiasmo. Lidere da linha de frente: deixe que seus soldados o vejam nas trincheiras sacrificando-se pela causa. Isso os encherá do desejo de seguir seu exemplo e agradar a você. Que as recompensas e punições sejam raras, mas significativas. Lembre-se: um exército motivado pode fazer maravilhas, compensando qualquer falta de recurso material.

A ARTE DO GERENCIAMENTO HUMANO

Não se pode fazer nada com um exército que é um amálgama de cem pessoas aqui, cem pessoas ali, e assim por diante. O que se pode conseguir com 4 mil homens, unidos e de pé ombro a ombro, não se pode fazer com quarenta ou mesmo 400 mil homens divididos e empurrados para lá e para cá por conflitos internos...
RULES OF WAR AND BRAVERY, MUBA-RAKSHAH, PÉRSIA, SÉCULO XIII

Nós, humanos, somos egoístas por natureza. Nossos primeiros pensamentos em qualquer situação giram em torno de nossos interesses: como isto vai *me* afetar? Como isto vai *me* ajudar? Ao mesmo tempo, por necessidade, tentamos disfarçar nosso egoísmo, fazendo nossos motivos parecerem altruístas ou desinteressados. Nosso inveterado egoísmo e nossa habilidade em disfarçá-lo são problemas para você como líder. Você pode achar que o entusiasmo e o comprometimento das pessoas que trabalham para você são sinceros – isso é o que elas dizem, isso é o que suas ações sugerem. E aí, você vai aos poucos percebendo sinais de que esta ou aquela pessoa está usando sua posição no grupo para promover interesses puramente pessoais. Um dia você acorda e se descobre liderando um exército de indivíduos coniventes, egoístas.

É quando você começa a pensar no moral, em encontrar um jeito de motivar suas tropas e moldá-las em um grupo. Talvez você tente com astúcia elogiar as pessoas, oferecer a elas a possibilidade de ganhar uma recompensa e acabe percebendo que as estragou, reforçando o egoísmo delas. Quem sabe você tente punições e disciplina só para deixá-las ressentidas e na defensiva. Ou tente inflamá-las com discursos e atividades de grupo, mas hoje em dia as pessoas são céticas; elas perceberão o que você está fazendo.

O problema não é o que você está fazendo, mas sim que já é tarde. Você começou a pensar no moral só depois que isso se tornou um problema, não antes. Esse é o seu erro. Aprenda com os grandes motivadores e líderes militares da história; a maneira de conseguir que soldados trabalhem juntos e mantenham o moral é fazê-los se sentir parte de um grupo que está lutando por uma causa digna. Isso os distrai de seus próprios interesses e satisfaz sua necessidade humana de se sentirem parte de algo maior do que eles. Eles começam logo a associar seu próprio sucesso ao do grupo; seus próprios interesses e os interesses maiores coincidem. Neste tipo de exército, as pessoas sabem que o comportamento egoísta as desgraçará aos olhos de seus companheiros. Elas se tornam sintonizadas com uma espécie de consciência de grupo.

O moral é contagiante: coloque as pessoas em um grupo coeso, animado, e elas naturalmente pegarão esse espírito. Se elas se rebelam ou revertem para um comportamento egoísta, são facilmente isoladas. Você precisa estabelecer esta dinâmica assim que se tornar o líder do grupo; ela só pode vir do topo – isso é, de você.

A habilidade para criar a dinâmica de grupo correta, para manter o espírito coletivo, é conhecida na linguagem militar como "gerenciamento humano". Os grandes generais da história – Alexandre, o Grande; Aníbal; Napoleão – foram todos mestres nesta arte que, para os militares, é mais do que simplesmente importante: em batalha ela pode ser o elemento decisivo, uma questão de vida ou morte. Na guerra, Napoleão disse certa vez, "O moral está para o físico na relação de três para um". Ele queria dizer que o espírito de luta de suas tropas era crucial para o resultado da batalha: com soldados motivados ele podia derrotar um exército três vezes maior do que o seu.

Para criar a melhor dinâmica de grupo e evitar problemas de moral destrutivos siga estes oito passos cruciais extraídos de escritos e experiências dos mestres na arte. É importante seguir o máximo de passos possível; nenhum é menos importante do que qualquer outro.

Passo 1: Una suas tropas em torno de uma causa. Faça-as lutar por uma ideia. Agora, mais do que nunca, as pessoas têm fome de acreditar em alguma coisa. Elas sentem um vazio que, se deixadas sozinhas, podem tentar preencher com drogas ou modismos espirituais, mas você pode tirar proveito dele canalizando-o para uma causa pela qual você possa convencê-las de que vale a pena lutar. Una as pessoas em torno de uma causa e você cria uma força motivada.

A causa pode ser qualquer coisa que você quiser, mas você deve representá-la como progressista; ela se enquadra no presente, está do lado do futuro, portanto está destinada ao sucesso. Se necessário, você pode lhe dar um verniz de espiritualidade. É melhor ter algum tipo de inimigo para odiar – um inimigo pode ajudar um grupo a se definir em oposição. Ignore este passo e você ficará com um exército de mercenários. Você merecerá o destino que em geral aguarda esses exércitos.

Passo 2: Mantenha-os de barriga cheia. As pessoas não podem se sentir motivadas se suas necessidades materiais não forem satisfeitas. Se elas se sentirem exploradas de alguma maneira, seu egoísmo natural virá à tona e elas começarão a se desgarrar do grupo. Use uma causa – algo abstrato ou espiritual – para uni-las, mas satisfaça suas necessidades materiais. Não precisa mimá-las com pagamentos excessivos; um sentimento paternalista de que estão sendo cuidadas, de que você está pensando no conforto delas, é mais importante. Atendendo a suas necessidades materiais ficará mais fácil solicitar mais delas quando chegar a hora.

Passo 3: Lidere da linha de frente. O entusiasmo com que as pessoas aderem a uma causa inevitavelmente míngua. Uma coisa que acelera sua perda e que produz descontentamento é a sensação de que os líderes

> *Que peitoral mais forte do que um coração puro! Triplamente armado está o que tem sua disputa justificada, e o que está nu, embora trancado em aço, cuja consciência com injustiça é corrompida.*
> HENRIQUE V, WILLIAM SHAKESPEARE, 1564-1616

> *Há sempre momentos em que o lugar do comandante não é lá atrás com sua equipe, mas com as tropas. É pura tolice dizer que a manutenção do moral dos homens é tarefa do comandante do batalhão apenas. Quanto mais alta a patente, maior o efeito do exemplo. Os homens tendem a não sentir nenhum contato com um comandante que, eles sabem, está sentado em algum lugar no quartel-general. O que eles querem é o que se poderia chamar de contato físico com ele. Em momentos de pânico, fadiga ou desorganização, ou quando algo fora do comum tem de ser exigido deles, o exemplo pessoal do comandante faz maravilhas, especialmente se ele teve o bom senso de criar uma espécie de lenda em torno de si mesmo.*
> MARECHAL DE CAMPO ERWIN ROMMEL, 1891-1944

não praticam o que pregam. Desde o início, suas tropas devem ver você liderando da linha de frente, dividindo com elas os perigos e os sacrifícios, levando a causa a sério você também. Em vez de tentar empurrá-las por trás, faça-as correrem para acompanhar você.

Passo 4: Concentre seu *ch'i*. Existe uma crença chinesa em uma energia chamada *ch'i* que reside em todos os seres vivos. Todos os grupos têm seu próprio nível de *ch'i*, físico e psicológico. Um líder deve compreender esta energia e saber como manobrá-la.

O ócio tem um efeito terrível sobre o *ch'i*. Se não estão trabalhando, os soldados ficam desanimados. As dúvidas se insinuam e interesses egoístas tomam conta. Do mesmo modo, estar na defensiva, sempre esperando e reagindo ao que o inimigo oferece, também faz baixar o *ch'i*. Portanto, mantenha seus soldados ocupados, atuando com um propósito, movendo-se em uma direção. Não os faça esperar pelo próximo ataque; empurrando-os para a frente você os excita e os deixa famintos de batalha. A ação agressiva concentra o *ch'i*, e *ch'i* concentrado é pleno de força latente.

> *Na época da primavera e do outono, o estado de Qi era invadido pelos estados de Jin e Yan. De início, os invasores dominaram as forças militares de Qi. Um dos iminentes nobres da corte de Qi recomendou o mestre nas artes guerreiras Tian Rangju ao senhor de Qi. A este homem, mais tarde chamado Sima Rangju, é atribuído o famoso manual militar "A Arte da Guerra de Sima"... O senhor de Qi então chamou Rangju para discutir com ele questões militares. O senhor ficou muito satisfeito com o que Rangju tinha a dizer, e o fez general, indicando-o para liderar um exército a fim de resistir à agressão*

Passo 5: Brinque com as emoções deles. A melhor maneira de motivar as pessoas não é através da razão, mas através das emoções. Os humanos, entretanto, são naturalmente defensivos, e se você começa apelando para suas emoções – alguma arenga histriônica –, eles o verão como manipulador e se retrairão. Um apelo emocional precisa de uma estrutura: baixe as defesas deles e faça-os se unirem como um grupo, colocando-os em um show, entretendo-os, contando-lhes uma história. Agora eles têm menos controle sobre suas emoções e você pode se aproximar deles de uma forma mais direta, emocionando-os facilmente das risadas à raiva ou ódio. Os mestres do gerenciamento humano têm uma noção de teatro; eles sabem quando e como atingir seus soldados no peito.

Passo 6: Misture rispidez com bondade. A chave para o gerenciamento humano é um equilíbrio entre punição e recompensa. Prêmios demais estragam seus soldados e eles acham que você não está fazendo mais do que sua obrigação; punições demais destroem o moral deles. Você precisa conseguir o equilíbrio certo. Faça de sua bondade uma coisa rara e até mesmo um comentário ocasional afetuoso ou um ato de generosidade terá um significado enorme. Ira e punição devem ser igualmente raras; em vez disso, sua severidade deve assumir a forma de padrões muito altos que poucos possam alcançar. Faça seus soldados competirem para agradar-lhe. Faça-os se esforçarem para ver menos rispidez e mais bondade.

Passo 7: Crie o mito de grupo. Os exércitos com o moral mais alto são aqueles que foram testados em batalha. Soldados que lutaram uns ao lado dos outros durante muitas campanhas forjam um tipo de mito grupal baseado em suas vitórias passadas. Estar à altura da tradição e fama do grupo passa a ser uma questão de orgulho; quem não se esforça para isso se sente envergonhado. Para gerar este mito, você precisa liderar suas tropas em tantas campanhas quanto for possível. É prudente começar com batalhas fáceis que eles possam vencer, aumentando sua confiança. Somente o sucesso ajudará a unir o grupo. Crie símbolos e slogans que se encaixem no mito. Seus soldados vão querer participar.

Passo 8: Seja implacável com os resmungões. Dê alguma liberdade de movimento aos resmungões e descontentes crônicos e eles espalharão a intranquilidade e até o pânico no grupo todo. O mais rápido possível, você deve isolá-los e se livrar deles. Todos os grupos contêm um núcleo formado por gente que está mais motivada e disciplinada do que o resto – seus melhores soldados. Reconheça-os, cultive a boa vontade deles e os coloque como exemplos. Estas pessoas servirão como lastro natural contra aqueles que estão insatisfeitos e em pânico.

> *Você sabe, estou certo, que não é número nem força o que leva à vitória na guerra; mas o exército que entra na batalha mais forte de espírito, em geral seus inimigos não conseguem vencê-lo.*
> – Xenofonte (430? – 355? a.C.)

EXEMPLOS HISTÓRICOS

1. No início da década de 1630, Oliver Cromwell (1599-1658), um gentil-homem provinciano e fazendeiro em Cambridgeshire, Inglaterra, caiu vítima da depressão e de constantes pensamentos de morte. Em crise profunda, ele se converteu à religião puritana e de repente sua vida tomou um novo rumo: ele sentiu que havia experimentado uma comunhão direta com Deus. Agora ele acreditava na providência, a ideia de que tudo acontece por uma razão e segundo a vontade de Deus. Enquanto antes ele tinha sido melancólico e indeciso, agora ele estava cheio de propósito: ele pensava estar entre os eleitos de Deus.

Cromwell acabou tornando-se membro do Parlamento e defensor veemente das pessoas do povo em suas queixas contra a aristocracia.

das forças de Yan e Jin. Rangju disse: "Sou de condição social inferior, mas o senhor me promoveu e me colocou acima até dos grandes. Os soldados ainda não são leais a mim, e o povo não está familiarizado comigo; como um homem sem importância, minha autoridade é pouca. Requisito um de seus ministros preferidos, alguém respeitado pelo estado, para ser o supervisor do exército." O senhor concordou com seu pedido e indicou um nobre para ser o supervisor. Rangju despediu-se, combinando encontrar-se com o nobre no quartel-general militar ao meio-dia do dia seguinte. Em seguida Rangju voltou correndo para acertar um relógio de sol e uma clepsidra para esperar o novo supervisor. Ora, este novo supervisor era um aristocrata orgulhoso e arrogante, e imaginou que, como supervisor, ele estava liderando seu próprio exército. Por causa de seu orgulho e sua arrogância, ele não viu nenhuma necessidade de se apressar, apesar da promessa feita a Rangju, o mestre marcial. Seus parentes e associados próximos lhe deram uma festa de despedida, e ele ficou bebendo com eles. Ao meio-dia do dia seguinte, o novo supervisor não tinha chegado ao quartel-general. Rangju desmontou o relógio de sol e esvaziou a clepsidra. Ele reuniu as tropas e informou a todos sobre o acordo com o novo supervisor. Naquela tarde o nobre finalmente apareceu. Rangju lhe disse: "Por que se atrasou?" Ele respondeu: "Meus parentes, que são pessoas importantes, me deram uma festa de despedida, então eu fiquei por causa disso." Rangju disse: "No dia em que um líder militar recebe suas ordens, eles se esquece de sua casa; quando uma promessa é feita diante da batalha, a pessoa esquece sua família; quando soam os tambores da guerra, a pessoa esquece o próprio corpo. Agora, estados hostis invadiram nosso território; o estado está em alvoroço, os soldados estão expostos nas fronteiras; o senhor não pode descansar ou apreciar sua comida; as vidas do povo dependem todas de você – como pode falar de festas de despedida?" Rangju em seguida chamou o oficial encarregado da disciplina militar e lhe perguntou: "Segundo a lei militar, o que acontece com alguém que chega mais tarde do que a hora combinada?" O oficial

Mas ele se sentiu marcado pela providência por algo maior do que a política: ele tinha visões de uma grande cruzada. Em 1642, o Parlamento, em uma luta acirrada com Charles I, votou a favor do corte no orçamento do rei até ele concordar com limites ao poder real. Quando Charles recusou, estourou a guerra civil entre os Cavaleiros (defensores do rei, que usavam seus cabelos longos) e os Cabeças Redondas (os rebeldes, assim chamados porque mantinham seus cabelos bem curtos). Os defensores mais fervorosos do Parlamento eram puritanos como Cromwell, que via a guerra contra o rei como a sua chance – mais do que sua chance, a sua vocação.

Embora Cromwell não tivesse antecedentes militares, ele rapidamente formou uma tropa de sessenta cavaleiros de sua nativa Cambridgeshire. Seu objetivo era incorporá-los em um regimento maior, ganhar experiência lutando sob outro comandante e aos poucos provar seu valor. Ele estava confiante na vitória final, pois via seu lado como imbatível: afinal de contas, Deus estava a seu lado e todos os seus homens acreditavam na causa de criar uma Inglaterra mais devota.

Apesar de sua falta de experiência, Cromwell era uma espécie de visionário militar: ele imaginava um novo tipo de guerra encabeçada por uma cavalaria mais rápida, mais móvel, e nos primeiros meses de guerra ele se mostrou um bravo e eficaz líder. Deram-lhe mais tropas para comandar, mas logo perceberam que ele havia superestimado em excesso o espírito de combate daqueles que estavam a seu lado: repetidas vezes ele liderou ataques de cavalaria que penetravam nas linhas inimigas, só para observar com desgosto seus soldados que se dispersavam para saquear o campo inimigo. Às vezes ele tentava reservar parte de sua força para agir como reforço mais tarde na batalha, mas o único comando a que eles davam ouvidos era o de avançar, e em retirada eles eram irremediavelmente desordenados. Representando-se como cruzados, os homens de Cromwell revelavam-se em batalha como mercenários, lutando por pagamento e aventura. Eles eram inúteis.

Em 1643, quando recebeu a patente de coronel no comando do próprio regimento, Cromwell decidiu romper com o passado. A partir de então, ele recrutaria somente um tipo de soldado: homens que, como ele mesmo, tivessem vivenciado visões e revelações religiosas. Ele sondava os aspirantes, testava-os para conferir a profundidade de sua fé. Desviando-se de uma longa tradição, ele nomeava pessoas do povo, não aristocratas, como oficiais; conforme escreveu a um amigo: "Eu prefiro um simples capitão camponês que saiba pelo que está lutando e ame o que sabe a isso que você chama de cavalheiro e não é mais nada." Cromwell fazia seus recrutas cantarem salmos e rezarem juntos.

Em um rígido controle da falta de disciplina, ele os ensinava a ver todas as suas ações como parte do plano de Deus. E cuidava deles de um modo que não era comum na época, garantindo que fossem bem alimentados, bem-vestidos e pagos na hora.

Quando o exército de Cromwell entrava em batalha, era agora uma nova força a se respeitar. Os homens cavalgavam em estreita formação, cantando salmos em voz alta. Conforme se aproximavam das forças do rei, eles passavam de repente para um "belo trote redondo", não a investida impetuosa e desordenada das outras tropas. Mesmo em contato com o inimigo, eles mantinham sua ordem e recuavam com tanta disciplina como quando avançavam. Visto acreditarem que Deus estava com eles, não temiam a morte: podiam subir uma montanha direto até o fogo inimigo sem errar o passo. Tendo ganhado controle sobre sua cavalaria, Cromwell podia manobrá-los com infinita flexibilidade. Suas tropas venciam batalha após batalha.

Em 1645, Cromwell foi nomeado tenente-general da cavalaria no Novo Exército Modelo. Naquele ano, na Batalha de Naseby, seu disciplinado regimento foi crucial para a vitória dos Cabeças Redondas. Dias depois, sua cavalaria acabou com as forças monarquistas em Langport, colocando um fim à primeira etapa da Guerra Civil.

Interpretação. O fato de Cromwell ser considerado em geral como um dos grandes líderes militares da história é ainda mais extraordinário visto ter ele aprendido a arte militar na ativa. Durante a segunda fase da Guerra Civil, ele se tornou chefe dos exércitos Cabeças Redondas e, mais tarde, depois de derrotar o rei Charles e mandar executá-lo, veio a ser Lorde Protetor da Inglaterra. Embora estivesse à frente de seu tempo com suas visões de guerra móvel, Cromwell não era um brilhante estrategista ou tático de campo; seu sucesso residia no moral e na disciplina de sua cavalaria, e o segredo estava na qualidade dos homens que recrutava – verdadeiros fiéis a sua causa. Esses homens estavam naturalmente abertos a sua influência e aceitando sua disciplina. A cada nova vitória, ficavam mais dedicados a ele e mais coesos. Ele podia pedir o máximo deles.

Acima de tudo, portanto, preste atenção a sua equipe, àqueles que você recruta para sua causa. Muitos fingirão compartilhar suas crenças, mas sua primeira batalha mostrará que tudo que eles queriam era um emprego. Soldados como estes são mercenários e não o levarão a lugar algum. De verdadeiros crentes é o que você precisa; experiência e esplêndidos currículos são menos importantes do que caráter e capacidade de sacrifício. Recrutas de caráter lhe darão uma equipe já aberta para sua influência, facilitando infinitamente o moral e a disciplina. Esta

---

respondeu: "Espera-se que seja decapitado." Aterrorizado, o aristocrata enviou um mensageiro correndo para relatar isto ao senhor e implorar sua ajuda. Mas o arrogante nobre foi executado antes que o mensageiro retornasse, e sua execução foi anunciada ao exército.

Os soldados tremeram todos de medo. No final, o senhor enviou uma carta perdoando ao nobre, que, afinal de contas, era o novo supervisor do exército. O emissário galopou direto para o campo com a mensagem do senhor. Rangju disse: "Quando um general está no campo de batalha, há ordens que ele não pode aceitar do governante."

Ele também disse ao oficial disciplinador: "É uma regra que não haverá galopes pelo campo, mas o emissário fez exatamente isso. O que deve ser feito com ele?" O oficial disse: "Ele deve ser executado." O emissário ficou petrificado, mas Rangju disse: "Não é apropriado matar um emissário do senhor", e mandou executar dois dos auxiliares do emissário no lugar dele. Isto também foi anunciado ao exército.

Rangju mandou o emissário de volta para relatar ao senhor, em

seguida partiu com o exército. Quando os soldados montaram acampamento, Rangju supervisionou pessoalmente a escavação de poços, a construção de fornos, a preparação da comida e da bebida, e o cuidado com os doentes. Ele dividia todos os suprimentos da liderança com os soldados, comendo ele mesmo as mesmas rações que eles. Ele era especialmente bondoso com os exaustos e enfraquecidos. Depois de três dias, Rangju chamou as tropas à ordem. Mesmo aqueles que estavam doentes queriam seguir junto, ansiosos para entrar em luta por Rangju. Quando os exércitos de Jin e Yan souberam disto, se retiraram do estado de Qi. Agora Rangju liderava suas tropas para persegui-los e abatê-los. Ele acabou recuperando o território perdido e retornou com o exército vitorioso.
MASTERING THE ART OF WAR: ZHUGE LIANG'S AND LIU JI'S COMMENTARIES ON THE CLASSIC BY SUN-TZU, TRADUZIDO PARA O INGLÊS POR THOMAS CLEARY, 1989

equipe essencial espalhará o evangelho para você, mantendo na linha o resto do exército. Tanto quanto possível neste mundo secular, faça da batalha uma experiência religiosa, um envolvimento extasiante em algo que transcende o presente.

2. Em 1931, Lyndon Baines Johnson, de 23 anos, recebeu a oferta do tipo de emprego com o qual vinha sonhando: secretário de Richard Kleberg, congressista recém-eleito do 14º Distrito Congressional do Texas. Na época, Johnson era professor debatedor no ensino fundamental, mas tinha trabalhado em várias campanhas políticas e era nitidamente um rapaz ambicioso. Seus alunos na Sam Houston High – em Houston, Texas – acharam que ele logo se esqueceria deles, mas, para surpresa de dois de seus melhores debatedores, L. E. Jones e Gene Latimer, ele não só se manteve em contato como lhes escrevia regularmente de Washington. Seis meses depois veio uma surpresa ainda maior: Johnson convidou Jones e Latimer para irem a Washington trabalhar como seus assistentes. No auge da Depressão, empregos eram escassos, principalmente empregos com este tipo de potencial. Os dois adolescentes agarraram a oportunidade. Eles nem sabiam no que estavam se metendo.

O salário era ridiculamente baixo e logo ficou claro que Johnson pretendia fazer os dois homens trabalharem até seu limite como humanos. Eles trabalhavam 18 ou 24 horas por dia, na maior parte do tempo respondendo às cartas de eleitores. "O chefe tem uma queda, ou, melhor dizendo, um talento para tirar o máximo daqueles a sua volta", Latimer escreveu. "Ele dizia, 'Gene, parece que L. E. está indo um pouco mais rápido do que você hoje'. E eu trabalhava mais rápido. 'L. E. ele está alcançando você'. E logo estávamos os dois martelando [na máquina de escrever] horas sem parar, o mais rápido que podíamos."

Jones em geral não aceitava ordens tão bem, mas ele se viu trabalhando cada vez mais para Johnson. Seu chefe parecia destinado a alguma coisa importante: que Johnson escalaria os pincaros do poder estava escrito em seu rosto – e ele levaria junto o ambicioso Jones. Johnson podia também transformar tudo em uma causa, fazendo até a questão mais trivial virar uma cruzada para os eleitores de Kleberg, e Jones sentia-se parte dessa cruzada – parte da história.

A razão mais importante para a disposição de trabalhar, tanto de Jones quanto de Latimer, entretanto, era que Johnson trabalhava ainda mais. Quando Jones entrava se arrastando no escritório às cinco horas da manhã, as luzes já estavam acesas e Johnson trabalhando firme. Ele era também o último a sair. Jamais pedia a seus funcionários para fazer nada que ele mesmo não fizesse. Sua energia era intensa, ilimitada e contagiante. Como você podia desapontar um homem assim, trabalhando menos do que ele?

Não só Johnson era de uma exigência implacável, como suas críticas costumavam ser cruéis. De vez em quando, entretanto, ele prestava a Jones e Latimer um favor inesperado ou os elogiava por algo que eles não tinham percebido que ele notara. Nessas ocasiões os dois rapazes esqueciam logo os muitos momentos amargos de seu trabalho. Por Johnson, eles achavam, iriam até o fim do mundo.

E, realmente, Johnson subiu de posto, primeiro ganhando influência dentro do gabinete de Kleberg, depois chamando a atenção do próprio presidente Franklin D. Roosevelt. Em 1935, Roosevelt nomeou Johnson diretor estadual do Texas para a recém-construída National Youth Administration. Agora Johnson começou a montar uma equipe maior em torno do núcleo formado por seus dois dedicados assistentes; ele também construiu fidelidade com vários outros para quem arrumou emprego em Washington. A dinâmica que ele havia criado com Jones e Latimer agora se repetia em uma escala maior: assistentes competiam por sua atenção, tentavam agradar-lhe, satisfazer seus padrões, ser dignos dele e de suas causas.

Em 1937, quando o congressista James Buchanan morreu de uma hora para outra, a cadeira para o 10º Distrito do Texas de repente estava vazia. Apesar das incríveis chances contra ele – ainda era relativamente desconhecido e jovem demais –, Johnson decidiu concorrer e convocou seus auxiliares; acólitos cuidadosamente cultivados começaram a jorrar no Texas, tornando-se motoristas, cabos eleitorais, redatores de discursos, churrasqueiros, animadores das massas, enfermeiros, o que a campanha precisasse. Nas seis breves semanas da corrida, a infantaria de Johnson cobria toda a extensão do 10º Distrito. E, na frente deles, a cada passo estava o próprio Johnson, fazendo campanha como se sua vida dependesse disso. Um por um, ele e sua equipe conquistavam eleitores em cada esquina do distrito e, por fim, em uma das maiores viradas de qualquer corrida política americana, Johnson venceu a eleição. Sua carreira posterior, primeiro como senador, depois como presidente dos Estados Unidos, obscureceu a base de seu primeiro grande sucesso: o exército de dedicados e incansáveis seguidores que ele havia cuidadosamente montado ao longo dos cinco anos anteriores.

Interpretação. Lyndon Johnson era um jovem muito ambicioso. Não tinha dinheiro nem contatos, mas tinha algo muito mais valioso: a compreensão da psicologia humana. Para obter influência no mundo, você precisa de uma base de poder, e, aqui, seres humanos – um exército

---

OS LOBOS E OS CÃES EM GUERRA
Um dia, os cães e os lobos se tornaram inimigos. Os cães elegeram um grego como seu general. Mas ele não tinha pressa em entrar em batalha, apesar da violenta intimidação dos lobos. "Compreendam", ele lhes disse, "por que eu intencionalmente protelo compromissos. É porque uma pessoa deve sempre procurar conselho antes de agir. Os lobos, por um lado, são todos da mesma raça, todos da mesma cor. Mas nossos soldados têm hábitos muito variados, e cada um se sente orgulhoso do próprio país. Até suas cores não são uniformes: alguns são pretos, outros ruivos, e outros brancos ou cinzentos. Como posso liderar na batalha aqueles que não estão em harmonia e que são todos diferentes uns dos outros?" Em todos os exércitos é a unidade de vontade e propósito que garante a vitória sobre o inimigo.
FÁBULAS, ESOPO, SÉCULO VI A.C.

> *Aníbal foi o maior general da antiguidade devido a sua admirável compreensão do moral de combate, do moral do soldado, fossem o seu ou o do inimigo. Ele mostra sua grandeza neste aspecto em todos os diferentes incidentes de guerra, de campanha, de ação. Seus homens não eram melhores do que os soldados romanos. Eles não estavam tão bem armados, eram a metade deles em número. No entanto, ele era sempre o conquistador. Ele compreendia o valor do moral. Ele tinha a absoluta confiança de seu povo. Além disso, ele tinha a arte, ao comandar um exército, de sempre garantir a vantagem do moral.*
> CORONEL CHARLES ARDANT DU PICQ, 1821-70

dedicado de seguidores – valem mais do que dinheiro. O que eles farão por você o dinheiro não compra.

Este exército é complicado de montar. As pessoas são contraditórias e defensivas: exija demais delas e elas se ressentirão; trate-as bem e elas não reconhecerão isso. Johnson evitou estas armadilhas fazendo sua equipe desejar sua aprovação. Para isso, ele liderava da linha de frente. Trabalhava mais do que qualquer um em sua equipe, e seus homens o viam fazer isso; não acompanhá-lo os fazia se sentirem culpados e egoístas. Um líder que trabalha tanto assim desperta instintos competitivos em seus homens, que fazem o possível para se provarem mais merecedores do que seus colegas. Ao mostrar o quanto do próprio tempo e esforço ele estava disposto a sacrificar, Johnson conquistou o respeito deles. Uma vez tendo esse respeito, as críticas, mesmo quando ríspidas, tornavam-se motivadores eficazes, fazendo seus seguidores sentirem que o estavam decepcionando. Ao mesmo tempo, um gesto de bondade inesperado desfazia qualquer habilidade para resistir a ele.

Compreenda: o moral é contagiante, e você, como líder, define o tom. Peça sacrifícios que você mesmo não faria (fazer tudo usando assistentes) e suas tropas ficarão letárgicas e ressentidas; seja gentil demais, mostre-se excessivamente preocupado com o bem-estar deles e você drena a tensão de suas almas e cria crianças mimadas que choramingam à mais leve pressão ou pedido para trabalhar mais. O exemplo pessoal é a melhor maneira de definir o tom adequado e elevar o moral. Quando seu pessoal vê sua devoção à causa, assimila seu espírito de energia e autossacrifício. Algumas críticas oportunas, aqui e ali, e eles só se esforçarão mais para agradar-lhe, para estar à altura de seus altos padrões. Em vez de ter de puxar e empurrar seu exército, eles estarão correndo atrás de você.

3. Em maio de 218 a.C., o grande general Aníbal, de Cartago, na moderna Tunísia, embarcou em um plano ousado: ele lideraria um exército para atravessar a Espanha e a Gália e cruzar os Alpes até o norte da Itália. Seu objetivo era derrotar as legiões romanas em seu próprio território, finalmente colocando um término nas políticas expansionistas de Roma.

> *Quatro homens corajosos que não se conhecem uns aos outros não ousariam atacar um leão. Quatro menos corajosos, mas conhecendo-se bem uns aos*

Os Alpes eram um tremendo obstáculo para o avanço militar – na verdade, a marcha de um exército que atravessasse as altas montanhas era sem precedentes. Mas em dezembro daquele ano, depois de muitas dificuldades, Aníbal chegou ao norte da Itália, apanhando os romanos totalmente de surpresa e a região desprotegida. Mas isso teve um preço: dos 102 mil soldados originais de Aníbal, só 26 mil sobreviveram e estavam exaustos, famintos e desmoralizados. Pior, não havia tempo para descansar: um exército romano estava a caminho e já havia cruzado o rio Pó, a poucos quilômetros do acampamento cartaginês.

Na véspera da primeira batalha de seu exército contra as temíveis legiões romanas, Aníbal precisava reanimar seus homens esgotados de alguma maneira. Ele decidiu armar um espetáculo: reunindo seu exército, ele trouxe um grupo de prisioneiros e lhes disse que, se lutassem uns contra os outros até a morte como uma competição de gladiadores, os vitoriosos ganhariam a liberdade e um lugar no exército cartaginês. Os prisioneiros concordaram e os soldados de Aníbal ganharam de presente horas de sangrento divertimento, uma grande distração para seus problemas.

Quando a luta terminou, Aníbal dirigiu-se a seus homens. A competição fora tão agradável, ele disse, porque os prisioneiros tinham lutado intensamente. Isso acontece em parte porque o homem mais fraco vira uma fúria quando perder significa a morte, mas havia uma outra razão também: eles tinham a chance de ingressar no exército cartaginês, de deixar de serem abjetos prisioneiros para se tornarem soldados livres lutando por uma grande causa, a derrota dos odiados romanos. "Vocês, soldados", disse Aníbal, "estão exatamente na mesma posição. Vocês enfrentam um exército muito mais forte. Vocês estão a quilômetros de casa, em território hostil e não têm para onde ir – de certo modo vocês são prisioneiros, também. É liberdade ou escravidão, vitória ou morte. Mas lutem como estes homens lutaram hoje e vocês prevalecerão."

A competição e o discurso convenceram os soldados de Aníbal, e no dia seguinte eles lutaram com mortal ferocidade e derrotaram os romanos. Seguiu-se uma série de vitórias contra legiões romanas muito mais numerosas.

Quase dois anos depois, os dois lados se encontraram em Canas. Antes da batalha, com os exércitos dispostos à vista um do outro, os cartagineses puderam ver que estavam em número desesperadoramente inferior e o medo tomou conta dos soldados. Todos ficaram quietos. Um oficial cartaginês chamado Gisgo passou à frente dos homens, examinando as linhas romanas; parando diante de Aníbal, ele fez uma observação, com voz trêmula, a respeito da disparidade de números. "Tem uma coisa, Gisgo, que você não notou", Aníbal respondeu. "Em todo esse grande número de homens do outro lado, não há um só que se chame Gisgo."

Gisgo deu uma risada, e o mesmo fizeram todos os que puderam escutar, e a piada percorreu as tropas, desfazendo a tensão. Não, os romanos não tinham Gisgo. Apenas os cartagineses tinham Gisgo e apenas os cartagineses tinham Aníbal. Um líder capaz de brincar em um

---

outros, certos de sua confiabilidade e, por conseguinte, de sua mútua ajuda, atacarão resolutamente. Esta, em resumo, é a ciência da organização de um exército.
CORONEL CHARLES ARDANT DU PICQ, 1821-70

Os gregos encontraram os troianos sem estremecer. Agamenon deslocava-se entre eles comandando: "Sejam homens, meus amigos. Lutem com valor e com um sentimento de vergonha diante de seus camaradas. Vocês têm menos probabilidade de ser mortos com um sentimento de vergonha. Fugir jamais ganhou a glória ou uma luta."
ILÍADA, HOMERO, C. SÉCULO IX, A.C.

> *De repente ele parou de se preocupar consigo mesmo e esqueceu-se de olhar para um destino ameaçador. Ele tornou-se não um homem, mas um membro. Ele sentiu que alguma coisa da qual ele fazia parte – um regimento, um exército, uma causa ou um país – estava em crise. Ele foi consolidado em uma personalidade comum que era dominada por um único desejo. Por alguns instantes ele não pôde fugir, não mais do que um dedo mínimo pode cometer uma revolução a partir de uma das mãos... Havia sempre uma consciência da presença de seus camaradas a sua volta. Ele sentia a sutil batalha da fraternidade mais potente até do que a causa pela qual eles estavam lutando. Era uma fraternidade misteriosa nascida da fumaça e do perigo de morte.*
> O EMBLEMA VERMELHO DA CORAGEM, STEPHEN CRANE, 1871-1900

momento como este tinha de se sentir muito confiante – e se o líder fosse Aníbal, esse sentimento era provavelmente justificado.

Assim como as tropas tinham sido tomadas pela ansiedade, agora elas estavam infectadas com autoconfiança. Em Canas, naquele dia, em uma das vitórias mais devastadoras da história, os cartagineses esmagaram o exército romano.

Interpretação. Aníbal era um mestre motivador de uma espécie rara. Quando outros encheriam os ouvidos de seus soldados com discursos, ele sabia que depender de palavras era estar em um triste estado: palavras só atingem a superfície de um soldado, e um líder deve agarrar seus homens pelo coração, fazer o sangue deles ferver, entrar em suas mentes, alterar seus humores. Aníbal atingia as emoções de seus soldados indiretamente, relaxando-os, acalmando-os, tirando-os de seus problemas e fazendo-os se unirem. Somente então ele os atingia com um discurso que demonstrava sua precária realidade e dominava suas emoções.

Em Canas uma piadinha rápida teve o mesmo efeito: em vez de tentar convencer as tropas de sua confiança, Aníbal a mostrava para eles. Mesmo enquanto riam da piada a respeito de Gisgo, eles se uniam nela e compreendiam seu sentido interior. Não havia necessidade de discurso. Aníbal sabia que mudanças sutis no humor de seus homens podiam significar a diferença entre vitória e derrota.

Como Aníbal, você deve mirar indiretamente nas emoções das pessoas: fazê-las rir ou chorar por causa de algo que pareça não estar relacionado com você ou com o problema em questão. Emoções são contagiantes – elas aproximam as pessoas e as unem. E aí você pode tocá-las como um piano, movendo-as de uma emoção para outra. Oratória e apelos eloquentes só nos irritam e insultam; enxergamos através deles. A motivação é mais sutil do que isso. Ao avançar indiretamente, armando seu apelo emocional, você chega lá dentro em vez de apenas arranhar a superfície.

4. Nas décadas de 1930 e 1940, os Green Bay Packers eram um dos times de maior sucesso no futebol americano profissional, mas no final da década de 1950 eles eram o pior. O que deu errado? O time tinha muitos jogadores talentosos, como o ex All-American Paul Hornung. Os proprietários cuidavam bem do time e estavam sempre contratando novos treinadores, novos jogadores, mas nada conseguiu retardar a queda. Os jogadores tentaram; eles detestavam perder. E, realmente, não eram assim tão ruins – eles chegaram perto de vencer muitas partidas que perderam. Então o que podiam fazer a respeito?

Os Packers chegaram ao fundo do poço em 1958. Para a temporada de 1959 eles tentaram o truque de sempre, trazer um novo treinador e gerente geral: Vince Lombardi. Os jogadores, em sua maioria, não sabiam muita coisa sobre o homem, só que ele havia sido treinador assistente do New York Giants.

Quando se reuniram para conhecer o novo treinador, os jogadores esperavam o discurso típico: este é o ano da virada; vou ser duro com vocês; as coisas vão mudar. Lombardi não os decepcionou: em um tom tranquilo, enérgico, ele explicou um novo conjunto de regras e códigos de conduta. Mas uns poucos jogadores notaram algo diferente em Lombardi: ele transpirava confiança – nada de gritos, nada de exigências. Seu tom e modos sugeriam que os Packers já eram um time vencedor; eles só precisavam estar à altura. Ele era um idiota ou uma espécie de visionário?

E aí vieram os treinos, e mais uma vez a diferença não era tanto como eles eram conduzidos, mas o espírito por trás deles – eles se *sentiam* diferentes. Os treinos eram menores, porém mais exigentes fisicamente, chegando quase à tortura. E eram intensos, com os mesmos jogos simples repetidos infinitamente. Ao contrário dos outros treinadores, Lombardi explicava o que estava fazendo: instalando um sistema mais simples, baseado não na novidade e na surpresa, mas na execução eficiente. Os jogadores tinham de se concentrar intensamente – ao menor erro eles estavam dando mais voltas completas no campo ou fazendo todo o time dar voltas completas. E Lombardi mudava os exercícios constantemente: os jogadores jamais se entediavam e jamais podiam relaxar seu foco mental.

Os outros treinadores antes dele haviam sempre tratado uns poucos jogadores de modo diferente: os astros. Eles eram arrogantes, saíam cedo e ficavam acordados até tarde. Os outros homens tinham de aceitar isso como parte do sistema de regalias, mas no fundo eles se ressentiam. Lombardi, entretanto, não tinha preferidos; para ele não havia astros. "O treinador Lombardi é justo", disse o jogador da defesa Henry Jordan. "Ele nos trata a todos da mesma maneira – como cachorros." Os jogadores gostavam disso. Eles gostavam de ver Hornung sendo repreendido aos berros e disciplinado como todos os outros.

As críticas de Lombardi eram incansáveis e irritavam os jogadores. Ele parecia conhecer seus pontos fracos, suas inseguranças. Como ele sabia que Jordan odiava ser criticado na frente dos outros? Lombardi explorava seu medo das chibatadas em público para fazê-lo se esforçar mais. "Estávamos sempre tentando mostrar [a Lombardi] que ele estava errado", comentou um jogador. "Era esta sua psicologia."

> Uma vez mais para a brecha, caros amigos, uma vez mais; ou fechem o muro com nossos mortos ingleses. Na paz nada convém mais ao homem do que o modesto silêncio e a humildade. Mas quando a explosão da guerra soprar em nossos ouvidos, então imitem a ação do tigre; retesem os tendões; inflamem o sangue, disfarcem a natureza agradável com a ira mal-humorada. Depois, emprestem aos olhos um terrível aspecto; deixe-os espiar pelas órbitas como o canhão de bronze; deixe as sobrancelhas dominá-los tão assustadoramente quanto uma rocha defeituosa se projeta e ressalta em sua base confusa, lavada pelo feroz e devastador oceano. Agora trinquem os dentes e inflem as narinas, prendam com força a respiração e submetam todos os espíritos a sua plena estatura. Avante, nobres ingleses, cujo sangue foi herdado de pais guerreiros experientes! Pais que, como tantos Alexandres, nestas paragens lutaram de manhã a noite e guardaram suas espadas por falta de adversários. Não desonrem suas mães. Provem agora de quem são filhos. Sejam modelos agora para homens de sangue mais rude, e os ensinem

> a guerrear. E vocês, meus bons homens do campo, cujos galhos frondosos foram feitos na Inglaterra, mostrem-nos aqui o vigor de seus pastos. Deixem-nos jurar que vocês valem sua criação, da qual eu não duvido, pois nenhum de vocês é tão mesquinho e desprezível que não tenha um brilho nobre no olhar. Eu os vejo de pé como galgos desatrelados, retesados para a largada. A caça já disparou. Sigam seu espírito e ao atacar gritem: "Deus por Harry, Inglaterra e São Jorge!"
> HENRIQUE V, WILLIAM SHAKESPEARE, 1564-1616

Os treinos ficaram ainda mais intensos; os jogadores nunca tinham se esforçado tanto em suas vidas. Mas eles se viram chegando mais cedo e saindo mais tarde. No primeiro jogo da temporada, Lombardi os havia preparado para todas as contingências. Cansados de treinar, eles estavam gratos por finalmente participarem de um jogo real – e, para sua surpresa, todo aquele trabalho tornou a partida muito mais fácil. Eles estavam mais preparados do que o outro time e menos cansados no quarto tempo. Eles venceram suas três primeiras partidas. Com este súbito sucesso, seu moral e sua confiança subiram muito.

Os Packers terminaram o ano com um recorde de 7-5, uma virada notável do 1-10-1 de 1958. Depois de uma temporada sob o comando de Lombardi, eles haviam se tornado a equipe mais entrosada dos esportes profissionais. Ninguém queria sair dos Packers. Em 1960, eles disputaram o campeonato e em 1961 eles venceram, com muito mais ainda por vir. Ao longo dos anos, vários dos Packers de Lombardi tentariam explicar como ele os havia transformado, mas nenhum deles pôde realmente dizer como ele fizera isso.

Interpretação. Quando assumiu os Packers, Vince Lombardi reconheceu logo qual era o problema: o time estava contaminado com o derrotismo adolescente. Os adolescentes costumam adotar uma postura que é ao mesmo tempo rebelde e apática. É um modo de não sair do lugar: esforçando-se mais, eles correm o risco de fracasso, o que não podem suportar, portanto eles baixam suas expectativas, encontrando nobreza no relaxamento e na mediocridade. A perda dói menos quando são eles que escolhem isso.

Grupos podem se contaminar com este espírito sem perceber. Eles só precisam de uns poucos reveses, uns poucos indivíduos de mentalidade adolescente e, aos poucos, as expectativas baixam e o derrotismo se estabelece. O líder que tenta mudar o espírito do grupo diretamente – gritando, exigindo, disciplinando –, na verdade, faz o jogo da dinâmica adolescente e reforça o desejo de rebeldia.

Lombardi foi um gênio motivacional que via tudo em termos psicológicos. Para ele, os times da Liga Nacional de Futebol eram praticamente iguais em talento. As diferenças estavam na atitude e no moral; a inversão do derrotismo dos Packers se traduziria em vitórias, que levantariam o moral deles, que por sua vez traria mais vitórias. Lombardi sabia que tinha de abordar seus jogadores indiretamente – tinha de induzi-los a mudar pela astúcia. Ele começou com uma demonstração de confiança, falando como se acreditasse que eles eram vencedores que passavam por um período ruim. Isso os deixou interessados, muito mais do que eles perceberam. Então, em seus treinos, Lombardi não fazia exigências – uma abordagem defensiva, reclamona, que atrai insegurança. Em vez disso ele mudou o espírito dos treinos, tornando-os tranquilos, intensos, focados e bem-feitos. Ele sabia que a força de vontade está associada ao que você acredita ser possível; amplie essa fé e você se esforça mais. Lombardi criou um time melhor – que venceu sua primeira partida –, fazendo seus jogadores enxergarem possibilidades. A derrota deixou de ser confortável.

Compreenda: um grupo tem uma personalidade coletiva que se afirma com o tempo e, às vezes, essa personalidade é disfuncional ou adolescente. Mudar é difícil; as pessoas preferem o que elas conhecem, mesmo que isso não funcione. Se você lidera este tipo de grupo, não entre em sua dinâmica negativa. Anunciar intenções e fazer exigências deixará as pessoas na defensiva e se sentindo como crianças. Como Lombardi, represente o pai astuto. Peça mais deles. Espere que funcionem como adultos. Tranquilamente altere o espírito com que as coisas são feitas. Enfatize a eficiência: qualquer um pode ser eficiente (não é uma questão de talento), a eficiência produz sucesso e sucesso eleva o moral. Quando o espírito e o moral do grupo começam a mudar, tudo mais se encaixa no lugar.

5. Em abril de 1796, Napoleão Bonaparte, então com 26 anos, foi nomeado comandante das forças francesas, combatendo os austríacos na Itália. Para muitos, sua indicação foi uma piada: eles viam seu novo líder como um sujeito baixinho, jovem demais, inexperiente demais e até muito mal-arrumado para representar o papel de "general". Seus soldados também eram mal pagos, mal alimentados e cada vez mais desiludidos com a causa pela qual estavam lutando, a Revolução Francesa. Nas primeiras semanas da campanha, Napoleão fez o que pôde para que lutassem com mais garra, mas eles, em grande parte, se mostravam resistentes.

No dia 10 de maio, Napoleão e suas forças cansadas chegaram à Ponte de Lodi, sobre o rio Adda. Apesar de sua luta montanha acima com as tropas, eles estavam com os austríacos em retirada, mas a ponte era um lugar natural para firmar posição e eles a haviam guarnecido com soldados dos dois lados e com artilharia bem colocada. Tomar a ponte teria seu custo, mas, de repente, os soldados franceses viram Napoleão cavalgando diante deles, em uma posição de extremo risco pessoal dirigindo o ataque. Ele fez um discurso estimulante, em seguida lançou seus granadeiros sobre as linhas austríacas com gritos de *"Vive la République!"*. Animados, seus oficiais mais graduados lideraram o ataque.

Os franceses tomaram a ponte, e agora, depois desta operação relativamente insignificante, as tropas de Napoleão de repente o viam

> *Mercenários e braços auxiliares são inúteis e perigosos; e se alguém mantiver seu estado baseado em braços mercenários, jamais estará firme ou seguro; pois eles são desunidos, ambiciosos, sem disciplina, infiéis. Ousados entre amigos; entre inimigos, covardes; sem temor a Deus, sem fé nos homens; a ruína é postergada apenas desde que o ataque seja adiado; e na paz você é espoliado por eles; na guerra, pelo inimigo. Isto porque eles não têm amor nem causa no campo de batalha além de um pequeno estipêndio, que não é o suficiente para desejarem morrer por você.*
> O PRÍNCIPE, NICOLAU MAQUIAVEL, 1513

como um homem diferente. Em terno reconhecimento de sua coragem, eles lhe deram um apelido: "Le Petit Caporal". A história de Napoleão enfrentando o inimigo na Ponte de Lodi correu entre os soldados. Conforme a campanha se desenrolava e Napoleão vencia uma batalha após outra, um vínculo, que foi além da afeição, se desenvolveu entre os soldados e seu general.

Entre as batalhas Napoleão às vezes perambulava entre as fogueiras dos soldados, misturando-se com eles. Ele mesmo havia subido na hierarquia – no passado fora um artilheiro comum – e sabia falar com os homens como nenhum outro general. Ele sabia seus nomes, suas histórias, até em que batalhas tinham sido feridos. Em alguns homens ele pegava o lóbulo da orelha entre o indicador e o polegar e dava um cordial beliscão.

Os soldados de Napoleão não o viam com frequência, mas quando o viam era como se uma descarga elétrica passasse através deles. Não era apenas sua presença; ele sabia exatamente quando aparecer – antes de uma grande batalha ou quando o moral havia escorregado por algum motivo. Nestes momentos, ele lhes dizia que estavam fazendo história juntos. Se um pelotão estava para liderar um ataque ou parecia em dificuldades, ele cavalgava até lá e gritava: "Trigésimo oitavo; eu conheço vocês! Tomem esse vilarejo – ao ataque!" Seus soldados sentiam que não estavam apenas obedecendo a ordens, estavam vivendo um grande drama.

Se deseja ser amado por seus soldados, poupe o sangue deles e não os lidere para o massacre.
FREDERICO, O GRANDE, 1712-86

Napoleão raramente demonstrava raiva, mas quando o fazia seus homens sentiam-se pior do que apenas culpados ou aborrecidos. No final da primeira campanha italiana, tropas austríacas haviam forçado algumas de suas tropas a uma retirada humilhante para a qual não havia desculpas. Napoleão visitou o acampamento pessoalmente. "Soldados, não estou satisfeito com vocês", ele lhes disse, os grandes olhos cinza aparentemente em fogo. "Vocês não mostraram bravura, disciplina, nem perseverança... Vocês se deixaram expulsar de posições onde um punhado de homens poderia ter feito parar um exército. Soldados do 39º e do 85º, vocês não são soldados franceses. General, chefe do estado-maior, que fique gravado em suas bandeiras: 'Eles não fazem mais parte do Exército da Itália!'" Os soldados ficaram atônitos. Alguns gritaram; outros imploraram por mais uma chance. Eles se arrependeram de suas franquezas e mudaram totalmente: o 39º e o 85º se distinguiriam por um vigor que jamais haviam demonstrado antes.

Anos depois, durante uma difícil campanha contra os austríacos na Bavária, os franceses conquistaram uma encarniçada vitória. Na manhã seguinte, Napoleão passou em revista o 30º Regimento de Infantaria Ligeira, que havia representado um papel-chave na batalha, e pediu ao coronel para citar seu homem mais corajoso. O coronel pensou por um momento: "Senhor, é o tambor-mor." Napoleão imediatamente pediu para ver o jovem músico, que apareceu, tremendo nas botas. Em seguida, Napoleão anunciou em voz alta para todos ouvirem: "Dizem que você é o homem mais corajoso deste regimento. Eu o indico para cavaleiro da Legião de Honra, barão do Império, e o recomendo para uma pensão no valor de 4 mil francos." Os soldados ficaram boquiabertos. Napoleão era famoso por suas oportunas promoções e por promover soldados por mérito, fazendo até o soldado mais raso sentir que, se mostrasse seu valor, um dia poderia chegar a marechal. Mas um tambor-mor virar barão da noite para o dia? Isso eles nunca tinham visto. A notícia se espalhou rapidamente entre as tropas e teve um efeito eletrizante – particularmente sobre os recrutas mais recentes, aqueles que estavam mais deprimidos e com saudades de casa.

Durante todas as suas longas, muito sangrentas, campanhas e até suas angustiantes derrotas – o penoso inverno na Rússia, o posterior exílio em Elba, o ato final em Waterloo –, os homens de Napoleão iriam até o fim do mundo por Le Petit Caporal e por ninguém mais.

Interpretação. Napoleão foi o maior gerenciador de homens da história; ele pegou milhões de rapazes rebeldes, indisciplinados, sem treinamento militar, recentemente liberados pela Revolução Francesa, e os moldou em uma das forças de combate de maior sucesso já conhecida. O moral deles era ainda mais extraordinário por causa das provações pelas quais ele os fazia passar. Napoleão usou todos os truques deste livro para montar seu exército. Ele os unia em torno de uma causa, espalhando primeiro as ideias da Revolução Francesa, depois a glória da França como um crescente império. Ele os tratava bem, mas nunca os mimava. Ele apelava não à ganância deles, mas a sua sede de glória e reconhecimento. Ele liderava da linha de frente, provando sua bravura repetidas vezes. Ele mantinha seus homens em movimento – havia sempre uma nova campanha para a glória. Tendo estabelecido um vínculo com eles, ele habilmente jogava com suas emoções. Mais do que soldados combatendo em um exército, seus homens sentiam-se parte de um mito, unidos sob os legendários padrões da águia do imperador.

De todas as técnicas de Napoleão, nenhuma foi mais eficaz do que seu uso de punições e recompensas, todas encenadas para causar o maior impacto dramático. Suas repreensões pessoais eram raras, mas quando ele se zangava, quando punia, o efeito era devastador: o alvo sentia-se rejeitado, proscrito. Como se exilado do afeto de sua família, ele lutaria para conquistar de volta a estima do general e depois jamais lhe dava um motivo para se zangar de novo. Promoções, prêmios e elogios em público eram igualmente raros, e quando aconteciam eram sempre por mérito, jamais por um calculismo político. Apanhados entre os polos de não querer nunca desagradar a Napoleão e ansiar pelo reconhecimento dele, seus homens eram atraídos para seu domínio, seguindo-o com devoção, mas nunca conseguindo alcançá-lo totalmente.

Aprenda com o mestre: o jeito de gerenciar pessoas é mantendo--as em suspenso. Primeiro crie um vínculo entre seus soldados e você mesmo. Eles o respeitam, o admiram, até sentem um pouco de medo de você. Para tornar o vínculo mais forte, contenha-se, crie um pequeno espaço a sua volta; você é afetuoso, mas a uma certa distância. Uma vez forjado o vínculo, apareça com menos frequência. Torne tanto suas punições como seus elogios raros e inesperados, seja por erros ou por sucessos que possam parecer insignificantes na época, mas tenham significado simbólico. Compreenda: assim que sabem o que lhe agrada e o que o deixa zangado, as pessoas viram poodles treinados, esforçando-se para encantar você com aparente bom comportamento. Mantenha-as em suspense: faça-as pensar em você constantemente e querer agradar a você, mas sem saber jamais como fazer isso. Quando caírem em sua armadilha, você terá uma atração magnética sobre elas. A motivação se tornará automática.

Imagem:
A Maré do Oceano. Ela enche e esvazia com tanta força que nada em seu caminho pode escapar ou resistir a sua atração. Como a lua, você é a força que define a maré, que carrega tudo em sua esteira.

Autoridade: *O Caminho significa induzir as pessoas a ter o mesmo objetivo da liderança, de modo que elas compartilhem a morte e compartilhem a vida, sem temer o perigo.* – Sun Tzu (século IV a.C.)

INVERSO

Se o moral é contagiante, o mesmo acontece com seu oposto: medo e descontentamento podem se espalhar por suas tropas como fogo selvagem. A única maneira de lidar com eles é eliminá-los antes que se transformem em pânico e rebelião.

Em 58 a.C., quando Roma estava combatendo na Guerra Púnica, Júlio César preparava-se para a batalha contra o líder germânico Ariovistus. Rumores sobre a ferocidade e o tamanho das forças germânicas voavam, e seu exército estava em pânico e amotinado. César agiu rápido: primeiro ele mandou prender os boateiros. Em seguida, dirigiu-se pessoalmente a seus soldados, fazendo com que se recordassem de seus corajosos ancestrais que haviam lutado e derrotado os alemães. Ele não lideraria seus descendentes mais fracos em batalha; visto que somente a 10ª Legião parecia imune ao crescente pânico, ele os deixaria sozinhos. Enquanto César se preparava para marchar com a valente 10ª Legião, o resto do exército, envergonhado, implorou que ele lhes perdoasse e os deixasse lutar. Ostentando relutância, ele concordou, e estes homens antes assustados lutaram ferozmente.

Nesses casos você deve agir como César, devolvendo a maré de pânico. Não perca tempo e lide com todo o grupo. Pessoas que espalham o pânico ou motim vivenciam uma espécie de loucura na qual perdem gradualmente o contato com a realidade. Apele para o orgulho e a dignidade delas, faça-as sentirem vergonha de seu momento de fraqueza e loucura. Faça-as se lembrar do que conquistaram no passado e mostre-lhes como estão longe do ideal. Esta vergonha social as despertará e inverterá a dinâmica.

PARTE 3

GUERRA DEFENSIVA

Lutar na defensiva não é um sinal de fraqueza; é o auge da sabedoria estratégica, um poderoso estilo de travar uma guerra. Seus requisitos são simples. Primeiro, você deve aproveitar ao máximo seus recursos, lutar com perfeita economia e envolver-se apenas em batalhas que sejam necessárias. Segundo, você precisa saber como e quando recuar, induzindo um inimigo agressivo a um ataque imprudente. Depois, esperando com paciência pelo momento de exaustão dele, lançar um contra-ataque perverso.

Em um mundo que faz cara feia para demonstrações explícitas de agressão, ser capaz de lutar na defensiva – deixar que os outros façam o primeiro movimento, depois aguardar que eles cometam seus próprios erros e, então, destruí-los – lhe dará um imenso poder. Porque você não desperdiçará energia nem tempo, estará sempre pronto para a próxima batalha inevitável. Sua carreira será longa e frutífera.

Para lutar assim, você precisa dominar a arte do blefe. Ao parecer mais fraco do que é, você pode atrair o inimigo para um ataque imprudente; se parecer mais forte do que é – talvez com um ato ocasional que seja afoito e ousado –, você pode impedir o inimigo de atacá-lo. Na guerra defensiva você está essencialmente investindo em suas fragilidades e limitações para obter o poder e a vitória.

Os quatro capítulos a seguir o instruirão nas artes básicas da guerra defensiva – economia de meios, contra-ataque, intimidação e repressão – e na arte de recuar habilmente e não oferecer resistência quando estiver sob um ataque agressivo.

8

ESCOLHA SUAS BATALHAS COM CUIDADO

A ESTRATÉGIA DA ECONOMIA PERFEITA

Todos nós temos limitações – nossas energias e habilidades nos levam somente até certo ponto. O perigo está em tentar ultrapassar nossos limites. Seduzidos por alguma recompensa vistosa a fazer mais do que somos capazes, acabamos exaustos e vulneráveis. Você precisa conhecer seus limites e escolher suas batalhas com muito cuidado. Considere os riscos ocultos de uma guerra: perda de tempo, desperdício da boa vontade política, um inimigo irritado querendo vingança. Às vezes é melhor esperar, minar as bases de seus inimigos veladamente, em vez de agredi-los de frente. Sendo impossível evitar a batalha, faça-os lutar em seus próprios termos. Mire nas fraquezas deles; faça a luta ser cara para eles e barata para você. Lutando com perfeita economia, você sobrevive até ao mais poderoso inimigo.

O EFEITO ESPIRAL

> Na utilização de um teatro de guerra, como em tudo o mais, estratégia requer economia e força. Quanto menos alguém conseguir administrá-la, melhor, mas se administrar é preciso, e, aqui, como no comércio, há mais nisso do que mera sovinice.
> CARL VON CLAUSEWITZ, 1780-1831

Em 281 a.C. estourou a guerra entre Roma e a cidade de Tarentum, na costa leste da Itália. Tarentum tinha começado como uma colônia da cidade grega de Esparta; seus cidadãos ainda falavam o idioma grego, consideravam-se espartanos cultos e achavam as outras cidades italianas bárbaras. Roma, enquanto isso, era uma potência emergente, trancada em uma série de guerras com cidades vizinhas.

Os prudentes romanos relutavam em enfrentar Tarentum. Era a cidade italiana mais rica na época, rica o bastante para financiar seus aliados em uma guerra contra Roma; estava também longe demais, lá no sudeste, para representar uma ameaça imediata. Mas os tarentinos haviam afundado alguns navios romanos que tinham entrado em seu porto, matado o almirante da frota e, quando Roma tentou negociar um acordo, insultaram seus embaixadores. A honra romana estava em jogo, e Roma se preparou para a guerra.

Tarentum tinha um problema: era rica, mas não tinha um exército de verdade. Seus cidadãos tinham se acostumado com a vida mansa. A solução era mandar vir um exército grego para lutar em seu nome. Os espartanos estavam ocupados com outras coisas, então os tarentinos apelaram para o rei Pirro de Épiro (319-272 a.C.), o maior rei guerreiro grego desde Alexandre, o Grande.

Épiro era um pequeno reino na região centro-oeste da Grécia. Era uma terra pobre, de população escassa, com magros recursos, mas Pirro – criado ouvindo as lendas de Aquiles, de quem sua família afirmava descender, e de Alexandre, o Grande, um primo distante – estava determinado a seguir as pegadas dos seus ilustres ancestrais e parentes, expandindo Épiro e criando seu próprio império. Quando jovem, ele havia servido nos exércitos de outros grandes militares, inclusive de Ptolomeu, um general de Alexandre que agora governava o Egito. Pirro havia rapidamente provado seu valor como soldado e líder. Em batalha, ficara conhecido por liderar ataques perigosos, conquistando o apelido de "A Águia". De novo em Épiro, ele tinha formado e treinado bem o seu pequeno exército, conseguindo até derrotar o exército macedônio, muito maior, em várias batalhas.

A reputação de Pirro estava em alta, mas era difícil para um pequeno país como o seu ganhar ascendência sobre vizinhos gregos mais poderosos, como os macedônios, os espartanos e os atenienses. E a oferta dos tarentinos era tentadora. Primeiro, eles lhe prometeram dinheiro e um grande exército recrutado de estados aliados. Segundo, ao derrotar os romanos, ele podia se fazer dono da Itália, e da Itália ele poderia tomar primeiro a Sicília, depois Cartago, na África do Norte. Alexandre tinha ido para o leste a fim de criar seu império; Pirro poderia avançar para o oeste e dominar o Mediterrâneo. Ele aceitou a oferta.

Na primavera de 280 a.C., Pirro levantou velas com o maior exército grego que já havia cruzado os mares até a Itália: 20 mil soldados de infantaria, 3 mil cavalarianos, 2 mil arqueiros e vinte elefantes. Uma vez em Tarentum, entretanto, ele percebeu que tinha sido enganado; não só os tarentinos não tinham um exército, como não tinham feito nenhum esforço para montar um, deixando essa tarefa para Pirro. Ele não perdeu tempo: declarou uma ditadura militar na cidade e começou a montar e treinar um exército recrutado entre os tarentinos o mais rápido possível.

A chegada de Pirro a Tarentum preocupou os romanos, que conheciam sua fama de estrategista e guerreiro. Decidindo não lhe dar tempo para se preparar, eles mandaram logo um exército, forçando Pirro a se virar com o que tinha e ele se dispôs a enfrentá-los. Os dois exércitos encontraram-se perto da cidade de Heracleia. Pirro e suas tropas tinham um número inferior e, em determinado momento, eles estavam à beira da derrota, quando ele soltou sua arma secreta: seus elefantes, com seu peso enorme, seu trombetear alto e assustador, e os soldados em cima, disparando setas para baixo à vontade. Os romanos nunca tinham enfrentado elefantes em uma batalha antes, e o pânico espalhou-se entre eles mudando o curso da luta. Em pouco tempo, as disciplinadas legiões romanas bateram em retirada.

"A Águia" havia conquistado uma grande vitória. Sua fama espalhou-se por toda a península itálica; ele era mesmo a reencarnação de Alexandre, o Grande. Agora outras cidades lhe enviaram reforços, mais do que compensando as perdas em Heracleia. Mas Pirro estava preocupado. Ele havia perdido muitos veteranos na batalha, inclusive generais imprescindíveis. Mais importante ainda, a força e a disciplina das legiões romanas o deixaram impressionado – eram diferentes de todos os soldados que ele enfrentara. Ele decidiu tentar negociar um acordo de paz com os romanos, oferecendo dividir a península com eles. Ao mesmo tempo, entretanto, ele marchou sobre Roma, para dar urgência às negociações e deixar claro que, se os romanos não pedissem formalmente a paz, teriam de enfrentá-lo de novo.

Enquanto isso, a derrota em Heracleia tinha tido um poderoso efeito sobre os romanos, que não se intimidavam facilmente e não aceitavam bem a derrota. Imediatamente após a batalha, foi noticiada uma convocação de recrutas, e homens jovens responderam aos montes. Os romanos orgulhosamente rejeitaram a oferta de acordo; eles não iam dividir a Itália com ninguém.

Os dois exércitos encontraram-se de novo perto da cidade de Asculum, não muito longe de Roma, na primavera de 279 a.C. Desta vez os dois exércitos eram mais ou menos iguais em número. O primeiro dia de batalha foi violento, e mais uma vez os romanos pareciam estar na dianteira, mas, no segundo dia, Pirro, um mestre estrategista, conseguiu atrair as legiões romanas até um terreno mais adequado para seu próprio estilo de manobra, e ganhou a vantagem. Como de hábito, quase no final do dia, ele liderou pessoalmente um violento ataque ao coração das legiões romanas, elefantes na frente. Os romanos se dispersaram, e Pirro mais uma vez saiu vitorioso.

O rei Pirro agora tinha chegado ao auge, mas só sentia tristeza e um mau pressentimento. Suas perdas tinham sido terríveis; os soldados dos generais de quem dependia estavam dizimados, e ele próprio tinha sido gravemente ferido. Ao mesmo tempo, os romanos pareciam incansáveis, nada abalados com sua derrota. Quando cumprimentado por sua vitória em Asculum, ele respondia: "Se derrotarmos os romanos em mais uma batalha como essa, estaremos totalmente arruinados."

Pirro, entretanto, já estava arruinado. Suas perdas em Asculum foram grandes demais para ser rapidamente substituídas, e o que restara das suas forças era muito pouco para combater os romanos de novo. Sua campanha italiana tinha chegado ao fim.

Interpretação. Das histórias de Pirro e seu famoso lamento depois da Batalha de Asculum vem a expressão "vitória de Pirro", significando um triunfo que é praticamente uma derrota, porque saiu muito caro. O vitorioso está exausto demais para explorar sua vitória, vulnerável demais para enfrentar a batalha seguinte. E, na verdade, depois da "vitória" em Asculum, Pirro alternou entre um desastre e outro, seu exército nunca forte o bastante para derrotar suas crescentes hostes de inimigos. Isto culminou em sua morte prematura em batalha, encerrando as esperanças de Épiro de se tornar uma potência na Grécia.

Pirro poderia ter evitado esta espiral descendente. Um serviço de espionagem o teria informado sobre a disciplinada ferocidade dos romanos e sobre a decadência e perfídia dos tarentinos, e, sabendo disso, ele poderia ter demorado mais tempo formando um exército ou ter cancelado de todo a expedição. Ao ver que tinha sido enganado, ele poderia ter virado as costas; depois de Heracleia ainda havia tempo para poupar, consolidar, desistir enquanto estava na dianteira. Tivesse ele feito isto, sua história poderia ter tido um final diferente. Mas Pirro não podia parar – o sonho era fascinante demais. Por que se preocupar com os custos? Ele podia se recuperar depois. Mais uma batalha, mais uma vitória, selaria o acordo.

As vitórias de Pirro são muito mais comuns do que se poderia pensar. A excitação com a perspectiva de uma aventura é natural antes que ela comece, e se o objetivo é atraente, inconscientemente vemos o que queremos ver – mais dos ganhos possíveis, menos das possíveis dificuldades. Quanto mais avançamos, mais difícil se torna recuar e reavaliar racionalmente a situação. Nessas circunstâncias os custos tendem não só a crescer – eles sobem em espiral e descontrolados. Se as coisas não dão certo, ficamos exaustos, o que nos leva a cometer mais erros, que conduzem a novos, imprevisíveis problemas, que por sua vez geram novos custos. Qualquer vitória que possamos ter pelo caminho é inexpressiva.

Compreenda: quanto mais você deseja o prêmio, mais precisa compensar examinando seu custo. Olhe além dos custos óbvios e pense nos intangíveis: a boa vontade que talvez desperdice ao entrar em guerra, a fúria do perdedor se você vencer, o tempo que essa vitória pode levar, sua dívida para com seus aliados. Você pode sempre esperar por uma hora melhor; você pode sempre tentar algo mais condizente com seus recursos. Lembre-se: a história está cheia de cadáveres de pessoas que ignoraram os custos. Poupe-se de batalhas desnecessárias e você viverá para lutar mais um dia.

> *Quando as armas perderam o fio e os espíritos estão deprimidos, quando nossas forças se esgotaram e nossos recursos foram consumidos, então outros vão se aproveitar de nossa exaustão para se manifestarem. Então, mesmo que você tenha generais sensatos, não pode fazer com que as coisas saiam bem no final.*
> – *A arte da guerra*, Sun Tzu (século IV a.C.)

Aquele a quem os antigos chamavam de especialista em batalhas conquistava a vitória onde a vitória era facilmente conquistada. Por conseguinte, a batalha de um especialista jamais é uma vitória excepcional, nem ela lhe confere a fama pela sabedoria ou crédito pela coragem. Suas vitórias em batalha são infalíveis. Infalível significa que ele age onde a vitória é certa, e conquista um inimigo que já perdeu.
A ARTE DA GUERRA, SUN TZU, SÉCULO IV A.C.

PONTOS FORTES E FRAGILIDADES

Quando a rainha Elizabeth I (1533-1603) subiu ao trono da Inglaterra em 1558, herdou um poder medíocre: o país fora sacudido violentamente pela guerra civil e suas finanças estavam uma bagunça. Elizabeth sonhava em criar um longo período de paz no qual pudesse aos poucos reconstruir as bases da Inglaterra e, principalmente, sua economia: um governo com dinheiro era um governo com opções. A Inglaterra, uma pequena ilha com poucos recursos, não podia esperar competir na guerra com a França e a Espanha, as grandes potências da Europa. Mas ganharia força com o comércio e a estabilidade econômica.

Durante vinte anos seguidos, Elizabeth fez progressos. Então, no final da década de 1570, sua situação de repente parecia calamitosa: uma guerra iminente com a Espanha ameaçava cancelar todos os lucros das duas décadas anteriores. O rei espanhol, Felipe II, era um devoto católico que considerava como sua missão pessoal reverter a expansão do protestantismo. Os Países Baixos (hoje Holanda e Bélgica) eram propriedades da Espanha na época, mas uma crescente rebelião protestante estava ameaçando seu governo, e Felipe entrou em guerra contra os rebeldes, determinado a esmagá-los. Enquanto isso, seu maior sonho era restaurar o catolicismo na Inglaterra. Sua estratégia no curto prazo era uma trama para mandar assassinar Elizabeth e depois colocar sua meia-irmã, a católica Mary, rainha dos escoceses, no trono britânico. Caso este plano falhasse, sua estratégia a longo prazo era construir uma imensa armada de navios e invadir a Inglaterra.

Felipe não ocultou bem suas intenções, e os ministros de Elizabeth viram a guerra como inevitável. Eles a aconselharam a enviar um exército aos Países Baixos, forçando Felipe a colocar seus recursos ali em vez de em um ataque à Inglaterra – mas Elizabeth não gostou da ideia; ela enviaria pequenas tropas para ajudar os rebeldes protestantes a evitar um desastre militar, mas não se comprometeria com mais nada. Elizabeth temia a guerra; sustentar um exército era uma despesa enorme, e todos os tipos de outros custos embutidos certamente viriam à tona, ameaçando a estabilidade que ela havia construído. Se a guerra com a Espanha era mesmo inevitável, Elizabeth queria lutar em seus próprios termos; ela queria uma guerra que arruinasse a Espanha financeiramente e deixasse a Inglaterra a salvo.

Desafiando seus ministros, Elizabeth fez o que pôde para manter a paz com a Espanha, recusando-se a provocar Felipe. Isso lhe deu tempo para economizar fundos para a construção de uma marinha britânica. Enquanto isso, ela trabalhava em segredo para prejudicar a economia espanhola, que via como o único ponto fraco daquele país. O enorme império espanhol em expansão no Novo Mundo tornava a Espanha poderosa, mas esse império ficava muito distante. Para mantê-lo e lucrar com ele, Felipe dependia totalmente de navios, uma vasta frota que ele comprara com enormes empréstimos de banqueiros italianos. Seu crédito com estes banqueiros dependia do trânsito livre de seus navios transportando ouro do Novo Mundo. O poder da Espanha apoiava-se em uma base fraca.

E, assim, a rainha Elizabeth soltou seu maior capitão, Sir Francis Drake, sobre os navios do tesouro espanhol. Ele deveria parecer estar operando por conta própria, um pirata agindo para seu próprio lucro. Ninguém devia saber da ligação entre ele e a rainha. A cada navio que ele capturava, a taxa de juros sobre os empréstimos de Felipe subia, até que, no final, os banqueiros italianos estavam elevando os juros mais por causa da ameaça de Drake do que devido a uma perda específica

Aquiles agora desbaratou os troianos e os perseguiu em direção à cidade, mas seu curso também era fuga. Poseidon e Apolo, tendo prometido vingar as mortes de Cycnus e Troilo, e punir certas fanfarronices que Aquiles havia pronunciado sobre o cadáver de Heitor, trocaram opiniões. Ocultos pelas nuvens e de pé diante do portão Scaean, Apolo procurava Paris no auge da batalha, virou seu arco e guiou a seta fatal. Ela atingiu a única parte vulnerável do corpo de Aquiles, o calcanhar direito, e ele morreu em agonia.
THE GREEK MYTHS, VOL.2, ROBERT GRAVES, 1955

qualquer. Felipe esperava lançar sua armada contra a Inglaterra em 1582; com pouco dinheiro, ele foi obrigado a adiar o projeto. Elizabeth tinha conseguido ganhar mais tempo.

Nesse meio-tempo, para a grande tristeza dos ministros das finanças de Felipe, o rei se recusava a reduzir o tamanho da armada invasora. Poderia levar mais tempo para construir, mas ele pediria mais dinheiro emprestado. Vendo sua luta com a Inglaterra como uma cruzada religiosa, ele não se deixaria deter por meras questões financeiras.

Enquanto trabalhava para arruinar o crédito de Felipe, Elizabeth ia colocando uma boa parte de seus parcos recursos na construção de uma rede de espionagem inglesa – na verdade, com isso ela ficou sendo a agência de serviços secretos mais sofisticada da Europa. Com agentes por toda a Espanha, a rainha se mantinha informada sobre todos os movimentos de Felipe. Ela sabia exatamente de que tamanho ia ser a armada e quando seria lançada. Isso lhe permitiu adiar a convocação de seu exército e dos reservas até o último momento, economizando dinheiro do governo.

Finalmente, no verão de 1588, a Armada Espanhola estava pronta. Eram 128 naus, incluindo vinte grandes galeões e numerosos marinheiros e soldados. Igual em tamanho a toda a marinha inglesa, ela havia custado uma fortuna. A armada zarpou de Lisboa na segunda semana de julho. Mas os espiões de Elizabeth já a haviam informado plenamente sobre os planos da Espanha e ela pôde enviar uma frota de navios ingleses com mais mobilidade para atormentar a Armada no caminho até a costa francesa, afundando suas embarcações de suprimentos e criando o caos. Como o comandante da frota inglesa, Lorde Howard de Effingham, relatou: "A força deles é maravilhosa, grande e resistente; e, no entanto, arrancamos suas penas uma por uma."

Finalmente, a Armada ancorou no porto de Calais, onde devia se unir aos exércitos espanhóis estacionados nos Países Baixos. Determinados a impedir que ela recolhesse estes reforços, os ingleses reuniram oito navios grandes, encheram de substâncias inflamáveis e os colocaram no curso da frota espanhola, que estava ancorada em estreita formação. Conforme os navios britânicos se aproximavam do porto a todo pano, suas tripulações ateavam fogo neles e os abandonavam. O resultado foi um estrago, com dezenas de embarcações espanholas em chamas. Algumas se amontoavam desordenadas em busca de águas seguras, muitas vezes colidindo umas com as outras. Em sua pressa de se fazerem ao mar, toda a ordem se rompeu.

A perda de navios e suprimentos em Calais acabou com a disciplina e o moral dos espanhóis, e a invasão foi suspensa. Para evitar mais ataques no retorno à Espanha, os navios restantes seguiram não para

Limitações são problemáticas, mas funcionam. Se vivemos economicamente em épocas normais, estamos preparados para épocas de carência. Ser econômico nos poupa de humilhações. Limitações são também indispensáveis na regulamentação das condições do mundo. Na natureza existem limites físicos para verão e inverno, dia e noite, e estes limites dão ao ano seu significado. Do mesmo modo, a economia, ao estabelecer limites fixos para os gastos, atua preservando a propriedade e evitando prejudicar as pessoas.
I CHING, CHINA, C. SÉCULO VIII A.C.

o sul, mas para o norte, com a intenção de continuar a viagem para casa contornando a Escócia e a Irlanda. Os ingleses nem se preocuparam em correr atrás; sabiam que o mau tempo naquelas águas faria o estrago por eles. Quando a Armada despedaçada retornou à Espanha, 44 de seus navios estavam perdidos e a maioria dos restantes, danificada demais para navegar com segurança. Quase dois terços de seus marinheiros e soldados tinham morrido no mar. Enquanto a Inglaterra não perdera um só navio e menos de uma centena de homens havia morrido em ação.

Foi um grande triunfo, mas Elizabeth não perdeu tempo se vangloriando. Para economizar tempo, ela imediatamente desativou a marinha. Recusou-se também a ouvir seus conselheiros que insistiam para que levasse avante sua vitória atacando os espanhóis nos Países Baixos. Seu objetivo limitava-se a exaurir os recursos e as finanças de Felipe, forçando-o a abandonar seus sonhos de dominação católica e instituindo um delicado equilíbrio de poder na Europa. E isto, na verdade, acabou sendo seu maior triunfo, pois a Espanha jamais se recuperou financeiramente do desastre da Armada e desistiu logo de todos os seus planos com relação à Inglaterra.

Interpretação. A derrota da Armada Espanhola tem de ser considerada uma das de melhor custo-benefício na história militar: uma potência medíocre que mal sustentava um exército permanente foi capaz de intimidar o maior império de seu tempo. O que tornou a vitória possível foi a aplicação de uma máxima militar básica: ataque os pontos fracos do inimigo com seus pontos fortes. A força da Inglaterra era sua pequena e móvel marinha e sua rede sofisticada de informações secretas; seus pontos fracos eram seus limitados recursos em homens, armamentos e dinheiro. A força da Espanha estava em sua imensa riqueza e em seu enorme exército e frota; a sua fragilidade estava na precária estrutura de suas finanças, apesar da magnitude, e no desajeitado tamanho e lentidão de seus navios.

Elizabeth recusou-se a lutar nos termos da Espanha, mantendo seu exército fora da briga. Em vez disso, ela atacou as fraquezas da Espanha com suas fortalezas: atormentando os galeões espanhóis com suas naus menores, causando uma devastação nas finanças do país, usando observadores especiais para emperrar sua máquina de guerra. Ela conseguiu controlar a situação mantendo baixos os custos para a Inglaterra, enquanto tornava o esforço de guerra cada vez mais caro para a Espanha. Acabou chegando a hora em que para Felipe só restava o fracasso: se a Armada afundasse, ele estaria arruinado durante anos, e, mesmo que a Armada triunfasse, o custo da vitória seria tão alto que ele se arruinaria tentando explorá-la em solo inglês.

Em tudo isto – na seleção de alimento, de lugar e clima, de recreação – comanda um instinto de autopreservação que se manifesta de forma mais inequívoca como um instinto de autodefesa. Não ver muitas coisas, não ouvi-las, não deixar que elas se aproximem – primeiro exemplo de engenhosidade, primeira prova de que não se é um acaso, mas uma necessidade. A palavra usual para este instinto autodefensivo é gosto. Seu imperativo comanda, não apenas dizer Não, quando Sim seria um exemplo de "altruísmo", mas também dizer Não o mínimo possível. Para se separar, para se afastar daquilo para

Compreenda: não existe ninguém ou grupo que seja completamente fraco ou forte. Todos os exércitos, por mais invencíveis que pareçam, têm um ponto fraco, um lugar que ficou desprotegido ou não se desenvolveu. O próprio tamanho pode acabar sendo uma fragilidade. Entretanto, até o grupo mais fraco tem algo em que se apoiar, uma força oculta. Seu objetivo na guerra não é simplesmente acumular uma pilha de armas, aumentar seu poder de fogo para poder explodir seu inimigo. Isso é desperdício, caro de construir, e deixa você vulnerável a ataques no estilo guerrilha. Investir contra seus inimigos, golpe a golpe, força contra força, também não é estratégico. Em vez disso, você precisa primeiro avaliar os pontos fracos deles: problemas políticos internos, moral baixo, finanças abaladas, controle excessivamente centralizado, a megalomania de seu líder. Enquanto você mantém cuidadosamente suas próprias fraquezas fora do conflito e preserva sua força para o longo percurso, atinja repetidas vezes o calcanhar de aquiles dos inimigos. Ter suas fraquezas expostas e saqueadas os desmoralizará, e, quando eles se cansam, novos pontos fracos se expõem. Ao calibrar cuidadosamente forças e fragilidades, você pode derrubar seu Golias com um estilingue.

A abundância me empobrece.
– Ovídio (43 a.C. – 17 d.C)

CHAVES PARA A GUERRA

Pode-se definir a realidade como uma série nítida de limitações a todos os seres vivos, sendo a morte a última fronteira. Temos apenas uma determinada quantidade de energia para gastar antes de nos cansarmos; somente uma quantidade na forma de alimento e recursos está disponível para nós; nossas habilidades e capacidades vão apenas até esse ponto. Um animal vive dentro desses limites: ele não tenta voar mais alto, correr mais rápido ou gastar uma energia sem fim acumulando uma pilha de comida, pois isso o deixaria esgotado e vulnerável a ataques. Ele simplesmente tenta aproveitar ao máximo o que tem. Um gato, por exemplo, pratica instintivamente uma economia de movimentos e gestos, jamais desperdiçando o esforço. Pessoas que vivem na pobreza também têm uma forte consciência de seus limites: forçadas a tirar o maior proveito do que têm, elas são infinitamente inventivas. A necessidade tem um poderoso efeito sobre sua criatividade.

O problema enfrentado por aqueles de nós que vivem em sociedades ricas é que perdemos a noção de limite. Somos cuidadosamente protegidos da morte e podemos passar meses, até anos, sem pensar

o qual seria exigido repetidas vezes. O fundamento lógico é que gastos defensivos, sejam eles mínimos, que se tornam regra, um hábito, levam a um extraordinário e perfeitamente supérfluo empobrecimento. Nossos maiores gastos são nossos mais frequentes gastos menores. Precaver-se, não deixar que se aproximem, é um gasto – não se deve deixar enganar por isto –, uma força desperdiçada em objetivos negativos. É possível simplesmente pela constante necessidade de se precaver tornar-se fraco demais para se defender... Outra forma de sagacidade e autodefesa consiste em reagir o mais raramente possível e recuar diante de situações e relacionamentos nos quais se estaria condenado, por assim dizer, a suspender a própria liberdade, a própria iniciativa, e se tornar um mero reagente.
ECCE HOMO,
FRIEDRICH
NIETZSCHE, 1888

nela. Imaginamos um tempo infinito a nossa disposição e aos poucos nos afastamos cada vez mais da realidade; imaginamos uma energia infinita a qual recorrer, pensando que podemos ter o que desejamos simplesmente nos esforçando mais. Começamos a ver tudo como ilimitado – a boa vontade dos amigos, a possibilidade de riqueza e fama. Algumas aulas e livros a mais e podemos ampliar nossos talentos e habilidades até nos tornarmos pessoas diferentes. A tecnologia pode tornar tudo realizável.

A abundância nos faz ricos em sonhos, pois nos sonhos não há limites. Mas isso nos deixa pobres em realidade. Ficamos moles e decadentes, entediados com o que temos e precisando de choques constantes para nos lembrar de que estamos vivos. Na vida você tem de ser um guerreiro, e guerra requer realismo. Enquanto outros podem encontrar beleza em sonhos infindáveis, guerreiros a encontram na realidade, na consciência de limites, tirando o melhor partido do que têm. Como o gato, eles procuram a perfeita economia de movimento e gestos – o modo de conferir a seus golpes a maior força com o menor esforço. A consciência que eles têm de que seus dias estão contados – de que podem morrer a qualquer instante – os mantém com os pés na realidade. Há coisas que eles jamais podem fazer, talentos que jamais possuirão, metas grandiosas que jamais alcançarão; isso dificilmente os preocupa. Guerreiros concentram-se no que *eles têm*, nas forças que *eles possuem* e que devem usar de forma criativa. Sabendo quando diminuir a marcha, renovar, economizar, eles duram mais do que seus adversários. Eles jogam no longo prazo.

Nos últimos anos do governo colonial francês no Vietnã e, em seguida, durante a Guerra do Vietnã, o líder militar dos insurgentes vietnamitas foi o general Vo Nguyen Giap. Primeiro com os franceses e depois com os americanos, ele enfrentou um inimigo com recursos, poder de fogo e treinamento muito superiores. Seu próprio exército era uma coleção diversa e esfarrapada de camponeses; eles tinham disposição para o combate, um profundo senso de propósito, porém pouco mais do que isso. Giap não tinha caminhões para transportar suprimentos, e seus sistemas de comunicação eram do século XIX. Outro general teria tentado se atualizar, e Giap teve oportunidade – ele recebeu oferta de caminhões, rádios, armas e treinamento da China –, mas ele a viu como uma armadilha. Não era só que ele não quisesse gastar seus limitados fundos nessas coisas; no longo prazo, ele acreditava, tudo que fariam era transformar os norte-vietnamitas em uma versão mais fraca de seu inimigo. Em vez disso, ele preferiu tirar o maior proveito do que possuía, transformando as fraquezas de seu exército em virtudes.

Caminhões podiam ser vistos do céu, e os americanos podiam bombardeá-los. Mas os americanos não podiam bombardear linhas de suprimento que não pudessem ver. Explorando seus recursos, portanto, Giap usou uma vasta rede de trabalhadores braçais camponeses para transportar suprimentos nas costas. Quando chegavam a um rio, eles usavam pontes de cordas penduradas logo abaixo da superfície da água. Até o final da guerra, os americanos ainda estavam tentando descobrir como o Vietnã do Norte supria seus exércitos no campo de batalha.

Enquanto isso, Giap desenvolvia táticas de guerrilha rápida que lhe davam um enorme potencial para interromper as linhas de suprimentos americanas. Para combater, movimentar as tropas e transportar suprimentos, os americanos usavam helicópteros, que lhes davam uma tremenda mobilidade. Mas a guerra basicamente tinha de ser travada no chão, e Giap foi infinitamente inventivo ao usar a selva para neutralizar o poderio aéreo americano, desorientar a infantaria americana e camuflar suas próprias tropas. Ele não podia esperar vencer uma batalha campal contra o armamento superior dos Estados Unidos, portanto, colocou seu esforço em ataques espetaculares, simbólicos, desmoralizadores que provariam a futilidade da guerra quando aparecessem na televisão americana. Com o mínimo que tinha, ele criou o máximo de efeito.

Exércitos que parecem ter superioridade em dinheiro, recursos e poder de fogo tendem a ser previsíveis. Confiando em seu equipamento, e não no conhecimento e na estratégia, eles ficam mentalmente preguiçosos. Quando surgem os problemas, a solução que encontram é acumular mais do que já têm. Mas não é o que você tem que lhe traz a vitória, é como você usa isso. Quando você tem menos, é naturalmente mais inventivo. A criatividade lhe dá uma vantagem sobre inimigos dependentes da tecnologia; você vai aprender mais, vai se adaptar melhor e será mais esperto do que eles. Incapaz de desperdiçar seus limitados recursos, você os usará bem. O tempo será seu aliado.

Se você tem menos do que seu inimigo, não se desespere. Você sempre pode inverter a situação praticando a economia perfeita. Se você e seu inimigo estão em igualdade de condições, apoderar-se de mais armamentos importa menos do que usar melhor o que você já tem. Se você tem mais do que seu inimigo, combater com economia é sempre importante. Como disse Pablo Picasso: "Mesmo sendo rico, aja como pobre." Os pobres são mais inventivos, e quase sempre se divertem mais, porque valorizam o que têm e conhecem seus limites. Às vezes na estratégia você precisa ignorar sua maior força e se obrigar a obter o máximo do mínimo. Mesmo que você tenha a tecnologia, guerreie como o camponês.

Isto não significa se desarmar ou deixar de explorar as vantagens que você possa ter em equipamentos e provisões. Na Operação Tem-

Toda limitação tem seu valor, mas uma limitação que exija persistentes esforços acarreta um custo excessivo de energia. Quando, entretanto, a limitação é natural (por exemplo, a limitação que faz a água escorrer somente morro abaixo), ela necessariamente

conduz ao sucesso, pois então ela significa uma economia de energia. A energia que de outro modo seria consumida em uma luta vã com o objeto aplica-se totalmente ao benefício do assunto em questão, e o sucesso está garantido.
I CHING, CHINA, C. SÉCULO VIII A.C.

pestade no Deserto, a campanha dos Estados Unidos contra o Iraque, em 1991, os estrategistas militares americanos fizeram pleno uso de sua tecnologia superior, particularmente no ar, mas não dependeram disso para a vitória. Eles tinham aprendido a lição de sua derrocada vinte anos antes no Vietnã, e suas manobras mostravam o tipo de ataques simulados e uso da mobilidade associados com forças menores do tipo guerrilha. Esta combinação de tecnologia avançada mais criatividade provou ser devastadora.

Guerra é um equilíbrio de fins e meios: um general talvez tenha o melhor plano para alcançar um determinado fim, mas se não tiver os meios para realizá-lo seu plano é inútil. Generais sábios ao longo dos tempos, portanto, aprenderam a começar examinando os meios que têm à mão e depois desenvolver sua estratégia a partir destas ferramentas. Isso é o que fez de Aníbal um brilhante estrategista: ele pensava sempre primeiro nos dados – a composição de seu próprio exército e a de seu inimigo, suas respectivas proporções de cavalaria e infantaria, o terreno, o moral de suas tropas, o clima. Isso lhe daria a base não somente para seu plano de ataque, mas para os fins que desejava alcançar naquele determinado confronto. Em vez de ficar trancado em um estilo de luta, como tantos generais, ele ajustava constantemente seus fins a seus meios. Essa era a vantagem estratégica que ele usava sempre.

Na próxima vez em que você lançar uma campanha, tente fazer uma experiência: não pense em seus objetivos sólidos nem em seus sonhos que gostaria que fossem realidade, e não planeje sua estratégia no papel. Em vez disso, pense profundamente no que você tem – as ferramentas e materiais com os quais estará trabalhando. Baseie-se não em sonhos e planos, mas na realidade: pense em suas próprias habilidades, em uma vantagem política que você possa ter, no moral de suas tropas, em como você pode usar criativamente os meios a sua disposição. Em seguida, a partir desse processo, deixe que seus planos e metas floresçam. Não só suas estratégias serão mais realistas, como serão mais inventivas e eficazes. Sonhar primeiro com o que você quer e depois tentar encontrar os meios para alcançá-lo é uma receita para exaustão, desperdício e derrota.

Não confunda o barato com o econômico – exércitos fracassaram tanto gastando muito pouco quanto gastando demais. Em seu ataque à Turquia durante a Primeira Guerra Mundial, na esperança de expulsá-la da guerra e depois atacar a Alemanha pelo leste, os britânicos começaram enviando uma frota para transportar o estreito de Dardanelos e se dirigir para a capital turca de Constantinopla. A frota fez bom progresso, mas, mesmo assim, depois de várias semanas, alguns navios tinham sido afundados, mais vidas do que o esperado tinham se perdido e a aventura em geral estava saindo caro. Portanto os britânicos suspenderam a campanha naval, decidindo, em vez disso, desembarcar um exército na península de Galipoli e combater por terra. Esse caminho parecia mais seguro e barato – mas acabou sendo um fiasco que durou um mês ao custo de milhares de vidas e, no final, não deu em nada, pois os aliados acabaram desistindo e retirando suas tropas. Anos depois, foram encontrados documentos turcos que revelaram que a frota inglesa estivera à beira do sucesso: mais um ou dois dias, eles teriam atravessado e Constantinopla provavelmente teria caído. Todo o curso da guerra poderia ter mudado. Mas os britânicos tinham economizado demais; no último momento, eles cerraram as mãos, preocupados com os custos. No final, o preço de tentar vencer no barato acabou sendo altíssimo.

Economia perfeita, portanto, não significa armazenar recursos. Isso não é economia, mas sovinice – mortal na guerra. Economia perfeita significa encontrar um meio-termo justo, um nível no qual seus golpes contem, mas não o deixem esgotado. Economia em excesso vai deixar você mais esgotado, pois a guerra se prolongará, seus custos aumentando, sem que você jamais consiga dar um soco de nocaute.

Várias táticas se prestam à economia no combate. Primeiro, usar a dissimulação, que custa relativamente pouco, mas pode dar ótimos resultados. Durante a Segunda Guerra Mundial, os aliados usaram uma série complicada de dissimulações para fazer os alemães esperarem um ataque de muitas direções diferentes, forçando-os a fazer muitas coisas ao mesmo tempo. A campanha russa de Hitler ficou muito enfraquecida pela necessidade de manter as tropas na França e nos Bálcãs, para se defender de ataques ali – ataques que nunca aconteciam. A dissimulação pode ser um grande equalizador para o lado mais fraco. Sua arte inclui coleta de informações secretas, divulgação de informações erradas e uso de propaganda para tornar a guerra impopular dentro do campo inimigo.

Segundo, procurar adversários que você possa derrotar. Evite inimigos que nada têm a perder – eles se esforçarão para derrubá-lo a qualquer custo. No século XIX, Otto von Bismarck desenvolveu o poder militar da Prússia nas costas de adversários mais fracos, como os dinamarqueses. Vitórias fáceis intensificam o moral, desenvolvem sua reputação, lhe dão motivação e, o mais importante, não lhe custam muito.

Haverá ocasiões em que seus cálculos falharão; o que parecia ser uma campanha fácil se revelará muito difícil. Nem tudo se pode prever. Portanto, não é importante apenas escolher suas batalhas com cuidado, mas também você deve saber quando aceitar suas perdas e sair de campo. Em 1971, os boxeadores Muhammad Ali e Joe Frazier, ambos no auge de suas carreiras, enfrentaram-se. Foi uma luta horripilante, uma das mais excitantes da história; Frazier venceu por pontos, depois de quase nocautear Ali no 15º *round*. Mas ambos sofreram terrivelmente; ambos acertaram um bocado de socos. Querendo revanche, Ali ganhou uma segunda luta em 1974 – outros 15 *rounds* terríveis – e venceu por pontos. Nenhum dos boxeadores ficou contente, os dois queriam um resultado mais conclusivo, então eles se enfrentaram de novo em 1975, no famoso "Thrilla in Manila". Desta vez, Ali venceu por nocaute, no 14º *round*, mas nenhum dos dois foi o mesmo novamente: estas três lutas tinham exigido demais deles, abreviando suas carreiras. O orgulho e a raiva haviam surpreendido a capacidade de raciocínio. Não caia nesta armadilha; saiba quando parar. Não continue guerreando por frustração ou orgulho. Muita coisa está em jogo.

Finalmente, nada no que se refere aos humanos permanece a mesma coisa. Com o tempo, ou seus esforços tendem a se tornarem mais lentos – uma espécie de atrito se desenvolve, seja a partir de acontecimentos exteriores inesperados ou de suas próprias ações – ou um impulso o ajuda a ir para a frente. Desperdiçar o que você tem vai criar atrito, baixando seu nível de energia e disposição para o combate. Você está essencialmente diminuindo seu ritmo. Lutar com economia, por outro lado, faz aumentar o impulso. Pense nisto como uma forma de encontrar seu nível – um equilíbrio perfeito entre o que você é capaz de fazer e o que tem para fazer. Quando o trabalho que você está fazendo não está acima nem abaixo de seus talentos, mas em seu nível, você não se sente exausto, nem entediado e deprimido. Você de repente tem nova energia e criatividade. Combater com perfeita economia é como acertar nesse nível – menos resistência em seu caminho, mais energia liberada. Por estranho que pareça, conhecer seus limites vai ampliá-los; tirar o maior proveito do que você tem permitirá que você tenha mais.

Imagem: *O Nadador. A água oferece resistência; você só pode se mover até uma determinada velocidade. Alguns nadadores batem na água, tentando usar força para gerar velocidade – mas eles só fazem ondas, criando resistência. Outros são delicados demais, batendo as pernas tão de leve que mal se movem. Bons nadadores batem na superfície com perfeita economia, mantendo a água diante deles lisa e nivelada. Eles se movem tão rápido quanto a água lhes permite e cobrem grandes distâncias em um ritmo constante.*

Autoridade: *O valor de uma coisa às vezes não está no que alguém obtém com ela, mas no preço que alguém paga por ela – o que ela nos custa. –* Friedrich Nietzsche (1844-1900)

INVERSO

Não pode haver nenhum valor em lutar sem economia, mas é sempre sensato fazer com que seu adversário desperdice ao máximo os próprios recursos. Isto se consegue com a tática de bater e correr, forçando-o a despender energia indo atrás de você. Seduza-o para que pense que uma grande ofensiva arruinará você; depois atole essa ofensiva em uma guerra prolongada na qual ele perca tempo e recursos valiosos. Um adversário frustrado, esgotando energia em socos que não consegue dar, em breve, cometerá erros e vai se expor a um virulento contra-ataque.

9

VIRE A MESA

A ESTRATÉGIA DO CONTRA-ATAQUE

Fazer o primeiro movimento – iniciando o ataque – com frequência o colocará em desvantagem: você está expondo sua estratégia e limitando suas opções. Em vez disso, descubra o poder de se conter e deixar que o outro lado mova-se primeiro, dando a você a flexibilidade para contra-atacar de qualquer ângulo. Se seus adversários são agressivos, atraia-os para um ataque surpresa que os deixará em uma posição fraca. Aprenda a usar a impaciência deles, a ansiedade para pegar você como uma forma de desequilibrá-los e derrubá-los. Em momentos difíceis não se desespere ou recue: qualquer situação pode ser invertida. Se você aprender a se conter, esperando o momento certo para lançar um inesperado contra-ataque, fragilidade pode se tornar força.

AGRESSÃO DISFARÇADA

Em setembro de 1805, Napoleão Bonaparte enfrentou a maior crise em sua carreira até então: Áustria e Rússia haviam se aliado contra ele. Ao sul, as tropas austríacas estavam atacando os soldados franceses que ocupavam o norte da Itália; a leste, o general austríaco Karl Mack entrava na Baviária liderando uma grande força. Um exército de considerável tamanho, sob o comando do general Mikhail Kutusov, estava a caminho para se juntar ao de Mack, e esta força aliada, uma vez fundida e expandida, seguiria para a França. A leste de Viena, mais tropas russas e austríacas aguardavam para ser distribuídas em formação de combate onde fosse necessário. Os exércitos de Napoleão ficaram reduzidos a uma proporção de dois para um.

O plano de Napoleão era tentar derrotar um por um todos os exércitos aliados, usando suas unidades menores, porém com maior mobilidade, para combatê-los antes que pudessem unir forças. Enquanto reservava tropas suficientes para produzir um impasse na Itália, ele atacou a Baviária antes que Kutusov chegasse e forçou a vergonhosa rendição de Mack em Ulm, quase sem nenhum tiro disparado (ver capítulo 6). Esta vitória sem derramamento de sangue foi uma obra-prima, mas para explorá-la ao máximo Napoleão precisava alcançar Kutusov antes que o general russo pudesse ser reforçado por mais tropas russas ou austríacas. Com essa finalidade, Napoleão enviou o grosso de seu exército para o leste, em direção a Viena, esperando encurralar as forças russas em retirada. Mas a perseguição se meteu em um atoleiro: o tempo estava ruim, as tropas francesas estavam cansadas, seus marechais cometiam erros e, o mais importante, o ardiloso Kutusov era mais esperto na retirada no que do ataque. Conseguindo despistar os franceses, ele chegou à cidade de Olmütz, a noroeste de Viena, onde as forças austro-russas estavam estacionadas.

Agora a situação se inverteu: de repente era Napoleão que estava em grave perigo. A força de suas tropas era a mobilidade; relativamente pequenas, elas eram individualmente vulneráveis e funcionavam melhor quando operavam próximas umas das outras o suficiente para chegarem rápido com ajuda. Agora elas estavam dispersas em uma longa linha de Munique até Viena, que Napoleão havia tomado depois de sua vitória sobre Mack em Ulm. Os homens estavam famintos, cansados e havia escassez de suprimentos. Os austríacos combatendo os franceses no norte da Itália haviam desistido da batalha ali e estavam em retirada – mas isso os colocava dirigindo-se para o noroeste, representando uma ameaça ao flanco sul de Napoleão. Ao norte, os prussianos, vendo Napoleão em dificuldades, estavam considerando se unir à aliança. Se

---

A técnica de "concordar com" as expectativas e desejos do inimigo requer primeiro que se determine no que ele acredita e o que quer, depois aparentemente concordar com ele até que a situação possa ser explorada: Definição: quando o inimigo quer alguma coisa e você concede, chama-se "concordar com"... Em geral, quando se opor a alguma coisa simplesmente a solidifica, é melhor concordar a fim de levá-los a cometer erros. Se o inimigo quer avançar, seja totalmente flexível e exiba fraqueza para induzir um avanço. Se o inimigo quer recuar, disperse e abra uma rota de fuga para sua retirada. Se o inimigo conta com uma linha de frente forte, coloque suas próprias linhas de frente mais distante, assumindo uma firme postura defensiva a fim de observar a arrogância dele. Se o inimigo confia em seu próprio e enorme poder, finja respeitá-lo, porém, faça seus planos enquanto espera que ele relaxe. Faça-o avançar e cubra-o, solte-o e o capture. Explore a arrogância dele, lute com a falta de firmeza dele.
TEXTO DA DINASTIA MING, DO SÉCULO XVII, CITADO EM *THE TAO OF SPYCRAFT*, RALPH D. SAWYER

isso acontecesse, eles poderiam causar um estrago nas linhas extensas de comunicação e suprimentos de Napoleão – e os dois exércitos movendo-se do norte e do sul poderiam esmagá-lo até a morte.

As opções de Napoleão eram terríveis. Continuar a perseguição a Kutusov estenderia ainda mais suas linhas. Além disso, os russos e austríacos eram agora 90 mil homens e estavam em uma excelente posição em Olmütz. Ficar parado, por outro lado, era arriscar ser lentamente engolido por exércitos de todos os lados. A retirada parecia ser a única solução, e foi isso que seus generais aconselharam, mas com o tempo piorando (era meados de novembro), e o inimigo com certeza importunando-o, isso sairia caro também. E a retirada significaria que sua vitória em Ulm tinha sido desperdiçada – um tremendo golpe no moral de seus homens. Isso praticamente convidaria os prussianos a entrarem na guerra, e os ingleses, seus inimigos, vendo-o vulnerável, talvez chegassem até a invadir a França. Qualquer caminho que ele escolhesse parecia levar ao desastre. Durante vários dias ele ficou mergulhado em seus pensamentos, ignorando seus conselheiros e consultando mapas.

Enquanto isso, em Olmütz, os líderes austríacos e russos – entre eles o imperador Francisco I da Áustria e o jovem czar Alexandre I – observavam os movimentos de Napoleão com intensa curiosidade e excitação. Eles o tinham onde queriam que ficasse; certamente seriam capazes de compensar o desastre em Ulm.

No dia 25 de novembro, batedores aliados relataram que Napoleão havia movido uma grande parte de seu exército para Austerlitz, a meio caminho entre Viena e Olmütz. Ali parecia que suas forças estavam ocupando o outeiro de Pratzen, uma posição que indicaria preparação para batalha. Mas Napoleão tinha apenas uns 50 mil homens com ele; era quase a metade do que tenham seus adversários. Que esperanças ele tinha de enfrentar os aliados? Mesmo assim, no dia 27 de novembro, Francisco I ofereceu-lhe um armistício. Napoleão era formidável e, mesmo nesta desvantagem, lutar contra ele era arriscado. Na verdade, Francisco também estava tentando se dar um tempo para cercar totalmente o exército francês, mas nenhum dos generais da aliança achava que Napoleão cairia nesse truque.

Para sua surpresa, entretanto, Napoleão parecia ansioso para entrar em acordo. De repente, o czar e seus generais tiveram outra ideia: ele estava em pânico, agarrando-se a qualquer coisa como tábua de salvação. Essa suspeita pareceu se confirmar quase de imediato, quando, em 29 de novembro, Napoleão abandonou o outeiro de Pratzen quase tão rápido quanto o havia tomado, assumindo uma posição a oeste e repetidamente reposicionando sua cavalaria. Ele parecia totalmente confuso. No dia seguinte, solicitou um encontro com o próprio czar. Mas o

Uma transição rápida e poderosa para o ataque – a espada reluzente da vingança – é o momento mais brilhante da defesa.
CARL VON CLAUSEWITZ, 1780-1831

Uma súbita inspiração veio a William (na Batalha de Hastins, 1066 d.C.), sugerida pelo desastre que acontecera com os ingleses logo no primeiro conflito. Ele decidiu tentar o expediente de uma fuga simulada, um estratagema desconhecido pelos bretões e normandos em épocas anteriores. Por ordem sua, uma parte considerável dos assaltantes, de repente, deu meia-volta e se retirou em aparente desordem. Os ingleses pensaram, com mais desculpas nesta ocasião do que na última, que o inimigo estava mesmo expulso e, pela segunda vez, uma grande quantidade deles rompeu a linha e correu atrás dos esquadrões em retirada. Quando já tinham descido bastante a rampa, William repetiu seu procedimento anterior. A porção intacta de seu exército atacou os flancos dos perseguidores, enquanto aqueles que haviam simulado a fuga deram a volta e os atacaram de frente. O resultado foi novamente uma conclusão precipitada: os homens desordenados do Fyrd foram cortados em pedaços,

czar mandou um emissário, que voltou com a notícia de que Napoleão não conseguira disfarçar seu medo e sua dúvida. Ele parecia nervoso, emotivo, até tresloucado. As condições do emissário para o armistício tinham sido duras, e embora Napoleão não concordasse com elas, havia escutado sem dizer nada, parecendo humilhado, intimidado até. Isto foi música para os ouvidos do jovem czar, que estava impaciente por seu primeiro encontro com Napoleão. Estava cansado de esperar.

Ao abandonar o outeiro de Pratzen, Napoleão parecia ter se colocado em uma posição vulnerável: suas linhas ao sul estavam fracas e sua rota de retirada, a sudoeste em direção a Viena, estava exposta. Um exército aliado poderia tomar o outeiro de Pratzen, girar ao sul para abrir caminho por esse ponto fraco nas linhas dele e interceptar sua retirada, depois voltar-se de novo para o norte a fim de cercar seu exército e destruí-lo. Por que esperar? Jamais haveria outra chance melhor. O czar Alexandre e seus generais mais jovens prevaleceram sobre o hesitante imperador austríaco e lançaram o ataque.

Ele começou cedo, na manhã do dia 2 de dezembro. Enquanto duas divisões menores enfrentavam os franceses pelo norte, impedindo-os de sair do lugar, uma sucessão de soldados russos e austríacos movia-se em direção ao outeiro de Pratzen, tomava-o, depois girava para o sul, mirando o ponto fraco francês. Embora encontrassem resistência do inimigo em número inferior, eles rapidamente avançaram e logo conseguiram tomar as posições-chaves que lhes permitiram virar para o norte e cercar Napoleão. Mas às nove horas da manhã, quando as últimas tropas da aliança (cerca de 60 mil homens ao todo) subiram o outeiro e se dirigiram para o sul, os comandantes aliados receberam a notícia de que algo inesperado estava para acontecer: uma grande força francesa, invisível para eles do outro lado do outeiro de Pratzen, estava de repente seguindo para o leste, direto para a cidade de Pratzen propriamente dita e o centro das linhas aliadas.

Kutusov viu o perigo: os aliados tinham avançado tantos homens pela brecha nas linhas francesas que deixaram seu próprio centro exposto. Ele tentou chamar de volta as últimas tropas que seguiam para o sul, mas já era tarde. Às 11 horas da manhã, os franceses haviam retomado o outeiro. Pior, as tropas francesas tinham aparecido do sudoeste para reforçar a posição ao sul e impedir os aliados de cercarem os franceses. Tudo tinha virado ao contrário. Atravessando a cidade de Pratzen, os franceses agora estavam passando pelo centro aliado e rapidamente movendo-se para interceptar a retirada das tropas aliadas ao sul.

Cada parte do exército aliado – norte, centro e sul – estava agora efetivamente isolada das outras. Os russos no extremo sul tentavam recuar mais para o sul, porém milhares deles perderam suas vidas nos lagos e pântanos congelados no meio do caminho. Às cinco horas da tarde, a rota estava completa, e fez-se uma trégua. O exército austro-russo havia sofrido baixas terríveis, muito mais do que os franceses. A derrota era tão grande que a aliança sofreu um colapso; a campanha estava terminada. De algum modo, Napoleão havia extraído vitória da derrota. Austerlitz foi o grande triunfo de sua carreira.

e poucos ou nenhum escaparam para se reunirem de novo a seus camaradas no outeiro.
HISTORY OF THE ART OF WAR IN THE MIDDLE AGES, SIR CHARLES OMAN, 1898

Interpretação. Na crise que levou à Batalha de Austerlitz, os conselheiros e marechais de Napoleão tinham pensado apenas em retirada. Às vezes é melhor, eles acreditavam, aceitar um revés de boa vontade e ficar na defensiva. Do outro lado estavam o czar e os aliados, que tinham Napoleão como fraco. Esperassem para cercá-lo ou o atacassem logo, eles estavam na ofensiva.

No meio, ficava Napoleão, que como um estrategista estava muito acima tanto de seus próprios conselheiros como de seus marechais, por um lado, e do czar e os generais da aliança, de outro. Sua superioridade estava na fluidez de seu pensamento: ele não concebia a guerra em termos mutuamente exclusivos de defesa e ofensa. Em sua cabeça, elas estavam inextricavelmente associadas: uma posição defensiva era a maneira perfeita para disfarçar uma manobra ofensiva, um contra-ataque; uma manobra ofensiva muitas vezes era a melhor maneira de defender uma posição fraca. O que Napoleão orquestrou em Austerlitz não foi retirada nem ataque, mas algo muito mais sutil e criativo; ele fundiu defesa e ofensiva para armar a armadilha perfeita.

Primeiro, tendo tomado Viena, Napoleão avançou para Austerlitz, aparentemente tomando a ofensiva. Isso surpreendeu austríacos e russos, mesmo que eles ainda estivessem em número superior a ele. Em seguida, ele recuou e adotou a posição defensiva; depois ele pareceu oscilar entre ofensiva e defensiva, dando toda a aparência de confusão. Em seu encontro com o emissário do czar, ele parecia confuso, tanto pessoal como estrategicamente. Era tudo teatro, encenado por Napoleão para se fazer de fraco e vulnerável, convidando ao ataque.

Estas manobras iludiram os aliados fazendo-os esquecer a prudência, atacar Napoleão com total abandono e, com isso, ficando expostos. A posição defensiva deles em Olmütz era tão forte e dominante que só seu abandono a arruinaria, e foi isso exatamente que Napoleão os induziu a fazer. Em seguida, em vez de se defender do ataque precipitado, de repente passou ele mesmo para a ofensiva, o contra-ataque. Assim ele alterou a dinâmica da batalha não só física como psicologicamente: quando um exército no ataque tem de ficar na defensiva de repente, seu ânimo esmorece. E realmente as tropas da aliança entraram em pânico,

Quando o inimigo se vê em uma situação difícil e quer nos envolver em uma batalha decisiva, espere; quando fugir é vantajoso para o inimigo, mas não para nós, espere; quando é conveniente permanecer parado e quem se mover primeiro fica em perigo, espere; quando dois inimigos se envolvem em uma luta que resultará em derrota ou morte, espere; quando as forças inimigas, embora numerosas, sofrem de desconfiança e tendem a tramar umas contras as outras, espere; quando o comandante inimigo, embora sábio, é prejudicado por alguns de seus colegas, espere.
THE WILES OF WAR: 36 MILITARY STRATEGIES FROM ANCIENT CHINA, TRADUZIDO PARA O INGLÊS POR SUN HAICHEN, 1991

recuando até os lagos congelados que Napoleão pretendera o tempo todo que fossem o cemitério deles.

A maioria de nós sabe jogar apenas na ofensiva ou na defensiva. Ou entramos no modo de ataque, partindo para cima de nossos alvos em um impulso desesperado de conseguir o que queremos, ou tentamos furiosamente evitar o conflito e, se ele nos é imposto, afastar nossos inimigos da melhor forma possível. Nenhuma das duas abordagens funciona quando se exclui a outra. Tornando a ofensiva nossa regra, criamos inimigos e arriscamos agir precipitadamente e perder o controle de nosso próprio comportamento; mas ficar sempre na defensiva nos deixa encurralados, torna-se um mau hábito. Em qualquer um dos casos somos previsíveis.

Em vez disso, considere a terceira opção: o estilo de Napoleão. Às vezes você parece estar vulnerável e na defensiva, fazendo seus adversários desconsiderá-lo como uma ameaça, fazendo-os baixarem a guarda. No momento certo e quando perceber uma brecha, você passa para o ataque. Sua agressão deve ser controlada e sua fragilidade, uma manobra para disfarçar suas intenções. Em um momento perigoso, quando aqueles a sua volta veem apenas a ruína e a necessidade de recuar, é aí que você fareja uma oportunidade. Fingindo-se de fraco você pode seduzir seus inimigos agressivos a atacá-lo a pleno vapor. Em seguida, pegue-os de surpresa passando para a ofensiva quando eles menos esperam. Misturando ofensiva com defesa deste modo fluido, você ficará um passo à frente de seus adversários inflexíveis. Os melhores golpes são aqueles que eles não veem se aproximar.

> *Por mais desesperadoras que sejam a situação e as circunstâncias, não se desespere. Quando houver o que temer, não tema. Quando cercado de perigos, não tema nenhum deles. Quando sem recursos, confie na engenhosidade. Quando surpreendido, pegue o próprio inimigo de surpresa.*
> – Sun Tzu, *A arte da guerra* (século IV a.C.)

JIU-JÍTSU

Em 1920, o Partido Democrata indicou o governador de Ohio, James Cox, como seu candidato para a sucessão do presidente Woodrow Wilson, que se aposentava. Ao mesmo tempo, nomeou Franklin Delano Roosevelt, de 38 anos, como seu vice-presidente. Roosevelt havia servido como secretário assistente da marinha de Wilson; mais importante, ele era primo de Theodore Roosevelt, ainda muito popular depois de sua presidência na primeira década do século.

Estes dois importantes princípios práticos estão especificamente relacionados ao valor tático atribuído à personalidade do adversário em combate. Segundo o princípio prático unilateral, a personalidade do adversário era considerada o alvo primário de um ataque ou contra-ataque, com o propósito de total ou parcial subjugação. De acordo com o princípio prático bilateral, por outro lado, a personalidade do adversário era vista não apenas como um alvo, mas também (e por certos mestres bujutsu, principalmente) como um instrumento – ou seja, como o

O indicado republicano era Warren G. Harding, e a campanha foi uma experiência estafante. Os republicanos tinham muito dinheiro; eles evitavam falar de problemas e jogavam com a imagem sociável de Harding. Cox e Roosevelt responderam aos republicanos partindo para uma vigorosa ofensiva, baseando sua campanha em um único tema de Wilson: a participação na Liga das Nações, que, eles esperavam, traria paz e prosperidade. Roosevelt fazia campanha por todo o país, fazendo um discurso após o outro – a ideia era enfrentar o dinheiro dos republicanos com o simples esforço. Mas a corrida foi um desastre: Harding ganhou a presidência em uma das vitórias mais esmagadoras da história eleitoral americana.

No ano seguinte, Roosevelt foi acometido de poliomielite e perdeu o uso das pernas. Chegando logo depois da desastrosa campanha de 1920, sua doença marcou um momento decisivo em sua vida: tomando consciência de repente de sua fragilidade física e de sua mortalidade, ele se retraiu para dentro de si mesmo e fez uma reavaliação. O mundo da política era corrupto e violento. Para vencer uma eleição, as pessoas fariam qualquer coisa, submetendo-se a todos os tipos de ataques pessoais. O funcionário público movendo-se nesse mundo estava sob pressão para ser tão inescrupuloso quanto todo mundo e sobreviver da melhor maneira possível – mas essa abordagem não servia para Roosevelt pessoalmente e exigia demais dele fisicamente. Ele decidiu criar um estilo político diferente, um estilo que o separaria da turba e lhe daria sempre vantagem.

Em 1932, depois de um período como governador de Nova York, Roosevelt concorreu a candidato pelos democratas para a presidência da república contra o titular republicano, Herbert Hoover. O país estava em meio à Depressão e Hoover parecia incapaz de lidar com ela. Diante da fragilidade de seus antecedentes, ficar na defensiva era difícil e, como os democratas em 1920, ele continuou vigorosamente na ofensiva, atacando Roosevelt como um socialista. Roosevelt por sua vez viajava pelo país, falando sobre suas ideias para tirar os Estados Unidos da Depressão. Ele não dava muitos detalhes, nem reagia diretamente aos ataques de Hoover – mas irradiava confiança e habilidade. Hoover, enquanto isso, parecia estridente e agressivo. A Depressão provavelmente o teria condenado à derrota não importava o que ele fizesse, mas ele perdeu por uma margem muito maior do que esperava: o tamanho da vitória de Roosevelt – quase um triunfo eleitoral – surpreendeu todo mundo.

Nas semanas seguintes à eleição, Roosevelt basicamente se escondeu do olhar público. Aos poucos seus inimigos da direita começaram a usar sua ausência para atacá-lo, circulando especulações de que ele não

vetor relutante, mas, não obstante, útil, de sua própria subjugação... É o princípio bilateral que parece representar uma diferenciação tática entre o bujutsu japonês e as artes marciais do Ocidente. Lafcadio Hearn, por exemplo, considerava este princípio "uma ideia unicamente oriental", perguntando, "Que mente ocidental poderia ter elaborado este estranho ensinamento; jamais opor força à força, mas apenas dirigir e utilizar o poder do ataque; derrubar o inimigo unicamente por sua própria força – vencê-lo unicamente pelos próprios esforços dele?" (Smith, 128)... Takuan, escrevendo sobre a arte da esgrima em particular, refere-se ao valor estratégico do princípio bilateral do contra-ataque contra um adversário, quando aconselhou a seu aluno a "usar seu ataque contra si mesmo. Depois, a espada dele, que tinha a intenção de matar você, se torna a sua espada e a arma cairá sobre o próprio adversário". Na filosofia Zen isto é conhecido como "tomar a lança do inimigo e usá-la como arma para matá-lo." (Suzuki, 96) As antigas escolas de jiu-jítsu foram muito enfáticas

> *nesse ponto... Jiu-jítsu (literalmente "arte delicada"), como seu nome sugere, baseia-se no princípio de se opor delicadeza ou elasticidade à dureza ou rigidez. Seu segredo está em manter o corpo cheio de ch'i, com elasticidade nos próprios membros, e em estar sempre alerta para reverter a força do inimigo para sua própria vantagem empregando o mínimo da própria força muscular.*
> SEGREDOS DOS SAMURAIS, OSCAR RATTI E ADELE WESTBROOK, 1973

estava preparado para o desafio do cargo. As críticas se tornaram mordazes e agressivas. No dia da posse, entretanto, Roosevelt fez um discurso inflamado, e em seus primeiros dias no poder, agora conhecidos como os "Cem Dias", ele mudou da aparência de inatividade para uma poderosa ofensiva, acelerando a legislação que fez o país sentir como se finalmente alguma coisa estava sendo feita. O apedrejamento acabou.

Durante os anos seguintes, este padrão se repetiu várias vezes. Roosevelt enfrentaria resistência: o Supremo Tribunal, por exemplo, derrubaria seus programas, e inimigos de todos os lados (o senador Huey Long e o líder trabalhista John L. Lewis de esquerda, o padre Charles Coughlin e ricos homens de negócios da direita) lançariam campanhas hostis pela imprensa. Roosevelt se retraía, cedendo aos holofotes. Em sua ausência, os ataques pareciam se acelerar e seus conselheiros entravam em pânico – mas Roosevelt estava só dando um tempo. No final, ele sabia, as pessoas se cansariam desses ataques e acusações sem fim, principalmente porque, ao se recusar a responder, ele os tornava inevitavelmente unilaterais. Depois – em geral um ou dois meses antes da época das eleições –, ele partia para a ofensiva, defendendo sua ficha e atacando seus adversários de repente e com vigor suficiente para pegá-los desprevenidos. O senso de oportunidade também surpreendia o público, chamando as atenções para ele.

Nos períodos em que Roosevelt ficava em silêncio, os ataques de seus adversários cresciam cada vez mais estridentes – mas isso só lhe dava material para usar mais tarde, aproveitando-se da histeria deles para fazê-los parecerem ridículos. O exemplo mais famoso disto aconteceu em 1944, quando o candidato republicano para a presidência, Thomas Dewey, lançou uma série de ataques pessoais a Roosevelt, questionando as atividades de sua mulher, seus filhos e até de seu cachorro, o terrier escocês Fala, a quem Dewey acusava de ser mimado à custa do contribuinte. Roosevelt contrapôs em um discurso de campanha,

> *Para empreender operações militares, o exército deve preferir imobilidade a movimento. Ele não revela nenhuma forma quando parado, mas expõe sua forma em movimento. Quando um movimento precipitado leva à exposição da forma do exército, ele cairá vítima do inimigo. Se não fosse o movimento, o tigre e o leopardo não cairiam em armadilhas, o veado não cairia no laço, os pássaros não seriam apanhados na rede e*

Os líderes republicanos não se contentam em atacar pessoalmente a mim – ou a meus filhos –, eles agora incluem meu cachorrinho, Fala. Ao contrário dos membros de minha família, Fala se ressente com isso. Quando ele soube que os autores de ficção republicanos tinham inventado uma história de que eu o havia esquecido em uma ilha das Aleutas e mandado um destróier de volta para buscá-lo – a um custo para os contribuintes de 2 ou 3, ou 8 ou 20 milhões de dólares –, sua alma escocesa ficou furiosa. Desde então ele não é mais o mesmo. Estou acostumado a escutar falsidades maliciosas a meu respeito, mas acho que tenho o direito de contestar declarações difamatórias sobre meu cachorro.

Engraçadíssimo, o discurso foi também impiedosamente eficaz. E como seus adversários poderiam responder, se ele citava de volta as próprias palavras que eles haviam usado? Anos após ano, os adversários de Roosevelt ficaram exaustos atacando-o, marcando ponto quando isso não tinha nenhuma importância e perdendo para ele uma eleição após outra fragorosamente.

Interpretação. Roosevelt não suportava se sentir encurralado, não ter opções. Isto em parte era devido a sua natureza flexível; ele preferia curvar-se às circunstâncias, mudar de direção sem esforço conforme necessário. Tinha origem também em suas limitações físicas – ele detestava se sentir confinado e impotente. Desde o início, quando Roosevelt fazia campanha no usual estilo agressivo dos políticos americanos, defendendo sua causa e atacando seus adversários, ele se sentia desesperadamente constrangido. A experiência lhe ensinou o poder de recuar. Agora ele deixava seus adversários fazerem o primeiro movimento; seja atacando-o ou detalhando suas próprias posições, eles se exporiam, dando-lhe aberturas para usar suas próprias palavras contra eles depois. Ao se calar sob seus ataques, ele os instigava a ir longe demais (nada é mais irritante do que atacar alguém e não obter resposta) e acabar estridentes e irracionais, o que soava mal com o público. Uma vez que sua própria agressão os tornara vulneráveis, Roosevelt surgia para a matança.

O estilo de Roosevelt pode ser comparado ao jiu-jítsu, a arte japonesa da autodefesa. No jiu-jítsu o lutador atrai seus adversários permanecendo calmo e paciente, fazendo-os dar o primeiro passo agressivo. Quando eles atacam o lutador e o golpeiam ou agarram – seja empurrando-o ou puxando-o –, o lutador se move com eles, usando sua força contra eles. Quando ele habilmente dá um passo à frente ou atrás no momento certo, a força do próprio impulso deles os desequilibra: muitas vezes eles na realidade caem e, mesmo que não caiam, ficam vulneráveis a um contragolpe. A agressão deles se torna sua fraqueza, pois ela os obriga a um óbvio ataque, expondo sua estratégia e ficando difícil parar.

Na política, o estilo jiu-jítsu produz benefícios sem fim. Ele lhe dá a habilidade para lutar sem parecer agressivo. Ele economiza energia, pois seus adversários se cansam enquanto você não se desgasta. E ele amplia suas opções, permitindo que você se baseie no que eles lhe dão.

A agressão é ilusória: ela oculta inerentemente a fraqueza. Agressores não conseguem controlar suas emoções. Eles não conseguem esperar pelo momento certo, não podem tentar diferentes abordagens, não conseguem parar para pensar como pegar seus inimigos de surpre-

---

os peixes e tartarugas não morderiam anzóis. Todos estes animais tornam-se presas do homem por causa de seu movimento. Portanto, o homem sábio tem a quietude em alta estima. Ao se manter parado, ele pode espalhar temeridade e enfrentar o inimigo temerário. Quando o inimigo expuser uma forma vulnerável, aproveite a oportunidade para subjugá-lo. O Book of Master Weiliao observa, "O exército conquista a vitória com a imobilidade!" Na verdade, o exército não deveria se mover sem pensar bem, muito menos agir com imprudência.
THE WILES OF WAR: 36 MILITARY STRATEGIES FROM ANCIENT CHINA,, TRADUZIDO PARA O INGLÊS POR SUN HAICHEN, 1991

A ARMADILHA DO EFALANTE
Leitão e Pooh caíram em um Buraco no Chão da Floresta. Eles Concordaram que é Realmente uma

Armadilha de Efalante, o que deixa Leitão Nervoso. Ele imagina que um Efalante Aterrissou Ali Perto: Efalante (triunfante): "Ho-ho!" Leitão (fazendo de conta que não é nada): "Tra-la-la, tra-la-la." Efalante (surpreso, e meio inseguro): "Ho-ho!" Leitão (mais à vontade ainda): "Tu-rum, tu-rum." Efalante (começando a dizer Ho-ho e fingindo meio constrangido que é tosse): "H'r'm! O que é isso?" Leitão (surpreso): "Alô! É uma armadilha que eu fiz, e estou esperando que um Efalante caia nela." Efalante (muito desapontado): "Ah!" (depois de um longo silêncio) "Tem certeza?" Leitão: "Sim." Efalante: "Ah!" (nervoso): "Eu – eu pensei que era uma armadilha que eu fiz para apanhar Leitões." Leitão (surpreso): "Ah, não!" Efalante: "Oh!" (desculpando-se): "Eu... devo ter entendido mal, então." Leitão: "Acho que sim." (polidamente): "Me desculpe." (E sai cantarolando) Efalante: "Ora, ora – eu – ora. Acho melhor eu voltar?" Leitão (olhando para cima despreocupado):

sa. Nessa primeira onda de agressão, eles parecem fortes, mas quanto mais tempo dura seu ataque, mais claras se tornam sua fraqueza e sua insegurança subjacentes. É fácil ceder à impaciência e fazer o primeiro movimento, mas existe mais força no recuo, deixando que a outra pessoa faça o jogo. Essa força interior quase sempre prevalecerá sobre a agressão exterior.

O tempo está a seu lado. Torne seus contra-ataques rápidos e repentinos – como o gato que vem de mansinho sobre patinhas acolchoadas para, de repente, pular sobre sua presa. Faça com que o jiu-jítsu seja seu estilo em quase tudo que você fizer: seu jeito de responder à agressão no dia a dia, seu modo de enfrentar as circunstâncias. Deixe que as coisas aconteçam, economizando um tempo e uma energia valiosos para aqueles breves momentos em que você explode no contra-ataque.

A melhor estratégia na guerra é adiar operações até que a desintegração moral do inimigo torne o golpe mortal tanto possível como fácil.
– Vladimir Lenin (1870-1924)

CHAVES PARA A GUERRA

Milhares de anos atrás, no alvorecer da história militar, vários estrategistas em diferentes culturas notaram um fenômeno peculiar: na batalha, o lado que estava na defensiva com frequência vencia no final. Parecia haver várias razões para isto. Primeiro, quando o agressor partia para o ataque, ele não tinha mais surpresas em estoque – o que se defendia podia ver claramente a estratégia do outro e se proteger. Segundo, se o que estava na defensiva pudesse de algum modo devolver este ataque inicial, o agressor ficaria em uma posição fraca; seu exército ficava desorganizado e exausto. (É preciso mais energia para conquistar uma terra do que para conservá-la.) Se os que se defendiam pudessem tirar partido desta fragilidade para desfechar um contragolpe, em geral eles forçariam o agressor a recuar.

Com base nestas observações, a arte do contra-ataque foi desenvolvida. Seus princípios básicos eram deixar o inimigo fazer o primeiro movimento, atraindo-o ativamente para um ataque agressivo que gastaria sua energia e desequilibraria suas linhas, depois tirar vantagem da fraqueza e desorganização dele. Esta arte foi aprimorada por teóricos como Sun Tzu e praticada à perfeição por líderes como Felipe da Macedônia.

O contra-ataque é, de fato, a origem da moderna estratégia. O primeiro exemplo real de uma abordagem indireta à guerra, ele representa uma grande evolução do pensamento: em vez de ser brutal e direto, o contra-ataque é sutil e enganador, usando a energia e a agressão do inimigo para provocar sua queda. Embora seja uma das mais antigas e básicas estratégias na guerra, ela continua sendo de muitas maneiras a mais eficaz e tem se mostrado altamente adaptável às condições modernas. Foi a estratégia preferida de Napoleão Bonaparte, T. E. Lawrence, Erwin Rommel e Mao Tsé-Tung.

O princípio do contra-ataque é infinitamente aplicável a qualquer ambiente competitivo ou forma de conflito, visto estar baseado em certas verdades da natureza humana. Somos criaturas inerentemente impacientes. Achamos difícil esperar; queremos nossos desejos satisfeitos o mais rápido possível. Esta é uma tremenda fraqueza, pois significa que em qualquer situação nós, com frequência, nos envolvemos sem pensar muito bem. Ao atacarmos de frente, limitamos nossas opções e nos metemos em confusão. Paciência, por outro lado, principalmente na guerra, paga ilimitados dividendos: ela nos permite farejar oportunidades, programar o contra-ataque que irá pegar o inimigo de surpresa. A pessoa que sabe parar e esperar pelo momento certo para agir quase sempre terá uma vantagem sobre aquelas que cedem a sua natural impaciência.

O primeiro passo para dominar o contra-ataque é dominar a si mesmo e, principalmente, a tendência a se exaltar em conflito. Quando o grande jogador de beisebol Ted Williams participou das principais ligas com o Boston Red Sox, ele olhou ao redor. Agora ele fazia parte de uma elite – os melhores batedores do país. Todos tinham boa visão, reflexos rápidos e braços fortes, mas relativamente poucos podiam controlar sua impaciência na base – e os arremessadores se aproveitavam dessa fraqueza, fazendo-os bater no arremesso errado. Williams se destacou e ficou sendo talvez o maior autêntico batedor da história do beisebol, ao desenvolver sua paciência e um tipo de contra-ataque: ele esperava, e continuava esperando, pelo melhor arremesso para bater. Bons arremessadores são mestres em fazer um batedor se sentir frustrado e emotivo, mas Williams não mordia a isca: não importa o que eles fizessem, ele esperava pelo arremesso que fosse certo para ele. De fato, ele inverteu a situação; devido a sua habilidade para esperar, era o arremessador, não Williams, que acabava impaciente e fazendo o arremesso errado.

Quando você aprende a ter paciência, suas opções de repente se ampliam. Em vez de se desgastar em guerrinhas, você pode economizar sua energia para o momento certo, tirar vantagem dos erros dos outros e pensar com clareza em situações difíceis. Você verá oportunidades para contra-atacar onde outros veem apenas rendição ou recuo.

A chave para o contra-ataque bem-sucedido é permanecer calmo enquanto seu adversário fica frustrado e se irrita facilmente. No Japão

"Você precisa? Bem, se vir Christopher Robin por aí, poderia lhe dizer que eu preciso dele?" Efalante (querendo agradar): "Certamente! Certamente!" (Ele sai correndo). Pooh (que não ia estar lá, mas descobrimos que não podemos passar sem ele): "Oh, Leitão, como você é corajoso e esperto!" Leitão (com modéstia): "Nada disso, Pooh." (E, então, quando Christopher Robin chega, Leitão pode lhe contar tudo sobre isso.)
THE HOUSE AT POOH CORNER, A. A. MILNE, 1928

A noção de "contagiante" (utsuraseru) se aplica a muitas coisas: bocejar e cochilar, por exemplo. O tempo também pode ser "contagiante". Em uma batalha em larga escala, quando o inimigo estiver inquieto e tentado a chegar a uma rápida conclusão, não preste atenção. Em vez disso, procure fingir que você está calmo, tranquilo e sem nenhuma necessidade urgente de encerrar a batalha. O inimigo então será afetado por sua atitude calma e descontraída e ficará menos atento. Quando este

> *"contágio" ocorrer, execute rapidamente um forte ataque para derrotar o inimigo... Existe também um conceito chamado "embriagar alguém", que é semelhante à noção de "contágio". Você pode deixar seu adversário se sentir entediado, descuidado ou desanimado. Você deveria estudar bem estas questões.*
> *O LIVRO DOS CINCO ANÉIS.* MIYAMOTO MUSASHI, 1584-1645

do século XVI, surgiu um novo modo de lutar chamado shinkage: o espadachim começava a lutar espelhando cada movimento de seu adversário, copiando cada um de seus passos, cada piscar de olhos, cada gesto, cada contração. Isto deixava o inimigo maluco, pois ele não conseguia interpretar os movimentos do samurai do shinkage ou entender o que ia aprontar. Em um determinado momento, ele perdia a paciência e atacava, baixando a guarda. O samurai shinkage inevitavelmente aparava este ataque e o acompanhava com um contragolpe fatal.

O samurai shinkage acreditava que a vantagem em uma luta de vida e morte com as espadas não estava na agressão, mas na passividade. Ao espelhar os movimentos de seu inimigo, ele podia compreender a estratégia do outro e pensar. Ao se manter calmo e observando – paciente –, ele podia detectar quando seu adversário havia decidido atacar; o momento se registraria nos olhos dele ou em um leve movimento de suas mãos. Quanto mais irritado ele ficasse e mais ele tentasse atingir o guerreiro shinkage, maiores seu desequilíbrio e vulnerabilidade. O samurai shinkage era praticamente invencível.

Espelhar pessoas – devolvendo para elas exatamente o que elas lhe dão – é um poderoso método de contra-ataque. No dia a dia, o espelhamento e a passividade podem encantar as pessoas, lisojeando-as até baixarem suas defesas e se abrirem para o ataque. Podem também irritá-las e desconcertá-las. Os pensamentos delas passam a ser os seus; você está se alimentando delas como um vampiro, sua fachada passiva disfarçando o controle que está exercendo sobre suas mentes. Enquanto isso, você não está lhes dando nada de si mesmo; elas não podem perceber o que você está fazendo. O seu contra-ataque virá como uma total surpresa para elas.

O contra-ataque é uma estratégia particularmente eficaz contra o que se poderia chamar de "o bárbaro" – o homem ou a mulher que são muito agressivos por natureza. Não se intimide com estes tipos; eles são, na verdade, fracos e facilmente manipulados e enganados. O truque é irritá-los bancando o fraco ou idiota, enquanto acena na frente deles a perspectiva de ganhos fáceis.

> *O outro aperfeiçoamento foi inspiração de seu pai. Lyndon Johnson estava muito abatido, no dia em que a pesquisa do Express foi publicada, na casa de seus pais em Johnson City depois de horas fazendo campanha, conversando com seus pais, seu irmão, o tio Tom, sua prima Ava Johnson Cox e o filho de oito anos de Ava, William, conhecido como "Corky". Os líderes estavam quase todos contra ele, disse; ele tinha vários grandes comícios programados, e não fora capaz de convencer um único indivíduo importante a apresentá-lo. Então, Ava lembra – em uma reminiscência ecoada pelo irmão de Lyndon –, "seu papai*

Durante a era dos Estados Guerreiros na antiga China, o estado de Qi se viu ameaçado pelos poderosos exércitos do estado de Wei. O general de Qi consultou o famoso estrategista Sun Pin (um descendente do próprio Sun Tzu), que lhe disse que o general Wei desprezava os exércitos de Qi, acreditando que seus soldados eram covardes. Essa, dizia Sun Pin, era a chave para a vitória. Ele propôs um plano: entrar em território Wei com um grande exército e acender milhares de fogueiras de acampamento. No dia seguinte, acender só a metade dessas fogueiras, e no outro dia a metade do anterior novamente. Confiando em Sun Pin, o general Qi fez como lhe disseram.

O general Wei, é claro, estava monitorando a invasão com todo o cuidado e notou as fogueiras diminuindo. Devido a sua predisposição para considerar os soldados de Qi uns covardes, o que isto poderia significar a não ser que eles estavam desertando? Ele avançaria com sua cavalaria e esmagaria o exército fraco; sua infantaria viria em seguida e eles entrariam em Qi. Sun Pin, sabendo da aproximação da cavalaria de Wei e calculando a velocidade com que se moviam, recuou e estacionou o exército de Qi em uma passagem estreita nas montanhas. Ele mandou derrubar e descascar uma árvore grande, depois escreveu no tronco nu, "O general de Wei morrerá nesta árvore". E colocou o tronco no caminho do exército de Wei, depois escondeu arqueiros de ambos os lados da passagem. No meio da noite, o general de Wei, encabeçando sua cavalaria, chegou ao lugar onde o tronco bloqueava a estrada. Tinha alguma escrita nele; ele mandou acender uma tocha para ler. A luz da tocha era o sinal e o chamariz: os arqueiros de Qi fizeram chover setas sobre os cavaleiros de Wei apanhados na armadilha. O general Wei, percebendo que havia sido enganado, se matou.

Sun Pin baseou sua isca para o general Wei em seu conhecimento da personalidade do homem, que era arrogante e violenta. Ao reverter estas qualidades em seu benefício, encorajando a ganância e a agressividade de seu inimigo, Sun Pin pôde controlar a mente do homem. Você, também, deveria procurar a emoção que seus inimigos são menos capazes de controlar, depois trazê-la para a superfície. Com um pouco de trabalho de sua parte, eles se abrirão expostos a seu contra-ataque.

Em nossa própria época, o terapeuta familiar Jay Haley observou que, para muitas pessoas difíceis, expressar sentimentos é uma estratégia – um método de controle. Elas se permitem ser impossíveis e neuróticas. Se você reage se zangando ou tentando fazê-las parar, está fazendo exatamente o que elas querem; elas estão envolvendo suas emoções e dominando sua atenção. Se, por outro lado, você simplesmente as deixa ficar desvairadas, você as coloca ainda mais no controle. Mas Haley descobriu que, se você encoraja o comportamento difícil delas, concorda com suas ideias paranoicas e as incentiva a ir mais adiante, você inverte a dinâmica. Isto não é o que elas querem ou esperam; agora elas estão fazendo o que *você* quer, o que tira toda a graça da história. É a estratégia do jiu-jítsu; você está usando a energia delas contra elas. Em geral, encorajar as pessoas a seguirem sua direção natural, ceder a sua ganância ou neuroses lhe dará mais controle sobre elas do que uma

disse, 'Se não pode ir por este caminho, por que não escolhe outro?'".
"Que outro?", Lyndon perguntou – e seu pai mapeou-o para ele. Havia uma tática, Sam Johnson disse, que poderia fazer os líderes da oposição trabalharem para ele, em vez de contra ele. A mesma tática, Sam disse, poderia fazer as pesquisas adversas dos jornais trabalharem a seu favor, em vez de contra ele. Poderia até fazer a questão de a juventude trabalhar para ele. Se os líderes estão contra ele, ele falou para o filho, pare de tentar esconder isso; enfatize esse fato – de um modo dramático. Se ele estava lá atrás na corrida, enfatize isso – de um modo dramático. Se ele era mais jovem do que os outros candidatos, enfatize isso. Lyndon perguntou ao pai o que ele queria dizer, e o pai lhe disse. Se nenhum líder ia apresentar Lyndon, Sam falou, ele precisava parar de procurar adultos medíocres como substitutos, mas deveria, isso sim, ser apresentado por uma criança importante. E a criança deveria apresentá-lo não como um adulto o apresentaria, mas com um poema, um poema muito especial...

E quando Lyndon perguntou que criança seria essa, Sam sorriu e apontou para o filho de Ava. Em uma área em que a equitação era um dos talentos mais valorizados, Corky Cox já era famoso, aos oito anos de idade, por suas façanhas montando a cavalo e laçando novilhos, com as quais ele havia vencido todos os eventos infantis em rodeios recentes; o melhor cowboy jovem do Hill Country, as pessoas o estavam chamado. "Corky pode fazer isso", Sam falou. Durante todo o dia seguinte, Sam o treinou. "Ele queria que Corky realmente gritasse 'milhares'", Ava lembra. "Ele queria que ele batesse a mão todas as vezes que dissesse essa palavra. Ainda posso ver Tio Sam batendo com sua mão na mesa da cozinha para mostrar a Corky como fazer." E nessa noite, em um comício em Henly, em Hays County, Lyndon Johnson contou a sua plateia. "Dizem que eu sou um candidato jovem. Bem, eu tenho um agente de campanha muito jovem também", e chamou Corky ao pódio, e Corky, batendo com a mão, recitou uma estrofe de "It Couldn't Be Done", de Edgard A. Guest.

resistência ativa. Ou elas se metem em um problema terrível ou se tornam desesperadamente confusas, tudo isso lhe dará vantagem.

Sempre que você se encontrar na defensiva ou em dificuldades, o maior perigo é o impulso de exagerar sua reação. Você com frequência vai exagerar a força de seu inimigo, vai se ver mais fraco do que é realmente. Um princípio-chave do contra-ataque é jamais ver uma situação como sem esperanças. Por mais fortes que seus inimigos pareçam, eles têm vulnerabilidades de que você pode se aproveitar para desenvolver um contra-ataque. Sua própria fraqueza pode se tornar uma força se você jogar direito; com uma pequena manipulação inteligente, você sempre pode inverter as coisas. É assim que você precisa ver todos os problemas e dificuldades aparentes.

Um inimigo parece poderoso porque ele tem uma força ou uma vantagem particular. Talvez seja dinheiro e recursos; talvez seja o tamanho de seu exército ou de seu território; talvez, de uma forma mais sutil, seja sua moral e reputação. Seja qual for a força que ele tem, é na verdade uma fraqueza em potencial, simplesmente porque ele confia nela: neutralize-a e ele fica vulnerável. Sua tarefa é colocá-lo em uma situação na qual ele não possa usar a vantagem que tem.

Em 480 a.C., quando o rei persa Xerxes invadiu a Grécia, tinha uma imensa vantagem no tamanho de seu exército e particularmente de sua marinha. Mas o general ateniense Temístocles foi capaz de transformar essa força em fraqueza: ele atraiu o exército persa para os estreitos canais ao largo da ilha de Salamis. Nessas águas agitadas, difíceis, o próprio tamanho da frota, sua aparente força, tornou-se um pesadelo: ela ficou totalmente incapaz de manobrar. Os gregos contra-atacaram e a destruíram, encerrando a invasão.

Se a vantagem de seu adversário vem de um estilo superior de combate, a melhor maneira para neutralizá-la é aprender com ela, adaptá-la a seus próprios objetivos. No século XIX, os apaches do sudoeste dos Estados Unidos conseguiram, durante muitos anos, atormentar as tropas americanas com táticas no estilo de guerrilha que eram perfeitamente adequadas ao terreno. Nada parecia funcionar até que o general George Crook contratou apaches descontentes para lhe ensinarem seu estilo de lutar e servirem como observadores. Adaptando o estilo de guerrear deles, Crook neutralizou as forças dos apaches e finalmente os derrotou.

Ao neutralizar as forças de seu inimigo, você deve do mesmo modo reverter suas próprias fraquezas. Se suas forças são pequenas, por exemplo, elas são também móveis; use essa mobilidade para contra-atacar. Talvez sua reputação seja inferior à de seu adversário; isso só significa que você tem menos a perder. Jogue lama – uma parte vai grudar, e aos poucos seu inimigo descerá até seu nível. Sempre encontre modos de transformar sua fraqueza em vantagem.

Dificuldades com outras pessoas são inevitáveis; você precisa estar disposto a se defender e às vezes tomar a ofensiva. O dilema moderno é que tomar a ofensiva é inaceitável hoje em dia – ataque e sua reputação sofrerá, você se verá politicamente isolado e criará inimigos e resistência. O contra-ataque é a resposta. Deixe que seu inimigo faça o primeiro movimento, depois banque a vítima. Sem manipulação evidente de sua parte, você pode controlar a mente de seus adversários. Jogue a isca para atraí-los a um ataque precipitado; quando isso terminar em desastre, eles só terão a si mesmos para culpar, e todos ao redor deles os culparão, também. Você vence ambas as batalhas, a das aparências e a do campo. São muito poucas as estratégias que oferecem tamanha flexibilidade e poder.

Imagem: *O touro. Ele é grande, seu olhar intimida e seus chifres podem furar sua carne. Atacá-lo e tentar fugir é igualmente fatal. Em vez disso, mantenha-se firme e deixe que o touro ataque sua capa, nada lhe dando para atingir, tornando seus chifres inúteis. Deixe-o irado e irritado – quanto mais furiosamente ele atacar, mais rápido ele se esgotará. Chegará um momento em que você poderá inverter o jogo e partir para o trabalho trucidando a fera antes assustadora.*

Autoridades: *Toda a arte da guerra consiste de uma bem pensada e extremamente circunspecta defensiva, seguida de um rápido e audaz ataque.* – Napoleão Bonaparte (1769-1821)

Há milhares de pessoas para lhe dizer que isso não pode ser feito, há milhares de pessoas profetizando fracasso; Há milhares de pessoas apontando para você, um por um, os perigos que o aguardam para atacá-lo. Mas prepare-se com um sorriso, tire seu casaco e vá em frente; comece a cantar enquanto ataca o que "Não pode ser feito". E você o fará.
THE PATH TO POWER: THE YEARS OF LYNDON JOHNSON, VOL.1, ROBERT A. CARO, 1990

As condições são tais que as forças hostis favorecidas pela ocasião avançam. Neste caso, recuar é o caminho certo, e é recuando que se chega ao sucesso. Mas o sucesso consiste em ser capaz de executar a retirada corretamente. Não se deve confundir recuo com fuga. A fuga significa salvar a si mesmo em qualquer circunstância, enquanto que o recuo é um sinal de força. Precisamos estar atentos para não perder o momento certo enquanto estamos em plena posse de poder e posição. Então seremos capazes de interpretar os

INVERSO

sinais da hora antes que seja tarde demais e de nos preparar para a retirada provisória, em vez de sermos atraídos para uma luta de vida e morte desesperada. Assim, não abandonamos simplesmente o campo para o adversário; dificultamos para ele avançar mostrando perseverança em atos simples de resistência. Deste modo nos preparamos, enquanto recuamos, para o contramovimento. Compreender as leis de uma retirada construtiva deste tipo não é fácil. O significado que está oculto nessa hora é importante.
I CHING, CHINA, C. SÉCULO VIII A.C.

A estratégia do contra-ataque não pode ser aplicada a todas as situações: sempre haverá momentos em que é melhor iniciar você mesmo o ataque, ganhando o controle ao colocar seus adversários na defensiva antes que tenham tempo para pensar. Examine os detalhes da situação. Se o inimigo é esperto demais para perder a paciência e atacar você ou se você tem muito a perder esperando, parta para a ofensiva. Em geral é melhor variar seus métodos, sempre tendo mais de uma estratégia a que recorrer. Se seus inimigos pensam que você sempre espera para contra-atacar, você tem a estrutura perfeita para se mover primeiro e surpreendê-los. Portanto, misture as coisas. Observe a situação e faça com que seja impossível para seus inimigos prever o que você vai fazer.

10

CRIE UMA PRESENÇA AMEAÇADORA

ESTRATÉGIAS DE DISSUASÃO

A melhor maneira de combater agressores é impedi-los de atacar você primeiro. Para fazer isso você precisa criar a impressão de ser mais poderoso do que é. Construa uma reputação: você é meio maluco. Combatê-lo não vale a pena. Você leva seus inimigos junto quando perde. Crie esta impressão e a faça verossímil com alguns atos impressionantes – impressionantemente violentos. Incerteza às vezes é melhor do que ameaça declarada: se seus adversários nunca têm certeza do que vai lhes custar meter-se com você, não vão querer descobrir. Aproveite os temores e a ansiedade naturais das pessoas para fazê-las pensar duas vezes.

INTIMIDAÇÃO REVERSA

> *Se sua organização tem poucos funcionários, então faça o que Gideon fez: deixe seus funcionários no escuro, mas levante uma algazarra que faça quem ouvir acreditar que sua organização é mais numerosa do que é na realidade... Lembre-se sempre da primeira regra da tática de poder: poder não é só o que você tem, mas o que o inimigo pensa que você tem.*
> – RULES FOR RADICALS, SAUL D. ALINSKY, 1972

Na vida, inevitavelmente, você vai se ver enfrentando pessoas que são mais agressivas do que você – gente maliciosa, desumana, que está determinada a conseguir o que quer. Combatê-las de frente em geral é tolice; lutar é o que elas sabem fazer melhor e, além disso, são inescrupulosas. Você provavelmente vai perder. Defender-se dando-lhes parte do que elas estão querendo ou então agradar-lhes e acalmá-las é uma receita para o desastre: você só está mostrando sua fraqueza, convidando mais ameaças e ataques. Ao ceder completamente, ao se render sem lutar, você lhes dá a vitória pela qual anseiam e fica ressentido e amargurado. Pode também se tornar um mau hábito, o caminho da menor resistência ao lidar com uma situação difícil.

Em vez de tentar evitar o conflito ou ficar se queixando da injustiça de tudo isso, considere uma opção desenvolvida ao longo dos séculos por líderes militares e estrategistas para lidar com vizinhos violentos e gananciosos: a intimidação reversa. Esta arte de dissuasão baseia-se em três fatos básicos sobre guerra e natureza humana: primeiro, as pessoas tendem mais a atacá-lo se o virem como fraco ou vulnerável. Segundo, elas não podem ter certeza de que você é fraco; elas dependem dos sinais que você dá, com seu comportamento tanto passado quanto presente. Terceiro, elas estão atrás de vitórias fáceis, rápidas e sem derramamento de sangue. É por isso que atormentam os fracos e vulneráveis.

Dissuasão é apenas virar esta dinâmica ao contrário, alterando qualquer percepção de você como fraco e ingênuo e enviando a mensagem de que batalhar com você não será tão fácil como eles pensavam. Isto em geral se faz tomando uma atitude visível que confundirá os agressores e os fará pensar que se enganaram; talvez você seja mesmo vulnerável, mas eles não têm certeza. Você está disfarçando sua fraqueza e os distraindo. Ação tem muito mais credibilidade do que meras ameaças ou palavras inflamadas: o revide, por exemplo, mesmo pequeno, simbólico, mostrará que você está falando sério. Com tantas outras pessoas ao redor que são tímidas e fáceis de atormentar, é bem provável que o agressor recue e vá procurar outra pessoa.

Esta forma de guerra defensiva é infinitamente aplicável às batalhas da vida diária. Contentar as pessoas pode ser tão debilitante quanto lutar contra elas; dissuadi-las, assustá-las para que não ataquem você ou fiquem em seu caminho, vai economizar energia e recursos valiosos. Para dissuadir agressores você precisa ficar perito em blefes, manipulando as aparências e as percepções que eles têm de você – habilidades preciosas que podem ser aplicadas a todos os aspectos da guerra diária. E, finalmente, ao praticar a arte conforme for necessário, você vai criar para si mesmo uma reputação de alguém que é firme, alguém digno de respeito e de um pouquinho de temor. Os obstrucionistas passivo-agressivos que tentam desestabilizá-lo veladamente também pensarão duas vezes antes de atacá-lo.

A seguir temos cinco métodos básicos de dissuasão e intimidação reversa. Você pode usá-los todos na guerra ofensiva, mas eles são particularmente eficazes na defesa, para os momentos em que você se encontra vulnerável e atacado. Eles são extraídos das experiências e escritos dos maiores mestres na arte.

Surpreender com uma manobra ousada. A melhor maneira de esconder sua fraqueza e blefar fazendo seus inimigos desistirem do ataque é tomar uma atitude inesperada, ousada, arriscada. Talvez eles pensassem que você era vulnerável e agora você está agindo como alguém corajoso e confiante. Isto terá dois efeitos positivos: primeiro, eles tenderão a pensar que seu movimento está sustentado por algo real – eles não imaginarão que você possa ser tão tolo a ponto de fazer algo ousado só por efeito de demonstração. Segundo, eles começarão a ver forças e ameaças em você que não haviam imaginado.

Reverter a ameaça. Se seus inimigos o veem como alguém que pode ser empurrado de um lado para o outro, vire a mesa com um movimento repentino, por menor que seja, destinado a assustá-los. Ameace algo que eles valorizem. Atinja-os onde você sente que eles possam ser vulneráveis, e que isso machuque. Se ficarem furiosos querendo atacá-lo, recue por um momento e depois os atinja novamente quando não estiverem esperando. Mostre que você não tem medo deles e que é capaz de uma crueldade que não tinham visto em você. Não precisa exagerar; cause apenas uma dorzinha. Envie uma mensagem curta e ameaçadora para indicar que você é capaz de coisas muito piores.

Parecer imprevisível e irracional. Neste método, você faz algo sugerindo um traço levemente suicida, como se sentisse que não tem nada a perder. Você mostra que está pronto para derrubar seus inimigos junto com você, destruindo as reputações deles neste processo. (Isto é particularmente eficaz com gente que tem muita coisa a perder – pessoas poderosas com excelentes reputações.) Derrotá-lo vai sair caro e talvez signifique a autodestruição. Isto vai tornar a luta contra você muito pouco atraente. Você não está agindo emocionalmente; isso é sinal de fraqueza. Você está simplesmente sugerindo que é um pouco irracional e que seu próximo movimento poderia ser qualquer coisa. Adversários malucos são assustadores – ninguém gosta de lutar contra pessoas imprevisíveis que nada têm a perder.

Uma certa pessoa disse o seguinte: existem dois tipos de disposição, interna e externa, e a pessoa que não tem uma ou outra é inútil. É, por exemplo, como a lâmina sem uma espada, que se deve afiar bem e depois colocar em sua bainha, periodicamente retirando-a e franzindo as sobrancelhas como se fosse atacar, limpando a lâmina e em seguida recolocando-a na bainha. Quem está sempre com a espada desembainhada, está habitualmente brandindo uma lâmina nua; as pessoas não se aproximarão e ele não terá aliados. Se a espada está sempre embainhada, enferruja, a lâmina perde o fio e as pessoas pensarão o mesmo de seu dono.
HAGAKURE: O LIVRO DO SAMURAI, YAMAMOTO TSUNETOMO, 1659-1720

Malabarismo político é... a criação intencional de um risco reconhecível, um risco que não se pode controlar. É a tática de deliberadamente deixar que a situação fique um pouco fora de controle, só porque o fato de estar fora de controle talvez seja insuportável para o outro lado e force sua acomodação. Significa assediar e intimidar um adversário ao expô-lo a um risco compartilhado, ou dissuadi-lo mostrando que, se ele fizer um movimento contrário, poderá nos perturbar tanto que ultrapassaremos os limites, quer desejemos isso ou não, levando-o junto.
PENSANDO ESTRATEGICAMENTE, AVINASH K. DIXIT E BARRY J. NALEBUFF, 1991

Tirar proveito da paranoia natural das pessoas. Em vez de ameaçar abertamente seus adversários, você pode tomar uma atitude que seja indireta e destinada a fazê-los pensar. Isto poderia ser usando um intermediário para lhes enviar uma mensagem – para contar alguma história perturbadora sobre o que você é capaz de fazer. Ou talvez você "inadvertidamente" os deixe espioná-lo, só para escutarem algo que deveria lhes dar motivo para preocupações. Fazer seus inimigos pensarem que descobriram que você está tramando um contramovimento é mais eficaz do que lhes dizer isso você mesmo; faça uma ameaça e talvez tenha de cumpri-la, mas fazer com que pensem que você está trabalhando traiçoeiramente contra eles é outra história. Quanto mais velada a ameaça e a incerteza que você gera, mais a imaginação deles irá consumi-los e mais perigoso parecerá atacar você.

Criar uma reputação assustadora. Esta reputação poder ser por várias coisas: ser difícil, teimoso, violento, de uma eficiência sem piedade. Monte essa imagem ao longo dos anos e as pessoas recuarão diante de você, tratando-o com respeito e um pouco de medo. Por que ser um obstáculo ou discutir com alguém que mostrou que vai lutar até o fim? Alguém estratégico, mas impiedoso? Para criar esta imagem, de vez em quando você pode ter de bancar um pouco o cara grosseiro, mas no final ela terá sido uma forma de dissuasão suficiente para tornar estas ocasiões raras. Será uma arma ofensiva, sujeitar as pessoas por temor antes mesmo que elas o conheçam. De qualquer maneira, você precisa criar sua reputação com cuidado, não deixando nenhuma incoerência. Qualquer furo neste tipo de imagem a tornará inútil.

Machucar todos os dez dedos de um homem não é tão eficaz quanto cortar fora um deles.
– Mao Tsé-Tung (1893-1976)

DISSUASÃO E INTIMIDAÇÃO REVERSA NA PRÁTICA

1. Em março de 1862, menos de um ano depois do início da Guerra Civil americana, a situação dos confederados parecia sombria; eles tinham perdido uma série de batalhas importantes, seus generais estavam discutindo, o moral estava baixo e recrutas eram difíceis de encontrar. Percebendo a grande fragilidade do Sul, um grande exército da União sob o comando do major-general George B. McClellan dirigiu-se para a costa da Virgínia, planejando marchar dali na direção oeste para Richmond, a capital do Sul. Havia tropas confederadas suficientes na área para retardar o exército de McClellan por um ou dois meses, mas espiões sulistas relataram que tropas da União estacionadas perto de Washington estavam para ser transferidas para a marcha sobre Richmond. Se estas tropas alcançassem McClellan – e o próprio Abraham Lincoln as havia prometido – Richmond estaria condenada; e se Richmond caísse, o Sul teria de se render.

O general confederado Stonewall Jackson estava baseado no vale Shenandoah na Virgínia, chefiando 3.600 homens, um grupo esfarrapado de rebeldes que ele havia recrutado e treinado. Sua tarefa era apenas defender o fértil vale contra um exército da União na área, mas ponderando sobre o desenvolvimento da campanha contra Richmond, ele viu a possibilidade de algo muito maior. Jackson tinha sido colega de classe de McClellan em West Point e sabia que por baixo de seu exterior impetuoso, falador, ele era basicamente tímido, extremamente ansioso com relação a sua carreira e à possibilidade de cometer erros. McClellan tinha 90 mil homens prontos para a marcha sobre Richmond, quase o dobro das forças confederadas disponíveis, mas Jackson sabia que este homem cauteloso ia esperar para lutar até seu exército estar fortíssimo; ele queria as tropas extras que Lincoln lhe havia prometido. Lincoln, entretanto, não liberaria essas forças se visse perigo em algum lugar. O vale Shenandoah ficava a sudoeste de Washington. Se houvesse possibilidade de Jackson criar bastante confusão quanto ao que estava acontecendo ali, ele poderia estragar os planos da União e talvez salvar o Sul do desastre.

Em 22 de março, os espiões de Jackson relataram que dois terços do exército da União estacionado no vale Shenandoah, sob o comando do general Nathaniel Banks, estavam se dirigindo para o leste para se juntar a McClellan. Em breve, um exército perto de Washington, liderado pelo general Irvin McDowell, se moveria para Richmond também. Jackson não perdeu tempo: marchou rapidamente com seus homens para o norte a fim de atacar os soldados da União ainda no vale, próximo a Kernstown. A batalha foi intensa, e no final do dia os soldados de Jackson foram obrigados a recuar. Para eles o encontro parecia ter sido uma derrota, um desastre mesmo: estavam em número reduzido, em uma proporção quase de dois para um, eles haviam sofrido baixas terríveis. Mas Jackson, sempre um homem difícil de entender, parecia estranhamente satisfeito.

Dias depois, Jackson recebeu a notícia que vinha esperando: Lincoln havia ordenado que o exército de Banks retornasse ao vale e o de McDowell ficasse onde estava. A batalha em Kernstown havia chamado a sua atenção e o deixara preocupado – só um pouco, mas o bastante. Lincoln não sabia o que Jackson pretendia fazer nem qual era o

Uma clássica reação a uma bola dirigida propositadamente à cabeça do batedor tem como exemplo uma jogada que Jackie Robinson fez no verão de 1953. Sal Maglie, do New York Giants era "Sal, o barbeiro", principalmente porque suas bolas altas internas rápidas "faziam a barba" dos batedores. Maglie era franco e gentil quando não estava em campo. "Você precisa fazer o batedor ter medo da bola ou, então, saber que pode se machucar", Maglie contou muito casualmente em uma tarde, tomando uns drinques em seu apartamento em Riverdale. "Muitos lançadores acham que fazem isso lançando para um batedor quando a contagem é dois golpes e nenhuma bola. O problema é que a queda é esperada. Você não assusta um cara derrubando-o quando ele sabe que vai ser derrubado." "Então quando, Sal?", eu perguntei. "Uma hora boa é quando a contagem é dois e dois. Ele está olhando para rebater. Você o derruba e ele se levanta tremendo. Agora curve-o e você tem sua bola fora. Claro, para fazer isso você tem de ser capaz de conseguir sua curva sobre a placa em uma contagem três e dois. Nem todos os lançadores conseguem." Maglie podia quebrar três curvas diferentes sobre a placa. Ele tinha sucesso contra lerdos como Roy Campanella e Gil Hodges. Mas é uma atitude simplista dizer que Maglie intimidava Campanella e Hodges. Em vez disso, seus padrões imprevisíveis acabavam com seu timing e concentração. Ele tinha menos sucesso com Pee Wee Reese e Jackie Robinson, e um dia em Ebbets Field, ao lançar uma bola rápida na altura do ombro atrás de Robinson, as coisas explodiram. As bolas para derrubar lançadas para [Cookie] Lavagetto, o lançamento fatal para Ray Chapman, retumbaram pela arena. Um batedor se livra desse lançamento esquivando-se para trás. (A reação de imobilidade de Chapman, embora não desconhecida, era rara.) Com raiva ou frustrado por Robinson, Maglie lançou sua melhor bola rápida por trás do batedor, na altura do ombro. Isso foi e é perigoso e indesculpável. Quando o batedor dá um passo à frente, perde altura. O reflexo o faz desviar-se para trás. A cabeça do batedor se move diretamente para o caminho da bola rápida lançada atrás dele na altura do ombro. Robinson

tamanho de seu exército, mas queria o vale Shenandoah pacificado a qualquer custo. Só então ele liberaria Banks e McDowell. McClellan foi obrigado a concordar com essa lógica, e embora fizesse os homens marcharem sobre Richmond imediatamente, ele queria esperar por reforços que tornariam o ataque uma coisa certa.

Depois de Kernstown, Jackson recuou para o sul, longe de Banks, e ficou quieto por algumas semanas. No início de maio, pensando que o vale Shenandoah estava garantido, Lincoln enviou McDowell para Richmond e Banks se preparou para se juntar a ele. Novamente, Jackson estava pronto: ele marchou seu exército de um modo totalmente bizarro, primeiro para o leste, em direção a McDowell, depois de volta para o oeste, para o vale. Nem mesmo seus próprios soldados sabiam o que ele estava fazendo. Desorientado com estas estranhas manobras, Lincoln imaginou – mas não tinha certeza – que Jackson estava marchando para combater McDowell. Mais uma vez ele suspendeu a marcha para o sul de McDowell, manteve metade do exército de Banks no vale e mandou a outra metade para ajudar McDowell a se defender de Jackson.

De repente os planos da União, que tinham parecido tão perfeitos, estavam desbaratados, suas tropas espalhadas demais para se apoiarem mutuamente. Agora Jackson atacou para valer: ele se associou com outras divisões confederadas na área e, no dia 24 de maio, marchou sobre o exército da União – agora dividido e perigosamente reduzido – que restara no vale. Jackson manobrou para seu flanco e marchou em retirada para norte até o rio Potomac. Sua perseguição deste exército disseminou uma onda de pânico por toda a Washington: este agora temido general, comandando forças que parecia terem dobrado de tamanho da noite para o dia, estava seguindo direto para a capital.

O ministro da guerra Edwin Stanton telegrafou aos governadores do Norte para alertá-los da ameaça e da necessidade de concentrarem as tropas para a defesa da cidade. Reforços chegaram rapidamente para deter o avanço dos confederados. Enquanto isso, Lincoln, determinado a eliminar Jackson de uma vez por todas, ordenou que metade do exército de McDowell seguisse para o oeste a fim de se juntar na luta para destruir esta peste e a outra metade deveria retornar a Washington a fim de proteger a capital. McClellan só pôde concordar.

Mais uma vez Jackson recuou, mas agora seu plano tinha funcionado à perfeição. Em três meses, com apenas 3.600 homens, ele havia desviado bem mais de 60 mil tropas nortistas, dado tempo suficiente ao Sul para coordenar a defesa de Richmond e alterado completamente o curso da guerra.

Interpretação. A história de Stonewall Jackson no vale Shenandoah ilustra uma simples verdade: o que importa na guerra, como na vida em geral, não é necessariamente quantos homens você tem ou se está bem abastecido, mas como seus inimigos o veem. Se eles pensam que você é fraco e vulnerável, agem de forma agressiva, o que por si só provoca dificuldades. Se eles de repente pensarem que você é forte, ou imprevisível, ou tem recursos escondidos, eles recuam e reavaliam. Fazer com que mudem seus planos e o tratem com mais cuidado pode, por si só, alterar a guerra. Enquanto luta, algumas coisas estarão fora de seu controle; você talvez não seja capaz de reunir um grande exército ou defender todos os seus pontos fracos, mas pode sempre afetar as percepções das pessoas a seu respeito.

Jackson alterou as percepções da União, primeiro com seu ousado ataque a Kernstown, que fez Lincoln e McClellan pensarem que ele tinha mais tropas do que na realidade – eles não podiam imaginar que alguém seria tão idiota a ponto de mandar apenas 3.600 homens contra uma cidadela da União. Se Jackson era mais forte do que eles tinham imaginado, isso significava que precisavam de mais homens no vale Shenandoah, o que dividiu as tropas disponíveis para a marcha sobre Richmond. Em seguida, Jackson começou a se comportar de forma imprevisível, criando a impressão de ter não só um grande exército mas também algum estranho e preocupante plano. A incapacidade de Lincoln e McClellan de decifrar este plano não os deixou sair do lugar, fazendo-os dividir suas forças para cuidar de possíveis perigos. Finalmente, Jackson atacou com ousadia mais uma vez. Ele quase não tinha homens suficientes para ameaçar Washington, mas Lincoln não podia ter certeza disso. Como um feiticeiro, Jackson criou um bicho-papão de um exército que em essência era ridiculamente pequeno.

Você precisa assumir o controle das percepções dos outros a seu respeito brincando com as aparências, mistificando e enganando-os. Como fez Jackson, é melhor mesclar audácia com imprevisibilidade e heterodoxia, e agir ousadamente em momentos de fraqueza ou perigo. Isso distrairá as pessoas para que não vejam os furos em sua armadura, e elas terão medo de que exista em você algo mais do que as aparências. Em seguida, se você fizer seu comportamento difícil de entender, só irá parecer mais poderoso, visto que suas ações incompreensíveis chamam a atenção, preocupam e despertam um pouco de respeito. Deste modo, você desequilibra as pessoas e elas saem correndo. Mantenha distância, elas serão incapazes de dizer até que ponto você está blefando. Os agressores recuarão. Aparência e percepção – você é uma pessoa com quem não se deve mexer – se tornarão realidade.

começou a se desviar para o lançamento de Maglie e então seus fenomenais reflexos lhe permitiram parar, por assim dizer, no meio do desvio. A bola passou logo atrás da nuca de Robinson. Robinson olhou furioso, mas não perdeu a pose. Maglie lançou uma curva externa e Robinson deu uma cabeçada em direção a Whitey Lockman, o primeiro homem da base do Giants. Ao fazer Lockman rebater a bola sem girar o corpo, Robinson estava forçando Maglie a sair de sua posição e se proteger primeiro. Ali ele estaria no caminho de Robinson, e Jack, seguindo a toda e em um golpe forte, com a intenção de passar por cima de Maglie, assinando seu nome em ferrões nas costas do lançador. O saturnino, faustiano, Sal Maglie recusou-se a deixar sua posição. Em um momento crítico, o Barbeiro perdeu a paciência. Davey Williams, o segundo homem de base do Giants, saiu correndo, e quando ele estava se esforçando para pegar o lançamento de Lockman, Robinson colidiu com ele, um joelho pegando Williams na região lombar. O joelho de Robinson inchou tanto no dia seguinte que ele não pôde jogar. Williams jamais se recuperou

totalmente. Ele abandonou as principais ligas duas temporadas depois, aos 28 anos de idade... "Na verdade", o próprio Robinson disse alguns dias depois, "sinto muito que Williams tenha se machucado. Mas quando Maglie lançou atrás de mim, ele estava começando um negócio realmente perigoso, e eu ia dar um basta naquilo antes que ele atingisse Gil, Campy ou Pee Wee na cabeça..." Depois disso eu vi Maglie iniciar oito jogos contra os Dodgers, mas nunca o vi lançar outra bola rápida atrás de um batedor. O sinistro, intimidador lançador de bolas maliciosas, tinha sido intimidado por ele mesmo, e por uma bola rebatida sem girar o corpo.
THE HEAD GAME, ROGER KAHN, 2000

Outra anedota explicando iwao-no-mi *fala de um exímio guerreiro que havia atingido o mais alto estágio da arte da esgrima. Tendo sido esclarecido quanto ao verdadeiro significado da arte da esgrima, que deveria se basear na promoção do bem-estar do povo e não na destruição ou morte alheias, este grande mestre não estava mais*

2. O rei Eduardo I da Inglaterra era um feroz rei guerreiro que estava determinado a conquistar todas as Ilhas Britânicas. Primeiro ele derrotou os galeses até a submissão; em seguida voltou os olhos para a Escócia, fazendo cerco a cidades e castelos e arrasando as comunidades que ousavam resistir. Ele foi ainda mais brutal com os escoceses que revidavam, inclusive com o famoso Sir William Wallace: ele os perseguia e os mandava torturar e executar em público.

Somente um senhor de terras escocês enganou Eduardo: Robert Bruce, conde de Carrick (1274-1329), que de algum modo escapou para os remotos redutos do norte da Escócia. Então Eduardo capturou a família e os amigos do rebelde, matando homens e aprisionando mulheres em gaiolas. Bruce continuou desafiando. Em 1306, ele se fez coroar rei da Escócia; a que custo fosse, ele jurou se vingar de Eduardo e expulsar os ingleses da Escócia. Sabendo disso, Eduardo ficou ainda mais determinado a capturar esta peça final em suas guerras escocesas, mas em 1307 ele morreu antes de terminar seu trabalho.

O filho de Eduardo, agora Eduardo II, não compartilhava a paixão pela guerra do pai. Eduardo deixara a ilha protegida. O novo rei não precisava se preocupar com a Escócia; a Inglaterra era muito mais rica e seus exércitos eram bem equipados, bem alimentados, bem pagos e experientes. De fato, suas guerras recentes haviam feito deles os guerreiros mais temidos da Europa. A qualquer momento Eduardo podia colocar em campo um grande exército contra os escoceses, cujas armas e armaduras eram primitivas. Ele estava confiante de que poderia lidar com Robert Bruce.

Eduardo II já reinava havia poucos meses quando Bruce conseguiu tomar alguns castelos escoceses conquistados pelos ingleses e queimá-los totalmente. Quando Eduardo enviou forças contra ele, Bruce recusou-se a lutar e fugiu com seu pequeno exército para a floresta. Eduardo mandou mais homens para proteger suas cidadelas remanescentes na Escócia e se vingar de Bruce, mas agora os soldados escoceses de repente começaram a atacar a Inglaterra de surpresa. Com uma enorme mobilidade, estes piratas a cavalo devastaram os campos ingleses ao norte, destruindo plantações e gado. A campanha inglesa na Escócia tinha ficado muito cara, então ela foi suspensa – mas anos depois Eduardo voltou a tentar.

Desta vez, um exército inglês penetrou mais fundo na Escócia, mas de novo, reagindo, os "piratas" cavalgaram para o sul até a Inglaterra, causando ainda mais estragos em fazendas e propriedades. E na Escócia mesmo, o exército de Bruce queimava as safras de seus próprios conterrâneos, deixando aos invasores ingleses nada para comer. Como antes, os ingleses se cansavam de perseguir Bruce, mas era inútil – os escoceses se recusavam a batalhar. Nas tendas e abrigos improvisados de seus acampamentos, os soldados ingleses escutavam as gaitas de fole e cornetas no escuro de noite, ficando impossível dormir. Com fome, cansados e muito irritados, eles logo recuaram de volta ao norte da Inglaterra, só para encontrar suas próprias terras devastadas sem safras nem gado. O moral afundou. Ninguém queria mais lutar na Escócia. Aos poucos, os castelos foram caindo, um após o outro, em mãos escocesas.

Em 1314, os escoceses finalmente entraram em combate direto com os ingleses, na Batalha de Bannockburn, e os derrotaram. Foi a perda mais humilhante para Eduardo II, que jurou vingança. Em 1322, ele decidiu acabar com Bruce de uma vez por todas com uma vigorosa campanha digna de seu pai. Organizando e liderando pessoalmente o maior exército já existente para combater os rebeldes escoceses, Eduardo chegou até o castelo de Edinburgh. Em um determinado momento ele mandou homens procurarem comida no campo; eles voltaram com um único touro decrépito e uma carroça vazia. A disenteria tomou conta das tropas inglesas. Eduardo foi obrigado a recuar e, ao chegar ao norte da Inglaterra, viu que os escoceses haviam mais uma vez arrasado seus campos ali, e mais totalmente do que nunca. A fome e as doenças acabaram com o resto de seu exército. A campanha foi tão desastrosa que irrompeu uma rebelião entre os lordes de Eduardo: ele fugiu, mas em 1327 foi capturado e morto.

No ano seguinte, o filho de Eduardo, Eduardo III, negociou a paz com os escoceses, concedendo à Escócia sua independência e reconhecendo Robert Bruce como seu legítimo rei.

Interpretação. Os ingleses achavam que podiam entrar na Escócia quando quisessem, impunemente. Os escoceses eram mal equipados e sua liderança estava muito dividida: vendo tamanha fragilidade, o que impediria a conquista pelos ingleses? Tentando impedir o que parecia inevitável, Robert Bruce desenvolveu uma nova estratégia. Quando os ingleses atacavam, ele não os enfrentava diretamente; ele perderia. Em vez disso ele os atingia de forma indireta, mas onde doía, fazendo exatamente o que os ingleses estavam fazendo com ele; arruinando seu país. Ele continuou pagando na mesma moeda até que os ingleses compreenderam que, sempre que atacassem a Escócia, teriam um nariz sangrando em troca; eles perderiam terras cultiváveis valiosas, seriam assediados, lutariam em condições terríveis. Aos poucos eles foram perdendo a fome de combate, depois finalmente desistiram.

A essência dessa estratégia de dissuasão é a seguinte: quando alguém o atacar, ou ameaçar, você deixa claro que essa pessoa sofrerá em

interessado em lutar. Sua habilidade na arte das espadas era inquestionável; ele era respeitado e temido por todos. Ele caminhava pelas ruas com uma bengala como um velho entediado, mas onde quer que fosse as pessoas olhavam para ele com medo e respeito. As pessoas tinham o cuidado de não irritá-lo e o ancião não fazia caso. Isso é o mesmo que ter uma pedra imensa pendendo sobre um caminho na montanha. As pessoas temem a pedra, que acreditam poder vir abaixo a qualquer momento e, portanto, caminham de mansinho e cautelosamente por baixo dela. Mas a pedra na verdade é muito sólida, estando plantada tão profundamente no chão que jamais cairá. Mas as pessoas não sabem disso, e continuam a temer que ela caia se fizerem qualquer tipo de barulho quando passam por baixo. A pedra simplesmente fica ali, totalmente indiferente ao que a cerca e ao temor e respeito das pessoas.
A WAY TO VICTORY: THE ANNOTATED BOOK OF FIVE RINGS, TRADUZIDO PARA O INGLÊS E COMENTADO POR HIDY OCHIAI, 2001

> Certa vez, quando um grupo de cinco ou seis pajens viajava para a capital no mesmo barco, aconteceu que a embarcação deles bateu em um barco regular tarde da noite. Cinco ou seis marinheiros do barco saltaram e em voz alta exigiram que os pajens entregassem a âncora do barco em que estavam, segundo o código do marinheiro. Ouvindo isto, os pajens saíram correndo, aos gritos. "O código do marinheiro é para pessoas como vocês! Pensam que nós samurais vamos deixar que vocês tomem equipamentos de um barco que está transportando guerreiros? Nós vamos cortar em pedaços e jogar ao mar cada um de vocês!" Com isso, todos os marinheiros fugiram de volta para seu próprio barco. Nessas ocasiões é preciso agir como um samurai. Em ocasiões menos importantes é melhor conseguir as coisas simplesmente no grito. Ao tornar algo mais importante do que realmente é e perder sua chance, um debate não chegará ao fim e nada se conseguirá.
> HAGAKURE – O LIVRO DO SAMURAI, YAMAMOTO TSUNETOMO, 1659-1720

troca. Ele – ou ela – talvez seja mais forte, talvez seja capaz de vencer batalhas, mas você fará com que pague por cada vitória. Em vez de enfrentar essa pessoa diretamente, você fere algo que ela valorize, algo perto de casa. Você a faz compreender que sempre que o importunar pode esperar pelos prejuízos, mesmo que em escala menor. A única maneira de fazer você parar de atacá-la de seu modo irritante é parando de atacar você. Você é como um marimbondo em sua pele: a maioria das pessoas deixa os marimbondos em paz.

3. Em uma manhã, em 1474, o rei Luís XI (1423-83) – o infame "rei Aranha" – assim chamado porque sempre tecia as tramas mais intrincadas e bem concebidas contra seus inimigos – entrou em um veemente discurso retórico contra o duque de Milão. Os cortesãos presentes naquele dia de janeiro escutaram atônitos enquanto o rei, normalmente controlado e prudente, se prolongava em suas suspeitas: embora o pai do duque tivesse sido um amigo, não se podia confiar no filho. Ele estava trabalhando contra a França, desrespeitando o tratado entre os dois países. E o rei não parava de falar: talvez ele devesse tomar uma atitude contra o duque. De repente, para aflição dos cortesãos, um homem saiu sorrateiramente da sala. Era Christopher da Bollate, o embaixador milanês na França. Bollate fora recebido muito bem pelo rei no início da manhã, mas depois recuara para o fundo da sala; Luís deve ter esquecido que ele estava ali. A diatribe do rei poderia causar uma boa confusão diplomática.

Mais tarde naquele dia, Luís convidou Bollate para seus aposentos particulares e, reclinado em sua cama, iniciou uma conversa aparentemente casual. Começando a falar de política, ele se descreveu como um defensor do duque de Milão: ele faria qualquer coisa, disse, para ajudar o duque a expandir seu poder. Em seguida perguntou: "Diga-me, Christopher, o que eu disse esta manhã em conselho lhe foi relatado? Diga-me a verdade – não foi um cortesão que lhe contou?" Bollate confessou que, na verdade, estivera na sala durante o falatório do rei e tinha escutado pessoalmente suas palavras. Luís respondeu que ele tinha suas dúvidas a respeito do duque e motivo para estar zangado – mas aí mudou imediatamente de assunto para algo agradável e Bollate no final saiu.

No dia seguinte, o rei enviou três conselheiros para visitar Bollate. Ele estava confortável em seus alojamentos? Estava contente com a forma como o rei o tratava? Eles poderiam fazer alguma coisa para melhorar sua estadia na corte francesa? Eles também desejavam saber se ele ia transmitir as palavras do rei ao duque. O rei, disseram, considerava Bollate como um amigo, um confidente; ele estava simplesmente dando vazão a suas emoções. Não significa nada. Bollate devia esquecer tudo.

Claro, nenhum destes homens – os conselheiros, os cortesãos, Bollate – sabia que o rei havia feito tudo isto de propósito. Luís estava certo de que o pérfido embaixador – a quem ele dificilmente considerava um amigo, muito menos confidente – relataria o que ele havia dito em detalhes ao duque. Ele sabia que o duque era traiçoeiro, era exatamente assim que Luís queria lhe dar um aviso. E parece que a mensagem foi entendida: durante vários anos depois disso, o duque foi um obediente aliado.

Interpretação. O rei Aranha era um homem que sempre armava vários movimentos com antecedência. Neste caso, ele sabia que, se falasse polidamente e com diplomacia ao embaixador sobre suas preocupações com relação ao duque, suas palavras não teriam nenhum peso – ia parecer lamúria. Se expressasse sua raiva diretamente ao embaixador, por outro lado, pareceria estar descontrolado. Um golpe direto também é facilmente defendido: o duque iria apenas pronunciar palavras tranquilizadoras e a traição continuaria. Ao transmitir sua ameaça indiretamente, entretanto, Luís fez com que ela colasse. O fato de o duque não dever saber que ele estava zangado tornou sua raiva realmente ameaçadora: significava que ele estava planejando algo e queria impedir o duque de desconfiar e conhecer seus verdadeiros sentimentos. Ele desferiu seu golpe insidiosamente para fazer o duque ponderar suas intenções e para instilar um temor desconfortável.

Quando estamos sendo atacados, a tentação é de deixar as emoções tomarem conta, de dizer aos agressores para pararem, de fazer ameaças com relação ao que vamos fazer se eles continuarem. Isso nos coloca em uma posição frágil; revelamos tanto nossos temores como nossos planos, e palavras raramente detêm agressores. Enviar a eles uma mensagem por intermédio de terceiros ou revelá-la indiretamente com uma atitude é muito mais eficaz. Assim você sinaliza que já está manobrando contra eles. Mantenha a ameaça velada: se eles puderem apenas vislumbrar o que você está pretendendo, terão de imaginar o resto. Fazer com que vejam você como uma pessoa calculista e estratégica terá o efeito de um balde de água fria sobre o desejo deles de prejudicá-lo ou atacá-lo. Não vale a pena correr o risco de descobrir o que você talvez esteja aprontando.

4. No início da década de 1950, John Boyd (1927-97) serviu com distinção como piloto de combate na Guerra da Coreia. Nos meados dessa década, ele era o instrutor de voo mais respeitado na Base de Força Aérea Nellis, em Nevada; ele era praticamente invencível nos exercícios de combate aéreos, tão bom que lhe pediram para reescrever o manual

E foi assim que, durante a década de 1930, a diplomacia da Itália de Mussolini foi muito fortalecida por uma postura de agitada belicosidade e por uma miragem de grande força militar: um exército de "8 milhões de baionetas", cujos desfiles eram acontecimentos vistosos de bersaglieri correndo e barulhentas colunas motorizadas; e uma força aérea muito respeitada, não menos por seus espetaculares voos de longo alcance até o Polo Norte e América do Sul; e uma marinha que poderia adquirir muitos navios grandes porque uma parte tão pequena de seu financiamento era gasta em ensaios de artilharia e navegação. Com uma política militar na qual a direção de cena dominava sobre as sórdidas necessidades da preparação de guerra, Mussolini sacrificava a verdadeira força em benefício das imagens imensamente ampliadas do que era uma pequena força – mas os resultados de persuasão que essas imagens evocavam eram muito reais: a Grã-Bretanha e a França foram dissuadidas com sucesso a não interferirem nas conquistas da Itália na Etiópia, em sua interferência na Espanha e na sujeição da Albânia; e ninguém ousava

se opor ao direito da Itália de ser aceita como uma Grande Potência, cujos interesses tinham de ser acomodados às vezes de formas tangíveis, tais como as licenças obtidas por bancos italianos na Bulgária, na Hungria, na Romênia e na Iugoslávia. Somente a decisão de Mussolini, no último minuto, de entrar na guerra em junho de 1940 – quando sua própria considerável prudência foi superada pela irresistível tentação de ter sua parte dos espólios do colapso francês – encerrou anos de ilusão (e autoilusão) bem-sucedida.
ESTRATÉGIA – A LÓGICA DA GUERRA E DA PAZ, EDWARD N. LUTTWAK, 1987

sobre táticas para pilotos de combate. Ele havia desenvolvido um estilo que iria desmoralizar e aterrorizar, entrar na cabeça do adversário, destruir sua capacidade de reagir. Boyd era inteligente e destemido. Mas nenhum de seus treinamentos e perícias, nenhum de seus esbarrões com a morte como piloto, o preparara para os golpes pelas costas, as manobras políticas e a guerra indireta sem derramamento de sangue do Pentágono, para onde ele foi designado em 1966 a fim de ajudar no projeto de caças a jato leves.

Como o major Boyd logo descobriu, os burocratas do Pentágono estavam mais preocupados com suas carreiras do que com a defesa nacional. Estavam menos interessados em desenvolver o melhor novo avião de combate do que em satisfazer fornecedores, muitas vezes comprando novos equipamentos tecnológicos independentemente de sua conveniência. Boyd, como piloto, havia aprendido a ver todas as situações como uma espécie de combate estratégico, e neste caso ele decidiu transferir suas habilidades e estilo de guerra para as selvas do Pentágono. Ele ia intimidar, desencorajar e ser mais esperto do que seus adversários.

Boyd acreditava que um caça a jato aerodinâmico do tipo que ele estava projetando poderia ter um desempenho melhor do que qualquer outro avião no mundo. Mas os fornecedores odiaram seu projeto, porque era barato – não colocava em destaque a tecnologia que eles estavam tentando vender. Enquanto isso os colegas de Boyd no Pentágono tinham seus próprios projetos prediletos. Competindo pelo mesmo pote de dinheiro, eles faziam de tudo para sabotar ou transformar o projeto dele.

Boyd desenvolveu uma defesa: externamente ele parecia meio bobo. Vestia ternos surrados, fumava um charuto desagradável, mantinha no olhar uma expressão desvairada. Parecia ser só mais um piloto de combate sentimental, promovido rápido e cedo demais. Mas nos bastidores ele dominava cada detalhe. Fazia questão de saber mais do que seus adversários; podia citar estatísticas, estudos e teorias de engenharia para sustentar seu próprio projeto e abrir furos nos deles. Os fornecedores apareciam nas reuniões com apresentações vistosas feitas por seus principais engenheiros; vinham com ideias fantásticas para deslumbrar os generais. Boyd escutava polidamente, parecia impressionado e então, de repente, sem avisar, entrava na ofensiva – esvaziando seus argumentos mais otimistas, mostrando em detalhes que os números não batiam, revelando o sensacionalismo e a fraude. Quanto mais eles protestavam, mais perverso ele ficava, rasgando pedacinho por pedacinho o projeto deles.

Atacados em seu ponto vulnerável por um homem que eles haviam flagrantemente subestimado, repetidas vezes os fornecedores saíam destas reuniões jurando vingança. Mas o que eles podiam fazer? Ele já havia derrubado seus números e transformado suas propostas em angu. Flagrados no ato de forçar uma venda, eles haviam perdido toda a credibilidade. Teriam de aceitar sua derrota. Logo eles aprenderam a evitar Boyd; em vez de tentar sabotá-lo, ficaram esperando que ele caísse sozinho.

Em 1974, Boyd e sua equipe haviam concluído o projeto de um jato no qual estavam trabalhando e cuja aprovação parecia certa. Mas parte da estratégia de Boyd tinha sido construir uma rede de aliados em diferentes partes do Pentágono, e estes homens lhe disseram que havia um grupo de generais com três estrelas que odiava o projeto e estava planejando sua derrota. Eles o deixariam fazer uma apresentação para vários oficiais na cadeia de comando, todos aprovariam; em seguida haveria uma última reunião com os generais, que afundariam o projeto conforme vinham planejando o tempo todo. Tendo chegado até esse ponto, entretanto, ia parecer que o projeto tinha recebido uma audiência justa.

Além de sua rede de aliados, Boyd sempre tentava se certificar de que tinha pelo menos um defensor poderoso. Isso em geral era fácil de encontrar: em um ambiente político como o Pentágono, sempre havia algum general ou outro oficial poderoso descontente com o sistema e feliz em ser o protetor secreto de Boyd. Agora Boyd invocou seu mais poderoso aliado, o secretário de defesa James Schlesinger, e conseguiu sua aprovação pessoal para o projeto. Depois, em uma reunião com os generais, de quem ele poderia dizer estarem no íntimo se vangloriando porque finalmente o haviam apanhado, Boyd anunciou: "Senhores, estou autorizado pelo secretário de Defesa a informá-los de que esta não é uma reunião para decisão. Este resumo tem apenas o propósito de informar." O projeto, ele disse, já tinha sido aprovado. Ele continuou fazendo sua apresentação, alongando-se o máximo possível – retorcendo a faca enfiada nas costas deles. Queria que eles se sentissem humilhados e atentos para não se meterem com ele novamente.

Como um piloto de combate, Boyd aprendera a pensar em vários movimentos antes de seus adversários, sempre com o objetivo de surpreendê-los com alguma manobra aterrorizante. Ele incorporou esta estratégia a suas batalhas burocráticas. Quando um general lhe dava uma ordem que era nitidamente destinada a arruinar os planos para seu jato leve, ele sorria, concordava e dizia: "Senhor, cumprirei essa ordem com satisfação. Mas quero que o senhor a coloque por escrito." Generais gostavam de emitir comandos verbalmente em vez de colocá-los no papel como uma forma de se protegerem caso as coisas não dessem certo.

Apanhado desprevenido, o general teria de desistir da ordem ou negar o pedido de colocá-la por escrito – o que, se tornado público, seria horrível para sua imagem. De um modo ou de outro, ele estava amarrado.

Depois de vários anos lidando com Boyd, generais e seus favoritos aprenderam a evitá-lo – e a seus charutos fedorentos, suas ofensas verbais, suas táticas traiçoeiras – como uma praga. Com esse amplo espaço de manobra, ele foi capaz de fazer seus projetos para o F-15 e o F-16 passarem pelo processo quase impossível do Pentágono, deixando uma marca permanente na força aérea ao criar dois de seus mais famosos e eficazes caças a jato.

Interpretação. Boyd percebeu logo que seu projeto não era popular no Pentágono e que ele enfrentaria oposição de todos os escalões, de alto a baixo. Se tentasse lutar com todos, enfrentar todos os fornecedores e generais, ele se esgotaria e ia se queimar. Boyd era um estrategista do mais alto nível – suas ideias mais tarde teriam uma importante influência na Operação Tempestade no Deserto –, e um estrategista jamais ataca força contra força; em vez disso, ele sonda as fragilidades do inimigo. E uma burocracia como o Pentágono inevitavelmente tem fraquezas, que Boyd soube localizar.

As pessoas no Pentágono queriam agradar e ser aceitas. Eram pessoas políticas, cautelosas com suas reputações; eram também muito ocupadas e não tinham muito tempo a perder. A estratégia de Boyd era simples; ao longo dos anos ele criaria fama de ser difícil, até desagradável. Envolver-se com Boyd poderia significar uma feia luta pública que mancharia sua reputação, faria você desperdiçar seu tempo e o prejudicaria politicamente. Em essência, Boyd se transformara em uma espécie de porco-espinho. Nenhum animal quer atacar uma criatura que pode causar tantos danos, por menor que ela seja; até os tigres não se metem com ela. E o fato de ser deixado em paz deu a Boyd um poder permanente, que lhe permitiu sobreviver tempo suficiente para acompanhar até o fim o F-15 e o F-16.

Reputação, Boyd sabia, é um elemento-chave. Sua própria reputação talvez não seja intimidante; afinal de contas, todos nós precisamos ser aceitos, fazer o jogo político, parecer gentis e cordatos. Quase sempre isso funciona, mas em momentos de perigo e dificuldade ser visto como uma pessoa muito boazinha vai trabalhar contra você; vai dizer que você pode ser jogado de um lado para o outro, desencorajado e impedido. Se você nunca esteve disposto a lutar antes, nenhum gesto ameaçador de sua parte terá credibilidade. Compreenda: existe um grande valor em deixar que as pessoas saibam que, se necessário, você pode abandonar sua gentileza e ser muito difícil e desagradável.

Bastam algumas demonstrações claras e violentas. Quando as pessoas o virem como um guerreiro, elas se aproximarão de você com um pouco de medo. E, como disse Maquiavel, é mais útil ser temido do que ser amado.

Imagem:
O Porco-Espinho. Ele parece meio idiota e lento, uma presa fácil, mas quando ameaçado ou atacado, seus espinhos se eriçam. Se tocado, eles entram facilmente em sua pele, e tentar extraí-los faz com que suas extremidades em gancho entrem cada vez mais fundo, causando ainda mais danos. Quem lutou com um porco-espinho aprende a jamais repetir a experiência. Mesmo sem lutar com ele, as pessoas em geral sabem que devem evitá-lo e deixá-lo em paz.

Autoridade: *Quando adversários não estão dispostos a lutar com você, é porque pensam que não é do interesse deles, ou porque você os iludiu fazendo-os pensar assim.* – Sun Tzu (século IV a.C.)

INVERSO

O propósito de estratégias de dissuasão é desencorajar o ataque, e uma presença ou ação ameaçadora em geral faz o serviço. Em algumas situações, entretanto, você pode conseguir a mesma coisa com mais segurança fazendo o contrário: fingindo-se de bobo e despretensioso. Pareça inofensivo ou já derrotado e as pessoas talvez o deixem em paz. Uma fachada de pessoa inofensiva pode lhe dar tempo: foi assim que Cláudio sobreviveu ao mundo violento, traiçoeiro, da política romana em seu caminho para se tornar imperador – ele parecia inócuo demais para as pessoas se preocuparem com ele. Mas esta estratégia exige paciência e tem seus riscos: você está intencionalmente se fazendo de cordeiro no meio de lobos.

Em geral, você precisa manter sob controle suas tentativas de intimidação. Cuidado para não ficar inebriado com o poder que o medo dá: use-o como uma defesa em tempos de perigo, não como sua ofensa preferida. A longo prazo, assustar pessoas cria inimigos, e se você falha em sustentar sua reputação de pessoa valente com vitórias, perderá credibilidade. Se seu adversário se zangar o suficiente a ponto de fazer o mesmo jogo com você, é possível que você transforme progressivamente uma disputa em uma guerra de retaliação. Use esta estratégia com cautela.

11

TROQUE ESPAÇO POR TEMPO

A ESTRATÉGIA DO NÃO COMPROMISSO

Recuar diante de um inimigo forte não é sinal de fraqueza, mas de força. Ao resistir à tentação de reagir a um agressor, você arruma um tempo precioso para si mesmo – tempo para se recuperar, pensar e ganhar perspectiva. Deixe seus inimigos avançarem; tempo é mais importante do que espaço. Ao se recusar a lutar, você os deixa furiosos e alimenta sua arrogância. Em breve eles vão se exigir mais do que suportam e vão começar a cometer erros. O tempo os revelará como precipitados e você como uma pessoa prudente. Às vezes você consegue mais se não fizer nada.

RECUE PARA AVANÇAR

No início da década de 1930, Mao Tsé-Tung (1893-1976) era uma estrela em ascensão no Partido Comunista Chinês. Uma guerra civil havia estourado entre comunistas e nacionalistas; Mao liderava campanhas contra os nacionalistas, usando táticas de guerrilha para vencê-los sempre, apesar de estar em número muito inferior. Ele também serviu como presidente do governo comunista chinês em sua fase inicial, e seus provocantes ensaios sobre estratégia e filosofia eram lidos por quase todo mundo.

Nisso surgiu uma luta de poder entre os comunistas: um grupo de intelectuais educados no pensamento soviético conhecidos como os 28 bolcheviques tentaram ganhar o controle do partido. Eles desprezavam Mao, vendo seu gosto por guerrilhas como um sinal de timidez e fragilidade e de sua defesa de uma revolução camponesa retrógrada. Em vez disso, eles defendiam a guerra frontal, ou seja, combater os nacionalistas diretamente pelo controle de cidades e regiões-chaves, como os comunistas haviam feito na Rússia. Aos poucos, os 28B isolaram Mao e o despojaram tanto do poder político como do militar. Em 1934, eles o colocaram praticamente em prisão domiciliar em uma fazenda em Hunan.

Os amigos e camaradas de Mao acharam que ele havia sofrido uma atordoante queda desde as graças do partido. Mais perturbadora do que a queda em si, entretanto, era sua aparente aceitação do fato: ele não reuniu defensores para revidar, ele parou de publicar, ele efetivamente desapareceu. Talvez os 28B tivessem razão: Mao era um covarde.

Naquele mesmo ano, os nacionalistas – liderados pelo general Chiang Kai-shek – lançaram uma nova campanha para destruir os comunistas. O plano era cercar o Exército Vermelho em suas cidadelas e matar até o último soldado, e, desta vez, parecia provável que eles conseguiriam. Os 28B revidaram com bravura, lutando para manter as poucas cidades e regiões sob controle comunista, mas os nacionalistas estavam em maior número, estavam mais bem equipados e tinham conselheiros militares alemães para ajudá-los. Os nacionalistas tomaram cidade após cidade e lentamente cercaram os comunistas.

Milhares desertaram do Exército Vermelho, mas finalmente seus soldados restantes – uns 100 mil – conseguiram romper o cerco nacionalista e seguir para o noroeste. Mao juntou-se a eles em sua fuga. Só agora ele começou a falar abertamente e a questionar a estratégia dos 28B. Eles estavam recuando em linha reta, ele se queixou, ficando mais fácil para os nacionalistas persegui-los, e estavam se movendo muito lentamente, carregando um excesso de documentos, arquivos e outros cacarecos de seus antigos escritórios. Estavam agindo como se todo o exército estivesse apenas se mudando de acampamento e planejando continuar a combater os nacionalistas da mesma maneira, lutando por cidades e terras. Mao argumentou que esta nova marcha não deveria ser um recuo momentâneo para um terreno mais seguro, mas algo maior. Todo o conceito do partido precisava ser repensado: em vez de copiar os bolcheviques, eles deveriam criar uma revolução distintamente chinesa, baseada na classe dos camponeses, o maior grupo populacional da China. Para isto, eles precisavam de tempo e liberdade de ataque. Eles deveriam seguir para o sudoeste, para os extremos mais distantes da China, onde o inimigo não poderia alcançá-los.

Os oficiais do Exército Vermelho começaram a ouvir o que Mao dizia: suas táticas de guerrilha tinham tido sucesso antes, e a estratégia dos 28B estava nitidamente fracassando. Aos poucos eles foram adotando suas ideias. Viajavam com menos bagagem; movimentavam-se apenas de noite; fingiam que iam para um lado e depois iam para outro a fim de confundir o faro dos nacionalistas; onde fossem, faziam comícios para recrutar camponeses para sua causa. De algum modo, Mao havia se tornado o líder de fato do exército. Embora em número menor, em uma proporção de 100 para 1, sob sua liderança, o Exército Vermelho conseguiu escapar dos nacionalistas e, em outubro de 1935, chegou às regiões mais remotas da Província de Shan-hsi, onde finalmente ficaram a salvo.

Depois de cruzar 24 rios e 18 cadeias de montanhas e ter acidentes quase fatais, o exército chegou ao fim de sua "Longa Marcha". Ele estava radicalmente reduzido – agora eram apenas 6.000 homens –, mas um novo tipo de partido tinha sido criado, o tipo que Mao queria desde o início: um grupo resistente de dedicados seguidores que acreditavam em uma revolução camponesa e abraçaram as lutas de guerrilha. A salvo de ataques em Shan-hsi, este partido purificado aos poucos conseguiu, primeiro, se recuperar, depois espalhar seu evangelho. Em 1949, os comunistas finalmente derrotaram os nacionalistas de uma vez por todas e os exilaram da China continental.

Interpretação. Mao nasceu e foi criado em uma fazenda, e a vida em uma fazenda chinesa podia ser dura. Um fazendeiro tinha de ser paciente, curvando-se às estações e aos caprichos do clima. Milhares de anos antes, a religião taoísta havia surgido desta vida dura. Um conceito-chave no taoísmo é o de *wei wu* – a ideia de ação pela inação, do controle de uma situação ao não tentar controlá-la, de governar abdicando do governo. *Wei wu* envolve a crença de que, ao reagir e lutar contra as circunstâncias, ao viver constantemente em luta, você na verdade anda para trás, criando mais turbulência em seu caminho e dificuldades para

Seis na quarta posição significa: o exército recua. Sem culpa. Diante de um inimigo superior, com quem seria inútil travar uma batalha, um recuo disciplinado é o procedimento correto, porque ele salvará o exército da derrota e da desintegração. De modo algum é um sinal de coragem ou força insistir em entrar em uma luta sem esperanças, sejam quais forem as circunstâncias.
I CHING, CHINA, C. SÉCULO VIII D.C

si mesmo. Às vezes é melhor ficar em repouso, não fazer nada e deixar o inverno passar. Nessas horas, você pode se recompor e reforçar sua identidade.

Tendo crescido em uma fazenda, Mao havia assimilado estas ideias e as aplicava constantemente na política e na guerra. Em momentos de perigo, quando seus inimigos eram mais fortes, ele não temia recuar, embora soubesse que muitos veriam isto como um sinal de fraqueza. O tempo, ele sabia, revelaria os furos na estratégia de seus inimigos, e ele usaria esse tempo para refletir sobre si mesmo e ganhar perspectiva sobre toda a situação. Ele fez de seu período de afastamento em Hunan não uma humilhação negativa, mas uma estratégia positiva. Da mesma forma, ele usou a Longa Marcha para forjar uma nova identidade para o Partido Comunista, criando um novo tipo de crente. Quando seu inverno passou, ele ressurgiu – seus inimigos sucumbindo a suas próprias fraquezas, ele mesmo reforçado por um período de recolhimento.

A guerra engana; você pode pensar que é forte e que está fazendo avanços contra um inimigo, mas o tempo talvez mostre que você está na verdade marchando para um grande perigo. Você nunca pode saber realmente, visto que nossa imersão no presente nos priva da verdadeira perspectiva. O melhor a fazer é se livrar dos modelos preguiçosos, convencionais, de pensamento. Avançar nem sempre é bom; recuar nem sempre é fraqueza. De fato, em momentos de perigo ou dificuldades, recusar-se a lutar muitas vezes é a melhor estratégia: ao se desvencilhar do inimigo, você não perde nada que seja valioso a longo prazo e ganha tempo para se virar para dentro, repensar suas ideias, separar os verdadeiros crentes dos parasitas. O tempo torna-se seu aliado. Não fazendo nada externamente, você ganha força interior, que se traduzirá em tremendo poder mais tarde, quando é hora de agir.

Espaço eu posso recuperar. Tempo, nunca.
– Napoleão Bonaparte (1769-1821)

CHAVES PARA GUERRA

O problema que todos enfrentamos na estratégia, e na vida, é que cada um de nós é único e tem uma personalidade única. Nossas circunstâncias também são únicas; nenhuma situação jamais se repete realmente. Mas quase sempre mal percebemos o que nos faz diferentes – em outras palavras, quem realmente somos. Nossas ideias vêm de livros, professores, todos os tipos de influências invisíveis. Reagimos ao que acontece rotineira e mecanicamente, em vez de tentarmos compreender suas diferenças. Em nossas formas de lidar com as outras pessoas, também, somos facilmente contagiados com o tempo e o humor delas. Tudo isto cria uma espécie de bruma. Deixamos de ver os acontecimentos pelo que eles são; nós não nos conhecemos.

Sua função como estrategista é simples; ver as diferenças entre você mesmo e as outras pessoas, compreender a si mesmo, seu lado e seu inimigo da melhor maneira possível, para ter uma perspectiva melhor do que está acontecendo, conhecer as coisas como elas são. No burburinho do dia a dia, isto não é fácil – na verdade, você só poderá fazer isso se souber quando e como recuar. Se você está sempre avançando, sempre atacando, sempre reagindo emocionalmente ao que as pessoas fazem, não tem tempo para ganhar perspectiva. Suas estratégias serão fracas e mecânicas, baseadas em coisas que aconteceram no passado ou com alguma outra pessoa. Como um macaco, você vai imitar em vez de criar. Recuar é algo que você deve fazer de vez em quando, para se encontrar e se desligar de influências contagiosas. E a melhor hora para fazer isto é em momentos de dificuldade e perigo.

Simbolicamente, o recolhimento é religioso, ou mitológico. Foi só porque fugiram para o deserto que Moisés e os judeus foram capazes de solidificar sua identidade e ressurgir como uma força social e política. Jesus passou os seus quarenta dias no deserto e Maomé, também, fugiu de Meca em uma época de grande perigo para um período de recolhimento. Ele e apenas um punhado de seus defensores mais dedicados usaram este período para aprofundar seus vínculos, para compreender quem eles eram e o que defendiam, para deixar o tempo agir. Em seguida, este pequeno bando de fiéis ressurgiu para conquistar Meca e a Península Arábica e depois, após a morte de Maomé, derrotar os bizantinos e o império persa, espalhando o islamismo por vastos territórios. No mundo todo, cada mitologia tem um herói que se recolhe, até para o próprio Hades no caso de Ulisses, para se encontrar.

Se Moisés tivesse ficado e lutado no Egito, os judeus seriam uma nota de pé de página na história. Se Maomé tivesse atacado seus inimigos em Meca, teria sido esmagado e esquecido. Quando você luta com alguém mais poderoso, perde mais do que suas posses e sua posição; você perde sua capacidade de pensar direito, de se manter à parte e distinto. Você nem pode imaginar como fica infectado com as emoções e a violência do agressor. Melhor fugir e usar o tempo que sua fuga lhe dá para se voltar para dentro. Deixe que o inimigo tome terras e avance; você vai se recuperar e virar a mesa quando chegar a hora. A decisão de recuar não mostra fraqueza, mas força. É o auge da sabedoria estratégica.

A essência do recolhimento é a recusa em combater o inimigo de qualquer maneira, seja psicológica ou fisicamente. Você pode fazer isso defensivamente, para se proteger, mas também pode ser uma estratégia

Oportunidades estão mudando sempre. Quem chega cedo demais foi muito longe, enquanto quem chega tarde demais não consegue alcançar. Como o Sol e a Lua fazem seus cursos, o tempo não acompanha as pessoas. Portanto, sábios não valorizam joias imensas tanto quanto valorizam um pouco de tempo. Tempo é difícil de encontrar e fácil de perder.
HUAINANZI, CHINA, SÉCULO II A.C.

positiva: ao recusar a lutar contra inimigos agressivos, você pode, na verdade, enfurecê-los e desequilibrá-los.

Durante a Primeira Guerra Mundial, a Inglaterra e a Alemanha lutaram uma guerra secundária no leste da África, onde cada uma delas tinha uma colônia. Em 1915, o comandante inglês, o tenente-general Jan Smuts, movimentou-se contra o exército alemão, muito menor, no leste da África alemã, liderado pelo coronel Paul von Lettow-Vorbeck. Smuts esperava uma vitória rápida; assim que ele acabasse com os alemães, suas tropas se mudariam para teatros mais importantes da guerra. Mas Von Lettow-Vorbeck se recusou a combatê-lo e recuou para o sul. Smuts marchou atrás dele.

Repetidas vezes Smuts pensou que havia encurralado Von Lettow-Vorbeck, só para descobrir que o oficial alemão tinha saído dali horas antes. Como atraído por um ímã, Smuts seguia Von Lettow-Vorbeck atravessando rios, montanhas e florestas. Suas linhas de suprimentos estendiam-se por centenas de quilômetros, seus soldados agora estavam vulneráveis a pequenas e atormentantes ações dos alemães, que destruíam seu moral. Atolados em selvas pestilentas, conforme o tempo passava, o exército de Smuts era dizimado pela fome e doenças, tudo sem nunca enfrentarem uma verdadeira batalha. No final da guerra, Von Lettow-Vorbeck havia conseguido conduzir seu inimigo a uma caçada de gato e rato que durou quatro anos, deixou amarradas forças inglesas valiosas e que não lhes deu nada em troca.

Smuts era um líder persistente, meticuloso, agressivo, que gostava de derrotar seus adversários por meio de manobras no campo. Von Lettow-Vorbeck tirou proveito deste gosto; ele se recusou a entrar em uma batalha frontal com Smuts, mas permaneceu sedutoramente próximo, apenas fora de alcance, conservando a possibilidade de combate de modo a manter os ingleses avançando para o descampado. Furioso, Smuts continuou na caçada. Von Lettow-Vorbeck usou os vastos espaços e o clima inóspito para destruir os ingleses.

A maioria das pessoas reage à agressão envolvendo-se nela de alguma maneira. É quase impossível se conter. Desvencilhando-se totalmente e recuando, você mostra um grande poder e prudência. Seus inimigos estão desesperados querendo que você reaja: o recuo os enfurece e provoca mais ataques. Portanto continue recuando, trocando espaço por tempo. Permaneça calmo e equilibrado. Deixe que eles peguem as terras que quiserem; como os alemães, seduza-os para um vazio de não ação. Eles vão começar a fazer coisas além de seus recursos e cometer erros. O tempo está a seu lado, pois você não está desperdiçando nem um minuto em batalhas inúteis.

A guerra é notoriamente cheia de surpresas, de imprevistos que podem retardar e arruinar até o plano mais bem traçado. Carl von Clausewitz chamou a isto de "atrito". Guerra é uma constante ilustração da Lei de Murphy: se alguma coisa pode dar errado, vai dar. Mas quando você recua, quando você troca espaço por tempo, você está fazendo a Lei de Murphy funcionar a seu favor. Foi isso que aconteceu com Von Lettow-Vorbeck: ele colocou Smuts como a vítima da Lei de Murphy, dando-lhe tempo suficiente para fazer o pior passar.

Durante a Guerra dos Sete Anos (1756-63), Frederico, o Grande, da Prússia, estava cercado de exércitos austríacos, franceses e russos por todos os lados, todos determinados a cortá-lo em pedacinhos. Um estrategista que em geral favorecia o ataque agressivo, Frederico, desta vez, ficou na defensiva, articulando suas manobras para se dar um tempo e escapulir da rede na qual seus inimigos estavam tentando apanhá-lo. Ano após ano ele conseguiu evitar o desastre, embora não totalmente. E aí, de uma hora para outra, a czarina Elizabeth da Rússia morreu. Ela odiava Frederico, mas seu sobrinho e sucessor ao trono, czar Pedro III, era um garoto perverso que não gostava da tia e era um grande admirador de Frederico, o Grande. Ele não só tirou a Rússia da guerra, como se aliou aos prussianos. A Guerra dos Sete Anos estava encerrada; o milagre de que Frederico precisava tinha acontecido. Tivesse ele se rendido em seu pior momento ou tentado lutar para se ver livre da guerra teria perdido tudo. Em vez disso, ele manobrou dando tempo para a Lei de Murphy agir sobre seus inimigos.

Guerra é uma questão física, que acontece em algum lugar específico: os generais dependem de mapas e planejam estratégias para serem realizadas em determinados locais. Mas tempo é tão importante quanto espaço no pensamento estratégico, e saber usá-lo fará de você um soberbo estrategista, dando uma dimensão maior a seus ataques e defesa. Para isto você precisa parar de pensar no tempo como uma abstração: na realidade, desde que você nasceu, tempo é tudo que você tem. É seu único e verdadeiro bem de consumo. As pessoas podem levar embora suas posses, mas – a não ser por assassinato – nem o mais poderoso agressor pode lhe roubar tempo a não ser que você permita. Até na prisão seu tempo é seu, se você o utiliza para seus próprios propósitos. Desperdiçar seu tempo em batalhas que não são de sua escolha é mais do que um simples erro, é estupidez do mais alto nível. Tempo perdido não pode jamais ser recuperado.

Imagem: *As Areias do Deserto. No deserto não há nada para comer e nada para usar para guerra: apenas areia e espaço vazio. Recue para o deserto de vez em quando, para pensar com clareza. Ali o tempo se move lentamente, que é do que você precisa. Quando atacado, recue para o deserto, atraindo seus inimigos para um lugar onde eles perdem toda a noção de tempo e espaço e ficam sob seu controle.*

Autoridade: *Permanecer disciplinado e calmo enquanto espera que a desordem surja entre o inimigo é a arte do autocontrole.* – Sun Tzu (século IV a.C.)

INVERSO

Quando inimigos o atacam em uma força esmagadora, em vez de recuar você pode às vezes decidir enfrentá-los diretamente. Você está convidando ao martírio, talvez até esperando por isso, mas o martírio, também, é uma estratégia, e antiga: o martírio faz de você um símbolo, um ponto de reunião para o futuro. A estratégia terá êxito se você for importante o suficiente – se sua derrota tiver significado simbólico –, mas as circunstâncias devem funcionar para ressaltar a integridade de sua causa e a feiura da causa do inimigo. Seu sacrifício também deve ser único; martírios demais, espalhados durante muito tempo, estragarão o efeito. Em casos de extrema fraqueza, diante de um inimigo incrivelmente grande, o martírio pode ser usado para mostrar que o espírito combativo de seu lado não se extinguiu, um modo que serve para manter o moral alto. Mas, em geral, o martírio é uma arma perigosa e pode disparar pela culatra, pois você pode não estar mais ali para acompanhá-la até o fim e seus efeitos são fortes demais para serem controlados. Também pode levar séculos para funcionar. Mesmo quando ele pode demonstrar simbolicamente ser um sucesso, um bom estrategista o evita. Recuar é sempre a melhor estratégia.

Recuar nunca deve ser um fim em si mesmo; em algum ponto você tem de se virar de frente e lutar. Se não fizer isto, o recuo é chamado mais exatamente de rendição: o inimigo vence. O combate no longo prazo é inevitável. O recuo só pode ser temporário.

PARTE 4

GUERRA OFENSIVA

Os maiores perigos na guerra, e na vida, vêm do inesperado: as pessoas não reagem como você pensou, acontecimentos atrapalham seus planos e causam confusão, circunstâncias são devastadoras. Na estratégia, esta discrepância entre o que você quer que aconteça e o que acontece chama-se "atrito". A ideia por trás da guerra ofensiva convencional é simples: ao atacar o outro lado primeiro, atingindo seus pontos de vulnerabilidade, e tomando a iniciativa e jamais desistindo dela, você cria suas próprias circunstâncias. Antes que um atrito possa surgir sorrateiramente e minar seus planos, você passa para a ofensiva, e suas incansáveis manobras causam tanto atrito sobre o inimigo que ele sucumbe.

Esta é a forma de guerra praticada pelos mais bem-sucedidos capitães da história, e o segredo do sucesso deles é uma perfeita mescla de esperteza estratégica e audácia. O elemento estratégico está no planejamento: estabelecer um objetivo geral, articular meios para alcançá-lo e pensar no plano inteiro em todos os seus detalhes. Isto significa pensar em termos de uma campanha, não de batalhas individuais. Significa também conhecer as forças e fraquezas do outro lado, para que você possa calibrar seus golpes segundo as vulnerabilidades dele. Quanto mais detalhado seu planejamento, mais confiante você se sentirá ao entrar na batalha e mais fácil será permanecer no curso quando surgirem os problemas inevitáveis. No ataque em si, entretanto, você deve agir com tal espírito e audácia que coloque em fuga seus inimigos, dando impulso irresistível a sua ofensiva.

Os onze capítulos a seguir iniciarão você nesta forma suprema de guerra. Eles o ajudarão a colocar seus desejos e metas em um contexto mais amplo conhecido como "grande estratégia". Eles lhe mostrarão como ver seus inimigos e descobrir seus segredos. Eles descreverão como uma base sólida de planejamento lhe dará opções fluidas para ataque e como manobras específicas (a manobra pelo flanco, o envolvimento) e estilos de ataque (atingindo centros de gravidade, forçando o inimigo a posições de grande fragilidade) que funcionam brilhantemente na guerra podem ser aplicados na vida. Finalmente, eles lhe mostrarão como encerrar sua campanha. Sem uma vigorosa conclusão que satisfaça seus objetivos gerais, tudo o que você fez será inútil. O domínio dos vários componentes da guerra ofensiva dará uma força muito maior a todos os seus ataques na vida.

12

PERCA BATALHAS, MAS GANHE A GUERRA

A GRANDE ESTRATÉGIA

Todos a sua volta são estrategistas procurando conquistar o poder, todos tentando promover seus próprios interesses, muitas vezes a suas custas. Suas batalhas diárias com eles fazem você perder de vista a única coisa que realmente importa: a vitória no final, a conquista de metas maiores, o poder duradouro. A grande estratégia é a arte de ver o que vai acontecer depois da batalha e calcular com antecedência. Ela requer que você se concentre em seu objetivo principal e planeje como alcançá-lo. Na grande estratégia você considera as ramificações políticas e as consequências a longo prazo do que você faz. Em vez de reagir emocionalmente às pessoas, você assume o controle e torna suas ações mais dimensionais, sutis e eficazes. Deixe que os outros fiquem presos nas voltas e reviravoltas da batalha curtindo suas pequenas vitórias. A grande estratégia lhe dará o maior prêmio: rir por último.

A GRANDE CAMPANHA

Presteza é tudo. Resolução está indissoluvelmente associada à cautela. Se um indivíduo é cauteloso e está sempre alerta, não precisa ficar excitado nem se alarmar. Se ele está sempre atento antes ainda de o perigo estar presente, está armado quando o perigo se aproxima e não precisa ter medo. O homem superior está prevenido contra o que ainda não está à vista e alerta para o que ainda não pode ouvir; portanto, ele vive em meio a dificuldades como se elas não existissem... Se a razão triunfa, as paixões se retraem.
I CHING, CHINA, C. SÉCULO VIII A.C.

Criado na corte macedônia, Alexandre (356-322 a.C.) era considerado um rapaz bastante estranho. Ele curtia as usuais atividades dos jovens, como cavalos e guerra; tendo lutado ao lado do pai, o rei Felipe II, em várias batalhas, ele havia provado sua bravura. Mas gostava também de filosofia e literatura. Seu tutor foi o grande pensador Aristóteles, sob cuja influência ele adorava discutir política e ciências, olhando o mundo do modo mais desapaixonado possível. E tinha sua mãe, Olímpia: uma mulher supersticiosa, mística, que havia tido visões quando o filho nasceu de que ele um dia governaria o mundo conhecido. Ela lhe contava sobre essas visões e o alimentava com histórias de Aquiles, de que sua família dizia descender. Alexandre adorava a mãe (e odiava o pai) e levou suas profecias muito a sério. Desde cedo ele se comportava como se fosse mais do que o filho de um rei.

Alexandre foi criado para ser o sucessor de Felipe, e o Estado que iria herdar havia crescido consideravelmente durante o reinado de seu pai. Ao longo dos anos, o rei conseguira fazer do exército macedônio a força suprema de toda a Grécia. Ele derrotara Tebas e Atenas e havia unido todas as cidades-estado gregas (exceto Esparta) em uma liga helenista sob sua liderança. Era um governante ardiloso, intimidante. E aí, em 336 a.C., um nobre descontente o assassinou. Vendo a Macedônia vulnerável de repente, Atenas declarou sua independência da liga. As outras cidades-estado a acompanharam. Tribos do norte agora ameaçavam invadi-la. Quase da noite para o dia o pequeno império de Felipe estava se desfazendo.

Quando Alexandre subiu ao trono, tinha apenas 20 anos, e muitos o consideraram despreparado. Era uma hora ruim para aprender o ofício. Os generais e os líderes políticos macedônios teriam de colocá-lo sob suas asas. Eles o aconselharam a ir devagar, consolidar sua posição no exército e na Macedônia, e depois, aos poucos, reformar a liga por meio de força e astúcia. Isso era o que Felipe teria feito. Mas Alexandre não quis escutar; ele tinha outro plano ou assim parecia. Sem dar a seus inimigos, de dentro e fora da Macedônia, tempo para se organizarem contra ele, Alexandre liderou o exército para o sul e reconquistou Tebas em uma série de manobras-relâmpago. Em seguida ele marchou sobre os atenienses, que, temendo sua vingança, pediram perdão e imploraram para serem readmitidos na liga. Alexandre concordou.

O excêntrico jovem príncipe se revelara um rei corajoso e imprevisível – atacando quando não era esperado, mas tratando Atenas com inesperada misericórdia. Ele era difícil de entender, mas suas primeiras manobras como rei lhe haviam conquistado muitos admiradores. Seu movimento seguinte, entretanto, foi ainda mais estranho e audaz; em vez de trabalhar para consolidar seus ganhos e reforçar a frágil liga, ele propôs lançar uma cruzada contra o Império Persa, o grande inimigo dos gregos. Por volta de 150 anos antes, os persas haviam tentado invadir a Grécia. Quase conseguiram e continuaram sonhando tentar de novo e acertar. Tendo a Pérsia como uma constante ameaça, os gregos não poderiam descansar jamais, e seu comércio marítimo estava limitado pelo poder da marinha da outra nação.

Em 334 a.C., Alexandre liderou um exército unificado de 35 mil gregos na travessia do estreito de Dardanelos até a Ásia Menor, a parte mais ao norte do Império Persa. Em seu primeiro encontro com o inimigo, na Batalha de Granicus, os gregos expulsaram os persas. Os generais de Alexandre só podiam admirar sua ousadia; ele parecia prestes a conquistar a Pérsia, realizando a profecia da mãe em tempo recorde. Ele conseguiu porque foi rápido e tomou a iniciativa. Agora, soldados e generais igualmente esperavam que ele seguisse direto para o leste até a Pérsia para acabar com o exército inimigo, que parecia surpreendentemente fraco.

Mais uma vez Alexandre quebrou as expectativas, decidindo de repente fazer o que nunca tinha feito antes: não se apressar. Isso teria parecido sensato quando ele subiu ao poder, mas agora era provável que desse aos persas a única coisa de que eles precisavam: tempo para se recuperar e reabastecer. Mas Alexandre liderou seu exército não para o leste, mas para o sul, pela costa da Ásia Menor, libertando cidades locais do governo persa. Em seguida, ele ziguezagueou para o leste e depois para o sul novamente, atravessando a Fenícia e entrando no Egito, derrotando rapidamente a fraca guarnição persa ali. Os egípcios odiavam seus governantes persas e receberam Alexandre como seu libertador. Agora Alexandre podia usar os vastos depósitos de grãos para alimentar o exército grego e ajudar a manter a economia grega estável, enquanto privava a Pérsia de recursos valiosos.

Conforme os gregos avançavam mais para longe de casa, a marinha persa, que poderia desembarcar um exército quase em todos os lugares do Mediterrâneo para atacá-los pelas costas ou flanco, era uma preocupante ameaça. Antes de Alexandre partir em sua expedição, muitos o haviam aconselhado a aumentar a marinha grega e atacar os persas por mar, assim como por terra. Alexandre os ignorou. Em vez disso, atravessando a Ásia Menor e depois seguindo ao longo da costa da Fenícia, ele simplesmente capturou os principais portos da Pérsia, tornando a marinha deles inútil.

Estas pequenas vitórias, portanto, tinham um propósito estratégico maior. Mesmo assim, elas pouco teriam significado se os gregos tives-

A RAPOSA E O MACACO ELEITO REI
O macaco, tendo dançado em uma assembleia de animais e recebido sua aprovação, foi eleito por eles para ser rei. A raposa ficou com ciúmes. Então, vendo um pedaço de carne um dia em uma armadilha, ela levou o macaco até lá dizendo que tinha encontrado um tesouro. Mas, em vez de pegá-lo para si, ela não o tocara visto que sua posse era certamente uma prerrogativa da realeza. A raposa então insistiu com o macaco para que o pegasse. O macaco se aproximou, sem tomar cuidado, e ficou preso na armadilha. Quando ele acusou a raposa de atraí-lo para a armadilha, a raposa respondeu: "Macaco, você quer reinar sobre todos os animais, mas veja que tolo você é!" É assim que aqueles que se lançam em um empreendimento sem pensar não só fracassam, como até se tornam motivo de risos.
FÁBULAS, ESOPO, SÉCULO VI A.C.

sem sido incapazes de derrotar os persas em batalha – e Alexandre parecia estar tornando essa vitória mais difícil. O rei persa, Dario, estava concentrando suas forças a leste do rio Tigre; ele tinha soldados e o direito de escolher a localização, e podia esperar tranquilo que Alexandre atravessasse o rio. Alexandre teria perdido o gosto pela batalha? As culturas persa e egípcia o teriam amolecido? É o que parecia: ele tinha começado a usar roupas persas e a adotar costumes persas. Era até visto adorando deuses persas.

Quando o exército persa recuou a leste do rio Tigre, grandes áreas do império persa tinham caído sob controle dos gregos. Agora Alexandre passava uma boa parte de seu tempo ocupado não com guerras, mas com política, tentando ver como governar melhor estas regiões. Ele decidiu se basear no sistema persa já existente, mantendo os mesmos títulos para funções na burocracia governamental, coletando o mesmo tributo que Dario havia recolhido. Ele só mudou os aspectos severos, pouco populares do governo persa. Rapidamente espalhou-se a notícia de sua generosidade e gentileza para com seus novos súditos. Uma cidade após outra foram se rendendo aos gregos sem lutar, felizes demais por estarem fazendo parte do crescente império de Alexandre, que transcendia Grécia e Pérsia. Ele era o fator unificador, o deus benevolente que tudo via.

Finalmente, em 331 a.C., Alexandre marchou sobre a principal força persa em Arbela. O que seus generais não tinham entendido era que, privados de sua marinha, de suas ricas terras no Egito e do apoio e tributo de quase todos os seus súditos, o Império Persa já tinha ruído. A vitória de Alexandre em Arbela só confirmou militarmente o que ele já havia conseguido meses antes: agora ele era o governante do Império Persa outrora poderoso. Realizando a profecia de sua mãe, ele controlava quase todo o mundo conhecido.

> *Epistemologicamente falando, a origem de todas as visões errôneas na guerra está nas tendências idealistas e mecanicistas... Pessoas com essas tendências são subjetivas e unilaterais em sua forma de abordar problemas. Elas se entregam a conversas sem fundamento e puramente subjetivas, baseando-se em um único aspecto ou manifestação temporária [e] o ampliam com similar subjetividade para todo o problema... Somente nos opondo às tendências idealistas e mecanicistas, e assumindo uma visão geral ao analisarmos a guerra, podemos tirar conclusões corretas sobre a questão da guerra.*
> SELECTED MILITARY WRITINGS, MAO TSÉ-TUNG, 1893-1976

Interpretação. As manobras de Alexandre, o Grande, desnorteavam sua equipe; elas pareciam não ter nenhuma lógica, nenhuma coerência. Só mais tarde puderam os gregos olhar para trás e ver realmente sua magnífica façanha. Eles não o compreendiam porque Alexandre havia inventado uma maneira totalmente nova de pensar e agir no mundo: a arte da grande estratégia.

Na grande estratégia você olha além do momento presente, além de suas batalhas e preocupações imediatas. Você se concentra, de preferência, no que você quer obter no final. Controlando a tentação de reagir aos incidentes quando eles ocorrem, você determina cada uma de suas ações segundo seus verdadeiros objetivos. Você pensa não em termos de batalhas individuais, mas de uma campanha.

Alexandre devia seu novo estilo de estratégia a sua mãe e a Aristóteles. A mãe havia lhe dado uma noção de destino e de meta: governar o mundo conhecido. Desde os três anos, ele podia ver mentalmente o papel que representaria aos trinta. Com Aristóteles, ele aprendeu o poder de controlar suas emoções, ver as coisas desapaixonadamente, pensar antes nas consequências de seus atos.

Trace os zigue-zagues das manobras de Alexandre e você verá sua consistência de grande estratégia. Suas ações rápidas, primeiro contra Tebas, depois contra a Pérsia, funcionaram psicologicamente com seus soldados e seus críticos. Nada tranquiliza um exército mais rápido do que a batalha; a súbita cruzada de Alexandre contra os odiados persas foi perfeita para unir os gregos. Uma vez na Pérsia, entretanto, velocidade era a tática errada. Se Alexandre tivesse avançado, teria se visto controlando muitas terras rápido demais; correndo, ele teria esgotado seus recursos e, no vácuo de poder resultante, inimigos teriam brotado por toda parte. Melhor ir devagar, construir a partir do que estava ali, conquistar corações e mentes. Em vez de desperdiçar dinheiro construindo uma marinha, melhor simplesmente inutilizar a marinha persa. Para custear o tipo de campanha prolongada que traria o sucesso a longo prazo, primeiro apoderar-se das ricas terras do Egito. Nenhuma das ações de Alexandre era desperdiçada. Aqueles que viam seus planos darem frutos, como eles mesmos tinham sido incapazes de prever, pensavam que ele era um espécie de deus – e certamente seu controle sobre acontecimentos em um futuro distante parecia mais divino do que humano.

Para se tornar um grande estrategista na vida, você precisa seguir o caminho de Alexandre. Primeiro, esclareça sua vida – decifre seu próprio enigma pessoal –, determinando o que você está destinado a realizar, a direção para onde suas habilidades e talentos parecem estar empurrando você. Visualize a si mesmo cumprindo seu destino em gloriosos detalhes. Como Aristóteles aconselhou: "Esta ação me fará avançar para minha meta, esta outra não me levará a lugar algum." Guiado por estes padrões, você não vai perder o rumo.

Ignore a sabedoria convencional sobre o que você deveria ou não estar fazendo. Pode fazer sentido para algumas pessoas, mas não significa que tenha alguma relação com suas próprias metas e destino. Você precisa ter bastante paciência para tramar várias etapas à frente – empreender uma campanha em vez de travar batalhas. O caminho para sua meta talvez seja indireto, suas ações podem ser estranhas para as outras pessoas, mas é melhor assim: quanto menos elas compreenderem você, mais fáceis elas serão de enganar, manipular e seduzir. Seguindo por este caminho, você ganhará a calma, a perspectiva olímpica que vai

São muitas, entretanto, as diferenças entre o Oriente e o Ocidente quando se fala de heranças culturais, valores e modos de pensar. No modo oriental de pensar, parte-se do todo, considera-se tudo como um todo e prossegue-se com uma síntese [combinação] abrangente e intuitiva. Mas, no pensamento ocidental, começa-se com as partes, separa-se [divide-se] uma questão complexa em componentes e, em seguida, lida-se com eles um por um, com ênfase na análise lógica. Por conseguinte, o pensamento militar tradicional ocidental defende uma abordagem militar direta com ênfase no uso de forças armadas.
THE STRATEGIC ADVANTAGE: SUN ZI & WESTERN APPROACHES TO WAR, CAO SHAN, ED., 1997.

distingui-lo dos outros mortais, sejam eles sonhadores que não conseguem terminar nada ou pessoas práticas, prosaicas, que realizam apenas coisas pequenas.

> *O que particularmente admiro em Alexandre é, não tanto suas campanhas... mas seu senso político. Ele possuía a arte de conquistar o afeto das pessoas.*
> – Napoleão Bonaparte (1769-1821)

GUERRA TOTAL

Em 1967, os líderes do esforço de guerra americano no Vietnã pensavam estar finalmente fazendo progresso. Eles haviam lançado uma série de operações para achar e destruir os vietcongues – soldados norte-vietnamitas que haviam se infiltrado no Vietnã do Sul e estavam controlando uma grande parte de suas áreas rurais. Estes guerrilheiros eram ariscos, mas os americanos haviam lhes causado grandes perdas nas poucas batalhas em que haviam conseguido forçá-los a entrar naquele ano. O novo governo sul-vietnamita, apoiado pelos americanos, parecia relativamente estável, o que poderia ajudar a conquistar aprovação entre o povo vietnamita. Ao norte, bombardeios haviam derrubado muitos campos de aviação norte-vietnamitas e danificado seriamente sua força aérea. Embora demonstrações antibélicas estivessem acontecendo nos Estados Unidos, as pesquisas de opinião pública mostravam que a maioria dos americanos apoiava a guerra e acreditava que o fim estava próximo.

Visto que os vietcongues e o exército norte-vietnamita haviam se mostrado bastante ineficazes em batalha frente a frente contra o vigor do poder de fogo e da tecnologia americana, a estratégia era atraí-los de algum modo para um grande confronto. Esse seria o momento decisivo da guerra. E, no final de 1967, o serviço secreto indicou que os norte-vietnamitas estavam prestes a cair exatamente nesta armadilha: seu comandante, o general Vo Nguyen Giap, planejava uma grande ofensiva contra os postos avançados da marinha americana em Khe Sanh. Pelo visto, ele queria repetir seu grande sucesso, a batalha de Dien Bien Phu, em 1954, quando derrotara o exército francês expulsando os franceses do Vietnã de uma vez por todas.

Khe Sanh era um ponto-chave avançado estratégico. Ficava a uns 22 quilômetros apenas da zona desmilitarizada que separava o Vietnã do Norte e o do Sul. Ficava também a 10 quilômetros da fronteira do Laos, local de um trecho da famosa Trilha Ho Chi Minh, a rota de abastecimento norte-vietnamita para os vietcongues no Sul. O general William C. Westmoreland, o comandante-geral americano, estava usando Khe Sanh para monitorar as atividades inimigas ao norte e a oeste. Dien Bien Phu havia representado um papel semelhante para os franceses. E Giap tinha sido capaz de isolar o local e destruí-lo. Westmoreland não ia permitir que Giap repetisse a façanha. Ele construiu pistas de pouso bem protegidas ao redor de Khe Sanh, garantindo o pleno uso de seus helicópteros e o controle aéreo. Convocou números substanciais de tropas do sul para a área de Khe Sanh, caso precisasse delas. Pediu também mais 6 mil fuzileiros navais para reforçar o ponto avançado. Mas um grande ataque a Khe Sanh não era nada que ele quisesse desencorajar: em uma batalha frontal, o inimigo finalmente se exporia a uma séria derrota.

Nas primeiras semanas de 1968, todos os olhos se voltaram para Khe Sanh. A Casa Branca e a mídia americana tinham certeza de que a batalha que decidiria a guerra ia começar. Finalmente, ao alvorecer do dia 21 de janeiro de 1968, o exército norte-vietnamita desfechou um violento ataque. À medida que ambos os lados se entrincheiravam, a batalha virou um cerco.

Logo depois que o confronto teve início, os vietnamitas estavam para comemorar o seu Ano-Novo lunar, o feriado chamado Tet. Era um período de festas, e em tempos de guerra era também um momento tradicional para se declarar trégua. Este ano não foi diferente: ambos os lados concordaram em suspender a luta durante o Tet. Mas no dia 31 de janeiro de manhã cedo, o primeiro dia do Ano-Novo, começaram a chegar relatórios de todo o Vietnã do Sul: praticamente todas as principais cidades e vilas, assim como as bases americanas mais importantes, estavam sendo atacadas pelos vietcongues. Um general do exército, acompanhando o padrão de ataque em um mapa, disse que "parecia uma máquina de fliperama, acendendo a cada ataque de surpresa".

Partes da própria Saigon haviam sido devastadas por soldados inimigos, alguns deles tinham conseguido explodir o muro e entrar na embaixada dos Estados Unidos, o próprio símbolo da presença americana no Vietnã. Os fuzileiros navais recuperaram o controle da embaixada em uma luta sangrenta, que foi vista amplamente pela televisão nos Estados Unidos. Os vietcongues também atacaram a estação de rádio da cidade, o palácio presidencial e o próprio recinto onde se encontrava alojado Westmoreland na base aérea de Tan Son Nhut. A cidade rapidamente desceu para a luta e o caos nas ruas.

Fora de Saigon, cidades da província também foram sitiadas. Mais importante foi a captura pelos norte-vietnamitas de Hue, a antiga capital vietnamita reverenciada pelos budistas. Os insurgentes conseguiram assumir o controle de toda a cidade, praticamente.

Quando crescem a sombria inércia, obscuridade e inatividade, negligência e ilusão surgem. Quando prevalece a lucidez, o eu cujo corpo morre entra nos mundos imaculados daqueles que conhecem a realidade. Quando ele morre em paixão, nasce entre amantes de ação; assim, quando ele morre em sombria inércia, nasce no ventre da loucura.

> *O fruto da boa conduta é puro e imaculado, dizem, mas o sofrimento é fruto da sombria inércia. Da lucidez nasce o conhecimento; da paixão vem a ganância; da sombria inércia vêm a negligência, a ilusão e a ignorância. Homens que são lúcidos sobem; homens de paixão ficam no meio; homens de sombria inércia, presos em estilos vis, afundam.*
> THE BHAGAVAD GITA: KRISHNA'S COUNSEL IN TIME OF WAR, C. SÉCULO I D.C.

Enquanto isso, os ataques a Khe Sanh continuavam em ondas. Era difícil para Westmoreland dizer qual era o alvo principal: as batalhas ao sul eram simplesmente um meio de afastar as forças de Khe Sanh ou seria o contrário? Em poucas semanas, em todas as partes do Vietnã do Sul, os americanos prevaleceram, reassumindo o controle de Saigon e garantindo suas bases aéreas. Os cercos a Hue e Khe Sanh duraram mais tempo, mas a artilharia e os bombardeios aéreos maciços acabaram condenando os insurgentes, assim como nivelando todas as seções de Hue.

Depois de terminada aquela que mais tarde ficou conhecida como Ofensiva Tet, Westmoreland a comparou à Batalha das Ardenas, quase no final da Segunda Guerra Mundial. Ali os alemães tinham conseguido surpreender os aliados confundindo uma ousada incursão no leste da França. Nos primeiros dias eles haviam avançado rapidamente, criando pânico, mas, assim que os aliados se recuperaram, conseguiram empurrar os alemães de volta – e no final ficou evidente que a batalha era o dobre de finados militar dos alemães, seu último tiro. O mesmo acontecia, Westmoreland argumentou, com o exército norte-vietnamita em Khe Sanh e os vietcongues em todo o Sul: eles haviam sofrido baixas terríveis, muito mais do que os americanos – de fato, toda a infraestrutura vietcongue havia sido aniquilada. Eles jamais se recuperariam; finalmente o inimigo se revelara e fora seriamente derrotado.

Os americanos pensaram que Tet tinha sido um desastre tático para o Norte. Mas outro ponto de vista começou a vazar lentamente de casa: o drama na embaixada dos Estados Unidos, o cerco de Hue e os ataques às bases aéreas tinham mantido milhões de americanos grudados em seus aparelhos de televisão. Até então os vietcongues tinham

> *Com isto a deusa Atena de olhos acinzentados sorriu e lhe fez uma carícia, outra sua aparência agora, de modo que parecia uma mulher, alta, bela e sem dúvida hábil em tecer coisas esplêndidas. Ela respondeu rapidamente: "Quem chegar perto de você [Ulisses] deve ser esperto e malicioso como uma serpente; até um deus poderia curvar-se diante de*

operado principalmente nas regiões rurais, quase invisíveis ao público americano. Agora, pela primeira vez, eles eram visíveis nas principais cidades, causando confusão e destruindo tudo. Os americanos tinham escutado dizer que a guerra estava terminando e poderia ser vencida; estas imagens diziam outra coisa. De repente, o propósito da guerra parecia menos claro. Como o Vietnã do Sul poderia permanecer estável diante deste inimigo que se via por toda parte? Como os americanos poderiam reivindicar uma vitória clara? Não havia realmente nenhum fim à vista.

As pesquisas de opinião pública americanas mapeavam uma nítida reviravolta contra a guerra. Demonstrações antibelicistas explodiam por todo o país. Os conselheiros militares do presidente Lyndon Johnson, que vinham lhe dizendo que o Vietnã do Sul estava sendo controlado, agora confessavam não estarem mais tão otimistas. Nas primárias democráticas de New Hampshire naquele mês de março, Johnson ficou atônito com sua derrota para o senador Eugene McCarthy, que havia galvanizado o crescente sentimento contra a guerra. Logo depois, Johnson anunciou que não iria concorrer para a reeleição na próxima corrida presidencial e que lentamente retiraria as forças americanas do Vietnã.

A Ofensiva Tet foi, na verdade, um momento decisivo na Guerra do Vietnã, mas não na direção que Westmoreland e sua equipe haviam previsto.

Interpretação. Para os estrategistas americanos, o sucesso da guerra dependia, em sua maior parte, das Forças Armadas. Ao usar seu exército e armamentos superiores para matar o máximo possível de vietcongues e ganhar o controle das áreas rurais, eles garantiriam a estabilidade do governo sul-vietnamita. Estando o Sul suficientemente forte, o Vietnã do Norte desistiria de lutar.

Os vietnamitas viam a guerra de outra maneira. Por natureza e prática, eles viam conflitos em termos bem mais amplos. Eles examinavam a situação política no Sul, onde as missões de busca e destruição estavam alienando os camponeses sul-vietnamitas. Os norte-vietnamitas, enquanto isso, faziam o possível para conquistar os camponeses e ganhar para si mesmo um exército de milhões de simpatizantes silenciosos. Como o Sul podia estar seguro se os americanos haviam falhado em conquistar os corações e mentes dos fazendeiros vietnamitas? Os norte-vietnamitas também examinavam a cultura americana, onde o apoio à guerra era amplo, mas não era profundo. A Guerra do Vietnã foi a primeira guerra televisionada da história; os militares estavam tentando controlar as informações sobre a guerra, mas as imagens na televisão falavam por si só.

Os norte-vietnamitas não paravam, continuamente ampliando seus postos de observação e analisando o contexto global da guerra. E a partir deste estudo eles traçaram sua estratégia mais brilhante: a Ofensiva Tet. Usando seu exército de simpatizantes camponeses no Sul, eles conseguiram se infiltrar em todas as partes do país, contrabandeando armas e suprimentos acobertados pelo feriado de Tet. Os alvos que atingiam não eram apenas militares, mas televisivos: seus ataques em Saigon, base de quase toda a mídia americana (inclusive do jornalista Walter Cronkite da CBS, em visita naquela época), eram espetaculares; Hue e Khe Sanh eram também lugares fortemente cobertos pelos repórteres americanos. Eles também atacavam locais simbólicos – embaixadas, palácios, bases aéreas – que absorveriam a atenção da mídia. Pela televisão isto criaria a dramática (e ilusória) impressão de que os

você dissimuladamente. Você! Você camaleão! Saco sem fundo de truques! Aqui, em seu próprio país, não daria você a seus estratagemas um descanso ou pararia de lançar feitiços por um instante?... Farinha do mesmo saco, vocês são, maquinadores, ambos. De todos os homens agora vivos, vocês são os melhores em tramas e histórias inventadas. Minha própria fama é de sabedoria entre os deuses – ilusões, também."
ODISSEIA,
HOMERO, C.
SÉCULO IX A.C.

vietcongues estavam por toda parte, enquanto que os bombardeiros e os programas de pacificação americanos não tinham dado em nada. Com efeito, o objetivo da Ofensiva Tet não era um alvo militar, mas o público americano diante de seus aparelhos de televisão. Uma vez tendo os americanos perdido a fé – e em um ano de eleição –, o destino da guerra estava decidido. Os norte-vietnamitas não precisavam vencer uma única batalha campal e de fato eles jamais venceram. Mas, ao estender sua visão do campo de batalha para a política e a cultura, eles ganharam a guerra.

Tendemos sempre a olhar para o que nos é mais imediato, tomando o caminho mais direto para alcançarmos nossos objetivos e tentando ganhar a guerra vencendo o máximo possível de batalhas. Pensamos em termos pequenos, no nível micro, e reagimos a acontecimentos presentes – mas esta é uma estratégia banal. Nada na vida acontece isoladamente; tudo está relacionado a todas as outras coisas e tem um contexto mais amplo. Esse contexto inclui pessoas fora de seu círculo imediato a quem suas ações afetam, o público em geral, o mundo inteiro; ele inclui a política, pois todas as escolhas na vida moderna têm ramificações políticas; ele inclui cultura, mídia, o modo como o público vê você. Sua função como um grande estrategista é ampliar sua visão em todas as direções – não só olhar mais adiante para o futuro, mas também ver melhor o mundo a seu redor melhor do que seu inimigo. Suas estratégias se tornarão insidiosas e impossíveis de frustrar. Você será capaz de utilizar as relações entre o que está acontecendo, uma batalha preparando a outra, um golpe cultural armando um golpe político. Você trará a guerra para arenas que seus inimigos ignoravam, apanhando-os de surpresa. Somente a grande estratégia é capaz de produzir grandes resultados.

A guerra é a continuação da política por outros meios.
– Carl von Clausewitz (1780-1831)

CHAVES PARA A GUERRA

Milhares de anos atrás, nós, humanos, nos elevamos acima do mundo animal e não olhamos para trás. Figurativamente falando, a chave para este avanço evolutivo foi nosso poder de visão: a linguagem e a capacidade de raciocinar que ela nos deu, deixando-nos ver melhor o mundo a nosso redor. Para se proteger de um predador, um animal dependia de seus sentidos e instintos; ele não podia ver o que estava para acontecer ou a outra extremidade da floresta. Nós, humanos, por outro lado, podíamos mapear toda a floresta, estudar os hábitos de animais perigosos e até a própria natureza, adquirindo um conhecimento mais amplo, mais profundo, do nosso ambiente. Podíamos ver perigos se aproximando antes que eles existissem. Esta visão expandida era abstrata: enquanto um animal estava preso no presente, nós podíamos ver o passado e vislumbrar o futuro até onde nossa razão nos levasse. Nossa visão se expandiu mais e mais no tempo e no espaço, e acabamos dominando o mundo.

Em algum ponto ao longo da linha, entretanto, paramos de evoluir como criaturas racionais. Apesar de nosso progresso, existe sempre uma parte de nós que permanece animal, e essa parte animal pode responder apenas ao que é mais imediato em nosso ambiente – ela é incapaz de pensar além do momento. O dilema ainda nos afeta: os dois lados de nosso caráter, racional e animal, estão constantemente em guerra, tornando quase todas as nossas ações desajeitadas. Nós raciocinamos e planejamos para alcançar um objetivo, mas no calor da ação ficamos emotivos e perdemos a perspectiva. Usamos esperteza e estratégia para agarrar o que queremos, mas não paramos para pensar se o que queremos é necessário, ou que consequências isso terá. A visão ampliada que a racionalidade nos dá, muitas vezes, fica eclipsada pelo animal emocional, reativo interior – o lado mais forte de nossa natureza.

Mais do que nós hoje, os gregos antigos estavam próximos da passagem da raça humana de animal para racional. Para eles, nossa natureza dual nos fazia trágicos, e a origem da tragédia era a visão limitada. Nas tragédias gregas clássicas como *Édipo Rei*, o protagonista pode pensar que sabe a verdade e conhece o mundo o suficiente para atuar nele, mas sua visão é limitada por suas emoções e desejos. Ele tem apenas uma perspectiva parcial da vida e de suas próprias ações e identidade, assim ele age com imprudência e causa sofrimentos. Quando Édipo finalmente compreende seu próprio papel em todos os seus infortúnios, arranca fora seus olhos – símbolos de sua trágica limitação. Ele pode ver o mundo lá fora, mas não dentro de si mesmo.

Os gregos, entretanto, também reconheceram o potencial para uma possibilidade humana superior. Muito acima da esfera dos mortais estavam os deuses do Olimpo, que tinham visão perfeita do mundo, tanto do passado como do futuro; e a raça humana tinha algo em comum com eles assim como com os animais – nós éramos não só em parte animais como, em parte, divinos. Além do mais, aqueles capazes de ver mais longe do que os outros, de controlar sua natureza animal e pensar antes de agir, eram humanos da espécie mais profundamente humana – os mais capazes de usar os poderes da razão que nos separa dos animais. Em oposição à estupidez humana (visão limitada), os gregos imaginaram uma prudência humana ideal. Seu símbolo era Ulisses, que sempre

---

Então ele viu Ulisses e perguntou: "Agora fale-me sobre este, querida criança. Mais baixo que Agamenon por uma cabeça, porém mais largo de ombros e peito. Sua armadura está caída no chão e ele está vagando pelas fileiras como um carneiro, é isso, exatamente como um carneiro de velocino cerrado atravessando um bando de ovelhas prateadas."
E Helena, filha de Zeus: "Esse é filho de Laerte, o mestre estrategista Ulisses, nascido e criado nas colinas rochosas de Ítaca. Ele conhece todos os truques que existem, e sua mente é profunda." Antenor virou-se para ele e observou com astúcia: "Suas palavras não estão erradas aqui, senhora. Ulisses já veio uma vez aqui, em uma embaixada em seu nome junto com Menelau. Eu os entretive cortesmente no grande salão e fiquei conhecendo o caráter e a profundeza da mente de cada homem. Destacando-se em uma multidão de troianos, Menelau, com seus

largos ombros, era mais proeminente, mas quando ambos se sentaram Ulisses era mais senhoril. Quando chegou a hora de cada um falar em público e seduzir com suas palavras, Menelau falou com bastante fluência, com objetividade e muita clareza, mas brevemente, visto não ser ele um homem de muitas palavras. Sendo mais velho, ele falou primeiro. Depois Ulisses, o mestre estrategista, levantou-se rapidamente. Mas ficou só ali, os olhos fixos no chão. Ele não moveu seu bastão para a frente ou para trás, mas segurou-o firme. Você teria pensado que ele era um indivíduo grosseirão, idiota, sem nenhuma inteligência. Mas quando ele abriu a boca e projetou sua voz as palavras caíram como flocos de neve em uma nevasca. Nenhum mortal poderia ter rivalizado com Ulisses então, e nós não podemos mais culpá-lo por sua aparência."
ILÍADA, HOMERO, C. SÉCULO IX A.C.

pensava antes de agir. Tendo visitado Hades, a terra dos mortos, ele estava em contato com a história ancestral e o passado; e estava sempre curioso, ansioso por conhecimento, e era capaz de ver ações humanas, as suas próprias e as dos outros, com um olhar desapaixonado, considerando as consequências a longo prazo. Em outras palavras, como os deuses, mesmo que em menor grau, ele tinha capacidade de enxergar o futuro. O consumado realista, o homem de visão, Ulisses era um personagem do poema épico de Homero, mas havia versões históricas do ideal: a figura política e líder militar, Temístocles, por exemplo; e Alexandre, o Grande, elevado por Aristóteles ao auge da inteligência e da ação combinadas.

O homem prudente pode parecer frio, sua racionalidade sugando o prazer da vida. Nada disso. Como os deuses amantes do prazer no Monte Olimpo, ele tem a perspectiva, o calmo desprendimento, a habilidade para rir, que vem com a verdadeira visão, que dá a tudo que ele faz uma leveza – estes traços compreendendo o que Nietzsche chama de "ideal apolíneo". (Só as pessoas que não conseguem ver além do próprio nariz tornam as coisas pesadas.) Alexandre, o grande estrategista e homem de ação, também era famoso pelas folias e festividades. Ulisses amava a aventura; ninguém era melhor na experiência do prazer. Ele era simplesmente mais sensato, mais equilibrado, menos vulnerável a suas próprias emoções e humores e deixava em sua esteira menos tragédia e tumulto.

Esta criatura calma, desapegada, racional, que vê longe, chamada de "prudente" pelos gregos, é o que vamos chamar de "grande estrategista".

Somos todos, até certo ponto, estrategistas: queremos naturalmente ter controle sobre nossas vidas e tramamos pelo poder, consciente ou inconscientemente procurando obter o que queremos. Usamos estratégias, em outras palavras, mas elas tendem a ser lineares e reativas e muitas vezes são fracionadas e desviadas do curso por reações emocionais. Estrategistas espertos podem ir longe, mas só uns poucos não cometem erros. Se tiverem êxito, se empolgam e se excedem; se enfrentam contratempos – e contratempos são inevitáveis ao longo da vida –, ficam facilmente arrasados. O que distingue os grandes estrategistas é sua capacidade de olhar mais fundo, tanto para dentro de si mesmos como para dentro dos outros, compreender e aprender com o passado e ter uma noção clara do futuro, até onde se possa prevê-lo. Simplesmente, eles veem mais, e sua visão ampliada permite que executem planos às vezes por longos períodos de tempo – tão longos que aqueles a sua volta talvez nem percebam que eles estão com um plano em mente. Eles atacam as raízes de um problema, não seus sintomas, e atingem a marca honestamente. Ao avançar para ser um grande estrategista, você segue o caminho de Ulisses e se alça à condição dos deuses. Não é tanto que suas estratégias sejam mais espertas ou manipuladoras, mas que elas existam em um plano superior. Você deu um salto qualitativo.

Em um mundo onde as pessoas são cada vez mais incapazes de pensar nas consequências, são mais animais do que nunca, a prática da grande estratégia o colocará instantaneamente acima dos outros.

Ser um grande estrategista não implica anos de estudo ou uma total transformação de sua personalidade. Significa apenas utilização mais eficaz do que você tem – sua mente, sua racionalidade, sua visão. Tendo evoluído como uma solução para o problema da guerra, a grande estratégia é um conceito militar. E um exame de seu desenvolvimento histórico revelará a chave para fazer com que ela funcione para você no dia a dia.

Nos primórdios da história da guerra, um governante ou general que entendesse de estratégia podia exercer o poder. Ele podia vencer batalhas, construir um império ou, pelo menos, defender sua própria cidade ou estado. Mas problemas surgiam com a estratégia neste nível. Mais do que qualquer outra atividade humana, a guerra confunde as emoções, agita o animal interior. Ao tramar uma guerra um rei dependeria de coisas como seu conhecimento do terreno e sua compreensão tanto das forças inimigas quanto das suas; seu sucesso dependeria de sua habilidade para ver as coisas com clareza. Mas esta visão provavelmente estaria obscurecida. Ele tinha emoções às quais reagir, desejos a realizar; ele não podia pensar totalmente em seus objetivos. Querendo vencer, ele subestimaria a força do inimigo ou superestimaria a sua. Ao invadir a Grécia em 480 a.C., Xerxes, da Pérsia, pensava ter um plano perfeitamente racional. Havia muitas coisas que ele não levara em conta, e deu-se o desastre.

Outros governantes, na verdade, venceram suas batalhas só para se embriagarem com o sucesso e não saberem mais parar, provocando ódio, desconfiança e o desejo de vingança implacáveis a sua volta, culminando em guerra em várias frontes e na derrota total – como na destruição do belicoso Império Assírio, com sua capital Nínive eternamente enterrada na areia. Em casos assim, a vitória na batalha resultou apenas em riscos, expondo o conquistador a desastrosos ciclos de ataques e contra-ataques.

Na antiguidade, estrategistas e historiadores, de Sun Tzu a Tucídides, tiveram consciência deste padrão autodestrutivo recorrente na guerra e começaram a inventar modos mais racionais de lutar. O primeiro passo foi pensar além da batalha imediata. Supondo que você saísse vencedor, como isso o deixaria – em melhor ou pior situação? Para responder a esta pergunta, o lógico era pensar com antecedência

Esquecendo nossos objetivos. – Durante a viagem costumamos esquecer seu objetivo. Quase todas as profissões são escolhidas e iniciadas como um meio para atingir um fim, mas continuaram sendo um fim em si mesmas. Esquecer nossos objetivos é o mais frequente de todos os atos de estupidez.
FRIEDRICH NIETZSCHE, 1844-1900

a partir da terceira e da quarta batalhas, que se conectavam como elos em uma corrente. O resultado foi o conceito de campanha, no qual o estrategista define um objetivo realístico e trama antes as várias etapas para chegar até lá. Batalhas individuais são importantes apenas porque preparam as próximas até o fim; um exército pode até intencionalmente perder uma batalha como parte de um plano a longo prazo. A vitória que importa é a da campanha como um todo, e tudo está subordinado a esse objetivo.

Este tipo de estratégia representou um avanço qualitativo. Pense em um jogo de xadrez, quando o grande mestre, em vez de se concentrar apenas no movimento prestes a acontecer e de fazê-lo unicamente em reação ao que o outro jogador acabou de executar, deve visualizar todo o tabuleiro com bastante antecedência, traçando uma estratégia global, usando os movimentos dos peões agora para armar aqueles das peças mais poderosas mais à frente. Pensar em termos de campanha deu à estratégia uma nova profundidade. O estrategista usava cada vez mais o mapa.

A guerra neste nível exigia que o estrategista pensasse profundamente em todas as direções antes de iniciar uma campanha. Ele tinha de conhecer o mundo. O inimigo era apenas uma parte do contexto; o estrategista também tinha de prever as reações de aliados e países vizinhos – qualquer passo em falso com eles e todo o plano poderia se revelar. Ele tinha de imaginar a paz depois da guerra. Ele tinha de saber do que seu exército era capaz ao longo do tempo e pedir nada mais do que isso. Ele tinha de ser realista. Sua mente tinha de se expandir para enfrentar as complexidades da tarefa – e tudo isto antes de trocar um único golpe.

Mas pensar estrategicamente neste nível gerava benefícios sem fim. Uma vitória no campo de batalha não seduziria o líder para um movimento impensado que pudesse no futuro ser um obstáculo para a campanha, nem uma derrota o deixaria irritado. Quando algo inesperado acontecesse – e o inesperado é de esperar na guerra –, a solução que ele improvisasse para enfrentá-lo teria de estar de acordo com as metas no horizonte distante. A subordinação de suas emoções ao pensamento estratégico lhe daria mais controle no curso da campanha. Ele manteria sua perspectiva no calor da batalha. Ele não seria apanhado no padrão reativo e autodestrutivo que destruíra tantos exércitos e estados.

Este princípio de campanha só foi batizado com o nome de "grande estratégia" em uma época relativamente recente, mas já existia de várias formas desde os tempos antigos. Ela é nitidamente visível na conquista da Pérsia por Alexandre, no controle de vastos territórios com pe-

Trame contra o que é difícil enquanto ele permanece fácil. Aja contra o grande enquanto ele ainda é pequeno. Questões difíceis de um extremo a outro do reino invariavelmente começam com o que é fácil, grandes questões de um ponto a outro do reino inevitavelmente começam com o que é pequeno. Por esta razão, o Sábio jamais age contra o grande e é assim capaz de completar a grandeza. O que é tranquilo permanece facilmente compreendido, o que ainda não foi traído por sinais é fácil de se tramar contra. O frágil é facilmente dividido, o diminuto é facilmente espalhado. Aja sobre eles antes que atinjam o ser, controle-os antes que se tornem caóticos. Árvores que requerem ambos os braços para serem abraçadas nascem de mudas insignificantes. Uma torre de nove andares começa com

quenos exércitos pelos impérios romano e bizantino, nas disciplinadas campanhas dos mongóis, na derrota da Armada Espanhola pela rainha Elizabeth I, nas campanhas brilhantemente concebidas do duque de Marlborough contra os Habsburgos. Em épocas modernas, a derrota primeiro dos franceses, depois dos Estados Unidos, para o Vietnã do Norte – neste último caso sem vencer uma única batalha importante – deve se considerar como um consumado uso da arte.

A história militar mostra que o segredo da grande estratégia – o que a separa da estratégia simples, de fundo de quintal – é sua particular qualidade de previsão. Grandes estrategistas pensam e planejam bem mais adiante no futuro antes de agir. Nem o planejamento deles é apenas uma questão de acumular conhecimentos e informações; trata-se de olhar para o mundo com um olhar desapaixonado, pensar em termos da campanha, planejar etapas indiretas, sutis, ao longo do caminho cujo propósito possa apenas gradualmente se tornar visível aos outros. Não só este tipo de planejamento engana e desorienta o inimigo; para o estrategista, ele tem os efeitos psicológicos de acalmar, de dar uma noção de perspectiva, de permitir a flexibilidade para mudar na hora certa sem perder de vista o objetivo básico. Emoções são mais fáceis de controlar; a visão enxerga mais longe e melhor. A grande estratégia é o auge da racionalidade.

A grande estratégia tem quatro postulados principais, extraídos, abaixo, de casos reais dos praticantes mais bem-sucedidos na arte. Quanto mais você conseguir incorporar estes princípios a seus planos, melhores serão os resultados.

Concentre-se em seu objetivo maior, seu destino. O primeiro passo para ser um grande estrategista – aquele que fará tudo o mais entrar nos eixos – é começar tendo em mente um objetivo claro, detalhado, premeditado, que esteja enraizado na realidade. Costumamos imaginar que geralmente operamos com base em uma espécie de plano, que temos metas que tentamos alcançar. Mas em geral nos enganamos; o que temos não são metas, mas desejos. Nossas emoções nos contagiam com desejos vagos; queremos fama, sucesso, segurança – algo grande e abstrato. Esta nebulosidade desequilibra nossos planos desde o início e os coloca em um curso caótico. O que tem distinguido todos os grandes estrategistas da história, e pode distinguir você também, são metas específicas, detalhadas, focalizadas. Contemple-as todos os dias, e imagine como será para alcançá-las e como você se sentirá ao alcançá-las. Por uma lei psicológica peculiar aos humanos, visualizá-las claramente desse modo vai transformá-las em uma profecia realizada.

um pequeno acúmulo de terra, uma jornada de milhares de quilômetros começa debaixo de seus pés.
TAO TE CHING, LAO TZU, C. 551-479 A.C.

O JAVALI E A RAPOSA
Um javali estava afiando as presas no tronco de uma árvore um dia. Uma raposa lhe perguntou por que ele fazia isto se não havia nenhum caçador ou perigo que o ameaçasse. "Faço isso por uma boa razão", ele respondeu. "Porque se eu for surpreendido de repente por um perigo não terei tempo de afiar as minhas presas. Mas agora eu as terei prontas para cumprir seu dever."

> A fábula mostra que não é bom esperar até que o perigo apareça para se preparar.
> FÁBULAS, ESOPO, SÉCULO VI A.C.

Ter objetivos claros foi crucial para Napoleão. Ele visualizava seus objetivos em intensos detalhes – no início de uma campanha, ele podia ver mentalmente com clareza a última batalha. Examinando um mapa com seus auxiliares, ele mostrava o ponto exato onde ela terminaria – uma previsão absurda, é o que poderia parecer, visto que não só a guerra está sujeita a mudanças a qualquer hora e ao que o inimigo inventar para surpreendê-lo, como os mapas de Napoleão eram notoriamente pouco confiáveis. No entanto, repetidas vezes suas previsões se comprovariam incrivelmente corretas. Ele também visualizava o resultado da campanha: a assinatura do tratado, suas condições, a cara do czar russo ou do imperador austríaco derrotados e exatamente como a concretização desta meta em particular o posicionaria para sua próxima campanha.

Quando rapaz, Lyndon B. Johnson, apesar de sua limitada educação, estava determinado a ser presidente um dia. O sonho virou uma obsessão: ele se via como presidente, pavoneando-se no palco mundial. Conforme avançava em sua carreira, ele nunca fez nada sem estar de olho neste objetivo máximo. Em 1957, Johnson, na época senador pelo Texas, apoiou uma lei de direitos civis. Isso o prejudicou no Texas mas o elevou nacionalmente: pelo visto um senador do Sul havia se manifestado, arriscando seu emprego. O voto de Johnson chamou a atenção de John F. Kennedy, que, na campanha de 1960, o indicou para vice-presidente – o cargo acabou sendo o degrau de Johnson para a presidência.

Objetivos claros a longo prazo orientam todas as suas ações, grandes e pequenas. Decisões importantes ficam mais fáceis de tomar. Se alguma perspectiva fulgurante ameaçar seduzir você para se afastar de seu objetivo, você saberá resistir. Você sabe quando sacrificar um peão, até quando perder uma batalha, se isso servir a seu propósito final. Seus olhos estão focalizados em vencer a campanha e nada mais.

Suas metas precisam estar enraizadas na realidade. Se elas estão simplesmente além de suas possibilidades, essencialmente impossíveis de realizar, você perde a coragem e o desânimo pode rapidamente crescer até se tornar uma atitude derrotista. Por outro lado, se falta certa dimensão e grandeza a sua meta, pode ser difícil permanecer motivado. Não tenha medo de ousar. No sentido amplo, você está criando para si mesmo o que Alexandre sentia ser seu destino e o que Friedrich Nietzsche chamou de "tarefa da vida" – aquilo para o qual suas tendências e aptidões naturais, talentos e desejos, parecem apontar você. Atribuir a si mesmo uma tarefa na vida vai inspirar e guiar você.

A natureza do objetivo é crítica: alguns objetivos, se realizados, irão magoá-lo no longo prazo. Os objetivos da grande estratégia no verdadeiro sentido são construir uma base sólida para futura expansão, tornar você mais seguro, aumentar seu poder. Quando Israel capturou o Deserto do Sinai na Guerra dos Seis Dias, em 1967, o que parecia fazer sentido era criar uma espécie de zona amortecedora entre ela mesma e o Egito. Na verdade, isto só significou mais território para patrulhar e controlar e criou uma causa para motivar uma constante hostilidade por parte da população egípcia. O Sinai também era vulnerável a ataques de surpresa, que foi o que acabou acontecendo na Guerra do Yom Kippur, em 1973. Visto que continuar no deserto, embora fosse uma ideia sedutora, no final prejudicava a necessidade de segurança, nos termos da grande estratégia era provavelmente um erro. Às vezes é difícil saber quais serão os efeitos a longo prazo da conquista de um objetivo, mas quanto mais séria e realisticamente você examinar as possibilidades a favor, menos provável será cometer um erro de cálculo.

Amplie sua perspectiva. A grande estratégia é uma função da visão, de ver mais adiante no tempo e no espaço do que o inimigo. O processo de previsão não é natural: só podemos viver no presente, que é a base para nossa consciência, e nossos desejos e experiências subjetivas reduzem nosso campo visual – eles são como uma prisão na qual habitamos. Sua tarefa como um grande estrategista é se forçar a ampliar sua visão, a assimilar melhor o mundo a seu redor, a ver as coisas pelo que elas são e possam representar no futuro, não pelo que você gostaria que elas fossem. Todos os acontecimentos têm uma razão, uma cadeia causal de relacionamentos que fazem que eles aconteçam; você tem de penetrar fundo nessa realidade, em vez de ver apenas a superfície das coisas. Quanto mais perto você chegar da objetividade, melhores serão suas estratégias e mais fácil o caminho até suas metas.

Você pode dar um passo nessa direção tentando sempre olhar o mundo pelos olhos das outras pessoas – inclusive, mais seguramente, os olhos de seu inimigo –, antes de travar uma guerra. Seus próprios preconceitos culturais são um grande obstáculo para ver o mundo de forma objetiva. Olhar através dos olhos de outra pessoa não é ser politicamente correto ou ter uma sensibilidade nebulosa indulgente; com isso suas estratégias ficam mais eficazes. Durante a Guerra do Vietnã, os norte-vietnamitas estudaram intensamente o cenário cultural americano. Eles tentavam ver mudanças na opinião pública e se esforçavam para compreender o sistema político americano e os efeitos sociais da televisão. Estrategistas americanos, por outro lado, revelaram uma compreensão absolutamente mínima das culturas exóticas do Vietnã – fosse a cultura sul-vietnamita que estavam apoiando ou a norte-vietnamita que procuravam combater. Cegos por sua obsessão em impedir a disseminação

Isto é como deveria ser. Nenhuma proposta importante necessária para a guerra pode ser elaborada na ignorância de fatores políticos; e quando as pessoas falam, como costumam fazer, sobre a influência política sendo prejudicial para a administração da guerra, não estão realmente dizendo o que pensam. Sua discussão deveria ser com a política em si, não com sua influência. Se a política é correta – isto é, bem-sucedida –, qualquer efeito intencional que tenha sobre a condução da guerra só pode ser para o bem. Se ela tem o efeito oposto, a política em si está errada. Somente se os estadistas olharem para certos movimentos e ações militares a fim de produzir efeitos que são estranhos a suas naturezas, as decisões políticas influenciam operações para o pior. Do mesmo modo que um homem sem o pleno domínio de um idioma estrangeiro às vezes não consegue se expressar corretamente, assim também os estadistas muitas vezes emitem ordens que derrotam o propósito a que elas deveriam servir. Isso tem acontecido repetidas vezes, o que demonstra que uma certa compreensão de questões militares é vital para aqueles encarregados da política em geral. Antes de continuar, devemos nos proteger de um provável erro de interpretação. Estamos longe de acreditar que um ministro da Guerra imerso em seus arquivos, um engenheiro erudito ou mesmo um soldado experiente, seria, com base simplesmente em suas experiências em particular, o melhor diretor de política – sempre supondo que o príncipe ele mesmo não esteja no

do comunismo, eles deixaram de notar as influências bem mais profundas da cultura e da religião sobre o estilo de combate norte-vietnamita. A estratégia deles foi o maior fracasso.

Grandes estrategistas mantêm antenas sensíveis sintonizadas na política de qualquer situação. Política é a arte de promover e proteger seus próprios interesses. Você poderia pensar que ela seria em grande parte uma questão de partidos e facções, mas cada indivíduo é, entre outras coisas, uma criatura política buscando garantir sua própria posição. Seu comportamento no mundo tem sempre consequências políticas, visto que as pessoas a sua volta o analisarão em termos de ser benéfico ou prejudicial para elas. Vencer a batalha ao custo de alienar aliados em potencial ou criar inimigos intratáveis nunca é sensato.

Levando em conta a política, você deve conceber sua grande estratégia pensando em conquistar o apoio de outras pessoas – em criar e reforçar a base. Na Guerra Civil Romana, em 49 a.C., Júlio César encarou Pompeu, que na época era um militar mais experiente. César ganhou vantagem ao planejar suas manobras de olho no efeito que elas teriam sobre a opinião pública em Roma. Sem o apoio do Senado, ele confiou no apoio do público em geral. César era um brilhante animal político, e o que o fazia ser assim era sua compreensão da psique do público; ele compreendia o interesse deles e moldava sua estratégia de acordo. Ser político significa compreender as pessoas – ver pelos olhos delas.

Corte as raízes. Em uma sociedade dominada pelas aparências, às vezes é difícil entender a verdadeira origem de um problema. Para elaborar uma grande estratégia contra um inimigo, você tem de conhecer o que o motiva ou de onde vem seu poder. São muitas as guerras e batalhas que se arrastam porque nenhum dos dois lados sabe como atingir as raízes do outro. Como um grande estrategista, você deve ampliar sua visão não só para longe e para os lados, mas para baixo. Pense bem, vá fundo, não aceite as aparências como realidade. Revele as raízes do problema e você poderá criar uma estratégia para cortá-las, encerrando a guerra ou o problema.

Quando o general cartaginês Aníbal invadiu a Itália em 218 a.C., vários generais romanos esforçaram-se para derrotá-lo, mas nenhum conseguiu. O general romano mais tarde chamado Cipião, o Africano, viu a situação de outra forma: o problema não era Aníbal, ou sua base na Espanha, ou sua habilidade para reabastecer os suprimentos que chegavam de Cartago por mar; o problema era a própria Cartago. Este era um país com um ódio intratável de Roma, e havia uma longa luta pelo poder entre os dois. Então, em vez de atacar Aníbal, um brilhante militar, na Itália, Cipião invadiu Cartago forçando Aníbal a sair de onde estava para defender sua pátria. O ataque a Cartago foi mais do que um pretexto para afastar Aníbal; foi uma enorme invasão. A estratégia de Cipião foi perfeita: não só ele derrotou Aníbal em batalha, como destruiu Cartago como uma potência rival, terminando para sempre com sua capacidade de enfrentar Roma.

Uma parte da grande estratégia relacionada com o corte de raízes é ver os perigos quando eles começam a despontar, depois acabar com eles antes que fiquem grandes demais para se lidar com eles. Um grande estrategista sabe o valor da ação preventiva.

Tome o caminho indireto para sua meta. O maior perigo que você enfrenta na estratégia é o de perder a iniciativa e se ver constantemente reagindo ao que o outro lado faz. A solução, claro, é planejar com antecedência, mas também fazer isso sutilmente – pegar o caminho indireto. Impedir seu adversário de ver o propósito de suas ações lhe dá uma enorme vantagem.

Portanto, faça de seu primeiro movimento uma encenação, destinada a obter uma resposta de seu adversário que o exponha para o que virá em seguida. Atinja-o diretamente e ele reage, assumindo a postura defensiva que lhe permitirá desviar-se de seu próximo golpe; mas, se não pode ver o objetivo de seu golpe, ou se o golpe o deixa desorientado sem saber de onde virá o próximo, ele fica cego e sem defesa. O segredo está em manter o controle de suas emoções e armar seus movimentos com antecedência, vendo todo o tabuleiro de xadrez.

O diretor de cinema Alfred Hitchcock fez desta estratégia um princípio de vida. Todas as suas ações eram uma encenação destinada a produzir resultados no final, ele pensava com calma antes e dava um passo de cada vez. Seu objetivo era fazer um filme à altura de sua visão original, sem se deixar corromper pela influência de atores, produtores e outros membros da equipe que necessariamente surgem mais tarde. Ao controlar cada detalhe do roteiro, ele tornava quase impossível a interferência do produtor. Se o produtor tentasse se meter durante a filmagem em si, Hitchcock tinha uma câmera pronta no *set* sem filme. Ele fingia fazer as tomadas extras que o produtor queria, deixando que ele se sentisse poderoso sem arriscar o resultado final. Hitchcock fazia o mesmo com os atores: em vez de lhes dizer diretamente o que fazer, ele os contaminava com a emoção que desejava – medo, raiva, desejo –, pelo modo como os tratava no *set*. Cada etapa da trilha de campanha encaixava-se perfeitamente na seguinte.

Ao trabalhar no nível não da batalha, mas da campanha, seu primeiro passo é crucial. Ele deve ser ilusoriamente suave e indireto, ficando mais difícil de compreender. O bombardeio de Pearl Harbor

controle. Longe disso. O que é necessário no posto é inteligência diferenciada e força de caráter. Ele pode sempre conseguir as informações militares necessárias de uma forma ou de outra. As questões militares e políticas da França nunca estiveram em piores mãos do que quando os irmãos Belle-Isle e o Duc de Choiseul foram os responsáveis – embora fossem todos bons soldados.
DA GUERRA, CARL VON CLAUSEWITZ, 1780-1831

pelos japoneses durante a Segunda Guerra Mundial foi uma devastadora surpresa, mas como primeiro movimento de uma campanha foi um desastre. Os japoneses colocaram suas cartas na mesa rápido demais; concentrando a opinião pública em um nível intenso de raiva, eles garantiram que os americanos levassem a guerra avante até um amargo fim – e eram os americanos que tinham os maiores recursos militares. Preste sempre atenção ao primeiro passo de uma campanha. Ele define o tempo, determina a disposição de espírito do inimigo e lança você em uma direção que é melhor que seja a correta.

O teórico militar prussiano Carl von Clausewitz é famoso por ter argumentado que a guerra é a continuação da política por outros meios. Ele queria dizer que toda nação tem objetivos – segurança, bem-estar, prosperidade – que em geral persegue por meio da política, mas quando outra nação ou força interna frustra sua realização com a política, a guerra é o resultado natural. A guerra nunca é simplesmente pela vitória no campo de batalha ou a simples conquista de terras; ela é a busca de uma política que não pode ser realizada de nenhum outro modo, a não ser pela força.

Quando se perde uma guerra, entretanto, em geral todos os dedos apontam para as Forças Armadas. Podemos às vezes passar por cima das cabeças dos generais, até os políticos que declararam a guerra em primeiro lugar; durante e após a Guerra do Vietnã, por exemplo, houve quem colocasse a culpa no fracasso do governo em não se empenhar totalmente na guerra. Quase sempre, entretanto, a análise após o jogo é militar – nós estudamos com cuidado as batalhas da guerra, criticando os movimentos dos oficiais. E, é claro, foram as Forças Armadas que planejaram e lutaram na guerra, mas, mesmo assim, o verdadeiro problema é uma questão de grande estratégia. Segundo Clausewitz, o fracasso na guerra é um fracasso de política. Os objetivos da guerra, e das políticas que levaram a ela, foram irreais, inadequados, cegos a outros fatores.

Esta ideia é a filosofia do grande estrategista. Sempre que alguma coisa não dá certo, é da natureza humana culpar esta ou aquela pessoa. Deixe que os outros se envolvam nessa estupidez, dominados por seus instintos, vendo apenas o que está imediatamente visível aos olhos. Você vê as coisas de outro modo. Quando uma ação dá errado – nos negócios, na política, na vida –, busque a origem da política que a inspirou em primeiro lugar. O objetivo foi mal orientado.

Isto significa que você mesmo é, em grande parte, o agente de tudo de ruim que lhe acontece. Com mais prudência, políticas mais sensatas e visão mais ampla, você poderia ter evitado o perigo. Portanto, quando alguma coisa sair errada, olhe bem no fundo de você mesmo – não de uma forma emocional, para se acusar ou ficar curtindo seus sentimentos de culpa, mas para ter certeza de que vai iniciar sua próxima campanha com passo mais firme e enxergando melhor.

Imagem:
O Topo da Montanha. Lá embaixo, no campo de batalha, tudo é fumaça e confusão. É difícil distinguir amigo de inimigo, ver quem está vencendo, prever o que o inimigo vai fazer em seguida. O general deve subir bem acima da rixa, para o topo da montanha, onde tudo se torna mais claro e mais em foco. Ali ele pode ver mais além do campo de batalha – os movimentos das reservas, o campo inimigo, como a batalha será no futuro. Só do topo da montanha o general pode dirigir a guerra.

Autoridade: *É um erro comum na guerra começar pelo lado errado, agir antes e esperar pelo desastre para discutir a questão.* – Tucídides (entre 460 e 455 a.C. – c. 400 a.C.)

INVERSO

A grande estratégia envolve dois riscos que você deve considerar e combater. Primeiro, os sucessos que ela lhe proporciona em suas primeiras campanhas podem ter o mesmo efeito sobre você que a vitória fácil no campo de batalha sobre um general: embriagado de triunfo, você talvez perca o sentido de realidade e proporção de que dependem seus movimentos futuros. Até mesmo excelentes grandes estrategistas, como Júlio César e Napoleão, acabaram vítimas desta dinâmica: perdendo a noção da realidade, eles começaram a acreditar que seus instintos eram infalíveis. Quanto maior a vitória, maior o perigo. Conforme você vai ficando mais velho, conforme você passa para sua próxima campanha, deve economizar, esforçar-se duas vezes mais para controlar suas emoções e manter uma noção de realidade.

Segundo, o desapego necessário para a grande estratégia pode levar você a um ponto onde ache difícil agir. Compreendendo o mundo muito bem, você vê opções demais e fica indeciso como Hamlet. Não importa o quanto progredimos, continuamos em parte animais, e é o animal em nós que inflama nossas estratégias, que lhes dá vida, nos anima a lutar. Sem o desejo de lutar, sem uma capacidade para a violência que a guerra produz, não podemos lidar com o perigo.

Os tipos como o prudente Ulisses sentem-se confortáveis com ambos os aspectos de suas naturezas. Eles planejam com antecedência o melhor possível, veem longe e amplamente, mas na hora de avançar eles avançam. Saber controlar suas emoções não significa reprimi-las totalmente, mas usá-las da maneira mais eficaz.

13

CONHEÇA SEU INIMIGO

A ESTRATÉGIA DA INTELIGÊNCIA

O alvo de sua estratégia deve ser não tanto o inimigo que você enfrenta, mas a mente da pessoa que o comanda. Se você compreende como essa mente funciona, você tem a chave para iludi-la e controlá-la. Aprenda a entender as pessoas, captando os sinais que elas inconscientemente enviam sobre seus pensamentos e intenções mais íntimos. Uma fachada cordial deixará que você as observe de perto e as explore para obter informações. Cuidado para não projetar nelas suas próprias emoções e hábitos mentais; tente pensar como elas pensam. Ao encontrar a fragilidade psicológica de seus adversários, você pode trabalhar para confundir sua mente.

> Aquele que conhece o inimigo e a si mesmo jamais, nem em cem batalhas, estará em perigo.
> SUN TZU, SÉCULO IV, A.C.

O INIMIGO ESPELHADO

Em junho de 1838, lorde Auckland, o governador-geral britânico da Índia, convocou uma reunião com seus oficiais mais graduados para discutirem uma proposta de invasão do Afeganistão. Auckland e outros ministros britânicos estavam cada vez mais preocupados com a crescente influência da Rússia na região. Os russos já haviam encontrado um aliado na Pérsia; agora estavam tentando fazer o mesmo com o Afeganistão, e, se tivessem sucesso, os britânicos na Índia se veriam potencialmente isolados por terra a oeste e vulneráveis a mais incursões pelos russos. Em vez de tentar superar os russos e negociar uma aliança com o governante afegão, Dost Mahomed, Auckland propôs o que pensava ser uma solução melhor: invadir o Afeganistão e instalar um novo governante – xá Soojah, um ex-líder afegão expulso do poder há 25 anos –, que então ficaria devedor dos ingleses.

Entre os homens que ouviam o que Auckland tinha a dizer naquele dia estava William Macnaghten, o secretário-chefe, de 45 anos, do governo de Calcutá. Macnaghten achou a invasão uma ideia brilhante: um Afeganistão amigo garantiria os interesses britânicos na área e até ajudaria a espalhar a influência britânica. E a invasão dificilmente fracassaria. O exército britânico não teria problemas em desbaratar os membros das tribos afegãs primitivas; eles se apresentariam como libertadores, livrando os afegãos da tirania russa e levando ao país o apoio e a influência civilizadora da Inglaterra. Assim que o xá Soojah estivesse no poder, o exército partiria, de modo que a influência britânica sobre o agradecido xá, embora poderosa, seria invisível para o público afegão. Quando chegou a hora de Macnaghten dar sua opinião sobre a invasão proposta, seu apoio foi tão sonoro e entusiástico que lorde Auckland não só decidiu ir em frente como o nomeou enviado da rainha em Kabul, a capital afegã – o mais alto representante britânico no Afeganistão.

Encontrando pouca resistência em seu caminho, em agosto de 1839 o exército britânico chegou a Kabul. Dost Mahomed fugiu para as montanhas e o xá entrou de novo na cidade. Para os habitantes locais, foi uma visão estranha: o xá Soojah, de quem muitos mal podiam se lembrar, parecia velho e submisso ao lado de Macnaghten, que entrou em Kabul vestido com um uniforme de cores fortes e um chapéu de bicos enfeitado com penas de avestruz. Por que estas pessoas tinham vindo? O que estavam fazendo aqui?

Com o xá de novo no poder, Macnaghten teve de reavaliar a situação. Relatórios chegaram informando-o de que Dost Mahomed estava montando um exército nas montanhas ao norte. Enquanto isso, ao sul, parecia que, ao invadirem o país, os britânicos haviam insultado alguns

> [Quanto ao segundo caso], o de ser atraído para [uma armadilha ou emboscada]...você deve ter a ousadia de não acreditar facilmente em coisas que não estão de acordo com a razão. Por exemplo, se o inimigo coloca um butim a sua frente, você deve acreditar que dentro dele tem um anzol e que ele esconde algum truque. Se muitos inimigos são postos para correr por alguns dos seus, se uns poucos inimigos atacam muitos dos seus, se o inimigo vira-se em súbita fuga... você deve temer um truque. E você não deve jamais acreditar que o inimigo não sabe cuidar dos próprios interesses; mas, se você espera ser menos enganado... e... correr menos riscos, à medida que seu inimigo for mais fraco, à medida que ele for menos cauteloso, você deve respeitá-lo ainda mais.
> A ARTE DA GUERRA, NICOLAU MAQUIAVEL, 1521

chefes de tribos saqueando suas terras atrás de comida. Estes chefes agora estavam criando problemas. Era evidente também que o xá não era bem-visto entre seus ex-súditos, era tão malvisto que Macnaghten não podia deixar desprotegidos nem ele nem outros interesses britânicos no país. Relutante, Macnaghten ordenou que a maior parte do exército britânico continuasse no Afeganistão até a situação se estabilizar.

O tempo passou e Macnaghten acabou decidindo permitir que oficiais e soldados desta força de ocupação cada vez mais permanente mandassem buscar suas famílias, para que a vida fosse menos difícil para eles. Em breve, esposas e filhos chegaram, junto com seus criados indianos. Mas, embora Macnaghten imaginasse que a chegada das famílias dos soldados teria um efeito civilizador mais humano, ela só assustou os afegãos. Os britânicos estariam planejando uma ocupação permanente? Para onde quer que o povo local olhasse, havia representantes dos interesses britânicos, falando alto nas ruas, bebendo vinho, frequentando teatros e corridas de cavalos – prazeres estrangeiros importados que eles haviam introduzido no país. Agora as famílias deles estavam se sentindo em casa. Um ódio por tudo que fosse inglês começou a criar raízes.

Houve quem alertasse Macnaghten a esse respeito e para todos ele tinha a mesma resposta: tudo seria esquecido e perdoado quando o exército deixasse o Afeganistão. Os afegãos eram um povo infantil, emotivo; quando sentissem os benefícios da civilização inglesa, ficariam mais do que agradecidos. Uma questão, entretanto, preocupava o enviado: o governo britânico não estava satisfeito com a crescente despesa com a ocupação. Macnaghten precisava fazer alguma coisa para cortar os custos, e ele sabia exatamente por onde começar.

A maioria das passagens na montanha por onde corriam as principais rotas comerciais do Afeganistão eram controladas pelas tribos Ghilzye, que por muitos anos, durante as vidas de muitos governantes diferentes do país, tinham recebido um estipêndio para mantê-las abertas. Macnaghten decidiu reduzir à metade este pagamento. Os ghilzyes reagiram bloqueando as passagens, e em outras regiões do país tribos solidárias aos ghilzyes se rebelaram. Macnaghten, apanhado de surpresa, tentou abafar estas rebeliões mas não as levou muito a sério, e oficiais preocupados que lhe diziam para reagir com mais vigor eram censurados por estarem exagerando. Agora o exército britânico teria de ficar ali indefinidamente.

A situação se deteriorou rapidamente. Em outubro de 1841, uma multidão atacou a casa de um oficial britânico e o matou. Em Kabul, chefes locais começaram a conspirar para expulsar os senhores feudais britâni-

---

O LEÃO IDOSO E A RAPOSA
Um leão que estava ficando velho e não podia mais obter sua comida pela força decidiu que devia recorrer a trapaças. Então, ele se retirou para uma caverna e, deitando-se no chão, fingiu estar doente. Assim, sempre que um animal entrava na caverna para visitá-lo, ele o comia na mesma hora. Depois de terem desaparecido muitos animais, uma raposa descobriu o que estava acontecendo. Ela foi ver o leão, mas ficou a uma distância segura do lado de fora da caverna, e lhe perguntou como estava. "Ah, não muito bem", disse o leão. "Por que você não entra?"
Mas a raposa disse: "Eu entraria se não tivesse visto que muitas pegadas estão apontando para dentro de sua caverna, mas nenhuma aponta para fora." Homens sábios notam os indícios de perigos e, portanto, os evitam.
FÁBULAS, ESOPO, SÉCULO VI A.C.

cos. O xá Soojah entrou em pânico. Durante meses ele havia implorado a Macnaghten para deixá-lo capturar e matar seus principais rivais, um tradicional método do governante afegão para garantir sua posição. Macnaghten havia lhe dito que um país civilizado não soluciona seus problemas políticos com assassinatos. O xá sabia que os afegãos respeitavam a força e a autoridade, não valores "civilizados"; para eles, seu fracasso em lidar com seus inimigos o fazia parecer fraco e sem controle do governo e o deixava cercado de inimigos. Macnaghten não quis escutar.

A rebelião se espalhou e Macnaghten agora teve de enfrentar o fato de não ter efetivo suficiente para abafar uma insurreição generalizada. Mas por que ele deveria entrar em pânico? Os afegãos e seus líderes eram ingênuos; ele recuperaria o comando com intrigas e engenhosidade. Com esse objetivo, Macnaghten negociou publicamente um acordo segundo o qual as tropas e os cidadãos britânicos deixariam o Afeganistão, em troca os afegãos abasteceriam os britânicos em retirada com alimentos. Confidencialmente, entretanto, Macnaghten informou a uns poucos chefes mais importantes que estava disposto a fazer um deles vizir do país – e enchê-lo de dinheiro – em troca de acabar com a rebelião e permitir que os ingleses ficassem.

O chefe dos ghilzyes do leste, Akbar Khan, respondeu a esta oferta e, no dia 23 de dezembro de 1841, Macnaghten foi ter um encontro em particular com ele para selar a barganha. Depois de trocar saudações Akbar perguntou a Macnaghten se ele queria seguir em frente com a traição que planejavam. Excitado por ter invertido a situação, Macnaghten respondeu animado que sim. Sem explicar nada, Akbar fez um sinal para seus homens agarrarem Macnaghten e o jogarem na prisão – ele não pretendia trair os outros chefes. No caminho uma multidão se formou, apoderou-se do infeliz enviado e, com uma fúria alimentada por anos de humilhação, literalmente, o cortou em pedacinhos. Seus braços, pernas e cabeça foram carregados em desfile pelas ruas de Kabul, e seu torso ficou pendurado em um gancho de carne no bazar.

Em questão de dias, tudo desandou. As tropas britânicas restantes – uns 4.500 homens, junto com 12 mil civis que os seguiam – foram obrigadas a concordar com uma retirada imediata do Afeganistão, apesar do inverno inclemente. Os afegãos deviam manter abastecido o exército em retirada, mas não fizeram isso. Certos de que os britânicos jamais partiriam se não fossem forçados, eles os hostilizavam sem parar. Civis e soldados igualmente morriam logo na neve.

No dia 13 de janeiro, as forças britânicas no forte em Jalalabad viram um único cavalo aproximando-se, com dificuldade, dos portões. Seu cavaleiro semimorto, o Dr. William Brydon, foi o único sobrevivente da malfadada invasão do Afeganistão pelos britânicos.

Isca. – "Todo mundo tem seu preço" – isto não é verdade. Mas certamente existe para todo mundo uma isca que é impossível deixar de engolir. Por conseguinte, para conquistar muitas pessoas para uma causa é preciso apenas colocar nela um brilho de filantropia, nobreza, caridade, sacrifício pessoal – e em que causa não se pode colocar isso? –: estas são as doçuras e as delícias para a alma delas; outros têm outras.
HUMANO, DEMASIADO HUMANO, FRIEDRICH NIETZSCHE, 1886

Interpretação. O conhecimento que poderia ter evitado a catástrofe estava na ponta dos dedos de Macnaghten muito antes de iniciar a expedição. Ingleses e indianos que tinham vivido no Afeganistão poderiam ter lhe dito que o povo afegão era um dos mais orgulhosos e independentes do planeta. Para eles, a imagem de tropas estrangeiras invadindo Kabul seria uma humilhação imperdoável. Além do mais, eles não eram um povo que ansiasse por paz, prosperidade e reconciliação. Na verdade, eles consideravam os antagonismos e confrontos como um estilo saudável de vida.

Macnaghten tinha a informação, mas recusava-se a vê-la. Em vez disso, ele projetou nos afegãos os valores de um inglês, que ele erroneamente supunha serem universais. Cego pelo narcisismo, ele confundiu todos os sinais pelo caminho. Por conseguinte, seus movimentos estratégicos – deixar o exército britânico ocupando Kabul, reduzir pela metade o estipêndio dos ghilzyes, tentar não exagerar seu poder abafando as rebeliões – eram exatamente o oposto do que era necessário. E naquele dia fatal, quando literalmente perdeu a cabeça, ele cometeu seu erro máximo de cálculo, imaginando que o dinheiro e um apelo ao interesse pessoal comprariam lealdade entre o próprio povo que ele havia humilhado tanto.

Cegueira e narcisismo assim não são raros; vemos isso todos os dias. Nossa tendência natural é ver os outros como meros reflexos de nossos próprios desejos e valores. Não compreendendo que eles não são como nós, ficamos surpresos quando não respondem como tínhamos imaginado. Sem querer, ofendemos e afastamos as pessoas, depois dizemos que elas é que são culpadas pelo dano causado, e não nossa incapacidade de compreendê-las.

Compreenda: se você deixar o narcisismo funcionar como uma cortina entre você e os outros, vai interpretá-los mal e suas estratégias falharão. Você precisa prestar atenção a isso e se esforçar para ver os outros sem ideias preconcebidas. Cada indivíduo é como uma cultura estrangeira. Você precisa entrar no pensamento deles, não como um exercício de sensibilidade, mas como uma necessidade estratégica. Somente conhecendo seus inimigos você pode esperar vencê-los.

> *Seja submisso para que ele confie em você, e você, portanto, saiba qual a verdadeira situação dele. Aceite suas ideias e reaja a seus interesses como se vocês fossem gêmeos. Quando já souber de tudo, sutilmente reduza os poderes dele. Assim, quando o dia final chegar, vai parecer como se a própria providência divina o tivesse destruído.*
>
> – Tai Kung, Os seis ensinamentos secretos (c. século IV a.C.)

A avaliação de Confúcio para Yang Hu, um homem que tinha sido forçado a fugir de um estado para outro porque se mostrava ganancioso e desleal sempre que adquiria poder, é um exemplo simples de projeção de comportamento com base na constância. Baseado neste padrão de comportamento recorrente, Confúcio com exatidão previu que Yang Hu certamente teria um fim vergonhoso. De uma forma mais geral, Mencius em seguida afirmou: "Um homem que cessa seus esforços onde não deveria os abandonará em qualquer lugar. Um homem que é parcimonioso com aqueles com quem deveria ser generoso será parcimonioso sempre." Visto que as pessoas em geral adquirem hábitos fixos cedo na vida, o fim de um homem pode portanto ser

previsto na meia-idade: "Alguém que aos quarenta anos ainda é antipatizado, terminará assim seus dias."
RALPH D. SAWYER, THE TAO OF SPYCRAFT, 1998

Coordenação é um problema menor quando os próprios líderes políticos têm um papel ativo no esforço de inteligência. Quando era o líder da maioria no Senado, Lyndon Johnson cultivou um amplo sistema de inteligência com recursos por toda a Washington. Em um determinado momento na década de 1950, Johnson queixou-se a um repórter de que estava se concentrando em problemas internos democráticos em vez de cobrir divisões no Partido Republicano do Senado. Para explicar o que estava dizendo, ele mostrou um memorando sobre uma recente reunião privada na qual o repórter e vários de seus colegas haviam sido informados sobre o faccionalismo republicano pelo senador Thurston Morton (R-KY). Rowland

O ABRAÇO APERTADO

Em 1805, Napoleão Bonaparte humilhou os austríacos nas batalhas de Ulm e Austerlitz. No tratado subsequente, ele dividiu o Império Austríaco, tomando conta de suas terras na Itália e na Alemanha. Para Napoleão tudo isso fazia parte de um jogo de xadrez. Seu objetivo era fazer da Áustria uma aliada – uma aliada fraca e subordinada, mas que lhe daria peso nas cortes da Europa, visto que ela havia sido uma força central na política europeia. Como parte desta estratégia global, Napoleão requisitou um novo embaixador austríaco para a França: príncipe Klemens von Metternich, na época embaixador austríaco para a corte prussiana em Berlim.

Metternich, então com 32 anos, vinha de uma das famílias mais ilustres da Europa. Falando um francês impecável, um leal conservador na política, ele era um modelo de boas maneiras e elegância e um inveterado galanteador. A presença deste aristocrata polido acrescentaria um brilho à corte imperial que Napoleão estava criando. Mais importante ainda, conquistar um homem com esse poder – e Napoleão podia ser bastante sedutor em reuniões privadas – ajudaria em sua grande estratégia de fazer da Áustria um satélite dócil. E o fraco de Metternich por mulheres daria a Napoleão um meio de penetração.

Os dois homens encontraram-se pela primeira vez em agosto de 1806, quando Metternich apresentou suas credenciais. Napoleão agiu com frieza. Vestiu-se bem para a ocasião, mas não tirou o chapéu, o que, segundo os costumes da época, era uma grosseria. Depois do discurso de Metternich – curto e cerimonioso –, Napoleão começou a andar de um lado para o outro na sala, falando de política de um modo que deixava claro que ele é quem estava no comando. (Ele gostava de ficar de pé para falar com as pessoas enquanto elas permaneciam sentadas.) Napoleão deu um show falando sucinta e incisivamente; não era um corso simplório com quem o sofisticado Metternich pudesse brincar. No final ele teve certeza de que havia causado a impressão que desejava.

Nos meses seguintes, Napoleão e Metternich tiveram muitos outros encontros. Fazia parte dos planos do imperador encantar o príncipe, mas o encanto inevitavelmente aconteceu no sentido contrário: Metternich tinha um jeito de escutar com muita atenção, fazer comentários adequados, até elogiar Napoleão por sua perspicácia estratégica. Nesses momentos, Napoleão sorria satisfeito por dentro: aqui estava um homem que realmente apreciava seu talento. Ele começou a desejar a presença de Metternich, e suas discussões sobre a política europeia tornaram-se cada vez mais francas. Os dois ficaram amigos de certa forma.

Esperando se aproveitar do fraco de Metternich por mulheres, Napoleão armou para que sua irmã, Caroline Murat, tivesse um caso com o príncipe. Ele ficou sabendo de algumas fofocas diplomáticas por seu intermédio, e ela lhe disse que Metternich o respeitava. Por sua vez, ela também disse a Metternich que Napoleão estava infeliz com sua esposa, a imperatriz Josefina, que não podia ter filhos; ele estava pensando em se divorciar. Napoleão não parecia se incomodar que Metternich soubesse dessas coisas sobre sua vida particular.

Em 1809, querendo se vingar de sua vergonhosa derrota em Austerlitz, a Áustria declarou guerra à França. Napoleão só recebeu com prazer este acontecimento, que lhe dava uma chance de derrotar os austríacos de uma forma ainda mais fragorosa do que antes. A guerra foi dura, mas os franceses prevaleceram, e Napoleão impôs um acordo humilhante anexando partes inteiras do Império Austríaco. O exército da Áustria estava desmantelado, seu governo, refeito, e o amigo de Napoleão, Metternich, foi nomeado ministro do Exterior – exatamente onde Napoleão o queria.

Meses depois, alguma coisa aconteceu que apanhou Napoleão ligeiramente desprevenido, mas que o encantou: o imperador austríaco lhe ofereceu a mão de sua filha mais velha, a arquiduquesa Marie Louise. Napoleão sabia que a aristocracia austríaca o odiava: isto devia ser obra de Metternich. Uma aliança por casamento com a Áustria seria um *tour de force* estratégico, e Napoleão, satisfeito, aceitou a oferta, divorciando-se primeiro de Josefina, depois casando-se com Marie Louise em 1810.

Metternich acompanhou a arquiduquesa até Paris para as bodas e agora seu relacionamento com Napoleão ficou mais afetuoso. O casamento de Napoleão o tornava membro de uma das maiores famílias da Europa e, para um corso, família era tudo. Ele havia conquistado uma legitimidade dinástica pela qual ansiava havia muito tempo. Em conversas com o príncipe, ele se abriu ainda mais do que antes. Estava também encantado com sua nova imperatriz, que revelou ter uma aguçada mente política. Ele a informava sobre seus planos para um império na Europa.

Em 1812, Napoleão invadiu a Rússia. Agora Metternich veio com um pedido: a formação de um exército de 30 mil soldados austríacos à disposição de Napoleão. Em troca, Napoleão deixaria que a Áustria reconstruísse seu exército. Napoleão não viu nenhum perigo nisso; ele era aliado da Áustria por casamento, e o rearmamento ali, no final, o ajudaria.

Meses mais tarde, a invasão russa tinha sido um desastre, e Napoleão foi obrigado a recuar, seu exército dizimado. Agora Metternich ofereceu seus serviços como mediador entre a França e as outras potências europeias. Centralmente localizada, a Áustria havia cumprido esta função no passado e, de qualquer maneira, Napoleão não tinha outra

Evans e Robert Novak lembraram: "O Sistema de Serviço de Inteligência era de uma eficiência fantástica. Era também bastante assustador." Mesmo na Casa Branca, Johnson acreditava em inteligência política em primeira mão. Segundo seu auxiliar Harry McPherson, "Acho que ele ligava para muitas pessoas, mas eu só podia contar com isso no final da tarde, quando ele acordava de seu cochilo e eu recebia um telefonema que em geral dizia: 'O que você sabe?'" McPherson então transmitia as últimas notícias que havia obtido de repórteres e figuras políticas.
THE ART OF POLITICAL WARFARE, JOHN J. PITNEY, JR., 2000

Em todas as artes marciais, em todas as artes teatrais e ainda mais em todas as formas de comportamento humano, as posturas ou gestos de um homem estão baseados nos movimentos de sua [invisível] mente... No Estilo Kage de esgrima, um espadachim lê a mente de seu adversário

> *em suas posturas ou gestos... Que mente pode penetrar na mente de seu adversário? A que foi treinada e cultivada ao ponto de desapego com perfeita liberdade. Ela é tão clara como um espelho que pode refletir os movimentos dentro da mente de seu adversário... Quando alguém fica frente a frente com seus adversários, sua mente não deve se revelar na forma de movimentos. Em vez disso, sua mente deve refletir a mente de seu adversário como a água refletindo a lua.*
> LIVES OF MASTER SWORDSMEN, MAKOTO SUGAWARA, 1988

escolha: precisava de tempo para se recuperar. Mesmo que o papel da Áustria como mediadora permitisse ao país reafirmar sua independência, ele não tinha muito o que temer da parte de seus parentes.

Na primavera de 1813, as negociações haviam fracassado e uma nova guerra estava para começar entre a França seriamente prejudicada e uma poderosa aliança de Rússia, Prússia, Inglaterra e Suécia. A essa altura o exército austríaco havia crescido consideravelmente; de alguma forma Napoleão precisava se apoderar dele – mas seus espiões relataram que Metternich havia entrado em um acordo secreto com os aliados. Sem dúvida, devia ser uma espécie de manobra para frustrar os planos do adversário: como o imperador austríaco podia lutar contra seu genro? Mas em poucas semanas era oficial: se a França não negociasse a paz, a Áustria deixaria sua posição de mediadora e se juntaria aos aliados.

Napoleão não podia acreditar no que estava ouvindo. Ele viajou até Dresden para um encontro com Metternich, que aconteceu no dia 26 de junho. Assim que ele viu o príncipe, teve um choque: a expressão cordial, despreocupada, desaparecera. Em um tom bastante frio, Metternich o informou de que a França devia aceitar um acordo que a reduziria a suas fronteiras naturais. A Áustria era obrigada a defender seus interesses e a estabilidade da Europa. De repente ocorreu ao imperador: Metternich tinha representado o tempo todo, os vínculos familiares não passavam de uma trama para que ele não visse o rearmamento e a independência da Áustria. "Então eu fiz a maior estupidez casando-me com a arquiduquesa da Áustria?", Napoleão falou sem nem pensar. "Já que Sua Majestade deseja saber a minha opinião", Metternich respondeu, "direi francamente que Napoleão, o conquistador, cometeu um erro."

Napoleão recusou-se a aceitar a paz ditada por Metternich. Em troca a Áustria abandonou sua neutralidade e se juntou aos aliados, tornando-se de fato o seu líder militar. E com a Áustria liderando, eles finalmente derrotaram Napoleão em abril de 1814 e o exilaram na ilha de Elba no Mediterrâneo.

Interpretação. Napoleão se orgulhava de sua habilidade para avaliar a psicologia das pessoas e usá-la contra elas, mas, neste caso, um homem bem superior a ele neste jogo lhe passou a perna. O *modus operandi* de Metternich era o seguinte: ele estudava com toda a calma os inimigos por trás de seu sorriso, de seu exterior elegante e sua própria aparente descontração, convidando-os a se abrirem. Em seu primeiro encontro com Napoleão, ele viu um homem esforçando-se para impressionar: ele notou que o garnisé Napoleão caminhava na ponta dos pés para parecer

> *Quando a Munenori foi concedida uma audiência com o shogun, ele se sentou, colocou as mãos sobre o chão de tatame, como criados sempre faziam para mostrar seu respeito para com o mestre. De repente, Iemitsu jogou uma lança na direção do "incauto" Munenori – e se surpreendeu ao se ver caído no chão de costas! Munenori havia percebido a intenção do shogun*

mais alto e lutava para esconder o sotaque corso. Encontros posteriores só confirmaram a impressão que Metternich teve de um homem ansioso para ser aceito socialmente como um igual pela aristocracia europeia. O imperador era inseguro.

Obtida esta informação, Metternich a usou para traçar a contra-estratégia perfeita: a proposta de casamento com a dinastia austríaca. Para um corso, isso significaria tudo e deixaria Napoleão cego para uma simples realidade: para aristocratas como Metternich e o imperador austríaco, vínculos familiares não eram nada se comparados com a sobrevivência da própria dinastia.

O talento de Metternich foi reconhecer o alvo adequado para sua estratégia; não os exércitos de Napoleão, que a Áustria não podia ter esperanças de derrotar – Napoleão era um general que ia ficar na história –, mas a mente de Napoleão. O príncipe compreendeu que até o mais poderoso dos homens continua humano e tem fraquezas humanas. Ao entrar na vida privada de Napoleão, sendo respeitoso e subordinado, Metternich podia descobrir suas fragilidades e feri-lo como nenhum outro exército seria capaz. Ao se aproximar mais dele emocionalmente – por intermédio da irmã do imperador, Caroline, da arquiduquesa Marie Louise, de seus encontros sociáveis –, ele podia sufocá-lo em um abraço cordial.

Compreenda: seu verdadeiro inimigo é a mente de seu adversário. Os exércitos, os recursos, a inteligência dele, tudo pode ser superado se você for capaz de compreender sua fragilidade, seu ponto cego emocional através do qual você possa iludi-lo, distraí-lo e manipulá-lo. O exército mais poderoso do mundo pode ser derrotado confundindo a mente de seu líder.

E a melhor maneira de descobrir as fragilidades do líder não é com espiões, mas com um abraço apertado. Por trás de uma fachada amigável, até subserviente, você pode observar seus inimigos, fazê-los se abrir e se revelar. Entre na pele deles; pense como eles pensam. Depois de descobrir o ponto vulnerável deles – um temperamento incontrolável, um fraco pelo sexo oposto, uma angustiante insegurança –, você tem o material para destruí-los.

> *A guerra não é um ato da vontade voltado para a matéria inanimada, como nas artes mecânicas... Mas [ela] é um ato da vontade voltado para uma entidade viva que reage.*
>
> – Carl von Clausewitz (1780-1831)

antes que ele fizesse um só gesto, e puxou as pernas de Iemitsu debaixo dele no instante do golpe.
LIVES OF MASTER SWORDSMEN, MAKOTO SUGAWARA, 1988

Em minha opinião, existem dois tipos de olhos: um simplesmente olha para as coisas e o outro vê através delas para enxergar sua natureza interior. O primeiro não deve ser tenso [para observar o máximo possível]; o último deve ser forte [para discernir com nitidez o funcionamento da mente do adversário]. Às vezes um homem pode ler a mente de outro com os olhos. Na esgrima, é certo permitir que

CHAVES PARA A GUERRA

> *seus próprios olhos expressem sua vontade, mas jamais deixar que eles revelem sua mente. Esta questão deve ser considerada com cuidado e estudada com atenção.*
> MIYAMOTO MUSASHI, 1584-1645

O maior poder a seu alcance na vida não vem de recursos ilimitados nem mesmo de uma consumada habilidade em estratégias. Vem de um claro conhecimento daqueles que estão a seu redor – da habilidade para ler as pessoas como se fossem livros. Com esse conhecimento, você distingue amigo de inimigo, afugenta as serpentes escondidas na grama. Você prevê a malícia de seus inimigos, percebe suas estratégias e pode tomar uma atitude defensiva. A transparência deles lhe revelará as emoções que menos conseguiriam controlar. Armado com esse conhecimento, você os faz tropeçar em armadilhas e os destrói.

Este tipo de conhecimento tem sido um objetivo militar desde o alvorecer da história. Por isso inventaram a arte de obter informações secretas e espionar. Mas espiões não são confiáveis; eles filtram a informação através de seus próprios preconceitos e discriminações, e como o ofício deles os coloca exatamente entre um lado e outro e os obriga a serem operadores independentes, eles são notoriamente difíceis de controlar e podem se virar contra você. Então, também, as nuances que denunciam as pessoas – o tom de voz, o olhar – ficam inevitavelmente excluídas de seus relatórios. No final, as informações do espião não significam nada se você não for perito em interpretar a psicologia e o comportamento humanos. Sem essa habilidade, você verá nas informações o que quiser ver, confirmando seus próprios preconceitos.

> *Ira como espião. – A ira esvazia a alma e traz até seus resíduos à luz. É por isso que, não conhecendo nenhum outro modo para descobrir a verdade, devemos saber colocar nossos conhecidos, nossos adeptos e adversários em uma ordem, a fim de aprendermos tudo que está realmente sendo pensado e empreendido contra nós.*
> HUMANO, DEMASIADO HUMANO, FRIEDRICH NIETZSCHE, 1886

Os líderes que melhor utilizaram o serviço secreto – Aníbal, Júlio César, príncipe Metternich, Winston Churchill, Lyndon Johnson durante sua carreira no Senado americano – foram todos principalmente estudantes da natureza humana e soberbos leitores de homens. Eles aprimoraram suas habilidades observando individualmente as pessoas. Somente com essa base a utilização de espiões seria capaz de ampliar seus poderes de visão.

O primeiro passo no processo é abandonar a ideia de que as pessoas são mistérios impenetráveis e que somente com truques você poderá espiar dentro de suas almas. Se elas parecem misteriosas, é porque quase todos nós aprendemos a disfarçar nossos verdadeiros sentimentos e intenções desde criança. Se saíssemos por aí mostrando como nos sentimos e dizendo para as pessoas o que planejamos fazer, ficaríamos vulneráveis à malícia, e se sempre falássemos o que pensamos, ofenderíamos muita gente sem necessidade. Portanto, conforme crescemos, esconder uma boa parte do que pensamos passa a ser muito natural.

> *Então Davi fugiu das celas de Ramá e veio a ter com Jônatas, dizendo: "Que fiz eu? Qual minha falta? Que crime cometi contra teu pai, para que procures tirar-me a vida?" Ele respondeu: "Longe de ti tal*

Esta opacidade intencional torna o jogo das informações secretas difícil, mas não impossível. Pois mesmo quando as pessoas lutam conscientemente para esconder o que lhes passa pela cabeça, inconscientemente elas querem se revelar. Ocultar o que sentimos em situações sociais é exaustivo; ser capaz de nos mostrar é um alívio. No íntimo, queremos que as pessoas nos conheçam, inclusive nosso lado escuro. Mesmo enquanto conscientemente lutamos para controlar este anseio oculto, inconscientemente estamos enviando sinais que revelam parte do que está acontecendo por dentro – palavras pronunciadas sem querer, tons de voz, estilos de se vestir, tiques nervosos, atitudes irracionais repentinas, uma expressão no olhar que contradiz nossas palavras, as coisas que dizemos depois de um drinque.

Compreenda: todos os dias, as pessoas emitem sinais que revelam suas intenções e desejos mais profundos. Se não os captamos é porque não estamos prestando atenção. A razão é simples: em geral estamos trancados em nossos próprios mundos, ouvindo nossos monólogos internos, obcecados com nós mesmos e em satisfazer nossos próprios egos. Como William Macnaghen, tendemos a ver as outras pessoas como simples reflexos de nós mesmos. Se você puder abandonar seu egoísmo e ver as pessoas pelo que elas são, divorciadas de seus interesses, você se torna mais sensível aos sinais que elas emitem.

A habilidade para entender as pessoas foi uma arte crítica de sobrevivência dos samurais japoneses e particularmente enfatizada pela escola Shinkage de espadachins. Um dos mestres mais antigos da escola foi o samurai Yagyu Munenori, no século XVII. Em uma tarde de primavera, já no final de sua vida, Munenori estava dando um passeio tranquilo por seus jardins, admirando as flores de cerejeiras. Estava acompanhado por um pajem/protetor que caminhava atrás dele, espada erguida, como era o costume. De repente, Munenori parou. Pressentiu perigo. Olhando ao redor, não viu nada que confirmasse este sentimento, mas ainda assim ficou tão perturbado que voltou para casa e sentou-se encostado em um mastro para se prevenir de um ataque de surpresa.

Depois que Munenori já estava sentado por algum tempo, seu pajem quis saber o que estava acontecendo. O samurai confessou que, enquanto olhava para as flores de cerejeira, teve uma sensação de perigo iminente, de um inimigo pronto para atacá-lo. O que o preocupava agora era que o perigo, pelo visto, fora imaginário – ele deve ter tido uma alucinação. Um samurai dependia de seus instintos aguçados para prever ataques. Se Munenori tinha perdido esse poder, sua vida como guerreiro estava encerrada.

De repente, o pajem se lançou ao chão e confessou: enquanto Munenori caminhava no jardim, passou pela cabeça do pajem que, se ele atacasse seu mestre enquanto o samurai estava distraído admirando as cerejeiras em flor, nem mesmo este talentoso espadachim teria revidado seu ataque. Munenori não havia perdido sua habilidade, ao contrário, sua incomparável sensibilidade às emoções e pensamentos

pensamento! Tu não morrerás. Meu pai não empreende coisa alguma, importante ou não, sem confiá-la a mim. Por que ocultaria tal plano de mim? Impossível!" Davi fez este juramento: "Teu pai sabe perfeitamente que me favoreces e, portanto, diz consigo: 'Não saiba Jônatas nada a respeito disto, para que não sofra.' Mas, tão certo como vive Javé e como tu vives, existe só um passo entre mim e a morte." Jônatas disse a Davi: "Que queres que eu faça por ti?" Davi respondeu a Jônatas: "Amanhã é lua nova e deverei estar com o rei para comer: deixa-me ir, porém, para esconder-me no campo até a tarde, se teu pai notar minha ausência, dirás: 'Davi me pediu muito que o deixasse ir correndo a Belém, sua cidade, porque ali se celebra o sacrifício anual para todo o clã.' Se ele disser: 'Está bem', o teu servo está salvo; porém, se se encolerizar, sabes que está inteiramente decidido a fazer o pior. Mostra afeto para com teu servo, porque ele fez um pacto contigo em nome de Javé; mas, se cometi crime, mata-me tu mesmo; porque me levarias a teu pai?" Jônatas replicou: "Afasta de ti tal ideia! Se eu soubesse com certeza que meu pai

está decidido a fazer cair sobre ti uma desgraça, não te contaria?" Disse Davi: "E quem me avisará, se teu pai tiver uma reação violenta?" Então Jônatas disse a Davi: "Vem, saiamos para o campo." E saíram ambos...
Davi, pois, se escondeu no campo. Chegou a lua nova e o rei se assentou à mesa para comer. O rei tomou seu lugar de costume, encostado à parede, Jônatas se pôs a sua frente, Abner sentou-se ao lado de Saul, e o lugar de Davi ficou vazio. Entretanto, Saul nada disse nesse dia, ele pensou: "É acidental, ele não está puro." No outro dia, o segundo da lua nova, o lugar de Davi continuou vazio, e Saul disse a seu filho Jônatas: "Por que o filho de Jessé não veio para comer nem ontem nem hoje?" Jônatas respondeu: "Davi me pediu com insistência permissão para ir a Belém. Ele me disse: 'Deixa-me ir, porque nós temos um sacrifício de nosso clã na cidade, e meus irmãos imploraram por minha presença; agora, se gozo de seu favor, deixa-me ir, para que eu vá ver meus irmãos.' Por isso ele não compareceu à mesa do rei." Então Saul se inflamou de cólera contra Jônatas e lhe disse: "Filho de uma transviada, não

das outras pessoas lhe permitira captar sensações de alguém atrás dele, mais ou menos como um cavalo sente a energia de seu cavaleiro ou um cachorro, os movimentos de seu dono. Um animal tem essa sensibilidade porque presta total atenção. Similarmente, a escola Shinkage ensinava os guerreiros a esvaziarem suas mentes, concentrando-se no momento, como os animais faziam, e evitando ser desviados por um pensamento em particular. Isto permitiria ao guerreiro shinkage ler no cotovelo ou na mão de seu adversário a mais leve tensão que sinalizasse ataque; ele poderia olhar através dos olhos de seu adversário e sentir o golpe iminente ou notar o nervoso arrastar de pés que indicasse medo ou confusão. Um mestre como Munenori podia praticamente ler os pensamentos de alguém quando a outra pessoa não estava nem visível.

O poder ensinado pela escola Shinkage – o mesmo poder que o príncipe Metternich possuía – era a habilidade para abandonar o próprio ego, mergulhar temporariamente na mente da outra pessoa. Você vai se surpreender com o quanto será capaz de captar sobre as pessoas se conseguir desligar seu incessante monólogo interior, esvaziar seus pensamentos e ancorar-se no momento presente. Os detalhes que você agora vê lhe dão informações não filtradas a partir das quais poderá montar um quadro preciso das fraquezas e desejos das pessoas. Preste bastante atenção aos olhos delas: é preciso muito esforço para ocultar a mensagem que os olhos transmitem sobre o estado mental de uma pessoa.

Segundo o lançador de beisebol Bob Lemon, o grande jogador Ted Williams "era o único batedor que você sentia que estava vendo através de você". Na luta entre lançador e batedor, o lançador tem a vantagem de saber que arremesso ele vai fazer. O batedor só pode adivinhar, e é por isso que os melhores deles em geral fazem a conexão uma vez em cada três ou quatro. De alguma maneira, Williams mudou essa probabilidade.

O método de Williams não era magia ou mesmo intuição; era uma coisa muito simples. Ele estudava os lançadores de beisebol, observando seus padrões recorrentes durante uma partida, uma temporada, uma carreira. Ele não parava de perguntar aos lançadores de seu próprio time qual era o processo deles, tentando ter uma noção do que eles pensavam. Na base, ele esvaziava sua mente de tudo menos do lançador, notando a mais leve guinada no movimento circular de seu braço ou mudança em sua empunhadura – qualquer coisa que sinalizasse suas intenções. O resultado final parecia misterioso: na defesa, Williams era capaz de se imaginar na mente do lançador e prever o lançamento que ia ser feito. Às vezes ele até se via como outra pessoa – um lançador tentando ser mais esperto do que o grande rebatedor Ted Williams. Como Williams demonstra, a habilidade para imitar e entrar nos padrões de pensamento de seus inimigos depende de se colher o máximo possível de informações sobre eles, buscando padrões habituais na análise do comportamento deles no passado e prestando atenção aos sinais que emitem no presente.

Claro que é muito importante que as pessoas não percebam que você as está observando tão de perto. Uma fachada cordial, como a que o príncipe Metternich usou com Napoleão, ajudará a disfarçar o que você está fazendo. Não pergunte demais; o truque é fazer as pessoas relaxarem e se abrirem sem sondar, seguindo-as tão silenciosamente que elas jamais adivinharão o que você pretende na realidade.

A informação é inútil se você não sabe como interpretá-la, como usá-la para distinguir aparência de realidade. Você precisa aprender a reconhecer os diversos tipos psicológicos. Esteja alerta, por exemplo, ao fenômeno do oposto mascarado; quando alguém surpreende com um traço particular de personalidade, esse traço pode muito bem ser um disfarce. O personagem oleoso que vem cheio de elogios pode estar ocultando hostilidade e malevolência; o valentão agressivo pode estar escondendo insegurança; o moralizador pode estar dando uma demonstração de pureza para dissimular desejos nefastos. Se estão jogando areia em seus olhos ou nos deles mesmos – podem estar tentando se convencer de que não são aquilo que temem ser –, o traço oposto se esconde sob a superfície.

Em geral, é mais fácil observar as pessoas em ação, principalmente em momentos de crise. Esses são os momentos em que elas revelam suas fragilidades ou então se esforçam tanto para disfarçá-las que você vê através das máscaras que usam. Você pode sondá-las ativamente fazendo coisas que parecem inofensivas, mas têm uma resposta – diga talvez alguma coisa ousada ou provocante, e veja como elas reagem. Deixar as pessoas emotivas, fazendo-as reagir, tocará em alguma parte profunda de suas naturezas. Ou elas deixarão escapar alguma verdade sobre elas mesmas ou vestirão uma máscara por trás da qual você, na situação laboratório que criou, será capaz de espiar.

Um elemento crítico para compreender as pessoas é avaliar os poderes de resistência delas. Sem esse conhecimento você ou as superestima ou as subestima, dependendo de seus próprios níveis de medo e confiança. Você precisa saber o quanto elas lutam interiormente. Alguém que esconde sua covardia e falta de decisão pode se entregar com um único empurrão violento; alguém desesperado que tenha pouco a perder lutará até o amargo fim. Os mongóis costumavam iniciar suas campanhas com uma batalha cujo único propósito era testar a força e o poder de decisão do adversário. Eles jamais lidavam com um inimigo até terem avaliado seu moral. Esta batalha inicial também tinha o benefício de revelar algo de sua estratégia e pensamento.

---

sei eu por acaso que tomas partido do filho de Jessé, para tua vergonha e para a vergonha da nudez de tua mãe? Enquanto o filho de Jessé estiver vivo na terra, tu não estarás em segurança, nem teu reino. Trata de encontrá-lo e traze-o a mim, porque é passível de pena de morte!" Jônatas respondeu a seu pai e lhe disse: "Por que deverá ele morrer? Que te fez ele?" Então Saul brandiu a lança contra ele para o atingir, e Jônatas compreendeu que a morte de Davi era questão fechada para seu pai. Jônatas se levantou da mesa fervendo de cólera, e não comeu nada nesse segundo dia do mês por causa de Davi, porque seu pai o tinha insultado.
I SAMUEL 20:1-11, 24-34, A BÍBLIA DE JERUSALÉM

Motivo de ataque. – Ataca-se alguém não apenas para feri-lo ou subjugá-lo, mas talvez apenas para ficar sabendo o quanto ele é forte.
FRIEDRICH NIETZSCHE, 1844-1900

> No ano passado, em uma grande conferência havia um homem que explicava sua opinião divergente e dizia que estava decidido a matar o líder da conferência se ela não fosse aceita. Sua moção foi aprovada. Depois que o procedimento terminou, o homem disse: "Eles concordaram rapidamente. Acho que são fracos e pouco confiáveis demais para serem conselheiros do mestre."
> HAGAKURE, O LIVRO DO SAMURAI, YAMAMOTO TSUNETOMO, 1659-1720

A qualidade das informações que você colhe sobre seus inimigos é mais importante do que a quantidade. Um único, mas crucial, fragmento pode ser a chave para a destruição deles. Quando o general cartaginês Aníbal via que o general romano que estava enfrentando era arrogante e exaltado, bancava intencionalmente o fraco, atraindo o homem para um ataque de surpresa. Assim que Churchill viu que Hitler tinha um traço paranoico, enlouquecendo à mais leve sugestão de vulnerabilidade, o primeiro-ministro britânico soube como confundir o *Führer* alemão: fingindo atacar alguma área marginal como os Bálcãs, ele conseguia fazer com que o outro visse ameaças de todos os lados e espalhasse suas defesas, um erro militar crítico.

Em 1988, Lee Atwater era um estrategista político no time do sênior George Bush, que concorria à indicação pelos republicanos para a Presidência da República naquele ano. Descobrindo que o principal rival de Bush, o senador Robert Dole, tinha um temperamento terrível que seus auxiliares lutavam para controlar, Atwater imaginou inúmeros estratagemas para irritar Dole. Não só um Dole alterado parecia pouco presidenciável para o público americano, como um homem emotivo e irado raramente pensa direito. Uma mente perturbada é aquela que você pode controlar e desequilibrar à vontade.

> O coronel John Cremony comentou a respeito de sua perícia em parecer "desaparecer" quando escreveu "um apache pode esconder seu corpo moreno no meio da grama verde, por trás das moitas castanhas ou pedras acinzentadas, com tanta habilidade e critério que qualquer um a não ser o experiente passaria por ele sem parar à distância de 3 a 4 metros" e notou que "eles vigiarão dias seguidos, observando cada um de seus atos; anotando exatamente seu grupo e todos os seus pertences. Que ninguém suponha

Existem, claro, limites para a quantidade de informações secretas que você pode colher em uma observação em primeira mão. Uma rede de espiões ampliará sua visão, principalmente se você aprende a interpretar as informações que eles lhe trazem. Uma rede informal é melhor – um grupo de aliados recrutados ao longo do tempo para serem seus olhos e ouvidos. Tente fazer amizade com pessoas dentro ou próximo da fonte de informações sobre seu rival; um amigo bem colocado produzirá muito mais do que um punhado de espiões pagos. Na época de Napoleão, sua rede de espionagem não tinha igual, mas suas melhores informações vinham de amigos a quem ele havia cuidadosamente posicionado em círculos diplomáticos por toda a Europa.

Procure sempre espiões internos, pessoas no campo inimigo que estão insatisfeitas ou têm um interesse pessoal. Direcione-as para o que você quer e elas lhe darão informações melhores do que qualquer um que você infiltrar de fora. Contrate pessoas que o inimigo despediu – elas lhe dirão como o inimigo pensa. O presidente Bill Clinton conseguia suas melhores informações secretas sobre os republicanos de seu conselheiro Dick Morris, que havia trabalhado para eles durante anos e sabia de suas fragilidades, tanto pessoais como organizacionais. Um aviso: jamais confie em um só espião, uma só fonte de informações, por melhor que seja. Você corre o risco de ser enganado ou receber informações tendenciosas, unilaterais.

Muita gente deixa uma trilha de papéis com textos redigidos, entrevistas e outras coisas mais que é tão reveladora quanto qualquer coisa que você possa saber por um espião. Muito antes da Segunda Guerra Mundial, o livro de Adolf Hitler, *Minha luta*, forneceu um mapa de seu pensamento e de suas intenções, sem falar de infinitas pistas para sua psicologia. Seus generais Erwin Rommel e Heinz Guderian também escreveram sobre o novo tipo de guerra-relâmpago, a *blitzkrieg*, que estavam preparando. As pessoas revelam muito sobre si mesmas no que escrevem, em parte intencionalmente – elas estão pretendendo se explicar, afinal de contas – e em parte sem querer, a quem sabe ler nas entrelinhas.

Finalmente, o inimigo com quem você está lidando não é um objeto inanimado que irá apenas reagir de um modo esperado a suas estratégias. Seus inimigos estão sempre mudando e se adaptando ao que você faz. Inovando e inventando por sua própria conta, eles tentam aprender com os erros deles e com seus sucessos. Portanto, seu conhecimento do inimigo não pode ser estático. Mantenha suas informações secretas atualizadas, e não confie em que o inimigo vá reagir da mesma maneira duas vezes. A derrota é um professor severo, seu adversário vencido hoje pode estar mais esperto amanhã. Suas estratégias devem levar esta possibilidade em conta; seu conhecimento sobre o inimigo deve ser não só profundo como oportuno.

Imagem: *A Sombra. Todo mundo tem uma sombra, um eu secreto, um lado escuro. Esta sombra compreende tudo que as pessoas tentam esconder do mundo – suas fraquezas, desejos secretos, intenções egoístas. Esta sombra é invisível a distância; para vê-la você precisa se aproximar física e, acima de tudo, psicologicamente. Então ela ficará nítida. Siga de perto as pegadas de seu alvo e ele não notará o quanto de sua sombra revelou.*

que estes ataques são feitos por impulso por bandos que se encontram por acaso. Longe disso; eles são quase invariavelmente resultado de longas vigílias – esperas pacientes –, atenta e rigorosa observação e ansioso planejamento."
WARRIORS: WARFARE AND THE NATIVE AMERICAN INDIAN, NORMAN BANCROFT-HUNT, 1995

Em princípio, devo afirmar que a existência de agentes secretos não deveria ser tolerada, pois tende a aumentar os perigos positivos do mal contra o qual eles são usados. Que o espião inventará suas informações é sabido. Mas na esfera da ação política e revolucionária, confiando parcialmente na violência, o espião profissional tem todos os meios

Autoridade: *Por conseguinte, a razão pela qual o governante de visão aguçada e seu comandante superior conquistam o inimigo a cada movimento e obtêm um sucesso muito além do alcance das pessoas comuns, é o fato de saberem das coisas com antecedência. Esse saber não vem de fantasmas e espíritos, não é deduzido pela comparação com acontecimentos passados ou verificado por cálculos astrológicos. Ele deve vir das pessoas – pessoas que conhecem a situação do inimigo.* – Sun Tzu (século IV a.C.)

para inventar ele mesmo os fatos, e espalhará o duplo mal da emulação em uma direção, e do pânico, da legislação precipitada, do ódio sem reflexão, em outra.
O AGENTE SECRETO
– EDIÇÃO BILÍNGUE,
JOSEPH CONRAD,
1857-1924

INVERSO

Mesmo esforçando-se para conhecer seus inimigos, você deve se fazer amorfo e difícil de compreender tanto quanto for possível. Visto que as pessoas na realidade só têm as aparências em que se basear, é fácil enganá-las. Comporte-se de forma imprevisível de vez em quando. Jogue para elas alguma pepita de ouro de seu eu interior, algo inventado que não tenha nada a ver com quem você realmente é. Saiba que elas o estão analisando e, ou não lhes dê nada ou, então, as alimente com informações erradas. Mantendo-se amorfo e inescrutável ficará impossível para as pessoas se defenderem de você e as informações secretas que colherem a seu respeito serão inúteis.

14

VENÇA A RESISTÊNCIA COM MOVIMENTOS VELOZES E IMPREVISÍVEIS

A ESTRATÉGIA DA *BLITZKRIEG*

Em um mundo onde muitas pessoas são indecisas e cautelosas em excesso, o uso da velocidade vai lhe dar um poder extraordinário. Atacar primeiro, antes que seus adversários tenham tempo para pensar ou se preparar, os deixará emotivos, desequilibrados e propensos ao erro. Quando você acompanha com outra manobra rápida e repentina induz mais pânico e confusão. Esta estratégia funciona melhor com uma encenação, uma calmaria – sua ação inesperada pega seu inimigo desprevenido. Quando atacar, bata com força implacável. Agir com velocidade e decisão vai lhe conquistar o respeito, o temor e um ímpeto irresistível.

LENTO-LENTO-RÁPIDO-RÁPIDO

> A guerra é de tal modo que a suprema consideração é a velocidade. Isto significa tirar vantagem do que está fora do alcance do inimigo, ir por caminhos onde ele menos o espera, e atacar onde ele não está preparado.
> SUN TZU,
> SÉCULO IV A.C.

Em 1218, Maomé II, o xá de Khwarizm, recebeu a visita de três embaixadores em nome de Genghis Khan, o líder do Império Mongol no Oriente. Os visitantes traziam presentes magníficos e, o mais importante, a proposta de um tratado entre as duas potências que permitiria a reabertura da lucrativa Rota da Seda, ligando China e Europa. O império do xá era imenso, incorporando o atual Irã e boa parte do Afeganistão. A capital, Samarkand, era fabulosamente rica, um símbolo de seu poder, e um comércio mais intenso ao longo desta rota só aumentaria estas riquezas. Visto que os mongóis deixaram claro que o consideravam o parceiro mais importante no acordo, o xá decidiu assinar o tratado.

Passaram-se alguns meses e uma caravana mongol chegou à cidade de Otrar, no canto noroeste do império do xá, com a missão de comprar artigos de luxo para a corte mongol. O governador de Otrar desconfiou que os homens na caravana fossem espiões. Mandou matá-los e se apoderou das mercadorias que eles tinham levado para barganhar. Sabendo desta afronta, Genghis Khan despachou um embaixador, escoltado por dois soldados, para exigir do xá um pedido de desculpa. A exigência – que supostamente colocaria os dois impérios em pé de igualdade – deixou o xá furioso. Ele mandou cortar a cabeça do embaixador e a mandou de volta para Genghis Khan. Isto, é claro, significava guerra.

O xá não estava com medo: seu exército, apoiado em sua bem treinada cavalaria turca, contava com mais de 400 mil homens, o dobro pelo menos do tamanho do inimigo. Derrotando os mongóis em batalha, ele podia finalmente se apossar das terras deles. Ele supunha que os mongóis atacariam Transoxiana, a parte mais ao leste de seu império. Limitada a leste pelos 800 quilômetros do rio Syr Dar'ya, ao norte pelo deserto Kizil Kum e a oeste pelo rio Amu Dar'ya, o interior de Transoxiana era também onde se encontravam duas das cidades mais importantes do império, Samarkand e Bukhara. O xá decidiu instalar um cordão de soldados ao longo do Syr Dar'ya, que os mongóis teriam de atravessar para entrar em seu império. Eles não poderiam atravessar vindo do norte – o deserto era instransponível –, e ir para o sul seria um desvio muito grande. Mantendo o grosso de seu exército no interior de Transoxiana, ele seria capaz de colocar reforços onde fossem necessários. Ele tinha uma posição defensiva inexpugnável e superioridade numérica. Que viessem os mongóis. Ele os esmagaria.

No verão de 1219, patrulheiros relataram que os mongóis estavam se aproximando da extremidade sul do Syr Dar'ya, pelo Vale Fergana. O xá enviou uma força grande, sob a liderança do seu filho Jalal ad--Din, para destruir o inimigo. Depois de uma feroz batalha, os mongóis recuaram. Jalal ad-Din relatou ao pai que o exército mongol não era tão temível quanto sua fama. Os homens pareciam pálidos, seus cavalos estavam magros e nenhum deles se mostrava muito ansioso para sustentar uma luta. O xá, acreditando que os mongóis não eram páreo para seu exército, colocou mais tropas na extremidade sul do cordão e esperou.

Meses depois, um batalhão mongol apareceu sem avisar no norte, atacando a cidade de Otrar e capturando seu governador – o mesmo homem responsável pela violência contra os mercadores mongóis. Os mongóis o mataram derramando prata derretida em seus olhos e ouvidos. Pasmo com a rapidez com que tinham conseguido chegar a Otrar, e de uma direção inesperada, o xá decidiu transferir mais tropas para o norte. Estes bárbaros poderiam se mover rápido, ele raciocinou, mas não podiam vencer um exército entrincheirado com tantos soldados.

Em seguida, entretanto, dois exércitos mongóis avançaram velozes para o sul saindo de Otrar, correndo paralelos ao Syr Dar'ya. Um, sob comando o general Jochi, começou a atacar cidades-chaves ao longo do rio, enquanto o outro, sob comando do general Jebe, desaparecia ao sul. Como gafanhotos, o exército de Jochi espalhou-se pelas montanhas e terras baixas próximas do rio. O xá movimentou uma boa parte de seu exército para o rio, mantendo algumas reservas em Samarkand. A força de Jochi era relativamente pequena, 20 mil homens no máximo; estas unidades móveis atingiram uma posição após outra, sem avisar, queimando fortes e causando muita confusão.

Os relatórios que chegavam das frentes de batalha davam ao xá uma imagem destes estranhos guerreiros que vinham do leste. O exército deles era só cavalaria. Cada mongol não só cavalgava um cavalo como era seguido por vários outros cavalos sem cavaleiro, todos éguas, e quando sua própria montaria se cansava, ele trocava por outra descansada. Estas éguas eram leves e rápidas. Os mongóis não estavam sobrecarregados com carroças de suprimentos; transportavam junto com eles sua comida, bebiam o leite e o sangue das éguas e matavam e comiam os animais enfraquecidos. Podiam viajar duas vezes mais rápido do que o inimigo. Sua pontaria era extraordinária – avançando ou recuando, eles podiam atirar setas com notável destreza, tornando seus ataques muito mais mortais do que qualquer coisa que o xá já tivesse visto. Suas divisões se comunicavam a grandes distâncias com bandeiras e tochas; suas manobras eram coordenadas com precisão e quase impossíveis de prever.

Lidar com este tormento constante esgotava as forças do xá. Agora, de repente, o exército do general Jebe, que havia desaparecido ao sul, reapareceu dirigindo-se a noroeste para Transoxiana em extraordinária velocidade. O xá rapidamente enviou suas últimas reservas para o sul, um exército de 50 mil homens para combater Jebe. Ele ainda não estava preocupado – seus homens haviam provado sua superioridade no combate direto, na batalha no Vale Fergana.

Desta vez, entretanto, foi diferente. Os mongóis disparavam armas estranhas: suas flechas, mergulhadas em alcatrão incandescente, criavam cortinas de fumaça por trás das quais seus cavaleiros rápidos como relâmpagos avançavam, abrindo brechas nas linhas do exército do xá através das quais uma cavalaria mais fortemente armada penetrava. Carros de guerra disparavam de um lado para o outro por trás das linhas mongóis, trazendo constantes suprimentos. Os mongóis enchiam o céu de flechas, criando incansável pressão. Eles vestiam camisas de seda pesada. Uma flecha que conseguisse furar a camisa raramente chegava até a carne e podia ser facilmente extraída puxando-se o tecido, tudo isto feito enquanto se moviam a grande velocidade. O exército de Jebe aniquilou as forças do xá.

Ao xá restava uma opção: recuar para o oeste, poupar forças e lentamente reconstruir seu exército. Ao iniciar os preparativos, entretanto, algo inacreditável aconteceu: um exército sob o comando do próprio Genghis Khan estava diante dos portões da cidade de Bukhara, a oeste de Samarkand. De onde eles tinham vindo? Não podiam ter atravessado o deserto de Kizil Kum ao norte. A aparição parecia impossível, como se evocados pelo próprio demônio. Bukhara caiu logo e, em poucos dias, foi a vez de Samarkand. Soldados desertavam, generais entravam em pânico. O xá, temendo por sua vida, fugiu com um punhado de soldados. Os mongóis o perseguiram inexoráveis. Meses depois, em uma pequena ilha no Mar Cáspio, abandonado por todos, esfarrapado e implorando comida, finalmente o ex-governante do império mais rico do Oriente morreu de fome.

Interpretação. Quando Genghis Khan tornou-se líder da nação mongol, herdou talvez o exército mais veloz do planeta, mas a rapidez deles havia se traduzido em limitado sucesso militar. Os mongóis poderiam ter aperfeiçoado a arte de lutar montados a cavalo, mas eram indisciplinados demais para explorar qualquer vantagem que tivessem conquistado desse modo ou coordenar um ataque em grande escala. A genialidade de Genghis Khan foi transformar a caótica velocidade mongol em algo organizado, disciplinado e estratégico. Ele conseguiu isto adaptando uma antiga estratégia chinesa de lento-lento-rápido-rápido.

O primeiro passo, um "lento", era preparar-se meticulosamente antes de qualquer campanha, o que os mongóis sempre faziam no mais alto grau. (Ao planejarem o ataque ao xá, os mongóis souberam da existência de um guia que conhecia uma cadeia de oásis no meio do deserto de Kizil Kum. Este homem foi capturado e mais tarde conduziu o exército de Genghis Khan pelo território hostil.) O segundo "lento" foi uma encenação, que envolvia fazer o inimigo baixar a guarda, acalmando-o. Os mongóis, por exemplo, perderam intencionalmente a primeira batalha no Vale Fergana para alimentar a arrogância do xá. Depois veio o primeiro "rápido"; fixando a atenção do inimigo para um rápido ataque frontal (os ataques de surpresa de Jebe ao longo do rio). O último "rápido" foi um golpe duas vezes mais rápido de onde menos se esperava. (O súbito aparecimento de Genghis diante dos portões de Bukhara é considerado por muitos a maior surpresa militar da história.) Mestre na guerra psicológica, Genghis sabia que os homens se assustam mais com o desconhecido e o imprevisível. A característica inesperada dos ataques duplicava a eficácia de sua rapidez, gerando confusão e pânico.

Vivemos em um mundo que valoriza a velocidade quase acima de tudo, e agir mais rápido do que o adversário por si só já se tornou a principal meta. Mas muitas vezes as pessoas estão simplesmente com pressa, agindo e reagindo freneticamente aos acontecimentos, o que as faz propensas a erros e desperdício de tempo no longo prazo. A fim de se distinguir na matilha, para usar uma velocidade com força devastadora, você precisa ser organizado e estratégico. Primeiro, você se prepara com antecedência, observando seu inimigo para conhecer seus pontos fracos. Em seguida, descobre um jeito de fazer seus adversários subestimarem você, baixarem a guarda. Quando você atacar inesperadamente, eles ficarão paralisados. Quando você atacar de novo, é pela lateral e de repente. É o golpe imprevisto que provoca o maior impacto.

> *Quanto menos se prevê uma coisa... mais ela assusta. Em nenhum outro lugar se vê isso melhor do que na guerra, onde cada surpresa causa terror mesmo para aqueles que são os mais fortes.*
> – Xenofonte (430?-355? a. C.)

CHAVES PARA A GUERRA

Em maio de 1940, o exército alemão invadiu a França e os Países Baixos usando um novo estilo de guerrear: a *blitzkrieg*. Avançando com incrível velocidade, os alemães coordenaram tanques e aviões em um ataque que culminou em uma das mais rápidas e devastadoras vitórias da história militar. O sucesso da *blitzkrieg* foi em grande parte devido à defesa rígida, estática, dos aliados – similar à do xá contra os mongóis. Quando os alemães furaram sua defesa, os aliados não foram capazes de se adaptar ou reagir a tempo. Os alemães avançavam mais rápido do que o inimigo podia processar o que estava acontecendo. Quando os aliados

---

CHEN / O QUE DESPERTA (CHOQUE, TROVÃO)
O hexagrama Chen representa o filho mais velho, que governa com energia e poder. Uma linha yang surge sob duas linhas yin e pressiona com força para cima. Este movimento é tão violento que inspira terror. É simbolizado pelo trovão, que explode da terra e com seu choque causa temor e estremecimento.

O CHOQUE DO JULGAMENTO traz sucesso. O choque vem – oh, oh! Palavras risonhas – há, há! O choque aterroriza a centenas de quilômetros...
I CHING, CHINA, C. SÉCULO VIII A.C.

decidiram a respeito de uma contraestratégia era tarde demais – as condições eram outras. Eles já estavam um passo atrás.

Agora, mais do que nunca, nos vemos lidando com pessoas que são defensivas e cautelosas, que iniciam qualquer movimento a partir de uma posição estática. A razão é simples: o ritmo de vida moderno está cada vez mais veloz, repleto de distrações, incômodos e interrupções. Para muita gente, a reação natural é recuar para dentro de si mesma, erguer muros psicológicos contra as duras realidades da vida moderna. As pessoas detestam a sensação de estar sendo apressadas e têm pavor de errar. Inconscientemente, tentam retardar as coisas – levando mais tempo para tomar decisões, não se comprometendo, ficando na defensiva e sendo cautelosas.

A guerra no estilo *blitzkrieg*, adaptada para o combate diário, é a estratégia perfeita para estes tempos. Enquanto aqueles a seu redor permanecem na defensiva e imobilizados, você os surpreende com ação súbita e decisiva, forçando-os a agir antes de estarem prontos. É bem provável que fiquem emotivos e reajam com imprudência. Você furou suas defesas e, se mantiver a pressão e atacá-los de novo com algo inesperado, os colocará em uma espécie de espiral psicológica descendente, forçando-os a errar, o que aumenta ainda mais a confusão deles, e assim o círculo continua.

Muitos daqueles que praticavam uma forma de *blitzkrieg* no campo de batalha a usavam com grande eficácia na vida diária. Júlio César – mestre na rapidez e na surpresa – foi um grande exemplo. Do nada, César podia formar uma aliança com o maior inimigo de um senador, forçando-o a modificar sua oposição a ele ou se arriscar em um confronto perigoso. Da mesma forma, sem ninguém estar esperando, ele era capaz de perdoar a um homem que tivesse lutado contra ele. Desprevenido, o homem se tornava um fiel aliado. A fama de César de fazer o que ninguém esperava deixava as pessoas mais cautelosas em sua presença, acentuando ainda mais sua habilidade para apanhar desprevenidos os outros a sua volta.

Esta estratégia é uma maravilha com aqueles que estão muito hesitantes e temerosos de cometer qualquer tipo de engano. Do mesmo modo, se você está enfrentando um inimigo que tem liderança dividida ou rachaduras internas, um ataque rápido e repentino aumentará as fissuras e causará o colapso interno. Metade do sucesso da *blitzkrieg* de Napoleão Bonaparte era que ele a usava contra exércitos de aliados nos quais vários generais competindo entre si encarregavam-se da estratégia. Quando seu próprio exército rompia as defesas dessas outras tropas, a dissensão se revelava e elas ruíam internamente.

Mas o talento de Ali aceita suas limitações e faz delas virtudes. Vamos passo a passo. Não posso pensar em um campeão de peso pesado do passado cujo soco não fosse superior ao de Ali. Mas em suas primeiras vinte lutas Ali, na época Cassius Clay, ganhou todas, marcando 17 nocautes... Então, qual é o mistério de Ali? Por que um homem que todos os especialistas são unânimes em dizer que não tem nenhum poder de soco derruba a maioria de seus adversários, inclusive em um nocaute com um único soco, em Sonny Liston, em sua primeira defesa de seu título? A resposta está na velocidade e no senso de oportunidade. Clay na época, e Ali agora, é capaz

A estratégia da *blitzkrieg* pode ser eficaz na diplomacia, também, como Henry Kissinger demonstrou. O ex-secretário de Estado americano muitas vezes não se apressava em iniciar negociações diplomáticas, acalmando o outro lado com gentilezas. Depois, com a proximidade do prazo final para as negociações, ele de repente atacava com uma lista de exigências. Sem tempo suficiente para processar o que estava acontecendo, eles tendiam a ceder ou se tornar emotivos e cometer erros. Esta era a versão de Kissinger para lento-lento-rápido-rápido.

Para sua investida inicial na França durante a Segunda Guerra, os alemães escolheram atacar através da Floresta das Ardenas, no sul da Bélgica. A floresta, considerada impenetrável a tanques, tinha pouca proteção. Forçando por este ponto fraco, os alemães conseguiram aumentar a velocidade e o fôlego. Ao lançar uma *blitzkrieg*, você deve começar encontrando o ponto fraco do inimigo. Iniciando a ação por onde houver menos resistência, você será capaz de desenvolver um impulso crucial.

O sucesso desta estratégia depende de três coisas: um grupo que tenha mobilidade (com frequência, quanto menor melhor); uma excelente coordenação entre as partes; e a capacidade para enviar ordens rápidas de um ponto a outro da cadeia de comando. Não dependa da tecnologia para isto. Durante a Guerra do Vietnã, o excelente sistema de comunicação do exército americano talvez tenha sido de fato um estorvo para ele – informações em excesso para serem processadas foram responsáveis por tempos de resposta mais lentos. Os norte-vietnamitas, que contavam com uma rede bem coordenada de espiões e informantes, não de engenhocas, tomavam decisões com mais rapidez e, por conseguinte, eram mais ágeis no chão.

Logo depois de ser eleito presidente, em 1932, Franklin D. Roosevelt pareceu sumir de cena. A Depressão estava no auge e, para muitos americanos, isto não era lá muito tranquilizador. Então, ao tomar posse, Roosevelt mudou de ritmo, fazendo um discurso inflamado que mostrava que ele, na verdade, estivera meditando profundamente sobre as questões que o país enfrentava. Nas semanas seguintes, ele chegava ao Congresso agitado, com uma série de propostas legislativas ousadas. A intensidade desta nova direção foi sentida ainda mais por causa da lenta encenação. Mais do que mero teatro, o impulso criado por esta estratégia ajudou Roosevelt a convencer o público de que ele ia trabalhar e estava levando o país na direção certa. O impulso traduziu-se em apoio a suas políticas, o que por sua vez ajudou a incentivar a confiança e dar uma reviravolta na economia.

Velocidade, portanto, não é só uma poderosa ferramenta para usar contra um inimigo, ela pode também ter uma influência positiva estimulante sobre aqueles que estão a seu lado. Frederico, o Grande, notou que um exército que é rápido em seus movimentos tem um moral mais

---

de dar socos com extrema rapidez e, o que é mais importante, na hora certa, pouco antes que o homem a sua frente possa colocar em funcionamento sua noção de previsão característica de um boxeador. Quando isso acontece, o homem que recebe o soco não o vê. Por conseguinte, o cérebro deste homem não pode prepará-lo para o impacto do golpe. Os olhos não podem enviar a mensagem para a parte do corpo que vai levar a pancada. Portanto, chegamos a uma conclusão de nocaute: o soco que apaga você não é tanto o soco forte, mas aquele que você não vê chegando.
STING LIKE A BEE, JOSÉ TORRES E BERT RANDOLPH SUGAR, 1971

Veni, vidi, vici (Vim, vi e venci).
JÚLIO CÉSAR, 100-44 A.C.

elevado. A velocidade cria uma sensação de vitalidade. Com a rapidez, você e seu exército têm menos tempo para errar. Ela cria também um efeito de contágio: mais e mais pessoas admirando sua ousadia resolverão juntar forças com você. Como Roosevelt, torne essa ação decisiva o mais dramática possível: um momento de tranquilidade e suspense no palco antes que você faça sua surpreendente entrada.

Imagem: *A Tempestade. O céu fica parado e tranquilo, uma calmaria se estabelece, pacífica e confortante. Então, do nada, estoura um relâmpago, começa a ventania... e o céu explode. É o inesperado da tempestade que tanto assusta.*

Autoridade: *Você deve ser lento na deliberação e rápido na execução.* – Napoleão Bonaparte (1769-1821)

INVERSO

A falta de pressa pode ser muito conveniente, principalmente como encenação. Parecer lento e descansado, até um pouco bobo, acalmará seus inimigos, contagiando-os com sua atitude sonolenta. Quando eles baixarem a guarda, um golpe inesperado pela lateral os derrubará. Seu uso da lentidão e da velocidade, portanto, deve ser intencional e controlado, jamais um ritmo natural no qual você caia.

Em geral, ao enfrentar um inimigo veloz, a única verdadeira defesa é ser tão rápido quanto ele ou mais. Só velocidade neutraliza velocidade. Armar uma defesa rígida, como fez o xá contra os mongóis, só favorece quem é rápido e móvel.

15

CONTROLE A DINÂMICA

FORÇANDO ESTRATÉGIAS

As pessoas estão constantemente lutando para controlar você – fazer você agir segundo o que interessa a elas, mantendo a dinâmica nos termos delas. A única maneira de se impor é tornar seu jogo pelo controle mais inteligente e insidioso. Em vez de tentar dominar todos os movimentos do adversário, trabalhe para definir a natureza do relacionamento em si. Transfira o conflito para o terreno de sua escolha, alterando ritmo e riscos segundo sua conveniência. Manobre para controlar a mente de seus adversários, mexendo com suas emoções e forçando-os a cometer erros. Se necessário, deixe que sintam que estão no controle para que baixem a guarda. Se você controlar a direção e a estrutura geral da batalha, o que eles fizerem será a seu favor.

A ARTE DO CONTROLE ABSOLUTO

Controle é um problema em todos os relacionamentos. É da natureza humana abominar os sentimentos de impotência e lutar pelo poder. Sempre que duas pessoas ou grupos interagem, existe uma constante manobra entre eles para definir o relacionamento, para determinar quem tem o controle sobre isto ou aquilo. Esta guerra de vontades é inevitável. Sua função como estrategista é dupla. Primeiro, reconhecer a luta pelo controle em todos os aspectos da vida, e jamais se deixar convencer por quem diz não estar interessado em controlar. Quase sempre estes tipos são os mais manipuladores de todos. Segundo, dominar a arte de movimentar o outro lado como peças em um tabuleiro de xadrez, com propósito e direção. Esta arte foi cultivada pelos generais e estrategistas militares mais criativos em todas as épocas.

Guerra é, acima de tudo, uma luta para se saber quem é capaz de controlar melhor as ações do outro lado. Gênios militares como Aníbal, Napoleão e Erwin Rommel descobriram que a melhor maneira de conquistar o controle é determinar o ritmo, a direção e a forma geral da guerra em si. Isto significa fazer os inimigos lutarem em seu tempo, atraindo-os para um terreno com o qual não estejam familiarizados e que seja adequado para você, favorecendo seus pontos fortes. E, principalmente, significa ganhar influência sobre o estado de espírito de seus adversários, adaptando suas manobras às fragilidades psicológicas deles.

O estrategista superior compreende que é impossível controlar exatamente como um inimigo vai reagir a este ou aquele movimento. Tentar fazer isso só vai gerar frustrações e esgotamento. Há coisas demais na vida e na guerra que são imprevisíveis. Mas se o estrategista sabe controlar o humor e o estado mental de seus inimigos, não importa exatamente como eles reagirão a suas manobras. Se pode assustá-los, deixá-los em pânico, agressivos e irados, ele controla o objetivo mais amplo de suas ações e pode fazê-los cair em uma armadilha mentalmente, antes de os encurralar fisicamente.

O controle pode ser agressivo ou passivo. Pode ser um avanço imediato sobre o inimigo, fazendo-o recuar e perder a iniciativa. Pode ser bancando o desentendido, fazendo o inimigo baixar guarda ou atraindo-o para um ataque de surpresa. O artista do controle tece essas duas atitudes em um padrão devastador – atacar, recuar, atrair, dominar.

Esta arte é infinitamente aplicável às batalhas do dia a dia. Muita gente tende a fazer jogos inconscientes de dominação ou são flagradas tentando controlar todos os movimentos de uma outra pessoa. Ao tentar administrar e determinar demais, elas se esgotam, cometem erros,

---

"Pressionar o travesseiro" refere-se aos esforços de alguém para não deixar a cabeça de seu adversário se levantar. Em batalhas baseadas em estratégias marciais, é tabu deixar que seu adversário tome a iniciativa, colocando-se, por conseguinte, na defensiva. Você deve tentar a qualquer custo liderar seu adversário assumindo total controle sobre ele. Durante o combate, seu adversário pretende dominar você tanto quanto você quer dominá-lo, portanto é vital que você capte as intenções e as táticas dele de modo a controlá-lo... Segundo o princípio da tática marcial, você deve ser capaz de controlar seu adversário, ou adversários, sempre. Estude bem este assunto.
O LIVRO DOS CINCO ANÉIS, MIYAMOTO MUSASHI, 1584-1645

afastam os outros e acabam perdendo o controle da situação. Se você compreende e domina a arte, instantaneamente se torna mais criativo em sua abordagem para influenciar e controlar o outro lado. Ao determinar o estado de espírito das pessoas, o ritmo segundo o qual elas devem se mover, os riscos envolvidos, você descobre que quase tudo que as pessoas fazem em reação a suas manobras se encaixará na dinâmica geral que você estruturou. Elas podem saber que estão sendo controladas, mas estão impotentes para lutar contra isso ou talvez se movam na direção que você deseja sem perceberem. Esse é o controle absoluto.

A seguir temos os quatro princípios básicos da arte.

Em resumo, penso como Frederico [o Grande], deve-se sempre ser o primeiro a atacar.
NAPOLEÃO BONAPARTE, 1769-1821

Mantê-los na expectativa. Antes que o inimigo faça um movimento, antes que o acaso ou as ações inesperadas de seus adversários possam arruinar seus planos, você faz um movimento agressivo para tomar a iniciativa. Você então mantém uma pressão implacável, explorando ao máximo esta momentânea vantagem. Você não espera que surjam oportunidades; você as faz acontecer. Se você é o lado mais fraco, isto com frequência mais do que nivela a quadra. Manter seus inimigos na defensiva e no modo de reação terá um efeito desmoralizador sobre eles.

Transferir o campo de batalha. É natural que o inimigo queira lutar contra você em um terreno familiar. Terreno neste sentido quer dizer todos os detalhes da batalha – a hora e o lugar, o motivo exatamente da luta, quem está envolvido nela, e daí por diante. Ao transferir com sutileza seus inimigos para lugares e situações com os quais não estão familiarizados, seus adversários se verão lutando nos termos definidos por você.

Forçar erros. Seus inimigos dependem de executar uma estratégia que os favoreça, que tenha funcionado no passado. Compete a você uma dupla tarefa: combater de modo que eles não possam usar a força e a estratégia deles e criar um nível tal de frustração que eles cometam erros no processo. Você não lhes dá tempo para fazer nada; você joga com as fragilidades emocionais deles, irritando-os ao máximo; você os atrai para armadilhas mortais. Não é tanto o que você faz, mas os erros que eles cometem que lhe dão o controle.

Assumir o controle passivo. A melhor forma de dominação é fazer os adversários pensarem que eles é que estão no controle. Acreditando estarem no comando, é menos provável que resistam ou fiquem na defensiva. Você cria esta impressão movendo-se com a energia do outro lado, dando terreno, mas lenta e sutilmente desviando-os para onde você quer. Costuma ser a melhor maneira de controlar os que são agressivos demais e os passivo-agressivos.

> *Quem se sobressai na guerra força homens*
> *e não é forçado pelos outros.*
> – Sun Tzu (século IV a.C.)

EXEMPLOS HISTÓRICOS

1. No final de 1940, as forças britânicas no Oriente Médio tinham conseguido garantir sua posição no Egito e recuperar uma boa parte da Líbia, da qual os italianos (aliados da Alemanha) haviam se apoderado na Segunda Guerra Mundial. Depois de conquistar a importante cidade portuária de Benghazi, os britânicos estavam a postos para avançar mais para o oeste, até Tripoli, o que lhes permitiria expulsar os italianos do país de vez. Então, sem ninguém esperar, chegou uma ordem para interromper o avanço. O general Archibald Wavell, comandante-chefe das forças britânicas no Oriente Médio, estava guerreando em um número excessivo de frentes. Visto que os italianos haviam se mostrado bastante incompetentes na guerra no deserto, os britânicos acharam que podiam se dar o luxo de criar uma linha defensiva na Líbia, aumentar suas forças no Egito e lançar uma grande ofensiva contra os italianos em abril do ano seguinte.

Notícias de que uma tropa blindada alemã liderada pelo general Erwin Rommel havia chegado a Tripoli, em fevereiro de 1941, não alteraram os planos dos britânicos. Rommel tinha sido um soberbo comandante durante a *blitzkrieg* na França no ano anterior. Mas aqui ele estava sob o comando italiano, dependendo dos incompetentes italianos para suprimentos e sua força era pequena demais para deixar os britânicos nervosos. Além do mais, relatórios do serviço secreto revelavam que Hitler o havia enviado para lá com ordens de não fazer mais do que impedir que os britânicos avançassem até Tripoli.

Então, sem avisar, no final de março de 1941, os tanques de Rommel avançaram rapidamente para o leste. Rommel havia dividido seu pequeno exército em colunas e as lançara em tantas direções diferentes contra a linha defensiva britânica que ficou difícil imaginar quais seriam suas intenções. Estas colunas mecanizadas moviam-se com incrível velocidade: avançando de noite com pouca luz, repetidas vezes elas surpreendiam o inimigo, aparecendo de repente a seu flanco ou retaguarda. Com sua linha rompida em múltiplos lugares, os britânicos foram constrangidos a recuar cada vez mais para o leste. Para Wavell, que estava acompanhando estes eventos do Cairo, isto era revoltante e uma total humilhação: Rommel estava criando um caos com um número desproporcionalmente pequeno de tanques e graves limitações de suprimentos. Em poucas semanas, os alemães tinham avançado até a fronteira do Egito.

O mais devastador nesta ofensiva foi a novidade no modo como Rommel lutava. Ele usava o deserto como se fosse um oceano. Apesar dos problemas de suprimentos e do terreno difícil, ele mantinha seus tanques em constante movimento. Os britânicos não podiam baixar a guarda nem por um instante, e isto os exauria mentalmente. Mas seus movimentos, embora aparentemente aleatórios, tinham sempre um propósito. Se ele queria tomar uma determinada cidade, seguia na direção oposta, depois dava a volta e atacava de um lado inesperado. Ele trazia uma frota de caminhões que levantavam bastante poeira para os britânicos não poderem ver para onde ele ia e dar a impressão de ser um exército muito maior do que aquele que na verdade estava atacando.

Rommel seguia junto com a linha de frente, arriscando-se a morrer, de forma a ser capaz de fazer julgamentos rápidos em ação, enviando suas colunas de um lado para o outro antes que os britânicos tivessem tempo de imaginar qual era o jogo. E ele usava seus tanques ao contrário de como faziam os britânicos, para matar. Em vez de fazê-los avançar para abrir buracos nas linhas inimigas, ele enviava seus tanques mais fracos, em seguida os fazia recuar ao primeiro contato; os tanques britânicos invariavelmente engoliam a isca e saíam em perseguição, levantando eles mesmos tanta poeira nisso que não viam que estavam correndo direto para uma linha de artilharia antitanques alemã. Uma vez eliminado um número suficiente de tanques britânicos, Rommel avançava de novo, causando uma grande confusão por trás das linhas britânicas.

Dado o mesmo grau de inteligência, a timidez é mil vezes mais prejudicial na guerra do que a audácia.
CARL VON CLAUSEWITZ, 1780-1831

Mantidos constantemente na expectativa, forçados a tomar decisões rápidas em reação aos movimentos de Rommel, os britânicos cometiam erros sem-fim. Sem saber onde ele poderia aparecer em seguida, ou de onde viria, eles espalhavam suas forças por áreas perigosamente vastas. Não demorou muito e à simples menção de que uma coluna alemã se aproximava, Rommel no comando, os britânicos abandonavam suas posições, mesmo sendo mais numerosos do que os alemães. No final, o único obstáculo para Rommel foi a obsessão de Hitler com a Rússia, deixando-o sem os suprimentos e reforços de que precisava para conquistar o Egito.

Interpretação. Foi assim que Rommel analisou a situação em que se viu pela primeira vez: o inimigo tinha uma forte posição a leste, que só se fortaleceria conforme mais suprimentos e homens chegassem do

Egito. Rommel tinha uma força bem menor, e quanto mais esperasse, mais inútil ela se tornaria. E assim ele decidiu desobedecer às ordens de Hitler, arriscando sua carreira com base em uma verdade que havia aprendido com a *blitzkrieg* na França: dar o primeiro golpe contra o inimigo altera completamente a dinâmica. Se o inimigo é o lado mais forte, é inquietante e desencorajador ser colocado na defensiva de repente. Sendo maior e estando despreparado fica mais difícil organizar uma retirada ordenada.

Para fazer sua estratégia funcionar, Rommel teve de criar o máximo de desordem no inimigo. Na confusão a seguir, os alemães pareceriam mais formidáveis do que eram. Rapidez, mobilidade e surpresa – como agentes desse caos – tornaram-se fins em si mesmos. Uma vez estando o inimigo na expectativa e perplexo, uma manobra enganadora – seguir por um caminho, depois atacar de outro – teve um duplo efeito. O inimigo que recua e não tem tempo para pensar cometerá erros sem-fim se você mantiver a pressão. Basicamente, o segredo do sucesso de Rommel foi tomar a iniciativa em uma única manobra ousada, depois explorar ao máximo esta vantagem momentânea.

Tudo neste mundo conspira para colocar você na defensiva. No trabalho, seus superiores podem querer a glória para eles mesmos e o desencorajarão a tomar a iniciativa. As pessoas estão constantemente empurrando e atacando você, mantendo-o no modo de reação. Você é constantemente lembrado de suas limitações e do que não pode pretender realizar. Você é levado a se sentir culpado por isto e aquilo. Essa atitude defensiva de sua parte pode se tornar uma profecia autorrealizada. Antes de qualquer coisa, você precisa se libertar deste sentimento. Ao agir com ousadia, antes que os outros estejam prontos, ao se mover para tomar a iniciativa, você cria suas próprias circunstâncias em vez de simplesmente esperar o que a vida lhe traz. Seu empurrão inicial altera a situação, segundo seus termos. As pessoas são levadas a reagir a você, fazendo com que você pareça mais poderoso do que poderia ser o caso. O respeito e o temor que você inspira se traduzirão em poder ofensivo, uma reputação que o precede. Como Rommel, você também precisa ter um toque de loucura; pronto para desorientar e confundir sem outra finalidade a não ser esta, continuar avançando não importa em que circunstâncias. Depende de você estar constantemente na defensiva ou fazer com que os outros se sintam assim.

2. Em 1932, a Paramount Pictures, seguindo a loucura por filmes de gângsteres, iniciou a produção de *Night After Night*. O filme era para ser estrelado por George Raft, que havia conquistado fama recentemente em *Scarface*. Raft foi escolhido para fazer o gângster típico. Mas

Quando chegaram ao baixio de Xanthus, o rio em redemoinhos gerado por Zeus, Aquiles dividiu os troianos. Metade ele afugentou em direção à cidade, atravessando a planície onde na véspera os gregos haviam fugido da ira fulgurante de Heitor. Hera, para retardar esta fuga precipitada de troianos, espalhou uma cortina de névoa entre eles.

Os outros mudaram de direção – e se viram conduzidos como rebanho para dentro do rio. Eles se chocaram com as águas profundas, cor de prata, que se agitavam e rugiam ao longo das margens. Era possível escutar os gritos dos que afundavam e rodopiavam nos redemoinhos.

Night After Night, por uma mudança de planos, teria de ter um toque de comicidade. O produtor, William Le Baron, temia que não houvesse ninguém no elenco com leveza suficiente para expressar isso. Raft, sabendo de sua preocupação, sugeriu contratarem Mae West.

West era uma celebridade no *vaudeville* e na Broadway, estrelando peças de sua própria autoria. Ficara famosa como uma loura agressiva e apimentada, com uma devastadora sagacidade. Os produtores de Hollywood já tinham pensado nela, mas era muito lasciva para o cinema. E, em 1932, ela estava com 39 anos, meio gorducha e considerada velha demais para estrear no cinema. Não obstante, Le Baron estava disposto a assumir o risco para dar mais vida ao filme. Ela causaria furor, seria um gancho para promover o filme, depois seria mandada de volta para a Broadway, onde era seu lugar. A Paramount lhe ofereceu um contrato de dois meses a 5 mil dólares por semana, um acordo generoso para a época. West aceitou muito satisfeita.

No início, ela foi um pouco difícil. Haviam lhe dito para perder alguns quilos, mas ela detestava fazer dieta e logo desistiu da ideia. Em vez disso, pintou os cabelos de um louro platinado bastante indecente. Ela odiou o roteiro – o diálogo era chato e sua personagem, sem importância. O papel tinha de ser reescrito, e West ofereceu seus serviços como escritora. O pessoal de Hollywood estava acostumado a lidar com atrizes difíceis e tinha uma variedade de táticas para domá-las, principalmente aquelas que queriam seus papéis refeitos. Não era comum uma atriz se oferecer para escrever suas próprias falas. Desconcertados com o pedido, mesmo de alguém que havia escrito para a Broadway, os executivos do estúdio responderam com uma firme recusa. Dar a ela esse privilégio seria abrir um terrível precedente. West retrucou recusando-se a continuar no filme enquanto não a deixassem reescrever o diálogo.

O chefe da Paramount, Adolph Zukor, tinha visto o teste para o cinema de West e gostado de sua aparência e modos. O filme precisava dela. Zukor pediu a um dos executivos do estúdio para convidá-la para jantar no dia de seu aniversário e tentar convencê-la com agrados; o objetivo era acalmá-la o suficiente para que pudessem começar a filmagem. Com as câmeras rodando, ele pensou, eles encontrariam um jeito de fazer West se comportar. Mas naquela noite, durante o jantar, West tirou um cheque da bolsa e o entregou ao executivo. Era de 20 mil dólares, a quantia que havia recebido até aquele momento. Ela estava devolvendo o dinheiro ao estúdio e, agradecendo a Paramount pela oportunidade, disse ao executivo que estava partindo para Nova York na manhã seguinte.

> *O fogo às vezes faz com que um enxame de gafanhotos se erga no ar e voe até um rio. O fogo continua vindo, queimando-os instantaneamente. E os insetos se encolhem na água.*
>
> *Assim também Aquiles. E o ruidoso canal de Xanthus ficou abarrotado de carroças, cavalos e homens. Aquiles não perdeu tempo. Deixando a lança apoiada contra uma tamargueira e empunhando apenas a espada, ele saltou da margem como um espírito infernal propenso a uma carnificina. Ele golpeou diversas vezes, em uma ampla espiral. Gemidos horrendos ergueram-se dos feridos, e a água do rio ficou rubra de sangue. Peixes fugindo da enorme mandíbula do golfinho escondem-se às centenas nas rachaduras do porto, mas o golfinho devora o que conseguir pegar.*
>
> *Do mesmo modo os troianos sob as margens do rio.*
> ILÍADA, HOMERO, C. SÉCULO IX A.C.

Zukor, informado na mesma hora, ficou totalmente desconcertado. West parecia disposta a perder uma quantia substancial de dinheiro, correr o risco de um processo por quebra de contrato e ter a certeza de que nunca mais voltaria a trabalhar em Hollywood. Zukor deu mais uma olhada no roteiro – talvez ela tivesse razão e o diálogo fosse horroroso. Ela preferia desistir do dinheiro e de uma carreira a aparecer em um filme de qualidade inferior! Ele decidiu lhe oferecer um acordo: ela podia escrever seu próprio diálogo e eles filmariam duas versões do filme, a dela e a do estúdio. Ia ficar um pouco mais caro, mas eles teriam West no filme. Se a versão dela fosse melhor, o que Zukor achava pouco provável, o filme só ganharia com isso; se não, eles manteriam a versão original. A Paramount não podia perder.

West aceitou e começaram a filmagem. Uma pessoa, entretanto, não gostou da história: o diretor, Archie L. Mayo, um homem com um amplo currículo. Não só West havia mudado o roteiro para se adequar ao estilo piadista, como insistia em alterar o bloqueio e a montagem das câmeras para favorecer suas falas. Eles brigaram muito, até que um dia West se recusou a continuar. Ela havia exigido uma sequência em que desaparecia subindo uma escada, depois de soltar uma de suas piadinhas típicas. Isto daria à plateia tempo para rir. Mayo achou desnecessário e se recusou a filmar. West saiu do *set* e a produção foi interrompida. Os executivos do estúdio concordavam que as falas de West tinham alegrado o filme; deixe que ela faça o que quiser com a direção e filme a sequência, disseram a Mayo. Eles editariam depois.

A produção recomeçou. A outra atriz em suas cenas, Alison Skipworth, tinha a nítida impressão de que West estava determinando o ritmo das frases, fazendo a câmera focalizar nela, roubando a cena. Protestando que West estava assumindo a direção do filme, Skipworth, também, escutou que não se preocupasse – tudo seria consertado na edição.

Na hora de editar o filme, entretanto, West havia alterado tanto o humor e o ritmo de suas cenas que nenhum corte poderia trazer de volta o original; mais importante ainda, seu senso de oportunidade e direção eram firmes. Ela havia mesmo melhorado o filme inteiro.

A estreia foi em outubro de 1932. As críticas variaram, mas quase todas concordavam que nascia uma nova estrela. O estilo sensual agressivo de West e sua espirituosidade fascinavam os homens na plateia. Embora ela aparecesse em apenas algumas cenas, ela era a única parte do filme de que todos pareciam se lembrar. Frases de sua autoria – "Sou uma moça que perdeu a reputação e não sente falta disso" – eram citadas infinitamente. Como Raft mais tarde admitiu, "Mae West roubou tudo, menos as câmeras".

As plateias em breve estavam clamando por mais Mae West – e a Paramount, em dificuldades financeiras na época, não podia ignorá-las. Aos 40 anos, rechonchuda como sempre, West assinou um contrato a longo prazo com o salário mais alto do que o de qualquer outra estrela no estúdio. Para seu próximo filme, *Diamond Lil,* ela teria total controle criativo. Nenhuma outra atriz – ou ator, por assim dizer – jamais deu tamanho golpe em tão curto tempo.

Interpretação. Quando Mae West colocou os pés em Hollywood, tudo ia contra ela. Estava velha e passada. O diretor e um exército de executivos do estúdio tinham apenas um objetivo: usá-la em uma ou duas cenas para animar um filme monótono, depois embarcá-la de volta para Nova York. Ela não tinha nenhum poder real, e se tivesse escolhido brigar no campo de batalha deles – onde havia atrizes de montão e exploradas ao máximo –, ela não teria chegado a lugar algum. A genialidade de West, sua forma de guerrear, foi a transferência lenta, porém firme, do campo de batalha para um terreno de sua própria escolha.

Ela iniciou sua guerra fazendo o papel da loura explosiva, encantando e seduzindo os homens da Paramount. Seu teste para as telas os fisgou – ela era difícil, mas que atriz não era? Em seguida, ela pediu para reescrever suas falas e, recebendo a esperada negativa, aumentou o risco que estava correndo ao não ceder. Devolver o dinheiro que havia recebido foi o momento-chave de sua campanha: sutilmente, ele mudou o foco da guerra, de uma atriz para o próprio roteiro. Ao se mostrar disposta a desistir de tanta coisa, ela fez Zukor começar a pensar mais no diálogo do que nela. Depois do acordo, West fez sua manobra seguinte, lutando pelo bloqueio, os ângulos das câmeras, o ritmo das sequências filmadas. Seu texto escrito havia se tornado uma parte aceita do cenário; agora a briga era porque ela estava dirigindo. Outro acordo, que se traduziu em mais uma vitória. Em vez de combater os executivos do estúdio nos termos deles, West havia sutilmente transferido a batalha para um campo pouco familiar para eles – lutar contra uma atriz por estar escrevendo e dirigindo um filme. Nesse terreno, enfrentando uma mulher inteligente e sedutora, o exército de homens da Paramount estava perdido e impotente.

Seus inimigos naturalmente escolherão lutar em um terreno que seja do agrado deles, o que lhes permite usar o poder que têm da melhor forma. Conceda-lhes esse poder e você acaba lutando nos termos deles. Seu objetivo é transferir sutilmente o conflito para o terreno de sua preferência. Você aceita a batalha, mas altera sua natureza. Se é por dinheiro, transfira para algo moral. Se seus adversários querem brigar por uma questão em particular, reestruture a batalha para englobar algo

Vamos admitir que a ousadia na guerra até tenha suas próprias prerrogativas. Deve-se reconhecer um certo poder sobre cálculos bem-feitos envolvendo espaço, tempo e magnitude de forças, pois, onde quer que seja superior, irá se aproveitar

das fragilidades de seu adversário. Em outras palavras, é uma força genuinamente criativa. Isto não é difícil de provar até cientificamente. Sempre que a ousadia encontra a timidez, é provável que saia vencedora, porque a timidez em si mesmo implica perda de equilíbrio. A ousadia estará em desvantagem somente em um encontro com a cautela intencional, que pode ser considerada ousadia por si só, e certamente é mais poderosa e eficaz; mas esses casos são raros. A timidez é a origem da prudência na maioria dos homens... Quanto mais alta a cadeia de comando, mais necessário é que a ousadia seja sustentada por uma mente reflexiva, de modo que a ousadia não degenere em explosões sem propósito de paixão cega.
DA GUERRA, CARL VON CLAUSEWITZ, 1780-1831

que seja maior e mais difícil para eles. Se gostam de um ritmo lento, encontre um jeito de apressá-lo. Você não está deixando seus inimigos se sentirem confortáveis como costumam estar. E um inimigo atraído para um terreno pouco familiar é um inimigo que perdeu o controle da dinâmica. Assim que esse controle escapulir de suas mãos, ele vai negociar, recuar, cometer erros e causar sua própria destruição.

3. No início de 1864, a Guerra Civil Americana havia chegado a um impasse. O exército da Virgínia do Norte, de Robert E. Lee, tinha conseguido manter as forças da União longe de Richmond, capital da Condeferação. A oeste, os confederados tinham estabelecido uma posição defensiva inexpugnável na cidade de Dalton, Georgia, bloqueando qualquer avanço da União sobre Atlanta, a cidade industrial chave do Sul. O presidente Abraham Lincoln, enfrentando uma reeleição naquele ano e seriamente preocupado com suas chances se o impasse continuasse, decidiu nomear Ulysses S. Grant como comandante-geral das forças da União. Aqui estava um homem que continuaria na ofensiva.

O primeiro ato de Grant foi indicar seu principal tenente, general William Tecumseh Sherman, para comandar as forças da União na Georgia. Quando Sherman entrou em cena, percebeu que qualquer tentativa de tomar Dalton estava condenada ao fracasso desde o início. O comandante confederado, general John Johnston, era mestre na guerra defensiva. Com montanhas em sua retaguarda e uma sólida posição em sua frente, Johnston podia simplesmente não sair do lugar. Um cerco levaria muito tempo, e um ataque frontal ia custar caro demais. A situação parecia sem saída.

Sherman decidiu, então, que, se não pudesse tomar Dalton, dominaria a mente de Johnston, despertando o medo em um homem notório por ser conservador e cauteloso. Em maio de 1864, Sherman enviou três quartos de seu exército para um ataque direto a Dalton. Com a atenção de Johnston presa por este ataque, Sherman então moveu sorrateiramente o exército do Tennessee ao redor das montanhas até a cidade de Resaca, 24 quilômetros ao sul de Dalton, bloqueando a única rota verdadeira de retirada e a única linha de suprimentos de Johnston. Assustadíssimo por se ver de repente cercado, Johnston não teve outra escolha senão desistir de sua posição em Dalton. Mas ele não ia favorecer o jogo de Sherman: ele simplesmente recuou para outra posição defensiva que lhe dava o máximo de segurança, mais uma vez convidando Sherman a atacá-lo de frente. Isto rapidamente virou uma dança: Sherman fingia ir para um lado, depois de algum modo desviava uma parte de seu exército para o sul de Johnston, que continuou recuando... até Atlanta.

O presidente confederado, Jefferson Davis, não gostando da recusa de Johnston em lutar, substituiu-o pelo general John Hood. Sherman sabia que Hood era um comandante agressivo, muitas vezes até afoito. Ele sabia também que não havia nem tempo nem homens disponíveis para fazer cerco a Atlanta – Lincoln precisava de uma vitória rápida. Sua solução foi enviar destacamentos para ameaçar as defesas de Atlanta, mas ele fez estas forças sedutoramente pequenas e fracas. Hood não pôde resistir à tentação de deixar sua fortaleza na cidade e passar ao ataque, só para se ver correndo para uma emboscada. Isto aconteceu várias vezes e, a cada derrota, o exército de Hood ficava menor e o moral de seus homens rapidamente se deteriorou.

Agora, com o exército de Hood cansado e esperando o desastre, Sherman fez mais um truque. No final de agosto ele marchou seu exército para o sudeste, passando por Atlanta, abandonando suas linhas de suprimentos. Para Hood isto só podia significar que Sherman havia desistido de lutar por Atlanta. Frenéticas comemorações explodiram por toda a cidade. Mas Sherman havia astuciosamente programado esta marcha para coincidir com o amadurecimento do milho, e com seus homens bem alimentados e Hood sem desconfiar de nada, ele interrompeu a última linha de estrada de ferro ainda aberta até Atlanta e voltou correndo para atacar a cidade desprotegida. Hood foi obrigado a abandonar Atlanta. Esta foi a grande vitória que garantiria a reeleição de Lincoln.

Em seguida, veio a mais estranha de todas as manobras de Sherman. Ele dividiu seu exército em quatro colunas e, desligando-se totalmente de suas linhas de suprimento, iniciou uma marcha para o leste, de Atlanta até Savannah e o mar. Seus homens alimentavam-se do que a terra produzia, destruindo tudo pelo caminho. Sem o estorvo das carroças de suprimentos, eles se moviam em uma velocidade incrível. As quatro colunas paralelas estavam tão distanciadas umas das outras que as forças sulistas não poderiam dizer para onde elas iam. A coluna sulista parecia estar indo para Macon, a nortista para Augusta. As forças confederadas se embaralhavam para cobrir ambos os lugares, deixando o centro aberto – que era exatamente para onde Sherman planejava avançar. Mantendo o Sul no que ele chamava de "as garras de um dilema", desequilibrado e confuso quanto a suas intenções, Sherman marchou até Savannah quase sem batalhas.

O efeito desta marcha foi devastador. Para os soldados confederados ainda lutando na Virgínia, a ruína da Georgia – onde muitos haviam deixado para trás seus lares – foi um terrível golpe para o seu moral. A marcha de Sherman lançou todo o Sul em um clima de profunda tristeza. Aos poucos, mas com certeza, eles estavam perdendo a vontade de continuar lutando, o que era o objetivo de Sherman o tempo todo.

> Os olímpicos podiam agora unir-se em batalha com os gigantes. Hércules soltou sua primeira flecha contra Alcioneu, o líder do inimigo. Ele caiu ao chão, mas ergueu-se de novo ressuscitado, porque este era seu solo nativo de Phlegra. "Rápido, nobre Hércules!", gritou Atena. "Arraste-o para outro país!" Hércules suspendeu Alcioneu pelos ombros e arrastou por sobre a fronteira da Trácia, onde o despachou com uma clava.
> THE GREEK MYTHS, VOL.1, ROBERT GRAVES, 1955

Interpretação. Em qualquer conflito, com frequência, é o lado mais fraco que, na verdade, controla a dinâmica. Neste caso, o Sul estava no controle tanto no sentido da estratégia como no da grande estratégia. Em sua estratégia local, imediata, os confederados haviam se entrincheirado nas poderosas posições defensivas na Georgia e na Virgínia. A tentação para o Norte era lutar nos termos do inimigo, lançar divisão após divisão contra estas posições, com enormes perdas de vidas e poucas chances de avanço. Na grande estratégia do Sul, quanto mais tempo este impasse prevalecesse, maior a probabilidade de derrubar Lincoln. Depois a guerra terminaria por meio de negociações. O Sul definiu o tempo para a batalha (lento e opressivo) e controlou os riscos.

Segundo Sherman, seu objetivo não era capturar uma cidade ou derrotar os confederados em batalha. Em sua visão, a única maneira de vencer a guerra era recuperando o controle da dinâmica. Em vez de ataques frontais, violentos, contra Dalton ou Atlanta, que favoreceriam os sulistas, ele operou indiretamente. Ele assustou o tímido Johnston para que abandonasse sua fortaleza e atraiu o afoito Hood para ataques absurdos, em ambos os casos usando a psicologia do adversário para forçar o resultado. Ao colocar constantemente seu inimigo nas garras de um dilema, quando ficar parado e se mover eram atitudes igualmente perigosas, ele assumiu o controle da situação sem ter de perder um homem em batalha. Mais importante, ao demonstrar ao Sul com sua marcha destrutiva que a guerra não estava mais se arrastando, que seria pior para eles, Sherman recuperou o controle da grande estratégia da guerra. Para os confederados, continuar lutando era lento suicídio.

A pior dinâmica na guerra, e na vida, é o impasse. Parece que tudo que você fizer só vai alimentar a estagnação. Quando isto acontece, uma espécie de paralisia mental toma conta de você. Você perde a capacidade de pensar ou reagir de diferentes maneiras. Aí, está tudo perdido. Se perceber que está entrando nesta dinâmica – lidando com um adversário entrincheirado, defensivo ou preso em um relacionamento reativo –, deve ter a mesma criatividade que o general Sherman teve. Sacoleje de propósito o ritmo de valsa lenta fazendo alguma coisa que pareça irracional. Opere fora do que é familiar ao inimigo, como Sherman fez quando se livrou de seus suprimentos. Mova-se rápido aqui, e lento ali. Um bom tranco na dinâmica estagnada vai sacudi-la, forçando o inimigo a fazer algo diferente. Com uma leve mudança, você tem mais espaço para outras maiores e para assumir o controle. Quase sempre basta uma injeção de mobilidade e coisas novas para desequilibrar as mentes de seus rígidos e defensivos adversários.

4. Em 1833, Mr. Thomas Auld, escravocrata dono de uma plantação na Costa Leste de Maryland, chamou de volta seu escravo Frederick Douglass, na época com 15 anos e que tinha acabado de completar sete anos servindo o irmão de Auld em Baltimore. Agora ele era necessário para trabalhar na plantação. Mas a vida na cidade havia mudado Douglass em muitos aspectos, e para sua tristeza ele achou muito difícil não deixar que Auld percebesse. Em Baltimore, secretamente, ele tinha conseguido aprender sozinho a ler e escrever, o que era proibido a todos os escravos porque incitava ideias perigosas. Na plantação, Douglass tentou ensinar o maior número possível de escravos a ler; estes esforços foram rapidamente esmagados. Mas o pior para ele foi que havia desenvolvido uma atitude bastante rebelde, o que o dono de escravos chamava de impudência. Ele respondia a Auld, questionava algumas de suas ordens e lançava mão de todas as artimanhas para conseguir mais comida. (Auld era conhecido por deixar seus escravos quase mortos de fome.)

Um dia, Auld informou a Douglass que o estava cedendo por um ano a Mr. Eduardo Covey, locatário de uma fazenda vizinha com fama consumada de "domador de negros jovens". Os donos de escravos mandavam para ele os mais difíceis e, em troca do trabalho gratuito, Covey arrancava deles, à pancada, até o último grama de rebeldia. Covey deu duro com Douglass e depois de alguns meses havia domado seu corpo e o seu espírito. Ele não desejava mais ler livros ou discutir com seus companheiros escravos. Em seus dias de folga, rastejava até a sombra de uma árvore e se libertava da exaustão e do desespero dormindo.

Em um dia muito quente de agosto de 1834, Douglass sentiu-se mal e desmaiou. Quando se deu conta, Covey estava em cima dele, um pedaço de madeira na mão, mandando-o voltar ao trabalho. Mas Douglass estava fraco demais. Covey o agrediu na cabeça, abrindo uma profunda ferida. Ele o chutou algumas vezes, mas Douglass não podia se mexer. Covey acabou indo embora, com a intenção de dar um jeito nele mais tarde.

Douglass conseguiu ficar de pé, cambaleou até o bosque e de alguma maneira voltou para a plantação de Auld. Ali ele implorou ao Senhor Auld que o deixasse ficar, explicando a crueldade de Covey. Auld não se comoveu. Douglass podia passar a noite, mas depois tinha de voltar para a fazenda de Covey.

Retornando à fazenda, Douglass temia o pior. Ele disse a si mesmo que faria de tudo para obedecer a Covey e de algum modo sobreviver às próximas semanas. Nos estábulos onde devia estar trabalhando naquele dia, ele iniciava suas tarefas quando, do nada, como uma serpente, Covey entrou de mansinho, corda na mão. Ele investiu contra Douglass,

Ora, meu querido leitor, esta batalha com Sr. Covey – indigna como foi e como temo seja minha narrativa a respeito – foi o momento decisivo em minha "vida como escravo". Ela reacendeu em meu peito as brasas da liberdade; trouxe de volta meus sonhos de Baltimore e reviveu a noção da minha própria virilidade. Eu era um outro homem depois daquela luta. Eu não era nada antes; EU AGORA ERA UM HOMEM. Ela ressuscitou meu respeito próprio esmagado e minha autoconfiança, e me inspirou com uma renovada determinação a ser UM HOMEM LIVRE. Um homem sem força é um homem sem a dignidade essencial da humanidade. A natureza humana é de tal modo constituída, que não pode honrar um homem impotente, embora possa dele se apiedar; e mesmo isso não pode durar muito, se não surgirem os sinais de poder. Ele só pode compreender o efeito deste combate sobre meu espírito, que ele mesmo incorreu em alguma coisa, arriscou alguma coisa, ao repelir as injustas e cruéis agressões de um tirano. Covey era um tirano e covarde também. Depois de resistir a ele, senti-me como nunca havia me sentido antes. Foi uma ressurreição da tumba escura e pestilenta da escravidão, para os céus de comparável liberdade. Eu não era mais um covarde servil, tremendo sob o franzir da testa de um verme irmão da poeira, mas meu espírito durante muito tempo intimidado foi estimulado a ter uma atitude de independência viril. Eu havia chegado a um ponto no qual não temia mais morrer. Este espírito me fez um homem livre de fato, enquanto eu permanecia um escravo na forma. Quando um escravo não pode ser açoitado ele é mais do que semilivre. Ele tem um domínio tão amplo quanto seu próprio coração viril para defender, e ele é realmente "um poder sobre a terra". Enquanto os escravos preferirem suas vidas com açoites à morte instantânea, sempre encontrarão cristãos em número suficiente, como Covey, para satisfazer essa preferência. Desde aquele momento até minha fuga da escravidão, eu nunca fui justamente açoitado. Várias tentativas foram feitas de me açoitar, mas sempre sem êxito. Equimoses eu tive, como mais adiante informarei ao leitor; mas o caso que venho descrevendo foi o final da brutalização a que a

tentando laçar a perna dele e amarrá-lo. Estava nitidamente pretendendo que a surra encerrasse de uma vez por todas as pancadarias.

Arriscando-se a apanhar ainda mais, Douglass empurrou Covey e, sem agredi-lo, o impediu de enrolar sua perna com a corda. Naquele momento houve um estalo na cabeça de Douglass. Todas as ideias de rebeldia sufocadas durante meses de trabalho brutal lhe voltaram à mente. Ele não estava com medo. Covey podia matá-lo, mas era melhor ser derrotado lutando por sua vida.

De repente um primo veio ajudar Covey e, vendo-se cercado, Douglass fez o que ninguém podia imaginar: deu um soco forte no sujeito e o derrubou no chão. Agredir um homem branco com toda a probabilidade o levaria à forca. Uma "loucura guerreira" tomou conta de Douglass. Ele devolveu os golpes de Covey. A luta continuou por duas horas até que, ensanguentado, exausto e sem fôlego, Covey desistiu e voltou para casa cambaleando.

Douglass só podia supor que Covey agora viria atrás dele com uma arma ou encontraria algum outro modo de matá-lo. Isso não aconteceu. Lentamente, Douglass começou a compreender: matá-lo ou puni-lo de alguma forma violenta era muito arriscado. A notícia de que Covey não tinha conseguido domar um negro desta vez, que tivera de recorrer a uma arma quando suas táticas de terror não funcionaram, ia se espalhar. A mera insinuação de que isso havia acontecido arruinaria sua fama por toda parte, e seu trabalho dependia de um nome respeitado. Melhor deixar o selvagem escravo de 16 anos em paz do que se arriscar ao tipo de loucura ou reação imprevisível de que Douglass havia se mostrado capaz. Melhor deixá-lo se acalmar e ir embora quieto quando terminasse seu tempo de serviço.

Pelo resto da estadia de Douglass com Covey, o homem branco não pôs a mão nele. Douglass havia notado que os donos de escravos com frequência "preferem açoitar aqueles que são mais facilmente açoitados". Agora ele havia aprendido: jamais voltaria a ser submisso. Essa fraqueza só encorajava os tiranos a irem mais longe. Ele preferia se arriscar a morrer, devolvendo golpe por golpe com seus punhos ou sua inteligência.

Interpretação. Ao refletir sobre este momento anos mais tarde em seu livro *My Bondage and My Freedom*, depois de ter escapado para o Norte e se tornado um importante defensor do movimento abolicionista, Douglass escreveu: "Esta batalha com Senhor Covey... foi o momento decisivo em minha '*vida como escravo*'... Eu era um ser diferente depois daquela briga... eu havia chegado ao ponto em que *não tinha medo de morrer*. Este espírito me fez um homem livre de *fato*, enquanto continuava sendo um escravo na *forma*." Pelo resto de sua vida, ele adotou esta atitude guerreira: não temendo as consequências, Douglass ganhou um grau de controle de sua situação tanto física como psicologicamente. Ao arrancar de si mesmo o medo pela raiz, ele abriu possibilidades para agir – às vezes revidando abertamente, às vezes sendo esperto e ardiloso. De escravo sem controle, ele se tornou um homem com algumas opções e certo poder, que ele potencializou em liberdade real quando chegou a hora.

Para controlar a dinâmica, você precisa ser capaz de controlar a si mesmo e suas emoções. Ficar zangado e sair dando chicotadas só vai limitar suas opções. E no conflito, o medo é a emoção mais debilitante de todas. Antes mesmo de alguma coisa acontecer, seu medo o coloca na expectativa, cede iniciativa ao inimigo. O outro lado tem infinitas possibilidades de usar seu medo para controlar você, para manter você na defensiva. Aqueles tipos tiranos e dominadores farejam sua ansiedade e ficam ainda mais tirânicos. Antes de tudo, você precisa perder seu medo – da morte, das consequências de uma manobra ousada, da opinião dos outros a seu respeito. Esse momento único de repente abrirá perspectivas de possibilidades. E, no final, o lado que tiver mais possibilidades para ação positiva tem maior controle.

escravidão havia me sujeitado.
MY BONDAGE AND MY FREEDOM, FREDERICK DOUGLASS, 1818-1895

Não é o mesmo quando um lutador se move porque quer se mover, quando ele se move porque é obrigado a coisa é outra.
JOE FRAZIER, 1944

5. No início de sua carreira, o psiquiatra americano Milton H. Erickson (1901-80) notou que havia inúmeras maneiras para os pacientes controlarem seu relacionamento com o terapeuta. Eles podiam reter informações ou resistir a entrar em um transe hipnótico (Erickson usava com frequência a hipnose em sua terapia); podiam questionar as habilidades do terapeuta; insistir para que ele falasse mais ou enfatizar a falta de esperança para seus problemas e a futilidade da terapia. Estas tentativas de controlar, na verdade, espelhavam seus problemas na vida diária: eles recorriam a todos os tipos de jogos inconscientes e passivos de dominação, enquanto negavam a si mesmos e aos outros o fato de estarem usando esses truques. E assim, ao longo dos anos, Erickson desenvolveu o que chamou de sua "Técnica de Utilização" – literalmente usando a agressão passiva destes pacientes, suas espertas manipulações, como instrumentos para modificá-los.

Erickson muitas vezes tratava de pacientes que alguém – um parceiro, um pai ou mãe – havia forçado a procurar sua ajuda. Ressentidos com isto, eles se vingavam retendo intencionalmente informações sobre suas vidas. Erickson começava dizendo a estes pacientes que era natural, até saudável, reter algumas informações sensíveis. Os pacientes então se sentiam em uma armadilha: guardando segredos estavam obedecendo ao terapeuta, que era exatamente o oposto do que queriam fazer. Em geral, na segunda sessão eles se abriam, rebelando-se a tal ponto que revelavam tudo sobre si mesmos.

Um homem, em sua primeira visita ao consultório de Erickson, começou ansiosamente a andar de um lado para o outro da sala. Ao se recusar a sentar e relaxar, ele estava tornando impossível para Erickson hipnotizá-lo ou trabalhar com ele. Erickson começou perguntando: "Está disposto a cooperar comigo sem parar de andar de um lado para outro como está fazendo agora?" O paciente concordou com este estranho pedido. Então Erickson perguntou se podia dizer ao paciente por onde andar e com que rapidez. O paciente não viu nenhum problema nisto. Minutos depois, Erickson começou a hesitar ao lhe dar suas direções; o paciente esperava para ouvir que passos teria de dar em seguida. Depois que isso aconteceu algumas vezes, Erickson finalmente lhe disse para se sentar em uma cadeira, onde o homem caiu em transe no mesmo instante.

Com aqueles que eram patentemente céticos com relação a terapias, Erickson tentava de caso pensado um método de hipnose que não funcionava e aí pedia desculpas por usar essa técnica. Ele falava sobre suas próprias incapacidades e das muitas vezes que havia fracassado. Erickson sabia que estes tipos precisavam de uma vantagem sobre o terapeuta e, uma vez sentindo que haviam ganhado esta superioridade, inconscientemente eles se abriam e entravam logo em transe.

Uma mulher certa vez foi procurar Erickson queixando-se de que o marido usava seu coração supostamente frágil para mantê-la em constante estado de alerta e dominá-la de todos os modos. Os médicos não tinham encontrado nada de errado com ele, mas o homem parecia sinceramente fraco e sempre achando que estava para ter um ataque do coração. A mulher estava ansiosa, sentindo raiva e culpa, tudo ao mesmo tempo. Erickson a aconselhou a continuar sendo solidária, mas, quando ele voltasse a falar de ataque do coração, ela ia lhe dizer polidamente que precisava arrumar a casa. E, então, espalharia pela casa folhetos recolhidos em diversas agências funerárias. Se ele reclamasse de novo, ela iria até a escrivaninha na sala de estar e começaria a calcular os valores das apólices de seguro dele. No início o marido ficou furioso, mas não demorou muito para ele começar a ter medo de ver essas brochuras e ouvir o barulho da máquina de calcular. Parou de falar de seu coração e foi obrigado a lidar com a sua mulher de um modo mais direto.

Interpretação. Em alguns relacionamentos você pode ter a sensação angustiante de que o outro ganhou o controle da dinâmica, mas acha difícil definir como e quando isto ocorreu. Ao certo, pode-se dizer apenas que você se sente incapaz de convencer a outra pessoa, de influenciar o curso do relacionamento. Tudo que você faz parece que só alimenta o poder do controlador. Isto porque a outra pessoa adotou formas de controle sutis, insidiosas, que ficam facilmente disfarçadas e que, no entanto, são ainda mais eficazes por serem inconscientes e passivas. Esses tipos exercem o controle mostrando-se deprimidos, excessivamente ansiosos, sobrecarregados de trabalho – são as vítimas de constantes injustiças. Essas pessoas não podem evitar a situação em que vivem. Exigem atenção e, se você não dá, fazem você se sentir culpado. São arredias e impossíveis de combater porque fazem parecer a cada movimento que não estão, de modo algum, querendo o controle. São mais obstinadas do que você, mas disfarçam melhor. Na verdade, você é quem se sente desamparado e confuso com as táticas de guerrilha delas.

Para alterar a dinâmica, você deve primeiro reconhecer que há muito menos impotência no comportamento delas do que revelam. Segundo, estas pessoas precisam sentir que tudo acontece nos termos delas; desafie esse desejo e elas revidam por baixo do pano. Você não deve jamais alimentar inadvertidamente a rebeldia delas discutindo, queixando-se, tentando forçá-las em uma direção. Isto as faz se sentirem mais atacadas, mais vítimas, e incentiva a vingança passiva. Em vez disso, movimente-se dentro do sistema de controle delas, aplicando a Técnica de Utilização de Erickson. Seja solidário com o sofrimento delas, mas faça parecer que, não importa o que elas fizerem, estão na verdade cooperando com o que você mesmo quer. Isso as deixará desequilibradas; se elas se rebelarem agora, estarão favorecendo você. A dinâmica mudará sutilmente, e você terá espaço para insinuar a mudança. Do mesmo modo, se a outra pessoa usar uma fragilidade fundamental como uma arma (a tática do ataque do coração), torne essa ameaça impossível de ser usada contra você exagerando-a ainda mais, chegando até à beira da paródia ou do tormento. A única maneira de derrotar os adversários passivos é superá-los no controle sutil.

Imagem: *O Lutador de Boxe. O excelente lutador não confia em seu soco poderoso ou rápidos reflexos. Pelo contrário, ele cria o ritmo que lhe convém para a luta, avançando e recuando no passo que ele define; ele controla o ringue, movendo seu adversário para o centro, para as cordas, aproximando-o e afastando-o de si mesmo. Dono do tempo e do espaço, ele gera frustração, força erros e produz um colapso mental que precede o físico. Ele vence não com os punhos, mas com o controle do ringue.*

Autoridade: *Para ter descanso, é necessário manter o inimigo ocupado. Isto os coloca outra vez na defensiva e, nessa posição, não podem se erguer de novo durante toda a campanha.* – Frederico, o Grande (1712-1786)

INVERSO

Esta estratégia não tem inverso. Qualquer esforço para parecer *não* estar no controle de uma situação, para parecer que está se recusando a influenciar um relacionamento, é de fato uma forma de controle. Ao ceder o poder aos outros, você conquistou uma espécie de autoridade passiva que pode usar mais tarde para seus próprios propósitos. Você também é quem está determinando quem tem o controle cedendo-o ao outro lado. Não há como escapar da dinâmica de controle. Quem diz que está agindo assim está fazendo o jogo de controle mais insidioso de todos.

16

ATINJA-OS ONDE DÓI

A ESTRATÉGIA DO CENTRO DE GRAVIDADE

Todo mundo tem uma fonte de poder da qual depende. Ao olhar para seus rivais, procure sob a superfície essa fonte, o centro de gravidade que mantém unida toda a estrutura. O centro pode ser a riqueza deles, sua popularidade, uma posição-chave, uma estratégia de sucesso. Atingi-los ali causará uma dor imensa. Descubra aquilo que o adversário trata com mais carinho e protege – é ali que você deve atacar.

PILARES DE COLAPSO

Em 210 a.C., um jovem general romano chamado Públio Cipião, o Jovem (mais tarde apelidado de Cipião, o Africano), foi enviado para o nordeste da Espanha com uma simples missão: defender o rio Ebro dos poderosos exércitos cartagineses que estavam ameaçando atravessá-lo e assumir o controle da península. Esta foi a primeira tarefa de Cipião como comandante e, ao olhar para o rio e planejar sua estratégia, ele sentiu uma estranha mescla de emoções.

Oito anos antes, o grande comandante cartaginês, Aníbal, cruzara o rio na direção norte. Seguindo em frente, ele tinha entrado na Gália e depois, pegando os romanos de surpresa, atravessado os Alpes até a Itália. Cipião, com apenas 18 anos na época, lutara ao lado do pai, um general, nas primeiras batalhas contra Aníbal em solo italiano. Tinha visto com seus próprios olhos a perícia norte-africana em combate: Aníbal manobrara seu pequeno exército com brilhantismo, aproveitara ao máximo sua superior cavalaria e, com inesgotável criatividade, conseguira constantemente surpreender os romanos e lhes infligir uma série de derrotas humilhantes, culminando no virtual extermínio das legiões romanas na Batalha de Cannae, em 216 a.C. Tentar estar à altura da sagacidade de Aníbal, Cipião sabia, era inútil. Naquela época parecia que a própria Roma estava condenada.

Cipião também se lembrava de dois acontecimentos depois de Cannae que tiveram um efeito avassalador sobre ele. Primeiro, um general romano chamado Fábio havia finalmente concebido uma estratégia para manter Aníbal a distância. Mantendo suas legiões nas montanhas e evitando a batalha direta, Fábio havia lançado ataques de surpresa do tipo bater-e-correr para cansar os cartagineses, que estavam lutando longe de casa, onde hoje é a Tunísia. A campanha funcionara como uma ação de controle, mas para Cipião tinha parecido igualmente exaustivo para os romanos lutarem durante tanto tempo e continuarem com o inimigo na porta de casa. Também, visto que o plano não levaria a nenhuma derrota real de Aníbal, ela basicamente fracassou.

Segundo, um ano depois da invasão de Aníbal, os romanos haviam mandado o pai de Cipião para a Espanha com a missão de derrubar as bases cartaginesas ali. Cartago tivera colônias na Espanha por muitos anos e enriquecera com as minas espanholas. A Espanha era usada como um campo de treinamento para seus soldados e base para a guerra contra Roma. Durante seis anos o pai de Cipião havia combatido os cartagineses na península hispânica, mas a campanha terminara com sua derrota e morte em 211 a.C.

Enquanto Cipião estudava os relatórios que chegavam sobre a situação do outro lado do Ebro, um plano começou a criar raízes em sua

---

O homem depende de sua garganta para respirar bem e continuar vivo. Quando sua garganta é estrangulada, seus cinco órgãos dos sentidos perdem a sensibilidade e não funcionam mais normalmente. Ele não conseguirá esticar seus membros, que ficarão dormentes e paralisados. O homem, portanto, raramente consegue sobreviver. Por conseguinte, quando as bandeiras do inimigo se tornam visíveis e o soar dos tambores da batalha se fazem ouvir, devemos primeiro nos assegurar das posições de suas costas e garganta. Em seguida, podemos atacá-lo pelas costas e estrangular sua garganta. Esta é uma excelente estratégia para esmagar o inimigo.
THE WILES OF WAR: 36 MILITARY STRATEGIES FROM ANCIENT CHINA, TRADUZIDO PARA O INGLÊS POR SUN HAICHEN, 1991

mente: com uma única manobra ousada, ele poderia vingar a morte do pai um ano antes, demonstrar a eficácia de uma estratégia que ele pensava ser muito melhor do que a de Fábio e colocar em andamento o colapso final não só de Aníbal como da própria Cartago. Ao longo da costa ao sul de onde ele estava ficava a cidade de Nova Cartago (atualmente Cartagena), a capital cartaginesa na Espanha. Ali eles armazenavam sua vasta riqueza, os suprimentos para seus exércitos e os reféns que haviam feito em diferentes tribos espanholas que seriam usados para pedir resgate em caso de rebelião. Neste momento, os exércitos cartagineses – duas vezes mais numerosos do que os romanos – espalhavam-se pelo país, tentando conquistar o maior domínio sobre as tribos espanholas, e estavam todos a vários dias de marcha distantes de Nova Cartago. Seus comandantes, Cipião ficou sabendo, tinham estado discutindo entre eles a respeito de poder e dinheiro. Enquanto Nova Cartago era protegida por apenas mil homens.

Desobedecendo às ordens recebidas para se manter firme no Ebro, Cipião avançou para o sul de navio e liderou um ousado ataque de surpresa a Nova Cartago. Esta cidade murada era considerada inexpugnável, mas ele programou seu ataque para a maré vazante em uma laguna ao norte da cidade: ali seus homens conseguiram escalar as muralhas com relativa facilidade, e Nova Cartago foi dominada. Com um só movimento, Cipião tinha causado uma reviravolta dramática. Agora os romanos comandavam a posição central na Espanha; eles tinham o dinheiro e os suprimentos de que os cartagineses dependiam na Espanha; e tinham reféns de Cartago, que agora poderiam usar para excitar a revolta entre as tribos conquistadas. Ao longo dos próximos anos, Cipião explorou sua posição e lentamente colocou a Espanha sob o controle romano.

Em 205 a.C., Cipião retornou a Roma como herói – mas Aníbal ainda era uma ameaça no interior da Itália. Cipião agora queria levar a guerra até a África, marchando sobre a própria Cartago. Essa era a única maneira de tirar Aníbal da Itália e finalmente apagar Cartago do mapa como uma ameaça. Mas Fábio ainda era o comandante encarregado da estratégia de Roma, e poucos viam a necessidade de combater Aníbal com uma guerra tão longe dele e de Roma. Mas o prestígio de Cipião era grande e o Senado romano finalmente lhe deu um exército – pequeno, de baixa qualidade – para usar em sua campanha.

Sem perder tempo defendendo sua causa, Cipião prosseguiu fazendo uma aliança como Masinissa, rei dos massyles, vizinhos de Cartago. Masinissa o abasteceria com uma grande e bem treinada cavalaria. Então, na primavera de 204 a.C., Cipião partiu para a África e desembarcou perto de Utica, não muito longe de Cartago. De início surpresos,

O terceiro shogun Iemitsu gostava muito de competições de esgrima. Certa vez, quando havia combinado de ver alguns de seus mais importantes espadachins exibirem suas habilidades, ele notou entre as pessoas reunidas um mestre cavaleiro chamado Suwa Bunkuro e, em um impulso, convidou-o a participar. Bunkuro respondeu dizendo que gostaria muito se pudesse lutar montado a cavalo, acrescentando que assim ele poderia derrotar qualquer um. Iemitsu ficou encantado em insistir com os espadachins para lutarem com Bunkuro no estilo que ele preferisse. Conforme se revelou, Bunkuro estava certo em sua bazófia. Brandir uma espada sobre um cavalo empinado não era algo com que muitos espadachins estivessem acostumados, e Bunkuro facilmente derrotou todos que ousaram enfrentá-lo a cavalo. Um tanto exasperado, Iemitsu disse a Munenori para tentar. Embora espectador nesta ocasião, Munenori concordou na hora e montou em um cavalo. Conforme seu cavalo trotava na direção do de Bunkuro, Munenori de repente parou o animal e fustigou o focinho do cavalo de Bunkuro com sua espada de madeira.

> *O cavalo de Bunkuro empinou, e enquanto o famoso cavaleiro tentava recuperar o equilíbrio, Munenori o derrubou.*
> *THE SWORD AND THE MIND, TRADUZIDO PARA O INGLÊS POR HIROAKI SATO, 1985*

> *Hércules não voltou diretamente para Micenas. Primeiro, ele atravessou a Líbia, cujo rei Anteu, filho de Poseidon e da Mãe Terra, tinha o hábito de obrigar os estrangeiros a lutar com ele até ficarem exaustos, quando então os matava; pois não só ele era um forte e hábil atleta, mas sempre que tocava a terra sua força renascia. Ele guardava os crânios de suas vítimas no teto de um templo a Poseidon. Não se sabe se Hércules, que estava determinado a terminar com esta prática bárbara, desafiou Anteu ou foi por ele desafiado. Anteu, entretanto, não era uma vítima fácil, sendo um gigante que vivia em uma caverna sob um enorme rochedo, onde se banqueteava com a carne de leões e dormia no chão nu a fim de conservar e aumentar sua já colossal força. A Mãe Terra, ainda não estéril após o nascimento do Gigante, havia concebido Anteu em uma caverna na Líbia,*

os cartagineses se reorganizaram e conseguiram cravar as tropas de Cipião em uma península fora da cidade. A situação parecia sombria. Se Cipião pudesse de algum modo avançar pelas tropas inimigas que bloqueavam seu caminho, entraria no coração do estado inimigo e ganharia o controle da situação, mas isso parecia impossível – ele não podia esperar atravessar lutando contra o rígido cordão cartaginês; preso onde estava, seus suprimentos acabariam se esgotando, obrigando-o a se render. Cipião barganhou pela paz, mas usou as negociações como um jeito de espionar o exército cartaginês.

Os embaixadores de Cipião lhe disseram que o inimigo tinha dois acampamentos, um para seu próprio exército e o outro para seu principal aliado, os númidas, que era bastante desorganizado, um enxame de cabanas de junco. O dos cartagineses era mais ordenado, mas construído com os mesmos materiais combustíveis. Durante algumas semanas, Cipião pareceu indeciso, primeiro interrompendo negociações, depois reatando-as, confundindo os cartagineses. Então, certa noite, ele atacou sorrateiramente o acampamento dos númidas e ateou fogo. As chamas se espalharam rápido, e os soldados africanos entraram em pânico, espalhando-se por todas as direções. Despertados pela gritaria, os cartagineses abriram os portões de seu próprio campo para ir salvar seus aliados – na confusão, porém, os romanos conseguiram se esgueirar para dentro do campo deles e tocar fogo também. O inimigo perdeu metade de seu exército nesta batalha noturna, o resto conseguiu recuar para Numídia e Cartago.

De repente, o interior de Cartago estava aberto para o exército de Cipião. Ele prosseguiu tomando cidade após cidade, avançando como Aníbal havia feito na Itália. Em seguida, ele desembarcou um contingente de tropas no porto de Túnis, que podia ser visto dos muros de Cartago. Agora era a vez de os cartagineses entrarem em pânico e Aníbal, seu maior general, foi chamado imediatamente. Em 202 a.C., depois de 16 anos de combates às portas de Roma, Aníbal acabou sendo obrigado a deixar a Itália.

Aníbal desembarcou seu exército ao sul de Cartago e fez planos para combater Cipião. Mas o general romano recuou para o oeste, até o Vale Bagradas – as terras cultivadas mais férteis de Cartago, sua base econômica. Ali ele se tornou agressivo e violento, destruindo tudo que via pela frente. Aníbal queria lutar perto de Cartago, onde tinha abrigo e reforços materiais. Em vez disso foi constrangido a ir atrás de Cipião antes que Cartago perdesse seu território mais rico. Mas Cipião continuava recuando, recusando-se a lutar até ter atraído Aníbal para a cidade de Zama, onde ele garantiu uma firme posição e forçou Aníbal a acampar em um local sem água. Agora os dois exércitos finalmente se encontraram em batalha. Exaustos com a perseguição a Cipião, sua cavalaria neutralizada pela de Masinissa, os cartagineses foram derrotados, e, sem um refúgio próximo o bastante para onde recuar, Aníbal foi obrigado a se render. Cartago rapidamente pediu paz, e sob os duros termos impostos por Cipião e o Senado, ficou reduzida a um estado cliente de Roma. Como uma potência mediterrânea e ameaça para Roma, Cartago acabara para sempre.

Interpretação. Com frequência o que distingue um general medíocre de um excelente não são suas estratégias ou manobras, mas sua visão – eles simplesmente olham para o mesmo problema por ângulos diferentes. Livre da força repressora das convenções, o general superior naturalmente encontra a estratégia certa.

Os romanos estavam deslumbrados com o gênio estratégico de Aníbal. Chegaram a temê-lo tanto que as únicas estratégias que podiam usar contra ele eram protelar e prevenir. Cipião, o Africano, simplesmente via as coisas de outro modo. A cada mudança de direção, ele olhava não para o exército do inimigo, nem mesmo para seu líder, mas para o pilar de sustentação sobre o qual se apoiava – sua vulnerabilidade crítica. Ele compreendia que o poder militar não estava no exército em si, mas em suas bases, nas coisas que o sustentavam e o tornavam possível: dinheiro, suprimentos, boa vontade do público, aliados. Ele encontrava esses pilares e aos poucos os derrubava.

O primeiro passo de Cipião foi ver a Espanha, não a Itália, como o centro de gravidade de Aníbal. Ele não perseguiu os vários exércitos romanos, mas tomou Nova Cartago e inverteu a guerra. Agora Aníbal, privado de sua principal base militar e fonte de suprimentos, teria de depender mais de sua outra base de apoio: a própria Cartago, com sua riqueza e recursos. Assim Cipião levou a guerra para a África. Encurralado perto de Utica, ele examinou o que dava ao inimigo seu poder nesta situação, e viu que não eram os exércitos em si, mas a posição que eles haviam tomado: era fazê-los sair dessa posição sem perda de homens em uma batalha frontal e o ponto fraco de Cartago ficaria exposto. Ao queimar os acampamentos, Cipião moveu os exércitos. Depois, em vez de marchar sobre a cidade de Cartago – um atraente prêmio que teria atraído a maioria dos generais como um ímã –, ele atacou o que mais prejudicaria o estado cartaginês: a fértil zona agrícola que era a fonte de sua riqueza. Finalmente, em vez de perseguir Aníbal, ele fez Aníbal correr atrás dele, para uma área no meio do país onde ficaria privado de reforços e apoio. Agora que Cipião tinha desequilibrado totalmente os cartagineses, a derrota deles em Zama foi definitiva.

e via ainda mais razão para se vangloriar dele do que de seus monstruosos filhos mais velhos, Typhon, Tityus e Briareus. Teria desagradado aos deuses no Olimpo se tivesse lutado contra eles nas Planícies de Phlegra. Ao se prepararem para a competição, ambos os combatentes despiram suas peles de leão, mas, enquanto Hércules se esfregava com óleo no estilo olímpico, Anteu jogava areia quente sobre seus membros caso o contato com a terra através das solas dos pés fosse insuficiente. Hércules planejou preservar sua força e cansar Anteu, mas depois de jogá-lo estendido no chão ficou intrigado ao ver os músculos do gigante inflarem e um viço saudável impregnar seus membros quando a Mãe Terra o reviveu. Os combatentes se atracaram de novo, e logo Anteu se jogou ao chão espontaneamente, sem esperar ser jogado; nisso, Hércules, percebendo o que ele pretendia, ergueu-o alto no ar, depois quebrou suas costelas e, apesar dos cavernosos gemidos da Mãe Terra, o manteve ali até morrer.
THE GREEK MYTHS, VOL.2, ROBERT GRAVES, 1955

Os filhos de Israel clamaram ao Senhor seu Deus. O ânimo deles abateu-se, pois todos seus inimigos os tinham cercado e não havia como fugir do meio deles. Todo o acampamento assírio, os infantes, os carros e os cavaleiros permaneceram ao redor deles por 34 dias. Esgotaram-se para os habitantes todas as vasilhas de água, e as cisternas se esvaziaram... As crianças desmaiavam, as mulheres e adolescentes desfaleciam de sede. Caíam nas ruas e nas saídas das portas da cidade, e não havia mais força neles... Quando Judite cessou de clamar ao Deus de Israel e terminou todas as suas palavras, ela se levantou de sua prostração, chamou sua serva e desceu para a casa em que ficava nos dias de sábado e de festa. Tirou o pano de sacão que vestira, despojou-se do manto de sua viuvez, lavou-se, ungiu-se com ótimo perfume, penteou os cabelos, colocou na cabeça o turbante e vestiu a roupa de festa que usava enquanto vivia seu marido Manassés. Calçou sandálias nos pés, colocou colares, braceletes, anéis, brincos, todas as suas joias, embelezando-se a fim de seduzir os homens que a vissem...

O poder é ilusório. Se imaginarmos o inimigo como um lutador de boxe, tendemos a nos concentrar em seu soco. Mais ainda do que seu soco, porém, ele depende de suas pernas; se elas enfraquecem, ele perde o equilíbrio, não consegue escapar do adversário, está sujeito a extenuantes trocas de murros e seus socos gradualmente perdem a força até ele ser derrubado. Quando olhar para seus rivais, não se deixe distrair por seu murro. Entrar em uma troca de socos, na vida e na guerra, é o auge da estupidez e do desperdício. O poder depende de equilíbrio e sustentação; portanto, olhe para o que está sustentando seu inimigo, e lembre-se de que aquilo que o sustenta pode também derrubá-lo. O poder de uma pessoa, como de um exército, em geral se origina de três ou quatro fontes simultâneas: dinheiro, popularidade, manobras hábeis, alguma vantagem em particular que ela promoveu. Derrube uma delas e ela terá de depender mais das outras, derrube essas e a pessoa está perdida. Enfraqueça as pernas do boxeador e ele vai titubear e, então, não tenha piedade. Nenhum poder fica de pé sem as pernas.

Quando as penas são removidas de uma flecha, mesmo que a haste e a ponta permaneçam, é difícil que ela penetre profundamente.
– Estrategista da dinastia Ming, Chieh Hsüan
(início do século XVII d.C.)

CHAVES PARA A GUERRA

É natural na guerra concentrar-se no aspecto físico do conflito – corpos, equipamento, material. Até um estrategista esclarecido tenderá a olhar primeiro para o exército, o poder de fogo, a mobilidade e as reservas do inimigo. Guerra é uma questão visceral, emocional, uma arena de perigos físicos, e é preciso muito esforço para alçar-se acima deste nível e fazer perguntas diferentes: O que faz o inimigo se mover? O que lhe dá impulso e resistência? Qual é a fonte subjacente de sua força?

A maioria das pessoas tem o problema de ver a guerra como uma atividade distinta sem relação com outras esferas da vida humana. Mas, na verdade, a guerra é uma forma de poder – Carl von Clausewitz a chamou de "política por outros meios" –, e todas as formas de poder têm em comum as mesmas estruturas essenciais.

O que é mais visível no poder é sua manifestação externa, o que suas testemunhas veem e sentem. Um exército tem seu tamanho, suas armas, suas demonstrações de disciplina, suas manobras agressivas; os indivíduos têm muitas maneiras de mostrar sua posição e influência. É da natureza do poder apresentar uma fachada vigorosa, parecer ameaçador e intimidante, forte e decisivo. Mas esta demonstração externa é, com frequência, exagerada ou mesmo totalmente ilusória, visto que o poder não ousa mostrar suas fragilidades. E sob a aparência está a sustentação sobre a qual o poder se apoia – seu "centro de gravidade". A frase é de Von Clausewitz, que a elaborou como "o eixo de todo poder e movimento, do qual tudo depende". Esta é a parte que governa o todo, uma espécie de nervo central.

Atacar este centro de gravidade, neutralizá-lo ou destruí-lo, é a estratégia fundamental na guerra, pois sem ela toda a estrutura entrará em colapso. O inimigo pode ter grandes generais e exércitos fortes, como Aníbal e seu invencível exército na Itália, mas sem um centro de gravidade eles não podem se mover e não têm força ou coerência. Atingir o centro terá efeitos psicológicos devastadores, desequilibrando o inimigo e induzindo a um pânico de dar calafrios. Se generais convencionais olham para o aspecto físico do exército inimigo, focalizando suas fragilidades e tentando explorá-las, estrategistas superiores olham mais além, para o sistema de sustentação. O centro de gravidade do inimigo é onde uma ferida doerá mais, o ponto onde ele é mais vulnerável. Atingi-lo ali é a melhor maneira de encerrar um conflito definitiva e economicamente.

O segredo é analisar a força inimiga para determinar seus centros de gravidade. Ao procurar esses centros, é crucial não se deixar enganar pelo exterior que intimida e ofusca, confundindo a aparência externa com o que a coloca em movimento. Você provavelmente terá de dar vários passos, um por um, para descobrir esta fonte básica de poder, descascando camada por camada. Lembre-se de Cipião, que viu primeiro que Aníbal dependia da Espanha, depois que a Espanha dependia de Cartago, depois que Cartago dependia de sua prosperidade material, que ela mesmo tinha fontes particulares. Atinja a prosperidade de Cartago, como Cipião acabou fazendo, e a coisa toda desmorona.

Para encontrar o centro de gravidade do grupo, você deve compreender sua estrutura e a cultura na qual ela opera. Se seus inimigos são indivíduos, você deve compreender sua psicologia, o que os emociona, a estrutura de seu pensamento e suas prioridades.

Ao traçar uma estratégia para derrotar os Estados Unidos na Guerra do Vietnã, o general Vo Nguyen Giap determinou que o verdadeiro centro de gravidade da democracia americana era o apoio político de seus cidadãos. Devido a esse apoio – o tipo de apoio que os militares tiveram durante a Segunda Guerra Mundial – o país podia levar a cabo uma guerra com o máximo de eficiência. Sem essa sustentação, entretanto, o esforço estava condenado. Com a Ofensiva Tet de 1968, Giap conseguiu minar o apoio público americano para a guerra. Ele adquiriu uma compreensão da cultura americana que lhe permitiu mirar no alvo certo.

Caminhavam direto para o vale, quando lhe vieram ao encontro os sentinelas dos assírios. Detiveram Judite e perguntaram-lhe: "De que parte és? Para onde vais?" "Eu sou filha dos hebreus", ela respondeu. "Fugi da presença deles porque estão para ser entregues a vós como iguarias.

Venho à presença de Holofernes, general de vosso exército, para dar-lhe notícias seguras. Mostrarei a ele o caminho por onde passar para apoderar-se de toda a montanha, sem que perca um só de seus homens ou uma só vida." Enquanto os homens a ouviam observavam seu rosto. Estavam admirados de sua grande beleza. Disseram-lhe:...

"Vai, agora, a sua tenda...

E quando estiveres diante dele, não temas em teu coração, mas repete-lhe tudo que nos disseste, e ele tratar-te-á bem..."

Suas palavras agradaram a Holofernes e a todos os seus ajudantes de campo. Admiraram sua sabedoria e disseram: "De um extremo a outro da Terra não existe mulher semelhante em beleza e em inteligência no falar!"...

No quarto dia, Holofernes deu um banquete só para seus oficiais, não convidando nenhum de seus serviçais.

Disse a Bagoas, o eunuco que cuidava de seus afazeres: "Vai e convence a mulher hebreia, que está junto de ti, a vir até nós, para comer e beber conosco... Bagoas saiu da presença de Holofernes, foi ter com Judite e lhe disse... Respondeu-lhe Judite: "Quem sou para opor-me a meu Senhor? Tudo que for agradável a seus olhos eu o farei e isto será para mim motivo de alegria até o dia de minha morte." Levantando-se, ela se adornou com suas vestes e com todos os seus enfeites femininos. Judite entrou e recostou-se. O coração de Holofernes foi arrebatado por ela, e seu espírito se agitou. Estava possuído de um intenso desejo de se unir a ela. Desde o dia que a vira, espreitava um momento para seduzi-la. Disse-lhe Holofernes: "Bebe e alegra-te conosco." Respondeu-lhe Judite: "Beberei, sim, senhor, porque nunca, desde o dia em que nasci, apreciei tanto a vida como hoje..." Holofernes ficou fascinado por ela e bebeu tanto vinho como nunca bebera em nenhum dia, desde que nascera. Quando ficou tarde, seus oficiais apressaram-se em partir. Bagoas fechou a tenda

Quanto mais centralizado o inimigo, mais devastador se torna um golpe dirigido a seu líder ou a uma organização do governo. Hernán Cortés consegiu conquistar o México com um punhado de soldados capturando Montezuma, o imperador asteca. Montezuma era o centro em torno do qual tudo girava; sem ele a cultura asteca rapidamente ruiu. Quando Napoleão invadiu a Rússia em 1812, supôs que tomando Moscou, a capital, podia forçar os russos a se renderem. Mas o verdadeiro centro de gravidade nesta nação autoritária era o czar, que estava determinado a continuar a guerra. A perda de Moscou só tornou mais robusta sua decisão.

Um inimigo mais descentralizado terá vários centros distintos de gravidade. O segredo aqui é desorganizá-los interrompendo a comunicação entre eles. Foi isso que o general Douglas MacArthur fez em sua extraordinária campanha no Pacífico durante a Segunda Guerra Mundial: ele ignorou algumas ilhas, mas se apossou de outras importantes, mantendo os japoneses espalhados por uma vasta área e tornando impossível a comunicação entre eles. É quase sempre sensato, do ponto de vista estratégico, interromper as linhas de comunicação de seus inimigos; se as partes não podem se comunicar com o todo, dá-se o caos.

O centro de gravidade de seu inimigo pode ser algo abstrato, como uma qualidade, um conceito ou aptidão da qual ele dependa: sua reputação, sua capacidade de enganar, sua imprevisibilidade. Mas essas forças se tornam vulnerabilidades críticas se você puder torná-las pouco atraentes ou inúteis. Ao combater os citas no que hoje é o moderno Irã, uma tribo que ninguém conseguia descobrir como derrotar, Alexandre, o Grande, viu o centro de gravidade como a total mobilidade deles a cavalo e seu estilo de combate fluido, quase caótico. Ele simplesmente planejou neutralizar a fonte deste poder atraindo-os para um terreno cercado onde não poderiam usar sua cavalaria e as táticas confusas. Foi fácil derrotá-los.

Para encontrar o centro de gravidade de um inimigo, você tem de esquecer sua própria tendência a pensar em termos convencionais ou supor que o centro do adversário é o mesmo que o seu. Quando Salvador Dalí chegou aos Estados Unidos, em 1940, com a intenção de conquistar o país como um artista e fazer fortuna, fez um cálculo inteligente. No mundo artístico europeu, o artista tinha de conquistar os críticos e criar reputação de pessoa "séria". Na América, entretanto, esse tipo de fama condenaria o artista a um gueto, um círculo limitado. O verdadeiro centro de gravidade era a mídia americana. Ao cortejar os jornais, ele ganhava acesso ao público americano, e o público americano faria dele um astro.

De novo, na guerra civil entre comunistas e nacionalistas pelo controle da China no final da década de 1920 e início dos anos 1930, a maioria dos comunistas se concentrou em conquistar cidades, como os bolcheviques haviam feito na Rússia. Porém Mao Tsé-Tung, um estranho no dogmático Partido Comunista Chinês, foi capaz de olhar a China sob uma luz clara e ver seu centro de gravidade como sua vasta população camponesa. Conquiste-os, ele acreditou, e a revolução não fracassará. Essa única intuição provou ser a chave do sucesso dos comunistas. Tamanho é o poder de se identificar o centro de gravidade.

Com frequência não deixamos visíveis nossas fontes de poder; o que a maioria das pessoas considera um centro de gravidade muitas vezes é uma fachada. Mas às vezes o inimigo revela seu centro de gravidade pelo que ele protege com mais fervor. Ao levar a Guerra Civil para a Georgia, o general William Tecumseh Sherman descobriu que o Sul estava muito ansioso para proteger Atlanta e as áreas ao redor dela. Lá era o centro de gravidade industrial do Sul. Como Sherman, atacar o que o inimigo mais estima ou ameaçá-lo é fazer o inimigo dividir forças para se defender.

Em qualquer grupo, poder e influência naturalmente evoluirão para um punhado de pessoas por trás dos bastidores. Esse tipo de poder funciona melhor quando não é exposto à luz do dia. Assim que você descobrir este grupo seleto manipulando as cordas, conquiste-o. Como presidente durante a Depressão, Franklin Roosevelt enfrentou problemas de tantos lados que ficou difícil para ele saber onde empenhar sua energia. No final, ele decidiu que a chave para que aprovassem suas reformas era conquistar o Congresso. Depois, dentro do Congresso, havia determinados líderes que detinham o verdadeiro poder. Ele se concentrou em cortejar e seduzir estes líderes com seu enorme charme. Foi um dos segredos de seu sucesso.

O que basicamente guia um grupo é o centro de comando e controle, o cérebro operacional que assimila as informações e depois toma as decisões cruciais. Interromper o funcionamento desse cérebro vai causar deslocamento em todo o exército inimigo. Antes de quase todas as batalhas, Alexandre, o Grande, examinava a organização do inimigo, definindo da melhor maneira possível a localização da estrutura de comando, depois atacando-a ou isolando-a, tornando impossível para o cérebro se comunicar com o corpo.

Mesmo em um esporte tão físico como o boxe, Muhammad Ali, ao traçar uma estratégia para derrotar seu arqui-inimigo, Joe Frazier, tinha como alvo a mente do adversário, o centro de gravidade de qualquer indivíduo. Sempre antes do confronto, Ali irritava Frazier, enervando-o ao lhe chamar de Tio Tom, uma ferramenta da mídia do homem branco. Ele continuava fazendo isso durante a disputa, zombando de Frazier sem misericórdia no ringue. Frazier ficou obcecado com Ali, não con-

por fora, depois de ter afastado da presença de seu senhor os que ali estavam. Foram dormir... Judite, porém, foi deixada sozinha na tenda com Holofernes, que estava caído em seu leito, afogado em vinho... Avançando então para o balaústre do leito, que estava próximo à cabeceira de Holofernes, tirou seu alfanje. Em seguida aproximando-se do leito, pegou a cabeleira de sua cabeça... Golpeou por duas vezes seu pescoço, com toda a força e separou sua cabeça. Rolou seu corpo do leito e tirou o mosquiteiro das colunas. Pouco depois, saiu e deu a cabeça de Holofernes a sua serva, que a jogou no alforje de alimento... Então Bagoas... entrou no quarto: encontrou-o jogado por terra, morto e decapitado. Deu, então, um grito, com choro, soluço e forte clamor... Entrou em seguida na tenda onde se alojava Judite e não a encontrou. Precipitou-se então para o povo e gritou: "Os escravos rebelaram-se. Uma mulher dos hebreus cobriu de vergonha a casa de Nabucodonosor. Holofernes jaz por terra, decapitado." Ao ouvirem essas palavras, os chefes do exército assírio ficaram profundamente perturbados,

rasgaram suas túnicas e prorromperam, no meio do acampamento, em fortes gritos e clamores. Os que ainda estavam nas tendas, ao ouvirem, ficaram atônitos com o que acontecera. O tremor e o terror caíram sobre eles, e não conseguiram ficar um ao lado do outro, mas, a um impulso, debandaram, fugindo por todos os caminhos da planície e da montanha... Então os homens de guerra de Israel precipitaram-se contra eles... Os filhos de Israel, ao serem informados, caíram todos sobre eles e foram matando-os até Coba.
JUDITE 7:19-15:7, A BÍBLIA DE JERUSALÉM

seguia pensar nele sem explodir de raiva. Controlar a mente de Frazier era o segredo para controlar seu corpo.

Em qualquer interação com outras pessoas, você precisa aprender a se concentrar em seus pontos fortes, na origem do poder que elas têm, seja lá o que for que lhes dê seu mais crucial apoio. Esse conhecimento lhe dará muitas opções de estratégia, muitos ângulos de onde atacar, sutilmente ou não, minando as forças dos adversários em vez de atingi-los diretamente. Você não pode criar uma sensação maior de pânico em seus inimigos do que essa de ser incapaz de usar suas forças.

Imagem: *O Muro. Seus adversários estão atrás de um muro, que os protege de estranhos e intrusos. Não dê cabeçadas no muro nem levante contra ele um cerco; encontre os pilares e apoios que o fazem ficar de pé e lhe dão força. Cave sob o muro, minando suas fundações até que ele caia sozinho.*

Autoridade*: O primeiro princípio é que se deve procurar a essência da força do inimigo no menor número possível de fontes e, teoricamente, em uma só. O ataque a estas fontes deve-se reduzir ao menor número possível de ações... Na busca constante deste centro de poder, ao ousar tudo para conquistar todos, derrota-se o inimigo.*
– Carl von Clausewitz, *Da Guerra* (1780-1831)

INVERSO

Todas as criaturas vivas têm um centro de gravidade. Até o grupo mais descentralizado precisa se comunicar e depende de uma rede que é vulnerável ao ataque. Não há inverso para este princípio.

17

DERROTE-OS EM DETALHES

A ESTRATÉGIA DO DIVIDIR-E-CONQUISTAR

Nunca se intimide com a aparência de seu inimigo. Em vez disso, examine as partes que compõem o todo. Ao separá-las, semeando divergência e divisão, você pode enfraquecer e derrubar até o inimigo mais formidável. Ao armar seu ataque, trabalhe na mente deles para criar conflito interno. Procure os elos e as articulações, aquilo que conecta as pessoas em um grupo ou um grupo ao outro. Divisão significa fragilidade, e as articulações são a parte mais fraca de qualquer estrutura. Ao enfrentar aborrecimentos ou inimigos, divida um grande problema em partes pequenas, eminentemente derrotáveis.

A POSIÇÃO CENTRAL

Houve, entretanto, muitas ocasiões em que os franceses enfrentaram não um inimigo, mas dois ou toda uma série deles, a uma distância tolerável uns dos outros. Diante de tão difícil situação, Napoleão com frequência adotava um segundo sistema de manobra – a "estratégia da posição central". Muitas vezes nessas circunstâncias os franceses se viam operando em desvantagem numérica contra a força combinada de seus adversários, mas podiam obter números superiores contra uma parte das forças de seus adversários. Foi este segundo fator que o sistema estava destinado a explorar ao máximo. "A arte de ser general consiste de, quando na verdade inferior em números ao inimigo (no total), ser superior a ele no campo de batalha." Em resumo, Napoleão se impunha a tarefa de isolar uma parte do armamento inimigo, concentrando uma força maior para garantir a derrota dele e, se possível, sua destruição, e em seguida virando-se com toda a sua força para atacar o segundo exército inimigo; isto é, em vez de um único golpe decisivo, ele planejava uma série de golpes menores contra adversários

Um dia, no início de agosto de 490 a.C., os cidadãos de Atenas receberam a notícia de que uma enorme frota persa acabara de aportar a cerca de 38 quilômetros ao norte, ao longo das planícies costeiras de Maratona. Um clima de juízo final espalhou-se rapidamente. Todos os atenienses sabiam das intenções dos persas – capturar a cidade deles; destruir sua jovem democracia e recolocar um ex-tirano, Hípias, no trono; e vender muitos de seus cidadãos como escravos. Cerca de oito anos antes, Atenas tinha enviado navios para apoiar as cidades gregas da Ásia Menor em uma rebelião contra o rei Dario, governante do Império Persa. Os atenienses voltaram para casa depois de algumas batalhas – viram logo que este negócio não ia dar em nada –, mas tinham participado do incêndio que destruíra a cidade de Sardis, um ultraje imperdoável, e Dario queria vingança.

A situação em que os atenienses se encontravam parecia desesperadora. O exército persa era enorme, cerca de 80 mil homens, transportados por centenas de navios; e uma excelente cavalaria e os melhores arqueiros do mundo. Os atenieneses, por sua vez, tinham apenas infantaria, uns 10 mil homens. Eles tinham enviado um corredor a Esparta requisitando reforços com urgência, mas os espartanos estavam comemorando seu festival da lua e era tabu combater nessa época. Enviariam tropas assim que fosse possível, em uma semana – mas aí, provavelmente, seria tarde demais. Enquanto isso um grupo de simpatizantes persas em Atenas – a maioria de famílias ricas – desprezava a democracia, esperava a volta de Hípias e estava fazendo o possível para semear a dissensão e trair a cidade internamente. Não só os atenienses teriam de combater os persas sozinhos, como estavam divididos em facções entre eles mesmos.

Os líderes da Atenas democrática reuniram-se para discutir as alternativas, e todas pareciam ruins. A maioria argumentava a favor de se concentrarem forças atenienses do lado de fora da cidade em um cordão defensivo. Ali eles poderiam esperar para combater os persas em um terreno que conheciam bem. O exército persa, entretanto, era grande o bastante para cercar a cidade tanto por terra como por mar, sufocando-a com um bloqueio. Então um líder, Miltíades, fez uma proposta diferente: marchar logo com todo o exército ateniense até Maratona, para um lugar onde a estrada para Atenas atravessava uma estreita passagem ao longo da costa. Isso deixaria a própria Atenas desprotegida; na tentativa de bloquear o avanço persa por terra, ela estaria exposta a um ataque por mar. Mas Miltíades argumentou que ocupar a passagem era a única maneira de evitar serem cercados. Ele havia combatido os persas na Ásia Menor e era o soldado ateniense com mais experiência. Os líderes votaram a favor de seu plano.

E assim, dias depois, os 10 mil homens da infantaria ateniense começaram a marcha para o norte, escravos carregando suas pesadas armaduras, mulas e burros transportando sua comida. Quando eles chegaram à passagem que dava para as planícies de Maratona, seus corações esmoreceram: até onde a vista alcançava, a longa faixa de terra estava repleta de tendas, cavalos e soldados de todo o Império Persa. Navios apinhavam-se na costa.

Durante vários dias nenhum dos dois lados se moveu. Os atenienses não tinham outra escolha senão manter sua posição; sem cavalaria e em número desesperadoramente inferior, como poderiam combater em Maratona? Com o tempo talvez os espartanos chegassem como reforço. Mas o que os persas estavam esperando?

Antes do alvorecer de 12 de agosto, alguns patrulheiros gregos, ostensivamente trabalhando para os persas, esgueiraram-se para o lado ateniense e relataram notícias surpreendentes: protegidos pela escuridão, os persas tinham acabado de partir para a Baía de Phaleron nos arredores de Atenas, levando a maior parte de sua cavalaria e deixando uma força composta de uns 15 mil soldados nas planícies de Maratona. Eles tomariam Atenas por mar, depois marchariam para o norte, esmagando o exército ateniense em Maratona entre duas forças maiores.

Dos onze comandantes do exército ateniense, só Miltíades parecia calmo, até aliviado: era sua chance. Quando o sol estava prestes a se levantar, ele argumentou a favor de um ataque imediato aos persas em Maratona. Outros comandantes resistiram à ideia: o inimigo ainda tinha mais homens, alguma cavalaria e muitos arqueiros. Melhor esperar pelos espartanos, que certamente chegariam em breve. Mas Miltíades contrapôs dizendo que os persas haviam dividido suas forças. Ele os havia combatido antes e sabia que a infantaria grega era superior em disciplina e espírito. Os persas em Maratona agora eram apenas ligeiramente mais numerosos do que os gregos; eles podiam combatê-lo e vencer.

Enquanto isso, mesmo com vento favorável, os navios persas levariam de dez a 12 horas para rodear a costa e alcançar a Baía de Phaleron. Em seguida, eles precisariam de mais tempo para desembarcar as tropas e cavalos. Se os atenienses derrotassem rapidamente os persas em Maratona, teriam tempo apenas para correr de volta para Atenas e defender a cidade no mesmo dia. Se, em vez disso, eles preferissem esperar, os espartanos talvez jamais chegassem; os persas os cercariam,

espalhados e partia para destruí-los aos poucos. Como isso podia ser feito? Mais uma vez, a sequência do ataque napoleônico revela a fórmula. Antes de tudo, o Imperador acumulava o máximo de informações sobre as forças que estava enfrentando a partir de jornais capturados, desertores e principalmente das indicações trazidas por suas patrulhas a cavalo. Dos dados assim obtidos ele marcava cuidadosamente as disposições conhecidas de seus inimigos no mapa, depois escolhia o local para onde convergiam os limites de seus respectivos exércitos. Este era o "eixo" ou "articulação" das disposições estratégicas do inimigo, e como tal era vulnerável ao ataque. Este ponto seria escolhido por Napoleão para seu ataque inimigo no estilo blitzkrieg, executado quase sempre com força total. Escudado pela cortina de cavalaria, o exército francês realizava uma estrondosa concentração e caía como um meteorito sobre um punhado de tropas defendendo este ponto central. Invariavelmente, esta investida violenta inicial tinha êxito. Imediatamente, Napoleão havia concentrado seu exército neste ponto recém-capturado, ele era

senhor da "posição central" – quer dizer, ele havia interposto com sucesso seu exército concentrado entre as forças de seus inimigos que, teoricamente, teriam dado um passo atrás sob o impacto do golpe surpresa de modo a aumentar a distância entre seus respectivos exércitos. Isto inevitavelmente significava que o inimigo teria de operar em "linhas externas" (ou seja, ter distâncias maiores para marchar de um flanco a outro) enquanto os franceses melhores posicionados teriam uma distância menor para percorrer até alcançar um ou outro inimigo.
THE CAMPAINGS OF NAPOLEON, DAVI G. CHANDLER, 1966

e, o mais sinistro, era provável que os simpatizantes persas dentro de Atenas traíssem a cidade internamente e abrissem suas muralhas para os bárbaros. Era agora ou nunca. Por um voto de seis a cinco, os comandantes decidiram atacar ao alvorecer.

Às seis horas da manhã, os atenienses começaram seu ataque. Uma saraivada de flechas dos arqueiros persas caiu sobre eles, mas eles cercaram o inimigo tão rapidamente que a batalha agora tinha de ser combatida mão a mão – e, como Miltíades previra, em combate cerrado os atenienses eram superiores. Eles empurraram os persas de volta para os pântanos na extremidade norte da planície, onde milhares se afogaram. As águas ficaram vermelhas de sangue. Às nove horas da manhã, os atenienses tinham o controle das planícies, tendo perdido menos de duzentos homens.

Embora emocionalmente exaustos por esta batalha, os atenienses agora tinham apenas cerca de sete horas para percorrer os 39 quilômetros de volta para Atenas a tempo de interceptar os persas. Simplesmente não havia tempo para descansar; eles correram, o mais rápido que seus pés podiam levá-los, sobrecarregados com suas pesadas armaduras, impulsionados pela ideia dos iminentes perigos a que suas famílias e cocidadãos estavam expostos. Às quatro horas da tarde, os mais velozes haviam atravessado para um ponto que dava para a Baía de Phaleron. O resto veio logo em seguida. Segundos depois, a frota persa entrou na baía e teve a mais inóspita visão: milhares de soldados atenienses, emplastrados de poeira e sangue, de pé, ombro a ombro, para impedir o desembarque.

Os persas ficaram ancorados por algumas horas, depois fizeram-se ao mar, voltando para casa. Atenas estava salva.

Interpretação. A vitória em Maratona e a corrida até Atenas foram talvez os momentos mais decisivos da história ateniense. Se os soldados não tivessem chegado a tempo, os persas teriam tomado a cidade, depois certamente toda a Grécia e no final teriam se expandido por todo o Mediterrâneo, pois nenhum outro poder existente na época poderia tê-los impedido. A história teria sido irrevogavelmente alterada.

O plano de Miltíades funcionou com margens estreitíssimas, mas estava baseado em princípios firmes e eternos. Quando um inimigo poderoso investe contra você, ameaçando sua capacidade para avançar e tomar a iniciativa, você deve trabalhar para fazer o inimigo dividir suas forças e em seguida derrotar estas forças menores uma por uma – "em detalhe", como dizem os militares.

O segredo da estratégia de Miltíades foi sua intuição para levar a batalha até Maratona. Ao se colocar na passagem que levava a Atenas, ele ocupou a posição central na guerra em vez de na periferia do sul. Com todo o exército ocupando a passagem, os persas teriam um tempo sangrento forçando sua travessia, portanto resolveram dividir suas forças antes que chegassem os reforços espartanos. Uma vez divididos e com sua cavalaria diluída, eles perderam a vantagem que tinham e a posição central de onde poderiam dominar a guerra.

Para os atenienses era imperativo combater primeiro a força menor, a que eles enfrentaram em Maratona. Feito isso, e tendo tomado a posição central, eles ficaram com o caminho mais curto para Atenas, enquanto os invasores tinham de dar a volta pela costa. Chegando primeiro a Phaleron, os atenienses não deixaram um lugar seguro para desembarque. Os persas poderiam ter retornado a Maratona, mas a chegada dos soldados atenienses ensanguentados vindos do norte deve ter lhes dito que a batalha já estava perdida para eles ali, e desanimaram. A retirada foi a única opção.

Haverá momentos na vida em que você vai enfrentar um inimigo poderoso – um adversário destruidor buscando sua ruína, um montão de problemas aparentemente insuperáveis atingindo você de uma só vez. É natural sentir-se intimidado nestas situações, que podem deixá-lo inerte ou fazê-lo esperar inutilmente que o tempo traga uma solução. Mas é uma lei da guerra que, permitindo a um exército maior atacá-lo com toda a força e unido, você aumenta as chances contra você; um exército grande e poderoso em movimento ganhará um irresistível impulso se deixado sem controle. Você vai se ver rapidamente subjugado. O mais sensato é se arriscar, enfrentar o inimigo antes que ele venha até você e tentar enfraquecer seu impulso forçando-o ou seduzindo-o a se dividir. A melhor maneira de fazer um inimigo se dividir é ocupando o centro.

Pense na batalha ou no conflito como existindo em uma espécie de tabuleiro de xadrez. O centro do tabuleiro pode ser físico – um lugar real, como Maratona – ou mais sutil e psicológico: as alavancas de poder dentro de um grupo, o suporte de um aliado crítico, um causador de problemas no olho do furacão. Tome o centro do tabuleiro e o inimigo naturalmente se divide, tentando atingi-lo por mais de um lado. Estas partes menores agora são administráveis, podem ser derrotadas em detalhes ou forçadas a se dividirem mais uma vez. E quando o que é grande se divide, tende a se dividir ainda mais, fragmentando-se até o nada.

Quando seu exército enfrenta o inimigo e o inimigo parece poderoso, tente atacá-lo em um determinado ponto. Se conseguir esfarelar esse ponto em particular, saia dali e ataque o próximo, e assim por diante, como se estivesse descendo por uma estrada sinuosa.

– Miyamoto Musashi (1584-1645)

ATACANDO AS ARTICULAÇÕES

Quando rapaz, Samuel Adams (1722-1803), da Boston da era colonial, alimentou um sonho: as colônias americanas, ele acreditava, deveriam um dia conquistar total independência da Inglaterra e fundar um governo baseado nos escritos do filósofo inglês John Locke. Segundo Locke, um governo deveria refletir a vontade de seus cidadãos; um governo que não fizesse isso teria perdido seu direito de existir. Adams herdara uma cervejaria do pai, mas o comércio não o interessava e, enquanto a cervejaria entrava em falência, ele passava seu tempo escrevendo artigos sobre Locke e a necessidade de independência. Era um excelente escritor, bom o bastante para conseguir publicar seus artigos, mas poucos levavam a sério as suas ideias: ele parecia estar vociferando, um pouco fora de sintonia com o mundo. Ele tinha aquele brilho obsessivo no olhar que faz as pessoas pensarem que você é biruta. O problema era que os vínculos entre Inglaterra e a América eram fortes; os colonizados tinham seus ressentimentos, mas dificilmente clamavam por independência. Adams começou a ter crises de depressão; sua missão autodecretada parecia sem esperanças.

Um jogador de xadrez iniciante aprende logo que é uma boa ideia controlar o centro do tabuleiro. Este reconhecimento se repete, em novos disfarces, em situações longe do tabuleiro de xadrez. Pode ser útil buscar o equivalente do centro do tabuleiro em qualquer situação, ou ver que o papel do centro migrou para os flancos, ou perceber que não existe nenhum tabuleiro e nenhuma topologia...
– CLAUSEWITZ ON STRATEGY, TIHA VON GHYZY, BOLKO VON OETINGER, CHRISTOPHER BASSFORD, EDS., 2001

Os britânicos precisavam desesperadamente do dinheiro das colônias e, em 1765, aprovaram uma lei chamada Lei do Selo: para que qualquer documento fosse legal, todos os negócios americanos eram obrigados a comprar e anexar a ele uma estampilha da coroa britânica. Os colonos estavam ficando sensíveis com relação às taxas que pagavam à Inglaterra; eles viram a Lei do Selo como um novo tipo de imposto disfarçado, e algumas vozes descontentes erguiam-se em tavernas nas cidades. Mesmo assim, para a maioria das pessoas a questão parecia não ter tanta importância – mas Adams viu na Lei do Selo a oportunidade pela qual vinha esperando a vida inteira. Ela lhe dava algo tangível para atacar, e ele encheu os jornais de todas as colônias com editoriais, todos fulminantes contra a lei. Sem consultá-las, ele escrevia, a Inglaterra estava impondo um novo tipo de imposto, e isto, em uma frase memorável, era taxação sem representação, o primeiro passo para a tirania.

Estes editoriais eram tão bem escritos e tão audaciosos em suas críticas que muitos começaram a examinar melhor a Lei do Selo e não gostaram do que viram. Adams nunca antes se aventurara além de escrever artigos, mas agora que havia acendido esta fogueira dos descontentes via a urgência de atiçá-la ainda mais com ações. Durante muitos anos ele havia confraternizado com a população trabalhadora que a sociedade bem-educada considerava ralé – estivadores e coisa parecida. Agora ele reunia estes homens em uma organização chamada de Filhos da Liberdade. O grupo marchava pelas ruas de Boston gritando um slogan cunhado por Adams: "Liberdade, propriedade e nada de selos!" Queimavam efígies de figuras políticas que haviam promovido a Lei do Selo. Distribuíam panfletos contendo os argumentos de Adams contra a lei. Trabalhavam também para intimidar os futuros distribuidores dos selos, chegando mesmo a destruir um de seus escritórios. Quanto mais dramática a ação, mais publicidade Adams conseguiria, publicidade na qual ele poderia inserir argumentos contra a lei.

Tendo ganhado impulso, o incansável Adams não parava. Ele organizou uma greve de amplitude nacional para o dia em que o ato se tornaria lei: as lojas fechariam, os tribunais estariam vazios. Visto que nenhum negócio poderia ser feito em Massachusetts, nenhum selo seria comprado. O boicote teve um enorme sucesso.

Os artigos de Adams, as demonstrações e o boicote causaram furor na Inglaterra, e houve membros do Parlamento que simpatizaram com os colonizados e discursaram contra a Lei do Selo. Finalmente o rei George III se cansou e, em abril de 1766, o ato foi rejeitado. Os americanos se regozijaram com sua primeira demonstração de poder. Mas os britânicos eram espertos e estavam se aproveitando da derrota. No ano seguinte, eles introduziram sorrateiramente outra série de impostos indiretos conhecidos como Sistema Townshend.

Nitidamente eles haviam subestimado o inimigo; Adams entrou em guerra. Como havia feito com a Lei do Selo, ele escreveu inúmeros artigos sobre a natureza dos impostos que os ingleses estavam tentando disfarçar, mais uma vez incitando a ira. Ele também organizou mais demonstrações pelos Filhos da Liberdade, agora mais ameaçadoras e violentas do que nunca – na verdade, os ingleses foram obrigados a enviar tropas para Boston a fim de manter a paz. Este tinha sido sempre o objetivo de Adams; ele havia gradualmente aumentado a tensão. Encontros belicosos entre os Filhos da Liberdade e as tropas inglesas deixavam os soldados excitados e finalmente um grupo nervoso disparou em direção a um aglomerado de pessoas, matando vários bostonianos. Adams chamou a isto de Massacre de Boston e espalhou notícias inflamadas por todas as colônias.

Com a população de Boston agora fervilhando de raiva, Adams organizou outro boicote: nenhum cidadão de Massachusetts, nem mesmo uma prostituta, venderia coisa alguma aos soldados britânicos. Ninguém lhes alugaria alojamentos. Eles eram evitados nas ruas e tavernas; até o contato visual era evitado. Tudo isto teve um efeito desmoralizador sobre os soldados britânicos. Sentindo-se isolados e antagonizados, muitos deles começaram a desertar e encontrar um jeito de serem mandados de volta para casa.

Todo reino dividido contra si mesmo acaba em ruínas, e uma casa cai sobre outra. Ora, se até mesmo Satanás estiver dividido contra si mesmo, como subsistirá seu reinado?
LUCAS 11:17,18

Notícias dos problemas que estavam ocorrendo em Massachusetts espalharam-se de norte a sul; por toda parte os colonos começaram a falar sobre as ações dos britânicos em Boston, de seu uso de força, seus impostos dissimulados, de sua atitude paternalista. Então, em 1773, o Parlamento aprovou a Lei do Chá, aparentemente uma tentativa bastante inofensiva de solucionar os problemas econômicos da Companhia das Índias Orientais ao lhe dar o virtual monopólio sobre as vendas de chá nas colônias. A lei também arrecadava uma taxa nominal, mas, ainda assim, o chá ficaria mais barato nas colônias, porque os intermediários – os importadores coloniais – seriam eliminados. A Lei do Chá, entretanto, era ilusória em seu efeito e confusa, e Adams viu nela uma chance para dar o golpe de misericórdia: ela arruinaria muitos importadores de chá coloniais e incluía um imposto oculto, mais uma forma de taxação sem representação. Em troca de chá mais barato, os ingleses estavam fazendo um arremedo de democracia. Em uma linguagem ainda mais inflamada do que nunca, Adams começou a publicar artigos que abriam as antigas feridas causadas pela Lei do Selo e o Massacre de Boston.

Quando os navios da Companhia das Índias Orientais começaram a chegar a Boston no final daquele ano, Adams ajudou a organizar um boicote em nível nacional ao chá que eles traziam. Nenhum estivador no porto desembarcaria a carga, nenhum armazém a estocaria. Então, em uma noite em meados de dezembro, depois de Adams ter discursado em uma reunião de eleitores do município sobre a Lei do Chá, um grupo de membros dos Filhos da Liberdade – disfarçados de índios moicanos, com o corpo pintado e tudo – irrompeu em gritos de guerra, invadiu o cais, subiu nos navios de chá e destruiu o carregamento, abrindo os caixotes e jogando o conteúdo no porto, tudo isto feito com grande folia.

Este ato provocador, que mais tarde ficou conhecido como a Festa do Chá de Boston, foi o momento decisivo. Os britânicos não podiam tolerar isso e rapidamente fecharam o porto de Boston e impuseram a lei militar sobre Massachusetts. Agora não havia mais dúvidas; encurralados por Adams, os britânicos estavam agindo de forma tão tirânica como ele havia profetizado. A forte presença militar em Massachusetts, como era de prever, não agradou à população e foi só uma questão de meses para irromper a violência: em abril de 1775, os soldados ingleses dispararam contra os milicianos de Massachusetts, em Lexington. Este "tiro ouvido no mundo inteiro" foi a centelha para a guerra que Adams trabalhara com tanta diligência para acender do nada.

Interpretação. Antes de 1765, Adams trabalhava acreditando que bastavam bons argumentos para convencer os colonos de que sua causa era justa. Mas, conforme anos de fracasso foram se somando, ele teve de enfrentar a realidade de que os colonos ainda estavam profundamente apegados à Inglaterra, como filhos aos pais. Liberdade significava menos para eles do que a proteção e o sentimento de pertencimento que a Inglaterra lhes oferecia em um ambiente cheio de ameaças. Quando Adams se deu conta disto, reformulou suas metas: em vez de pregar independência e as ideias de John Locke, ele pôs mãos à obra para cortar os laços dos colonos com a Inglaterra. Fez os filhos destruírem o pai, a quem começaram a ver não como protetor, mas como um suserano dominador que os explorava para lucro próprio. O vínculo com a Inglaterra afrouxou, os argumentos de Adams a favor da independência começaram a ressoar. Agora os colonos passaram a procurar sua noção de identidade não na Mãe Inglaterra, mas em si próprios.

Com a campanha da Lei do Selo, Adams descobriu estratégia, a ponte entre suas ideias e a realidade. Seus escritos agora visavam a excitar ira. As demonstrações que ele organizava – puro teatro – eram também destinadas a criar e fazer crescer a raiva entre as classes média e baixa, componentes-chaves da futura revolução. A inovadora utilização do boicote por Adams foi calibrada para enfurecer os britânicos e atraí-los para uma ação precipitada. A violenta reação deles era um forte contraste diante dos métodos relativamente pacíficos dos colonos, fazendo-os parecer tão tirânicos quanto Adams dissera. Adams também trabalhava para incentivar a dissensão entre os próprios ingleses, enfraquecendo o vínculo em todos os lados. A Lei do Selo e a Lei do Chá eram, na verdade, triviais, mas Adams estrategicamente as manipulou para criar escândalo, transformando-as em cunhas enfiadas entre os dois lados.

Compreenda: argumentos racionais entram por um ouvido e saem pelo outro. Ninguém muda; você está pregando para os convertidos. Na guerra, para conquistar a atenção das pessoas e influenciá-las você deve primeiro separá-las do que as liga ao passado e as faz resistir às mudanças. Você deve perceber que esses vínculos em geral não são racionais, mas emocionais. Apelando para as emoções das pessoas, você faz seus alvos verem o passado sob uma nova luz, como algo tirânico, entediante, feio, imoral. Agora você tem espaço para infiltrar novas ideias, mudar a visão das pessoas, fazê-las reagir a uma nova noção de seu interesse próprio e semear as sementes para uma nova causa, um novo vínculo. Para fazer as pessoas se unirem a você, separe-as do passado delas. Quando você avaliar seus alvos, procure aquilo que os conecta ao passado, a fonte da resistência deles ao que é novidade.

> OS TRÊS BOIS E O LEÃO
> Havia três bois que sempre pastavam juntos. O leão tinha suas intenções com relação a eles e queria comê-los, mas não conseguia chegar perto porque estavam sempre unidos. Então ele os colocou uns contra os outros com conversas caluniadoras e conseguiu separá-los. Assim, os bois ficaram isolados e o leão conseguiu comê-los um por um.
> FÁBULAS, ESOPO, SÉCULO VI A.C.

As articulações são as partes mais fracas de qualquer estrutura. Quebre-as e você divide as pessoas internamente, tornando-as vulneráveis a sugestões e mudanças. Divida suas mentes para conquistá-las.

Faça o inimigo acreditar que está faltando apoio... interceptar, atacar pelo flanco, virar, de milhares de maneiras faça-os se acreditarem isolados. Isole do mesmo modo seus esquadrões, batalhões, brigadas e divisões; e a vitória é sua.
Coronel Ardant du Picq (1821-1870)

CHAVES PARA A GUERRA

Milhares de anos atrás, nossos antepassados mais antigos tendiam a se sentir muito frágeis e vulneráveis. Para sobreviverem nos ambientes hostis de nosso mundo primitivo, os animais tinham velocidade, dentes e garras, pelos contra o frio do inverno e outras vantagens de força e proteção. Os humanos não tinham nada disso e devem ter se sentido assustadoramente expostos e sozinhos. A única maneira de compensar essa fragilidade era formando grupos.

O grupo ou tribo oferecia uma defesa contra os predadores e mais eficiência na caça. No grupo havia gente suficiente para vigiar suas costas. Quanto maior o grupo, mais ele permitia a seus membros refinar essa grande invenção humana, a divisão de trabalho, e quanto mais indivíduos diferentes fossem liberados das necessidades imediatas de sobrevivência, mais tempo e energia eles poderiam dedicar a tarefas superiores. Estes diferentes papéis eram mutuamente prestativos e reforçadores, e o resultado foi um aumento líquido em resistência humana.

Ao longo dos séculos, os grupos foram se tornando cada vez maiores e mais complexos. Aprendendo a viver em cidades e povoamentos, as pessoas descobriram que podiam escapar da sensação de perigo e necessidade iminentes. Viver com os outros também oferecia proteções psicológicas mais sutis. Com o tempo, os humanos começaram a esquecer o medo que os havia feito formar tribos em primeiro lugar. Mas em um grupo – o exército – esse terror primordial permaneceu tão forte como sempre.

A modalidade padrão da guerra antiga era o combate mão a mão, um drama assustador no qual os indivíduos estavam sempre expostos à morte pelas costas e pelos dois lados. Líderes militares aprendiam desde cedo a formar seus soldados em fileiras apertadas, coesas. Confiando que seus companheiros de seus dois lados não iam recuar e deixá-lo exposto, um soldado podia combater o homem em sua frente com mais ânimo e confiança. Os romanos ampliaram esta estratégia colocando

Roosevelt... não gostava de se comprometer totalmente com ninguém. Gostava de estar no centro das atenções e da ação, e o sistema o fez ser o foco através do qual

os lutadores mais jovens, mais impetuosos, na retaguarda, e o resto no centro. Isto significa que os soldados mais fracos – aqueles mais propensos ao pânico – estavam rodeados por aqueles que eram mais corajosos e firmes, dando-lhes uma forte sensação de segurança. Nenhum exército entrava em batalha com mais coesão e confiança do que as legiões romanas.

Ao estudar a antiga arte de fazer guerra, o grande escritor militar do século XIX, coronel Ardant du Picq, notou um fenômeno peculiar: em algumas das batalhas mais famosas (a vitória de Aníbal sobre os romanos em Cannae e a de Julio César sobre Pompeu, em Pharsalus, por exemplo), as perdas de cada um dos lados foram fantasticamente desproporcionais – umas poucas centenas para os vitoriosos, milhares e mais milhares entre os vencidos. Segundo Du Picq, o que acontecia nestes casos é que, por meio de manobras, o exército vitorioso no final havia conseguido surpreender o inimigo e partir em pedaços suas linhas. Vendo suas fileiras se quebrando, perdendo o senso de solidariedade e apoio e sentindo-se isolados, os soldados entravam em pânico, abandonavam as armas e fugiam – e o soldado que desse as costas ao inimigo era um soldado fácil de matar. Milhares foram mortos assim. Estas grandes vitórias, então, eram essencialmente psicológicas. Aníbal estava em número bem menor em Cannae, mas ao fazer os romanos se sentirem vulneráveis e isolados, ele os fez reagir exageradamente e recuar confusos: presas fáceis.

O fenômeno é eterno; o soldado que sente estar perdendo o apoio dos que estão a sua volta retrocede a um insuportável terror primitivo. Ele teme ter de enfrentar a morte sozinho. Muitos grandes líderes militares transformaram este terror em estratégia. Genghis Khan era mestre nisso; usando a mobilidade de sua cavalaria mongol para interceptar as comunicações de seus inimigos, ele isolava partes dos exércitos deles para fazer com que se sentissem sozinhos e desprotegidos. Ele trabalhava conscientemente para instilar terror. A estratégia de dividir-e-isolar também foi usada com grande efeito por Napoleão e as forças de guerrilha de Mao Tsé-Tung, entre muitos outros.

Nossa natureza não mudou. Escondido à espreita lá no fundo até dos mais civilizados entre nós está o mesmo medo básico de estar sozinho, sem apoio e exposto ao perigo. As pessoas hoje estão mais dispersas e a sociedade está menos coesa do que nunca, mas isso só aumenta nossa necessidade de pertencer a um grupo, de ter uma forte rede de aliados – de se sentir apoiado e protegido de todos os lados. Tire esse sentimento e voltamos àquela sensação primitiva de terror por nossa própria vulnerabilidade. A estratégia de dividir-e-isolar nunca foi tão eficaz quanto é hoje: separe as pessoas do grupo delas – faça com que se

irradiavam as principais linhas de ação...

... A principal razão para os métodos de Roosevelt, entretanto, envolvia um tenaz esforço para manter o controle do braço executivo diante das forças centrífugas do sistema político americano. Ao estabelecer em uma agência um centro de poder que se contrapunha a outro, ele tornava cada oficial mais dependente do apoio da Casa Branca; o presidente com efeito passava a ser o aliado necessário e parceiro de cada uma delas. Ele reduzia as tendências burocráticas no sentido do autoengrandecimento; frustrava qualquer tentativa de conspirar contra ele. Ele estava, na verdade, adaptando o antigo método de dividir e conquistar para seus propósitos...

... Sua técnica era curiosamente igual a de Joseph Stalin, que usava a delegação de função superposta, um estudante atento de seus métodos disse, para impedir "qualquer cadeia isolada de comando de tomar decisões importantes sem confrontar outros braços da burocracia do Estado e, por conseguinte, colocar as questões em aberto em um alto nível". Roosevelt, como Stalin, era um

> administrador no sentido de que sua primeira preocupação era com o poder – embora para fins muito diferentes.
> ROOSEVELT: THE LION AND THE FOX, JAMES MACGREGOR BURNS, 1956

sintam alienadas, sozinhas e desprotegidas – e você as enfraquece imensamente. Esse momento de fraqueza dá a você um grande poder para deixá-las encurraladas, seja para seduzir ou induzir pânico e desistência.

Durante toda a década de 1960, o seguidor mais fiel e confiável de Mao Tsé-Tung foi seu ministro da defesa, Lin Biao. Ninguém elogiava com mais entusiasmo o governante chinês do que Lin. E, no entanto, em 1970, Mao andava desconfiado de que os elogios eram um artifício para disfarçar suas intenções: Lin estava tramando para ser seu sucessor. E o que tornava Lin muito perigoso era que, como ministro da Defesa, ele havia acumulado aliados no exército.

Mao começou a trabalhar com grande sutileza. Em público ele fazia de tudo para apoiar Lin, como se ele, também, visse o ministro como seu sucessor. Isso amenizou a natural cautela do conspirador. Ao mesmo tempo, entretanto, Mao também atacava e rebaixava alguns dos partidários mais importantes de Lin nas Forças Armadas. Lin era meio radical, desviando-se para a esquerda na maioria das questões; Mao insistia com ele para que propusesse algumas de suas ideias mais extremas para reestruturação do exército, sabendo secretamente que elas não se mostrariam populares. O apoio a Lin entre as divisões superiores das Forças Armadas lentamente começou a minguar.

Lin finalmente percebeu as intenções de Mao, mas já era tarde. Ele havia perdido sua base de poder. Frustrado e com medo, ele tentou armar um golpe de estado, um ato de desespero que favoreceu diretamente Mao. Em 1971, Lin morreu em circunstâncias suspeitas em um desastre de avião.

No entendimento de Mao, em ambientes políticos as pessoas dependem de suas conexões mais ainda do que de seus talentos. Em um mundo assim, a pessoa cuja carreira parece estar minguando é aquela que poucos desejarão conhecer. Quem se sente isolado com frequência reage com exagero e faz algo desesperado – o que, é claro, só o deixa ainda mais só. Portanto, Mao criou a impressão de que Lin estava perdendo suas conexões. Tivesse ele atacado Lin diretamente, teria se metido em uma briga feia. Separar o ministro de sua base de poder, e no processo fazê-lo parecer estar em declínio, foi muito mais eficaz.

Antes de se lançar em um ataque direto sobre seus inimigos, é sempre sensato primeiro enfraquecê-los criando o máximo possível de divisão em suas fileiras. Um bom lugar para enfiar uma cunha é entre a liderança e o povo, sejam soldados ou cidadãos; líderes funcionam mal quando perdem seu apoio entre a população. Portanto, trabalhe para fazê-los parecer autoritários ou mal informados. Ou roube sua base, como fez o presidente republicano Richard Nixon, em 1972, ao cortejar os tipos proletários que haviam tradicionalmente votado com os

Democratas: ele dividiu a base dos Democratas. (Os Republicanos vêm fazendo a mesma coisa desde então.) Lembre-se: assim que seu inimigo começa a se fragmentar de alguma forma, a ruptura tende a ganhar impulso. Divisão em geral conduz a mais divisão.

Em 338 a.C., Roma derrotou seu maior inimigo na época, a Liga Latina – uma confederação de cidades italianas que havia se formado para bloquear a expansão de Roma. Com esta vitória, entretanto, os romanos se viram diante de um novo problema: como governar a região. Se esmagassem os membros da liga, eles deixariam um vácuo no poder, e na estrada surgiria outro inimigo que poderia ser uma ameaça ainda maior. Se simplesmente absorvessem as cidades da liga, diluiriam o poder e o prestígio de Roma, dando a si mesmos uma área grande demais para proteger e policiar.

A solução que os romanos encontraram, que mais tarde chamariam de *divide et impera* (divide e governa), ia se tornar a estratégia que usaram para criar seu império. Basicamente, eles quebraram a liga, mas não trataram todas as suas partes igualmente. Em vez disso criaram um sistema no qual algumas das cidades foram incorporadas ao território romano e seus residentes receberam plenos privilégios como cidadãos romanos; outras foram privadas da maior parte de seu território, mas ganharam independência quase total; e outras ainda foram invadidas e fortemente colonizadas com cidadãos romanos. Nenhuma cidade ficou com poder suficiente para desafiar Roma, que manteve a posição central. (Como diz o ditado, todas as estradas levam a Roma.)

A chave para o sistema era que, se uma cidade independente provasse ser leal o suficiente a Roma ou lutasse bastante bem por Roma, conquistava a chance de ser incorporada ao império. As cidades individuais agora viam que era mais interessante ganharem os favores de Roma do que se aliarem a outro lugar. Com Roma havia a perspectiva de grande poder, riqueza e proteção, enquanto ficar isolado de Roma era perigoso. E assim, os antes orgulhosos membros da Liga Latina agora competiam uns contra os outros pela atenção de Roma.

Dividir e governar é uma estratégia poderosa para governar qualquer grupo. Ela se baseia em um princípio-chave: dentro de qualquer organização as pessoas naturalmente formam grupos menores baseados em interesses egoístas mútuos – o desejo primitivo de encontrar força em números. Estes subgrupos formam bases de poder que, deixadas sem controle, vão ameaçar a organização como um todo. A formação de partidos e facções pode ser a maior ameaça para um líder, pois com o tempo estas facções naturalmente trabalharão para garantir seus próprios interesses em detrimento dos do grupo maior. A solução é dividir para governar. Para isso você precisa primeiro se estabelecer como o

> *Não penseis que vim trazer paz à terra. Não vim trazer paz, mas espada. Com efeito, vim contrapor o homem a seu pai, a filha a sua mãe e a nora a sua sogra. Em suma: os inimigos do homem serão seus próprios familiares. Aquele que ama pai e mãe mais do que a mim não é digno de mim. E aquele que ama filho ou filha mais do que a mim não é digno de mim. Aquele que não toma sua cruz e me segue não é digno de mim.*
> MATEUS 10:34, A BÍBLIA DE JERUSALÉM

centro de poder; os indivíduos devem saber que precisam competir por sua aprovação. Deve ser mais vantajoso agradar ao líder do que tentar formar uma base de poder dentro do grupo.

Quando Elizabeth I tornou-se rainha, a Inglaterra era uma nação dividida. Os resquícios do feudalismo incluíam muitos centros de poder competindo entre eles, a própria corte estava repleta de facções. A solução de Elizabeth foi enfraquecer a nobreza colocando de propósito uma família contra a outra. Ao mesmo tempo, ela ocupava o centro, tornando-se um símbolo da própria Inglaterra, o eixo em torno do qual tudo girava. Dentro da corte, também, ela garantiu que nenhum indivíduo – exceto, é claro, ela mesma – ganhasse ascendência. Ao perceber que primeiro Robert Dudley e depois o conde de Essex se acreditavam seus favoritos, ela rapidamente se livrou deles.

A tentação de manter um favorito é compreensível, mas perigosa. Melhor girar suas estrelas, deixando cair uma de vez em quando. Reúna pessoas com pontos de vista diferentes e as incentive a brigar por eles. Você pode justificar isto como uma forma saudável de democracia, mas o efeito é que, enquanto aqueles abaixo de você lutam para serem ouvidos, você governa.

O diretor de cinema Alfred Hitchcock enfrentava inimigos de todos os lados – escritores, cenógrafos, atores, produtores, pessoal do marketing –, qualquer um deles bem capaz de colocar seu ego na frente da qualidade do filme. Os escritores queriam mostrar suas habilidades literárias, os atores queriam parecer astros, produtores e marqueteiros queriam que o filme fosse comercial – toda a equipe concorria com seus próprios interesses. A solução de Hitchcock, como a da rainha Elizabeth, foi assumir a posição central, em uma variante de dividir e governar. Seu papel cuidadosamente projetado como uma celebridade pública fazia parte disto: ele sempre participava das campanhas publicitárias de seus filmes como porta-voz e fazia minúsculas aparições na maioria de seus filmes, tornando-se uma figura engraçada e querida reconhecível de imediato. Ele se colocava no meio de todos os aspectos da produção, desde a redação do roteiro antes de iniciar a filmagem até a edição no final. Ao mesmo tempo, ele mantinha todos os departamentos da produção do filme, até o do produtor, um pouco sem saber bem o que estava acontecendo: as informações sobre todos os detalhes do filme eram guardadas em sua cabeça, seus desenhos, suas anotações. Ninguém podia passar por cima dele; todas as decisões passavam por ele. Antes de iniciar a filmagem, por exemplo, Hitchcock definia em detalhes o estilo do guarda-roupa da atriz principal. Se o estilista quisesse mudar alguma coisa, teria de falar com ele ou ser apanhado

---

OS FILHOS BRIGÕES DO LAVRADOR
Os filhos de um lavrador estavam sempre discutindo. Ele ralhava, mas de nada adiantava – suas palavras não mudavam seus modos. Então ele decidiu lhes dar uma lição prática. Pediu que fossem buscar uma carga de lenha. Quando eles chegaram, distribuiu um fardo para cada um e mandou que os partissem para ele. Mas, apesar de todos os seus esforços, eles não conseguiram. O lavrador então desfez os fardos e entregou a cada um dos filhos um pau de cada vez. Estes eles quebraram sem nenhuma dificuldade. "Então!", disse o pai, "vocês também, meus filhos, se ficarem unidos, podem ser invencíveis para seus inimigos. Mas, se ficarem divididos, será fácil derrotá-los."
FÁBULAS, ESOPO, SÉCULO VI A.C.

em insubordinação. Em essência, ele era como Roma: todas as estradas levavam a Hitchcock.

Dentro de seu grupo, facções podem surgir muito sutilmente pelo fato de que as pessoas que são especialistas nas áreas delas talvez não lhe digam tudo que estão fazendo. Lembre-se: elas veem apenas o quadro pequeno, você está encarregado de toda a produção. Se você vai liderar, deve ocupar o centro. Tudo deve fluir através de você. Se informações precisam ser retidas, é você quem deve fazer isso. Isso é dividir e governar: se as diferentes partes da operação não têm acesso a todas as informações, terão de chegar até você para obtê-las. Não é que você microadministre, mas você mantém o controle total de tudo que é vital e isola qualquer base de poder rival em potencial.

Durante as décadas de 1950 e 1960, o major-general Eduardo Lansdale foi considerado o principal especialista em contrainsurgência dos Estados Unidos. Trabalhando com o presidente Ramon Magsaysay das Filipinas, ele havia traçado um plano que derrotara o movimento Huk de guerrilha no país, no ínicio da década de 1950. A contrainsurgência requer mão hábil, mais política do que militar, e para Lansdale o segredo do sucesso foi acabar com a corrupção no governo e trazer a população mais para perto do governo com vários programas populares. Isso negaria aos insurgentes sua causa, e eles morreriam de isolamento. Lansdale achava loucura imaginar que rebeldes de esquerda podiam ser derrotados pela força; na verdade, a força só os favorecia, dando-lhes uma causa que podiam usar para reunir apoio. Para os insurgentes, ficar isolados do povo é a morte.

Pense nas pessoas de seu grupo, que estão basicamente trabalhando em prol de seus próprios interesses, como insurgentes. Elas são tipos Cassius que prosperam no descontentamento dentro da organização, atiçando a dissensão e o faccionalismo. Você sempre pode trabalhar para dividir essas facções se souber da existência delas, mas a melhor solução é manter seus soldados satisfeitos e contentes, sem dar aos insurgentes algo com que se alimentar. Amargos e isolados, eles morrerão sozinhos.

A estratégia do dividir-e-isolar é inestimável quando se tenta influenciar pessoas verbalmente. Comece parecendo ficar do lado de seus adversários em alguma questão, ocupando seu flanco. Uma vez ali, entretanto, levante uma dúvida a respeito de alguma parte do argumento deles, torcendo e o desviando um pouco. Isto irá baixar a resistência deles e talvez crie um pequeno conflito interior sobre uma ideia ou crença acalentada. Esse conflito os enfraquecerá, tornando-os vulneráveis a mais sugestões e orientações.

O grande espadachim japonês do século XVII, Miyamoto Musashi, em várias ocasiões enfrentou bandos de guerreiros determinados a matá-lo. Só de ver um grupo desses a maioria das pessoas se sentiria intimidada, ou pelo menos hesitaria – um erro fatal para um samurai. Outra tendência seria reagir com violência, tentando matar o máximo possível de atacantes de uma só vez, mas com o risco de perder o controle da situação. Musashi, entretanto, era acima de tudo um estrategista e solucionava estes problemas da maneira mais racional possível. Ele se colocava de forma que os homens tinham que chegar até ele em fila ou em ângulo. Então, concentrava-se em matar o primeiro homem e rapidamente seguia até o fim da fila. Em vez de ser dominado ou se esforçar muito, ele dividia o bando em partes. Depois só precisava matar o adversário número um, ficando em posição de lidar com o adversário número dois e impedindo sua mente de ficar obscurecida e confusa com os outros atacantes esperando por ele. O efeito era que ele podia conservar seu foco enquanto mantinha seus adversários desequilibrados, pois, ao continuar atacando um por um, eles é que ficavam intimidados e aturdidos.

Esteja você assediado por muitos pequenos problemas ou por um problema gigantesco, use Musashi como modelo para seu processo mental. Se você se deixar confundir pela complexidade da situação e hesitar ou então reagir com violência sem pensar, perderá o controle mental, o que só vai aumentar o impulso da força negativa vindo em sua direção. Sempre divida a questão com que você tem de lidar, primeiro colocando-se em uma posição central, depois prosseguindo em fila, eliminando seus problemas um por um. Com frequência é prudente começar com o problema menor, enquanto o mais perigoso fica esperando. Solucionar esse vai ajudá-lo a criar impulso, tanto físico como psicológico, que o ajudará a superar todo o resto.

O mais importante é se mover rápido contra seus inimigos, como os atenienses fizeram em Maratona. Esperar que os problemas cheguem até você só serve para multiplicá-los e lhe dar um impulso mortal.

Imagem: *O Nó. É grande, desesperadoramente emaranhado e, pelo visto, impossível de desfazer. O nó consiste de milhares de nós menores, todos enroscados e interligados.*

Deixe o tempo passar e o nó só piora. Em vez de tentar desfazê-lo por este ou aquele lado, pegue sua espada e corte-o pela metade com um só golpe. Uma vez dividido, ele se desfaz por si só.

Autoridade: *Na antiguidade, aqueles que eram citados como excelentes no manejo do exército eram capazes de impedir as forças avançadas e de retaguarda do inimigo de se conectarem; os muitos e os poucos de dependerem uns dos outros; os nobres e os inferiores de virem em socorro uns dos outros; os escalões de nível superior e inferior de confiarem uns nos outros; as tropas a serem separadas, incapazes de se reunirem ou, quando reunidas, de não serem bem ordenadas. – Sun Tzu (século IV a.C.)*

INVERSO

Dividir suas forças como uma forma de criar mobilidade pode ser uma poderosa estratégia, como Napoleão demonstrou com seu flexível sistema de unidades, que lhe permitia atacar o inimigo imprevisivelmente de diversos ângulos. Mas, para seu sistema funcionar, Napoleão precisava da coordenação exata de todas as suas partes e controle total sobre os movimentos delas – e seu objetivo era basicamente unir as partes para dar o golpe principal. Na guerrilha, o comandante dispersará suas forças para que sejam mais difíceis de atacar, mas isto também exige coordenação: um exército de guerrilha não pode ter sucesso se as partes forem incapazes de se comunicar umas com as outras. Em geral, qualquer divisão de suas forças deve ser temporária, estratégica e controlada.

Ao atacar um grupo a fim de semear divisão, cuidado para que seu golpe não seja forte demais, pois pode ter o efeito inverso, fazer com que as pessoas se unam em horas de grande perigo. Esse foi o erro de cálculo cometido por Hitler durante a Blitz de Londres, sua campanha de bombardeios destinada a expulsar a Inglaterra da Segunda Guerra Mundial. Com a intenção de desmoralizar o público britânico, a Blitz só os fez mais determinados: eles estavam dispostos a sofrer danos a curto prazo a fim de derrotá-lo a longo prazo. Este efeito de união foi, em parte, consequência da brutalidade de Hitler, em parte, o fenômeno de uma cultura disposta a sofrer pelo bem maior.

Finalmente, em um mundo dividido, o poder estará em você manter seu próprio grupo unido e coeso e sua mente clara e focalizada em seus objetivos. A melhor maneira de manter a unidade talvez seja a criação de entusiasmo e estado de espírito elevado, mas, embora o entusiasmo seja importante, com o tempo ele naturalmente míngua e, se você tiver de depender dele, vai fracassar. Defesas muito melhores contra as forças de divisão são o conhecimento e o pensamento estratégico. Nenhum exército pode ser dividido se estiver consciente das intenções do inimigo e puder dar uma resposta inteligente. Como Samuel Adams descobriu, a estratégia é o único escudo e a única espada em que você pode confiar.

18

EXPONHA E ATAQUE
O LADO FRÁGIL DE SEUS ADVERSÁRIOS

A ESTRATÉGIA CRUCIAL

Quando você ataca as pessoas diretamente, enrijece a resistência delas e dificulta muito sua tarefa. Há um jeito melhor: distrair a atenção de seus adversários para a frente de batalha, em seguida atacá-los pela lateral, por onde menos esperam. Ao atingi-los ali onde eles estão frágeis, sensíveis e desprotegidos, você cria um choque, um momento de fraqueza que pode explorar. Atraia as pessoas para uma situação difícil, expondo seus pontos fracos, em seguida atire pela lateral. A única maneira de adversários teimosos mudarem de posição é abordando-os indiretamente.

O imperador (Napoleão Bonaparte), embora estivesse bastante preparado "para quebrar ovos para fazer omeletes", como diz Von Clausewitz, estava sempre ansioso para obter a vitória total com um gasto mínimo de potencial humano e esforço. Por conseguinte, ele não gostava de ter de forçar uma batalha frontal em escala natural, plenamente ordenada – isto é, marchar direto contra o inimigo para combatê-lo em terreno de sua (do adversário) escolha, pois essas batalhas eram inevitavelmente caras e raramente conclusivas (Borodino em 1812 é um desses casos). Em vez disso, sempre que possível, depois de imobilizar o inimigo com um ataque simulado, ele marchava seu principal exército pelo caminho "seguro" mais rápido possível, ocultado por uma cortina formada pela cavalaria e obstáculos naturais, para se colocar na retaguarda ou no flanco do adversário. Uma vez tendo êxito neste movimento, ele ocupava uma barreira estratégica ou "cortina estratégica" (em geral o curso de um rio ou cadeia de montanhas), ordenava o bloqueio de todas as passagens, e assim isolava a pretendida vítima

GIRANDO O FLANCO

Em 1793, Luís XVI e sua mulher, Maria Antonieta, o rei e a rainha da França, foram decapitados por ordem do novo governo que assumiu depois da Revolução Francesa. Maria Antonieta era filha de Maria Teresa, imperatriz da Áustria, e com sua morte os austríacos se tornaram inimigos inabaláveis da França. No início de 1796, eles se preparavam para invadir o país pelo norte da Itália, que na época era uma possessão austríaca.

Em abril desse mesmo ano, Napoleão Bonaparte, aos 26 anos, recebeu o comando do exército francês na Itália e foi encarregado de uma missão simples: impedir que estes exércitos austríacos entrassem na França. Comandados por Bonaparte, pela primeira vez desde a revolução os franceses não só foram capazes de manter uma posição defensiva, como partiram para a ofensiva com êxito, empurrando os austríacos com firmeza para o leste. Por mais chocante que fosse perder para o exército revolucionário, era uma total humilhação ser derrotado por um general desconhecido em sua primeira campanha. Durante seis meses os austríacos enviaram exércitos para derrotar Napoleão, mas ele forçava cada um deles a recuar para a fortaleza de Mântua, até que finalmente esta praça forte estava entulhada de soldados austríacos.

Deixando uma força em Mântua para não permitir os austríacos saírem dali, Napoleão estabeleceu sua base ao norte, na cidade-eixo de Verona. Para os austríacos vencerem a guerra, teriam de dar um jeito de expulsá-lo de Verona e libertar os soldados famintos presos em Mântua. E o tempo estava se esgotando para eles.

Em outubro de 1796, o barão Joseph d'Alvintzi recebeu o comando de cerca de 50 mil soldados austríacos e a missão urgente de expulsar os franceses de Verona. Um experiente comandante e esperto estrategista, d'Alvintzi estudou a campanha italiana de Napoleão com cuidado e acabou respeitando o inimigo. Para derrotar este brilhante e jovem general, os austríacos teriam de ser mais flexíveis, e d'Alvintzi pensou que tinha a solução: ele dividiria seu exército em duas colunas, uma sob seu próprio comando e a outra sob as ordens do general russo Paul Davidovich. As colunas marchariam separadas para o sul, convergindo em Verona. Ao mesmo tempo, d'Alvintzi lançaria uma campanha de blefes para fazer Napoleão pensar que o exército de Davidovich era pequeno (na verdade tinha 18 mil homens), uma mera força de repressão para proteger as linhas de comunicação austríacas. Se Napoleão subestimasse Davidovich, o general russo enfrentaria menos oposição e seu caminho até Verona seria mais fácil. O plano de d'Alvintzi era apanhar Napoleão entre as mandíbulas destes dois exércitos.

Os austríacos entraram no norte da Itália no início de novembro. Para satisfação de d'Alvintzi, Napoleão parecia ter se deixado enganar; ele enviou uma força relativamente ligeira contra Davidovich, que prontamente deu aos franceses na Itália sua primeira derrota real e começou seu avanço em direção a Verona. Enquanto isso o próprio d'Alvintzi avançava até um ponto não longe de Verona e se posicionava para cair sobre a cidade pelo leste. Ao examinar seus mapas, d'Alvintzi sentiu prazer em seu plano. Se Napoleão enviasse mais homens para interceptar Davidovich, enfraqueceria Verona contra d'Alvintzi. Se tentasse bloquear a entrada de d'Alvintzi vindo do leste, enfraqueceria Verona contra Davidovich. Se buscasse reforços de suas tropas em Mântua, libertaria até 20 mil soldados austríacos presos ali e eles os engoliriam pelo sul. D'Alvintzi também sabia que os homens de Napoleão estavam exaustos e famintos. Tendo lutado durante seis meses sem descanso, eles estavam no limite de sua resistência. Nem mesmo um jovem gênio como Napoleão poderia escapar dessa armadilha.

Dias depois, d'Alvintzi avançou para a aldeia de Caldiero, na soleira da porta de Verona. Ali ele infligiu outra derrota às tropas francesas enviadas para interceptá-lo. Depois de uma série de vitórias, Napoleão agora tinha perdido duas batalhas, uma atrás da outra; o pêndulo oscilara contra ele.

Quando d'Alvintzi se preparava para seu salto final sobre Verona, recebeu notícias confusas: ao contrário de todas as previsões, Napoleão havia na verdade dividido seu exército em Verona, mas, em vez de enviar partes dele contra d'Alvintzi ou Davidovich, ele havia colocado em marcha uma força consideravelmente grande para algum ponto do sudeste. No dia seguinte este exército apareceu nos arredores da cidade de Arcola. Se os franceses atravessassem o rio até Arcola e avançassem alguns quilômetros para o norte, cruzariam diretamente a linha de comunicações e de retirada de d'Alvintzi, e poderiam se apoderar de seus depósitos de suprimentos em Villa Nova. Ter este grande exército francês em sua retaguarda era mais assustador; d'Alvintzi foi obrigado a esquecer de Verona por enquanto e marchar às pressas para o leste.

Ele havia recuado na hora certa e conseguiu deter os franceses antes que pudessem cruzar o rio e atacar Villa Nova. Durante vários dias os dois exércitos se engalfinharam em um combate feroz pela ponte de Arcola. O próprio Napoleão liderou diversos ataques e quase foi morto. Uma parte das tropas que bloqueavam Mântua foi despachada para o norte a fim de reforçar os franceses em Arcola, mas o exército de d'Alvintzi se escondeu e a batalha ficou estagnada.

No terceiro dia de luta, os soldados de d'Alvintzi – suas linhas reduzidas pelos incansáveis ataques dos franceses – preparavam-se para ou-

de seus depósitos na retaguarda e reduzia suas chances de reforços. A partir daí, Napoleão avançava inexoravelmente em direção ao exército do inimigo, oferecendo-lhe apenas duas alternativas – lutar pela sobrevivência em terreno que não era o de sua escolha ou se render. As vantagens de tal estratégia são óbvias. O exército inimigo seria apanhado de surpresa e quase certamente ficaria desmoralizado pela súbita aparição do exército inimigo em sua retaguarda, cortando todas as suas comunicações.
THE CAMPAIGNS OF NAPOLEON, DAVI G. CHANDLER, 1966

Agora havia o problema crítico de julgar o momento certo para a força envolvente revelar sua desconcertante posição no flanco do inimigo. Para a máxima eficácia, é importante que isto não ocorra antes que o inimigo tenha comprometido toda ou a maior parte de suas reservas na batalha frontal, e esta necessidade de calcular o tempo exato para o ataque pelo flanco exigia o maior discernimento por parte de Napoleão e seus principais subordinados. O primeiro tinha de julgar o momento em que todas as tropas inimigas estavam realmente comprometidas com a batalha frontal (e com o acúmulo de nuvens de fumaça de pólvora obliterando o cenário, isso não era fácil); os segundos ficavam com a tarefa de manter suas ansiosas tropas "sob rédeas" a fim de evitar qualquer ataque prematuro que revelasse sua presença. Em seguida, no momento exato, Napoleão daria o sinal... Então o ataque débordante adquiria vida. Um rugir de canhão ao longe neste flanco, até agora seguro, faria o inimigo olhar preocupado sobre o ombro, e não demorava muito para os óculos de alcance de sua ansiosa equipe conseguirem detectar uma linha de poeira e fumaça aproximando-se aos poucos, cada vez mais, pelo flanco ou retaguarda. Esta ameaça a suas comunicações ou linha de retirada não podia ser ignorada. O general inimigo talvez agora teoricamente adotasse um de dois rumos (mas na prática apenas um). Ou ele ordenava um recuo geral imediato para escapar da armadilha antes que ela se fechasse por trás de seu exército (embora isto costumasse estar

tra batalha pela ponte quando, de repente, ouviram trombetas soando do flanco sul. Uma força francesa tinha dado um jeito de atravessar o rio sob a ponte e estava marchando em direção ao flanco austríaco em Arcola. O som das trombetas foi rapidamente substituído por gritos e o zunido de balas. O súbito aparecimento dos franceses em seu flanco foi demais para os exaustos austríacos; sem esperar para verem o tamanho da força francesa, eles entraram em pânico e fugiram de cena. Os franceses em peso atravessaram o rio. D'Alvintzi reuniu seus homens o melhor que pôde e conseguiu liderá-los para o leste em segurança. Mas a batalha por Verona estava perdida e com isso o destino de Mântua estava selado.

De algum modo Napoleão conseguira arrancar a vitória de uma derrota. A batalha de Arcola ajudou a forjar a lenda de sua invencibilidade.

Interpretação. Napoleão não era mágico, e a derrota que ele impôs aos austríacos foi ilusoriamente simples. Enfrentando dois exércitos convergindo em sua direção, ele calculou que d'Alvintzi era o perigo mais iminente. A luta por Caldiero encorajou os austríacos a pensar que Verona podia ser defendida em um confronto direto, cara a cara. Mas Napoleão, em vez disso, dividiu o seu exército e enviou a maior parte para ameaçar o depósito de suprimentos, as linhas de comunicação e de retirada dos austríacos. Tivesse d'Alvintzi ignorado a ameaça e avançado sobre Verona, teria se afastado ainda mais de sua base crítica de operações e se colocado em grande risco; se ficasse parado, Napoleão o teria espremido entre dois exércitos. De fato, Napoleão sabia que d'Alvintzi teria de recuar — a ameaça era real demais — e, uma vez tendo feito isso, renunciado à iniciativa. Em Arcola, percebendo que o inimigo estava ficando cansado, Napoleão mandou um pequeno contingente atravessar o rio na direção sul e marchar sobre o flanco austríaco, com instruções para fazer o máximo de barulho possível — trombetas, gritos, tiros. A presença desta força de ataque, embora pequena, induziria ao pânico e ao colapso. A artimanha funcionou.

Esta manobra — *manoeuvre sur les derrières*, Napoleão a chamou — passaria a ser uma de suas estratégias preferidas. Seu sucesso baseava-se em duas verdades. Primeiro, generais gostam de colocar seus exércitos em uma forte posição frontal, seja para atacar ou enfrentar um ataque. Napoleão com frequência se aproveitava desta tendência parecendo estar atacando o inimigo de frente; na confusão da batalha, ficava difícil saber que ali estava apenas metade de seu exército, e, enquanto isso, ele fazia entrar a outra metade sorrateiramente pela lateral ou retaguarda. Segundo, um exército ao perceber que está sendo atacado pelo flanco fica assustado e vulnerável e deve se virar para enfrentar a ameaça. Neste momento há muita fragilidade e confusão. Mesmo um exército na posição mais forte, como o de d'Alvintzi em Verona, ao se virar, quase sempre perde a coesão e o equilíbrio.

Aprenda com o grande mestre: atacar de frente raramente é o mais sensato. Os soldados em sua frente estarão amontoados, em uma concentração de força que ampliará seu poder de resistir a você. Ataque pelo flanco, o lado vulnerável. Este princípio se aplica a conflitos ou embates em qualquer escala.

Indivíduos com frequência mostram seu flanco, sinalizam suas vulnerabilidades, por seu oposto, a frente que mostram mais visivelmente ao mundo. Esta fachada pode ser uma personalidade agressiva, um jeito de lidar com as pessoas intimidando-as. Ou pode ser um mecanismo qualquer de defesa óbvio, um interesse em afastar intrusos para manter a estabilidade em suas vidas. Podem ser suas crenças e ideias mais acalentadas; pode ser o modo como elas se fazem queridas. Quanto mais você fizer as pessoas exporem esta fachada, mostrarem mais de si mesmas e a direção para onde tendem a se mover, mais seus flancos desprotegidos entrarão em foco – desejos inconscientes, brechas de insegurança, alianças precárias, compulsão incontrolável. Assim que você se mover para seus flancos, seus alvos se voltam para enfrentá-lo e perdem o equilíbrio. Todos os inimigos são vulneráveis por suas laterais. Não existe defesa contra uma manobra pelo flanco bem projetada.

> *A oposição à verdade é inevitável, especialmente se ela assumir a forma de uma nova ideia, mas é possível reduzir o grau de resistência – considerando-se não só o alvo, mas também o método de abordagem. Evite o ataque frontal em uma posição há muito estabelecida; em vez disso, procure virá-la movimentando-se pelo flanco, de modo que um lado mais fácil de penetrar se exponha ao golpe da verdade.*
> – B. H. Liddell Hart (1895-1970)

OCUPANDO O FLANCO

Quando jovem, Júlio César (100-44 a.C.) um dia foi capturado por piratas. Eles pediram um resgate no valor de vinte talentos; rindo, ele respondeu que um homem de sua nobreza valia cinquenta talentos, e se ofereceu para pagar a quantia. Seus criados foram buscar o dinheiro e César ficou sozinho com os sanguinários piratas. Durante várias semanas ele continuou entre eles, participou de seus jogos e farras, até sendo um pouco grosseiro com eles, brincando que mandaria crucificá-los algum dia.

fora de questão, pois Napoleão lançaria, com certeza, um ataque frontal contra todos os setores da linha inimiga, para coincidir com o desmascaramento de sua força atacando pelo flanco e assim imobilizar o inimigo ainda mais firme no terreno onde estava; ou ele seria forçado a encontrar tropas de algum outro lugar para formar uma nova linha em ângulos retos com relação à sua principal posição, para enfrentar a nova investida e proteger seu flanco. Como todas as reservas já estavam (teoricamente) comprometidas com a batalha, isso só poderia ser feito com facilidade e rapidez enfraquecendo intencionalmente esses setores frontais mais próximos da nova ameaça. Este enfraquecimento da frente inimiga é o que Napoleão chamava de "o Evento" – e era, claro, exatamente o que ele pretendia que acontecesse. Caía agora o pano do primeiro ato; o inimigo estava reagindo como devia; a destruição da coesão desta linha, a ruína final deste equilíbrio, agora podia ser empreendida praticamente com garantia de sucesso definitivo.
THE CAMPAIGNS OF NAPOLEON, DAVI G. CHANDLER, 1966

Durante esta pesquisa, uma impressão se tornava cada vez mais forte – que, ao longo da história, resultados eficazes na guerra raramente foram obtidos a não ser que a abordagem fosse tão indireta a ponto de garantir o despreparo do adversário para enfrentá-la. A obliquidade em geral tem sido física e sempre psicológica. Em estratégia, o caminho mais longo com frequência é o mais curto para casa. Cada vez com mais clareza aprendemos que uma abordagem direta ao objeto mental de uma pessoa, ou objetivo físico, junto com a "linha de expectativa natural" para o adversário, tende a produzir resultados negativos. O motivo disso expressa-se vividamente na frase de Napoleão de que "o moral está para o físico na proporção de três para um". Pode-se expressá-lo cientificamente dizendo que, embora a força de um exército adversário ou país resida externamente em seus números e recursos, estes dependem basicamente de estabilidade e controle, moral e suprimentos. Mover-se ao longo da linha natural de expectativa consolida o equilíbrio do adversário e, portanto, aumenta seu poder de resistência. Na

Divertindo-se com este rapaz espirituoso, mas afetivo, os piratas praticamente o adotaram. Mas ao pagar o resgate e se ver livre César seguiu para o porto mais próximo, equipou alguns navios de seu próprio bolso e foi atrás dos piratas, surpreendendo-os em seu covil. De início eles o receberam bem – mas César mandou prendê-los, pegou seu dinheiro de volta e, conforme o prometido, mandou crucificá-los. No futuro, muitos aprenderiam – fosse com prazer ou horror – que era assim que César combatia.

César, entretanto, nem sempre se vingava. Em 62 a.C., durante uma cerimônia religiosa em sua casa, um jovem chamado Publius Clodius foi apanhado entre as celebrantes femininas vestido de mulher e se divertindo com a esposa de César, Pompeia. Isto foi considerado um abuso e César divorciou-se imediatamente de Pompeia, dizendo, "Minha mulher deve estar acima de qualquer suspeita". Mas quando Clodius foi preso e julgado por sacrilégio, César usou seu dinheiro e sua influência para absolver o rapaz. Ele foi mais do que recompensado anos mais tarde, quando se preparava para trocar Roma pelas guerras na Gália e precisava de alguém que protegesse seus interesses enquanto estava fora. Ele usou sua influência para que Clodius fosse nomeado para o cargo político de tribuno e, nessa posição, Clodius apoiou fielmente os interesses de César causando tanta confusão no Senado com suas manobras irritantes que ninguém tinha tempo ou inclinação para intrigas contra o general ausente.

Os três homens mais poderosos em Roma na época eram César, Crasso e Pompeu. Temendo Pompeu, general popular e famoso por seus sucessos, Crasso tentou formar uma aliança secreta com César, mas César recusou; em vez disso, anos depois ele abordou o cauteloso Pompeu (que desconfiava dele e lhe era hostil como um possível rival no futuro) com a proposta de formarem sua própria aliança. Em troca, ele prometia apoio para algumas das propostas políticas de Pompeu, que estavam estagnadas no Senado. Surpreso, Pompeu concordou e Crasso, não querendo ficar de fora, aceitou participar do grupo para formar o Primeiro Triunvirato, que governaria Roma por vários anos a partir de então.

Em 53 a.C., Crasso foi morto em batalha na Síria, e a luta pelo poder rapidamente veio à tona entre Pompeu e César. A guerra civil parecia inevitável, e Pompeu tinha mais apoio no Senado. Em 50 a.C., o Senado ordenou que tanto César (que, na época, lutava na Gália) como Pompeu deveriam enviar uma de suas legiões para a Síria a fim de ajudar o exército romano combatendo ali. Mas como Pompeu já havia emprestado a César uma legião para a guerra na Gália, ele propôs enviar essa para a

Síria – de modo que César teria perdido duas legiões, em vez de uma só, enfraquecendo-o para a guerra iminente.

César não reclamou. Mandou as duas legiões, uma das quais, entretanto – como ele havia esperado –, não foi para a Síria, mas ficou convenientemente aquartelada perto de Roma, à disposição de Pompeu. Antes que as duas legiões partissem, César pagou aos soldados generosamente. Também instruiu seus oficiais para que espalhassem o boato em Roma de que suas tropas ainda na Gália estavam exaustas e que, se ele ousasse enviá-las contra Pompeu, elas se bandeariam rapidamente para o lado dele assim que atravessassem os Alpes. Acreditando nestes falsos relatórios, e esperando deserções em massa, Pompeu não se preocupou em recrutar mais soldados para a iminente guerra, do que mais tarde se arrependeria.

Em janeiro de 49 a.C., César atravessou o Rubicão, o rio entre Gália e Itália, em um movimento dramático, inesperado, que iniciou a Guerra Civil. Apanhado de surpresa, Pompeu fugiu com suas legiões para a Grécia, onde começou a preparar uma grande operação. Conforme César marchava para o sul, muitos dos que apoiavam Pompeu, que ficaram para trás em Roma, morriam de medo. César havia criado fama na Gália de ser violento com os inimigos, arrasando cidades inteiras e matando seus habitantes. Mas quando se apossou da cidade-chave de Corfinium, capturando senadores importantes e oficiais do exército que haviam lutado ali ao lado das tropas fiéis a Pompeu, ele não puniu estes homens; na verdade, ele lhes devolveu o dinheiro que seus soldados haviam pilhado ao tomarem a cidade. Este ato extraordinário de clemência passou a ser o modelo de sua forma de tratamento com relação aos defensores de Pompeu. Em vez de os homens de César se tornarem aliados de Pompeu, foram os de Pompeu que agora eram os mais ardentes seguidores de César. Consequentemente, a marcha de César sobre Roma foi rápida e sem derramamento de sangue.

Em seguida, embora Pompeu tivesse estabelecido sua base na Grécia, César decidiu primeiro atacar seu flanco: o grande exército que ele havia aquartelado na Espanha. Ao longo de vários meses de campanha, ele frustrou todos os planos desta força, liderada pelos generais de Pompeu, Afranius e Petreius, e finalmente os encurralou. Eles estavam cercados, a situação era desesperadora, e Afranius e muitos soldados, conhecendo o gentil tratamento que César dispensava a seus inimigos, mandaram dizer que estavam prontos a se render; mas Petreius, horrorizado com esta traição, ordenou que qualquer soldado que apoiasse César fosse morto. Em seguida, determinado a continuar lutando, ele liderou o restante de seus homens para fora do acampamento para combate – mas César recusou-se a participar. Os soldados não puderam lutar.

guerra, como na luta corporal, a tentativa de derrubar o adversário sem afrouxar sua base e perturbar seu equilíbrio resulta em exaustão, aumentando desproporcionalmente a tensão efetiva sobre ele. O sucesso com este método só é possível por meio de uma imensa margem de força superior em alguma forma – e, mesmo assim, tende a perder determinação. Na maioria das campanhas de deslocamento, o equilíbrio físico e psicológico do inimigo tem sido o prelúdio vital a uma tentativa bem-sucedida de derrubá-lo.
STRATEGY, B. H. LIDDEL HART, 1954

O DÉCIMO TRABALHO: OS BOIS DE GERIÃO
O Décimo Trabalho de Hércules foi tirar os famosos bois de Gerião de Eritreia, uma ilha perto da corrente do Oceano, sem pedir ou pagar. Gerião, um dos filhos de Crisaor e Calirroe, filha do Titã Oceano, era rei de Tartesso na Espanha, e supostamente o homem mais forte vivo. Nascera com três cabeças, seis mãos e três corpos unidos na cintura. Os trôpegos bois vermelhos de Gerião, animais de maravilhosa beleza, eram guardados pelo

vaqueiro Eurítion, filho de Ares, e o cão de guarda bicéfalo Ortrus – antes propriedade de Atlas –, nascido de Tifão e Echidne... Ao chegar, [Hércules] subiu ao Monte Abas. O cão Ortrus correu para ele, latindo, mas a clava de Hércules o atingiu matando-o; e Eurítion, vaqueiro de Gerião, correndo para socorrer Ortrus, morreu do mesmo modo. Hércules então prosseguiu conduzindo o gado. Menoetes, que pastoreava o gado de Hades nas proximidades – mas neste Hércules não havia tocado – levou a notícia até Gerião. Desafiado para uma luta, Hércules correu para o flanco de Gerião e lhe atirou pela lateral uma única flecha que atravessou os três corpos... Hera apressou-se a ir ajudar Gerião, Hércules a feriu com uma única flecha no seio esquerdo, e ela fugiu. Assim ele conquistou o gado, sem pedir nem pagar.
THE GREEK MYTHS, VOL. 2, ROBERT GRAVES, 1955

Finalmente, em uma terrível escassez de suprimentos, os homens de Pompeu se renderam. Desta vez eles poderiam esperar o pior, pois César sabia do massacre no acampamento – mas de novo ele perdoou a Petreius e a Afranius e simplesmente dispersou o exército deles dando aos soldados suprimentos e dinheiro para seu retorno a Roma. Sabendo disto, as cidades espanholas ainda leais a Pompeu rapidamente trocaram de lado. Em três meses, a Espanha romana tinha sido conquistada por meio de uma combinação de manobra e diplomacia, e quase sem derramar uma gota de sangue.

Nos meses seguintes, o apoio político a Pompeu em Roma se evaporou. Tudo que lhe restava era seu exército. Sua derrota para César na Batalha de Pharsalus, no norte da Grécia, um ano depois apenas, selou sua inevitável destruição.

Interpretação. César descobriu cedo em sua vida política que há muitas maneiras de conquistar. A maioria das pessoas avança de uma forma mais ou menos direta, tentando subjugar seus adversários. Mas, a não ser que matem os que foram assim derrotados, estão simplesmente criando inimigos a longo prazo que guardam profundos ressentimentos e vão acabar causando problemas. Muitos desses inimigos e a vida se torna perigosa.

César descobriu um outro jeito de combater, tirando de seus inimigos o espírito de combate por meio de estratégica e dissimulada generosidade. Assim desarmado, o inimigo vira aliado, o que é negativo passa a ser positivo. Mais tarde, se necessário, quando a guarda do ex-inimigo baixar, você pode se vingar, como César fez com os piratas. Comporte-se com mais delicadeza, entretanto, e seu inimigo se torna seu mais fiel seguidor. Assim foi com Publius Clodius que, depois de desgraçar o lar de César, passou a ser o dedicado agente do trabalho sujo do general.

Quando eclodiu a guerra civil, César compreendeu que esse era um fenômeno político tanto quanto militar – na verdade, o mais importante era o apoio do Senado e dos romanos. Seus atos de misericórdia faziam parte de uma campanha calculada para desarmar seus inimigos e isolar Pompeu. Em essência, o que César fazia ali era ocupar o flanco de seus inimigos. Em vez de atacá-los de frente e envolvê-los diretamente na batalha, ele ficava do lado deles, apoiava suas causas, dava-lhes presentes, encantava-os com palavras e favores. Com César aparentemente do lado deles, tanto política como psicologicamente, eles não tinham uma frente para combater, nada a que se opor. Em contato com César, toda a hostilidade com relação a ele desaparecia. Este modo de travar guerra lhe permitiu derrotar Pompeu, militarmente superior.

A vida é cheia de hostilidades – algumas são óbvias, algumas são espertas e dissimuladas. O conflito é inevitável; você nunca terá paz total. Em vez de imaginar que pode evitar esses choques de vontades, aceite-as e saiba que o modo como você lida com elas vai decidir seu sucesso na vida. De que adianta vencer pequenas batalhas, conseguir intimidar as pessoas, se no longo prazo você cria inimigos silenciosos que o sabotarão mais tarde? Você deve controlar o impulso de combater seus adversários diretamente a qualquer custo. Em vez disso, ocupe seus flancos. Desarme-os e faça deles seus aliados; você pode decidir depois se vai mantê-los a seu lado ou se vingar. Tirar das pessoas o espírito de combate com atos estratégicos de bondade, generosidade e charme vai limpar seu caminho, ajudando você a economizar energia para as lutas que não pode evitar. Encontre o flanco deles – o suporte pelo qual as pessoas anseiam, a bondade à qual elas reagirão, o favor que as desarmará. No mundo político em que vivemos, o flanco é o caminho do poder.

Vejamos se com moderação podemos conquistar todos os corações e garantir uma vitória duradoura, visto que com a crueldade outros não conseguiram escapar do ódio e sustentar a vitória por algum tempo... Esta é uma nova maneira de conquistar, de reforçar sua posição pela bondade e generosidade.
– Júlio César (100-44 a.C.)

CHAVES PARA A GUERRA

Os conflitos e as lutas pelos quais passamos hoje em dia são estarrecedores – muito maiores do que aqueles enfrentados por nossos ancestrais. Na guerra, os caminhos por onde exércitos passaram são marcados com setas em mapas. Se fôssemos mapear as batalhas de nossos próprios cotidianos, teríamos de desenhar milhares dessas setas, um constante tráfego de movimentos e manobras, sem falar das setas que na verdade nos atingem, das pessoas tentando nos convencer de uma coisa ou outra, nos mover em uma determinada direção, nos curvar a suas vontades, seus produtos, suas causas.

Porque são tantas as pessoas que estão constantemente mudando de lugar em busca de poder, nosso mundo social fica coberto de agressões mal disfarçadas. Nesta situação, ser direto requer tempo e paciência; na corrida diária para mover e influenciar pessoas, a abordagem sutil é difícil demais e demorada, portanto as pessoas tendem a tomar o caminho direto para o que querem. Para nos convencer da correção de suas ideias, elas usam argumentos e retórica, ficando cada vez

Sua gentileza forçará mais do que sua força nos fará gentis.
COMO GOSTAIS, WILLIAM SHAKESPEARE, 1564-1616

Quando, estudando uma longa série de campanhas militares, percebi pela primeira vez a superioridade da abordagem indireta sobre a direta, estava procurando apenas uma luz que me esclarecesse o que é estratégia. Pensando melhor, entretanto, comecei a ver que a abordagem indireta tinha uma aplicação bem mais ampla – que era uma lei vital em todas as esferas: uma verdade filosófica. Sua realização era considerada o segredo do sucesso na prática ao se lidar com qualquer problema em que predomine o fator humano e um conflito de vontades tenda a surgir de uma preocupação subjacente relativa a todos os interesses. Em todos esses casos, o ataque direto de novas ideias provoca uma teimosa resistência, intensificando assim a dificuldade de produzir uma mudança de perspectiva. A conversão é conseguida com mais rapidez e facilidade pela infiltração insuspeitada de uma ideia diferente

> ou por um argumento que vire o flanco de oposição instintiva. A abordagem indireta é tão fundamental na esfera política como na do sexo. No comércio, a sugestão de que existe a possibilidade de barganha é muito mais importante do que qualquer apelo indireto para uma compra. E, em qualquer esfera, é proverbial que a maneira mais garantida de se conseguir a aceitação de uma nova ideia é enfraquecendo a resistência antes de tentar vencê-la; e se obtém um efeito melhor quando se afasta o adversário de suas defesas.
> STRATEGY, B. H. LIDDEL HART, 1954

mais sonoras e emotivas. Elas intimidam com palavras, ações e ordens. Mesmo aqueles jogadores mais passivos que usam as ferramentas da manipulação e da culpa são bastante diretos, nem um pouco sutis, nos caminhos que escolhem; testemunhe algumas de suas manobras e elas são bastante fáceis de decifrar.

O resultado de tudo isto é duplo: todos nós ficamos mais defensivos, mais resistentes a mudanças. Para manter uma certa paz e estabilidade em nossas vidas, construímos as muralhas de nossos castelos cada vez mais altas e grossas. Ainda assim, é impossível evitar a crescente brutalidade direta da vida diária. Todas aquelas setas nos atingindo nos contaminam com sua energia; não podemos fazer outra coisa senão tentar retribuir o que recebemos. Reagindo a manobras diretas, nos vemos arrastados para discussões e batalhas cabeça contra cabeça. É preciso esforço para sair deste círculo vicioso e pensar em uma nova abordagem.

Você deve se perguntar: de que adianta ser direto e frontal se isso só aumenta a resistência das pessoas e as faz mais seguras de suas próprias ideias? Atitudes diretas e honestas podem lhe dar uma sensação de alívio, mas também instigam antagonismo. Como táticas não funcionam. Na guerra em si – a guerra sangrenta, não as guerras interpessoais do dia a dia –, batalhas frontais já são raras. Oficiais militares já perceberam que o ataque direto aumenta a resistência, enquanto que o indireto a reduz.

Quem conquista o verdadeiro poder no difícil mundo moderno são aqueles que aprenderam a ser indiretos. E eles sabem o que vale aproximar-se por um ângulo, disfarçar suas intenções, baixar a resistência do inimigo, acertar no flanco exposto, frágil, em vez de bater de cabeça. Em vez de tentar intimidar as pessoas, eles as convencem a virar na direção que desejam. Isto exige esforço, mas rende dividendos no longo prazo com menos conflitos e melhores resultados.

> Seis na quinta posição significa: A presa de um javali castrado. Boa sorte. Aqui consegue-se conter um avanço impetuoso indiretamente. A presa do javali é, por si só, perigosa, mas alterando-se a natureza do javali a presa deixa de ser uma ameaça. Assim também no que diz respeito aos homens, a força selvagem não deve ser combatida diretamente.
> I CHING, CHINA, C. SÉCULO VIII A.C.

O segredo para qualquer manobra pelo flanco é prosseguir em etapas. Seu movimento inicial não pode revelar suas intenções ou a verdadeira linha de ataque. Faça da *manoeuvre sur les derrières* de Napoleão seu modelo. Primeiro ataque diretamente, como ele fez com os austríacos em Caldiero, para prender a atenção deles na frente de batalha. Deixe que venham até você mano a mano. Um ataque pela lateral agora será inesperado e difícil de combater.

Em uma recepção no palácio em Paris, em 1856, todos os olhos se voltaram para uma recém-chegada ao cenário: uma aristocrata italiana de 18 anos chamada condessa Castiglione. Era extraordinariamente bela e mais: portava-se como uma estátua grega viva. O imperador Napoleão II, notório mulherengo, não pôde deixar de notar e ficar fascinado, mas por enquanto foi só isso – ele preferia mulheres de sangue mais quente. Mas ao vê-la de novo nos meses seguintes mais intrigado ficava a despeito de si mesmo.

Em eventos na corte, Napoleão e a condessa trocavam olhares e ocasionais observações. Ela sempre saía antes que os dois pudessem conversar. Usava vestidos estonteantes e, muito depois de terminada a festa, sua imagem não lhe saía da cabeça.

O que deixava o imperador enlouquecido era que, pelo visto, ele não a excitava – ela parecia apenas modestamente interessada nele. Napoleão II começou a cortejá-la com assiduidade e, depois de semanas de assédio, ela acabou sucumbindo. No entanto, mesmo agora que já era sua amante, ele ainda sentia sua frieza, ainda precisava persegui-la, nunca tinha certeza dos sentimentos dela. Nas festas, também, ela atraía a atenção dos homens como um ímã, deixando-o furioso de ciúmes. O caso foi em frente, mas não demorou muito e o imperador naturalmente se cansou da condessa e mudou de mulher. Mesmo assim, enquanto durou, ele não conseguia pensar em mais ninguém.

Na época, estava em Paris Vitorio Emanuel, rei do Piemonte, lar da condessa. A Itália era dividida em pequenos estados como este na época, mas com o apoio da França em breve ela se tornaria uma nação unificada, e Vitorio Emanuel alimentava o secreto desejo de ser seu primeiro rei. Em suas conversas com Napoleão, a condessa de vez em quando comentava a respeito do rei de Piemonte, elogiando seu caráter e descrevendo seu amor pela França e sua força como líder. O imperador só podia concordar: Vitorio Emanuel seria o rei perfeito para a Itália. Não demorou muito e Napoleão estava falando sobre isso com seus conselheiros, depois promovendo Vitorio ativamente para o trono como se a ideia fosse dele – e acabou fazendo com que isso acontecesse. Ele não sabia de nada: seu caso com a condessa fora uma armação de Vitorio Emanuel e seu esperto conselheiro, o conde de Cavour. Eles a haviam plantado em Paris para seduzir Napoleão e, aos poucos, insinuar a ideia de promoverem Vitorio Emanuel.

A sedução de Napoleão pela condessa fora planejada como uma primorosa campanha militar, até as roupas que ela ia usar, suas palavras, os olhares. Seu jeito discreto de atraí-lo foi um clássico ataque pelo flanco, uma sedutora *manoeuvre sur les derrières*. A beleza fria e os modos fascinantes da condessa fizeram o imperador avançar tanto a ponto de se convencer de ser ele o agressor. Prendendo sua atenção na frente de batalha, a condessa trabalhou pela lateral, sutilmente evocando a ideia de coroar Vitorio Emanuel. Se tivesse perseguido Napoleão diretamente ou sugerido a coroação do rei falando demais, não só teria fracassado como teria empurrado o imperador na direção oposta. Atraído fron-

Depois desta reunião, uma história sobre os métodos de Mao circulou entre os seguidores que ainda restavam em Shangai. Mao chamou Liu [Shaoqi] e Zhou [Enlai]. Ele queria lhes fazer uma pergunta: "Como vocês fariam um gato comer pimenta?" Liu falou primeiro. "É fácil", disse o homem número dois. "Você arruma alguém para segurar o gato, enfia pimenta na boca dele e empurra com um pauzinho." Mao levantou as mãos horrorizado com esta solução made-in-*-Moscou. "Jamais use a força... Tudo deve ser voluntário." Zhou estava escutando. Mao perguntou o que o primeiro-ministro faria com o gato. "Eu o deixaria morrendo de fome", respondeu o homem que havia com frequência caminhado na corda bamba das oportunidades. "Depois eu embrulharia a pimenta em uma fatia de carne. Se o gato estivesse com muita fome engoliria tudo de uma só vez." Mao também não concordou com Zhou, como não havia aceitado a sugestão de Liu. "Não se devem usar trapaças também – jamais engane as pessoas." O que, então, o presidente faria? "Fácil", ele disse – concordando pelo menos nisso com Liu. "Você esfrega*

> bem a pimenta no traseiro do gato. Quando arder, o gato lambe para limpar – e fica feliz por lhe permitirem fazer isso."
> MAO: A BIOGRAPHY, ROSS TERRILL, 1999

talmente por sua fraqueza por mulheres bonitas, ele ficou vulnerável à gentil persuasão pelo flanco.

Manobras como esta devem ser o modelo para suas tentativas de persuasão. Jamais revele suas intenções ou objetivos; pelo contrário, use o charme, a conversa agradável, o humor, elogios – o que funcionar – para prender a atenção das pessoas na frente de combate. Com o foco em outro lugar, o flanco fica exposto, e agora quando você insinuar alguma coisa ou sugerir mudanças sutis de direção, os portões estarão abertos e as paredes derrubadas. Elas estão desarmadas e fáceis de manobrar.

> Verdade interior. Porcos e peixes. Boa sorte. Incentiva a pessoa a atravessar o grande oceano. A perseverança aumenta.
> Porcos e peixes são os menos inteligentes de todos os animais e, portanto, os mais difíceis de influenciar. A força da verdade interior deve crescer muito antes que sua influência possa se estender a essas criaturas. Ao lidar com pessoas tão intratáveis e difíceis de influenciar como um porco ou um peixe, todo o segredo do sucesso depende de se encontrar a abordagem correta. É preciso primeiro livrar-se de todos os preconceitos e, por assim dizer, deixar a psique do outro agir sobre a pessoa sem restrições. Então a pessoa fará contato com ele, compreenderá e ganhará poder sobre ele. E quando uma porta for assim aberta, a força da personalidade da pessoa o influenciará. Se desse modo a pessoa não encontrar nenhum obstáculo insuperável, ela pode

Pense no ego e na vaidade das pessoas como uma espécie de frente de combate. Quando elas o atacam e você não sabe por quê, em geral é porque você sem perceber ameaçou seu ego, sua noção de importância no mundo. Sempre que possível, você deve trabalhar para fazer as pessoas se sentirem seguras a respeito de si mesmas. De novo, use o que funcionar: elogios sutis, um presente, uma promoção inesperada, uma proposta de aliança, uma apresentação de vocês dois como iguais, um espelhamento das ideias e valores delas. Todas estas coisas farão com que se sintam ancoradas na posição frontal que ocupam com relação ao mundo, baixando suas defesas e fazendo com que gostem de você. Seguras e confortáveis, elas agora estão prontas para uma manobra pelo flanco. Isto é particularmente devastador com um alvo cujo ego seja delicado.

Um jeito comum de usar a manobra pelo flanco na guerra é fazer seus inimigos se exporem em uma saliência frágil. Isto significa manobrá-los para não saírem do lugar ou atraí-los para avançarem de tal modo que sua frente fique estreita e seus flancos longos – um delicioso alvo para um ataque lateral.

Em 1519, Hernán Cortés desembarcou com um pequeno exército no leste do México, pretendendo realizar seu sonho de conquistar o Império Asteca. Mas antes ele precisava conquistar seus próprios homens, em particular um reduzido mas veemente grupo de defensores de Diego Velázquez, governador de Cuba, que havia enviado Cortés em uma missão que não passava de reconhecimento e que ambicionava ele mesmo conquistar o México. Os partidários de Velázquez causavam problemas para Cortés a cada passo, constantemente conspirando contra ele. Um pomo de discórdia era o ouro, que os espanhóis estavam recolhendo para entregar ao rei da Espanha. Cortés vinha deixando seus soldados barganharem em troca de ouro, mas depois usava esse ouro para comprar comida. Esta prática, argumentavam os homens de Velázquez, tinha de acabar.

Parecendo ceder, Cortés sugeriu aos homens de Velázquez que indicassem um tesoureiro. Eles logo citaram um dos seus e, ajudado por eles, este homem começou a recolher o ouro de todo o mundo. A política, naturalmente, provou ser extremamente impopular com os soldados, que estavam enfrentando enormes perigos com pouco lucro. Eles se queixavam amargamente – mas Cortés apenas apontava para os homens que tinham insistido nesta política em nome do governador de Cuba. Ele pessoalmente, é claro, nunca fora a favor disso. Em breve os homens de Velázquez eram odiados por todos, e Cortés, atendendo a urgentes pedidos dos outros soldados, muito satisfeito anulou a política. A partir de então, os conspiradores não conseguiam nada com os homens. Eles ficaram expostos e desprezados.

Cortés usou esta estratégia com frequência para lidar com dissidentes e criadores de caso. De início ele parecia concordar com as ideias deles, até os encorajava a ir mais adiante. Em essência, ele fazia seus inimigos se exporem em uma saliência frágil, onde suas ideias egoístas e pouco populares podiam se revelar. Agora ele tinha um alvo para atingir.

Quando as pessoas apresentam suas ideias e argumentos, com frequência se censuram, tentando parecer mais conciliadoras e flexíveis do que na verdade é o caso. Se vocês as atacar diretamente pela frente, acaba não indo muito longe, porque não há muito o que mirar ali. Em vez disso, tente fazê-las ir mais adiante com suas ideias, dando-lhes um alvo maior. Faça isso sem tomar partido, parecendo concordar com tudo e atraindo-as para se moverem precipitadamente para a frente. (Você também pode deixá-las emotivas, incentivando-as, fazendo-as dizer mais do que gostariam.) Elas vão se expor em um ponto fraco, apresentando um argumento indefensável ou posição que as fará parecer ridículas. O segredo é nunca atacar cedo demais. Dar tempo para os adversários se enforcarem.

Em um mundo político, as pessoas dependem de suas posições sociais. Elas precisam do apoio do maior número de fontes possível. Essa sustentação, a base do poder da maioria das pessoas, apresenta um rico flanco para expor e atacar. Franklin Roosevelt sabia que o flanco vulnerável de um político era o eleitorado, as pessoas que poderiam ou não votar nele em sua próxima disputa presidencial. Roosevelt podia conseguir de um político que sancionasse uma lei ou apoiasse uma indicação, não importava o que ele realmente pensasse sobre o assunto, ameaçando-o com uma manobra que prejudicasse a popularidade do homem diante de seus eleitores. Um ataque pelo flanco ao status social e à reputação de alguém vai fazer com que essa pessoa se vire para enfrentar a ameaça, dando a você amplo espaço para manobrar o adversário em outras direções.

Quanto mais sutis e indiretas suas manobras na vida, melhor. Em 1801, Napoleão de repente ofereceu à Russia a chance de se tornar a

empreender até a coisa mais arriscada, tal como a travessia de um grande mar, e ter sucesso.
I-CHING, CHINA, C. SÉCULO VIII A.C.

O Livro das mutações (I Ching) é com frequência considerado a apoteose da adaptação, da flexibilidade, oriental. Neste livro o tema recorrente é o de se observar a vida e se misturar em seu fluxo a fim de sobreviver e se desenvolver. Com efeito, o tema desta obra é que tudo que existe pode ser fonte de conflitos, de perigos e, basicamente, de violência se contraposto de um ângulo errado ou do modo errado – isto é, se confrontado diretamente no auge de sua força, visto que esta abordagem torna o confronto potencialmente devastador. Como prova do que digo, pode-se lidar com qualquer e toda ocorrência de um ângulo correto e da maneira adequada – isto é, em sua fonte, antes que possa desenvolver a plena potência, ou pelas laterais (os "flancos de um tigre" vulneráveis).
SEGREDOS DOS SAMURAIS, OSCAR RATTI E ADELE WESTBROOK, 1973

protetora da ilha de Malta, então sob controle francês. Com isso os russos teriam uma base importante no Mediterrâneo. A oferta parecia generosa, mas Napoleão sabia que os ingleses em breve assumiriam o controle da ilha, pois eles a ambicionavam e estavam com as forças prontas para atacá-la, e a marinha francesa era fraca demais para protegê-la. Ingleses e russos eram aliados, mas a aliança deles estaria correndo risco em uma disputa por Malta. Essa discórdia era o objetivo de Napoleão desde o início.

A evolução, por excelência, da estratégia é no sentido de cada vez mais falta de direção. O adversário que não pode ver para onde você vai está em séria desvantagem. Quanto mais ângulos você usar – como uma bola branca na mesa de bilhar ricocheteando de vários lados –, mais difícil será para seus adversários se defenderem. Sempre que possível, calcule seus movimentos para produzir este efeito de ricochete. É o disfarce perfeito para sua agressão.

Imagem: *A Lagosta. A criatura parece intimidante e impenetrável, com suas presas afiadas, sua casca dura protetora, sua poderosa cauda afastando-a do perigo. Lide com ela diretamente e você pagará o preço. Mas vire-a ao contrário com uma vareta para revelar seu lado inferior macio e a criatura se torna impotente.*

Autoridade: *É virando o inimigo, atacando seu flanco, que se vencem as batalhas.* – Napoleão Bonaparte (1769-1821)

INVERSO

Na política, ocupar o flanco ao assumir uma posição semelhante à do outro lado, cooptar suas ideias para seus próprios propósitos, é uma manobra poderosa que o presidente Clinton usava com grande eficácia em suas triangulações com os republicanos. Isto não dá ao adversário nada para atacar, nenhum espaço para manobra. Mas permanecer muito tempo no flanco do adversário pode ter seu preço: o público – o verdadeiro flanco frágil de qualquer político – perde a noção do que o triangulador pretende, o que o distingue e a seu partido do adversário. Com o tempo isto pode ser perigoso; a polaridade (ver capítulo 1) – criando a aparência de diferenças nítidas – é mais eficaz no longo prazo. Cuidado para não expor o flanco do adversário à custa de expor o seu.

19

CERQUE O INIMIGO

A ESTRATÉGIA DA ANIQUILAÇÃO

As pessoas usarão qualquer tipo de brecha em suas defesas para atacar você. Então não as ofereça. O segredo é cercar seus adversários – criar implacável pressão sobre eles de todos os lados, dominar sua atenção e fechar o acesso ao mundo exterior. Ataque de forma imprevisível para criar uma sensação diáfana de vulnerabilidade. Finalmente, ao sentir que estão ficando indecisos, esmague sua força de vontade apertando o laço. O melhor envolvimento é o psicológico – você cercou suas mentes.

Diz a lenda que Shaka alterou a natureza dos combates na região para sempre ao inventar uma lança pesada de lâmina larga projetada para suportar as tensões do combate direto. Talvez tenha: sem dúvida, tanto as fontes zulus como os relatos de viajantes e oficiais brancos no século XIX lhe dão o crédito por esta façanha. Suas inovações militares causaram um impacto no folclore zulu, pelo menos, pois Shaka certamente desenvolveu técnicas de combate sem precedentes, e existem inúmeras histórias que falam de sua bravura como guerreiro: ele, na verdade, talvez tenha sido um dos grandes gênios militares de sua época. Em vez das táticas de esgrima imprecisas usando lanças leves, Shaka treinava seus guerreiros para avançarem rapidamente em formação fechada e lutarem mão a mão, golpeando o inimigo com escudos de guerra maiores, depois espetando-o com a nova lança quando ele perdia o equilíbrio. A julgar pelos resultados, a habilidade de Shaka para conquistar deve ter sido extraordinária. Em 1824, os zulus haviam eclipsado todos os seus rivais e estendido sua influência por uma área muitas

OS CHIFRES DA BESTA

Em dezembro de 1878, os britânicos declararam guerra aos zulus, a tribo guerreira da atual África do Sul. O pretexto bastante trivial eram os problemas entre a Zululândia e o estado britânico de Natal; o verdadeiro objetivo era destruir o exército zulu, a última força nativa remanescente ameaçando os interesses britânicos na área, e absorver os territórios zulus em uma confederação de estados governada pelos ingleses. O comandante inglês, o tenente-coronel Chelmsford, traçou um plano para invadir a Zululândia com três colunas, a central apontando para a capital de Ulundi, o coração do reino.

Muitos ingleses em Natal ficaram entusiasmados com a perspectiva de guerra e com os benefícios em potencial de se apoderarem da Zululândia, mas ninguém estava mais excitado do que o coronel Anthony William Durnford, de 48 anos. William Durnford havia pulado de um posto avançado solitário do Império Britânico para outro, acabando por fim em Natal. Em todos os seus anos de serviço militar, Durnford não vira ação nem uma só vez. Queria muito provar seu valor e mérito como soldado, mas estava chegando a uma idade em que esses sonhos de rapaz não podiam mais se realizar. Agora, de repente, a guerra iminente colocava em seu caminho uma oportunidade.

Ansioso para impressionar, Durnford se ofereceu para organizar uma força de elite formada por soldados nativos de Natal para combater ao lado dos ingleses. Sua proposta foi aceita, mas quando os britânicos invadiram a Zululândia, no início de janeiro de 1879, ele se viu eliminado da ação principal. Lorde Chelmsford não confiava nele, achando que sua fome de glória o tornava impetuoso; também, para alguém sem experiência em batalhas, ele estava velho. Portanto, Durnford e sua companhia ficaram estacionados em Rorke's Drift, na região oeste da Zululândia, para ajudar a monitorar as áreas de fronteira com Natal. Obediente mas amargurado, Durnford seguiu as ordens.

Nos primeiros dias depois da invasão, os britânicos não conseguiam localizar o principal exército dos zulus, só uns respingos de homens aqui e ali. Estavam cada vez mais frustrados. No dia 21 de janeiro, Chelmsford pegou metade da coluna central que estava acampada aos pés de uma montanha chamada Isandlwana e a liderou para o leste em busca dos zulus. Quando encontrasse o inimigo, ele avançaria com o resto de seu exército – mas os ariscos zulus poderiam atacar o campo enquanto ele estava longe, e os homens em Rorke's Drift eram suas reservas mais próximas. Precisando reforçar Isandlwana, ele mandou avisar Durnford para levar sua companhia para lá. Como coronel, Durnford agora podia ser o oficial mais graduado no campo, mas Chelmsford não podia se preocupar com as qualidades de liderança de Durnford – a batalha iminente era só o que ele tinha na cabeça.

De manhã cedo, no dia 22 de janeiro, Durnford recebeu a notícia pela qual vinha esperando a vida inteira. Mal conseguindo conter sua excitação, ele liderou seus quatrocentos homens para o leste até Isandlwana, chegando ao campo por volta das dez horas da manhã. Inspecionando o terreno, ele compreendeu por que Chelmsford havia colocado seu principal acampamento ali: a leste e ao sul ficavam quilômetros de campos ondulantes – os zulus aproximando-se daquela direção seriam vistos com bastante antecedência. Ao norte ficava Isandlwana, e mais além as planícies de Nqutu. Este lado era um pouco menos seguro, mas sentinelas estavam colocadas em pontos-chaves nas planícies e passagens na montanha; ataques vindos daquela direção seriam quase certamente detectados a tempo.

Mal havia chegado e Durnford recebeu a notícia de que uma força zulu aparentemente grande tinha sido vista nas planícies de Nqutu dirigindo-se para o leste, talvez com a intenção de atacar a metade da coluna central de Chelmsford pela retaguarda. Chelmsford havia deixado ordens explícitas para manter unidos os 1.800 homens em Isandlwana. Em caso de ataque, eles tinham suficiente poder de fogo para derrotar todo o exército zulu, desde que permanecessem concentrados e mantivessem suas linhas em ordem. Mas para Durnford era mais importante encontrar a principal força zulu. Os soldados britânicos estavam começando a ficar impacientes, sem saber onde estava este vaporoso inimigo. Os zulus não tinham cavalaria e muitos lutavam com lanças; uma vez descoberto o lugar onde se escondiam, o resto seria fácil – o armamento e a disciplina superiores dos soldados britânicos prevaleceriam. Durnford achou que Chelmsford era cauteloso demais. Como oficial sênior no campo, ele resolveu desobedecer às ordens e liderar seus quatrocentos homens para noroeste, paralelo às planícies de Nqutu, para ver o que os zulus pretendiam.

Conforme Durnford deixava o acampamento, uma sentinela nas planícies de Nqutu viu alguns zulus pastoreando gado a uns 6 quilômetros de distância. Perseguiu-os a cavalo, mas os zulus desapareceram no ar. Cavalgando até o ponto onde haviam sumido, ele parou o cavalo bem na hora: lá embaixo havia uma ampla e profunda ravina, até onde sua vista alcançava, e em ambas as direções estavam os guerreiros zulus totalmente paramentados para a guerra, com uma sinistra intensidade no olhar. Pareciam ter estado meditando sobre a iminente batalha. Por um segundo o cavaleiro ficou espantado demais para se mover, mas, quando centenas de lanças apontaram de repente para ele, deu meia-

vezes maior do que a sua terra original.
THE ANATOMY OF THE ZULU ARMY, IAN KNIGHT, 1995

A cuidadosa utilização da cobertura pelos zulus ao avançarem foi observada diversas vezes pelos britânicos. Outro sobrevivente anônimo de Isandlwana notou que, ao coroarem o topo do Nyoni e poderem ser vistos do acampamento, os zulus "pareciam quase brotar da terra. Das pedras e moitas lá nas alturas surgia uma multidão de homens: alguns com rifles, outros com escudos e assegais". O tenente Eduardo Hutton do sexagésimo deixou uma descrição bem mais completa da formação do exército zulu para o ataque a Gingindlovu: "As escuras massas de homens, em ordem aberta e sob admirável disciplina, seguiam-se em rápida sucessão, correndo em um passo firme pelo capim alto. Tendo se movido em círculo de modo a ficar exatamente em nossa frente, a porção maior dos zulus se partiu em três linhas, em nós ou grupos de cinco a dez homens, e avançou em nossa direção... [Eles] continuaram a avançar, ainda correndo, até, estarem a cerca de 700 metros de nós, quando começaram a abrir fogo. Apesar da excitação do momento não pudemos deixar de admirar a maneira perfeita como estes zulus atiravam. Um nó de cinco ou seis se levantava e disparava através da longa relva, esquivando-se de lado a lado com as cabeças abaixadas, rifles e escudos mantidos baixos e fora de visão. Eles então mergulhavam no capim alto e nada além de baforadas de fumaça encrespada mostrava onde eles estavam. Em seguida eles avançavam de novo..." A velocidade deste avanço final era aterrorizante. Quando os britânicos deram ordem de cessar fogo e se renderam em Isandlwana, os zulus estavam a cerca de 2 ou 3 metros da posição dos ingleses. O tenente Curling da artilharia notou que, no tempo que seus experientes homens levaram para engatar suas armas, os zulus tinham chegado tão rapidamente que um atirador levou uma estocada enquanto montava o eixo de seu canhão. Um veterano zulu da batalha, uMhoti dos uKhandempemvu, achou o ataque final tão rápido que, "como uma chama, toda a força zulu ficou de pé

-volta e fugiu galopando. Os zulus rapidamente se ergueram e começaram a escalar a ravina.

Logo, as outras sentinelas nas planícies tiveram a mesma visão: uma ampla linha de zulus enchendo o horizonte, uns 20 mil homens no total. Mesmo de longe, era evidente que se moviam em formação, cada extremidade da linha avançando no formato de um chifre. As sentinelas foram logo avisar o acampamento de que os zulus estavam chegando. Quando Durnford recebeu a notícia, olhou para a crista da montanha lá em cima e viu uma linha de zulus escorregando pela encosta. Ele rapidamente formou seus próprios homens em linhas para combatê-los enquanto recuava para o acampamento. Os zulus manobravam com incrível precisão. O que Durnford não podia ver era que os homens na ponta esquerda do chifre estavam se movendo pela vegetação alta em direção à retaguarda do acampamento, para se unir à outra ponta e fechar o cerco.

Os zulus diante de Durnford e seus homens pareciam brotar da terra, emergindo de trás das pedras ou da relva cada vez mais numerosos. Um nó formado por cinco ou seis deles atacava de repente, atirando lanças ou disparando rifles, depois desaparecendo de novo na vegetação. Sempre que os britânicos paravam para recarregar, os zulus avançavam mais para perto, ocasionalmente um alcançava as linhas de Durnford e estripava um soldado britânico com sua poderosa lança zulu, que fazia um insuportável som de ventosa ao entrar e sair.

Durnford conseguiu levar seus homens de volta para o acampamento. Os britânicos estavam cercados, mas cerraram fileiras e dispararam, matando inúmeros zulus e mantendo-os afastados. Foi como uma prática de tiro ao alvo: conforme Durnford havia previsto, seu armamento superior estava fazendo a diferença. Ele olhou em volta, o combate estava empatando e seus soldados reagiam com relativa confiança. Quase imperceptivelmente, entretanto, Durnford notou uma leve redução em sua fuzilaria. Os soldados estavam ficando sem munição e, no tempo que levaria para eles abrirem um novo caixote e recarregarem as armas, os zulus apertariam o cerco e uma onda de medo se agitaria entre os homens pois, aqui e ali, um soldado nas linhas de frente ia ser empalado. Os zulus lutavam com uma intensidade que os britânicos jamais tinham visto; avançando como se as balas não pudessem lhes causar nenhum dano, eles pareciam estar em transe.

De repente, percebendo o momento crucial na batalha, os zulus começaram a matraquear com as lanças nos escudos e a emitir seu grito de guerra: "*Usuthu!*" Era uma barulhada apavorante. Na extremidade norte do acampamento, um grupo de soldados britânicos cedeu – só uns poucos, em pânico diante da visão e do som dos zulus, agora apenas a alguns metros de distância, mas os zulus entraram aos borbotões pela brecha. Como esperando a deixa, aqueles no círculo entre os dois chifres fizeram chover lanças sobre os britânicos, matando muitos e causando uma grande confusão em suas linhas. Vindo sabe-se lá de onde, uma força reserva avançou correndo, abrindo-se em leque em torno do círculo e dobrando seu poder esmagador. Durnford tentou manter a ordem, mas já era tarde: em questão de segundos, pânico. Agora era cada um por si.

Durnford correu para uma brecha no cerco e tentou mantê-la aberta para que o resto de seus homens pudesse recuar para Rorke's Drift. Minutos depois ele foi empalado por uma lança zulu. Em breve a batalha em Isandlwana terminava. Umas poucas centenas conseguiram escapar pela brecha que Durnford morreu protegendo; o restante, 1.400 homens, morreu.

Depois de uma tão devastadora derrota, as forças britânicas retiraram-se rapidamente de Zululândia. Por enquanto, a guerra havia mesmo acabado, mas não como os britânicos esperavam.

Interpretação. Meses depois da derrota em Isandlwana, os britânicos armaram uma invasão maior e finalmente venceram os zulus. Mas a lição em Isandlwana permanece instrutiva, principalmente considerando-se a incrível discrepância tecnológica.

O estilo de combate dos zulus havia sido aperfeiçoado no início do século XIX pelo rei Shaka Zulu que, na década de 1820, transformara o que antes era uma tribo relativamente insignificante na maior força de combate da região. Shaka inventou a lança zulu, pesada e com a lâmina larga, a assegai, que era tão devastadora em batalha. Ele impôs uma rigorosa disciplina, treinando os zulus para avançarem e cercarem seus inimigos com a precisão de uma máquina. O círculo era extremamente importante na cultura zulu – como um símbolo de sua unidade nacional, um tema em seu artesanato, e seu padrão dominante na guerra. Os zulus não podiam combater por longos períodos, visto que sua cultura exigia prolongados rituais de purificação depois do derramamento de sangue em batalha. Durante estes rituais eles ficavam totalmente vulneráveis ao ataque – nenhum zulu podia lutar de novo, ou mesmo voltar para a tribo, enquanto não estivesse purificado. O custo para manter em campo o imenso exército zulu também era alto. Uma vez mobilizado, portanto, o exército não só tinha de derrotar seus inimigos em batalha como precisava aniquilar até o último deles, eliminando a possibilidade de um contra-ataque durante o período vulnerável de purificação e permitin-

e disparou na direção deles".
THE ANATOMY OF THE ZULU ARMY, IAN KNIGHT, 1995

Assim que clareou, Aníbal mandou na frente os baleares e a outra infantaria ligeira. Em seguida atravessou ele mesmo o rio e conforme as divisões iam chegando ele designava cada uma para o seu lugar na linha. Os cavalos gauleses e espanhóis ele colocava perto da margem na ala esquerda em frente da cavalaria romana; a ala direita era designada para os soldados da cavalaria númida. O centro consistia de uma robusta força de infantaria, os gauleses e espanhóis no meio, os africanos nas duas extremidades... Estas nações, mais do que qualquer outra, inspiravam terror pela enormidade de sua estatura e assustadora aparência; os gauleses estavam nus da cintura para cima, os espanhóis haviam assumido sua posição vestindo túnicas brancas bordadas em púrpura, de estonteante brilho. O número total da infantaria no campo [em Cannae] era de 40 mil, e havia 10 mil soldados de cavalaria. Asdrúbal estava no comando da ala esquerda e Marabal, da direita; o próprio

Aníbal com seu irmão Mago comandavam o centro. Era muito conveniente para ambos os exércitos que o sol brilhasse obliquamente sobre eles, fosse por terem se posicionado de propósito assim ou tivesse acontecido por acaso, visto que os romanos estavam de frente para o norte e os cartagineses, para o sul. O vento, chamado pelos habitantes de Vulturnus, era contra os romanos e soprava grandes nuvens de poeira em seus rostos, tornando impossível para eles ver o que estava em sua frente. Quando a batalha [em Cannae] teve início, os auxiliares correram para frente, e a batalha começou com a infantaria ligeira. Em seguida os gauleses e espanhóis à esquerda combateram a cavalaria romana à direita; a batalha não era em nada semelhante a uma luta de cavalaria, pois não havia espaço para manobras, o rio de um lado e a infantaria de outro encurralando-os, forçando-os a combater cara a cara. Cada lado tentava forçar seu caminho para adiante, até que finalmente os cavalos estavam de pé em uma massa fortemente comprimida, e os cavaleiros agarravam seus adversários e

do uma rápida desmobilização. O cerco era o método dos zulus para conseguir este tipo total de vitória.

Antes de qualquer batalha, os zulus exploravam o terreno para encontrar onde se esconder. Quando se olha para os prados e as planícies da África do Sul, eles parecem oferecer uma ampla visibilidade, mas com frequência escondem ravinas e valas impossíveis de detectar de qualquer distância. Mesmo de perto, capim e pedras proporcionam uma excelente cobertura. Os zulus moviam-se rapidamente até seus esconderijos, as solas dos pés duras como couro, de anos correndo sobre a relva. Eles enviavam grupos de batedores como distração para ocultar os movimentos da força principal.

Uma vez tendo saído de seu esconderijo e se dirigindo para a batalha, os zulus formavam o que chamavam de "chifres, peito e lombo". O peito era a parte central da linha, que prendia e imobilizava a força inimiga. Enquanto os chifres dos dois lados a cercavam, movendo-se para as laterais e a retaguarda. Com frequência a ponta de um chifre ficava escondida por trás do capim alto ou de pedras; quando emergia para completar o cerco dava ao mesmo tempo um desagradável choque psicológico no inimigo. O lombo era a força reserva que ficava guardada para o golpe de graça. Estes homens quase sempre ficavam de costas para a batalha, para não se excitarem demais e avançarem antes da hora.

Anos depois de Isandlwana uma comissão culpou Durnford pelo desastre, mas na realidade a culpa não foi dele. É verdade que os britânicos se deixaram cercar, mas eles conseguiram formar linhas em uma ordem decente e revidar com bravura e bem. O que os destruiu foi o que destruía todos os adversários dos zulus: o terror criado pela precisão de seus movimentos, a sensação de estarem sendo cercados em um espaço cada vez mais apertado, a visão ocasional de um companheiro soldado sucumbindo à horrível espada zulu, os gritos de guerra, as lanças que choviam no momento de maior fraqueza, o pesadelo de verem uma força reserva juntando-se de repente ao círculo. Apesar de toda a superioridade de seu armamento, os britânicos desabaram sob esta pressão psicológica calculada.

Nós, humanos, somos criaturas extremamente espertas: na desgraça ou diante de um contratempo, quase sempre encontramos um jeito de nos adaptar, de inverter a situação. Procuramos uma brecha e com frequência a encontramos; vivemos de esperança, malícia e vontade. A história da guerra está repleta de relatos de ajustes dramáticos e inversões, exceto em um lugar: no cerco. Seja física ou psicológica, esta é a única verdadeira exceção para a possibilidade de inverter as coisas.

Quando executada como deve ser, esta estratégia não dá a seus adversários nenhuma brecha para explorar, nenhuma esperança. Eles estão cercados, o círculo está apertando. No espaço abstrato da guerra social e política, o cerco pode ser qualquer manobra que dê a seus adversários a sensação de estarem sendo atacados por todos os lados, sendo empurrados para um canto e sem esperança de um contra-ataque. Sentindo-se cercados, a força de vontade deles enfraquece. Como os zulus, mantenha uma tropa de reserva, o lombo para funcionar com seus chifres – você os atinge com estas forças quando sentir que estão ficando mais fracos. Deixe que a falta de esperança da situação em que se encontram cerque suas mentes.

> *Você deve fazer seu adversário reconhecer a derrota do fundo de seu coração.*
> – Miyamoto Musashi (1584-1645)

CHAVES PARA A GUERRA

Milhares de anos atrás, nós, humanos, levávamos uma vida nômade, vagando por desertos e planícies, caçando e colhendo. Depois, passamos a viver em povoados e a cultivar nossa comida. A mudança nos trouxe conforto e controle, mas nosso espírito, em parte, permanece nômade: não podemos deixar de associar o espaço para andar de um lado para outro com uma sensação de liberdade. Para um gato, espaços apertados, fechados, podem significar conforto, mas para nós eles evocam sufocação. Ao longo dos séculos, este reflexo tornou-se mais psicológico: o sentimento de termos opções em uma determinada situação, um futuro com perspectivas, traduz-se em algo como a sensação de espaço aberto. Nossas mentes se alimentam da sensação de que existem possibilidade e espaço estratégico para manobra.

Ao contrário, a sensação de cerco psicológico é profundamente perturbadora para nós, muitas vezes nos fazendo reagir com exagero. Quando alguém ou alguma coisa nos cerca – reduzindo nossas opções, assediando-nos de todos os lados –, perdemos o controle de nossas emoções e cometemos os tipos de erro que tornam a situação ainda mais desesperadora. Nos grandes cercos militares da história, o maior perigo quase sempre é o pânico e a confusão interna. Incapazes de ver o que está acontecendo do lado de fora do cerco, perdendo o contato com o mundo exterior, os defensores também perdem o controle da realidade. Um animal que não possa observar o mundo ao redor está condenado. Quando tudo que você é capaz de ver são zulus se aproximando, você sucumbe ao pânico e à confusão.

As batalhas do dia a dia ocorrem não em um mapa, mas em uma espécie de espaço abstrato definido pela capacidade da pessoa de ma-

tentavam arrastá-los de seus cavalos. Havia se tornado principalmente uma luta de infantaria, feroz mas breve, e a cavalaria romana foi repelida e fugiu. Assim que esta batalha da cavalaria terminou, a infantaria entrou na guerra e, desde que os gauleses e os espanhóis mantivessem suas fileiras íntegras, ambos os lados eram iguais em força e coragem. Por fim, depois de longos e repetidos esforços os romanos cerraram suas fileiras, escalonaram a sua frente de combate e, com o simples peso de sua coluna mais profunda, atacaram a divisão do inimigo que estava estacionada em frente da linha de Aníbal e era muito fina e frágil para resistir à pressão. Sem parar um instante, eles perseguiram o inimigo alquebrado e em rápida retirada até saírem em fuga precipitada. Cortando seu caminho entre a massa de fugitivos, que não oferecia resistência, eles penetraram até os africanos que estavam estacionados em ambas as alas, um pouco mais para trás dos gauleses e espanhóis que haviam formado o centro avançado. Quando os últimos recuaram, toda a frente de combate ficou nivelada e, conforme eles continuavam a ceder terreno, ela se

tornou côncava e em forma de lua crescente, os africanos em cada uma das pontas formando os chifres. À medida que os romanos corriam precipitadamente entre eles, enfiavam-se pelas duas alas, que se estenderam e se fecharam ao redor deles na retaguarda. Nisto, os romanos, que haviam lutado em uma guerra sem propósito, deixaram os gauleses e os espanhóis, cuja retaguarda vinham trucidando, e começaram uma nova luta com os africanos. A competição era muito unilateral, pois não só eles estavam encurralados por todos os lados como, exaustos pelo combate anterior, estavam enfrentando novos e vigorosos adversários.
HISTÓRIA DE ROMA, TITO LÍVIO, 59 A.C. – 17 D.C.

Naquela noite, Ren Fu estacionou as tropas [exército Song] ao lado do rio Haoshui, enquanto Zhu Guan e Wu Ying acampavam em um tributário do rio. Estavam a cerca de 5 li de distância. Patrulheiros relataram que as forças de Xia tinham um número inferior e pareciam bastante receosas. Com isto Ren Fu perdeu sua cautela e desdenhou dos homens de Xia. Ele

nobrar, agir contra você, limitar seu poder e reduzir seu tempo para reagir. Dê a seus adversários lugar neste espaço abstrato ou psicológico e eles o explorarão, não importa o quanto você é poderoso ou suas estratégias, brilhantes, portanto, faça com que eles se sintam cercados. Reduza as possibilidades de ação deles e feche suas rotas de fuga. Assim como os habitantes de uma cidade cercada podem aos poucos perder a cabeça, seus adversários ficarão enlouquecidos com a falta de espaço para manobrarem contra você.

Há muitas maneiras de envolver seus adversários, mas talvez a mais simples seja aplicar ao máximo a força ou vantagem que você tem naturalmente em uma estratégia de cerco.

Em seu esforço para controlar a caótica indústria de petróleo americana na década de 1870, John D. Rockefeller – fundador e presidente da Standard Oil – trabalhou primeiro para ganhar um monopólio das estradas de ferro, que na época era o único meio de transporte de petróleo. Em seguida ele avançou para conquistar o controle dos oleodutos que ligavam as refinarias às estradas de ferro. Produtores de petróleo independentes reagiram unindo-se para financiar um oleoduto próprio que fosse da Pensilvânia até a costa, driblando a necessidade de estradas de ferro e a rede de oleodutos de Rockefeller. Ele tentou comprar as terras que ficavam no caminho do projeto, a cargo de uma construtora chamada Tidewater, mas seus adversários o cercaram, construindo um oleoduto em zigue-zague até o mar.

Rockefeller estava diante de um clássico paradigma na guerra: um inimigo motivado estava utilizando cada brecha em suas defesas para evitar ser controlado por ele, adaptando-se e aprendendo enquanto isso. A solução que ele encontrou foi uma manobra de envolvimento. Primeiro Rockefeller construiu seu próprio oleoduto até o mar, maior do que o da Tidewater. Em seguida iniciou uma campanha para comprar ações daquela empresa, obtendo um interesse minoritário nela e trabalhando pelo lado de dentro para arruinar seu crédito e causar dissensão. Ele iniciou uma guerra de preços, minando o interesse pelo oleoduto Tidewater. E comprou as refinarias antes que pudessem se tornar clientes da Tidewater. Em 1882, seu cerco estava completo: a Tidewater foi obrigada a elaborar um acordo que dava a Standard Oil ainda mais controle sobre o embarque de petróleo do que tinha antes desta guerra.

O método de Rockefeller foi criar uma implacável pressão de todas as direções possíveis. O resultado foi confusão por parte dos produtores de petróleo independentes – eles não sabiam dizer até onde ia o controle dele, mas parecia enorme. Eles ainda tinham opções no ponto em que se renderam, mas estavam esgotados e acreditando que lutar era inútil. O envolvimento da Tidewater se tornou possível pelos imensos recursos à disposição de Rockefeller, mas ele os usou não só de uma forma prática como psicologicamente, gerando uma impressão de si mesmo como um inimigo implacável que não deixaria brechas por onde o inimigo pudesse se esgueirar. Ele venceu não apenas pelo dinheiro que gastou, mas pelo uso que fez de seus recursos para criar pressão psicológica.

Para cercar seus inimigos, você deve usar o que tiver em abundância. Se você tem um grande exército, use-o para criar a aparência de que suas forças estão por toda parte, uma pressão envolvente. Foi assim que Toussaint l'Ouverture acabou com a escravidão no que hoje é o Haiti, no final do século XVIII, e libertou a ilha da França: ele usou seu numeroso exército para criar a sensação entre os brancos na ilha de estarem irremediavelmente cercados por uma força hostil. Nenhuma minoria consegue suportar por muito tempo essa sensação.

Lembre-se: o poder do cerco é basicamente psicológico. Fazer o adversário *sentir-se* vulnerável a ataques de muitos lados é tão bom quanto cercá-los fisicamente.

Na seita Ismaili Shiite, durante os séculos XI e XII d.C., um grupo, mais tarde conhecido como os Assassinos, desenvolveu a estratégia de matar líderes islâmicos importantes que haviam tentado perseguir a seita. O método deles era infiltrar um assassino no círculo íntimo do alvo, talvez até ingressando em sua guarda pessoal. Pacientes e capazes, os Assassinos conseguiram ao longo dos anos infundir o medo de que podiam atacar a qualquer hora e qualquer pessoa. Nenhum califa ou vizir se sentia seguro. A técnica foi uma obra-prima de economia, pois, no final, os Assassinos, na verdade, mataram um bocado de gente, mas a ameaça que eles representavam deu aos ismailis um grande poder político.

Uns poucos golpes na hora certa para fazer seus inimigos se sentirem vulneráveis de múltiplas maneiras e de múltiplas direções farão o mesmo para você. Com frequência, na verdade, menos é mais neste caso; golpes em demasia lhe darão uma forma e uma personalidade – algo a que o outro pode reagir e desenvolver uma estratégia de combate. Em vez disso, pareça vaporoso. Faça suas manobras serem impossíveis de prever. Seu cerco psicológico será ainda mais sinistro e completo.

Os melhores cercos são aqueles que se alimentam das vulnerabilidades inerentes do inimigo, as que já existiam antes. Atenção, portanto, aos sinais de arrogância, imprudência ou outras fragilidades psicológicas. Assim que Winston Churchill viu o traço paranoico em Adolf Hitler, trabalhou para criar a impressão de que o Eixo podia ser atacado

não impediu seus oficiais e soldados de perseguirem o exército de Xia e capturar suas provisões abandonadas. Geng Fu o lembrou de que os homens de Xia sempre blefaram e o aconselhou a manter as tropas sob disciplina e avançar lentamente em uma formação regular. Os patrulheiros também deviam ser despachados para sondar melhor as cercanias a fim de descobrir que truques o inimigo estava aprontando. Mas Ren Fu ignorou o conselho. Combinou com Zhu Guan para prosseguirem por caminhos separados a fim de perseguirem o inimigo e unirem forças na foz do rio Haoshui no dia seguinte. Os cavaleiros de Xia fingiram derrota, emergindo de vez em quando a 4 ou 5 li na frente do exército Song. Ren Fu e Zhu Guan marcharam rapidamente em uma tensa perseguição, chegando finalmente no lado norte da cidade de Longgan. Ali os soldados de Xia sumiram de repente. Ren Fu percebeu que havia sido enganado e resolveu tirar as tropas da região montanhosa. No dia seguinte, Ren Fu liderou seus homens em um movimento para oeste ao longo do rio Haoshui. Saíram finalmente das Montanhas Liupan e prosseguiram em direção à cidade de Yangmulong. Neste momento crítico, Ren Fu recebeu relatórios de atividade inimiga nas vizinhanças. Ele teve de parar as tropas a cerca de 5 li da cidade e colocá-las em formação defensiva. Exatamente nesta hora, várias caixas grandes de madeira foram encontradas na estrada. Estavam firmemente fechadas e se ouvia um farfalhar vindo lá de dentro. Curioso, Ren Fu mandou abri-las. De repente, dezenas de pombos bateram as asas e saíram voando alto no céu, com um sonoro tilintar de sininhos presos em suas garras. Todos os soldados Song olharam para cima atônitos, quando grandes hostes de soldados de Xia apareceram de todas as direções formando um círculo completo.

Ao escutar os sinos dos pombos, Yuanhao soube que o exército Song tinha entrado no anel de emboscada. Nessa hora ele mandou um general assistente com 50 mil homens para cercar e atacar a tropa liderada por Zhu Guan e chefiou a outra metade de suas tropas pessoalmente para atacar Ren Fu, que ele considerava um adversário pior do que Zhu Guan... Os soldados Song não conseguiram penetrar no cerco e foram

de qualquer lugar – Bálcãs, Itália, oeste da França. Os recursos de Churchill eram escassos; ele só podia se referir a estas possibilidades blefando. Mas não bastava isso: um homem como Hitler não podia suportar a ideia de estar vulnerável de que direção fosse. Em 1942, suas forças estendiam-se por vastas regiões da Europa, e as manobras de Churchill fizeram com que ele as espalhasse ainda mais. Em um determinado momento uma mera simulação nos Bálcãs o fez reter as tropas para não invadirem a Rússia, o que no final lhe saiu muito caro. Alimente os temores dos paranoicos e eles começarão a imaginar ataques nos quais você ainda nem pensou; seus cérebros fervilhantes farão uma boa parte do cerco por você.

Quando o general cartaginês Aníbal estava planejando o que acabou sendo talvez o mais devastador cerco da história – sua vitória na Batalha de Cannae, em 216 a.C. –, ouviu seus espiões dizerem que um dos generais romanos adversários, Varro, era um sujeito esquentado, arrogante e insolente. Aníbal tinha a metade dos soldados dele, mas tomou duas decisões estratégicas que reverteram isto. Primeiro, atraiu os romanos para um terreno apertado, onde o numeroso exército deles teria dificuldade para manobrar. Segundo, enfraqueceu o centro de suas linhas, colocando suas melhores tropas e cavalaria nas que se encontravam nas extremidades externas. Liderados pelo impulsivo Varro, os romanos atacaram o centro, que cedeu. Os romanos continuaram empurrando. Então, assim como os zulus cercaram os britânicos dentro de dois chifres, as pontas externas da linha cartaginesa empurraram para dentro, fechando os romanos em um forte e fatal abraço.

Os impetuosos, violentos e arrogantes são muito fáceis de atrair para as armadilhas das estratégias de envolvimento: banque o fraco ou bobo e eles atacarão sem pensar para onde estão indo. Mas qualquer fragilidade emocional da parte do adversário, qualquer grande desejo ou vontade não realizada podem ser usados como ingrediente para o cerco.

Foi assim que os iranianos envolveram a administração do presidente Ronald Reagan, em 1985-86, no que ficou conhecido como o Caso Irã-Contras. Os Estados Unidos estavam liderando um embargo internacional à venda de armas ao Irã. Ao combaterem este boicote, os iranianos viram duas fragilidades americanas: a primeira, o Congresso havia cortado o financiamento dos Estados Unidos para a Guerra dos Contras contra o governo sandinista na Nicarágua – uma causa favorecida pelo governo Reagan – e, a segunda, a administração estava profundamente perturbada com o crescente número de reféns americanos no Oriente Médio. Aproveitando-se destes desejos, os iranianos conseguiram atrair os americanos para uma armadilha no estilo Cannae: eles trabalhariam para a libertação dos reféns e secretamente financiariam os Contras, em troca de armas.

Parecia bom demais para recusar, mas ao penetrarem mais nesta rede de duplicidade (acordos por baixo do pano, reuniões secretas) os americanos puderam sentir seu espaço de manobra lentamente se estreitando: os iranianos conseguiram pedir mais em troca de menos. No final, eles tinham armas em grande quantidade, enquanto os americanos tinham apenas um punhado de reféns e dinheiro que não era suficiente para fazer diferença na Nicarágua. Pior, os iranianos falaram abertamente com outros diplomatas a respeito destes acordos "secretos", fechando o cerco ao garantir que isso seria revelado ao público americano. Para os funcionários do governo envolvidos no caso, não havia como fugir da confusão para onde foram atraídos. Sentindo a intensa pressão de todos os lados conforme a notícia do acordo se tornava pública, suas tentativas para encobri-lo ou explicar o que tinha acontecido só pioravam a situação.

Ao atrair seus inimigos para uma armadilha desse tipo, tente sempre fazer que se sintam como se estivessem no controle da situação. Eles avançarão até onde você quiser. Muitos dos americanos envolvidos no Irã-Contras acreditavam que eles é que estavam passando o calote nos ingênuos iranianos.

Finalmente, não trabalhe apenas para envolver as forças de seus adversários ou suas emoções imediatas, mas, sim, para envolver toda a estratégia deles – na verdade, toda a sua estrutura conceitual. Esta forma máxima de envolvimento implica estudar as partes rígidas, previsíveis, da estratégia de seus adversários, primeiro, depois traçar uma nova estratégia própria, sua, e que extrapole a experiência deles. Ao conquistarem os exércitos do Islã, Rússia, Polônia, Hungria e a Ordem Teutônica, os mongóis não só os derrotaram, como os aniquilaram – inventando um novo estilo de guerra móvel para usar contra um inimigo atolado em métodos centenários de combate. Este tipo de incompatibilidade estratégica pode levar à vitória não apenas em uma determinada batalha, mas em campanhas em larga escala – o objetivo máximo de qualquer forma de guerra.

obrigados a continuar a confusa luta. Muitos foram mortos e alguns até se jogaram de um precipício em desespero. O próprio Ren Fu foi atingido por mais de uma dúzia de flechas. Um de seus guardas insistiu com ele para se render, que parecia ser o único modo de salvar sua vida e o que restava de seus homens. Mas Ren Fu suspirou e disse: "Eu sou um general dos Song e pagarei por esta derrota com minha vida." Com isto ele brandiu sua clava e lutou com toda a fúria até ser mortalmente ferido no rosto por uma lança. Em seguida, acabou com sua própria vida estrangulando-se. Todos os oficiais subordinados de Ren Fu morreram em combate e seu exército foi totalmente aniquilado.
THE WILES OF WAR: 36 MILITARY STRATEGIES FROM ANCIENT CHINA, TRADUZIDO PARA O INGLÊS POR SUN HAICHEN, 1991

Imagem:
O Laço. Uma vez dado, não há como fugir, não há esperanças. À simples ideia de estar preso nele, o inimigo ficará desesperado e lutará. Seus esforços frenéticos para escapar só apressam sua destruição.

Autoridade: *Coloque um macaco em uma gaiola e ele é igual a um porco, não por ser menos inteligente e rápido, mas porque não tem lugar para exercitar livremente suas capacidades.*
– Huainanzi (século II a.C.)

INVERSO

O perigo do envolvimento é que, se não for totalmente bem-sucedido, pode deixar você em uma posição vulnerável. Você anunciou seus planos. O inimigo sabe que você está tentando acabar com ele e, a não ser que você possa dar logo o seu soco de nocaute, ele trabalhará furiosamente não só para se defender, como para destruí-lo, pois agora sua destruição é a única salvaguarda que ele tem. Alguns exércitos que fracassaram em seu envolvimento descobriram-se, mais tarde, cercados por seus inimigos. Use esta estratégia somente quando tiver uma chance razoável de levá-la à conclusão desejada.

20

MANOBRE-OS EM DIREÇÃO À FRAQUEZA

A ESTRATÉGIA DO AMADURECIMENTO-PARA-A-FOICE

Por mais forte que você seja, travar batalhas intermináveis com as pessoas é exaustivo, caro e sem imaginação. Estrategistas hábeis preferem a arte de manobrar: antes mesmo de começar a batalha, eles encontram meios de colocar seus adversários em posição de tamanha fragilidade que a vitória é fácil e rápida. Atraia os inimigos para que assumam posições que podem parecer fascinantes, mas que na verdade são armadilhas e becos sem saída. Se a posição deles é forte, faça-os abandoná-la liderando-os em uma perseguição inútil. Crie dilemas: imagine manobras que lhes deem uma variedade de modos para reagir – todos ruins. Canalize o caos e a desordem na direção deles. Adversários confusos, frustrados e zangados são como frutos maduros no galho: a mais leve brisa os derruba.

> *Guerra é como caçar. Animais selvagens são apanhados explorando o terreno, armando redes, perseguindo, rodeando e usando outros desses estratagemas, e não pela força pura e simples. Ao travarmos uma guerra devemos proceder da mesma maneira, sejam os inimigos muitos ou poucos. Tentar simplesmente subjugar o inimigo em campo aberto, corpo a corpo, frente a frente, mesmo que você pareça vencer, é uma aventura muito arriscada e pode resultar em sérios danos. A não ser por extrema urgência, é ridículo tentar conquistar uma vitória que é tão cara e só traz glórias vãs...*
> IMPERADOR BIZANTINO MAURIKIOS, 539-602 D.C.

GUERRA DE MANOBRA

Ao longo de toda a história é possível identificar dois estilos de guerra. O mais antigo é a guerra de atrito: o inimigo se rende porque você matou uma boa parte de seus homens. Um general combatendo em uma guerra de atrito calculará como derrotar o outro lado com tropas mais numerosas, com a formação de batalha que causará mais danos ou com tecnologia superior. De qualquer maneira, a vitória depende de cansar o outro lado em batalha. Mesmo com a extraordinária tecnologia dos tempos atuais, a guerra de atrito é consideravelmente simples, tirando partido dos instintos mais violentos da humanidade.

Durante muitos séculos, e mais notadamente na antiga China, desenvolveu-se um segundo método de guerrear. A ênfase aqui não era destruir o adversário em batalha, mas enfraquecê-lo e desequilibrá-lo antes de iniciar o combate. O líder manobrava para confundir, enfurecer e colocar o inimigo em uma posição ruim – tendo de lutar subindo morro, com sol ou vento no rosto ou em um espaço apertado. Neste tipo de guerra, um exército com mobilidade poderia ser mais eficiente do que uma tropa com músculos.

A filosofia da guerra de manobras foi codificada por Sun Tzu em seu *A arte da guerra*, escrito no período dos Estados Guerreiros da China, do século III ao século V a.C. – mais de duzentos anos de ciclos progressivos de atividade guerreira nos quais a própria sobrevivência do Estado dependia de seu exército e de seus estrategistas. Para Sun Tzu e seus contemporâneos, era óbvio que os custos da guerra iam muito além de suas baixas: incluíam necessariamente perda de recursos e boa vontade política e um abatimento no moral entre soldados e cidadãos. Estes custos aumentariam com o tempo até que, no final, até a maior nação guerreira sucumbiria à exaustão. Mas com hábeis manobras um Estado poderia se poupar desses altos custos e ainda sair vitorioso. Um inimigo que tivesse manobrado para uma posição fraca sucumbiria mais facilmente à pressão psicológica; antes mesmo de iniciar a batalha, ele teria imperceptivelmente começado a entrar em colapso e se renderia sem lutar.

Vários estrategistas fora da Ásia – mais notadamente Napoleão Bonaparte – foram brilhantes na utilização da guerra de manobras. Mas, em geral, a guerra de atrito está profundamente arraigada na mentalidade ocidental – desde os gregos antigos até a moderna América. Em uma cultura de atrito, as ideias naturalmente gravitam no sentido de como superar problemas, obstáculos e aquelas pessoas que causam resistência. Na mídia, a ênfase é colocada nas grandes batalhas, seja na política ou nas artes – situações estáticas em que há vencedores e perdedores. As pessoas são atraídas pelos aspectos emocionais e dramáticos de qualquer confronto, não pelos muitos passos que levam a essa confrontação. As histórias que se contam nessas culturas são todas voltadas para esses momentos conflitantes, uma mensagem moral pregada até o final (ao contrário de detalhes mais reveladores). Acima de tudo, este estilo de combate é considerado mais masculino, honrado e honesto.

Mais do que tudo, a guerra de manobras é um modo diferente de pensar. O importante aqui é o processo – as etapas até a batalha e como manipular para que o confronto seja menos dispendioso e violento. No universo das manobras, nada é estático. As batalhas são, na verdade, ilusões dramáticas, breves momentos no fluxo mais amplo dos acontecimentos, que é fluido, dinâmico e suscetível a alterações por meio de cuidadosa estratégia. Este modo de pensar não vê honra ou virtude no desperdício de tempo, energia e vidas em batalhas. Pelo contrário, as guerras de atrito são vistas como preguiçosas, refletindo a tendência humana primitiva de se defender reagindo, sem pensar.

Em uma sociedade cheia de lutadores que combatem por atrito, você vai ganhar uma instantânea vantagem convertendo-se à guerra de manobras. Seu processo mental se tornará mais fluido, mais favorável à vida, e você será capaz de se fortalecer alimentando-se das tendências rígidas, obcecadas com a batalha, das pessoas a seu redor. Sempre pensando primeiro na situação em geral e em como manobrar as pessoas para posições de fraqueza, em vez de lutar contra elas, suas batalhas ficarão menos sangrentas – o que, visto que a vida é longa e o conflito interminável, é sensato se você quiser uma carreira fértil e duradoura. E uma guerra de manobra é tão decisiva quanto uma guerra de atrito. Pense em enfraquecer seus inimigos como se fossem grãos amadurecendo, prontos para serem colhidos no momento certo.

Estes são os quatro princípios mais importantes da guerra de manobras:

Traçar um plano com ramificações. A guerra de manobras depende de planejamento e o plano tem de estar certo. Rígido demais e você fica sem espaço para se ajustar aos inevitáveis caos e atrito da guerra; frouxo demais e acontecimentos imprevistos o deixarão confuso e arrasado. O plano perfeito se origina de uma análise detalhada da situação, que lhe permite decidir qual a melhor direção a seguir ou a posição perfeita a ocupar e sugere várias opções (ramos) eficazes, dependendo do que o inimigo lhe oferece. Um plano com ramificações permite que você manobre melhor seu inimigo porque suas respostas a circunstâncias variantes são mais rápidas e mais racionais.

Dar a si mesmo espaço para manobrar. Você não pode se mexer, não pode manobrar livremente, colocando-se em espaços entulhados ou se amarrando a posições que não o deixam movimentar-se. Considere a habilidade para se mover e manter em aberto mais opções do que seu inimigo como mais importante do que conservar territórios ou bens. Você quer espaço aberto, não posições mortas. Isto significa não se sobrecarregar com compromissos que limitarão suas opções. Significa não adotar atitudes que o deixarão sem ter para onde ir. A necessidade de espaço é psicológica assim como física: você precisa ter uma mente livre para criar qualquer coisa que valha a pena.

"Viciados em atrito", como Simpkin os chama, em geral não enxergam além da batalha, e consideram que a única maneira – ou pelo menos a maneira preferida – de derrotar um inimigo é destruindo os componentes físicos de seu exército, especialmente as partes de combate (veículos blindados, tropas, armas etc. ...). Se o viciado em atrito avalia os elementos intangíveis da guerra (tais como o moral, a iniciativa e choque), ele os vê apenas como multiplicadores de combate com os quais lutar melhor na guerra de atrito. Se o guerreiro de atrito ouve falar de manobra, ele a vê basicamente como um meio para entrar na luta. Em outras palavras, ele avança para lutar. A teoria da manobra, por outro lado, tenta derrotar o inimigo por meios outros que não a simples destruição de sua massa. Na verdade, a melhor e

Dar dilemas a seu inimigo, não problemas. É bem provável que seus adversários sejam, em sua maioria, espertos e cheios de recursos; se suas manobras só lhes apresentarem um problema, eles inevitavelmente o solucionarão. Mas um dilema é diferente: seja lá o que fizerem, como eles reagirem – recuando, avançando, ficando parados – continuam em dificuldades. Faça com que todas as opções sejam ruins: se você manobrar rapidamente para um ponto, por exemplo, pode forçar seus inimigos a lutar antes de estarem prontos ou então recuar. Tente constantemente colocá-los em posições que pareçam atraentes, mas sejam armadilhas.

Criar o máximo de desordem. Seu inimigo depende de ser capaz de entender você, de ter alguma ideia do que você pretende. O objetivo de suas manobras deve ser tornar isso impossível, colocar o inimigo em uma perseguição inútil atrás de informações sem sentido, para criar ambiguidade quanto à direção para onde você vai pular. Quanto mais você atrapalhar a capacidade das pessoas de raciocinarem a seu respeito, mais desordem você injetará no organismo delas. A desordem que você cria é controlada e intencional, pelo menos para você. A desordem que o inimigo sofre é debilitante e destrutiva.

Portanto, uma centena de vitórias em uma centena de batalhas não é o máximo de excelência; o auge da excelência é subjugar o exército do inimigo sem lutar.
– Sun Tzu (século IV a.C.)

EXEMPLOS HISTÓRICOS

1. No dia 10 de novembro de 1799, Napoleão Bonaparte completou o golpe de estado que o colocou no poder como primeiro cônsul, dando-

-lhe controle quase total do Estado francês. Por mais de dez anos, a França estivera abalada por revolução e guerra. Agora que Napoleão era líder, sua necessidade mais premente era paz, dar tempo ao país para se recuperar e a si mesmo para consolidar seu poder – mas a paz não viria tão facilmente.

A França tinha um impiedoso inimigo na Áustria, que havia colocado dois grandes exércitos em campo, prontos para avançar contra Napoleão: um a leste do Reno e o outro no norte da Itália sob o general Michael Melas. Os austríacos estavam nitidamente planejando uma grande campanha. Esperar era arriscado demais; Napoleão tinha de tomar a iniciativa. Tinha de derrotar pelo menos um desses exércitos para forçar a Áustria a negociar a paz nos termos que ele queria. Seu único trunfo era que, meses antes, um exército francês havia conquistado o controle da Suíça. Havia também tropas francesas no norte da Itália, que Napoleão havia tomado dos austríacos vários anos antes.

Para planejar a primeira campanha real sob sua direção, Napoleão ficou enfurnado vários dias em seu gabinete. Seu secretário, Louis de Bourienne, se lembraria de vê-lo debruçado sobre mapas gigantescos da Alemanha, Suíça e Itália, dispostos de parede a parede no chão. As escrivaninhas com pilhas de relatórios de reconhecimento. Em centenas de fichas organizadas em caixas, Napoleão havia calculado as reações dos austríacos aos ataques simulados que estava planejando. Murmurando para si mesmo no chão, ele meditava sobre cada permuta de ataque e contra-ataque.

No final de março de 1800, Napoleão saiu de seu gabinete com um plano para uma campanha no norte da Itália que ia muito além de qualquer coisa que seus tenentes jamais tinham visto. Em meados de abril, um exército francês sob o comando do general Jean Moreau cruzaria o Reno e empurraria o exército austríaco no leste de volta para a Baviera. Em seguida, Napoleão lideraria uma força de 50 mil homens, já a postos na Suíça, entrando no norte da Itália por várias passagens diferentes nos Alpes. Moreau então soltaria uma de suas divisões para avançar para o sul e seguir Napoleão até a Itália. O movimento inicial de Moreau entrando na Baviera e o subsequente envio de divisões dispersas para a Itália confundiriam os austríacos quanto às intenções de Napoleão. E se o exército austríaco no Reno fosse empurrado para o leste, ficaria distante demais para dar apoio aos austríacos no norte da Itália.

Uma vez atravessando os Alpes, Napoleão concentraria suas forças e se uniria às divisões sob o comando do general André Massena já estacionadas no norte da Itália. Em seguida ele movimentaria uma boa parte de seu exército para a cidade de Stradella, interrompendo todas as comunicações entre Melas, no norte da Itália, e a sede de comando

mais pura aplicação da teoria da manobra é antecipar o inimigo, isto é, desarmá-lo ou neutralizá-lo antes da luta. Se isso não for possível, o guerreiro manobrador procura deslocar as forças inimigas, ou seja, removê-las do ponto decisivo, ou vice-versa, tornando-as portanto inúteis e irrelevantes para a luta. Se o inimigo não puder ser antecipado ou deslocado, então o praticante da guerra de manobras tentará desestabilizar o adversário, isto é, destruir ou neutralizar seu centro de gravidade, de preferência atacando com forças amigáveis através das fragilidades do inimigo.
THE ART OF MANEUVER, ROBERT R. LEONHARD, 1991

na Áustria. Com as tropas de Melas agora isoladas, o exército francês móvel ao alcance deles, Napoleão teria muitas opções excelentes para deslocá-los e destruí-los. Em um determinado momento, ao descrever seu plano para Bourienne, Napoleão estendeu o mapa gigantesco no chão e espetou um alfinete perto da cidade de Marengo, no centro do teatro italiano de guerra. "Eu o combaterei aqui", disse.

Semanas depois, quando começou a posicionar seus exércitos, Napoleão recebeu algumas notícias perturbadoras: Melas o havia derrotado ao atacar o exército de Massena no norte da Itália. Massena foi obrigado a voltar para Gênova, onde os austríacos rapidamente o cercaram. O perigo aqui era grande: se Massena se rendesse, os austríacos poderiam entrar rapidamente no sul da França. Também, Napoleão vinha contando com o exército de Massena para ajudá-lo a derrotar Melas. No entanto, ele aceitou as notícias com surpreendente calma e fez simplesmente alguns ajustes: transferiu mais homens para a Suíça e mandou avisar Massena de que deveria fazer o possível para resistir pelo menos oito semanas, mantendo Melas ocupado enquanto Napoleão avançava para a Itália.

Aptidão para manobrar é a suprema habilidade em um general; é o dom mais útil e raro pelo qual se avalia o gênio.
NAPOLEÃO BONAPARTE, 1769-1821

Dentro de uma semana chegaram mais notícias irritantes. Depois de iniciar a campanha para forçar os austríacos a recuarem de sua posição no Reno, Moreau recusou-se a transferir a divisão com a qual Napoleão contava para a Itália, dizendo que não podia dispensá-la. Em vez disso, ele mandou uma divisão menor, menos experiente. O exército francês na Suíça já havia começado as arriscadas travessias dos Alpes. Napoleão não teve outra escolha a não ser aceitar o que Moreau lhe dava.

No dia 24 de maio, Napoleão havia levado seu exército com segurança para a Itália. Preocupado com o cerco em Gênova, Melas ignorou os relatórios dos movimentos franceses ao norte. Em seguida, Napoleão avançou para Milão, perto de Stradella, onde interrompeu as comunicações austríacas conforme planejado. Agora, como um gato aproximando-se furtivamente de sua presa, ele poderia esperar que Melas notasse a armadilha em que havia caído e tentasse lutar para escapar perto de Milão.

No dia 8 de junho, entretanto, de novo mais notícias ruins chegaram até Napoleão: duas semanas antes do que ele esperava, Massena havia se rendido. Napoleão agora tinha menos homens para agir, e Melas havia conquistado uma base forte em Gênova. Desde o início, a campanha estivera infestada de erros e imprevistos – os austríacos atacando antes da hora, Massena recuando para uma armadilha em Gênova, Moreau desobedecendo a ordens e agora a rendição de Massena. Mas enquanto os tenentes de Napoleão temiam o pior, ele mesmo não só continuava calmo, como parecia estranhamente excitado com estas súbitas reviravoltas da sorte. De algum modo ele reconhecia nelas oportunidades que os outros não viam – e, com a perda de Gênova, ele percebeu a maior oportunidade de todas. Alterou rapidamente seu plano: em vez de esperar em Milão que Melas viesse até ele, de repente ele lançou suas divisões em uma ampla rede para o oeste.

Observando sua presa de perto, Napoleão sentiu que Melas estava hipnotizado pelos movimentos das divisões francesas – uma hesitação fatal. Napoleão movimentou uma divisão a oeste para Marengo, perto dos austríacos em Gênova, quase tentando-os a atacar. De repente, na manhã do dia 14 de junho, eles morderam a isca e com surpreendente força. Desta vez foi Napoleão quem errou; ele não esperava o ataque austríaco tão cedo, e suas divisões estavam muito espalhadas para ajudá-lo. Os austríacos em Marengo eram duas vezes mais numerosos do que ele. Napoleão despachou mensagens urgentes em todas as direções pedindo reforços, em seguida entrou em combate, esperando fazer suas pequenas forças resistirem até eles chegarem.

Passaram-se horas sem sinal de ajuda. As linhas de Napoleão foram enfraquecendo, e às três horas da tarde os austríacos finalmente apareceram, forçando os franceses a recuar. Este foi o maior retrocesso na campanha, e mais uma vez a hora de Napoleão brilhar. Ele parecia animado pelo modo como a retirada estava acontecendo, os franceses dispersos e os austríacos atrás deles, sem disciplina ou coesão. A cavalo entre os homens que estavam mais recuados, ele os reorganizava e preparava para o contra-ataque, prometendo que os reforços chegariam em questão de minutos – e estava certo. Agora as divisões francesas vinham de todas as direções. Os austríacos, enquanto isso, tinham deixado suas tropas entrarem em caos e, atordoados por se verem enfrentando novas forças nestas condições, pararam e cederam terreno para um contra-ataque francês rapidamente organizado. Às nove horas da noite, os franceses os haviam expulsado.

Assim como havia previsto com seu alfinete no mapa, Napoleão derrotou o inimigo em Marengo. Meses depois, foi assinado um tratado que dava à França a paz tão necessária, uma paz que duraria quase quatro anos.

Interpretação. A vitória de Napoleão em Marengo pode parecer ter dependido de um bocado de sorte e intuição. Mas não foi esse o caso. Napoleão acreditava que um excelente estrategista era capaz de criar sua própria sorte – com cálculos, cuidadoso planejamento e se mantendo aberto a mudanças em uma situação dinâmica. Em vez de deixar deprimir pelo azar, Napoleão o incorporava a seus planos. Ao saber que

> *Agora a disposição das forças de um exército (hsing) é como água. A configuração da água (hsing) evita pesos e corridas para baixo... A água configura (hsing) seu fluxo de acordo com o terreno; o exército controla sua vitória segundo o inimigo. Portanto, o exército não mantém nenhuma configuração estratégica de poder constante (shih), a água não tem forma constante (hsing). Quem é capaz de mudar e transformar de acordo com o inimigo e arrebata a vitória é chamado de espiritual.*
> A ARTE DA GUERRA, SUN TZU, SÉCULO IV A.C.

Massena tinha sido forçado a voltar para Gênova, ele viu que a briga pela cidade deixaria Melas preso em uma posição estática e ele teria tempo para posicionar seus homens. Quando Moreau lhe mandou uma divisão menor, Napoleão a enviou pelos Alpes por um caminho mais estreito, mais obscuro, jogando areia nos olhos dos austríacos que tentavam descobrir quantos homens ele tinha disponíveis. Quando Massena inesperadamente se rendeu, Napoleão percebeu que agora seria mais fácil atrair Melas para atacar suas divisões, principalmente se ele as movimentasse mais para perto. Em Marengo ele sabia o tempo todo que seus primeiros reforços chegariam em algum momento depois das três horas da tarde. Quanto mais desordenada a perseguição dos franceses pelos austríacos, mas devastador seria o contra-ataque.

A capacidade de Napoleão de se adaptar e manobrar em movimento baseava-se em seu novo estilo de planejamento. Primeiro, ele passava dias estudando e usando os mapas para fazer uma análise minuciosa. Foi isto que lhe disse, por exemplo, que colocar seu exército em Stradella confundiria os austríacos e lhe daria muitas opções para destruí-los. Depois ele calculava contingências: se o inimigo fizesse x, como ele reagiria? Se a parte y de seu plano falhasse, como ele se recuperaria? O plano era tão fluido, e lhe dava tantas opções, que ele podia adaptá-lo infinitas vezes a qualquer situação criada. Ele havia previsto tantos problemas possíveis que teria uma resposta rápida a qualquer um deles. Seu plano era um misto de detalhe e fluidez, e mesmo quando cometia um engano, como no início do encontro em Marengo, seus rápidos ajustes impediam os austríacos de tirar vantagem desse erro – antes que pudessem imaginar o que fazer, ele já estava em outro lugar. Não se pode separar sua devastadora liberdade de manobra de seu metódico planejamento.

Compreenda: na vida como na guerra, nada acontece como você espera. As reações das pessoas são estranhas ou surpreendentes, seus funcionários cometem burrices revoltantes, e assim por diante. Se você enfrenta as situações dinâmicas da vida com planos rígidos, se você pensa apenas em manter posições estáticas, se confia na tecnologia para controlar atritos que surgem em seu caminho, está condenado; as coisas mudam mais rápido do que você pode se adaptar a elas, e o caos toma conta de você.

Em um mundo cada vez mais complexo, o modo como Napoleão planejava e manobrava é a única solução racional. Você assimila o máximo possível de informações e detalhes; analisa profundamente as situações, tentando imaginar as respostas do inimigo e os acidentes que podem acontecer. Você não se perde neste labirinto de análises, mas

> O JUNCO E A OLIVEIRA
> O junco e a oliveira discutiam sobre sua firmeza, força e tranquilidade. A oliveira zombava do junco por sua impotência e flexibilidade diante de todos os ventos. O junco estava quieto e não dizia uma palavra. Então, não muito tempo depois, o vento soprou violentamente. O junco, sacudido e curvando-se, escapou facilmente, mas a oliveira, resistindo ao vento, rachou-se com sua força. A história mostra que quem cede às circunstâncias e ao poder superior tem mais vantagem sobre os rivais mais fortes.
> FÁBULAS, ESOPO, SÉCULO VI A.C.

as utiliza para formular um plano fluido com ramificações, um plano que o coloca em posições que tenham possibilidades de manobra. Você mantém as coisas frouxas e adaptáveis. Qualquer caos que surgir em seu caminho é canalizado para o inimigo. Ao praticar esta política, você vai entender o lema de Napoleão de que sorte é algo que você cria.

2. Quando os republicanos preparavam sua convenção para escolher um candidato à presidência, em 1936, tinham razão para ter esperanças. O presidente em exercício, o democrata Franklin D. Roosevelt, era certamente popular, mas os Estados Unidos ainda enfrentavam a Depressão, o alto índice de desemprego, o déficit orçamentário crescia e muitos programas do New Deal de Roosevelt estavam atolados em ineficiência. O mais promissor de tudo é que muitos americanos estavam desencantados com Roosevelt como pessoa – na verdade, até o odiavam, achando-o ditatorial, pouco confiável, um socialista de coração, talvez até um antiamericano.

Roosevelt era vulnerável, e os republicanos estavam desesperados para vencer a eleição. Eles decidiram baixar o tom de sua retórica e apelar para valores tradicionais americanos. Afirmando apoiar o espírito do New Deal, mas não o homem por trás dele, eles prometiam fazer as reformas necessárias com mais eficiência e justiça do que Roosevelt havia feito. Reforçando a unidade do partido, eles indicaram Alf M. Landon, governador do Kansas, como seu candidato à presidência. Landon era um moderado perfeito. Seus discursos tendiam a ser um pouco monótonos, mas ele parecia tão firme, tão classe média, uma escolha confortável, e a época não era para se promover um radical. Ele havia apoiado uma boa parte do New Deal, mas, tudo bem, o New Deal era popular. Os republicanos indicaram Landon porque pensavam que ele tinha mais chances de derrotar Roosevelt, e para eles era o que importava.

Durante a cerimônia de lançamento da candidatura, os republicanos encenaram um quadro vivo de faroeste, com moças e rapazes vestidos de caubói e carroças cobertas. Em seu discurso de aceitação, Landon não falou de planos específicos ou de políticas, mas de si mesmo e de seus valores americanos. Enquanto Roosevelt era associado a dramas desagradáveis, ele traria estabilidade. Foi uma convenção para deixar todo mundo satisfeito.

Os republicanos aguardaram que Roosevelt fizesse seu movimento. Como esperado, ele representou o papel do homem acima de qualquer rixa, aparecendo o mínimo possível em público e projetando uma imagem presidencial. Ele falava em vagas generalidades e batia em uma nota otimista. Depois da convenção democrática, ele partiu para um longo período de férias, deixando o campo aberto para os republicanos que ficaram felicíssimos em preencher o vazio: enviaram Landon na trilha de campanha, onde discursou em palanques dizendo que ele é que faria as reformas de modo equilibrado e racional. O contraste entre Landon e Roosevelt era no temperamento e no caráter e parecia ter ressonância: nas pesquisas de opinião pública, Landon liderava.

Percebendo que a eleição seria difícil e sentindo que esta era sua grande chance, os republicanos aumentaram seus ataques, acusando Roosevelt de promover a guerra de classe e pintando um quadro sombrio de seu próximo mandato. Os jornais anti-Roosevelt publicaram uma porção de editoriais atacando-o em termos pessoais. O coro de críticas crescia, e os republicanos observavam satisfeitos enquanto muitos no campo de Roosevelt pareciam em pânico. Uma pesquisa mostrou Landon desenvolvendo uma substancial liderança.

Só no final de setembro, seis semanas apenas antes da eleição, é que Roosevelt finalmente iniciou sua campanha – e aí, deixando todos chocados, ele abandonou seu ar presidencial, não partidário, que havia adotado com tanta naturalidade. Posicionando-se claramente à esquerda de Landon, traçou um nítido contraste entre os dois candidatos. Ele citou com grande sarcasmo os discursos de Landon apoiando o New Deal afirmando ser capaz de fazer melhor: por que votar em um homem com basicamente as mesmas ideias e abordagens, mas sem experiência para fazê-las funcionar? Com o passar dos dias, a voz de Roosevelt foi ficando mais alta e mais clara, seus gestos mais animados, sua oratória até bíblica no tom; ele era Davi enfrentando o Golias dos interesses das grandes empresas que queriam devolver o país à era dos monopólicos e dos barões ladrões.

Os republicanos horrorizados observavam a massa que apoiava Roosevelt inchar. Todos aqueles a quem o New Deal havia ajudado de algum modo apresentavam-se às dezenas de milhares, e a reação a Roosevelt era quase religiosa em seu fervor. Em um discurso particularmente inflamado, Roosevelt catalogou os interesses financeiros alistados contra ele: "Nunca antes na nossa história", ele concluiu, "estas forças estiveram tão unidas a um candidato como hoje. Elas são unânimes em seu ódio por mim – e eu acolho com prazer esse ódio... Eu gostaria que dissessem de minha segunda administração que nela estas forças encontraram seu vencedor."

Landon, percebendo a grande mudança na maré da eleição, atacou com mais força ainda e tentou se distanciar do New Deal, que antes dissera apoiar – mas tudo isto só parecia cavar para ele um buraco mais fundo. Ele havia mudado tarde demais, e nitidamente em reação ao declínio de sua sorte.

No dia da eleição, Roosevelt venceu com a margem que, na época, foi a mais popular da história eleitoral americana; ele ganhou em todos os estados, exceto em dois, e os republicanos ficaram reduzidos a 16 cadeiras no Senado. Mais incrível do que o tamanho de sua vitória sem precedentes foi a rapidez com que ele mudou o curso dos acontecimentos.

Interpretação. Ao acompanhar a convenção republicana, Roosevelt viu claramente a linha que eles adotariam nos meses seguintes – uma linha centrista, enfatizando valores e caráter acima da política. Agora ele podia montar a armadilha perfeita abandonando o campo. Nas próximas semanas, Landon martelaria sua posição moderada na mente do público, comprometendo-se com ela cada vez mais. Enquanto isso, os republicanos mais da ala direita atacariam o presidente em termos pessoais, mais ásperos. Roosevelt sabia que os números de Landon nas pesquisas chegariam ao máximo. O público se cansaria de sua mensagem suave e dos ataques vitriólicos da direita.

Percebendo este momento no final de setembro, ele entrou de novo em cena e se posicionou claramente à esquerda de Landon. A escolha foi estratégica, não ideológica; ela lhe permitiu traçar uma nítida distinção entre Landon e si mesmo. Em uma época de crise como a Depressão, era melhor parecer decidido e forte, defender algo firme, opor-se a um inimigo claro. Os ataques da direita lhe deram esse inimigo claro, enquanto a postura retraída de Landon o fazia parecer forte em contraste. De um jeito ou de outro ele venceu.

Agora Landon enfrentava um dilema. Se continuasse com seu apelo centrista, cansaria o público e pareceria fraco. Movendo-se para a direita – a opção que na verdade escolheu – seria incoerente e pareceria desesperado. Isto era pura manobra de guerra: comece assumindo uma posição de força – no caso de Roosevelt, sua pose de início, presidencial, bipartidarista – que o deixe com opções em aberto e lhe permita espaço de manobra. Em seguida, deixe que seus inimigos mostrem para onde vão. Uma vez comprometidos com uma posição, deixe que eles a mantenham – na verdade, deixe que eles a proclamem alto e bom som. Agora que estão posicionados, manobre para o lado onde se sentirão comprimidos, deixando-lhes apenas más opções. Ao esperar para fazer esta manobra só nas últimas seis semanas da corrida presidencial, Roosevelt não deu tempo aos republicanos para se ajustarem e impediu que seu próprio apelo estridente se desgastasse.

Tudo é política no mundo atual, e política é posicionamento. Em qualquer batalha política, a melhor maneira de delimitar uma posição é traçando um nítido contraste com o outro lado. Se você tem de recorrer a discursos para fazer este contraste, está em terreno instável: as pessoas

É claro que esta bela simplicidade de movimentos estratégicos, com sua infinita flexibilidade, é extremamente ilusória. A tarefa de correlacionar e coordenar os movimentos diários de uma dezena ou mais de grandes formações, todas se movendo ao longo de rotas distintas, de garantir que todos os componentes estejam a um ou, no máximo, dois dias de marcha distantes de seus vizinhos imediatos, e ao mesmo tempo manter a aparência de uma "dispersão" arbitrária e mal coordenada de grandes unidades a fim de enganar o inimigo quanto à verdadeira gravidade da situação – isto é trabalho de uma mente matemática de incomum calibre. É de fato a marca registrada do gênio – essa "infinita capacidade de se esforçar"... O objetivo máximo de toda esta atividade cuidadosamente considerada era colocar o maior número possível de homens no campo de batalha, que ocasionalmente haviam sido escolhidos com meses de antecedência. Bourienne dá este famoso... testemunho ocular do Primeiro Cônsul, no início da Campanha Italiana de 1800, deitado ao comprido no chão, espetando alfinetes coloridos em seus

> mapas e dizendo "Eu o combaterei aqui – na planície da Scrivia", com essa misteriosa presciência que, na realidade, era produto de cálculos mentais complexos como os de um computador. Depois de considerar todos os possíveis cursos de ação abertos para o austríaco Melas, Bonaparte eliminava um por um, levando em consideração os efeitos do acaso, e encontrava a resposta – confirmada em seguida pelos acontecimentos de 14 de junho no campo de Marengo, que está, sem dúvida alguma, na planície limitada pelos rios Bormida e Scrivia.
> THE CAMPAIGNS OF NAPOLEON, DAVI G. CHANDLER, 1966

desconfiam de palavras. Insistir dizendo que você é forte, ou bem qualificado, soa como autopromoção. Em vez disso, faça o lado adversário falar e fazer o primeiro movimento. Uma vez tendo se comprometido com uma posição e a fixado na mente das outras pessoas, eles estão maduros para a foice. Agora você pode criar um contraste citando as palavras deles, mostrando como vocês são diferentes – em tom, em atitude, em ação. Que o contraste seja profundo. Se eles se comprometerem com uma posição radical, não reaja sendo moderado (moderação em geral é fraqueza); ataque-os por promoverem instabilidade, por serem revolucionários sedentos de poder. Se eles reagirem baixando o tom do apelo, desmascare-os por serem incoerentes. Se mantiverem o curso, a mensagem deles ficará desgastada. Se eles se tornarem mais estridentes em autodefesa, você confirmará o que disse a respeito da instabilidade deles.

Use esta estratégia nas batalhas do dia a dia, deixando que as pessoas se comprometam com uma posição que você possa transformar em um beco sem saída. Jamais *diga* que você é forte, *mostre* que você é, ao fazer um contraste entre você mesmo e seus incoerentes e moderados adversários.

3. Os turcos entraram na Primeira Guerra Mundial do lado da Alemanha. Seus principais inimigos no teatro do Oriente Médio eram os britânicos, sediados no Egito, mas em 1917 eles tinham chegado a um confortável impasse: os turcos controlavam um trecho estratégico de mais de 1.200 quilômetros de estrada de ferro que ia da Síria no norte até Hejaz (a parte sudoeste da Arábia) no sul. A oeste da parte central desta ferrovia ficava a cidade de Aqaba, no Mar Vermelho, uma posição-chave turca de onde eles podiam rapidamente movimentar exércitos para o norte e para o sul a fim de proteger a estrada de ferro.

Os turcos já haviam derrotado os britânicos em Galipoli (ver capítulo 5), um imenso incentivo para seu moral. Seus comandantes no Oriente Médio sentiam-se seguros. Os ingleses tinham tentado agitar uma revolta contra os turcos entre os árabes do Hejaz, esperando que ela se espalhasse para o norte; os árabes tinham feito alguns ataques de surpresa aqui e ali, mas haviam lutado mais entre eles mesmos do que contra os turcos. Os ingleses nitidamente cobiçavam Aqaba e tramavam para tomá-la por mar com sua poderosa marinha, mas atrás de Aqaba ficava uma muralha de montanhas marcada por gargantas profundas. Os turcos haviam transformado a montanha em uma fortaleza. Os britânicos sabiam que, mesmo que sua marinha tomasse Aqaba, não teriam como avançar para o interior, e de nada adiantaria capturar a cidade. Tanto os britânicos como os turcos viam a situação da mesma maneira, e o impasse perdurava.

Em junho de 1917, os comandantes turcos dos fortes que guardavam Aqaba receberam relatórios sobre estranhos movimentos inimigos nos desertos da Síria ao noroeste. Ao que tudo indicava, um oficial inglês de 29 anos que fazia a ligação entre ingleses e árabes, chamado T. E. Lawrence, atravessara centenas de quilômetros de deserto para recrutar um exército entre os howeitat, uma tribo síria famosa por combater montada em camelos. Os turcos despacharam patrulheiros para obter mais informações. Eles já sabiam um pouco a respeito de Lawrence: coisa incomum entre os oficiais britânicos na época, ele falava árabe, misturava-se bem com o povo local e até se vestia no estilo deles. Era também amigo do xerife Feisal, um líder da revolta árabe. Ele estaria montando um exército para atacar Aqaba? Na medida do possível, ele merecia ser observado com atenção. Aí chegou a notícia de que Lawrence havia, em uma atitude imprudente, contado a um chefe árabe, secretamente a serviço dos turcos, que estava seguindo para Damasco a fim de divulgar a revolta árabe. Este era o grande temor dos turcos, pois uma revolta nas áreas mais populosas do norte seria incontrolável.

O exército recrutado por Lawrence não teria mais de quinhentos homens, mas os howeitat eram grandes lutadores a camelo, ferozes e com muita mobilidade. Os turcos alertaram seus colegas em Damasco e despacharam tropas para perseguir Lawrence, uma tarefa difícil visto a mobilidade dos árabes e a vastidão do deserto.

Nas semanas seguintes, os movimentos do inglês foram desconcertantes, para dizer o mínimo: suas tropas moviam-se não para o norte, em direção a Damasco, mas para o sul em direção à cidade de Ma'an na margem da estrada de ferro, onde havia um armazém usado para suprir Aqaba, a 65 quilômetros de distância. Mal Lawrence apareceu na área de Ma'an, entretanto, desapareceu de novo, ressurgindo a mais de 160 quilômetros ao norte para liderar uma série de ataques de surpresa à linha férrea entre Amman e Damasco. Agora os turcos ficaram duplamente assustados e, de Amman, mandaram quatrocentos soldados de cavalaria ver onde ele estava.

Durante alguns dias, não houve sinal de Lawrence. Enquanto isso uma insurreição vários quilômetros ao norte de Ma'an surpreendeu os turcos. Uma tribo árabe chamada dhumaniyeh havia assumido o controle da cidade de Abu El Lissal, ao longo da rota de Ma'an até Aqaba. Um batalhão turco despachado para retomar a cidade encontrou o blocause que a protegia destruído e os árabes tinham ido embora. Então, de repente, algo inesperado e bastante perturbador aconteceu: do nada, o exército howeitat de Lawrence surgiu na montanha sobre Abu el Lissal.

> O guerreiro e o estadista, como o hábil jogador, não fazem sua sorte mas preparam-se para ela, a atraem, e parecem quase determiná-la. Não só eles são, ao contrário do tolo e do covarde, peritos na utilização das oportunidades quando elas ocorrem; eles sabem como tirar vantagem, por meio de precauções e sábias medidas, dessa e daquela oportunidade, ou de várias ao mesmo tempo. Se uma coisa acontece, eles vencem; se outra, ainda são os vencedores; a mesma circunstância muitas vezes os faz vencer de várias maneiras. Estes homens prudentes podem ser elogiados por sua boa sorte assim como por sua boa administração, e premiados por sua sorte assim como por seus méritos.
> CHARACTERS, JEAN DE LA BRUYÈRE, 1645-1696

Distraídos com a insurreição local, os turcos tinham perdido a pista de Lawrence. Agora, unindo-se aos dhumaniyeh, ele havia encurralado um exército turco em Abu el Lissal. Os árabes cavalgaram ao longo da montanha com enorme velocidade e destreza, incitando os turcos a desperdiçar munição atirando neles. Enquanto isso, o calor do meio-dia cobrava seu tributo dos atiradores turcos, e, tendo esperado até eles estarem suficientemente cansados, os árabes, Lawrence entre eles, investiram descendo a montanha. Os turcos cerraram suas fileiras, mas a veloz cavalaria de camelos pegou-os pelo flanco e pela retaguarda. Foi um massacre: trezentos soldados turcos foram mortos e os restantes feitos prisioneiros.

Agora os comandantes turcos em Aqaba finalmente viam qual era o jogo de Lawrence: ele os havia isolado da linha de trem da qual dependiam para suprimentos. Também, vendo o sucesso dos howeitat, outras tribos árabes ao redor de Aqaba juntaram-se a Lawrence, criando um poderoso exército que começou a abrir caminho pelas estreitas gargantas até Aqaba. Os turcos nunca imaginaram um exército vindo dali; suas fortificações voltavam-se para o outro lado, na direção do mar e dos britânicos. Os árabes tinham fama de cruéis com os inimigos que resistiam, e os comandantes dos fortes em Aqaba começaram a se render. Os turcos enviaram de Aqaba sua guarnição de trezentos homens para interromper este avanço, mas foram rapidamente cercados pelo número cada vez maior de árabes.

No dia 6 de julho, os turcos finalmente se renderam, e seus comandantes observaram chocados quando o exército maltrapilho de Lawrence correu para o mar a fim de tomar o que se pensara ser uma posição inexpugnável. Com este único golpe, Lawrence havia alterado totalmente o equilíbrio de poder no Oriente Médio.

Interpretação. A luta entre Grã-Bretanha e Turquia durante a Primeira Guerra Mundial é uma magnífica demonstração da diferença entre uma guerra de atrito e uma guerra de manobra. Antes do brilhante movimento de Lawrence, os britânicos, lutando segundo as regras da guerra de atrito, vinham direcionando os árabes para capturarem pontos-chaves ao longo da estrada de ferro. Esta estratégia havia favorecido os turcos: eles tinham pouquíssimos homens para patrulhar toda a estrada, mas ao verem os árabes atacando de algum lugar eles podiam rapidamente movimentar os homens que tinham e usar sua potência de fogo seja para defendê-la ou recuar. Lawrence – um homem sem antecedentes militares, mas abençoado com o bom senso – viu logo que isso era estupidez. Ao redor da estrada de ferro havia milhares de quilômetros quadrados de desertos que não estavam ocupados pelos turcos. Os árabes eram mestres de uma forma móvel de guerra no lombo de camelos desde a época de Maomé; vastos espaços a sua disposição lhes davam infinitas possibilidades de manobras que criariam ameaças por toda parte, forçando os turcos a se abrigarem em seus fortes. Paralisados, os turcos definhavam por falta de suprimentos e não podiam defender a região ao redor. O segredo da guerra total era espalhar a revolta para o norte, em direção a Damasco, permitindo aos árabes ameaçar toda a linha férrea. Mas para espalhar a revolta para o norte eles precisavam de uma base no centro. Essa base era Aqaba.

Os britânicos eram tão conservadores quanto os turcos e simplesmente não podiam imaginar uma campanha formada por um grupo de árabes liderados por um oficial de ligação. Lawrence teria de fazer isso sozinho. Traçando uma série de curvas nos vastos espaços do deserto, ele deixou os turcos confusos quanto a suas intenções. Sabendo que os turcos temiam um ataque a Damasco, ele deliberadamente espalhou a mentira de que estava indo para lá, fazendo com que eles enviassem tropas em uma caçada inútil até o norte. Em seguida, explorando a incapacidade deles de imaginarem um ataque árabe a Aqaba por terra (um deslize que compartilharam com seus compatriotas britânicos), ele os pegou desprevenidos. A subsequente captura de Aqaba por Lawrence foi uma obra-prima de economia: só dois homens morreram, de seu lado. (Compare isto com a tentativa fracassada dos britânicos de tomarem Gaza dos turcos naquele mesmo ano em uma batalha frontal, quando mais de 3 mil soldados ingleses foram mortos.) A captura de Aqaba foi o momento decisivo na vitória final dos britânicos sobre os turcos no Oriente Médio.

Seu maior poder em qualquer conflito é a capacidade de confundir seu adversário quanto a suas intenções. Adversários confusos não sabem como ou quando se defender; ataque-os de surpresa e eles se desequilibram e caem. Para conseguir isto, você deve manobrar com um só propósito: mantê-los conjecturando. Você faz com que eles o persigam em círculos; você diz o oposto do que pretende fazer; você ameaça uma área enquanto atira em outra. Você cria o máximo de desordem. Mas, para isto, você precisa de espaço para manobrar. Se você se envolve em muitas alianças que o obrigam a mostrar qual é seu jogo, se você assume posições que o deixam encurralado, se você se compromete a defender uma posição fixa, perde o poder de manobrar. Você se torna previsível. Você é como os britânicos e os turcos, movendo-se em linhas retas por áreas definidas, ignorando o vasto deserto ao redor. Quem luta assim merece as sangrentas batalhas que enfrentam.

Expandindo-se sobre a questão do controle diretivo, Lind introduz o leitor a um modelo de tomada de decisão conhecido como ciclo Boyd. Batizado em homenagem ao coronel John Boyd, o termo se refere à compreensão de que a guerra consiste do ciclo repetido de observação, orientação, decisão e ação. O coronel Boyd construiu seu modelo como um resultado de suas observações de combates aéreos na Guerra da Coreia. Ele vinha investigando por que os pilotos de caças a jato americanos tinham conseguido invariavelmente vencer os pilotos inimigos em combates encarniçados. Sua análise de aviões adversários levou a algumas descobertas surpreendentes. Caças inimigos tipicamente superavam seus congêneres americanos em velocidade, em perícia para subir e girar. Mas os americanos tinham a vantagem em dois aspectos sutilmente críticos. Primeiro, os controles hidráulicos permitiam a transição mais rápida de uma manobra para outra. Segundo, na cabina de comando o piloto tinha um amplo campo de visão. O resultado era que os pilotos americanos podiam observar e se orientar mais rapidamente para a situação tática a cada segundo. Depois, tendo decidido o que fazer em seguida, eles podiam rapidamente mudar de manobra.

Em batalha, esta habilidade para fazer velozmente o circuito observação-orientação-decisão-ação (o ciclo Boyd) dava aos pilotos americanos uma leve vantagem de tempo. Vendo-se uma luta encarniçada como uma série de ciclos Boyd, observa-se que os americanos ganhariam uma vantagem de tempo a cada ciclo, até as ações do inimigo se tornarem totalmente inadequadas às situações variantes. Por conseguinte, os pilotos americanos conseguiam "superar com o ciclo Boyd", o inimigo, frustrando as manobras dele e finalmente abatendo-o a tiros. Coronel Boyd e outros então começaram a questionar se este padrão podia ser aplicado a outras formas de guerra também.
THE ART OF MA-NEUVER, ROBERT R. LEONHARD, 1991

4. No início de 1937, Harry Cohn, durante muito tempo chefe da Columbia Pictures, enfrentou uma crise. Seu melhor diretor, Frank Capra, acabara de deixar o estúdio e os lucros diminuíam. Cohn precisava de um sucesso e de um substituto para Capra e achou ter encontrado a fórmula certa com uma comédia chamada *Cupido é moleque teimoso* e um diretor de 39 anos, chamado Leo McCarey, que havia dirigido *Diabo a quatro*, com os irmãos Marx, e *Vamos à América*, com Charles Laughton, duas comédias diferentes mas que fizeram sucesso. Cohn ofereceu *Cupido é moleque teimoso* a McCarey.

McCarey disse que não gostava do roteiro, mas que por 100 mil dólares ele aceitava fazer o filme – uma imensa quantia de dólares em 1937. Cohn, que dirigia a Columbia como Mussolini (na verdade, ele tinha uma fotografia do Duce em seu escritório), explodiu com o preço. McCarey levantou-se para sair, mas nisso notou o piano na sala do produtor. McCarey era um compositor frustrado. Sentou-se e começou a tocar a melodia de um espetáculo de teatro. Cohn tinha um fraco por este tipo de música e ficou extasiado: "Quem gosta de música assim tem de ser um homem talentoso", ele disse. "Vou pagar esse preço exorbitante. Apresente-se para trabalhar amanhã."

Dias depois, Cohn se arrependeria de sua decisão.

Três astros foram escolhidos para o elenco de *Cupido é moleque teimoso* – Cary Grant, Irene Dunne e Ralph Bellamy. Todos tiveram problemas com seus papéis como estavam no roteiro, nenhum deles queria fazer o filme e, com o passar do tempo, a infelicidade deles só aumentava. Começaram a surgir revisões do roteiro: McCarey aparentemente havia jogado no lixo o original e estava começando tudo de novo, mas seu processo criativo era peculiar – ele se sentava em um carro estacionado no Hollywood Boulevard com a roteirista Viña Delmar e improvisava verbalmente as cenas com ela. Mais tarde, quando a filmagem começava, ele caminhava pela praia e rabiscava as montagens em pedaços de papel pardo. Seu estilo de dirigir era igualmente incômodo para os atores. Um dia, por exemplo, ele perguntou a Irene Dunne se ela tocava piano e a Bellamy se ele sabia cantar. Ambos responderam "Não muito bem", mas o próximo passo de McCarey foi fazer Dunne tocar "Home on the Range" da melhor maneira que pudesse enquanto Bellamy cantava fora de tom. Os atores não acharam graça neste exercício bastante humilhante, mas McCarey ficou encantado e filmou a canção inteira. Nada disso estava no roteiro, mas acabou tudo fazendo parte do filme.

Às vezes os atores ficavam esperando no *set* enquanto McCarey se distraía no piano, então de repente ele vinha com uma ideia sobre o que filmar no dia seguinte. Certa manhã Cohn apareceu no *set* e assistiu a este estranho processo. "Eu o contratei para fazer uma grande comédia para mostrar a Frank Capra!", ele exclamou. Cohn ficou muito aborrecido e cancelou tudo. Sua irritação aumentava dia a dia, mas estava obrigado por contrato a pagar a Dunne 40 mil dólares pelo filme, fosse ele filmado ou não. Não podia despedir McCarey naquela altura sem criar problemas maiores, nem podia fazê-lo voltar ao roteiro original, visto que McCarey já havia iniciado a filmagem e só ele parecia saber aonde o filme ia chegar.

Mas, com o passar dos dias, os atores começaram a ver certo método na loucura de McCarey. Ele os filmava em longas tomadas nas quais uma boa parte do trabalho deles era dirigida de uma forma livre; as cenas tinham espontaneidade e eram animadas. Por mais casual que parecesse, ele sabia o que queria e refazia a filmagem mais simples se a expressão no rosto dos atores não fosse suficientemente amorosa. Os dias de filmagem eram curtos e objetivos.

Um dia, depois de uma longa ausência, Cohn apareceu no *set* e encontrou McCarey servindo drinques ao elenco. Cohn estava a ponto de explodir quando o diretor lhe disse que estavam bebendo para comemorar – tinham acabado de encerrar as filmagens. Cohn ficou chocado e encantado: McCarey terminara antes do prazo e com uma redução de 100 mil dólares no orçamento. Em seguida, para sua surpresa também, o filme foi montado na sala de edição como um estranho quebra-cabeça. Era bom, muito bom. As plateias de testes davam gargalhadas. Estreando em 1937, *Cupido é moleque teimoso* foi um total sucesso e deu a McCarey um Oscar de melhor diretor. Cohn tinha encontrado seu novo Frank Capra.

Infelizmente McCarey tinha visto muito bem as tendências ditatoriais de seu chefe e, apesar das vantajosas ofertas de Cohn, nunca mais trabalhou para a Columbia.

Interpretação. Leo McCarey, um dos grandes diretores da era dourada de Hollywood, era essencialmente um compositor e um letrista frustrado. Trabalhava dirigindo comédias de pancadaria – foi ele quem juntou o Gordo com o Magro – só porque não conseguia se sustentar com a música. O filme *Cupido é moleque teimoso* é considerado uma das melhores comédias amalucadas de todos os tempos, e tanto seu estilo quanto o modo como McCarey trabalhou nele vinham de seu instinto musical: ele compunha o filme em sua cabeça da mesma maneira solta, mas lógica, que usava para brincar com uma melodia no piano. Criar um filme assim exigia duas coisas: espaço de manobra e habilidade para canalizar caos e confusão para o processo criativo.

Mobilidade, definida como a capacidade de projetar poder a distância, é outra caractertísca do bom xadrez. É objetivo de um bom jogador de xadrez garantir que cada uma de suas peças possa exercer pressão sobre o máximo de quadrados, em vez de ficar encurralada em um canto, cercada por outras. Portanto, o mestre no xadrez antecipa trocas de peões (batalhas de infantaria, se você quiser), não porque está tentando

> *cansar o inimigo, mas porque sabe que pode projetar o poder de suas torres (forças mecanizadas) pelas fileiras abertas resultantes. Deste modo, o mestre no xadrez luta a fim de se movimentar. Esta ideia é central para a teoria da guerra de manobra.*
> THE ART OF MANEUVER, ROBERT R. LEONHARD, 1991

McCarey mantinha-se distante de Cohn, dos atores, dos roteiristas – na verdade, de todos – o máximo possível. Ele não se deixava encurralar pela ideia de ninguém sobre como fazer um filme. Com espaço para manobrar, ele podia improvisar, experimentar, mover-se fluidamente em diferentes direções em qualquer cena, mantendo, no entanto, tudo perfeitamente sob controle – ele sempre parecia saber o que queria e o que funcionava. E como filmar desse jeito fazia cada dia parecer um novo desafio, os atores tinham de reagir com sua própria energia, em vez de simplesmente regurgitar palavras de um roteiro. McCarey dava espaço para que o acaso e acontecimentos aleatórios da vida entrassem em seu esquema criativo sem ser dominado pelo caos. A cena que ele foi inspirado a criar quando soube da falta de habilidade musical de Dunne e Bellamy, por exemplo, parece não ensaiada e real porque na verdade foi isso que aconteceu. Se estivesse no roteiro teria sido bem menos engraçada.

Dirigir um filme – ou qualquer projeto artístico profissional ou científico – é como lutar em uma guerra. Existe certa lógica no modo como você ataca um problema, molda seu trabalho, lida com o atrito e a discrepância entre o que você quer e o que consegue. Diretores ou artistas, com frequência, começam com grandes ideias, mas ao planejarem criam uma tal camisa de força para si mesmos, um roteiro tão rígido a seguir e formas nas quais se encaixar, que o processo perde toda a graça, não sobra nada para explorar na criação em si e o resultado final parece artificial e frustrante. Por outro lado, artistas podem começar uma vaga ideia que parece promissora, mas são preguiçosos demais ou indisciplinados para lhe dar forma. Eles criam tanto espaço e confusão que no final nada combina.

A solução é planejar, ter uma ideia clara do que você quer, depois se colocar em um espaço aberto e dar a si mesmo opções para trabalhar. Você dirige a situação, mas deixa espaço para oportunidades inesperadas e acontecimentos aleatórios. Tanto generais como artistas podem ser julgados pelo modo como lidam com o caos e a confusão, aceitando-os, mas orientando-os para seus próprios propósitos.

5. Um dia, no Japão da década de 1540, em uma balsa lotada de fazendeiros, mercadores e artesãos, um jovem samurai regalava a quem o escutasse com histórias sobre suas grandes vitórias como espadachim, brandindo sua espada de 90 centímetros de comprimento enquanto falava para demonstrar sua perícia. Os outros passageiros estavam com um pouco de medo deste jovem atlético, portanto fingiam interesse pelo que ele contava para evitar problemas. Mas um homem mais velho sentava-se mais afastado, ignorando o jovem fanfarrão. Era obviamente um samurai também – tinha duas espadas –, mas ninguém sabia que, na verdade, tratava-se de Tsukahara Bokuden, talvez o maior espadachim de sua época. Já estava na casa dos cinquenta anos e gostava de viajar sozinho e incógnito.

Bokuden estava sentado de olhos fechados, aparentemente em profunda meditação. Sua imobilidade e seu silêncio começaram a incomodar o jovem samurai que acabou gritando: "Não gosta deste tipo de conversa? Você nem sabe como manejar uma espada, velho, sabe?" "Certamente que sei", respondeu Bokuden. "Meu estilo, entretanto, é o de não manejar minha espada em circunstâncias tão inconsequentes como esta." "Um estilo de usar a espada que não usa uma espada", disse o jovem samurai. "Não diga bobagens. Como se chama sua escola de esgrima?" "Chama-se Mutekatsu-ryu [estilo que vence sem espadas ou lutas]", respondeu Bokuden. "O quê? Mutekatsu-ryu? Não seja ridículo. Como pode derrotar um adversário sem lutar?"

A esta altura o jovem samurai estava zangado e irritado e exigiu que Bokuden demonstrasse seu estilo desafiando-o para uma luta ali mesmo. Bokuden recusou-se a duelar no barco cheio de gente, mas disse que mostraria o Mutekatsu-ryu ao samurai na próxima praia, e pediu ao barqueiro para guiar a embarcação para uma pequena ilha ali perto. O rapaz começou a balançar sua espada para relaxar. Bokuden continuou sentado com os olhos fechados. Ao se aproximarem da ilha, o desafiante impaciente gritou: "Vem! Você parece que morreu. Vou lhe mostrar como minha espada é afiada!" E aí pulou para a praia.

Bokuden não se apressou, enfurecendo ainda mais o jovem samurai, que começou a gritar insultos. Bokuden finalmente entregou ao barqueiro suas espadas dizendo "Meu estilo é Mutekatsu-ryu. Não preciso de espada", e com estas palavras pegou o longo remo do barqueiro e empurrou-o com força contra a praia, arremessando o barco rapidamente para a água e longe da ilha. O samurai gritou, exigindo a volta do barco. Bokuden respondeu: "Isto é o que eu chamo de vitória sem luta. Eu o desafio a pular na água e nadar até aqui!"

Agora os passageiros no barco podiam olhar para o jovem samurai desaparecendo ao longe, perdido na ilha, dando saltos, abanando os braços enquanto seus gritos iam ficando cada vez mais fracos. Eles começaram a rir: Bokuden havia demonstrado claramente o que era Mutekatsu-ryu.

Interpretação. Assim que Bokuden escutou a voz do arrogante jovem samurai, soube que haveria problemas. Um duelo em um barco lotado de gente seria um desastre e totalmente desnecessário; ele precisava tirar o rapaz dali sem luta, e fazer a derrota ser humilhante. Ele faria isto

NO. 71. A VITÓRIA EM MEIO A UMA CENTENA DE INIMIGOS

Ao sacerdote Yozan, o 28º professor em Enkakuji, aproximou-se para uma entrevista um samurai chamado Ryozan, que praticava Zen. O professor disse: "Você vai entrar em uma banheira, totalmente nu sem nem um trapo para cobri-lo. Então, uma centena de inimigos armados, com arcos e espadas, surgirá a sua volta. Como você vai enfrentá-los? Vai rastejar diante deles e implorar misericórdia? Vai mostrar sua linhagem de guerreiro morrendo em combate contra eles? Ou um homem do Caminho tem algum dom sagrado?" Ryozan disse: "Deixe-me vencer sem me render e sem lutar."

Teste
Surpreendido em meio a uma centena de inimigos, como você vai conseguir vencer sem se render e sem lutar?

SAMURAI ZEN: THE WARRIOR KOANS, TREVOR LEGGETT, 1985

com uma manobra. Primeiro, permaneceu quieto e calado, distraindo sua atenção dos inocentes passageiros e atraindo-a para si como um ímã. Em seguida, confundiu-o com um nome bastante irracional para uma escola de luta, superaquecendo a mente bastante simples do rapaz com um conceito que o deixou perplexo. O samurai atarantado tentou disfarçar com ameaças. Ele agora estava tão zangado e mentalmente desequilibrado que saltou para a praia sozinho, sem considerar o significado bem óbvio de Mutekatsu-ryu mesmo depois de já estar lá. Bokuden era um samurai que sempre confiou em posicionar seus adversários primeiro e vencer facilmente, por manobras e não pela força bruta. Esta era a melhor demonstração da sua arte.

O objetivo da manobra é lhe dar vitórias fáceis, o que você pode fazer atraindo os adversários para trocarem suas posições de poder fortificadas por um terreno desconhecido onde terão de lutar desequilibrados. Visto que a força de seus adversários é inseparável da capacidade que eles têm de pensar corretamente, suas manobras devem ser projetadas para deixá-los emotivos e confusos. Se você é direto demais nestas manobras, corre o risco de revelar seu jogo; você precisa ser sutil, atraindo os adversários até você com comportamentos enigmáticos, irritando-os pouco a pouco com comentários e ações provocantes, depois recuando de repente. Quando sentir que estão sendo dominados pelas emoções, que estão cada vez mais frustrados e com raiva, você pode acelerar o ritmo de suas manobras. Adequadamente posicionados, seus adversários saltarão para a ilha e ficarão encalhados, dando a você a vitória fácil.

Imagem:
A Foice. O mais simples dos instrumentos. Cortar a grama alta ou campos de trigo ainda não maduro é trabalho exaustivo. Mas deixe os talos ficarem castanho-dourados, duros e secos, e nesse breve tempo até a foice mais cega ceifará o trigo com facilidade.

Autoridade: *Batalhas se vencem com carnificina e com manobras. Quanto mais excelente for o general, mais ele contribui em manobras, menos ele exige em carnificina... Quase todas as batalhas consideradas como obras-primas da arte militar... foram batalhas de manobras nas quais com muita frequência o inimigo se viu derrotado por algum novo expediente ou mecanismo, algum golpe ou estratagema bizarro, rápido, inesperado. Nessas batalhas, os vitoriosos perderam muito pouco.* – Winston Churchill (1874-1965)

INVERSO

Não há objetivo nem honra em buscar a batalha direta por ela mesma. Esse tipo de luta, entretanto, talvez tenha valor como parte de uma manobra ou estratégia. Um súbito envolvimento ou poderoso golpe frontal quando o inimigo menos espera pode ser esmagador.

O único perigo na manobra é que você se dá tantas opções que acaba se confundindo. Simplifique – limite-se às opções que possa controlar.

21

NEGOCIE ENQUANTO AVANÇA

A ESTRATÉGIA DA GUERRA DIPLOMÁTICA

As pessoas sempre tentarão obter de você por meio de negociações o que não puderam tirar em batalhas ou confrontos diretos. Elas até vão apelar para a justiça ou moral como um disfarce para avançarem suas posições. Não se iluda: negociações são manobras de poder ou colocação, e você deve sempre se colocar em uma espécie de posição forte que impossibilite ao outro lado tirar proveito de você durante suas conversas. Antes e durante as negociações, você precisa continuar avançando, criando implacável pressão e forçando o outro lado a aceitar seus termos. Quanto mais você tira, mais você pode devolver em concessões inexpressivas. Crie fama de ser firme e intransigente, para que as pessoas fiquem perplexas antes mesmo de conhecer você.

GUERRA POR OUTROS MEIOS

Depois que Atenas foi finalmente derrotada por Esparta na Guerra do Peloponeso, em 404 a.C., a grande cidade-estado entrou em constante declínio. Nas décadas que se seguiram, muitos cidadãos, inclusive o grande orador Demóstenes, começaram a sonhar com um renascer da outrora dominante Atenas.

Em 359 a.C., o rei da Macedônia, Pérdicas, foi morto em batalha e surgiu uma guerra de poder por sua sucessão. Os atenienses viam a Macedônia como uma terra de bárbaros ao norte, cuja única importância era a proximidade dos pontos avançados atenienses que ajudavam a proteger seus suprimentos de grãos que vinham da Ásia e o ouro das minas locais. Um desses postos avançados era a cidade de Anfípolis, antiga colônia ateniense, mas que havia caído recentemente em mãos macedônias. Em Atenas os políticos armavam um plano para apoiar um dos pretendentes ao trono da Macedônia (um homem chamado Argaeus) com navios e solados. Se ele vencesse, seria devedor de Atenas e lhes devolveria a valiosa cidade de Anfípolis.

Infelizmente, os atenienses apostaram no cavalo errado: o irmão de Pérdicas, Felipe, de 24 anos, derrotou Argaeus facilmente em batalha e se tornou rei. Para surpresa dos atenienses, entretanto, Felipe não se aproveitou de sua vantagem e recuou, renunciando a todos os direitos a Anfípolis e tornando a cidade independente. Libertou também, sem exigir resgate, todos os soldados atenienses que havia capturado em batalha. Até discutiu a possibilidade de uma aliança com Atenas, sua recente inimiga, e em negociações secretas propôs reconquistar Anfípolis em poucos anos e entregá-la a Atenas em troca de outra cidade ainda sob o controle ateniense, uma oferta boa demais para se recusar.

Os delegados atenienses nas conversações relataram que Felipe era um sujeito afável e que sob sua aparência rude era nitidamente um admirador da cultura ateniense – na verdade, ele convidou os filósofos e artistas mais famosos de Atenas para residirem em sua capital. Da noite para o dia, pelo visto, os atenienses haviam ganhado um importante aliado ao norte. Felipe pôs-se a combater tribos bárbaras em outras fronteiras, e a paz reinou entre as duas potências.

Anos depois, quando Atenas foi abalada por sua própria luta interna pelo poder, Felipe marchou sobre Anfípolis e a capturou. De acordo com o que haviam combinado, os atenienses despacharam enviados para negociar, só para descobrirem, surpresos, que Felipe não lhes oferecia mais a cidade, mas simplesmente fazia vagas promessas para o futuro. Distraídos com os problemas em casa, os enviados não tinham outra escolha a não ser aceitar. Agora, com Anfípolis garantida sob seu controle, Felipe tinha acesso ilimitado às minas de ouro e ricas florestas da área. Ao que tudo indicava, Felipe estivera se divertindo a suas custas o tempo todo.

Agora, Demóstenes dava um passo à frente para vituperar contra o falso Felipe e avisar o perigo que ele representava para toda a Grécia. Insistindo com os cidadãos de Atenas para montarem um exército a fim de enfrentar a ameaça, o orador lembrou suas vitórias no passado sobre outros tiranos. Nada aconteceu, então, mas anos depois, quando Felipe manobrou para tomar o desfiladeiro de Termópilas – uma estreita porta de entrada que controlava o movimento do centro para o sul da Grécia –, Atenas enviou um exército para defendê-lo. Felipe recuou e os atenienses se congratularam pela vitória.

Nos anos seguintes, os atenienses assistiram, desconfiados, a Felipe ampliar seus domínios para norte, leste e interior da Grécia. Então, em 346 a.C., ele de repente propôs negociar um tratado com Atenas. Já estava provado que não se podia confiar nele, é claro, e muitos políticos da cidade haviam jurado jamais tratar novamente com ele, mas a alternativa era arriscar uma guerra com a Macedônia em uma época em que Atenas não estava preparada para isso. E Felipe parecia sincero em seu desejo de uma sólida aliança, o que, no mínimo, daria a Atenas um período de paz. Assim, apesar de suas reservas, os atenienses enviaram embaixadores até a Macedônia para assinar um contrato chamado de Paz de Filócrates. Neste acordo, Atenas cedia seus direitos a Anfípolis e em troca recebia promessas de segurança para seus postos avançados restantes no norte.

Os embaixadores saíram satisfeitos, mas no caminho de casa receberam notícia de que Felipe havia marchado sobre Termópilas e conquistado o desfiladeiro. Chamado a se explicar, Felipe respondeu que havia agido para proteger seus interesses na Grécia central de uma ameaça temporária por uma potência rival, e rapidamente abandonou o desfiladeiro. Mas os atenienses não queriam saber de mais nada – tinham sido humilhados. Repetidas vezes Felipe usara negociações e tratados para encobrir avanços espúrios. Ele não era uma pessoa honrada. Podia ter abandonado Termópilas, mas isso não tinha importância: ele estava sempre assumindo o controle sobre territórios maiores, depois se fazendo de conciliador ao devolver parte de suas aquisições – mas só parte, e de qualquer maneira muitas vezes acabava pegando de volta as terras concedidas. O efeito no final era inevitavelmente ampliar seu domínio. Mesclando guerra com diplomacia enganosa, ele havia lentamente feito da Macedônia a potência dominante na Grécia.

Demóstenes e seus seguidores estavam agora em predominância. A Paz de Filócrates era obviamente uma desgraça, e todos os envolvidos nela foram expulsos de seus cargos. Os atenienses começaram a causar problemas no país a leste de Anfípolis, tentando garantir o maior número de postos avançados ali, chegando até a provocar discussões com a Macedônia. Em 338 a.C., eles se aliaram a Tebas para se prepararem para uma grande guerra contra Felipe. Os dois aliados enfrentaram os macedônios na batalha em Caironea, na Grécia central, mas Felipe venceu a batalha decisivamente, seu filho Alexandre representando um papel-chave.

Agora os atenienses estavam em pânico: bárbaros do norte estavam para atacar sua cidade e queimar tudo. E mais uma vez eles se enganaram. Em uma generosíssima oferta de paz, Felipe prometeu não invadir as terras atenienses. Em troca ele assumiria o comando dos postos avançados em disputa no leste e Atenas se tornaria uma aliada da Macedônia. Como prova de sua palavra, Felipe libertou prisioneiros atenienses da recente guerra sem pedir resgate. Ele também mandou o filho, Alexandre, liderar uma delegação até Atenas transportando as cinzas de todos os soldados atenienses mortos em Caironea. Cheios de gratidão, os atenienses concederam a cidadania a Alexandre e a seu pai e ergueram uma estátua em homenagem a Felipe em sua ágora.

Mais tarde, naquele mesmo ano, Felipe convocou uma assembleia com todas as cidades-estados gregas (exceto Esparta, que se recusou a participar) a fim de discutirem uma aliança para formar o que se chamaria de Liga Helênica. Pela primeira vez, as cidades-estados gregas se uniriam em uma única confederação. Logo depois que todos concordaram com os termos da aliança, Felipe propôs uma guerra unida contra os odiados persas. A proposta foi aceita com satisfação, com os atenienses liderando o caminho. Por alguma razão todos haviam se esquecido de como Felipe era desonesto; só se lembraram do rei que recentemente fora tão generoso.

Em 336 a.C., antes de iniciar a guerra contra a Pérsia, Felipe foi assassinado. Seria seu filho, Alexandre, quem lideraria a liga na guerra e na criação de um império. E durante todo este tempo, Atenas permaneceria a mais fiel aliada da Macedônia, sua âncora crítica de estabilidade dentro da Liga Helênica.

Interpretação. Em um determinado nível, guerra é um negócio relativamente simples; você manobra seu exército para derrotar o inimigo matando um número suficiente de soldados dele, tomando uma quantidade suficiente de terras que pertençam a ele, ou se fazendo suficientemente seguro para proclamar a vitória. Talvez você tenha de recuar aqui e ali, mas sua intenção acaba sendo a de avançar o máximo possível. A negociação, por outro lado, é quase sempre desconfortável. Por um lado, você precisa tanto garantir seus interesses existentes como

Lorde Aberdeen, o embaixador britânico na Áustria, provou ser ainda mais fácil de se lidar. Com apenas 29 anos de idade, mal conseguindo falar francês, ele não era páreo para um diplomata com a sutileza de um Metternich. Sua rigidez e autoconfiança só serviram aos interesses de Metternich. "Metternich é extremamente atencioso para com Lorde Aberdeen", relatou Cathcart. Os resultados não tardaram. Metternich certa vez descreveu a tarefa de um diplomata como a arte de parecer ingênuo, sem o ser, e ele praticava isso plenamente com o arrogante Aberdeen. "Não considere Metternich um personagem tão formidável...", Aberdeen escreveu a Castlereagh. "Vivendo com ele o tempo todo... é possível que não o conheça? Se na verdade ele fosse o ser humano mais sutil, poderia certamente se impor a alguém menos acostumado a enganar, mas não é este seu caráter. Ele é, eu o repito para você, um homem não

acrescentar ainda mais interesses na medida do possível; por outro lado, você precisa barganhar de boa-fé, fazer concessões e conquistar a confiança do adversário. Misturar estas necessidades é uma arte, e quase impossível, pois nunca se pode ter certeza de que o outro lado está agindo de boa-fé. Neste campo desconfortável entre guerra e paz é fácil não entender bem o adversário, chegando a um acordo que a longo prazo não é de seu interesse.

A solução de Felipe foi a de ver a negociação não distinta da guerra, mas sim como uma extensão dela. Negociação, como guerra, envolvia manobra, estratégia e trapaça, e exigia que você continuasse avançando, assim como faria em um campo de batalha. Foi por compreender a negociação assim que Felipe ofereceu-se para deixar Anfípolis independente enquanto prometia tomá-la para Atenas mais tarde, uma promessa que nunca teve a intenção de cumprir. Esta manobra inicial lhe conquistou amizade e tempo e o manteve livre dos incômodos atenienses enquanto lidava com seus inimigos em outras paragens. A paz de Filócrates do mesmo modo encobriu seus movimentos na Grécia central e deixou os atenienses desequilibrados. Tendo decidido em algum momento que seu objetivo máximo era unir toda a Grécia e liderá-la em uma cruzada contra a Pérsia, Felipe determinou que Atenas – com sua nobre história – teria de funcionar como um centro simbólico da Liga Helênica. Seus generosos termos de paz foram calculados para comprar a lealdade da cidade.

Felipe não se preocupava em cumprir sua palavra. Por que ele deveria honrar seus acordos feito um cordeirinho, sabendo que os atenienses encontrariam uma desculpa mais tarde para estender seus postos avançados para o norte a suas custas? Confiança não é uma questão de ética, é outra manobra. Felipe via confiança e amizade como qualidades à venda. Ele as compraria de Atenas mais tarde, quando fosse poderoso e tivesse o que oferecer em troca.

Como Felipe, você deve ver qualquer situação de negociação em que seus interesses vitais estiverem em jogo como uma região de pura manobra, guerra por outros meios. Conquistar a confiança dos outros não é uma questão moral, mas estratégica; às vezes é necessário, às vezes não é. As pessoas deixam de cumprir o que dizem se for do interesse delas, e encontrarão desculpas morais ou legais que justifiquem seus movimentos, às vezes tanto para si mesmas como para os outros.

Assim como você precisa sempre se colocar na posição mais forte antes da batalha, o mesmo acontece com a negociação. Se você é fraco, use negociações para se dar tempo, para retardar a batalha até estar pronto; seja conciliador não para ser bonzinho, mas para manobrar. Se

muito inteligente. Ele é vaidoso... mas é confiável..." Por seu misto de condescendência e credulidade, Aberdeen se fez merecedor do sarcástico epíteto de Metternich como o "caro simplório da diplomacia".
A WORLD RESTORED, HENRY KISSINGER, 1957

você é forte, pegue o máximo que puder antes e durante as negociações – e aí mais tarde você pode devolver uma parte do que pegou, concedendo o que você menos valoriza para ficar parecendo generoso. Não se preocupe com sua reputação ou em criar confiança. É interessante ver como as pessoas se esquecem rápido do que você prometeu e não cumpriu, quando você é forte e está em posição de lhes oferecer algo que é do interesse delas.

> *Portanto, um governante prudente não deve manter a palavra se agindo assim contraria seus próprios interesses... Se os homens fossem todos bons, este preceito não seria bom; mas como eles são maus, e não cumprem o que lhe prometem, você não está obrigado a cumprir sua palavra com eles. Nem jamais faltaram bases legítimas para um príncipe que desejasse se desculpar pelo não cumprimento de uma promessa.*
> – Nicolau Maquiavel, *O príncipe* (1469-1527)

JADE EM VEZ DE LADRILHO

No início de 1821, o ministro do Exterior russo, Capo d'Istria, escutou a notícia pela qual estava esperando havia muito tempo: um grupo de patriotas gregos iniciara uma rebelião contra os turcos (a Grécia, na época, fazia parte do Império Otomano), com a intenção de expulsá-los e estabelecer um governo liberal. D'Istria, um grego de origem nobre, sonhava havia muito tempo em envolver a Rússia nos assuntos gregos. A Rússia era uma potência militar em desenvolvimento; ao apoiar a revolução – supondo-se que os rebeldes vencessem –, ela ganharia influência sobre uma Grécia independente e os portos do Mediterrâneio para sua marinha. Os russos também se viam como protetores da Igreja Ortodoxa Grega, e o czar Alexandre era um homem profundamente religioso; liderar uma cruzada contra os turcos islâmicos deixaria satisfeita sua consciência moral assim como os interesses políticos russos. Era bom demais para ser verdade.

Apenas um obstáculo se interpunha no caminho de D'Istria:: o príncipe Klemens von Metternich, o ministro das Relações Exteriores austríaco. Anos antes, Metternich havia trazido a Rússia para uma aliança com a Áustria e a Prússia chamada de Sacra Aliança. O objetivo era proteger os governos destas nações da ameaça de revolução e manter a paz na Europa depois do tumulto das Guerras Napoleônicas. Metternich fizera amizade com Alexandre I. Percebendo que os russos poderiam intervir na Grécia, ele tinha enviado ao czar centenas de relatórios afirmando que a revolução era parte de uma conspiração em toda a Europa para acabar com as monarquias no continente. Se Alexandre prestasse ajuda à Grécia, seria um joguete na mão dos revolucionários e estaria violando o propósito da Sacra Aliança.

D'Istria não era tolo: sabia que o desejo de Metternich era, na verdade, impedir a Rússia de expandir sua influência no Mediterrâneo, o que abalaria a Inglaterra e desestabilizaria a Europa, o maior temor de Metternich. Para D'Istria era simples: ele e Metternich disputavam quem teria mais influência sobre o czar. E D'Istria levava vantagem: ele via o czar com frequência e podia neutralizar os poderes persuasivos de Metternich com o constante contato pessoal.

Os turcos inevitavelmente agiam para reprimir a rebelião grega, e conforme cresciam as atrocidades contra os gregos, parecia quase certo que o czar interviria. Mas em fevereiro de 1822, quando a revolução estava chegando ao ponto de fervura, o czar fez o que aos olhos de D'Istria foi um erro fatal: concordou em mandar um enviado a Viena para discutir a crise com Metternich. O príncipe adorava atrair negociadores a Viena, onde os encantava até não poder mais. D'Istria sentiu a situação escapar-lhe das mãos. Agora ele só tinha uma opção: escolher o enviado que iria a Viena e colocá-lo ciente de todos os detalhes.

A escolha de D'Istria foi um homem chamado Taticheff, que tinha sido embaixador da Rússia na Espanha. Taticheff era um negociador astuto e experiente. Convocado para uma reunião pouco antes de partir, ele ouviu atentamente enquanto D'Istria expunha os riscos: Metternich tentaria encantar e seduzir Taticheff; para impedir o czar de intervir, ele se oferecia para negociar um acordo entre os russos e os turcos; e, é claro, solicitaria um fórum europeu para discutir a questão. Esta era a manobra preferida de Metternich: ele sempre conseguia dominar estes fóruns e de alguma forma obter o que queria. Taticheff não devia se deixar enfeitiçar. Ele daria a Metternich um bilhete de D'Istria provando que a Rússia tinha direito de vir em auxílio de seus companheiros cristãos que sofriam nas mãos dos turcos. E, em hipótese alguma, concordaria com a participação da Rússia no fórum.

Na madrugada de sua partida para Viena, Taticheff foi chamado inesperadamente para uma reunião com o próprio czar. Alexandre estava nervoso e em conflito. Sem saber das instruções de D'Istria, ele falou para Taticheff dizer a Metternich que ele queria ao mesmo tempo agir de acordo com a aliança e cumprir sua obrigação moral na Grécia. Taticheff decidiu que teria de retardar a entrega desta mensagem o máximo possível – ela tornaria seu trabalho confuso demais.

Em seu primeiro encontro com Metternich em Viena, Taticheff avaliou o ministro austríaco. Ele o viu como uma pessoa bastante fútil, aparentemente mais interessado em bailes à fantasia e mocinhas do que na Grécia. Metternich parecia desligado e um tanto desinformado; o pouco que ele disse sobre a situação na Grécia traía confusão. Taticheff leu o bilhete de D'Istria para ele, e, como que sem pensar, Metternich perguntou se estas também eram as instruções do czar. Colocado em xeque, Taticheff não podia mentir. Sua esperança agora era a de que as instruções um tanto contraditórias do czar confundissem ainda mais o príncipe, deixando Taticheff um passo à frente.

Nos próximos dias, Taticheff divertiu-se muito na encantadora cidade de Viena. E aí teve outro encontro com Metternich, que lhe perguntou se podiam iniciar as negociações com base nas instruções do czar. Sem dar tempo para Taticheff pensar, Metternich perguntou em seguida quais seriam as exigências da Rússia nesta situação. Parecia justo, e Taticheff respondeu que os russos queriam fazer da Grécia um protetorado, conseguir a aprovação da aliança para a intervenção russa na Grécia, e assim por diante. Metternich recusou todas as propostas, dizendo que seu governo jamais concordaria com isso, então Taticheff pediu que ele sugerisse outras ideias. Em vez disso, Metternich entrou em uma discussão abstrata sobre revoluções, sobre a importância da Sacra Aliança e outras irrelevâncias. Taticheff saiu confuso e um tanto aborrecido. Ele queria afirmar uma posição, mas estas discussões eram informais e deselegantes; sentindo-se perdido, ele não fora capaz de direcioná-las para onde queria.

Dias depois, Metternich chamou Taticheff de novo. Parecia constrangido, até desgostoso: os turcos, disse, tinham acabado de lhe mandar um bilhete afirmando que os russos estavam por trás da confusão na Grécia e pedindo para transmitir ao czar a determinação deles de lutarem até a morte para garantir o que era deles. Em um tom solene, sugerindo estar aborrecido com a falta de diplomacia dos turcos, Metternich disse achar indigno de seu país transmitir esta vergonhosa mensagem ao czar. Ele acrescentou que os austríacos consideravam a Rússia como sua aliada mais fiel e apoiariam suas condições para resolver a crise. Finalmente, se os turcos se recusassem a ceder, a Áustria romperia relações com eles.

Taticheff ficou bastante comovido com esta súbita demonstração de solidariedade carregada de emoção. Talvez os russos tivessem interpretado mal o príncipe – talvez ele estivesse realmente do lado deles. Temendo que D'Istria entendesse errado, Taticheff relatou este encontro apenas para o czar. Dias depois, Alexandre respondeu que, a partir daquele momento, Taticheff se reportaria apenas a ele; D'Istria estaria excluído das negociações.

O ritmo dos encontros com Metternich se acelerou. De certa forma os dois homens discutiam apenas soluções diplomáticas para a crise;

não se falou mais no direito da Rússia de intervir militarmente na Grécia. Finalmente, Metternich convidou o czar para assistir a um fórum sobre a questão em Verona, Itália, meses depois. Na ocasião, a Rússia lideraria o debate sobre como melhor resolver o problema; ela estaria no centro das atenções, com o czar sendo justamente homenageado como o salvador da Europa na cruzada contra a revolução. O czar concordou em participar muito satisfeito.

De volta a São Petersburgo, D'Istria vociferava com quem o escutasse, mas, logo depois que Taticheff chegou em casa, o ministro das Relações Exteriores russo foi chutado do cargo de vez. E no fórum, mais tarde em Verona, como ele previra, a crise grega foi resolvida exatamente do modo que melhor servia aos interesses da Áustria. O czar era a estrela do show, mas, pelo visto, ele não fez caso ou notou que havia assinado um documento que em sua essência impedia a Rússia de intervir unilateralmente nos Bálcãs, abrindo mão, por conseguinte, de um direito de que todos os líderes russos, desde Pedro, o Grande, fizeram questão. Metternich vencera a guerra com D'Istria mais completamente do que o ex-ministro jamais imaginara possível.

Interpretação. O objetivo de Metternich sempre foi um acordo que melhor servisse aos interesses da Áustria no longo prazo. Esses interesses, ele decidiu, compreendiam não apenas impedir a intervenção russa na Grécia, mas manobrar o czar no sentido de ceder permanentemente o direito de enviar tropas para os Bálcãs, fonte permanente de instabilidade na Europa. Portanto, Metternich examinou as forças relativas de ambos os lados. Que influência ele tinha sobre os russos? Muito pouca; na verdade, ele era a parte mais fraca. Mas Metternich possuía um trunfo: seu estudo de muitos anos da personalidade um tanto estranha do czar. Alexandre era um homem muito emotivo que agia somente em um estado de exaltação; ele tinha de transformar tudo em uma cruzada. Assim, desde o início da crise, Metternich plantou a semente de que a verdadeira cruzada aqui não era de cristãos contra turcos, mas de monarquias contra a revolução.

Metternich também compreendia que seu principal inimigo era D'Istria e que ele teria de enfiar uma cunha entre D'Istria e o czar. Então atraiu um enviado até Viena. Em negociações individuais diretas, Metternich era um jogador de xadrez no nível de um grão-mestre. Com Taticheff como com tantos outros, ele primeiro reduzia as suspeitas do adversário bancando o vaidoso e afetado, até mesmo um aristocrata pouco inteligente. Em seguida ele começava a falar das negociações, atolando-as em discussões legalistas, abstratas. Isso o fazia parecer ain-

Grato por sua absolvição, Orestes dedicou um altar a guerreira Atena; mas as Eríneas ameaçaram, se o julgamento não fosse invertido, deixar cair uma gota do sangue de seus próprios corações, o que causaria a infertilidade do solo, disseminaria as pragas sobre as

> *colheitas e destruiria toda a descendência de Atena. Mas Atena acalmou a ira com elogios; admitindo que elas eram muito mais sábias do que ela mesma, sugeriu que fossem residir em uma grota em Atenas, onde reuniriam multidões de adoradores como jamais poderiam esperar encontrar em outro lugar. Altares dignos de divindades do submundo seriam delas, assim como sóbrios sacrifícios, libações à luz de archotes, primícias seriam oferecidas após a consumação de casamento ou nascimento de filhos, e até assentos no Erecteion. Se aceitassem este convite, ela decretaria que nenhuma casa onde não fossem adoradas poderia prosperar; mas elas, em troca, deveriam invocar ventos favoráveis para os navios de Atena, fertilidade para sua terra e casamentos férteis para seu povo – também expulsariam os ímpios, de modo que ela pudesse achar adequado conceder a Atenas a vitória na guerra. As Eríneas, depois de uma breve deliberação, concordaram gentilmente com estas propostas.*
> THE GREEK MYTHS, VOL.2, ROBERT GRAVES, 1955

da mais idiota, conduzindo Taticheff na direção errada, mas também deixando-o confuso e irritado. Um negociador confuso e exasperado tende a cometer enganos, tais como revelar demais sobre o que pretende, sempre um erro fatal. Um negociador confuso é também seduzido com mais facilidade por demonstrações emotivas. Neste caso, Metternich usou o bilhete dos turcos para encenar um pequeno teatro no qual parecia revelar uma súbita mudança em suas simpatias. Isso deixou Taticheff – e por meio dele, o czar – totalmente enfeitiçado.

A partir de então, reestruturar a discussão para se adequar ao propósito de Metternich foi brincadeira de criança. A oferta de encenar um fórum no qual o czar brilharia era fascinante, e também parecia oferecer à Rússia a chance de maior influência nos assuntos europeus (o que Alexandre mais queria). Na verdade, o resulto foi oposto: Alexandre acabou assinando um documento que excluía a Rússia dos Bálcãs – o objetivo de Metternich o tempo todo. Sabendo como as pessoas se deixam seduzir facilmente pelas aparências, o ministro austríaco deu ao czar a aparência de poder (sendo o centro das atenções no fórum), enquanto ele mesmo mantinha sua substância (tendo o documento assinado). É o que os chineses chamam de dar a alguém um pedaço vistoso de ladrilho pintado em troca de jade.

Como Metternich demonstrou com frequência, o sucesso de uma negociação depende do nível de preparação. Se você entra com uma vaga ideia do que deseja, vai se ver trocando de posição dependendo do que o outro lado coloca sobre a mesa. Você pode se deixar levar para uma posição que parece apropriada, mas não atende a seus interesses no final. A não ser que você analise cuidadosamente seu poder, é bem provável que suas manobras sejam contraproducentes.

Antes de tudo, você precisa se ancorar determinando com o máximo de clareza suas metas a longo prazo e sua influência para alcançá-las. Essa clareza o manterá paciente e calmo. Permitirá também que você faça às pessoas concessões que parecem generosas, mas que na verdade se revelam medíocres, porque elas não ferem seus verdadeiros objetivos. Antes de iniciar as negociações, estude seus adversários. Revelar as fragilidades e desejos insatisfeitos de seus oponentes lhe dará um tipo diferente de vantagem: a habilidade para confundi-los, deixá-los dominados pelas emoções, seduzi-los com pedaços de ladrilho. Se possível, finja-se um pouco de tolo: quanto menos as pessoas compreenderem você e o lugar para onde está indo, mais espaço você tem para manobrá-las para um beco sem saída.

> *Todo mundo quer alguma coisa sem ter ideia de como obtê-la, e o aspecto realmente intrigante da situação é que ninguém sabe muito bem como conseguir o que deseja. Mas, como eu sei o que eu quero e do que os outros são capazes, estou totalmente preparado.*
> – Príncipe Klemens von Metternich (1773-1859)

CHAVES PARA A GUERRA

Conflitos e confrontos em geral são coisas desagradáveis que despertam emoções desagradáveis. Desejando evitar esse aborrecimento, as pessoas muitas vezes tentam ser gentis e conciliadoras com quem está a sua volta, na crença de que isso evocará a mesma reação em troca. Mas com frequência a experiência prova que esta lógica está errada: com o tempo as pessoas a quem você trata com gentileza vão achar isso muito normal e não darão o devido valor. Elas o verão como alguém que é fraco e que pode ser explorado. Ser generoso não evoca gratidão, mas cria uma criança mimada ou alguém que se ressente de um comportamento percebido como caridade.

Quem acredita, ao contrário de todas as evidências, que gentileza gera gentileza em troca está condenado ao fracasso em qualquer tipo de negociação, sem falar do jogo da vida. As pessoas reagem de um modo delicado e conciliador só quando é do interesse delas e quando são obrigadas a isso. Sua meta é criar esse imperativo fazendo que seja penoso para elas lutar. Se você alivia a pressão de um desejo para ser conciliador e conquistar a confiança delas, só lhes dará uma abertura para procrastinarem, enganarem e se aproveitarem de sua gentileza. A natureza humana é assim. Ao longo dos séculos, quem disputou guerras aprendeu esta lição da maneira mais difícil.

Quando nações violam este princípio, os resultados quase sempre são trágicos. Em junho de 1951, por exemplo, o exército americano suspendeu sua ofensiva extremamente eficaz contra o Exército da Libertação do Povo Chinês na Coreia porque os chineses e os norte-coreanos haviam sinalizado que estavam prontos para negociar. Em vez disso, eles prolongaram as conversas o máximo possível enquanto recuperavam seus exércitos e reforçavam suas defesas. Quando a negociação fracassou e a guerra recomeçou, as forças americanas descobriram que sua vantagem no campo de batalha estava perdida. Este padrão se repetiu na Guerra do Vietnã e até certo ponto também na Guerra do Golfo em 1991. Os americanos agiram em parte por um desejo de reduzir as baixas, em parte para serem vistos tentando encerrar estas guerras o mais cedo possível, para parecerem conciliadores. O que eles não perceberam foi que o incentivo do inimigo para negociar de boa-fé se perdeu no processo. Neste caso, tentar ser conciliador e salvar vidas conduziu a guerras muito mais demoradas, mais sangrentas, uma verdadeira tragédia. Se os Estados Unidos tivessem continuado a avançar na Coreia, em 1951, poderiam ter constrangido os coreanos e os chineses a negociarem em seus próprios termos; tivessem continuado suas campanhas de bombardeios no Vietnã, poderiam ter forçado os norte-vietnamitas a negociar em vez de procrastinar; tivessem continuado sua marcha até Bagdá, em 1991, poderiam ter forçado Saddam Hussein a abandonar o cargo como uma condição de paz, impedindo uma futura guerra e salvando inúmeras vidas.

A lição é simples: continuando a avançar, mantendo inexorável pressão, você força seus inimigos a reagir e eles acabam negociando. Se você avança um pouco mais todos os dias, as tentativas de retardar as negociações só enfraquecem a posição deles. Você está demonstrando sua decisão e determinação, não por meio de gestos simbólicos, mas administrando a dor real. Você não continua a avançar a fim de se apoderar de terras ou bens, mas para se colocar na posição mais forte possível e vencer a guerra. Depois de fazê-los se acomodar, você tem espaço para fazer concessões e devolver parte do que tomou. No processo você poderia até parecer gentil e conciliador.

Às vezes você vai se encontrar segurando a mão fraca, a mão sem nenhuma influência. Nesses momentos, é ainda mais importante continuar avançando. Ao demonstrar força e decisão, ao manter a pressão, você disfarça suas fragilidades e ganha bases que o deixarão criar para si mesmo uma vantagem significativa.

Em junho de 1940, pouco depois que a *blitzkrieg* destruiu as defesas da França e o governo francês se rendeu, o general Charles De Gaulle fugiu para a Inglaterra. Ele esperava se estabelecer ali como o líder da França Livre, o legítimo governo no exílio, em oposição ao governo de Vichy dominado pelos alemães que agora governava grande parte do país. As chances estavam fortemente contra De Gaulle: ele nunca fora uma figura de destaque dentro da França. Muitos soldados franceses e políticos mais famosos podiam reivindicar o papel que ele queria; ele não tinha influência para fazer os aliados reconhecerem-no como o líder da França Livre, e sem o reconhecimento deles ele não poderia fazer nada.

Desde o início, De Gaulle ignorou as probabilidades e se apresentou a todos como o único homem capaz de salvar a França depois de sua vergonhosa rendição. Ele transmitia para a França discursos instigantes pelo rádio. Excursionava pela Inglaterra e pelos Estados Unidos fazendo figura com seu sentido de propósito, colocando-se no papel de uma espécie de Joana d'Arc moderna. Ele fazia contatos importantes com a Resistência Francesa. Winston Churchill admirava De Gaulle, mas com frequência o achava insuportavelmente arrogante, e Franklin Roosevelt o desprezava; repetidas vezes os dois líderes tentaram convencê-lo a aceitar o controle dividido da França Livre. Mas sua resposta era sempre a mesma: ele não cederia. Ele não aceitaria nada menos do que a liderança exclusiva. Nas sessões de negociação ele era extremamente rude, a ponto de, às vezes, se retirar da sala, deixando claro que para ele era tudo ou nada.

Churchill e Roosevelt amaldiçoavam o nome de De Gaulle, lamentando o dia em que o deixaram assumir uma posição. Até falavam em rebaixá-lo e expulsá-lo de cena. Mas sempre voltavam atrás e, no final, lhe deram o que ele queria. Fazer outra coisa significaria um escândalo público em uma época delicada e romperia a relação que eles tinham com a Resistência Francesa. Estariam rebaixando um homem a quem uma boa parte do público já reverenciava.

Compreenda: se você é fraco e pede pouco, pouco é o que vai conseguir. Mas se age com força, fazendo exigências firmes, até abusivas, a impressão é o oposto: as pessoas vão pensar que sua segurança deve estar baseada em algo real. Você vai conquistar o respeito, que por sua vez se traduzirá em vantagem. Quando você for capaz de se estabelecer em uma posição mais forte, pode levar isto mais adiante recusando-se a ceder, deixando claro que você está disposto a abandonar a mesa – uma forma eficaz de coerção. O outro lado pode aceitar o desafio, mas você garante que isso tenha um preço – má publicidade, por exemplo. E se no final você ceder um pouco, ainda será muito menos do que as concessões a que eles o teriam forçado se pudessem.

O grande diplomata britânico Harold Nicholson acreditava que havia dois tipos de negociadores: os guerreiros e os comerciantes. Guerreiros usam negociações como um meio de ganhar tempo e uma posição mais forte. Comerciantes operam segundo o princípio de que é mais importante estabelecer a confiança, moderar as exigências de cada um dos lados e chegar a um acordo mutuamente satisfatório. Seja na diplomacia ou nos negócios, o problema é quando os comerciantes supõem estar lidando com outro comerciante só para descobrir que enfrentam um guerreiro.

Seria útil saber antes que tipo de negociador você enfrenta. A dificuldade é que guerreiros hábeis se farão mestres em disfarces: a princípio, parecerão sinceros e afáveis, depois revelarão sua natureza guerreira quando já é tarde demais. Ao solucionar um conflito com um inimigo que você não conhece bem, é sempre melhor proteger-se representando você mesmo o papel de guerreiro: negociar enquanto avança. Sempre haverá tempo para recuar e consertar as coisas se você for longe demais. Mas, se virar presa de um guerreiro, você será incapaz de recuperar seja lá o que for. Em um mundo em que o número de guerreiros é cada vez maior, você tem de estar disposto a empunhar a espada também, mesmo que no fundo seja um comerciante.

Imagem: *O Grande Porrete. Você pode falar com voz suave e gentil, mas o outro lado vê que você tem algo assustador na mão. Ele não precisa sentir a dor real disso batendo em sua cabeça; ele sabe que o porrete está ali, que ele não vai desaparecer, que você já o usou antes e que ele machuca. Melhor encerrar as discussões e negociar um acordo, a que preço for, do que se arriscar a levar uma porretada dolorosa.*

Autoridade: *Não nos consideremos vitoriosos até o dia seguinte à batalha, nem derrotados até quatro dias depois... Carreguemos sempre a espada em uma das mãos e o ramo de oliveira na outra, sempre prontos para negociar, mas negociando só enquanto avançamos.* – Príncipe Klemens von Metternich (1773-1859)

INVERSO

Na negociação como na guerra, você não deve se deixar empolgar; existe o perigo de avançar demais, de falar demais, até o ponto em que você cria um inimigo exasperado que agirá para se vingar. Foi assim depois da Primeira Guerra Mundial com os Aliados, que impuseram condições tão duras à Alemanha nas negociações de paz que inegavelmente lançaram os fundamentos para a Segunda Guerra Mundial. Um século antes, por outro lado, quando Metternich negociava, era sempre seu objetivo impedir que o outro lado se sentisse injustiçado. Seu propósito em qualquer acordo era negociar e jamais satisfazer a ganância ou punir o outro lado, mas proteger seus próprios interesses. Com o tempo, um acordo punitivo só lhe conquistará insegurança.

22

SAIBA COMO TERMINAR AS COISAS

A ESTRATÉGIA DA SAÍDA

Neste mundo, você é julgado pelo modo como termina as coisas. Uma conclusão confusa ou incompleta pode reverberar por muitos anos no futuro, arruinando sua reputação. A arte de terminar as coisas bem é saber quando parar, jamais indo tão longe a ponto de se exaurir ou criar inimigos rancorosos que o envolverão em conflitos no futuro. Significa também encerrar na nota certa, com energia e discernimento. Não se trata simplesmente de vencer a guerra, mas sim de como você a vence, como sua vitória o arma para o próximo round. *A suprema sabedoria estratégica é evitar todos os conflitos e emaranhamentos para os quais não há saída real.*

> *Se alguém ultrapassa seu objetivo, não o alcança. Se um pássaro não volta para o ninho, mas voa cada vez mais alto, acaba caindo na rede do caçador. Quem em tempos de extraordinária projeção de pequenas coisas não sabe como parar, mas continua insistindo inexoravelmente, atrai para si mesmo o infortúnio nas mãos de deuses e homens, porque se desvia da ordem da natureza.*
> *I CHING, CHINA, C. SÉCULO VIII A.C.*

SEM SAÍDA

Para os membros mais antigos do Politburo Soviético – o secretário-geral Leonid Brezhnev, o chefe da KGB Yuri Andropov e o ministro da Defesa Dmitri Ustinov –, o final da década de 1960 e início dos anos 1970 pareciam uma era dourada. Estes homens haviam sobrevivido ao pesadelo dos anos de Stalin e o atrapalhado reinado de Khrushchev. Agora, finalmente, havia alguma estabilidade no império soviético. Seus Estados-satélites na Europa Oriental eram relativamente dóceis, em particular depois que uma insurreição na Tchecoslováquia em 1968 fora esmagada. Seu arqui-inimigo, os Estados Unidos, recebera um soco no olho na Guerra do Vietnã. E, o mais promissor de tudo, os russos tinham conseguido expandir aos poucos sua influência no Terceiro Mundo. O futuro parecia luminoso.

Um país-chave nos planos russos para a expansão era o Afeganistão, em sua fronteira ao sul. O Afeganistão era rico em gás natural e outros minerais e tinha portos no Oceano Índico. Torná-lo um satélite soviético era a realização de um sonho. Os russos vinham se insinuando no país desde a década de 1950, ajudando a treinar seu exército, construindo a autoestrada Salang, do norte de Cabul até a União Soviética, e tentando modernizar esta nação atrasada. Tudo estava indo de acordo com o planejado até o início de meados dos anos 1970, quando os fundamentalistas islâmicos começaram a se tornar uma força política por todo o Afeganistão. Os russos enxergavam dois perigos: primeiro, que os fundamentalistas tomassem o poder e, vendo o comunismo como ateu e abominável, cortassem os laços com os soviéticos; e, segundo, que a inquietação fundamentalista se espalhasse do Afeganistão para o sul da União Soviética, que tinha uma grande população islâmica.

Em 1978, para evitar esse cenário de pesadelo, Brezhnev secretamente apoiou um golpe que colocou o Partido Comunista Afegão no poder. Mas os comunistas afegãos estavam irremediavelmente divididos em facções, e só depois de uma longa luta de poder surgiu um líder: Hafizullah Amin, de quem os soviéticos desconfiavam. Além disso, os comunistas não eram populares no Afeganistão, e Amin recorria aos meios mais brutais para manter o poder de seu partido. Isto só alimentava a causa fundamentalista. Por todo o país, insurgentes – os mujahideen – começaram a se rebelar, e milhares de soldados afegãos desertaram do exército para se juntar a eles.

Em dezembro de 1979, o governo comunista no Afeganistão estava à beira do colapso. Na Rússia, os membros mais antigos do Politburo se reuniram para discutir a crise. Perder o Afeganistão seria um golpe devastador e uma fonte de instabilidade depois de terem feito tanto progresso. Eles acusavam Amin por seus problemas; ele tinha de sair.

Ustinov propôs um plano: repetindo o que os soviéticos tinham feito para sufocar rebeliões no Leste da Europa, ele defendia um ataque-relâmpago por uma força soviética relativamente pequena que protegesse Cabul e a autoestrada Salang. Amin seria expulso e um comunista chamado Babrak Karmal tomaria seu lugar. O exército soviético adotaria uma atitude mais discreta e o exército afegão seria com ele engordado para assumir o controle. No decorrer de uns dez anos, o Afeganistão seria modernizado e aos poucos se tornaria um membro estável do Bloco Soviético. Abençoado com paz e prosperidade, o povo afegão veria os grandes benefícios do socialismo e o adotaria.

Dias depois da reunião, Ustinov apresentou seu plano ao chefe do estado-maior do exército, Nikolai Orgakov. Ao saber que o exército invasor não teria mais de 75 mil homens, Orgakov ficou chocado: essa força, ele disse, era pequena demais para proteger as grandes e montanhosas extensões de terra afegãs, um mundo muito diferente do Leste Europeu. Ustinov contrapôs que uma força invasora gigante iria gerar má publicidade para os soviéticos no Terceiro Mundo e daria aos insurgentes um alvo valioso. Orgakov respondeu que os afegãos fracionados tinham a tradição de se unirem de repente para expulsar um invasor – e eram guerreiros ferozes. Chamando o plano de imprudente, ele disse que seria melhor tentar uma solução política para o problema. Seus alertas foram ignorados.

O plano foi aprovado pelo Politburo e, no dia 24 de dezembro, foi colocado em ação. Algumas forças do Exército Vermelho voaram até Cabul enquanto outras marcharam pela autoestrada Salang. Amin foi afastado e morto na surdina enquanto Karmal era colocado furtivamente no poder. Jorraram condenações do mundo inteiro, mas os soviéticos calculavam que isso ia acabar sendo esquecido – em geral era o que acontecia.

Em fevereiro de 1980, Andropov encontrou-se com Karmal e o instruiu sobre a importância de conquistar o apoio das massas afegãs. Apresentando um plano com este propósito, ele também prometia ajuda em dinheiro e especialização. Ele disse a Karmal que, assim que as fronteiras estivessem protegidas, o exército afegão estando reforçado e o povo razoavelmente satisfeito com o governo, ele deveria *pedir* polidamente que os soviéticos fossem embora.

A invasão em si foi mais fácil do que os soviéticos esperavam e, com relação a esta fase militar, seus líderes poderiam declarar com segurança a "missão cumprida". Mas, semanas depois da visita de Andropov, eles tiveram de ajustar esta avaliação: os mujahideen não se intimidaram com o exército soviético, como acontecera com os europeus do Leste. Na verdade, desde a invasão, o poder deles só parecia

Solitudinem faciunt pacem appellant (Criam solidão e chamam de paz).
TÁCITO, C.55 – C.120 D.C.

TUDO ESTÁ BEM QUANDO TERMINA BEM: o fim coroa a obra; seja qual for o curso, o fim é o renome.
TUDO ESTÁ BEM QUANDO TERMINA BEM, WILLIAM SHAKESPEARE, 1564-1616

Dez mil muçulmanos então marcharam sobre Meca atravessando vales nas montanhas. Maomé dividiu sua força em quatro colunas... Maomé deu ordens estritas para não se usar violência. Sua própria tenda foi armada no alto olhando para a cidade. Oito anos antes, ele havia fugido de Meca protegido pela escuridão e ficara escondido três dias em uma caverna no Monte Thor, que de sua tenda agora ele podia ver erguendo-se por trás da cidade. Agora 10 mil guerreiros estavam prontos para obedecerem a seu menor comando e sua cidade nativa estava impotente a seus pés. Depois de um breve descanso, ele montou de novo em seu camelo e entrou na cidade, tocou reverentemente a pedra preta e cumpriu os sete circuitos rituais da kaaba... Maomé, o conquistador, não era vingativo. Foi declarada uma anistia geral, da qual menos de uma dúzia de pessoas foi

aumentar, suas fileiras inchando tanto com recrutas afegãos como com gente de fora. Ustinov canalizou mais soldados para o Afeganistão e ordenou uma série de ofensivas em partes do país que estavam abrigando os mujahideen. A primeira grande operação soviética foi nessa primavera, quando eles avançaram para dentro do vale Kunar com armamento pesado, arrasando aldeias inteiras e obrigando os habitantes a fugir para campos de refugiados no Paquistão. Tendo limpado a área de rebeldes, eles se retiraram.

Semanas depois, chegaram relatórios de que os mujahideen havia secretamente retornado ao vale Kunar. Tudo que os soviéticos tinham feito era deixar os afegãos mais exasperados e raivosos, facilitando aos mujahideen o recrutamento. Mas o que os soviéticos podiam fazer? Deixar os rebeldes em paz era dar aos mujahideen tempo e espaço para ficarem mais perigosos, mas o exército era pequeno demais para ocupar regiões inteiras. Sua resposta foi repetir sua operação de limpeza diversas vezes, porém com mais violência, esperando intimidar os afegãos – mas, como Orgakov tinha previsto, isto só os incentivava.

Enquanto isso, Karmal iniciava programas de alfabetização, de concessão de mais poder às mulheres, de desenvolvimento e modernização do país – tudo para se livrar do apoio dos rebeldes. Mas os afegãos em sua maioria preferiam seu estilo de vida tradicional, e as tentativas do Partido Comunista para expandir sua influência tiveram o efeito oposto.

O mais sinistro de tudo foi que o Afeganistão se tornou um ímã para outros países ansiosos para explorar a situação ali contra os soviéticos. Os Estados Unidos, em particular, viram uma oportunidade de se vingarem da Rússia por ter suprido os norte-vietnamitas durante a Guerra do Vietnã. A CIA canalizou enormes quantias em dinheiro e equipamentos para os mujahideen. No vizinho Paquistão, o presidente Zia ul-Haq viu a invasão como um presente dos céus: tendo assumido o poder poucos anos antes, por meio de um golpe militar, e tendo recentemente conseguido a condenação do mundo inteiro por executar seu primeiro-ministro, Zia enxergou um jeito de conquistar os favores dos Estados Unidos e das nações árabes ao permitir que o Paquistão servisse de base para os mujahideen. O presidente egípcio Anwar Sadat, que havia recentemente assinado uma paz controvertida com Israel, também viu uma excelente oportunidade de garantir o apoio islâmico enviando ajuda aos companheiros muçulmanos.

Com os exércitos soviéticos espalhados pelo Leste Europeu e pelo mundo, Ustinov recusou-se a enviar mais homens; em vez disso, ele equipou seus soldados com os armamentos mais recentes e trabalhou para ampliar e reforçar o exército afegão. Mas nada disso se traduziu em progresso. Os mujahideen melhoraram suas emboscadas aos transportes soviéticos e usaram os mísseis Stinger mais modernos adquiridos dos americanos com grande efeito. Anos se passaram e o moral do exército soviético caía vertiginosamente: os soldados sentiam o ódio da população local e estavam presos protegendo posições estáticas, jamais sabendo quando seria a próxima emboscada. O consumo de drogas e álcool se difundiu.

Conforme subiam os custos da guerra, o público russo começou a reclamar. Mas os líderes soviéticos não podiam se dar o luxo de sair: além de criar um perigoso vácuo de poder no Afeganistão, isso seria um forte golpe a sua reputação global como superpotência. E assim eles ficaram, cada ano sendo supostamente o último. Os membros mais antigos do Politburo iam aos poucos morrendo – Brezhnev em 1982, Andropov e Ustinov em 1984 – sem ver o mais leve progresso.

Em 1985, Mikhail Gorbachev tornou-se secretário-geral da União Soviética. Tendo se oposto à guerra desde o início, Gorbachev iniciou retiradas graduais de tropas do Afeganistão. Os últimos soldados saíram no início de 1989. Ao todo, mais de 14 mil soldados morreram no conflito, mas os custos ocultos – para a delicada economia russa, para a reduzida fé da população em seu governo – foram muito mais altos. Poucos anos depois, todo o sistema veio abaixo.

Interpretação. O grande general alemão Erwin Rommel certa vez fez uma distinção entre aposta e risco. Ambos os casos envolvem uma ação com apenas uma chance de sucesso, uma chance que aumenta quando se age com ousadia. A diferença é que no risco, se você perde, pode se recuperar; sua reputação não sofre danos no longo prazo, seus recursos não se exaurem, e você pode retornar a sua posição original com perdas aceitáveis. Na aposta, por outro lado, a derrota pode levar a uma série de problemas que tendem a fugir do controle. Na aposta é provável existirem variantes demais que vão complicando o quadro se as coisas derem errado. O problema vai mais longe: se você encontra dificuldades em uma aposta, fica mais difícil sair – você percebe que os lances são muito altos: você não pode se dar o luxo de perder. Então você se esforça mais para salvar a situação, muitas vezes piorando as coisas e mergulhando mais ainda em um buraco de onde não pode sair. As pessoas são atraídas para apostas por suas emoções: elas veem apenas as perspectivas fulgurantes de se vencer e ignoram as sinistras consequências de se perder. Arriscar-se é essencial; apostar é imprudência. Pode levar anos para você se recuperar de uma aposta, se conseguir.

A invasão do Afeganistão foi uma aposta clássica. Os soviéticos foram atraídos pelo irresistível fascínio de possuir um estado-cliente na região. Deslumbrados com essa perspectiva, eles ignoraram a realidade: os mujahideen e as potências estrangeiras tinham muita coisa em

---

excluída, só quatro seres, na verdade, foram executados. Ikrima, filho de Abu Jahal, escapou para o Yemen, mas sua esposa apelou para o apóstolo, que concordou em perdoar-lhe... A ocupação muçulmana de Meca foi, portanto, virtualmente sem derramamento de sangue.

O inflamado Khalid ibn al Waleed matou umas poucas pessoas no portão ao sul e foi rispidamente repreendido por Maomé por ter feito isso. Embora o apóstolo fosse ele mesmo perseguido na cidade, e embora muitos de seus mais cruéis inimigos ainda residissem ali, ele conquistou todos os corações com sua clemência em seu dia de triunfo. Tal generosidade, ou arte de governar, era particularmente extraordinária entre os árabes, que sempre gostavam de vingança. O sucesso dele tinha sido conquistado com bom senso e diplomacia e não com ações militares. Em uma era de violência e derramamento de sangue, ele tinha percebido que ideias são mais poderosas do que a força.
THE GREAT ARAB CONQUESTS, JOHN BAGOT GLUBB, 1963

jogo para permitir que os soviéticos deixassem para trás um Afeganistão protegido. Havia variáveis demais fora do controle deles: as ações dos Estados Unidos e do Paquistão, as áreas de fronteira montanhosas impossíveis de fechar, e mais. Um exército de ocupação no Afeganistão envolvia um dilema: quanto maior a pressão militar, mais ele seria odiado, e quanto mais ele fosse odiado, maior ele teria de ser para se proteger, e assim por diante indefinidamente.

Mas os soviéticos apostaram e se meteram em encrenca. Agora, tarde demais, eles perceberam que os lances haviam aumentado: abandonar a mesa – ou perder – seria um golpe devastador em seu prestígio. Significaria a expansão dos interesses americanos e uma insurgência cancerosa em sua fronteira. Visto que nunca deveriam ter invadido, em primeiro lugar, não tinham estratégia racional de saída. O melhor que podiam fazer era reduzir suas perdas e correr, mas isso é quase impossível em uma aposta, porque apostas são governadas por emoções e, quando há emoções no meio, é difícil recuar.

A pior maneira de terminar qualquer coisa – uma guerra, um conflito, um relacionamento – é lenta e penosamente. Os custos de um término assim são imensos: perda de autoconfiança, evitação inconsciente de conflito da próxima vez, rancor e animosidade se multiplicando – é tudo uma perda de tempo absurda. Antes de iniciar qualquer ação, você deve calcular em termos precisos sua estratégia de saída. Como exatamente vai terminar o combate e onde ele o deixará? Se as respostas a estas perguntas parecem vagas e cheias de especulação, se o sucesso parece seduror demais e o fracasso, um tanto perigoso, é mais do que provável que você esteja entrando em uma aposta. Suas emoções estão conduzindo você para uma situação que pode acabar em um atoleiro.

Antes que isso aconteça, contenha-se. E se você descobrir que cometeu este erro, tem apenas duas soluções racionais: encerrar o conflito o mais rápido possível, com um golpe forte e violento com a intenção de vencer, aceitando os custos e sabendo que é melhor isso do que uma lenta e penosa morte; ou reduzir suas perdas e ir embora sem esperar mais nada. Jamais permita que o orgulho ou a preocupação com sua reputação o jogue ainda mais para dentro do pântano: ambos sofrerão golpes muito maiores com sua persistência. A derrota no curto prazo é melhor do que o desastre no longo prazo. A sabedoria está em saber quando parar.

O exagero é tão ruim quanto a escassez.
– Confúcio (551?-479 a.C.)

Aut non tentaris, aut perfice (Não tentar, ou ir até o fim).
OVÍDIO, 43 A.C. – 17 D.C.

Na verdade, o estudo mais profundo de experiências passadas leva à conclusão de que, muitas vezes, nações poderiam ter se aproximado mais de seu objetivo aproveitando-se de uma calmaria na luta para discutir um acordo do que continuando a guerra na busca de "vitória". A história revela também que, em muitos casos, uma paz benéfica poderia ter sido possível se os estadistas das nações em guerra tivessem mostrado mais compreensão dos elementos psicológicos de suas "antenas" de paz. A atitude

TÉRMINO COMO INÍCIO

Quando rapaz, Lyndon B. Johnson tinha um único sonho: escalar os degraus da política e ser presidente. Aos vinte e poucos anos, o objetivo estava parecendo possível de alcançar. Um emprego como secretário de um congressista texano havia lhe permitido conhecer e impressionar o presidente Franklin D. Roosevelt, que o havia nomeado diretor da National Youth Administration, um posto que prometia excelentes contatos políticos. Mas os eleitores do Texas eram extremamente fiéis, muitas vezes mantendo os congressistas em suas cadeiras durante décadas, ou até morrerem. Johnson desejava urgentemente uma cadeira no Congresso. Se não conseguisse isso logo, seria velho demais para subir a escada, e ele ardia de ambição.

No dia 22 de fevereiro de 1937, do nada, a chance que acontece uma vez na vida aconteceu: um congressista do Texas, James Buchanan, morreu de repente. A cadeira que ele deixou vazia, a do Décimo Distrito do Texas, era uma rara oportunidade e os pesos pesados políticos elegíveis do estado imediatamente jogaram seus chapéus na arena. Entre os muitos concorrentes estavam Sam Stone, um popular juiz do condado; Shelton Polk, um jovem advogado ambicioso de Austin; e C. N. Avery, ex-gerente de campanha de Buchanan, o favorito para vencer. Avery tinha o apoio de Tom Miller, prefeito de Austin, a única cidade grande do Décimo Distrito. Com o apoio de Miller ele podia contar com votos quase que suficientes para ganhar a eleição.

Johnson estava diante de um dilema terrível. Se entrasse na corrida, as chances seriam absurdamente contra ele: era jovem – só 28 anos – e desconhecido e mal relacionado no distrito. Uma perda feia prejudicaria sua reputação e o colocaria muito distante de seu objetivo no longo prazo. Se escolhesse não concorrer, por outro lado, talvez tivesse que esperar dez anos por outra chance. Com tudo isso em mente, ele jogou para o ar a prudência e entrou na corrida.

O primeiro passo de Johnson foi chamar para seu lado as dúzias de jovens e moças a quem ele havia ajudado ou contratado ao longo dos anos. Sua estratégia de campanha era simples: ele se separaria dos outros competidores apresentando-se como o mais fiel defensor de Roosevelt. Um voto para Johnson era um voto para o presidente, o popular arquiteto do New Deal. E, como não podia concorrer em Austin, Johnson decidiu apontar seu exército de voluntários para a área rural, a Hill Country com poucos habitantes. Esta era a região mais pobre do distrito, um lugar onde os candidatos raramente se aventuravam. Johnson queria conhecer cada um dos fazendeiros e meeiros, apertar todas as mãos possíveis, conquistar os votos de gente que nunca havia votado

deles tem sido em geral muito parecida com o que se vê nas típicas discussões domésticas; cada partido teme parecer estar cedendo, por conseguinte o resultado é que quando um deles mostra qualquer inclinação para a conciliação, em geral isto se expressa em uma linguagem muito rígida, enquanto o outro lado tende a demorar a responder – em parte por orgulho ou obstinação, e em parte por uma tendência a interpretar esse gesto como um sinal de fraqueza quando pode ser um indício de retorno ao bom senso. Por conseguinte, o momento decisivo passa, e o conflito continua – para o prejuízo de todos. Raramente uma continuação serve a qualquer bom propósito quando as duas partes são obrigadas a seguir vivendo sob o mesmo teto. Isto se aplica ainda mais à guerra moderna do que ao conflito doméstico, visto que a industrialização das nações tornou a sorte delas inseparável.
STRATEGY, B. H. LIDDELL HART, 1954

> *Se você se concentrar exclusivamente na vitória, sem pensar nos efeitos posteriores, pode ficar exausto demais para aproveitar a paz, enquanto é quase certo que a paz será ruim, contendo germes de outra guerra. Esta é uma lição baseada em abundantes experiências.*
> STRATEGY, B. H. LIDDELL HART, 1954

antes. Era a estratégia de um homem desesperado que reconhecia que esta era sua melhor e única chance de vitória.

Um dos mais fiéis seguidores de Johnson era Carroll Keach, que o serviria como motorista. Juntos, os dois percorreram de carro cada quilômetro quadrado de Hill Country, rastreando cada estrada de terra e trilha de gado. Ao verem uma fazenda mais afastada, Jonhson descia do carro, caminhava até a porta, apresentava-se aos moradores surpresos, escutava pacientemente os problemas deles, depois partia com um caloroso aperto de mãos e um apelo gentil pelo voto deles. Convocando reuniões em cidades poeirentas que consistiam principalmente de uma igreja e um posto de gasolina, ele fazia seu discurso, depois se misturava com a plateia e passava pelo menos alguns minutos com todos os que estavam presentes. Sua memória para rostos e nomes era incrível: se acontecesse de encontrar de novo a mesma pessoa, ele lembrava tudo que ela havia dito na primeira vez e com frequência impressionava estranhos ao conhecer alguém que eles também conheciam. Ele ouvia atento e tinha sempre o cuidado de deixar as pessoas com o sentimento de que voltariam a vê-lo e que se ele vencesse finalmente teriam alguém cuidando de seus interesses em Washington. Em bares, mercearias e postos de gasolina por toda a Hill Country, ele conversava com as pessoas da região como se não tivesse mais nada para fazer. Ao partir, fazia questão de comprar alguma coisa – doce, comestíveis, gasolina –, um gesto que eles apreciavam muito. Ele tinha o dom de criar laços.

> *É até possível que o atacante, reforçado pelas forças psicológicas peculiares ao ataque, ache menos difícil, apesar de sua exaustão, continuar do que parar – como um cavalo puxando uma carga montanha acima. Acreditamos que isto demonstra sem inconsistência como um atacante pode ultrapassar os limites onde, se parasse e assumisse a defensiva, ainda haveria uma chance de sucesso – isto é, de equilíbrio. É, portanto, importante calcular este ponto corretamente ao planejar a campanha.*

Conforme prosseguia a corrida, Johnson passava dias sem dormir, a voz ficando rouca, as pálpebras caindo. Enquanto Keach dirigia por toda a extensão do distrito, ele ouvia, atônito, o exausto candidato murmurando para si mesmo a respeito das pessoas que havia acabado de conhecer, a impressão que havia causado, o que poderia ter feito melhor. Johnson não desejava nunca parecer desesperado ou benevolente. Era o último aperto de mão e expressão no olhar que importava.

As pesquisas de opinião pública eram enganosas: elas continuavam a mostrar Johnson lá atrás, mas ele sabia que havia conquistado votos que nenhuma pesquisa podia registrar. E em todo caso ele estava lentamente chegando perto dos outros – na última semana ele havia se deslocado gradativamente para o terceiro lugar. Agora, de repente, os outros candidatos prestaram atenção. A eleição ficou desagradável: Johnson era atacado por sua juventude, por seu cego apoio a Roosevelt, por qualquer coisa que pudesse ser desencavada. Tentando conquistar uns poucos votos em Austin, Johnson defrontou-se com a máquina política do prefeito Miller, que não gostava dele e fazia o possível para sabotar sua campanha. Inabalável, Johnson visitou pessoalmente o prefeito diversas vezes na última semana para negociar algum tipo de trégua. Mas Miller não se deixou enganar por seu charme. Seu apelo pessoal poderia ter conquistado os eleitores mais pobres do distrito, mas os outros candidatos viram um lado diferente dele: era cruel e capaz de jogar lama nos outros. Conforme subia nas pesquisas, ele fazia cada vez mais inimigos.

No dia das eleições, Johnson realizou uma das maiores viradas da história política americana, distanciando-se de seu rival mais próximo por 3 mil votos. Exausto pelo ritmo estafante que se havia imposto, ele foi hospitalizado, mas no dia seguinte a sua vitória estava de volta ao trabalho – ele tinha algo importantíssimo para fazer. De sua cama no hospital, Johnson ditou cartas para seus rivais na corrida. Ele os congratulava por disputarem uma grande campanha; descrevia também sua vitória como uma sorte inesperada, um voto para Roosevelt mais do que para ele mesmo. Sabendo que Miller estava em Washington, Johnson telegrafou para seus contatos na cidade pedindo que ciceroneassem o prefeito e lhe dessem um tratamento de rei. Assim que saiu do hospital, Johnson foi visitar seus rivais e agiu com uma humildade quase constrangedora. Até fez amizade com o irmão de Polk, levando-o de carro pela cidade para cumprir pequenas missões.

Não mais do que 18 meses depois, Johnson teve de concorrer a uma reeleição, e estes que um dia foram seus adversários e inimigos acirrados de repente se tornaram os mais ardentes seguidores de Johnson, doando dinheiro, até fazendo campanha em seu nome. E o prefeito Miller, o homem que mais odiara Johnson, agora era seu mais forte defensor e continuou sendo durante anos.

Interpretação. Para a maioria de nós, a conclusão de qualquer coisa – um projeto, uma campanha, uma tentativa de persuasão – representa uma espécie de muro: nosso trabalho está feito e é hora de contabilizar nossos ganhos e perdas, e seguir em frente. Lyndon Johnson via o mundo muito diferente: um fim não era como uma parede, mas como uma porta, levando para a próxima fase ou batalha. O importante para ele não era conquistar uma vitória, mas onde ela o deixava, como ela se abria para o próximo *round*. De que adiantaria vencer a eleição de 1937 se fosse expulso do cargo 18 meses depois? Isso seria um retrocesso devastador para seu sonho com a Presidência da República. Se, depois da eleição, ele ficasse curtindo ao sol seu momento de triunfo, teria semeado as sementes do fracasso na eleição seguinte. Ele havia feito inimigos demais – se não concorressem contra ele, em 1938, arrumariam confusão enquanto ele estivesse em Washington. Portanto, Johnson imediatamente trabalhou para conquistar estes homens, fosse com charme, com gestos significativos ou com apelos espertos a seus

Um atacante pode, do contrário, assumir mais do que consegue administrar e, por assim dizer, ficar devedor; um defensor deve ser capaz de reconhecer este erro, se o inimigo o cometer, e explorá-lo ao máximo. Ao rever todo o conjunto de fatores que um general deve pesar antes de tomar sua decisão, devemos lembrar que ele pode avaliar a direção e o valor das mais importantes apenas considerando inúmeras outras possibilidades – algumas imediatas, algumas remotas. Ele deve adivinhar, por assim dizer: adivinhar se o primeiro choque de batalha roubará a decisão do inimigo e enrijecerá sua resistência, ou se, como um frasco de Bologna, irá se estilhaçar assim que sua superfície for arranhada: adivinhar a extensão da debilitação e paralisia que o esgotamento das fontes particulares de suprimentos e o corte de certas linhas de comunicação causarão ao inimigo; adivinhar se a dor causticante do dano que causou fará o inimigo cair de exaustão ou, como um touro ferido, enfurecer-se; adivinhar se

as outras potências ficarão assustadas ou indignadas e se, ou quais, as alianças políticas se dissolverão ou formarão. Quando percebemos que ele precisa acertar em tudo isto e muito mais usando seu cauteloso critério, como um perito em tiro ao alvo acerta a pontaria, devemos admitir que tal realização da mente humana não é pouca coisa. Milhares de desvios errados em todas as direções tentam sua percepção; e se a amplitude, a confusão e complexidade das questões não bastam para dominá-lo, os perigos e responsabilidades talvez sim.
É por isto que a grande maioria dos generais prefere parar antes de alcançar seu objetivo a correr o risco de se aproximar demais, e é por isso que aqueles muito corajosos e com espírito empreendedor com frequência vão longe demais e, portanto, não alcançam seu propósito. Somente o homem capaz de alcançar grandes resultados com meios limitados realmente acerta o alvo.
DA GUERRA, CARL VON CLAUSEWITZ,, 1780-1831

interesses. Ele estava de olho no futuro e no tipo de sucesso que o manteria seguindo em frente.

Johnson usou a mesma abordagem em seus esforços para conquistar eleitores. Em vez de tentar convencer as pessoas a apoiá-lo com discursos e palavras bonitas (ele não era mesmo um bom orador), concentrou-se na impressão que deixava nas pessoas. Ele sabia que persuasão é basicamente um processo emocional: as palavras soam bonito, mas se um político deixa as pessoas desconfiadas de que não está sendo sincero, ou que está simplesmente querendo votos, elas vão virar as costas para ele e esquecê-lo. Portanto, Johnson trabalhou para estabelecer uma conexão emocional com os eleitores, e encerrava as conversas com eles com um caloroso aperto de mãos e uma expressão no olhar, um timbre na voz, que selavam o vínculo entre eles. Ele os deixava sentindo que o veriam de novo, e despertava emoções que eliminavam qualquer suspeita de que pudesse não estar sendo sincero. O fim da conversa era de fato uma espécie de início, por ficar na mente deles e se traduzir em votos.

Compreenda: em qualquer aventura, sua tendência a pensar em termos de vitória ou perda, de sucesso ou fracasso, é perigosa. Sua mente para em vez de olhar em frente. As emoções dominam o momento: euforia ao vencer, tristeza e amargura ao perder. O que você precisa é de uma visão mais fluida e estratégica da vida. Nada realmente termina; como você encerra alguma coisa vai influenciar e até determinar o que você faz em seguida. Algumas vitórias são negativas – não levam a lugar algum – e algumas derrotas são positivas, funcionando como um toque para despertar ou lição. Este pensamento fluido forçará você a colocar mais ênfase estratégica na qualidade e no estado de espírito do encerramento. Ele fará você olhar para seus adversários e decidir se talvez não fosse melhor para você ser generoso com eles no final, dar um passo atrás e transformá-los em aliados, tirando vantagem das emoções do momento. Ficando de olho no resultado de qualquer encontro, você se preocupará mais com o sentimento que deixa nas pessoas – um sentimento que pode se traduzir em um desejo de vê-lo outras vezes. Ao compreender que qualquer vitória ou derrota é temporária, e o importante é o que você faz com elas, você achará mais fácil se manter equilibrado durante os milhares de batalhas que a vida impõe. O único fim real é a morte. Tudo o mais é uma transição.

> *Conforme disse Yasuda Ukyo sobre oferecer a última taça de vinho, apenas o final das coisas é importante. A vida inteira deveria ser assim. Quando os convidados estão partindo, a relutância em dizer adeus é essencial.*
> – Yamamoto Tsunetomo, *Hagakure; O livro do samurai* (1659-1720)

AS CHAVES PARA A GUERRA

Existem três tipos de pessoa no mundo. Primeiro, as sonhadoras e faladoras, que começam seus projetos com uma explosão de entusiasmo. Mas esta explosão de energia rapidamente vai se apagando quando elas enfrentam o mundo real e o trabalho duro necessário para levar a cabo qualquer projeto. São criaturas emocionais que vivem principalmente no momento; perdem facilmente o interesse quando algo novo chama a sua atenção. Suas vidas estão cheias de projetos pela metade, inclusive alguns que mal foram além de uma quimera.

Há aquelas que concluem tudo o que fazem, seja porque são obrigadas ou porque dão conta do esforço. Mas elas cruzam a linha final com um entusiasmo e uma energia distintamente menor do que quando começaram. Isto estraga o final da campanha. Porque estão impacientes para acabar, o fim parece feito às pressas e de improviso. E deixam as pessoas se sentindo ligeiramente insatisfeitas; não é memorável, não dura, não tem ressonância.

Estes dois tipos, tanto um como o outro, iniciam cada projeto sem uma ideia firme de como terminá-lo. E conforme o projeto progride, inevitavelmente divergindo de como eles tinham imaginado que seria, ficam inseguros sem saber como sair dele e desistem ou, então, simplesmente correm para terminar logo.

O terceiro grupo é o daqueles que compreendem uma lei básica de poder e estratégia: o fim de alguma coisa – um projeto, uma campanha, uma conversa – tem enorme importância para as pessoas. Ele fica ressoando na cabeça. Uma guerra pode começar com grandes fanfarras e ocasionar muitas vitórias, mas se terminar mal é disso que todo mundo vai se lembrar. Sabendo da importância e da ressonância emocional do término de qualquer coisa, as pessoas do terceiro tipo compreendem que a questão não é simplesmente terminar o que começaram, mas terminar bem – com energia, ideias claras e um olho no brilho remanescente, o modo como o que aconteceu vai ficar na mente das pessoas. Estas pessoas invariavelmente começam com um plano claro. Quando surgem contratempos, como costuma acontecer, elas são capazes de não perder a paciência e pensar racionalmente. Elas planejam não apenas até o fim, mas além do fim, as consequências. Estas são as que criam coisas que duram – uma paz significativa, uma obra de arte memorável, uma longa e fértil carreira.

A razão da dificuldade para terminar bem as coisas é simples: fins inspiram emoções avassaladoras. No final de um conflito acirrado, temos um profundo desejo de paz, uma impaciência pela trégua. Se o conflito está nos conduzindo para a vitória, com frequência sucumbimos às ilusões de grandeza ou somos tomados pela ganância e agarramos

Certa vez perguntaram ao grande pugilista Jack Dempsey: "Quando você está para socar um homem, mira no queixo ou no nariz dele?" "Em nenhum dos dois", Dempsey respondeu. "Miro na nuca."
CITADO EM *THE MIND OF WAR*, GRANT T. HAMMOND, 2001

A vitória parece ter sido alcançada. Resta apenas um vestígio do mal a ser decididamente erradicado como o tempo exige. Tudo parece fácil. Ali mesmo, entretanto, está o perigo. Se não estamos atentos, o mal conseguirá escapar disfarçado, e quando ele nos iludir, novos infortúnios surgirão das sementes que restarem, pois o mal não morre facilmente.
I CHING, CHINA, C. SÉCULO VIII A.C.

mais do que necessitamos. Se o conflito tem sido desagradável, a raiva nos leva a terminar com um violento e punitivo golpe. Se perdermos, ficamos com um desejo causticante de vingança. Emoções assim podem arruinar todo o nosso bom trabalho anterior. De fato, não há nada mais difícil no campo da estratégia do que manter nossa cabeça firme o tempo todo até o fim e depois dele – no entanto, nada é mais necessário.

Napoleão Bonaparte foi talvez o maior general da história viva. Suas estratégias eram maravilhas de flexibilidade e detalhes combinados, e ele planejava tudo até o final. Mas depois de derrotar os austríacos em Austerlitz e em seguida os prussianos em Jena-Auerstadt – suas duas maiores vitórias – ele impôs a estas nações termos rígidos com a intenção de fazer delas satélites enfraquecidos da França. Assim, nos anos seguintes aos tratados, ambos os países abrigaram um forte desejo de vingança. Eles reforçaram secretamente seus exércitos e esperaram o dia em que Napoleão estivesse vulnerável. Esse momento chegou depois de sua desastrosa retirada da Rússia, em 1812, quando eles o abateram com terrível veemência.

Napoleão havia permitido que emoções mesquinhas – o desejo de humilhar, de se vingar e forçar obediência – contaminassem sua estratégia. Tivesse ele ficado concentrado em seus interesses a longo prazo, teria visto que era melhor enfraquecer a Prússia e a Rússia psicológica em vez de fisicamente – seduzi-las com termos aparentemente generosos, transformando-as em aliadas dedicadas, e não em satélites ressentidos. Muitos na Prússia tinham visto Napoleão inicialmente como um grande libertador. Tivesse ele apenas mantido a Prússia como uma feliz aliada e teria sobrevivido à derrocada na Rússia e não teria acontecido Waterloo.

Aprenda a lição direito: planos brilhantes e conquistas acumuladas não bastam. Você pode se tornar vítima de seu próprio sucesso, deixando a vitória seduzi-lo a ir longe demais, criando inimigos obstinados, vencendo a batalha mas perdendo o jogo político em seguida. O que você precisa é de um terceiro olho estratégico: a habilidade para se manter focado no futuro enquanto opera no presente e finaliza suas ações de um modo que atenderá a seus interesses para o próximo *round* da guerra. Este terceiro olho o ajudará a neutralizar as emoções que podem insidiosamente contaminar suas estratégias inteligentes, especialmente a raiva e o desejo de vingança.

A questão crítica na guerra é saber quando parar, quando sair e quando entrar em acordo. Pare cedo demais e você perde o que poderia ter ganhado avançando; você concede muito pouco tempo para o conflito lhe mostrar para onde está indo. Pare tarde demais e você sacrifica seus ganhos exaurindo-se, agarrando mais do que pode manejar, criando um inimigo irado e vingativo. O grande filósofo da guerra Carl von Clausewitz analisou este problema, discutindo o que chamou de "ponto culminante de vitória" – o momento ótimo para terminar a guerra. Para reconhecer o ponto culminante de vitória, você precisa conhecer seus próprios recursos, o quanto é capaz de administrar, o moral de seus soldados, qualquer indício de uma redução do esforço. Deixe de reconhecer este momento, continue lutando e você vai gerar para si mesmo todos os tipos de consequências indesejadas: exaustão, ciclos cada vez mais intensos de violência e coisa pior.

Na virada do século XX, os japoneses assistiram à Rússia avançar para dentro da China e da Coreia. Em 1904, esperando frear a expansão russa, eles atacaram de surpresa uma cidade de Port Arthur, dominada pelos russos, na costa da Manchúria. Visto serem nitidamente o país menor e com menos recursos militares, eles esperavam que uma rápida ofensiva funcionasse a seu favor. A estratégia – criação do barão Gentaro Kodama, vice-chefe do estado-maior do Japão – foi eficaz: ao tomar a iniciativa, os japoneses conseguiram conter a frota russa em Port Arthur enquanto desembarcavam exércitos na Coreia. Isso lhes permitiu derrotar os russos em batalhas-chaves por terra e no mar. O ímpeto estava nitidamente do lado deles.

Em abril de 1905, entretanto, Kodama começou a ver um grande perigo em seu próprio sucesso. O efetivo e os recursos militares do Japão eram limitados: os da Rússia eram imensos. Kodama convenceu os líderes japoneses a consolidarem os ganhos que haviam obtido e pedir paz. O Tratado de Portsmouth, assinado mais tarde naquele mesmo ano, concedia à Rússia termos mais do que generosos, mas o Japão firmou sua posição: os russos saíram da Manchúria e da Coreia e deixaram Port Arthur para o Japão. Tivessem os japoneses se deixado entusiasmar por seu ímpeto, e certamente teriam passado do ponto culminante de vitória e todos os seus ganhos teriam sido eliminados pelo inevitável contra-ataque.

Do outro lado da balança, os americanos terminaram a Guerra do Golfo de 1991 cedo demais, permitindo que boa parte do exército iraquiano escapasse de seu cerco. Isso deixou Saddam Hussein com força suficiente para abafar brutalmente as rebeliões xiitas e curdas que irromperam depois de sua derrota no Kuwait e continuar no poder. As forças aliadas foram impedidas de completar sua vitória pelo desejo de parecer não estarem derrotando uma nação árabe e pelo temor de um vácuo de poder no Iraque. O fracasso em terminar levou a uma violência muito maior no longo prazo.

Imagine que tudo que você faz tenha um momento de perfeição e fruição. Sua meta é terminar seu projeto ali, naquele pico. Sucumba ao

A guerra-relâmpago da CENTCOM [Tempestade no Deserto] acabou. Foi anunciada como uma blitz de cem horas, mas três anos depois ainda era uma guerra inacabada. Lembrou Gordon Brown, o oficial do serviço de Relações Exteriores que serviu como conselheiro chefe para assuntos estrangeiros de Schwarzkopf na CENTCOM: "Nunca tivemos um plano para terminar a guerra."
THE GENERAL'S WAR: THE INSIDE STORY OF THE CONFLICT IN THE GULF, *MICHAEL R. GORDON E GENERAL BERNARD E. TRAINOR, 1995*

> *Saber como terminar. Mestres do primeiro escalão são reconhecidos pelo fato de que, em pequenas e grandes questões, eles sabem como encontrar um fim perfeitamente, seja no final de uma melodia ou de um pensamento; do quinto ato de uma tragédia ou de um ato de Estado. O melhor do segundo escalão sempre fica inquieto com relação ao fim, e não entra no mar com tanto orgulho e calmo equilíbrio como fazem, por exemplo, as montanhas em Portofino – onde a baía de Gênova termina sua melodia.*
> A GAIA CIÊNCIA, FRIEDRICH NIETZSCHE, 1882

cansaço, tédio ou impaciência pelo final e você não chega até lá. Ganância e delírios de grandeza farão você ir longe demais. Para concluir este momento de perfeição, você precisa ter uma ideia bem clara de seus objetivos, do que você realmente quer. Você precisa também comandar um profundo conhecimento de seus recursos – até onde você pode ir realmente? Esse tipo de consciência lhe dará uma noção intuitiva do ponto culminante.

Conclusões de relacionamentos puramente sociais exigem uma noção do ponto culminante tanto quanto as de guerra. Uma conversa ou história que se prolonga demais sempre termina mal. Abusar da hospitalidade, entediar as pessoas com sua presença, é o maior erro: você deve partir deixando que elas queiram ficar mais tempo com você, não menos. Você consegue isto encerrando uma conversa ou encontro antes que o outro lado espere. Saia cedo demais e você pode parecer tímido ou rude, mas retire-se da forma correta, no auge do prazer ou da animação (o ponto culminante), e você cria a lembrança de uma experiência passada incrivelmente positiva. As pessoas ainda estarão pensando em você depois que tiver partido. Em geral, é sempre melhor terminar com energia e um toque de genialidade, em uma nota alta.

Vitória e derrota são o que você faz com elas; o que importa é como você lida com elas. Visto que na vida derrotas são inevitáveis, você deve dominar a arte de perder bem e estrategicamente. Primeiro, considere sua própria atitude mental, como você assimila a derrota psicologicamente. Veja-a como um contratempo temporário, algo para acordá-lo e lhe ensinar uma lição, e mesmo perdendo você finaliza em uma nota alta e com uma vantagem: você está mentalmente preparado para entrar na ofensiva no próximo *round*. Com muita frequência, quem tem sucesso fica emotivo e imprudente; você precisa aceitar a derrota como um meio para se fortalecer.

Segundo, você precisa ver qualquer derrota como um modo de mostrar aos outros algo de positivo sobre si mesmo e seu caráter. Isto significa não baixar a cabeça, não dar sinais de amargura ou ficar na defensiva. No início de seu mandato como presidente, John F. Kennedy envolveu o país no fiasco da Baía dos Porcos, uma invasão fracassada de Cuba. Embora assumindo plena responsabilidade pelo desastre, ele não exagerou em suas desculpas, mas pôs-se a trabalhar para corrigir o erro, garantindo que ele não se repetisse. Ele manteve a compostura, mostrando remorso, mas também força. Ao fazer isso ele conquistou o apoio público e político que o ajudaram imensamente em suas lutas no futuro.

Terceiro, se você vir que a derrota é inevitável, quase sempre é melhor cair de pé. Assim você encerra com uma nota alta mesmo perdendo. Isto ajuda a reorganizar as tropas, a lhes dar esperança para o futuro.

Na Batalha do Álamo, em 1836, todos os americanos que combatiam o exército mexicano morreram, mas morreram heroicamente, recusando-se a se render. A batalha tornou-se um chamado – "Lembrem-se de Álamo!" –, e uma força americana inspirada sob o comando de Sam Houston finalmente derrotou de vez os mexicanos. Não é preciso passar por martírios físicos, mas uma demonstração de heroísmo e energia transforma a derrota em uma vitória moral que em breve se traduzirá em uma vitória concreta. Plantar as sementes da vitória futura na derrota do presente é talento estratégico da mais alta qualidade.

Finalmente, visto que o fim é uma espécie de começo da próxima fase, com frequência é uma sábia estratégia terminar com uma nota ambivalente. Se você está se reconciliando com um inimigo depois de uma luta, sugira sutilmente ainda estar com um resíduo de dúvida – que o outro lado ainda precisa provar para você quem ele é. Quando uma campanha ou projeto chega a um fim, deixe as pessoas achando que não podem prever o que você fará em seguida – mantenha-as em suspense, brincando com a atenção delas. Ao encerrar com uma nota de mistério e ambiguidade – um sinal confuso, uma insinuação, um toque de dúvida –, você ganha vantagem para o próximo *round* de um modo muito sutil e insidioso.

Imagem:
O Sol. Quando ele termina seu curso e se põe no horizonte, deixa para trás um brilho intenso memorável. Sua volta é sempre desejada.

Autoridade: *Conquistar não quer dizer nada. Deve-se lucrar com o próprio sucesso.* – Napoleão Bonaparte (1769-1821)

INVERSO

Não pode haver valor em terminar qualquer coisa mal. Não há inverso.

PARTE 5

GUERRA (SUJA) NÃO CONVENCIONAL

Um general em uma guerra deve buscar constantemente uma vantagem sobre o adversário. A maior delas vem do elemento surpresa, atingindo os inimigos com estratégias que sejam novidade, que eles não conheçam, totalmente não convencionais. É da natureza da guerra, entretanto, que com o tempo qualquer estratégia com qualquer aplicação possível será testada e experimentada, de modo que a busca das novas e não convencionais tem uma tendência inata a se tornar cada vez mais radical. Ao mesmo tempo, códigos morais e éticos que governaram a arte da guerra durante séculos gradualmente foram perdendo a rigidez. Estes dois efeitos se combinaram no que hoje chamamos de "guerra suja", em que tudo vale, até a matança de milhares de civis desavisados. A guerra suja é política, enganosa e extremamente manipuladora. Com frequência é o último recurso do fraco e do desesperado, ela usa qualquer meio disponível para levar a melhor.

A dinâmica da sujeira infiltrou-se na sociedade e na cultura em geral. Seja na política, nos negócios ou na sociedade, o jeito de derrotar seus adversários é surpreendendo-os, atacando-os por um ângulo inesperado. E as crescentes pressões destas guerras diárias tornam inevitáveis as estratégias sujas. As pessoas agem clandestinamente: parecem gentis e honestas, mas usam métodos escorregadios, traiçoeiros, nos bastidores.

A guerra não convencional tem sua própria lógica que você precisa entender. Primeiro, nada permanece novo por muito tempo. Quem depende de novidades deve constantemente inventar uma nova ideia que seja contra as ortodoxias da época. Segundo, quem usa métodos não convencionais é muito difícil de combater. A rota clássica, direta – o uso da força –, não funciona. Você precisa usar métodos indiretos para combater a dissimulação, combater fogo com fogo, mesmo ao custo de se sujar. Tentar continuar limpo por um senso moral é arriscar-se a uma derrota.

Os capítulos nesta seção vão iniciá-lo nas várias formas da guerra não ortodoxa. Algumas são estritamente não convencionais: enganar seus adversários e agir contra as expectativas deles. Outras são mais políticas e ardilosas: fazendo da moral uma arma estratégica, dominando formas insidiosas de agressão passiva. E algumas são imperdoavelmente sujas: destruir o inimigo de dentro para fora, infligindo terror e pânico. Estes capítulos são destinados a lhe dar uma compreensão maior da diabólica psicologia envolvida em cada estratégia, ajudando-o a se armar com a defesa adequada.

23

TEÇA UMA MESCLA IMPERCEPTÍVEL DE FATO E FICÇÃO

ESTRATÉGIAS DE PERCEPÇÕES ERRADAS

Visto que nenhuma criatura sobrevive se não puder ver ou sentir o que está acontecendo ao redor, dificulte para seus inimigos saber o que está em volta deles, inclusive o que você está fazendo. Perturbe o foco deles e você enfraquece os poderes estratégicos deles. As percepções das pessoas são filtradas por suas emoções; elas tendem a interpretar o mundo segundo o que querem ver. Alimente suas expectativas, produza uma realidade que combine com os desejos delas e elas se iludirão. As melhores trapaças estão baseadas na ambiguidade, misturando fato com ficção de modo que um não possa se desvencilhar do outro. Controle as percepções que as pessoas têm da realidade e você as controlará.

> *Em tempos de guerra, a verdade é tão preciosa que deve estar sempre protegida por uma escolta de mentiras.*
> WINSTON CHURCHILL, 1874-1965

O FALSO ESPELHO

No dia 3 de novembro de 1943, Adolf Hitler mandou distribuir um documento para seus generais mais graduados: a Diretriz 51, que discutia sua convicção de que os Aliados invadiriam a França no ano seguinte e explicava como derrotá-los. Durante anos, Hitler dependera de uma espécie de intuição ao tomar suas decisões estratégicas mais importantes, e repetidas vezes seus instintos estavam certos; os Aliados já tinham tentado fazê-lo acreditar que uma invasão da França era iminente, mas todas as vezes Hitler tinha visto o blefe. Desta vez ele não só tinha certeza de que a invasão estava para acontecer, como achava que sabia exatamente onde ela se daria: o Pas de Calais, a região da França ao longo do Canal da Mancha que era o ponto onde o país estava mais próximo da Grã-Bretanha.

> *Dudley Clarke sempre deixou claro – um pouco mais tarde se verá que foi uma pena que outros não fossem como ele – que você não pode nunca, com mentiras, convencer um inimigo de qualquer coisa que não esteja de acordo com as previsões dele, que em geral não estão longe do que ele espera. Só usando o que sabe a seu respeito é que você é capaz de hipnotizá-lo, não apenas para pensar, mas para fazer o que você quer.*
> MASTER OF DECEPTION, DAVI MURE, 1980

O Pas de Calais tinha vários portos importantes, e os Aliados precisariam de um porto para desembarcar suas tropas. A região era também onde Hitler planejava colocar seus foguetes V-1 e V-2, que em breve entrariam em operação; com estes mísseis a jato não tripulados tão perto de Londres, ele poderia bombardear a Grã-Bretanha até ela se render. Os ingleses sabiam que ele estava colocando mísseis ali, e isso lhes dava mais uma razão para invadirem a França, no Pas de Calais, antes que Hitler pudesse iniciar sua campanha de bombardeios.

Na Diretriz 51, Hitler alertava seus comandantes para esperarem que os Aliados fizessem uma grande campanha enganosa para disfarçar o tempo e a hora da invasão. Os alemães tinham de entender estes blefes e impedir a invasão, e apesar dos recentes reveses no esforço de guerra alemão, Hitler estava extremamente confiante de que eles seriam capazes. Muitos anos antes, ele havia encomendado a construção da Muralha do Atlântico, uma linha de fortes de um lado e do outro da França até a Noruega, e tinha mais de 10 milhões de soldados a sua disposição, um milhão deles só na França. A indústria de armamentos alemã estava produzindo armas cada vez mais numerosas e melhores. Hitler também controlava a maior parte da Europa, o que lhe dava enormes recursos e infinitas opções para movimentar suas tropas de um lado para o outro.

> *Temístocles, portanto, tinha dois problemas urgentes e simultâneos para resolver. Ele precisava agir de forma efetiva, não só para bloquear qualquer retirada projetada pelos contingentes peloponésios, mas também para*

Finalmente, para invadir a França os Aliados precisariam de uma armada volumosa que, uma vez reunida, seria impossível esconder. Hitler tinha agentes infiltrados em todos os níveis das Forças Armadas britânicas, que lhe forneciam um excelente serviço secreto – eles lhe dariam o tempo e o local da invasão. Os Aliados não o surpreenderiam. E depois de derrotá-los nas praias da França, a Inglaterra teria de pedir paz; Roosevelt certamente perderia a iminente eleição para a presidência dos Estados Unidos. Hitler então concentraria todo o seu exército contra a União Soviética e finalmente a derrotaria. Na verdade, a invasão da França era a oportunidade que ele tanto desejava para virar a guerra ao contrário.

O comandante de Hitler na Europa Ocidental era o marechal de campo Gerd von Runstedt, o general mais respeitado da Alemanha. Para solidificar ainda mais a posição defensiva na França, Hitler nomeou o general Erwin Rommel comandante das forças ao longo da costa francesa. Rommel começou a fazer melhorias na Muralha do Atlântico, transformando-a em um "jardim do inferno" de campos minados e zonas de artilharia. Rommel e Runstedt também pediram mais tropas para garantir que os alemães pudessem repelir os Aliados na beira d'água. Mas o Führer negou o pedido.

Hitler recentemente havia começado a desconfiar de seu comando superior. Nos últimos anos ele sobrevivera a várias tentativas de assassinato que nitidamente tinham se originado no meio de seus oficiais. Seus generais estavam cada vez mais contestando suas estratégias, e em sua cabeça eles haviam arruinado várias batalhas na campanha russa; ele via muitos deles como incompetentes e traidores. Começou a passar menos tempo com seus oficiais e mais enfurnado em seu refúgio nas montanhas da Baviera, em Berchtesgaden, com sua amante, Eva Braun, e seu querido cachorro, Biondi. Ali ele se debruçava sobre mapas e relatórios do serviço secreto, determinado a tomar ele mesmo as decisões importantes e administrar todo o esforço de guerra de uma forma mais direta.

Isto causou uma mudança em sua maneira de pensar: em vez de fazer escolhas rápidas, intuitivas, ele estava tentando prever cada possibilidade e demorava mais para se decidir. Agora ele achava que Rommel e Runstedt – ao solicitarem que mais tropas fossem transferidas para a França – estavam sendo excessivamente cautelosos e até em pânico. Ele sozinho teria de frustrar a invasão aliada; dependia dele enxergar através das fraquezas de seus generais e dos blefes do inimigo. O único ponto negativo nisto era que sua carga de trabalho havia aumentado dez vezes, e ele estava mais cansado do que nunca. De noite ele tomava pílulas para dormir, de dia, o que conseguisse obter para mantê-lo alerta.

No início de 1944, informações importantíssimas chegaram às mãos de Hitler: um agente alemão na Turquia roubou documentos sigilosos confirmando que os Aliados invadiriam a França naquele ano. Os documentos também indicavam planos para uma iminente invasão dos Bálcãs. Hitler era muito sensível a qualquer ameaça aos Bálcãs, uma valiosa fonte de recursos para a Alemanha; uma perda ali seria devastadora. A ameaça de um ataque desse tipo tornava impossível a transferência de tropas dali para a França. Os agentes de Hitler na Inglaterra também

garantir que lutassem onde e quando ele planejava que deveria ser; e, de alguma maneira, ele precisava atrair Xerxes para que fizesse um movimento capaz de conduzir a uma vitória dos gregos – isto é, ordenando que sua frota atacasse no canal de Salamis...
O artifício que Temístocles finalmente adotou – que Plutarco chama de "seu famoso truque com Sicinnus" – é um dos episódios mais enigmáticos de toda a história grega. As evidências datam de Os persas de Ésquilo, representado só oito anos depois de Salamis... O que parece ter acontecido foi isto. Em algum momento durante a longa discussão sobre a estratégia final, Temístocles, prevendo a derrota, saiu sorrateiramente da reunião e mandou chamar o tutor de seus filhos, "o mais fiel de seus escravos", um grego asiático chamado Sicinnus. Este homem recebeu uma mensagem, ou carta, cuidadosamente preparada, para entregar a Xerxes, e foi enviado através dos estreitos em um pequeno barco, provavelmente pouco antes do alvorecer do dia 19 de setembro... A substância da mensagem era o seguinte. Temístocles enviou-a em seu próprio nome, como comandante do

contingente ateniense: ele havia, disse a Xerxes, mudado de lado e estava agora desejando ardentemente uma vitória persa. (Nenhum motivo real foi dado para esta volte-face, embora o desgosto com a atitude dos contingentes peloponésios fosse um motivo bastante convincente.) Os aliados gregos estavam se esganando e não fariam oposição – "pelo contrário, você verá os que estão a favor dos persas entre eles combatendo o resto". Além do mais, eles estavam planejando uma retirada geral de Salamis protegidos pela escuridão, que seria realizada na noite seguinte... Se Xerxes atacasse logo, segundo o princípio dividir e governar, poderia interceptar esse movimento. "Ataque-os e destrua seu poder naval, enquanto eles ainda estão desorganizados e antes que tenham unido forças com seu exército por terra" (Plut, Tem. 12.4). A conquista do Peloponeso se tornaria então uma questão comparativamente simples. Por outro lado, se Xerxes deixasse os vários contingentes gregos escorregarem por seus dedos e se dispersarem na direção de casa, a guerra poderia se arrastar indefinidamente, visto

descobriram planos para invadir a Noruega, e aqui Hitler realmente reforçou suas tropas para afastar a ameaça.

Em abril, enquanto se debruçava sobre os relatórios do serviço secreto, Hitler começou a se sentir cada vez mais excitado: ele discerniu um padrão na atividade do inimigo. Como havia pensado, tudo apontava para uma invasão no Pas de Calais. Um indício em particular destacava-se: indicações de um enorme exército formando-se no sudeste da Inglaterra sob o comando do general George Patton. Este exército posicionava-se para uma travessia até o Pas de Calais. De todos os generais aliados, Patton era o que Hitler mais temia. Ele havia provado sua habilidade militar na África do Norte e na Sicília. Seria o comandante perfeito para a invasão.

Hitler pediu mais informações sobre o exército de Patton. Aviões de reconhecimento voando alto fotografaram enormes campos militares, equipamentos para atracação, milhares de tanques movendo-se pela região rural, um oleoduto sendo construído até a costa. Quando um general alemão capturado que estivera preso na Inglaterra foi finalmente repatriado, ele viu sinais de intensa atividade na área FUSAG em sua viagem do campo de internamento até Londres. Agentes na Suíça relataram que todos os mapas da área do Pas de Calais haviam sido misteriosamente comprados. As peças de um gigantesco quebra-cabeça estavam se juntando.

Agora só restava uma dúvida: quando isso ia acontecer? Quando abril virou maio, Hitler estava sob uma avalanche com todos os tipos de relatório conflitantes, boatos e observações visuais. As informações eram confusas, sobrecarregando sua mente cansada, mas duas pequenas informações do serviço secreto pareciam esclarecer o quadro. Primeiro, um agente alemão na Inglaterra relatava que os Aliados atacariam a Normandia, a sudeste do Pas de Calais, entre 5 e 7 de junho. Mas os alemães tinham fortes indícios de que este homem estava operando como agente duplo, e estava claro que seu relatório fazia parte de uma campanha de desinformação aliada. O ataque provavelmente aconteceria no final de junho ou início de julho, quando o tempo era em geral mais previsível. Então, no final de maio, uma série de espiões alemães mais confiáveis viu um importante general britânico, Sir Bernard Montgomery, em Gibraltar e depois em Argel. Montgomery certamente comandaria uma grande parte de qualquer força invasora. A invasão não poderia ser iminente se ele estava tão longe.

Na noite de 5 de junho, Hitler estudou atentamente os mapas. Talvez estivesse errado – talvez o plano fosse para a Normandia o tempo todo. Ele tinha de considerar ambas as opções; ele não se deixaria enganar no que poderia ser a batalha mais decisiva de sua vida. Os britânicos eram ardilosos; ele precisava manter suas forças com mobilidade caso fosse a Normandia, afinal de contas. Ele ia se comprometer antes de ter certeza. Lendo os relatórios do clima para o Canal da Mancha – tempestuoso naquele fim de dia –, ele tomou sua costumeira pílula para dormir e foi para cama.

No dia seguinte, de manhã cedo, Hitler acordou com uma notícia surpreendente: uma invasão em massa estava a caminho – no sul da Normandia. Uma grande armada havia saído da Inglaterra no meio da noite, e centenas de paraquedistas haviam sido lançados perto da costa da Normandia. Com o avançar do dia, os relatórios ficaram mais precisos: os Aliados haviam desembarcado nas praias a sudeste de Cherbourg.

Um momento crítico havia chegado. Se algumas das forças estacionadas no Pas de Calais corressem para as praias da Normandia, os Aliados poderiam ser encurralados e jogados de volta no mar. Esta era a recomendação de Rommel e Runstedt, que esperavam ansiosos pela aprovação de Hitler. Mas durante toda a noite e no dia seguinte Hitler hesitava. Então, quando estava quase para enviar reforços para a Normandia, ele recebeu notícia de aumento de atividade aliada na área FUSAG. A Normandia seria de fato uma enorme distração? Se ele movesse suas reservas para lá, Patton atravessaria imediatamente o Canal até o Pas de Calais? Não, Hitler ia esperar para ver se o ataque era para valer. E assim os dias se passaram, com Rommel e Runstedt furiosos com sua indecisão.

Depois de várias semanas, Hitler finalmente aceitou que a Normandia era o verdadeiro destino. Mas aí já era tarde demais. Os Aliados haviam estabelecido uma cabeça de praia. Em agosto eles invadiram a Normandia, colocando os alemães em plena retirada. Para Hitler o desastre foi mais um sinal de incompetência das pessoas a seu redor. Ele não tinha ideia do quanto fora iludido.

Interpretação. Ao tentar enganar Hitler a respeito das invasões na Normandia, os Aliados enfrentavam um problema: não só o Führer era desconfiado e cauteloso por natureza, como ele sabia de tentativas anteriores para iludi-lo e que os Aliados tentariam enganá-lo de novo. Como os Aliados poderiam esconder o verdadeiro objetivo da vasta armada de um homem que tinha razões para acreditar que eles tentariam confundi-lo e estava examinando minuciosamente cada um de seus movimentos?

Felizmente, o serviço secreto britânico tinha sido capaz de fornecer aos planejadores do desembarque no Dia D, inclusive o primeiro-ministro Winston Churchill, informações que provaram ser valiosíssimas

que ele teria de lidar com cada cidade-estado por vez. Os argumentos de Sicinnus impressionaram os almirantes persas e eles obedientes os transmitiram ao Grande Rei. Xerxes, nos disseram, acreditou no relatório porque "era em si mesmo plausível" – e também porque era justamente o que ele queria ouvir; problemas estavam se armando na Jônia e no império, e quanto mais cedo a expedição grega se concluísse, melhor. Temístocles, sempre um perspicaz conhecedor da natureza humana, sabia muito bem que depois de tantos dias de demora e frustração o Rei Grego agarraria qualquer coisa que parecesse oferecer uma rápida solução para seu problema.
THE GRECO-PERSIAN WARS, PETER GREEN, 1996

No final da guerra, os oficiais da Inteligência Aliada descobriram em arquivos capturados do Serviço Secreto Alemão os textos de 250 mensagens recebidas de agentes e outras fontes antes do Dia D. Quase todas mencionavam julho e o setor de Calais. Uma mensagem apenas dava a data

e o local exatos da invasão. Tinha vindo de um coronel francês em Argel. Os aliados tinham descoberto que esse oficial estava trabalhando para o Abwehr e ele foi preso e, subsequentemente, devolvido. Ele também foi usado para enganar Berlim – usado e abusado. Os alemães foram tantas vezes enganados por ele que acabaram tratando todas as suas informações como sem valor. Mas eles mantiveram o contato, pois é sempre útil saber em que o inimigo quer que você acredite. A Inteligência Aliada, com grande ousadia e perversidade realmente notável, mandou o coronel anunciar que a invasão se daria na costa da Normandia no dia 5, 6 ou 7 de junho. Para os alemães, a mensagem foi prova absoluta de que a invasão seria em qualquer dia exceto 5, 6 ou 7 de junho e em qualquer parte da costa menos na Normandia.
THE SECRETS OF D-DAY, GILLES PERRAULT, 1965

Agora Ravana lhe disse: "Estas são todas armas banais. Eu deveria realmente tratar de assuntos sérios." E invocou o que se chamava "Maya" –

para eles. Primeiro, eles sabiam que Hitler estava ficando paranoico; ele estava isolado e trabalhando demais, sua imaginação fervilhava. Ele tendia a ter explosões emocionais, e desconfiava de tudo e de todos. Segundo, sabiam de sua crença de que os Aliados tentariam invadir os Bálcãs antes da França e que o desembarque na França seria em Pas de Calais. Ele quase parecia querer que estas invasões acontecessem, como prova de sua superior capacidade de raciocínio e previsão.

Enganando Hitler para que mantivesse suas forças dispersas pela Europa e França, os Aliados teriam uma ligeira margem de tempo para estabelecer uma cabeça de praia. O segredo era apresentar a ele um quadro, composto de muitos tipos diferentes de evidências, que lhe diria que os Aliados estavam fazendo exatamente o que ele pensava. Mas este quadro não podia ser composto de todos os sinais luminosos apontando para os Bálcãs e para o Pas de Calais – cheiraria a blefe. Em vez disso, eles tinham de criar algo que tivesse o peso e a sensação de realidade. Teria de ser sutil, um misto de verdades banais alinhavadas com pequenas falsidades. Se Hitler visse que em seus contornos ele sustentava suas expectativas, sua mente hiperativa preencheria o resto. Foi assim que os Aliados teceram o quadro.

No final de 1943, os britânicos haviam secretamente identificado todos os agentes alemães ativos na Inglaterra. O próximo passo foi transformá-los em agentes duplos involuntários alimentando-os com informações falsas – sobre os planos dos Aliados para um ataque nos Bálcãs e na Noruega, digamos, e a formação de um exército fictício comandado por Patton, o general americano que Hitler tanto temia, do outro lado do Pas de Calais. (Este exército, FUSAG, existia apenas em pilhas de documentos falsos e transmissões por rádio que imitavam um exército normal.) Os agentes alemães tiveram permissão para roubar documentos do FUSAG e interceptar transmissões – mensagens cuidadosamente enganosas, mas ao mesmo tempo banais e burocráticas, simples demais para serem vistas como falsas. Trabalhando com técnicos de cinema, os Aliados construíram complicados cenários de borracha, plástico e madeira que, vistos pelos aviões de reconhecimento alemães, pareceriam um enorme acampamento com tendas, aviões e tanques. O general alemão que viu o FUSAG com seus próprios olhos foi induzido ao erro quanto à rota que estava tomando em direção a Londres; ele havia na verdade passado pelo exército real, a oeste do suposto local do FUSAG, formando-se para a invasão da Normandia.

Conforme se aproximava a data da invasão, os Aliados deixavam pistas combinando fato e ficção ainda mais intrincadamente. O verdadeiro local e a hora da invasão foram plantados com um agente de quem os alemães desconfiavam totalmente, dando a Hitler a impressão de ter descoberto um blefe quando de fato estava vendo o que era verdade. Agora, se informações reais sobre o momento da invasão vazassem de alguma forma, Hitler não saberia em quem acreditar. Os Aliados sabiam que os relatórios sobre a compra de todos os mapas do Pas de Calais na Suíça chegariam a Hitler, e isto teria sua própria lógica realista. Quanto às visões de Montgomery em Gibraltar, os alemães nem sabiam que estavam vendo um sósia, um homem treinado para agir como o general. No final, o quadro que os Aliados pintaram era tão real para Hitler que em meados de julho ele acreditava nisso, muito depois de já ter realmente acontecido o Dia D. Por meio desses sutis blefes, eles o haviam forçado a manter suas forças dispersas – talvez o fator decisivo para o sucesso da invasão.

Em um mundo competitivo, o engodo é uma arma vital que lhe dará uma vantagem constante. Você pode usá-lo para distrair seus adversários, enviá-los em caçadas inúteis, perder tempo e recursos valiosos defendendo-se de ataques que nunca acontecem. O mais provável, entretanto, é que seu conceito de engodo esteja errado. Ele não implica ilusões complicadas ou todos os tipos de distrações pomposas. As pessoas são sofisticadas demais para caírem nessas coisas. O engodo deve espelhar a realidade. Pode ser elaborado, como o dos britânicos em torno do Dia D, mas o efeito deve ser o de realidade apenas sutilmente, só de leve, alterada, não transformada por completo.

Para espelhar a realidade, você precisa compreender sua natureza. Acima de tudo, a realidade é subjetiva: nós filtramos o que acontece através de nossas emoções e preconceitos, vendo o que queremos ver. Seu espelho falso deve se ajustar aos desejos e expectativas das pessoas, convidando-as a dormir. (Se os Aliados quisessem atacar o Pas de Calais, como Hitler suspeitava, e tentado convencê-lo de que o ataque estava chegando à Normandia, isso teria sido muito mais difícil do que tirar proveito de sua crença preexistente.) Seu falso espelho deve incorporar coisas que são visivelmente verdadeiras. Ele deve parecer um tanto banal, como a vida ela mesma. Ele pode ter elementos contraditórios, como o blefe do Dia D; a realidade com frequência é contraditória. No final, como um quadro de Escher, você deve mesclar verdade e ilusão a tal ponto que se tornem indistintas e seu falso espelho é aceito como realidade.

O que desejamos, acreditamos logo, e o que nós mesmos pensamos, imaginamos que os outros também pensem.
— Julio César (100-44 a.C.)

uma arma que criava ilusões e confundia o inimigo. Com encantos adequados e adoração, ele lançou sua arma e ela criou uma ilusão de reviver todos os exércitos e seus líderes – Kumbakarna e Indrajit e os outros – e trazê-los de volta ao campo de batalha. Em pouco tempo, Rama encontrou todos aqueles que ele pensava não existirem mais chegando com gritos de guerra e cercando-o. Cada homem no exército inimigo estava de novo armado. Eles pareciam cair sobre Rama com gritos vitoriosos. Isto foi muito confuso e Rama perguntou a Matali, a quem a essa altura ele havia ressuscitado: "O que está acontecendo agora? Como estão todos estes voltando? Estavam mortos." Matali explicou: "Em sua identidade original você é o criador de ilusões neste universo. Saiba, por favor, que Ravana criou fantasmas para confudi-lo. Se você se decidir, pode fazê-los desaparecer imediatamente." A explicação de Matali foi muito útil. Rama imediatamente invocou uma arma chamada "Gnana" – que significa "sabedoria" ou "percepção". Esta era uma arma muito rara, e ele a lançou. E todos os

CHAVES PARA A GUERRA

Nos primórdios da história da guerra, líderes militares se viam diante do seguinte dilema: o sucesso de qualquer esforço de guerra dependia da capacidade de saber o máximo possível sobre o outro lado – suas intenções, seus pontos fortes e fracos. Mas o inimigo jamais revelaria espontaneamente estas informações. Além do mais, o inimigo com frequência vinha de uma cultura estrangeira, com seus modos peculiares de pensar e se comportar. Um general não podia realmente saber o que se passava na cabeça do general adversário. Visto de fora, o inimigo representava uma espécie de mistério insondável. E na falta de alguma compreensão do outro lado, um general estaria operando no escuro.

A única solução era analisar bem o inimigo em busca de sinais externos do que estava acontecendo no interior. Um estrategista poderia contar as fogueiras no campo inimigo, por exemplo, e as mudanças nessa quantidade ao longo do tempo; isso mostraria o tamanho do exército e se ele aumentava com a chegada de reservas ou diminuía ao dividir, ou talvez conforme os soldados desertavam. Para ver para onde estava indo um exército, ou se ele estava se preparando para a batalha, o estrategista teria de procurar sinais de movimento ou mudanças em sua formação. Ele tentaria arrumar agentes e espiões para relatarem sobre estas atividades do lado de dentro. Um líder que colhesse um número suficiente destes sinais e os decifrasse corretamente poderia juntar tudo em um quadro razoavelmente claro.

O líder também sabia que, assim como ele estava observando o outro lado, o adversário estava fazendo a mesma coisa com ele. Ao considerarem estes jogos de vai e vem interpretando as aparências, certos estrategistas esclarecidos nas culturas ao redor do mundo tinham uma epifania semelhante: por que não distorcer intencionalmente os sinais pelos quais o inimigo estava esperando? Por que não confundir brincando com as aparências? Se o inimigo está contando as nossas fogueiras, assim como nós estamos contando as deles, por que não acender mais fogueiras, ou menos, para criar uma falsa impressão de nossa força? Se eles estão acompanhando cada movimento de nosso exército, por que não movimentá-lo em padrões enganosos ou enviar parte dele em uma direção como isca? Se o inimigo infiltrou espiões e agentes em nossas fileiras, por que não alimentá-los com informações falsas? Um inimigo que pensa saber nosso tamanho e nossas intenções, e não percebe que está sendo levado na direção errada, agirá com base em seu falso conhecimento e cometerá todos os tipos de erro. Ele vai movimentar seus homens para combater um inimigo que não está ali. Ele combaterá com as sombras.

---

exércitos aterrorizantes que pareciam ter chegado em número tão grande, de repente se evaporaram.
THE RAMAYANA, VALMIKI, ÍNDIA, C. SÉCULO IV A.C.

O verdadeiro impacto de tal estratégia é a dissipação de recursos, a criação de profecias tanto suicidas como as que se realizam, e a destruição da verdade e da confiança. Ela maximiza a confusão e a desordem, e destrói a elasticidade, a adaptabilidade, os valores essenciais e a capacidade de reagir. A chave para esta estratégia diz [coronel John] Boyd, é menos enganos (a criação de uma ordem falsa) e mais ambiguidade (confusão sobre a própria realidade). Você precisa combinar fato e ficção para criar ambiguidade para um adversário, pois a combinação cria mais problemas, requer mais tempo para descobrir e levanta mais questões do que simplesmente acrescentando falsas informações. Como um exemplo, ele lembrou a história de um grupo de alemães depois da invasão da Normandia que haviam roubado uniformes e

Pensando assim, estes antigos estrategistas criaram a arte do engodo organizado, uma arte que acabaria se infiltrando não só na guerra, mas também na política e na sociedade em geral. Em essência, a farsa militar é a sutil manipulação e distorção de sinais de nossa identidade e propósito a fim de controlar a visão de realidade do inimigo e fazê-lo agir com base em suas percepções erradas. É a arte de administrar as aparências, e ela pode criar uma vantagem decisiva para o lado que melhor a usar.

Na guerra, onde os riscos são tão altos, não existe nenhuma vergonha moral em usar a mentira. Ela é simplesmente mais uma arma para criar uma vantagem, como os animais usam a camuflagem e outros truques para ajudá-los a sobreviver. Recusar esta arma é uma forma de desarmamento unilateral, dando ao outro lado uma visão mais clara do campo – uma vantagem que pode se traduzir em vitória. E não há nenhuma virtude ou bondade em perder uma guerra.

Enfrentamos uma dinâmica semelhante em nossas batalhas diárias na vida. Somos criaturas sociais, e nossa felicidade, até nossa sobrevivência, depende de sabermos compreender o que as outras pessoas estão pretendendo ou pensando. Mas como não podemos entrar em suas cabeças, somos obrigados a ler os sinais em seus comportamentos externos. Ponderamos a respeito de suas ações no passado como indícios do que poderiam fazer no futuro. Examinamos suas palavras, seus olhares, o tom de suas vozes, certas ações que parecem carregadas de significado. Tudo que uma pessoa faz na esfera social é uma espécie de sinal. Ao mesmo tempo, estamos conscientes de que milhares de pares de olhos estão, por sua vez, nos observando, nos interpretando e tentando sentir quais são nossas intenções.

É uma batalha sem fim sobre aparência e percepção. Se as outras pessoas podem entender o que estamos pretendendo, prever o que vamos fazer, enquanto nós não temos nenhuma pista a seu respeito, elas têm uma constante vantagem sobre nós que não podem deixar de explorar. É por isso que, na esfera social, aprendemos desde cedo a usar a mentira – dizemos aos outros aquilo que eles querem ouvir, ocultando nossos verdadeiros pensamentos, fugindo à verdade, enganando para dar uma impressão melhor. Muitos desses engodos são totalmente inconscientes.

Visto que as aparências são cruciais e a fraude é inevitável, o que você precisa é aumentar sua aposta – tornar suas mentiras mais conscientes e hábeis. Você precisa ser capaz de disfarçar suas manobras, deixar as pessoas desequilibradas controlando as percepções que elas têm de você e dos sinais que você emite. Neste sentido, há muita coisa que você pode aprender com as artes milenares do engodo, que estão ba-

---

jipes americanos. Eles rodaram por toda a região rural da França mudando todos os sinais na estrada para confundir os aliados conforme avançavam. Em breve, os americanos descobriram que a direção havia sido invertida e simplesmente fizeram o oposto do que os cartazes indicavam. Teria sido muito melhor se os alemães mudassem apenas uma parte dos sinais, um terço ou metade. E criado ainda mais problemas para os americanos. Criar ambiguidade quanto à precisão dos cartazes e prolongar o tempo que levaria para descobrir o problema teria sido muito mais eficaz do que mudar todos os cartazes.
THE MIND OF WAR, GRANT T. HAMMOND, 2001

E Javé disse a Josué: "Não temas e não desanimes! Toma contigo todos os combatentes. Levanta-te! Sobe contra Hai. Vê; eu entrego em tuas mãos o rei de Hai, seu povo, sua cidade, sua terra. Tratarás Hai e seu rei como trataste Jericó e seu rei. Nada tomareis como presa senão os despojos e o gado. Arma uma emboscada contra a cidade, por detrás dela." Levantou-se Josué, com todos os combatentes, para subir contra Hai. Josué escolheu 30 mil homens valentes e os fez partir de noite, dando-lhes esta ordem: "Atenção! Armarei uma emboscada contra a cidade e, quando o povo de Hai sair contra nós, como da primeira vez, fugiremos diante deles. Então eles nos seguirão e nós os atrairemos para longe da cidade, pois dirão: 'Fogem diante de nós como da primeira vez.'. Saireis então da emboscada para tomar posse da cidade: Javé vosso Deus a entregará em nossas mãos. Tomada a cidade a incendiareis, agindo de acordo com a palavra de Javé. Vede que eu vos dei uma ordem... Ao ver isto, o rei de Hai e o povo da cidade apressaram-se em se levantar e sair, para que ele e todo o seu povo fossem ao encontro de Israel a fim de combatê-lo na descida que está diante da Arabá; mas não sabia que havia uma emboscada

seadas em leis eternas da psicologia e são infinitamente aplicáveis às batalhas da vida diária.

Para dominar esta arte, você precisa aceitar que ela é necessária e encontrar um prazer criativo ao manipular as aparências – como se você estivesse dirigindo um filme. A seguir temos seis formas principais de engodo militar, cada uma com sua própria vantagem.

A falsa fachada: esta é a forma mais antiga de engodo militar. Originalmente ela implicava fazer o inimigo acreditar que se era mais fraco do que na realidade. Um líder fingiria uma retirada, digamos, colocando uma armadilha para o inimigo cair, atraindo-o para uma emboscada. Esta era a tática preferida de Sun Tzu. A *aparência* de fraqueza muitas vezes desperta o lado agressivo das pessoas, fazendo-as trocar a estratégia e a prudência por um ataque emocional e violento. Quando Napoleão se viu em número menor e em uma posição estratégica vulnerável antes da Batalha de Austerlitz, intencionalmente deu sinais de estar em pânico, indeciso e assustado. Os exércitos inimigos abandonaram sua posição forte para atacá-lo e caíram direto em uma armadilha. Foi sua maior vitória.

Controlar a fachada que você apresenta ao mundo é a técnica de engodo mais crítica. As pessoas reagem de forma mais direta ao que veem, ao que é mais visível aos olhos. Se você parece mais esperto – se você parece mentiroso –, eles levantam a guarda e será impossível enganá-los. Em vez disso, você precisa apresentar uma fachada que faça o oposto – desarme suspeitas. A melhor fachada é a fraqueza, que fará o outro lado se sentir superior a você, de modo que ou eles o ignoram (e ser ignorado vale muito às vezes) ou são atraídos para uma ação agressiva no momento errado. Quando já é tarde demais, quando já estão comprometidos, eles podem descobrir da maneira mais difícil que você não é tão fraco assim afinal de contas.

Nas batalhas da vida diária, fazer as pessoas pensarem que são melhores do que você – mais espertas, mais fortes, mais competentes – quase sempre é o mais sensato. Você terá fôlego para traçar seus planos, para manipular. Em uma variação desta estratégia, a fachada de virtude, honestidade e integridade é, com frequência, o disfarce perfeito em um mundo político. Estas qualidades podem não parecer fracas, mas servem à mesma função: elas desarmam as desconfianças das pessoas. Nessa situação, entretanto, é importante não ser apanhado fazendo algo desonesto. Aparecer como um hipócrita vai fazê-lo retroagir muito no jogo das fraudes.

Em geral, como os estrategistas defendiam na antiga China, você deve apresentar uma face ao mundo que prometa o oposto do que realmente planeja fazer. Se está se aprontando para atacar, pareça despreparado para uma luta ou muito confortável e relaxado para estar tramando uma guerra. Pareça calmo e amigável. Isto o ajudará a ganhar controle sobre sua aparência e aguçará sua habilidade para manter seus adversários no escuro.

O ataque isca: este é outro ardil que data de épocas antigas, e continua sendo talvez a manobra fraudulenta militar mais comum. Ela começa como a solução para um problema: se o inimigo soubesse que você iria atacar o ponto A, colocaria todas as suas defesas ali e tornaria seu trabalho muito difícil. Mas enganá-lo quanto a isso não é fácil: mesmo que antes da batalha você fosse capaz de disfarçar suas intenções e enganá-lo para que desistisse de concentrar suas forças no ponto A, assim que ele visse seu exército dirigindo-se para lá, correria para defendê-lo. A única resposta era fazer seu exército avançar para o ponto B, ou melhor, enviar parte de seu exército naquela direção mantendo ao mesmo tempo tropas de reserva para seu verdadeiro objetivo. O inimigo agora teria de mover uma parte ou todo o seu exército para defender o ponto B. Faça o mesmo com pontos C e D e o inimigo terá de se dispersar por todo o mapa.

O segredo desta tática é que, em vez de contar com palavras, boatos ou informações plantadas, o exército realmente se movimenta. Ele faz uma ação concreta. As forças inimigas não podem se permitir o luxo de adivinhar se está em jogo um blefe: se eles adivinharem errado, as consequências são desastrosas. Eles têm de se movimentar para cobrir o ponto B, independentemente de tudo. Em qualquer caso, é quase impossível duvidar da realidade de movimentos verdadeiros de tropa, com todo o tempo e energia que eles implicam. Portanto, o ataque isca mantém o inimigo disperso e ignorando suas intenções – o maior sonho de qualquer general.

O ataque isca é também uma estratégia crítica na vida diária, quando você precisa reter o poder para ocultar suas intenções. Para impedir as pessoas de defenderem os pontos que você quer atacar, você deve seguir o modelo militar e fazer gestos reais em direção a uma meta que não o interesse. Você deve investir tempo e energia para atacar esse ponto, em vez de simplesmente tentar sinalizar a intenção com palavras. Ações têm tanto peso e parecem tão reais que as pessoas naturalmente vão supor que esse é seu verdadeiro objetivo. A atenção delas é distraída de seu verdadeiro alvo; as defesas delas se dispersam e enfraquecem.

Camuflagem: a habilidade para se misturar ao ambiente é uma das formas mais aterrorizantes de fraude militar. Em tempos modernos os

armada contra ele, atrás da cidade. Josué e toda a Israel fingiram-se derrotados por eles e fugiram pelo caminho do deserto. Todo o povo que se achava na cidade saiu em perseguição deles, com grandes brados. Assim, ao perseguirem Josué, afastaram-se da cidade. Não ficou nem um só homem em Hai (nem em Betel) que não saísse em perseguição de Israel: deixaram a cidade aberta e perseguiram Israel. Javé disse então a Josué: "Estende a lança que tens na mão contra Hai, pois vou entregá-la em tuas mãos." Então Josué estendeu contra a cidade a lança que tinha na mão. E ao estender ele a mão, os homens da emboscada saíram às pressas de seu lugar e, correndo, entraram na cidade, tomaram-na e apressaram-se a incendiá-la. Os homens de Hai voltaram-se para trás e viram: eis que a fumaça da cidade subia ao céu. Nenhum entre eles sentiu-se com coragem para fugir para um lado ou para outro, porque o próprio povo que fugia para o deserto se voltou contra os que o perseguiam. Vendo que os homens da emboscada haviam tomado a cidade e que a fumaça subia da cidade, Josué e

> toda a Israel voltaram-se e atacaram os homens de Hai.
> JOSUÉ 8: 1-9, 14-23, A BÍBLIA DE JERUSALÉM
>
> O princípio é também empregado em circunstâncias menos tortuosas, mas com o mesmo propósito de colocar um indivíduo naturalmente em um papel porque, de fato, ele não sabe que está representando um papel falso. Por exemplo, pegue o projeto da operação do "Homem que Nunca Existiu" durante a Segunda Guerra Mundial – no qual um mensageiro de alto nível carregando documentos secretos contendo direções erradas no que dizia respeito à invasão no Mediterrâneo seria lançado nas águas da costa da Espanha. Depois que o "Major" fosse jogado em águas espanholas, o adido britânico na Espanha seria informado "confidencialmente" de que documentos muito importantes haviam se perdido, e que ele deveria discretamente determinar se a mala do mensageiro havia sido recuperada. O adido assim pôde representar seu papel na farsa de um modo muito convincente porque para ele o fato não era um teatro.
> THE SECRETS OF D-DAY, GILLES PERRAULT, 1965

asiáticos se mostraram particularmente peritos nesta arte: nas batalhas de Guadalcanal e Iwo Jima, durante a Segunda Guerra Mundial, os soldados americanos ficaram estarrecidos com a habilidade de seus inimigos japoneses em se mesclarem com os variados terrenos do cenário no Pacífico. Costurando grama, folhas, galhos e folhagem a seus uniformes e capacetes, os japoneses se fundiam com a floresta – mas a floresta avançava pouco a pouco, sem ninguém perceber até ser tarde demais. Nem podiam os americanos localizar com precisão as armas japonesas, pois seus canos estavam ocultos por rachaduras naturais nas pedras ou escondidos sob disfarces removíveis de camuflagem. Os norte-vietnamitas eram igualmente brilhantes com as camuflagens, reforçando as técnicas com o uso de túneis e câmeras subterrâneas que permitiam que homens armados saltassem aparentemente do nada. Pior, em um tipo diferente de camuflagem, eles podiam se misturar com a população civil. Impedir que seus inimigos o vejam até ser tarde demais é um modo devastador de controlar a percepção deles.

A estratégia de camuflagem pode ser aplicada à vida diária de dois modos. Primeiro, é sempre bom ser capaz de se fundir na paisagem social, evitar chamar a atenção para si mesmo a não ser que você escolha fazer isso. Quando você fala e age como todo mundo, imitando seus sistemas de crenças, quando você se mistura na multidão, você torna impossível para as pessoas verem qualquer coisa especial em seu comportamento. (Aparência é o que conta – vista-se e fale como um homem de negócios e você *é* um homem de negócios.) Isso lhe dá um grande espaço para se movimentar e tramar sem ser notado. Como um louva-a-deus em uma folha, você não se distingue de seu contexto – uma excelente defesa em épocas de fraqueza. Segundo, se você está preparando algum tipo de ataque e começa misturando-se ao ambiente, não mostrando nenhum sinal de atividade, seu ataque parecerá vir do nada, duplicando seu poder.

O modelo hipnótico: segundo Maquiavel, os seres humanos tendem naturalmente a pensar em termos de padrões. Eles gostam de ver as coisas conformando-se com suas expectativas ao se encaixarem em um modelo ou esquema, pois esquemas, não importa qual seja seu verdadeiro conteúdo, nos confortam ao sugerirem que o caos da vida é previsível. Este hábito mental oferece excelente terreno para fraudes, usando uma estratégia que Maquiavel chama de "aclimatação" – criando deliberadamente algum padrão que faz seus inimigos acreditarem que sua próxima ação será fiel à forma. Depois de deixá-los tranquilos, você agora tem espaço para trabalhar contra as expectativas deles, romper com o padrão e apanhá-los de surpresa.

Na Guerra dos Seis Dias, em 1967, os israelenses sujeitaram seus inimigos árabes a uma devastadora derrota-relâmpago. Ao fazer isso, eles confirmaram todas as suas crenças militares preexistentes: os árabes eram indisciplinados, suas armas, antiquadas e suas estratégias, rançosas. Seis anos depois, o presidente egípcio Anwar Sadat explorou estes preconceitos sinalizando que seu exército estava desbaratado e ainda humilhado com a derrota em 1967 e que ele estava discutindo com seus patronos soviéticos. Quando o Egito e a Síria atacaram Israel no Yom Kippur, em 1973, os israelenses foram apanhados quase totalmente de surpresa. Sadat os havia enganado induzindo-os a baixar a guarda.

Esta tática pode se estender indefinidamente. Quando as pessoas sentirem que você as enganou, vão esperar que você as engane de novo, mas em geral pensam que você vai tentar algo diferente da próxima vez. Ninguém, dirão para si mesmos, é tão idiota de repetir o mesmo truque com a mesma pessoa. É agora, claro, o momento exato de repeti-lo, seguindo o princípio de sempre trabalhar contra as expectativas de seu inimigo. Lembre-se do exemplo do conto de Edgard Allan Poe, "A carta furtada": esconda algo no lugar mais óbvio, porque é ali que ninguém vai procurar.

Obra-prima do traidor. – *Expressar a um colega conspirador a triste suspeita de que vamos ser traídos por ele, e fazer isso exatamente quando nós mesmos estamos envolvidos em uma traição, é uma obra-prima de malícia, porque mantém o outro ocupado consigo mesmo e o força por uns tempos a se comportar de forma muito franca e sem levantar suspeitas, dando assim ao verdadeiro traidor plena liberdade de ação.* HUMANO, DEMASIADO HUMANO, FRIEDRICH NIETZSCHE, 1878

Informações plantadas: as pessoas tendem muito mais a acreditar no que veem com seus próprios olhos do que em algo que lhe dizem. Elas tendem muito mais a acreditar em algo que descobrem do que naquilo que lhe impingem. Se você plantar as informações falsas que deseja que elas tenham – com terceiros, em território neutro – ao recolherem as pistas, elas terão a impressão de que foram *elas* que descobriram a verdade. Quanto mais você as fizer cavar para encontrar as informações que querem, mais profundamente elas se iludirão.

Durante a Primeira Guerra Mundial, além do infame empate no *Front* Ocidental, os alemães e os britânicos lutaram em uma batalha menos conhecida pelo controle do Leste da África, onde ambos os lados tinham colônias. O homem encarregado do serviço secreto inglês na área era o coronel Richard Meinhertzhagen, e seu maior rival do lado alemão era um árabe educado. A tarefa de Meinhertzhagen incluía alimentar os alemães com informações falsas e ele se esforçava tentando enganar este árabe, mas nada parecia funcionar – os dois homens eram iguais no jogo. Finalmente, Meinhertzhagen enviou uma carta a seu adversário. Nela, ele agradecia ao árabe por seus serviços como agente duplo e pelas valiosas informações que havia fornecido aos britânicos. E anexava uma grande quantia em dinheiro confiando a entrega da carta a seu agente mais incompetente. Com certeza, os alemães capturaram este agente no meio do caminho e descobriram a carta. O agente, sob

Agamenon havia enviado Ulisses à Trácia em uma expedição de saque, e quando ele voltou de mãos vazias, Palamedes, filho de Nauplius, o repreendeu por sua indolência e covardia. "Não é minha culpa", gritou Ulisses, "se não foi possível encontrar nenhum grão. Se Agamenon tivesse enviado você em meu lugar, não teria tido maior sucesso." Assim desafiado, Palamedes içou velas imediatamente e voltou logo com um navio carregado de grãos... Dias depois de tortuosos pensamentos, Ulisses finalmente encontrou um plano para se vingar de Palamedes; pois sua honra estava ferida. Ele mandou dizer a Agamenon: "Os deuses me alertaram em um sonho que a traição está a caminho: o acampamento deve ser movido por um dia e uma noite." Quando Agamenon deu ordens imediatas para que isto fosse feito, Ulisses secretamente enterrou um saco cheio de ouro no lugar onde a tenda de Palamedes tinha sido armada. Em seguida obrigou um prisioneiro frígio a escrever uma carta, como se fosse de Príamo para Palamedes, dizendo: "O ouro que enviei é o preço que você pediu por trair o acampamento grego." Tendo em seguida ordenado ao prisioneiro que entregasse esta carta a Palamedes, Ulisses mandou matá-lo logo na saída do acampamento, antes que pudesse entregá-la. No dia seguinte, quando o exército retornou ao antigo local, alguém encontrou o corpo do prisioneiro e levou a carta até Agamenon. Palamedes foi à corte marcial, e ao negar fervorosamente ter recebido ouro de Príamo ou de quem quer que fosse, Ulisses sugeriu que dessem uma busca em sua tenda. O ouro foi encontrado e todo o exército apedrejou

tortura, lhe garantiu que sua missão era autêntica – porque ele acreditava que era: Meinhertzhagen o mantivera fora do circuito interno. O agente não estava agindo, portanto podia-se acreditar no que ele dizia. Os alemães tranquilamente o executaram.

Não importa se você é um bom mentiroso, quando se mente é difícil ser totalmente natural. A tendência é se esforçar tanto para parecer natural e sincero que isso fica evidente e pode ser entendido. Por isso funciona tão bem espalhar sua farsa entre pessoas que você acha que ignoram a verdade – pessoas que acreditam na mentira. Quando trabalhar com agentes duplos deste tipo, é sempre bom alimentá-los inicialmente com algumas informações verdadeiras – isto estabelecerá a credibilidade das informações secretas que eles passam adiante. Depois, eles serão os canais perfeitos para suas mentiras.

Sombras dentro de sombras: manobras enganosas são como sombras lançadas deliberadamente: o inimigo reage a elas como se fossem sólidas e reais, o que por si mesmo é um erro. Em um mundo sofisticado, competitivo, entretanto, ambos os lados conhecem o jogo, e o inimigo alerta não tentará agarrar necessariamente a sombra que você lançou. Portanto, você precisa subir o nível da arte da ilusão, lançando sombras *dentro* de sombras, tornando impossível para seus inimigos distinguir entre fato e ficção. Você torna tudo tão ambíguo e incerto, espalha tanta névoa que, mesmo que desconfiem que você esteja mentindo, isso não tem importância – a verdade não pode ser desvendada a partir das mentiras, e tudo que a desconfiança deles gera é tormento. Enquanto isso, esforçando-se para descobrir o que você vai fazer, eles desperdiçam tempo e recursos valiosos.

Durante as batalhas no deserto da África do Norte, na Segunda Guerra Mundial, o tenente inglês Dudley Clarke dirigiu uma campanha para enganar os alemães. Uma de suas táticas era usar peças de cenário – imitações de tanques e artilharia – para que fosse impossível para os alemães calcular o tamanho e a localização do exército inglês. Vistos lá do alto pelos aviões de reconhecimento, estas armas de imitação fotografariam como a coisa real. Uma dessas peças que funcionou muito bem foi um avião de mentira feito de madeira; Clark semeou campos de aterrissagem fictícios repletos com fileiras destes aviões pela paisagem. Em um determinado momento um oficial preocupado lhe disse que o serviço secreto tinha sido interceptado revelando que os alemães haviam encontrado um jeito de distinguir aviões reais dos falsos: eles simplesmente procuravam as escoras de madeira que sustentavam as asas dos aviões de mentira (fotos ampliadas podiam revelar isto). Agora eles não podiam mais usar os simulacros, disse o oficial. Mas Clarke, um dos maiores gênios da farsa moderna, teve uma ideia melhor: decidiu colocar escoras sob as asas dos aviões de verdade assim como dos falsos. Com o embuste original os alemães ficavam confusos, mas podiam acabar descobrindo a verdade. Agora, entretanto, Clarke levou a aposta para um nível mais alto: o inimigo não poderia distinguir o verdadeiro do falso, o que era ainda mais desconcertante.

Se você está tentando enganar seus inimigos, com frequência é melhor inventar algo ambíguo e difícil de entender, em oposição a um engodo sem rodeios – esse engodo pode ser revelado e os inimigos podem se aproveitar de sua descoberta, especialmente se você pensar que eles ainda estão enganados e agir de acordo com essa crença. Você é o único duplamente enganado. Mas ao criar algo que seja simplesmente ambíguo, ao tornar tudo embaçado, não há farsa a ser revelada. Eles estão simplesmente perdidos em uma névoa de incerteza, onde verdade e falsidade, bom e mau, tudo se funde em uma coisa só e é impossível se orientar bem.

> *Palamedes até a morte como traidor.*
> THE GREEK MYTHS, VOL. 2, ROBERT GRAVES, 1955

> *Aparência e intenção inevitavelmente seduzem as pessoas quando usadas com habilidade, mesmo se elas perceberem que existe outra intenção por trás das aparências. Quando você faz uma manobra e os adversários caem nela, então você vence ao deixá-los agir segundo o que você armou. Quanto aos que não se deixam enganar, quando você percebe que não se convencerão com uma manobra visível, você arma outra. Então, mesmo que os adversários não tenham caído em sua manobra original, no efeito eles caíram.*
> FAMILY BOOK ON THE ART OF WAR, YAGYU MUNENORI, 1571-1646

Imagem:
Névoa. Ela torna impossível saber a forma e a cor dos objetos. Aprenda a criar bastante névoa e você se livra do olhar intrometido do inimigo; você tem espaço para manobra. Você sabe para onde está indo, enquanto o inimigo se perde cada vez mais na névoa.

Autoridade: *Quem é bom combatendo o inimigo o engana com movimentos inescrutáveis, confunde-o com falsas informações secretas, deixa-o relaxado ao ocultar sua própria força... ensurdece seus ouvidos misturando ordens e sinais, cega seus olhos convertendo bandeiras e insígnias... confunde seu plano de batalha fornecendo-lhe fatos distorcidos.* – Tou Bi Fu Tan, *A Scholar's Dilettante Remarks on War* (século XVI a.C.)

INVERSO

Ser flagrado enganando é perigoso. Se você não sabe que seu disfarce foi revelado, então, de repente, seus inimigos têm mais informações do que você e você se torna um instrumento deles. Se a descoberta de seu engodo se torna pública, sua reputação sofre um golpe, ou pior: as punições por espionagem são severas. Você precisa usar a fraude com a maior cautela, depois, empregando o mínimo de gente possível, evitar os vazamentos inevitáveis. Você deve sempre ficar com uma rota de fuga, uma história de capa para protegê-lo se ficar exposto. Cuidado para não se apaixonar pelo poder que o engodo traz; o uso da fraude deve estar sempre subordinado a sua estratégia global e mantido sob controle. Se ficar conhecido como um mentiroso, tente ser sincero e honesto para variar. Isso confunde as pessoas – porque elas não sabem como interpretá-lo, sua honestidade torna-se uma forma mais elevada de blefe.

24

ADOTE A LINHA DO MÍNIMO DE EXPECTATIVAS

A ESTRATÉGIA DO ORDINÁRIO-EXTRAORDINÁRIO

As pessoas esperam que seu comportamento se encaixe em padrões e convenções conhecidos. Sua tarefa como estrategista é abalar as expectativas delas. Surpreenda-as e o caos e a imprevisibilidade – que tentam desesperadamente manter afastados – entram em seu mundo e, na perturbação mental que se segue, as defesas baixam e elas ficam vulneráveis. Primeiro, faça qualquer coisa comum e convencional para fixar a imagem que elas têm de você, depois atinja-as com o extraordinário. O terror é maior por ser tão súbito. Jamais confie em uma estratégia não ortodoxa que funcionou antes – ela é convencional na segunda vez. Às vezes, o ordinário é extraordinário por ser inesperado.

GUERRA NÃO CONVENCIONAL

Milhares de anos atrás, líderes militares – conscientes dos riscos incrivelmente altos que a guerra implica – buscavam por toda parte algo que desse a seu exército uma vantagem no campo de batalha. Alguns generais que eram particularmente brilhantes inventavam formações inusitadas de tropas ou uma utilização insólita da infantaria ou cavalaria: a novidade da tática impedia o inimigo de prevê-la. Sendo inesperada, ela o deixava confuso. Um exército que ganhasse a vantagem da surpresa desse modo, em geral, a transformava em vitória no campo de batalha e talvez em uma série de outros triunfos.

O inimigo, entretanto, se esforçaria para encontrar uma defesa contra a nova estratégia, fosse o que fosse, e muitas vezes não demorava muito. Assim, o que antes causara um brilhante sucesso e fora a síntese da inovação em breve não funcionava mais e na verdade se tornava convencional. Além do mais, no processo de descobrir uma defesa contra uma nova estratégia, o próprio inimigo muitas vezes era obrigado a inovar; agora era sua vez de introduzir algo surpreendente e terrivelmente eficaz. E assim o ciclo continuava. A guerra sempre foi impiedosa; nada permanece não convencional por muito tempo. É inovar ou morrer.

No século XVIII, nada surpreendeu mais do que as táticas do rei prussiano, Frederico, o Grande. Para superar o sucesso de Frederico, os teóricos militares franceses tiveram novas ideias radicais que foram finalmente testadas no campo de batalha por Napoleão. Em 1806, Napoleão venceu os prussianos – que ainda estavam usando as táticas que já tinham sido não convencionais de Frederico, o Grande, agora corriqueiras – na batalha de Jena-Auerstadt. Os prussianos ficaram humilhados com a derrota; agora competia a eles inovar. Eles estudaram em profundidade o sucesso de Napoleão, adaptaram suas melhores estratégias e as levaram mais adiante, criando as sementes para a formação do Estado-Maior Alemão. Este novo exército prussiano representou um grande papel na derrota de Napoleão em Waterloo, e continuou dominando o cenário militar durante décadas.

Em épocas modernas, o constante desafio para superar o inimigo com algo novo e não convencional desviou-se para uma guerra suja. Afrouxando os códigos de honra e moralidade que no passado limitavam o que um general podia fazer (pelo menos até certo ponto), os exércitos modernos lentamente adotaram a ideia do vale-tudo. Táticas de guerrilha e terrorismo são conhecidas desde a antiguidade. Agora elas se tornaram não apenas mais comuns como mais estratégicas e refinadas. Propaganda, desinformação, guerra psicológica, mentiras e meios políticos de travar guerra, tudo isso passou a ser ingrediente ativo em qualquer estratégia não convencional. Uma contraestratégia em geral se desenvolve para lidar com o que há de mais recente na guerra suja, mas quase sempre isso implica descer ao nível do inimigo, combatendo fogo com fogo. O inimigo inescrupuloso se adapta baixando a um nível ainda mais sórdido, criando uma espiral descendente.

Esta dinâmica é particularmente intensa na arte da guerra, mas permeia cada aspecto de atividade humana. Se você está na política e no mundo dos negócios, e seus adversários ou concorrentes surgem com uma nova estratégia, adapte-a a seus próprios propósitos ou, melhor, supere-a. A tática deles que já foi nova se torna convencional e basicamente inútil. Nosso mundo é tão ferozmente competitivo que um lado quase sempre acabará recorrendo a algo sórdido, algo fora dos códigos anteriores de comportamento aceitável. Ignore esta espiral, por moral ou orgulho, e você se coloca em grave desvantagem; você é obrigado a reagir, com a probabilidade de fazer um pouco de jogo sujo você mesmo.

A espiral domina não apenas a política ou os negócios, mas a cultura também, com sua desesperada busca do chocante e inusitado para chamar a atenção e conquistar aclamação momentânea. Vale tudo. A velocidade do processo aumentou exponencialmente com o tempo: o que era não convencional nas artes poucos anos antes agora parece insuportavelmente vulgar e o cúmulo da conformidade.

O que nós consideramos não convencional mudou ao longo dos anos, mas as leis que tornam efetivo este não convencionalismo, estando baseadas na psicologia elementar, são eternas. E estas leis imutáveis revelam-se na história da arte de guerrear. Há quase 2.500 anos, o grande estrategista chinês Sun Tzu expressou a essência dessas leis em sua discussão de meios ordinários e extraordinários; sua análise é tão relevante para a política e para a cultura quanto é para a guerra, seja limpa ou suja. E uma vez compreendendo a essência da guerra não convencional, você será capaz de usá-la em sua vida diária.

A guerra não convencional tem quatro princípios básicos, conforme compilado de grandes praticantes da arte.

Manobrar fora da experiência do inimigo. Princípios de guerra baseiam-se em precedentes: uma espécie de cânone de estratégias e contraestratégias se desenvolve ao longo dos séculos e, visto a guerra ser tão perigosamente caótica, os estrategistas confiam nestes princípios por falta de outra coisa. Eles filtram o que está acontecendo agora através do que aconteceu no passado. Os exércitos que abalaram o mundo, entretanto, sempre encontraram um jeito de operar fora do cânone e,

Tudo que o inimigo menos espera terá mais sucesso. Se ele confia em uma cadeia de montanhas que acredita ser intransponível para se sentir seguro, e você atravessa essas montanhas por estradas que ele desconhece, ele fica confuso para início de conversa, e, se você pressioná-lo, ele não terá tempo para se recuperar de sua consternação. Do mesmo modo, se ele se colocar atrás de um rio para defender a travessia e você encontrar uma parte rasa mais acima ou abaixo por atravessar sem ele saber, esta surpresa o deixará desconcertado e confuso...
– FREDERICO,
O GRANDE, 1712-86

por conseguinte, fora da experiência do inimigo. Esta habilidade impõe caos e desordem ao inimigo, que não pode se orientar para o que é novo e sucumbe no processo.

Sua tarefa como estrategista é conhecer bem seus inimigos, depois usar seu conhecimento para inventar uma estratégia que fuja à experiência deles. O que possam ter lido ou escutado importa menos do que suas experiências pessoais, que dominam suas vidas emocionais e determinam suas reações. Quando os alemães invadiram a França, em 1940, os franceses tinham conhecimento em segunda mão de seu estilo de guerra-relâmpago, a *blitzkrieg*, devido à invasão da Polônia pela Alemanha no ano anterior, mas nunca a haviam experimentado pessoalmente e ficaram arrasados. Entretanto, já tendo sido usada e não sendo mais estranha à experiência de seu inimigo, a estratégia não terá o mesmo efeito se repetida.

Tirar do ordinário o que é extraordinário. Para Sun Tzu e os antigos chineses, fazer algo extraordinário tinha pouco efeito sem a organização de algo ordinário. Você tinha de misturar as duas coisas – acalmar as expectativas de seus adversários com uma manobra banal, ordinária, um padrão confortável que em seguida eles esperam que você siga. Com o inimigo suficientemente hipnotizado, você poderia então atacar com o extraordinário, uma demonstração de força surpreendente de um ângulo totalmente novo. Enquadrado no previsível, o golpe teria o dobro do impacto.

A manobra não convencional que confundiu os inimigos, entretanto, teria se tornado convencional na segunda ou terceira vez. Assim, o general esperto poderia então retornar à estratégia ordinária que havia usado antes para prender a atenção deles e usá-la para seu principal ataque, pois isso seria a última coisa que o inimigo poderia esperar. E assim o ordinário e o extraordinário funcionam apenas caso se joguem um contra o outro em uma constante espiral. Isto se aplica à cultura tanto quanto à guerra; para chamar atenção com um produto cultural, você tem de criar algo novo, mas algo sem referência à vida ordinária não é de fato não convencional, mas simplesmente estranho. O que é chocante e extraordinário surge do que é ordinário. O entrelaçamento do ordinário com o extraordinário é a própria definição de surrealismo.

Agir com a esperteza de uma raposa. Apesar das aparências, um bocado de desordem e irracionalidade está à espreita sob a superfície da sociedade e dos indivíduos. É por isso que lutamos desesperadamente para manter a ordem e é por isso que as pessoas que agem irracionalmente assustam: elas estão demonstrando que perderam os muros que

> *Faça um movimento em falso, não para que ele passe por autêntico, mas para transformá-lo em genuíno depois que o inimigo estiver convencido de sua falsidade.*
> THE WILES OF WAR: 36 MILITARY STRATEGIES FROM ANCIENT CHINA, TRADUZIDO DA VERSÃO PARA O INGLÊS DE SUN HAICHEN, 1991

construímos para nos proteger do que é irracional. Não podemos prever o que essas pessoas farão em seguida e nossa tendência é ficar longe delas – não vale a pena misturar-se com essas fontes de caos. Por outro lado, estas pessoas podem também inspirar uma espécie de admiração e respeito, porque no íntimo todos nós desejamos ter acesso aos oceanos irracionais que se agitam dentro de nós. Na antiguidade, os loucos eram vistos como possuídos pelo divino; um resíduo dessa atitude sobrevive. Todos os grandes generais tiveram um toque de loucura estratégica, divina.

O segredo é manter este traço sob controle. De vez em quando você se permite operar de um modo que é deliberadamente irracional, porém menos é mais – exagere e você pode ser preso. De qualquer maneira, você vai assustar mais as pessoas demonstrando um ocasional lampejo de insanidade, o suficiente para manter todo mundo desequilibrado e na dúvida sobre o que você vai fazer em seguida. Como uma alternativa, comporte-se um tanto aleatoriamente, como se o que você fez fosse determinado por um jogo de dados. A aleatoriedade é profundamente perturbadora para os humanos. Pense neste comportamento como uma espécie de terapia, uma chance de curtir o irracional de vez em quando, como um alívio da necessidade opressiva de sempre parecer normal.

Manter as rodas em constante movimento. O não convencional costuma ser província dos jovens, que não se sentem à vontade com as convenções e se divertem zombando delas. O perigo é que, com a idade, precisamos de mais conforto e previsibilidade, e perdemos nosso gosto pelo que não é ortodoxo. Foi assim que Napoleão decaiu como estrategista: ele passou a confiar mais no tamanho de seu exército e em sua superioridade em armamentos do que em novas estratégias e manobras fluidas. Ele perdeu seu gosto pelo espírito de estratégia e sucumbiu ao crescente peso da idade. Você precisa lutar contra o processo de envelhecimento psicológico mais ainda do que do físico, pois uma mente cheia de estratagemas, truques e manobras fluidas vai mantê-lo jovem. Faça questão de romper com os hábitos que desenvolveu, de agir de um modo diferente de como você funcionou no passado; pratique um tipo de guerra não convencional em sua própria mente. Mantenha as rodas girando e agitando o solo para que nada se acomode e se aglutine no que é convencional.

Ninguém é tão corajoso que não
se perturbe com algo inesperado.
– Júlio César (100-44 a.C.)

EXEMPLOS HISTÓRICOS

1. Em 219 a.C., Roma decidiu dar um basta nos cartagineses, que vinham causando muitos problemas na Espanha onde ambas as cidades-estados tinham valiosas colônias. Os romanos declararam guerra a Cartago e se prepararam para enviar um exército para a Espanha, onde as forças inimigas eram lideradas pelo general Aníbal, de 28 anos de idade. Antes que pudessem alcançar Aníbal, entretanto, os romanos receberam a surpreendente notícia de que ele estava vindo em sua direção – ele já havia marchado para o leste, atravessando a parte mais traiçoeira dos Alpes no norte da Itália. Como Roma jamais imaginou que um inimigo atacasse por aquele lado, não havia guarnições na área, e a marcha de Aníbal para o sul em direção a Roma estava desimpedida.

Seu exército era relativamente pequeno; apenas cerca de 26 mil soldados haviam sobrevivido à travessia dos Alpes. Os romanos e seus aliados podiam colocar em campo perto de 750 mil homens; suas legiões eram os guerreiros mais disciplinados e temidos do mundo, e já haviam derrotado Cartago na Primeira Guerra Púnica, cerca de vinte anos antes. Mas um exército estrangeiro avançando para dentro da Itália era uma nova surpresa e inspirava as mais básicas emoções. Eles tinham de dar uma lição a estes bárbaros por sua ousadia.

Supõe-se que Alexandre acampou em Haranpur; do lado oposto, na margem leste do Hydaspes, estava Porus que fora visto tendo com ele uma grande quantidade de elefantes... Como todos os baixios estavam protegidos por estacas e elefantes, Alexandre percebeu que seria impossível fazer seus cavalos atravessarem a nado ou em barcaças porque eles não enfrentariam o trombetear dos elefantes e ficariam frenéticos quando estivessem na água ou sobre as balsas. Ele recorreu a uma série de estratagemas. Enquanto

Legiões foram rapidamente despachadas para o norte a fim de destruir Aníbal. Depois de algumas escaramuças, um exército sob o comando do cônsul romano Sempronius Longus preparou-se para enfrentar os cartagineses em uma batalha direta perto do rio Trebia. Sempronius ardia de ódio e ambição: ele queria derrotar Aníbal e também ser visto como o salvador de Roma. Mas Aníbal estava agindo de um modo estranho. Sua cavalaria leve atravessava o rio como se fosse atacar os romanos, depois recuava: os cartagineses estariam com medo? Estariam preparados para fazer apenas pequenos ataques de surpresa e sortidos. Finalmente, Sempronius se cansou e foi atrás deles. Para garantir que teria forças suficientes para derrotar o inimigo, ele atravessou com todo o seu exército o rio gelado (era inverno), o que levou horas e foi exaustivo. Finalmente, entretanto, os dois exércitos se encontraram bem a oeste do rio.

De início, como Sempronius esperava, suas valentes e disciplinadas legiões se saíram bem contra os cartagineses. Mas, por um lado, as linhas romanas eram compostas de homens de tribos gaulesas lutando pelos romanos, e nisso, de repente, os cartagineses soltaram um grupo de elefantes montados por arqueiros. Os gauleses nunca tinham visto essas feras; eles entraram em pânico e saíram disparados em uma fuga caótica. Ao mesmo tempo, como se do nada, cerca de 2 mil cartagineses, escondidos na densa vegetação perto do rio, atacaram a retaguarda romana. Os romanos lutaram bravamente para escapar da armadilha que Aníbal havia montado para eles, mas milhares se afogaram nas águas frígidas do Trebia.

A batalha foi um desastre e, em Roma, as emoções iam de indignação a ansiedade. Legiões foram rapidamente despachadas para bloquear as passagens mais acessíveis nos Apeninos, as montanhas que correm ao longo da Itália central, mas, de novo, Aníbal desafiou as expectativas: ele atravessou os Apeninos em seu ponto mais improvável, mais inóspito, por onde nenhum exército jamais passara por causa dos traiçoeiros pântanos do outro lado. Mas, depois de quatro dias pelejando pela lama macia, Aníbal levou os cartagineses para solo firme. Então, em mais uma esperta emboscada, ele derrotou o exército romano no lago Trasimene, atual Umbria. Agora seu caminho até Roma estava livre. Quase em pânico, a república romana recorreu à antiga tradição de nomear um ditador para liderá-los na crise. Seu novo líder, Fábio Máximo, rapidamente reforçou os muros da cidade e ampliou o exército romano, em seguida assistiu, perplexo, a Aníbal contornar Roma e seguir para o sul, em direção a Apúlia, a parte mais fértil da Itália, e começava a devastar as áreas rurais.

Determinado, acima de tudo, a proteger Roma, Fábio veio com uma nova estratégia: ele colocaria suas legiões em áreas montanhosas onde a cavalaria de Aníbal seria inofensiva e atormentaria os cartagineses em uma campanha estilo guerrilha, negando-lhes suprimentos e isolando-os em sua posição tão longe de casa. Evitando a todo custo uma batalha direta com o líder deles, ele os derrotaria deixando-os exaustos. Mas muitos romanos consideraram a estratégia de Fábio vergonhosa e indigna de um homem. Pior, embora continuasse atacando de surpresa as regiões rurais, Aníbal não invadia nenhuma das propriedades de Fábio, dando a impressão de que os dois estavam de parceria. Fábio ia ficando cada vez menos popular.

Tendo arrasado Apúlia, Aníbal entrou em uma planície fértil na Campania, ao sul de Roma – terreno que Fábio conhecia bem. Finalmente decidindo que tinha de agir ou seria expulso do poder, o ditador planejou uma armadilha: estacionou exércitos romanos em todos os pontos de saída da planície, todos próximos o bastante para se ajudarem uns aos outros. Mas Aníbal entrara na Campania pelo passo de Allifae na parte leste da montanha, e Fábio havia observado que ele jamais saía pelo mesmo caminho por onde havia entrado. Embora mantendo uma guarnição suficientemente grande em Allifae só como garantia, Fábio

pequenos grupos eram despachados para o reconhecimento de todos os pontos de travessia possíveis, ele dividiu seu exército em colunas, que fez marchar rio acima e rio abaixo como se estivessem procurando um lugar para atravessar. Em seguida, quando, pouco antes do solstício de verão, as chuvas chegaram e o rio encheu, ele mandou trazer grãos de todos os cantos de seu acampamento para que Porus acreditasse que ele havia resolvido permanecer onde estava até o tempo secar. Enquanto isso, ele fazia o reconhecimento do rio com suas embarcações e mandava encher de feno as peles das barracas, transformando-as em balsas. Mas, como escreve Arrian, "o tempo todo ele ficava à espreita para ver se com rapidez de movimento não poderia atravessar furtivamente em algum ponto sem ser observado". Finalmente, e podemos estar certos de que depois de fazer pessoalmente um minucioso reconhecimento, Alexandre resolveu fazer a tentativa no promontório e ilha descritos por Arrian, e, ao se preparar, ele se decidiu por uma manobra quase idêntica à adotada pelo general Wolfe em sua campanha em Quebec, em 1759.

Protegida pela noite, ele enviou sua cavalaria para vários pontos com ordens de fazer muito barulho e, de tempos em tempos, levantar o grito de guerra; durante muitas noites Porus subiu e desceu com seus elefantes pela margem leste do rio a fim de bloquear a tentativa de travessia, até se cansar, guardar seus elefantes no acampamento e colocar sentinelas ao longo da margem leste. Então, "quando Alexandre percebeu que a mente de Porus não mais abrigava qualquer temor de suas tentativas noturnas, ele imaginou o seguinte estratagema": Rio acima e ao longo da margem ocidental, ele colocou uma série de sentinelas, cada um posicionado à vista e ao alcance do ouvido do seguinte, com ordens de fazer muito barulho e manter suas fogueiras de estacas acesas, enquanto preparativos visíveis eram feitos no acampamento para a travessia... Quando Porus estava tranquilo com uma falsa sensação de segurança e todos os preparativos encerrados no acampamento e no local da travessia, Alexandre partiu secretamente e se manteve a certa distância da margem

reforçou as outras passagens com números ainda maiores. A fera, ele pensava, estava enjaulada. Os suprimentos de Aníbal se esgotariam e ele seria obrigado a tentar abrir caminho. Fábio ficaria aguardando.

Nas semanas seguintes, Aníbal enviou sua cavalaria para o norte, talvez tentando sair naquela direção. Ele também saqueou as fazendas mais ricas da área. Fábio entendeu seu truque: ele estava tentando atrair os romanos para uma batalha de sua escolha. Mas Fábio estava determinado a combater em seus próprios termos, e só quando o inimigo tentasse recuar escapando da armadilha. De qualquer maneira, ele sabia que Aníbal tentaria abrir caminho para o leste, a única direção que lhe permitia uma brecha, para um país que os romanos não controlavam.

Uma noite, os soldados romanos que estavam guardando o passo em Allifae tiveram visões e escutaram ruídos que os fizeram pensar que estavam enlouquecendo: um enorme exército, sinalizado por milhares de archotes, parecia estar subindo o passo, cobrindo suas encostas, acompanhado por uma berraria como se estivessem possuídos por um demônio. O exército parecia invencível – muito maior do que a estimativa máxima da força de Aníbal. Temendo que ele subisse mais acima do ponto onde estavam e os cercasse, os romanos fugiram, abandonando o passo, tão assustados que nem olharam para trás. E poucas horas depois o exército de Aníbal atravessou, escapando do cordão de Fábio.

Nenhum líder romano conseguiu entender que feitiço Aníbal lançara nas encostas naquela noite – e no ano seguinte, Fábio era expulso do poder. O cônsul Terentius Varro estava em brasas para vingar a desgraça de Allifae. Os cartagineses estavam acampados perto de Cannae, no sudeste da Itália não muito longe da moderna Bari. Varro marchou para enfrentá-los ali e, enquanto os dois exércitos se organizavam em fileiras para a batalha, ele só pode ter se sentido extremamente confiante: o terreno estava livre, o inimigo bem à vista, não poderia haver exércitos escondidos ou truques de último minuto, e os romanos eram duas vezes mais numerosos do que os cartagineses.

A batalha começou. No início os romanos pareciam estar em vantagem: o centro da linha cartaginesa mostrava-se surpreendentemente fraco e cedia terreno com facilidade. Os romanos atacaram este centro com força, esperando abrir caminho e continuar avançando, quando, em choque e horrorizados, eles olharam atrás deles e viram as duas pontas externas das linhas cartaginesas movendo-se para cercá-los. Estavam presos em um abraço letal; foi uma carnificina. Cannae entraria para a história como a mais humilhante e devastadora derrota de Roma.

A guerra com Aníbal se arrastaria durante anos. Cartago jamais lhe enviou reforços que pudessem ter virado a maré, e o exército romano, maior e mais poderoso, conseguiu se recuperar de suas muitas derrotas nas mãos dele. Mas Aníbal havia conquistado uma reputação assustadora. Apesar de sua superioridade numérica, os romanos tinham tanto medo de Aníbal que evitavam combatê-lo como a uma praga.

Interpretação. Aníbal deve ser considerado o antigo mestre da arte militar heterodoxa. Ao atacar os romanos em seu próprio solo, ele jamais pretendeu tomar Roma; isso teria sido impossível. As muralhas da cidade eram altas, o povo era feroz e unido no ódio que sentiam por ele e seus exércitos, pequenos. Pelo contrário, o objetivo de Aníbal era causar confusão na península italiana e minar as alianças de Roma com cidades-estados vizinhas. Enfraquecida em casa, Roma teria de deixar Cartago em paz e colocar um ponto final em sua expansão imperial.

Para semear este tipo de caos com o minúsculo exército que havia conseguido trazer subindo os Alpes, Aníbal tinha de fazer com que todas as suas atitudes fossem inesperadas. Um psicólogo à frente de seu tempo, ele sabia que um inimigo apanhado de surpresa perde sua disciplina e noção de segurança. (Quando o caos atinge aqueles que são muito rígidos e disciplinados para início de conversa, como o povo e os exércitos de Roma, ele tem um poder destrutivo duas vezes maior.) E surpresa não pode ser uma coisa mecânica, repetitiva ou virar rotina; isso seria uma contradição. A surpresa exige constante adaptação, criatividade e um prazer malicioso em bancar o trapaceiro.

Portanto, Aníbal sempre pegava o caminho que Roma menos esperava que ele tomasse – o caminho pelos Alpes, por exemplo, considerado intransponível para um exército e, por conseguinte, desprotegido. Acabou que, inevitavelmente, os romanos compreenderam e começaram a esperar que ele pegasse o caminho menos óbvio; a essa altura, o óbvio era o inesperado, como em Allifae. Em batalha, Aníbal prendia a atenção do inimigo em um ataque frontal – o modo usual, ordinário, de combate usado pelos exércitos na época –, depois lançava sobre a retaguarda do inimigo o extraordinário na forma de elefantes ou uma força reserva oculta. Em seus ataques de surpresa nas regiões rurais romanas, ele protegia as propriedades de Fábio de propósito, dando a impressão de que os dois homens estavam de conluio e, no final, obrigando o constrangido líder a agir – um uso não ortodoxo de política e meios extramilitares na guerra. Em Allifae, Aníbal mandou amarrar maços de gravetos aos chifres de bois, depois tocou fogo neles e fez os animais, aos berros, aterrorizados, subirem as encostas da passagem de noite, criando uma imagem indecifrável para as sentinelas romanas, literalmente no escuro, e uma visão assustadora.

Em Cannae, onde os romanos naquela altura esperavam o heterodoxo, Aníbal disfarçou seu estratagema em plena luz do dia, alinhando

ocidental do rio, de modo que sua marcha não pudesse ser observada...
THE GENERALSHIP OF ALEXANDER THE GREAT, J. F. C. FULLER, 1960

Para atravessar o mar sem o conhecimento dos céus, era preciso mover-se abertamente sobre o mar, mas agir como se não pretendesse atravessá-lo. Cada manobra militar tem dois aspectos; o movimento superficial e o propósito subjacente. Ocultando-se ambos, pode-se pegar o inimigo totalmente de surpresa... [Se] for muito improvável que o inimigo possa ser mantido ignorante de suas intenções, é possível aplicar truques bem debaixo do nariz dele.
THE WILES OF WAR: 36 MILITARY STRATEGIES FROM ANCIENT CHINA, TRADUZIDO DA VERSÃO PARA O INGLÊS DE SUN HAICHEN, 1991

Caos – de onde nascem sonhos brilhantes.
I CHING, CHINA, C. SÉCULO VIII A.C.

seu exército como qualquer outro da época. A força romana já estava impelida pela violência do momento e o desejo de vingança; ele os deixou avançar rapidamente para seu centro intencionalmente fraco, onde ficaram amontoados. Em seguida, as alas externas de sua linha, movendo-se velozes, uniram-se sufocando-os. Repetidas vezes ele agiu assim, cada uma das engenhosas manobras heterodoxas de Aníbal brotando da outra em um constante revezamento entre extraordinário e banal, entre o oculto e o óbvio.

Adaptar o método de Aníbal a suas próprias batalhas diárias vai lhe dar incalculável poder. Ao usar seu conhecimento da psicologia e do modo de pensar do inimigo, você precisa calcular para que seus movimentos iniciais sejam o que ele menos espera. A linha do mínimo de expectativa é a linha da menor resistência: as pessoas não podem se defender do que não podem prever. Com menos resistência em seu caminho, o progresso que você fará aumenta a impressão que elas têm de seu poder; o pequeno exército de Aníbal parecia, aos romanos, muito maior do que era na realidade. Quando já estão esperando alguma manobra extraordinária de sua parte, ataque com o que é ordinário. Crie fama de não convencional e você coloca seus adversários de sobreaviso: saber prever o inesperado não é o mesmo que saber como será o inesperado. Não demora muito e basta sua fama para fazer os adversários cederem.

2. Em 1962, Sonny Liston sagrou-se campeão mundial de boxe na categoria de pesos-pesados ao derrotar Floyd Patterson. Logo depois ele apareceu para ver uma jovem sensação no cenário, Cassius Clay, ficar furioso e derrotar decididamente o veterano Archie Moore. Depois da luta, Liston foi visitar Clay no vestiário. Colocou o braço sobre os ombros do rapaz – com 20 anos, Clay era dez anos mais novo que Liston – e lhe disse:

– Cuidado, garoto. Vou precisar de você. Mas vou ter de derrotá-lo como se fosse seu pai.

Liston era o maior, mais perverso lutador do mundo e, para quem conhecia o esporte, ele parecia invencível. Mas Liston reconheceu em Clay um boxeador maluco o suficiente para lutar contra ele mais adiante. Era melhor infundir um certo medo agora.

O medo não pegou: como Liston adivinhara, Clay logo começou a clamar por uma luta com o campeão e a se gabar, falando para todo mundo que o derrotaria em oito *rounds*. Em programas de televisão e rádio, ele zombava do boxeador mais velho; talvez Liston é que estivesse com medo de enfrentar Cassius Clay. Liston tentou ignorar o novato:

– Se um dia combinarem esta luta – ele disse –, vão me prender por assassinato.

Ele considerava Clay bonitinho demais, até afeminado, para ser um campeão de pesos-pesados.

O tempo passou e as palhaçadas de Clay faziam o público desejar a luta: a maioria das pessoas queria ver Liston dar uma surra em Clay e calar sua boca. No final de 1963, os dois homens se encontraram para assinar o contrato para uma luta de campeonato em Miami Beach, em fevereiro do ano seguinte. Depois, Clay disse aos repórteres:

– Não tenho medo de Liston. Ele é um velho. Eu vou ensiná-lo a falar e lutar boxe. O que ele precisa mais é aprender a cair.

Conforme se aproximava o dia da luta, a retórica de Clay ia ficando cada vez mais insolente e incômoda.

Dos comentaristas pesquisados para a iminente luta, a maioria previu que Clay não ia conseguir andar sozinho quando ela terminasse. Alguns estavam preocupados com a possibilidade de que ele se machucasse para sempre.

– Acho muito difícil dizer a Clay para não lutar contra este monstro agora – disse o boxeador Rocky Marciano –, mas acho que ele será mais receptivo depois de ter estado lá com Liston.

O que mais preocupava os especialistas era o estilo incomum de lutar de Clay. Ele não era o pugilista peso-pesado típico; ele dançava no mesmo lugar com as mãos abaixadas a seu lado; raramente colocava o corpo inteiro em seus socos, atacando apenas a partir dos braços; sua cabeça estava constantemente se movimentando, como se quisesse manter seu rosto bonito ileso; ele relutava em avançar, brigar e socar o corpo – o modo usual de cansar um peso-pesado. Em vez disso, Clay preferia dançar e trocar de posição arrastando os pés, como se suas lutas fossem balé, não boxe. Ele era baixo demais para ser um peso-pesado, faltava-lhe o instinto assassino necessário – e as críticas continuavam.

Na pesagem, na manhã da luta, todos estavam esperando as usuais galhofas pré-combate de Clay. Ele excedeu todas as expectativas. Quando Liston desceu da balança, Clay começou a gritar para ele:

– Ei, bobalhão, você é um estúpido. Foi enganado, estúpido... Você é feio demais... Vou acabar com você.

Clay pulava e gritava, o corpo todo sacudindo, os olhos saltados, a voz trêmula. Ele parecia possuído. Estava com medo ou enlouquecera? Para Liston foi a gota d'água. Ele queria matar Clay e fazer o desafiante se calar de vez.

Quando estavam os dois no ringue antes de soar a campainha, Liston tentou fazer Clay baixar o olhar como havia feito com outros, lançando-lhe um olhar de mau. Mas, ao contrário dos outros boxeadores, Clay revidou o olhar. Dando saltinhos no mesmo lugar, ele repetia:

– Agora eu te pego, estúpido.

A luta começou, e Liston avançou para sua presa, dando uma de esquerda que passou a um quilômetro do alvo. Ele continuou atacando, uma expressão de ódio intenso no rosto – mas Clay se desviava dos socos mudando de um pé para o outro, até zombando de Liston em um determinado momento ao abaixar as mãos. Ele parecia capaz de prever cada movimento de Liston. E devolvia o olhar de Liston: mesmo depois de terminado o *round* e os dois estarem cada um em seu canto, os olhos dele nunca deixavam os do adversário.

O segundo *round* foi a mesma coisa, exceto que Liston em vez da aparência assassina começou a se mostrar frustrado. O ritmo era muito mais rápido do que em qualquer outra de suas lutas anteriores, e a cabeça de Clay não parava de balançar de um lado para o outro de um jeito perturbador. Liston se aproximava para acertar o queixo dele, mas errava e era Clay quem acertava o queixo de Liston, com um soco-relâmpago que o fazia cambalear. No final do terceiro *round*, uma rajada de socos surgiu do nada e abriu um talho profundo sob o olho esquerdo de Liston.

Agora, Clay era o agressor e Liston estava lutando para sobreviver. No sexto *round*, ele começou a receber socos de todos os ângulos, abrindo mais feridas e fazendo-o parecer fraco e triste. Quando soou a campainha para o sétimo *round*, o poderoso Liston ficou simplesmente sentado em seu tamborete olhando fixo – ele não quis se levantar. A luta tinha terminado. O mundo do boxe ficou pasmo: teria sido um golpe de sorte? Ou – visto que Liston parecia lutar como se estivesse enfeitiçado, errando os socos, seus movimentos cansados e negligentes – ele passara a noite na farra? O mundo teria de aguardar uns 15 meses para saber, até os dois boxeadores se encontrarem de novo em Lewiston, Maine, em maio de 1965.

Consumido por uma sede de vingança, Liston treinou como um demônio para esta segunda luta. No *round* de abertura, ele atacava mas parecia cauteloso. Ele acompanhava Clay – ou melhor, Muhammad Ali, como agora era conhecido – ao redor do ringue, tentando alcançá-lo com socos. Um destes finalmente roçou o rosto de Ali quando ele deu um passo atrás, mas, em um movimento tão rápido que poucos na plateia chegaram a ver, Ali defendeu com um firme de direita que jogou Liston na lona. Ele ficou ali deitado, depois se levantou cambaleando, mas era tarde demais – tinha ficado mais de dez segundos no chão, e o juiz encerrou a luta. Muitos na multidão gritaram que foi combinado, dizendo que nenhum soco havia acertado Liston. Liston sabia que sim.

> *Quem estuda táticas antigas e utiliza o exército de acordo com seus métodos não é diferente de quem cola os pinos de afinação e, não obstante, tenta tocar uma cítara. Nunca ouvi falar de alguém que tenha obtido êxito assim. A perspicácia do estrategista está em penetrar na sutileza da mudança e discernir o que é harmonioso e o que não é. Mas sempre que estiver mobilizando suas tropas você deve primeiro empregar espiões para investigar se o general do inimigo é talentoso ou não. Se, em vez de implementar táticas, ele simplesmente confiar na coragem para utilizar o exército, você pode recorrer a métodos antigos para conquistá-lo. Entretanto, se o general for excelente no emprego de táticas antigas, você deverá usar táticas que contradigam os métodos antigos para derrotá-lo.*
> HSÜ TUNG, CHINA, 976-1018

Pode não ter sido o golpe mais forte, mas pegou-o totalmente de surpresa, antes que ele pudesse retesar os músculos e se preparar. Inesperado, o soco jogou-o no chão.

Liston continuaria lutando por mais cinco anos, porém nunca mais foi o mesmo homem.

Interpretação. Mesmo quando criança, Muhammad Ali sentia um prazer perverso em ser diferente. Ele gostava das atenções que isso dava, mas acima de tudo ele gostava de ser ele mesmo: excêntrico e independente. Quando começou a treinar para ser boxeador, aos 12 anos, já se recusava a lutar do modo usual, desprezando as regras. Um boxeador costuma manter suas luvas erguidas na direção da cabeça e da parte posterior do corpo, pronto para aparar um golpe. Ali gostava de manter suas mãos abaixadas, aparentemente convidando a um ataque – mas havia descoberto desde cedo que ele era mais rápido do que os outros boxeadores, e que a melhor maneira de fazer esta velocidade funcionar para ele era atrair o queixo do adversário bem para perto dele para lhe acertar um soco que seria mais dolorido por ter sido muito próximo e rápido. Conforme Ali se desenvolvia, ele também fazia com que fosse mais difícil para o outro boxeador alcançá-lo trabalhando com as pernas, mais ainda do que com poder do soco. Em vez de recuar como a maioria dos boxeadores, um pé de cada vez, Ali se mantinha na ponta dos pés, pisando para trás e dançando, em perpétuo movimento, segundo seu ritmo peculiar. Mais do que qualquer outro boxeador, ele era um alvo móvel. Incapaz de acertar um soco, o outro boxeador ficava frustrado e, quanto mais frustrado ele ficasse, mais tentava chegar perto de Ali, abrindo sua guarda e se expondo ao murro inesperado que poderia colocá-lo em nocaute. O estilo de Ali era contrário a toda a sabedoria convencional a respeito de boxe em quase todos os aspectos, mas sua heterodoxia era exatamente o que o tornava tão difícil de combater.

As táticas não convencionais de Ali na primeira luta com Liston começaram bem antes. Suas piadinhas irritantes e insultos em público – uma forma de guerra suja – eram destinados a enfurecer o campeão, a atordoar sua mente, a enchê-lo de um ódio assassino que o faria aproximar-se o suficiente para Ali derrubá-lo. O comportamento de Ali na pesagem, que parecia genuinamente insano, mais tarde revelou-se puro teatro. Seu efeito era colocar Liston inconscientemente na defensiva, inseguro quanto ao que o outro homem faria no ringue. No primeiro *round*, como em tantas outras de suas lutas subsequentes, Ali acalmou Liston lutando de forma defensiva, uma tática comum quando se enfrenta um boxeador como Liston. Isso atraiu Liston para perto dele

A principal característica da moda é impor e, de repente, aceitar como uma nova regra ou norma o que foi, até um minuto atrás, uma exceção ou capricho, em seguida abandoná-lo de novo quando se tornar lugar-comum, uma "coisa" que todo mundo usa. A função da moda, em resumo, é manter um processo contínuo de padronização: colocar uma raridade ou novidade em uso geral e universal, depois passar para outra raridade ou novidade quando a primeira já não for mais nova nem rara... Só a arte moderna, porque expressa a avant-garde *como seu próprio extremo ou supremo momento, ou simplesmente porque é filha da estética romântica da originalidade e novidade, pode considerar como a forma típica – e talvez única – do feio que talvez possamos chamar de beleza* ci-devant, *a beleza do* ancien regime, *a ex-beleza. A arte clássica, através do método de imitação e a prática da repetição, tende para o ideal de renovação, no sentido de integração e perfeição.*

Mas para a arte moderna em geral, e para a avant-garde em particular, o único irremediável e absoluto erro estético é uma criação artística tradicional, uma arte que imita e repete a si mesma. Do ansioso desejo pelo que Remy de Gourmont escolheu chamar, sugestivamente, de "le beau inedit" deriva essa experimentação insone e febril que é uma das manifestações mais características da avant-garde, seu assíduo esforço é uma tapeçaria de Penélope, com o tecer de suas formas refeito todos os dias e desfeito todas as noites. Talvez Ezra Pound pretendesse sugerir tanto a necessidade como a dificuldade de tal empreendimento quando certa vez definiu a beleza da arte como "um grito sufocado entre um clichê e outro". A conexão entre a avant-garde e a moda é, portanto, evidente: a moda também é uma tapeçaria de Penélope; a moda também passa pela fase de novidade e estranheza, surpresa e escândalo, antes de abandonar as novas formas quando elas se tornam clichê, kitsch, estereótipo. Daí a profunda verdade do paradoxo de Baudelaire, que dá ao gênio a tarefa de

cada vez mais, e agora o movimento extraordinário, o soco veloz vindo não se sabe de onde, teve o dobro da força. Incapaz de alcançar Ali com seus socos, desconcertado com a dança, as mãos abaixadas, os insultos irritantes, Liston cometia erro após erro. E Ali se banqueteava com os erros de seus adversários.

Compreenda: quando crianças e jovens adultos, aprendemos a nos conformar com certos códigos de comportamento e modos de fazer as coisas. Aprendemos que ser diferente tem um preço social. Mas há um preço ainda maior pelo excesso de conformação: perdemos o poder que se origina de nossa individualidade, de um modo de fazer as coisas que é autenticamente nosso. Nós lutamos como todo mundo, o que nos torna previsíveis e convencionais.

O jeito de ser verdadeiramente heterodoxo é não imitar ninguém, lutar e operar segundo nossos próprios ritmos, adaptando estratégias a nossas idiossincrasias, não o contrário. Recusando-se a seguir padrões comuns, fica difícil para as pessoas adivinharem o que você vai fazer em seguida. Você é realmente um indivíduo. Sua abordagem não ortodoxa talvez enfureça e incomode, mas pessoas movidas pelas emoções são pessoas vulneráveis sobre as quais você pode exercer o poder com facilidade. Se sua peculiaridade é autêntica o bastante, ela vai lhe trazer atenção e respeito – do tipo que as pessoas em geral têm pelo não convencional e extraordinário.

3. No final de 1862, durante a Guerra Civil Americana, o general Ulysses S. Grant fez vários esforços para tomar a fortaleza confederada em Vicksburg. A fortaleza era um ponto crítico no rio Mississippi, a linha vital de comunicações do Sul. Se o exército da União de Grant tomasse Vicksburg, ganharia o controle do rio, cortando o Sul pela metade. A vitória aqui poderia ser o momento decisivo da guerra. Mas, em janeiro de 1863, o comandante da fortaleza, general James Pemberton, estava certo de ter resistido à tempestade. Grant tentara tomar o forte de vários ângulos ao norte e falhara. Pelo visto, ele tinha esgotado todas as possibilidades e desistiria do esforço.

A fortaleza ficava localizada no topo de uma escarpa de 60 metros de altura na margem do rio, por onde qualquer barco que tentasse passar ficaria exposto à artilharia pesada. A oeste ficavam o rio e os penhascos. Ao norte, onde Grant estava acampado, ela estava protegida por um pântano praticamente intransponível. Não muito a leste, ficava a cidade de Jackson, um ponto central ferroviário por onde poderiam chegar facilmente reforços e suprimentos, e Jackson estava firme nas mãos dos sulistas, dando aos confederados o controle de todo o corredor, norte e sul, e o fracasso dos ataques de Grant fazia Pemberton se sentir mais confortável.

O que mais o general nortista podia fazer? Além do mais, ele estava em dificuldades políticas no meio dos inimigos do presidente Abraham Lincoln, que viam sua campanha de Vicksburg como um monumental desperdício de dinheiro e potencial humano. Os jornais retratavam Grant como um bêbado incompetente. A pressão era enorme para que ele desistisse e recuasse para Memphis, ao norte.

Grant, entretanto, era um homem teimoso. Conforme o inverno se arrastava, ele tentava todos os tipos de manobra, e nada funcionava – até que, na noite sem lua de 16 de abril, patrulheiros confederados relataram uma flotilha de navios de transporte de tropas e canhoneiros, luzes apagadas, tentando passar pelas baterias em Vicksburg. Os canhões estrondaram, mas as embarcações deram um jeito de passar por eles com o mínimo de danos. As semanas seguintes presenciaram várias outras travessias no rio. Ao mesmo tempo, as forças da União no lado ocidental do rio foram relatadas dirigindo-se para o sul. Agora estava claro: Grant usaria os navios de transporte que havia feito passar sorrateiramente por Vicksburg para cruzar o Mississippi a cerca de 48 quilômetros rio abaixo. Em seguida, ele marcharia sobre a fortaleza pelo sul.

Pemberton pediu reforços, mas na verdade ele não estava muito preocupado. Mesmo que Grant atravessasse o rio com milhares de homens, o que poderia fazer quando chegasse lá? Se ele se movesse para o norte em direção a Vicksburg, a Confederação poderia enviar exércitos de Jackson e pontos ao sul para surpreendê-lo pelo flanco ou retaguarda. A derrota neste corredor seria um desastre, pois Grant não teria linha de recuo. Ele havia se metido em uma aventura imprudente. Pemberton esperaria paciente pelo próximo movimento.

Grant não atravessou o rio ao sul de Vicksburg, e em poucos dias seu exército estava se movendo para o noroeste, em direção à estrada de ferro que ia de Vicksburg a Jackson. Este foi seu movimento mais ousado até então: se tivesse êxito, ele desligaria Vicksburg de sua linha de suprimentos. Mas o exército de Grant, não sendo diferente de qualquer outro, precisava de linhas de comunicação e suprimento. Estas teriam de fazer uma conexão com uma base no lado oriental do rio, que Grant na verdade havia estabelecido na cidade de Grand Gulf. Tudo que Pemberton precisava fazer era enviar forças de Vicksburg para o sul a fim de destruir, ou até mesmo apenas ameaçar, Grand Gulf, colocando em perigo as linhas de suprimento de Grant. Ele seria forçado a recuar para o sul ou correr o risco de ser bloqueado. Era um jogo de xadrez que Pemberton não podia perder.

E assim, enquanto o general nortista manobrava seus exércitos velozmente em direção à ferrovia entre Jackson e Vicksburg, Pemberton

criar estereótipos. E disso decorre, pelo princípio de contradição inerente ao culto obsessivo do gênio na cultura moderna, que a avant-garde está condenada a conquistar, pela influência da moda, essa mesma popularidade que um dia desprezou – e este é o começo de seu fim. Na verdade, este é o destino inevitável, inexorável, de cada movimento: erguer-se contra a moda recentemente superada de uma avant-garde velha e morrer quando uma nova moda, movimento ou avant-garde aparece.
THE THEORY OF THE AVANT-GARDE, RENATO POGGIOLI, 1968

Eu me forcei a contradizer-me para não me conformar com meu próprio gosto.
MARCEL DUCHAMP, 1887-1968

avançava para Grand Gulf. Para total desânimo de Pemberton, Grant o ignorou. Na verdade, muito longe de se preocupar com a ameaça a sua retaguarda, ele seguiu direto para Jackson, tomando-a no dia 14 de maio. Em vez de depender das linhas de suprimento para alimentar seu exército, ele saqueou as ricas fazendas da região. Mais, ele se movimentava tão rápido e mudava de direção tão fluidamente que Pemberton não sabia dizer que parte de seu exército estava na frente, na retaguarda ou no flanco. Em vez de lutar para defender linhas de comunicação e suprimento, Grant não as possuía. Ninguém jamais tinha visto um exército se comportar dessa maneira, contrariando todas as normas dos manuais militares.

Dias depois, com Jackson sob controle, Grant enviou suas tropas para Vicksburg. Pemberton mandou correndo seus homens de Grand Gulf de volta para bloquear o general da União, mas já era tarde; derrotado na Batalha de Champion Hill, ele foi obrigado a voltar para a fortaleza, onde seu exército foi rapidamente cercado pelas forças da União. No dia 4 de julho, Pemberton entregou Vicksburg, um golpe do qual o Sul jamais se recuperaria.

Interpretação. Nós, humanos, somos convencionais por natureza. Quando alguém é bem-sucedido em alguma coisa com uma estratégia ou um método específico, ela é rapidamente adotada pelos outros e vira um princípio rígido – com frequência em detrimento de todos se for aplicada sem discriminação. Este hábito é um problema na guerra, porque é um negócio tão arriscado que os generais quase sempre se veem tentados a tomar o caminho menos utilizado. Quando tantas coisas são necessariamente inseguras, o que se provou seguro no passado fica mais atraente. E, por conseguinte, durante séculos, a norma tem sido a de que um exército precisa ter linhas de comunicação e suprimento e, em batalha, assumir uma formação com flancos e frente. Napoleão afrouxou estes princípios, mas a influência deles sobre os pensadores militares continuou tão forte que, durante a Guerra Civil Americana, uns quarenta anos depois da morte de Napoleão, oficiais como Pemberton não poderiam imaginar um exército comportando-se de acordo com qualquer outro plano.

Foi preciso muita coragem para Grant desobedecer a estas convenções e se libertar de qualquer base, subsistindo, ao contrário, do que encontrava nas ricas terras da bacia do Mississippi. Foi preciso muita coragem para ele movimentar seu exército sem formar uma frente. (Até os seus próprios generais, inclusive William Tecumseh Sherman, pensavam que ele estava louco.) Esta estratégia não podia ser vista por Pemberton porque Grant mantinha as aparências comuns estabelecendo uma base em Grand Gulf e formando frente e retaguarda ao marchar em direção à ferrovia. Quando Pemberton chegou a entender a natureza extraordinária do ataque fluido de Grant, tinha sido apanhado de surpresa e o jogo estava encerrado. A nossos olhos a estratégia de Grant talvez pareça óbvia, mas era totalmente estranha à experiência de Pemberton.

Seguir o que é convencional, dar um peso muito grande ao que funcionou no passado, é uma tendência natural. Com frequência ignoramos alguma ideia que é simples, mas não convencional, e que em todos os sentidos perturbaria nossos adversários. Às vezes é uma questão de se libertar do passado e vagar livremente. Andar sem um cobertor de segurança é perigoso e desconfortável, mas ser capaz de surpreender as pessoas com o inesperado vale o risco. Isto é muito importante quando estamos na defensiva ou fracos. Nossa tendência natural nessas ocasiões é sermos conservadores, o que só facilita a nossos inimigos prever nossos movimentos e nos esmagar com sua força superior; nós fazemos o jogo deles. É quando a maré está contra nós que precisamos esquecer os manuais, os precedentes, a sabedoria convencional, e arriscar tudo no que ainda não foi testado e é inesperado.

4. A tribo Ojibwa, das planícies norte-americanas, possuía uma sociedade guerreira conhecida como os windigokan (Contrários à Não Fuga). Somente os homens mais corajosos, que tivessem demonstrado bravura por seu total desrespeito pelo perigo no campo de batalha, eram admitidos no windigokan. Na verdade, por não terem nenhum medo da morte, eles eram considerados como não estando mais entre os vivos; eles dormiam e comiam separados e não tinham de se manter fiéis aos códigos usuais de comportamento. Como criaturas que estavam vivas, mas entre os mortos, eles falavam e agiam ao contrário: chamavam uma pessoa jovem de velha, e quando um deles dizia aos outros para ficarem parados, queria dizer que tinham de atacar. Eles ficavam deprimidos em épocas de prosperidade, felizes no inverno intenso. Embora houvesse um lado cômico no comportamento deles, os windigokan podiam inspirar um medo muito grande. Ninguém jamais sabia o que eles fariam em seguida.

Acreditava-se que os windigokan eram habitados por espíritos aterrorizantes chamados Trovejantes, que apareciam na forma de pássaros gigantescos. Isso os fazia parecer desumanos. No campo de batalha, eram destruidores e imprevisíveis, e nos ataques de surpresa em bando eram um pavor. Em um desses ataques, testemunhado por alguém de fora, eles se reuniram primeiro em frente ao alojamento do chefe Ojibwa e gritaram:

Uma visão semelhante entre as tribos siouan transforma o guerreiro em um heyoka, que também exibe o comportamente apalhaçado dos windigokan, o uso de sacos como camisas de guerra e o emplastramento do corpo com lama...
... Psicologicamente, o heyoka era de imensa importância, como eram personagens semelhantes entre inúmeras outras tribos. Durante períodos de felicidade e fartura ele via apenas tristeza e desespero, e podia ser instigado a oferecer horas de diversão inofensiva enquanto se empanturrava de costelas de búfalo queixando-se ao mesmo tempo de que não havia comida

no acampamento ou, dizendo que estava sujo, começava a se lavar em uma poça de lama... Mas, por trás desta face benigna do heyoka, escondia-se o sempre presente temor de que estivesse possuído pelo espírito de Iktomi e era, portanto, imprevisível e potencialmente perigoso. Ele, afinal de contas, era a única pessoa que ousava desafiar os poderes sobrenaturais mesmo se, assustadíssimo, fugisse correndo aos gritos se um cão comum de acampamento se aproximasse demais dele. Por conseguinte, ele zombava das pretensões de alguns dos guerreiros, mas ao mesmo tempo enfatizava o fato de que os poderes que o guiavam e protegiam em batalha eram tão fortes que só um heyoka poderia se opor a eles.
WARRIORS: WARFARE AND THE NATIVE AMERICAN INDIAN, NORMAN BANCROFT HUNT, 1995

– Não vamos à guerra! Não vamos matar os sioux! Não vamos escalpelar quatro deles e deixar o resto escapar! Vamos durante o dia!

Eles deixaram o acampamento de noite, vestindo roupas esfarrapadas e remendadas, os corpos cobertos de lama e pintados com borrões de cores estranhas, os rostos ocultos por máscaras assustadoras, tropeçando uns sobre os outros – era difícil enxergar através das máscaras –, até encontrarem um grande grupo de índios sioux preparando-se para a guerra. Embora em número inferior, eles não fugiram, mas entraram dançando no centro do inimigo. O grotesco de sua dança os fazia parecer possuídos por demônios. Alguns sioux recuaram; outros se aproximaram, curiosos e confusos. O líder dos windigokan gritou:

– Não atirem!

Os guerreiros ojibwa então sacaram suas armas escondidas sob os trapos, mataram quatro sioux e os escalpelaram. Em seguida foram embora dançando, o inimigo aterrorizado demais por esta aparição para persegui-los.

Depois de tal ato, a mera aparição dos windigokan bastava para o inimigo manter distância e não se arriscar a qualquer tipo de confronto.

Interpretação. O que fazia os windigokan serem tão assustadores era que, como as forças da natureza de onde eles afirmavam derivar seus poderes, eles podiam ser destruidores sem nenhuma razão aparente. Ao armarem um ataque surpresa não era porque fosse necessário ou ordenado por um chefe; a aparência deles não tinha nenhuma relação com qualquer coisa conhecida, era como se tivessem rolado no chão ou em bandejas de tinta. Eles podiam vagar no escuro até encontrarem, por acaso, um inimigo. Sua dança não era nada parecida com a que alguém tivesse visto ou imaginado. Eles podiam de repente começar a matar e escalpelar, depois parar em um número arbitrário. Em uma sociedade tribal governada por códigos muito rígidos, estes eram espíritos de destruição e irracionalidade atuando a esmo.

O uso do não convencional pode surpreender e lhe dar uma vantagem, mas nem sempre cria uma sensação de terror. O que vai lhe dar poder nesta estratégia é fazer como os windigokan e adaptar um tipo de aleatoriedade que ultrapassa os processos racionais, como se você estivesse possuído por um espírito da natureza. Faça isso sempre e você ficará encarcerado, mas faça corretamente, deixando cair pistas do irracional e aleatório no momento oportuno, e aqueles a seu redor terão sempre de se perguntar o que você fará em seguida. Você vai inspirar um respeito e um temor que lhe darão um grande poder. Uma aparência comum temperada com um toque de loucura divina é mais chocante e assustadora do que uma pessoa completamente maluca.

Lembre-se: sua loucura, como a de Hamlet, precisa ser estratégica. A loucura real é previsível demais.

5. Em abril de 1917, a New York's Society of Independent Artists preparava-se para sua primeira exposição. Esta seria um grande mostruário de arte moderna, o maior nos Estados Unidos até aquela data. A exposição estava aberta para qualquer artista que tivesse ingressado na sociedade (cujas taxas eram mínimas), e a resposta tinha sido avassaladora, com mais de 1.200 artistas contribuindo com mais de 2 mil peças.

A diretoria da sociedade era composta de colecionadores como Walter Arensberg e artistas como Man Ray e o jovem de 29 anos, Marcel Duchamp, um francês na época morando em Nova York. Foi Duchamp, como chefe da comissão encarregada de decidir sobre a colocação dos quadros, quem resolveu tornar a exposição radicalmente democrática: ele pendurou as obras em ordem alfabética, começando com uma letra retirada de um chapéu. O sistema levou a naturezas-mortas cubistas penduradas ao lado de paisagens tradicionais, fotografias de amadores e a ocasional obra obscena de alguém que devia ser maluco. Parte dos organizadores adorou seu plano, outros não gostaram e foram embora.

Dias antes de inaugurarem a exposição, a sociedade recebeu a obra mais estranha até aquele momento: um urinol montado em sua parte traseira, com as palavras R. MUTT 1917 pintadas em grandes letras pretas na borda. A obra chamava-se *Fonte* e aparentemente havia sido inscrita por um Mr. Mutt, junto com a taxa de membro exigida. Ao ver a peça pela primeira vez, o pintor George Bellows, membro da diretoria da sociedade, reclamou dizendo que era indecente e que a sociedade não poderia exibi-la. Arensberg discordou: disse que podia discernir uma obra de arte interessante em seu formato e apresentação.

– A exposição é para isso – ele falou para Bellows. – Uma oportunidade para o artista enviar o que ele quiser, para o próprio artista decidir o que é arte, não uma outra pessoa.

Bellows não arredou pé. Horas antes da abertura da exposição, a diretoria se reuniu e votou aprovando, por uma ligeira margem, a não exibição da peça. Arensberg e Duchamp renunciaram na mesma hora. Nos artigos publicados nos jornais sobre esta controvérsia, falava-se do objeto polidamente como um "acessório de banheiro". Isso despertou muita curiosidade, e um ar de mistério envolveu o assunto.

Na época da exposição, Duchamp fazia parte de um grupo de artistas que publicava uma revista chamada *The Blind Man*. No segundo número da revista saiu uma fotografia da *Fonte* tirada pelo grande fotógrafo Alfred Stieglitz, que iluminou lindamente o urinol de modo que uma sombra caísse sobre ele como uma espécie de véu, conferindo-lhe uma aparência levemente religiosa, junto com algo vagamente sexual em sua inegável forma de vagina quando recostado na parte de trás. *The Blind Man* também publicou um editorial, "O caso Richard Mutt", que defendia a obra e criticava sua exclusão da mostra: "A fonte de Sr. Mutt não é imoral... não mais do que uma banheira é imoral... Se Sr. Mutt fez ou não a fonte com suas próprias mãos não importa. Ele a ESCOLHEU. Ele pegou um objeto real comum, colocou-o de modo que seu significado útil desaparecesse sob o novo título e ponto de vista – criou uma nova ideia para esse objeto."

Logo ficou claro que o "criador" da *Fonte* era nada menos do que Duchamp. E ao longo dos anos a obra começou a assumir uma vida própria, mesmo depois de desaparecer misteriosamente do ateliê de Stieglitz e nunca mais ser encontrada. Por alguma razão a fotografia e a história da *Fonte* inspiraram ideias sem-fim sobre arte e produção de arte. A obra em si teve estranhos poderes de choque e atração. E, em 1953, a Sidney Janis Gallery, em Nova York, foi autorizada por Duchamp a exibir uma réplica da *Fonte* em seu portão de entrada, um ramo de visgo emergindo da bacia. Logo mais, réplicas foram aparecendo nas galerias, mostras retrospectivas das obras de Duchamp e coleções de museus. A *Fonte* tornou-se um objeto de fetiche, algo para se colecionar. Réplicas foram vendidas por mais de 1 milhão de dólares.

Todos pareciam ver o que queriam na peça. Exibida em museus, ainda costuma chocar o público, algumas pessoas incomodadas pelo próprio urinol, outras por sua apresentação como arte. Críticos escreveram extensos artigos sobre o urinol, com todos os tipos de interpretação: ao colocar em cena a *Fonte*, Duchamp estava urinando no mundo artístico; ele estava brincando com as noções de gênero; a peça é um sofisticado trocadilho; e outras coisas mais. O que os organizadores da mostra de 1917 acreditaram ser um simples objeto indecente, indigno de ser considerado arte, havia se tornado uma das obras mais controvertidas, escandalosas e analisadas do século XX.

Interpretação. Ao longo de todo o século XX, muitos artistas exerceram influência sendo não convencionais: os dadaístas, os surrealistas, Pablo Picasso, Salvador Dalí – a lista é extensa. Mas, de todos eles, Marcel Duchamp foi quem provavelmente causou o maior impacto sobre a arte moderna, e o que ele chamou de suas "prontas para usar" são talvez as mais importantes de todas as suas obras. As prontas para usar são objetos do cotidiano – às vezes exatamente como eles são feitos (uma pá de neve, uma prateleira para garrafas), às vezes ligeiramente alterados (o urinol apoiado de costas, o bigode e o cavanhaque desenhados sobre uma reprodução da *Mona Lisa*) – "escolhidos" pelo artista e em seguida colocados em uma galeria ou museu. Duchamp estava dando prioridade às ideias de arte sobre suas imagens. Suas prontas para usar, banais e desinteressantes em si mesmas, inspiravam todos os tipos de associações, dúvidas e interpretações; um urinol pode ser um lugar-comum desgastado, mas apresentá-lo como arte fugiu totalmente ao convencional e despertou ideias coléricas, irritantes e desvairadas.

Compreenda: na guerra, na política e na cultura o que é não convencional, sejam os elefantes e bois de Aníbal ou o urinol de Duchamp, nunca é material – ou melhor, nunca é *apenas* material. O não convencional só pode surgir da mente: algo surpreende, não é o que esperávamos. Em geral baseamos nossas expectativas em convenções, clichês, hábitos familiares de ver as coisas, naquilo que é comum. Muitos artistas, escritores e outros produtores de cultura parecem acreditar que o auge do não convencionalismo é criar imagens, textos e outras obras que são simplesmente esquisitas, surpreendentes ou chocantes de alguma maneira. Estas obras podem gerar um furor momentâneo, mas não têm nada da força do não convencional e extraordinário porque não possuem nenhum contexto contra o qual gerar atrito; elas não contrariam nossas expectativas. Nada mais do que estranhas, elas rapidamente são esquecidas.

Quando lutar para criar o extraordinário, não se esqueça: importante é o processo mental, não a imagem ou a manobra em si. O que realmente choca e não sai da cabeça são aquelas obras e ideias que brotam do solo do que é comum e banal, que são inesperadas, que nos fazem questionar e contestar a própria natureza da realidade que vemos a nossa volta. Decididamente, na arte, o não convencional só pode ser estratégico.

Imagem:
O Arado.
O solo precisa
estar preparado. As
lâminas do arado reviram a
terra em constante movimento, are-
jando o solo. O processo deve continuar to-
dos os anos ou as ervas mais daninhas tomarão conta
e o solo cheio de grumos sufocará toda a vida. Da terra, arada e
fertilizada, as plantas mais nutritivas e maravilhosas podem emergir.

Autoridade: *Em geral, enfrenta-se o inimigo com o que é ortodoxo, e se conquista vitória com o heterodoxo... O heterodoxo e o ortodoxo se produzem mutuamente, como um ciclo vicioso. Quem pode esgotá-los?* – Sun Tzu (século IV a.C.)

INVERSO

Não existe nenhum valor em atacar os adversários de uma direção ou de um modo esperado, permitindo que enrijeçam sua resistência – isto é, a não ser que sua estratégia seja o suicídio.

25

OCUPE O TERRENO ELEVADO DA MORAL

A ESTRATÉGIA JUSTA

Em um mundo político, a causa pela qual você está lutando deve parecer mais justa do que a do inimigo. Pense nisto como o terreno moral que você e o outro lado estão disputando; ao questionar os motivos de seus adversários e fazê-los parecer perversos, você pode estreitar suas bases de apoio e espaço de manobra. Mire nos pontos frágeis da imagem pública deles, expondo possíveis hipocrisias. Jamais suponha que a justiça de sua causa seja evidente por si mesma; publique-a e a promova. Quando você mesmo sofrer ataques morais de um inimigo esperto, não se lamente ou se zangue; combata fogo com fogo. Se possível, coloque-se na posição do injustiçado, da vítima, do mártir. Aprenda a impor a culpa como uma arma moral.

A OFENSIVA MORAL

Em 1513, Giovanni de' Medici, de 37 anos e filho do ilustre florentino Lorenzo de' Medici, foi eleito papa e adotou o nome de Leão X. A Igreja que Leão agora liderava era em muitos aspectos o poder dominante político e econômico na Europa, e Leão – amante de poesia, teatro e pintura, como outros em sua famosa família – queria fazer com que ela fosse também uma grande patrocinadora das artes. Papas anteriores haviam começado a construção da basílica de São Pedro, em Roma, sede da Igreja Católica, mas haviam deixado a estrutura inacabada. Leão queria terminar este majestoso projeto, associando-o para sempre a seu nome, mas precisaria levantar um volumoso capital para pagar os melhores artistas que trabalhariam nele.

E assim, em 1517, Leão lançou uma campanha para vender indulgências. Naquela época, como agora, os fiéis católicos confessavam habitualmente seus pecados a seus padres, que reforçavam a contrição atribuindo-lhes uma penitência, uma espécie de punição mundana. Hoje isto talvez significasse apenas fazer uma oração ou rezar o terço, mas as penitências já foram mais severas, incluindo jejuns e peregrinações ou o pagamento em dinheiro conhecido como indulgências. A nobreza podia pagar uma indulgência na forma de uma relíquia sagrada adquirida para sua igreja, uma grande despesa que se traduziria na promessa de menos tempo no purgatório depois da morte (o purgatório sendo uma espécie de casa de passagem para os que não eram maus o suficiente para o inferno, e não eram bons o bastante para o paraíso, por isso obrigados a esperar); as classes mais baixas poderiam pagar uma taxa menor para comprar o perdão por seus pecados. As indulgências eram uma importante fonte de renda para a Igreja.

Para esta campanha em particular, Leão despachou um esquadrão de vendedores especializados em indulgências por toda a Europa, e começou a jorrar dinheiro. Como seu principal arquiteto para o término da Basílica de São Pedro, ele nomeou o grande artista Rafael, que planejou fazer do prédio uma esplêndida obra de arte, herança eterna de Leão para o mundo. Tudo estava indo bem, até que, em outubro de 1517, o papa recebeu a notícia de que um padre chamado Martinho Lutero (1483-1546) – um irritante teólogo alemão – havia pregado nos portões da igreja do castelo de Wittenberg um texto intitulado "As 95 Teses". Como muitos documentos importantes da época, estava originalmente em latim, mas depois fora traduzido para o alemão, impresso e distribuído entre o público – e em poucas semanas parecia que a Alemanha inteira tinha lido. "As 95 Teses" eram essencialmente um ataque à prática da venda de indulgências. Era função de Deus, não da Igreja, perdoar aos pecadores, argumentava Lutero, e esse perdão não podia ser comprado. O texto seguia dizendo que a autoridade máxima eram as Escrituras; se o papa podia citá-las para refutar os argumentos de Lutero, o padre ficaria feliz em se retratar.

O papa não leu os escritos de Lutero – ele preferia poesia a discussões teológicas. E um único padre alemão certamente não representava nenhuma ameaça à utilização das indulgências para patrocinar projetos dignos, muito menos à própria Igreja. Mas Lutero parecia estar desafiando a autoridade da Igreja em um sentido amplo, e Leão sabia que uma heresia que não fosse reprimida podia se tornar o centro de uma seita. Em séculos anteriores, a Igreja tivera que sufocar essas seitas dissidentes na Europa com o uso da força; melhor silenciar Lutero antes que fosse tarde demais.

Leão começou com uma atitude relativamente delicada, pedindo ao respeitado teólogo católico Silvester Mazzolini, em geral conhecido como Prieras, para escrever a Lutero uma resposta oficial na esperança de assustar o padre a tal ponto que ele cedesse. Prieras proclamou que o papa era a mais alta autoridade na Igreja, mais ainda do que a Escritura – na verdade, que o papa era infalível. Ele citou vários textos teológicos escritos ao longo dos séculos confirmando esta afirmativa. Ele também atacou Lutero pessoalmente, chamando-o de bastardo e questionando seus motivos: talvez o padre alemão estivesse tentando conseguir um bispado? Prieras concluiu com estas palavras: "Quem diz que a Igreja de Roma não pode fazer o que está na verdade fazendo por meio das indulgências é um herege." O aviso era bastante claro.

Leão estava com a cabeça ocupada durante estes anos, inclusive com a agitação no Império Otomano e um plano para lançar uma nova cruzada, mas a resposta de Lutero a Prieras chamou logo a sua atenção. Lutero escreveu um texto no qual criticava os escritos de Prieras – a Igreja, ele dizia, não respondera a suas acusações e não baseara seus argumentos na Escritura. A não ser que sua autoridade para conceder indulgências e excomungar hereges estivesse enraizada na Bíblia, ela não era de natureza espiritual, mas mundana, política, e esse tipo de autoridade podia e devia ser contestada. Lutero publicou seu texto junto com o de Prieras, para que os leitores pudessem comparar os dois e tirar suas próprias conclusões. Sua citação direta de Prieras, seu tom ousado e zombador, e sua utilização da recém-desenvolvida tecnologia de imprensa para divulgar sua mensagem de uma forma ampla – tudo isto foi muito chocante e novo para os oficiais da Igreja. Eles estavam lidando com um homem esperto e perigoso. Ficou claro para Leão agora que a guerra entre a Igreja e Lutero era uma questão de vida ou morte.

Enquanto o papa pensava em um jeito de levar o padre alemão até Roma e julgá-lo como herege, Lutero acelerava sua campanha, conti-

[Coronel John] Boyd prestava muita atenção à dimensão moral e ao esforço para atacar um adversário moralmente ao mostrar o contraste entre crenças professadas e atos. O objetivo de um plano moral para uma excelente estratégia é usar a influência moral para ampliar o próprio espírito e força, ao mesmo tempo que se expõem as falhas dos sistemas concorrentes do adversário. No processo, é preciso influenciar os adversários em potencial, não comprometidos, e os atuais para que sejam atraídos para sua filosofia e sejam solidários com seu sucesso.
THE MIND OF WAR: JOHN BOYD AND AMERICAN SECURITY, GRANT T. HAMMOND, 2001

A característica central da "manobra exterior" é garantir para si mesmo o máximo de liberdade de ação, paralisando ao mesmo tempo o inimigo em inúmeros impedimentos, mais ou menos como os liliputianos amarraram Gulliver. Como acontece com todas as operações destinadas a deter, a ação, é claro, será basicamente psicológica; medidas políticas, econômicas, diplomáticas e militares serão todas combinadas para o mesmo fim. Os procedimentos empregados para alcançar este efeito de impedimento variam dos mais sutis aos mais brutais: o apelo será feito às fórmulas legais da lei nacional e internacional, o jogo será feito com suscetibilidades morais e humanitárias e haverá tentativas de ferir a consciência do inimigo fazendo-o duvidar da justiça de sua causa. Com estes métodos, a oposição de alguma parte da opinião pública interna do inimigo será despertada e, ao mesmo tempo, algum setor da opinião pública internacional será congregado; o resultado será uma coalizão moral real e tentativas serão feitas para cooptar os simpatizantes menos sofisticados com argumentos baseados em

nuando a publicar em um ritmo alarmante, em um tom cada vez mais cáustico. Em uma carta aberta à nobreza cristã da Nação Alemã, ele afirmou que Roma havia usado sua autoridade espúria para intimidar e amedrontar o povo alemão durante séculos, transformando os reinos germânicos em estados vassalos. A Igreja, ele disse novamente, era um poder político, não espiritual, e para escorar seu governo mundano havia recorrido a mentiras, documentos forjados, todos os meios que fossem necessários. Em "Sobre o Cativeiro Babilônico da Igreja", ele voltou a atacar o estilo de vida luxuoso do papa, a prostituição entre a hierarquia da Igreja, a arte blasfematória patrocinada por Leão. O papa chegara ao ponto de mandar encenar uma peça imoral e obscena de Maquiavel, chamada *Mandragola*, dentro do próprio Vaticano. Lutero comparou o comportamento correto defendido pela Igreja com o modo como os cardeais realmente viviam. O papa e seu séquito, Lutero acusava, é que eram os verdadeiros hereges, não ele; de fato, o papa era o Anticristo.

A Leão parecia que Lutero havia reagido à ameaça de Prieras elevando a temperatura. Nitidamente a ameaça tinha sido fraca; o papa tinha sido tolerante demais. Era hora de mostrar força de verdade e encerrar esta guerra. Assim, Leão redigiu uma bula papal ameaçando Lutero de excomunhão. Mandou também oficiais da Igreja à Alemanha para negociar a prisão do padre. Estes oficiais, entretanto, voltaram com notícias chocantes que alteraram tudo: nos poucos anos transcorridos desde a publicação de "As 95 Teses", Martinho Lutero, um desconhecido padre alemão, havia se tornado uma sensação, uma celebridade, uma figura amada em todo o país. Onde quer que os oficiais fossem, eram assediados com perguntas impertinentes, até ameaçados de apedrejamento. As vitrinas das lojas em quase todas as cidades alemãs exibiam quadros de Lutero com uma auréola sobre a cabeça. "Nove décimos dos alemães gritam 'Vida longa a Lutero', um oficial relatou a Leão, e o outro décimo 'Morte a Roma'." Lutero havia de algum modo despertado o ressentimento e o ódio latentes do público alemão pela Igreja. E sua reputação era impecável: seus livros vendiam muito, mas ele se recusava a receber rendimentos provenientes de seus escritos, praticando claramente o que pregava. Fazer dele um mártir agora seria deflagrar uma revolução.

Não obstante, em 1521, Leão ordenou que Lutero se apresentasse na cidade de Worms diante da Dieta Imperial, uma reunião de príncipes, nobres e membros do clero alemães organizada pelo recém-eleito sacro imperador romano, Carlos V. Leão esperava conseguir que os alemães fizessem por ele o trabalho sujo, e Carlos era receptivo: uma criatura política, preocupada com os sentimentos antiautoritários que

Lutero havia inflamado, ele queria acabar com a disputa. Na Dieta ele exigiu que o padre abjurasse suas pregações. Mas Lutero, como sempre, recusou e, em um estilo dramático, murmurando a frase memorável "Aqui eu fico. Não posso fazer diferente. Deus me ajude". O imperador não teve escolha; condenou Lutero como herege e mandou que voltasse para Wittenberg e aguardasse seu destino. No caminho para casa, entretanto, Lutero foi raptado e levado para o castelo de Warburg. O rapto na verdade fora planejado e executado por seus muitos defensores entre a aristocracia; ele estava a salvo. Vivendo no castelo com um nome falso, ele conseguiu desviar a tempestade.

Leão morreu naquele ano e, meses depois de sua morte, as ideias de Lutero e as reformas que ele havia defendido tinham se espalhado por toda a Alemanha como fogo selvagem. Em 1526, um partido protestante foi oficialmente reconhecido em diferentes partes da Europa. Assim nasceu a Reforma e com ela o imenso poder secular da Igreja Católica, pelo menos como a que Leão havia herdado, estava irrevogavelmente quebrado. Esse obscuro, pedante, padre de Wittenberg tinha vencido a guerra.

Interpretação. A intenção original de Lutero em suas "95 Teses" era discutir uma questão teológica: a relação, ou sua inexistência, entre o perdão de Deus e as indulgências papais. Mas ao ler a resposta de Prieras a seu argumento, algo mudou nele. O papa e seus homens não haviam encontrado justificativas para as indulgências na Bíblia. Havia muito mais coisas que eles também não podiam justificar, tal como o poder ilimitado do papa para excomungar. Lutero acabou acreditando que a Igreja precisava de reformas drásticas.

Uma reforma, entretanto, exigiria poder político. Se Lutero simplesmente vituperasse contra a iniquidade da Igreja do púlpito ou entre seus colegas padres, não chegaria a lugar algum. O papa e seus homens o haviam atacado pessoalmente, questionando seus motivos; agora Lutero, por sua vez, partiria para a ofensiva, combatendo fogo com fogo.

A estratégia de Lutero foi tornar a guerra pública, transformando sua causa moral em política. Ele fez isto explorando os avanços na tecnologia de imprensa feitos no século anterior: seus textos, redigidos em uma linguagem vigorosa, irada, que apelava para as massas, foram amplamente divulgados. Ele escolheu pontos de ataque que insultariam particularmente o povo alemão: o estilo de vida decadente do papa, patrocinado pela venda de indulgências; o uso do poder da Igreja para se meter na política alemã; e daí por diante. Talvez o mais devastador de tudo, Lutero expunha as hipocrisias da Igreja. Com estas várias táticas, ele foi capaz de acender e atiçar uma ira moral que se espalhou como

suas próprias ideias preconcebidas. Este clima de opinião será explorado nas Nações Unidas, por exemplo, ou em outras reuniões internacionais; principalmente, entretanto, ele será usado como uma ameaça para impedir o inimigo de empreender alguma ação em particular... É uma questão digna de nota, assim como em operações militares captura-se uma posição no terreno e, portanto, ela é negada ao inimigo, no plano psicológico é possível tomar posições abstratas e igualmente negá-las ao outro lado. A União Soviética [seus líderes], por exemplo,... virou para si mesma a plataforma da paz, a da abolição de armas atômicas (enquanto eles mesmos continuavam a desenvolvê-las) e a do anticolonialismo enquanto eles mesmos continuavam governando o único império colonial ainda existente... Portanto, pode ser que estas posições ideológicas ocupadas pelas formas do marxismo possam um dia ser "conquistadas" pelo Ocidente; mas isto pressupõe que este, em sua estratégia indireta, tenha aprendido o valor de pensar e calcular em vez de simplesmente tentar aplicar princípios jurídicos ou morais

que seu inimigo pode usar contra eles continuamente.
INTRODUCTION TO STRATEGY, ANDRÉ BEAUFRE, 1963

fogo, manchando para sempre a visão que o público tinha não só do papa, mas da própria Igreja.

Lutero sabia que Leão ia responder, não com argumentos baseados na Bíblia, mas com opressão, o que, ele também sabia, faria sua causa brilhar ainda mais. E assim, com uma linguagem e argumentos incendiários que questionavam a autoridade de Leão, ele atraiu o papa para contra-ataques imprudentes. Lutero já levava uma vida exemplar, mas foi ainda mais longe ao recusar todos os rendimentos de seus escritos. Este movimento amplamente conhecido, com efeito, fez de sua bondade um espetáculo teatral, um assunto para consumo do público. Em poucos anos Lutero ganhou tanto apoio entre as massas que o papa não podia combatê-lo sem provocar uma revolução. Ao usar a moral de uma forma tão consciente e pública, ele a transformou em uma estratégia para conquistar poder. A Reforma foi uma das maiores vitórias *políticas* da história.

Compreenda: você não pode vencer guerras sem apoio público e político, mas as pessoas hesitarão em ficar a seu lado ou defender sua causa se ela não parecer correta e justa. E, como Lutero percebeu, é preciso estratégia e domínio de cena para apresentar sua causa como justa. Primeiro, é prudente escolher uma luta com um inimigo que você possa retratar como autoritário, hipócrita e sedento de poder. Usando todos os meios disponíveis, você ataca primeiro os pontos vulneráveis do adversário com uma ofensiva moral. Você torna sua linguagem forte e atraente para as massas, e a elabora, se puder, para dar às pessoas a oportunidade de expressar a hostilidade que já sentem. Você cita as próprias palavras de seus inimigos devolvendo-as para fazer seus ataques parecerem justos, quase desinteressados. Você cria um estigma moral que gruda neles como cola. Atraindo-os para um contra-ataque opressivo você conquistará ainda mais apoio do público. Em vez de trombetear sua própria bondade – o que faria você parecer presunçoso e arrogante –, você a mostra com o contraste entre as ações irracionais deles e suas próprias atitudes em defesa de uma causa. Aponte para eles a acusação mais fulminante de todas – que eles estão atrás do poder, enquanto você é motivado por algo mais elevado e altruísta.

Não se preocupe com as manipulações a que terá de recorrer para vencer esta batalha moral. Ao demonstrar publicamente que sua causa é mais justa do que a do inimigo você distrai as pessoas para que não vejam os meios de que você se utiliza.

Como deveria um regime prosseguir em uma campanha antiguerrilha? [Coronel John] Boyd expôs uma série de ferramentas: minar a causa da guerrilha e destruir sua coesão ao demonstrar integridade e competência de governo para representar e atender às necessidades do povo, em vez de explorá-lo e empobrecê-lo em prol de uma elite gananciosa. (Se não puder realizar esse programa político, Boyd observou, talvez seja melhor mudar de lado agora para evitar o rush depois!) Tome a iniciativa política para erradicar e visivelmente punir a corrupção. Selecione novos líderes com reconhecida competência assim como apelo popular. Garanta que

> *Há sempre agrupamentos humanos concretos que combatem outros agrupamentos concretos em nome da justiça, humanidade, ordem ou paz. Ao ser censurado por imoralidade e cinismo, o espectador de fenômenos políticos pode sempre reconhecer nessas censuras uma arma política usada no combate real.*
> – Carl Schmitt (1888-1985)

eles façam justiça, elimine grandes ressentimentos e conecte o governo com seu povo.
THE MIND OF WAR: JOHN BOYD AND AMERICAN SECURITY, GRANT T. HAMMOND, 2001

CHAVES PARA A GUERRA

Em quase todas as culturas, a moral – a definição de bom e mau – originou-se como um meio para diferenciar uma classe de pessoas de outra. Na Grécia antiga, por exemplo, a palavra para "bom" foi primeiro associada à nobreza, às classes mais altas que serviam ao Estado e provavam sua bravura no campo de batalha; os maus – a base, autocentrada e covarde – eram em geral as classe mais baixas. Com o tempo, desenvolveu-se um sistema de ética que servia a uma função semelhante, porém mais sofisticada: a de disciplinar a sociedade separando o antissocial e "mau" do que é social e "bom". As sociedades usam ideias sobre o que é e o que não é moral para criar valores que lhes são úteis. Quando estes valores se tornam antiquados ou deixam de ser convenientes, a moral lentamente muda e evolui.

Há indivíduos e grupos, entretanto, que usam a moral com um propósito bem diferente – não para manter a ordem social, mas para obter vantagem em uma situação competitiva, tal como a guerra, a política ou os negócios. Nas mãos deles, a moral se torna uma arma que empunham para chamar a atenção para a causa que defendem, enquanto distraem as atenções de atos mais desagradáveis, menos nobres, inevitáveis em qualquer luta pelo poder. Eles tendem a se aproveitar da ambivalência que todos temos com relação a conflito e poder, explorando nossos sentimentos de culpa. Por exemplo, eles podem se posicionar como vítimas de injustiça, de modo que a oposição a eles pareça mesquinharia ou falta de sensibilidade. Ou fazem tamanho alarde de superioridade moral que temos vergonha de discordar deles. Eles são mestres em ocupar o terreno elevado e traduzir isso em uma espécie de poder ou vantagem.

É um mundo não de anjos, mas de ângulos, onde os homens falam de princípios morais mas agem segundo princípios de poder; um mundo onde somos sempre morais e nossos inimigos sempre imorais.
RULES FOR RADICALS, SAUL D. ALINSKY, 1909-1972

Vamos chamar estes estrategistas de "guerreiros morais". Existem em geral dois tipos: inconscientes e conscientes. Os guerreiros morais inconscientes tendem a estar motivados por sentimentos de fraqueza. Talvez não sejam tão bons no jogo franco de poder, então funcionam fazendo as outras pessoas se sentirem culpadas e moralmente inferiores – um modo inconsciente, reflexivo, de levar vantagem. Apesar da aparente fragilidade, individualmente são perigosos, porque parecem muito sinceros e podem exercer um grande poder sobre as emoções das pessoas. Guerreiros morais conscientes são aqueles que usam a estratégia sabendo o que estão fazendo. São mais perigosos em um nível público, onde podem conquistar a superioridade manipulando a mídia. Lutero era um guerreiro moral consciente, mas, acreditando fielmente na moral que pregava, ele usava a estratégia apenas para ajudá-lo em sua luta contra o papa; guerreiros morais mais astuciosos tendem a usá-la indiscriminadamente, adaptando-a a qualquer causa que decidirem defender.

A forma de combater guerreiros morais em geral é indicada por certas estratégias que evoluíram para a própria guerra moderna. O oficial e escritor francês André Beaufre analisou o uso da moral como uma estratégia militar nos contextos das guerras entre França e Argélia, na década de 1950, e as do Vietnã combatidas primeiro pela França e depois pelos Estados Unidos. Tanto os argelinos como os norte-vietnamitas esforçaram-se para estruturar cada um de seus respectivos conflitos como uma guerra de libertação combatida por uma nação que lutava para se ver livre de um poder imperialista. Uma vez difundida esta visão pela mídia e aceita em geral pelos públicos francês e americano, os insurgentes conseguiram conquistar o apoio internacional, o que por sua vez serviu para isolar a França e os Estados Unidos na comunidade mundial. Apelando diretamente para grupos dentro destes países que eram latente ou publicamente solidários, ou no mínimo ambivalentes com relação a sua causa, eles conseguiram obter apoio para a guerra de dentro para fora. Ao mesmo tempo, eles espertamente disfarçavam as muitas manobras maldosas a que eles mesmos recorriam em suas guerrilhas. Por conseguinte, aos olhos do mundo, eles dominavam o campo de batalha moral, inibindo imensamente a liberdade de ação da França e dos Estados Unidos. Pisando com toda a cautela em um campo minado político e moral, estas potências não podiam combater suas guerras de modo a saírem vencedoras.

Beaufre chama a utilização estratégica da moral de "manobra exterior" porque está fora do território que está sendo disputado e fora da estratégia do campo de batalha. Ela ocorre em seu próprio espaço – seu próprio terreno moral. Para Beaufre, tanto a França como os Estados Unidos erraram cedendo ao inimigo a superioridade no terreno. Como ambos os países tinham ricas tradições democráticas e consideravam justificadas as guerras que travavam, eles supunham que os outros veriam seus esforços com os mesmos olhos. Eles não viram nenhuma necessidade de lutar pelo terreno moral – e isso foi um erro fatal. As nações hoje devem fazer o jogo público, desviando as tentativas dos

A humanidade como tal não pode travar guerras porque não tem inimigo, pelo menos não neste planeta. O conceito de humanidade exclui o conceito do inimigo, porque o inimigo não deixa de ser um ser humano – e, por conseguinte, não existe nenhuma diferenciação específica nesse conceito. Que as guerras são travadas em nome da humanidade não é uma contradição desta simples verdade; muito pelo contrário, ela tem um

inimigos para retratá-los como maus. Sem parecer se queixar do que o adversário está fazendo, elas também devem trabalhar para expor as hipocrisias de seus inimigos, levando a guerra para o tribunal moral elas mesmas – combatendo em termos aparentemente morais. Ceda o terreno moral para o outro lado e você limita sua liberdade de ação: agora tudo que você talvez tenha de fazer, com manipulações embora necessárias, vai alimentar a imagem injusta que o inimigo tornou pública, e você hesitará em agir.

Isto é muito importante em todas as formas de conflito. Quando seus inimigos tentam se apresentar como tendo mais razão do que você, e portanto são mais éticos, você deve ver este movimento pelo que costuma ser: não o reflexo de uma noção moral, do que é certo ou errado, mas uma estratégia esperta, uma manobra exterior. Você pode reconhecer uma manobra exterior de várias maneiras. Primeiro, o ataque moral muitas vezes vem do campo à esquerda, não tendo nada a ver com o que você imagina ser o motivo do conflito. Algo que você fez em uma arena totalmente diferente é trazido à tona como um meio de drenar seu apoio ou deixar você se sentindo culpado. Segundo, o ataque é com frequência *ad hominem*; o argumento racional é enfrentado com o emocional e o pessoal. Seu caráter, e não a questão pela qual você está lutando, passa a ser o terreno do debate. Seus motivos são questionados e recebem a pior interpretação.

Assim que você perceber que está sendo atacado por um guerreiro moral que usa uma manobra exterior, é vital manter o controle de suas emoções. Queixando-se ou reagindo com raiva, você só parece estar na defensiva, como se tivesse alguma coisa para esconder. O guerreiro moral está sendo estratégico; a única resposta que funciona é ser estratégico também. Mesmo que você saiba que sua causa é justa, não pode jamais supor que o público a veja da mesma maneira. Aparências e reputação governam o mundo atual; permitir que o inimigo invente essas coisas como ele bem entende é deixá-lo assumir a posição mais favorável no campo de batalha. Uma vez iniciado o combate pelo terreno moral, você deve lutar para ocupar o terreno alto do mesmo modo como faria em uma guerra de tiroteios.

Como qualquer forma de guerra, o conflito moral tem possibilidades ofensivas e defensivas. Quando você está na ofensiva, está ativamente trabalhando para destruir a reputação do inimigo. Antes e durante a Revolução Americana, o grande propagandista Samuel Adams mirou na reputação da Inglaterra como um país imparcial, liberal e civilizado. Ele criticou esta imagem ao publicar a exploração pela Inglaterra dos recursos das colônias e a simultânea exclusão de seu povo dos processos

significado político muito intenso. Quando um Estado combate seu inimigo político em nome da humanidade, não é uma guerra em prol da humanidade, mas uma guerra na qual um Estado em particular busca usurpar um conceito universal contra seu adversário militar. Às custas do adversário, ele tenta se identificar com a humanidade do mesmo modo como alguém pode abusar da paz, da justiça, do progresso e da civilização a fim de reivindicá-los para si mesmo e negar os mesmos ao inimigo. O conceito de humanidade é um instrumento ideológico útil de expansão imperialista e, em sua forma ético-humanitária, é um veículo específico de imperialismo econômico. Isto faz lembrar uma expressão um tanto modificada de Proudhon: quem quer que invoque humanidade quer enganar. Confiscar a palavra humanidade, invocar e monopolizar esse termo provavelmente tem certos efeitos incalculáveis, tais como o de negar ao inimigo a qualidade de ser humano e declará-lo um pária da humanidade; e uma guerra pode, portanto, ser conduzida à mais extrema falta de humanidade.
O CONCEITO DO POLÍTICO, CARL SCHMITT, 1932

> *A maldade bem-sucedida ganhou o nome de virtude... quando é a favor do reino.*
> THOMAS HOBBES, 1588-1679

democráticos. Os colonos tinham os ingleses em alto conceito, mas não depois da implacável campanha de Adams.

Para ter êxito, Adams recorrera a exageros, criticando e enfatizando os casos em que os ingleses eram opressivos. Seu quadro não era equilibrado; ele ignorava as ocasiões em que os ingleses haviam tratado as colônias muito bem. Seu objetivo não era o de ser justo, mas o de deflagrar uma guerra, e ele sabia que os colonos não lutariam se não vissem a guerra como justa e os britânicos como perniciosos. Ao trabalhar para destruir a reputação moral de seu inimigo, não seja sutil. Faça com que sua linguagem e as distinções entre o bem e o mal sejam as mais fortes possíveis; fale em termos de preto e branco. É difícil fazer as pessoas lutarem por uma área cinzenta.

Revelar as hipocrisias de seu adversário talvez seja a arma ofensiva mais mortífera do arsenal moral: as pessoas naturalmente odeiam hipocrisia. Mas isto só vai funcionar se a hipocrisia for profunda; ela tem de se revelar em seus valores. Poucos darão importância a algum comentário inócuo contraditório ou voto recebido faz muito tempo, mas inimigos que trombeteiam certos valores como inerentes a seu lado, mas que nem sempre adotam esses valores na realidade, são alvos perfeitos. As campanhas de propaganda argelina e norte-vietnamita foram tão destrutivas, em parte, devido à discrepância que conseguiram demonstrar entre os valores de liberdade e independência, defendidos pela França e pelos Estados Unidos, e as atitudes que estes países estavam tomando para esmagar movimentos nacionais de independência. Ambas as nações pareciam hipócritas.

Se uma luta com seus inimigos é inevitável, trabalhe sempre para fazer com que eles deem o primeiro passo. Em 1861, o presidente Abraham Lincoln manobrou cuidadosamente para fazer os sulistas atirarem primeiro em Fort Sumter, iniciando a Guerra Civil. Isso colocou Lincoln no terreno elevado da moral e conquistou para seu lado muitos nortistas em dúvida. Do mesmo modo, mesmo que você esteja combatendo uma guerra de agressão, seu objetivo sendo tirar do inimigo, encontre um jeito de se apresentar não como um conquistador, mas como um libertador. Você está lutando não por terra ou dinheiro, mas para libertar um povo do sofrimento nas mãos de um regime opressor.

Em geral, em um conflito que seja potencialmente desagradável, no qual você tem certeza de que o inimigo vai recorrer a quase tudo, é melhor partir para a ofensiva com sua campanha moral e não esperar que ele ataque. Destruir aos poucos a reputação do outro lado é mais fácil do que defender a sua. Quanto mais você ficar na ofensiva, mais você pode distrair o público para que ele não veja suas próprias deficiências e erros – e erros são inevitáveis em uma guerra. Se você é física e militarmente mais fraco do que seu inimigo, mais razão ainda para montar uma manobra exterior. Transfira a batalha para o terreno moral, onde você possa aleijar e derrotar um inimigo mais forte.

A melhor defesa contra guerreiros morais é não lhes dar nenhum alvo. Esteja à altura de seu bom nome; pratique o que você prega, pelo menos em público; alie-se às causas mais justas do momento. Faça seus adversários esforçarem-se tanto para minar sua reputação que pareçam desesperados e seus ataques se revelem em seus rostos. Se tiver de fazer alguma coisa desagradável e que não esteja em harmonia com sua posição afirmada ou imagem pública, use um boi de piranha – um agente para agir por você e ocultar seu papel na ação. Se isto não for possível, pense antes e planeje uma autodefesa moral. A qualquer custo, evite ações que carreguem a mácula da hipocrisia.

Uma nódoa em sua reputação moral pode se espalhar como uma infecção. Na pressa de reparar o dano, com frequência você inadvertidamente torna públicas as dúvidas que ela abriu, o que simplesmente piora as coisas. Portanto, prudência: a melhor defesa contra um ataque moral é vacinar-se contra ele antes, reconhecendo onde você possa estar vulnerável e tomar medidas preventivas. Quando atravessou o Rubicão e iniciou a Guerra Civil contra Pompeu, Júlio César estava muito vulnerável às acusações de que estava tentando usurpar a autoridade do Senado romano a fim de se tornar ditador. Ele se vacinou contra estas acusações sendo misericordioso com seus inimigos em Roma, fazendo reformas importantes e chegando ao extremo em suas demonstrações de respeito pela República. Ao adotar alguns dos princípios de seus inimigos, ele impediu que se espalhassem suas tentativas de infecção moral.

Guerras são quase sempre travadas por interesses próprios: uma nação entra em guerra para se proteger de um inimigo invasor, ou potencialmente perigoso, ou para tomar as terras ou recursos de um vizinho. A moral é às vezes um componente na decisão – em uma guerra santa ou cruzada, por exemplo – mas mesmo nestes casos o interesse próprio em geral tem seu papel; a moral é com frequência apenas um disfarce para o desejo de mais território, mais riquezas, mais poder. Durante a Segunda Guerra Mundial, a União Soviética tornou-se uma querida aliada dos Estados Unidos, representando um papel-chave na derrota de Hitler, mas depois da guerra ela passou a ser seu pior inimigo. Os interesses americanos, não os soviéticos, tinham mudado.

Guerras de interesse próprio em geral terminam quando os interesses do vencedor estão satisfeitos. Guerras de moral são quase sempre mais longas e sangrentas: se o inimigo é visto como pernicioso, como o infiel, deve ser aniquilado antes que a guerra possa terminar. Guerras de moral também despertam emoções incontroláveis. A campanha moral de Lutero contra Roma gerou tanto ódio que na subsequente invasão da Cidade Sagrada pelas tropas de Carlos V, em 1527, soldados alemães passaram seis meses atacando a Igreja e seus oficiais, cometendo muitas atrocidades que ficaram conhecidas como "o saque de Roma".

Na guerra, como na vida, quando você está envolvido em um conflito com outra pessoa ou grupo, existe algo pelo qual vocês estão lutando, algo que os dois lados querem. Pode ser dinheiro, poder ou posição, e outras coisas mais. Seus interesses estão em jogo, e não há necessidade de sentir culpa por defendê-los. Esses conflitos tendem a não ser sangrentos demais; em sua maioria as pessoas são, no mínimo, um tanto práticas e não veem sentido em impedir que a guerra se prolongue demais. Mas aquelas pessoas que lutam por uma ideia moral podem às vezes ser as mais perigosas. Elas podem estar sedentas de poder e usando a moral como disfarce; podem estar motivadas por algum ressentimento oculto; mas, de qualquer maneira, elas estão atrás de outras coisas além de satisfazer um interesse pessoal. Mesmo que você as derrote, ou pelo menos se defenda delas com sucesso, a cautela aqui pode ser de mais valor. Evite guerras de moral se puder; elas não valem o tempo e os sentimentos sujos que despertam.

Imagem: *Germes. Depois que entram e atacam o corpo, espalham-se rapidamente. Suas tentativas de destruí-los muitas vezes os tornam mais fortes e difíceis de erradicar. A melhor defesa é a prevenção. Preveja o ataque e vacine-se contra ele. Com esses organismos você tem de combater fogo com fogo.*

Autoridade: O pivô da guerra nada mais é do que nome e honestidade. Garanta um bom nome para si próprio e dê ao inimigo um mau nome; proclame sua honestidade e revele a desonestidade do inimigo. Então seu exército pode avançar com grande ímpeto, abalando céus e terra. – Tou Bi Fu Tan, *A Scholar's Dilettante Remarks on War* (século XVI d.C.)

INVERSO

Uma ofensiva moral tem um risco inerente: se as pessoas sabem o que você está fazendo, sua atitude honesta talvez as desagrade e afaste. A não ser que você esteja enfrentando um inimigo perverso, é melhor usar esta estratégia com um leve toque e jamais parecer estridente. Batalhas morais são para o consumo público, e você deve avaliar seu efeito constantemente, diminuindo ou aumentando a temperatura de acordo.

26

NEGUE-LHES ALVOS

A ESTRATÉGIA DO VAZIO

A sensação de vazio ou vácuo – silêncio, isolamento, não comprometimento com os outros – é intolerável para a maioria das pessoas. Como uma fraqueza humana, esse medo oferece terreno fértil para uma poderosa estratégia; não dê a seus inimigos um alvo para atacar, seja perigoso mas esquivo, em seguida observe como eles o caçam no vazio. Esta é a essência da guerrilha. Em vez de batalhas frontais, desfeche ataques laterais irritantes, mas prejudiciais, e alfinetadas. Frustrados por se verem incapazes de usar a força contra sua campanha incompreensível, seus adversários perdem a lógica e ficam exaustos. Faça de sua guerrilha parte de uma grande causa política – a guerra de um povo – que culmina em uma irresistível revolução.

O FASCÍNIO DO VAZIO

Em 1807, Napoleão Bonaparte, da França, e o czar Alexandre I, da Rússia, assinaram um tratado de aliança. Agora as duas grandes potências militares da época estavam unidas. Mas este tratado não agradou à corte russa – entre outras coisas, ele dava a Napoleão quase que rédea livre na Polônia, tradicional propriedade particular da Rússia. Os aristocratas russos esforçaram-se para influenciar o czar a repudiá-lo. Não demorou muito e Alexandre começava a tomar atitudes que ele sabia que iriam desagradar os franceses e, em agosto de 1811, Napoleão deu um basta: estava na hora de ensinar uma lição aos russos. Ele começou a traçar planos para uma invasão. Com o domínio deste vasto território, ele teria sob seu governo o maior império da história.

Alguns ministros de Napoleão o alertaram para o risco de invadir um país tão vasto, mas o general imperador sentia-se extremamente confiante. O exército russo era indisciplinado, e seus oficiais estavam discutindo entre eles. Duas forças na Lituânia estavam posicionadas para bloquear uma invasão no oeste, mas o serviço secreto havia revelado que elas estavam despreparadas. Napoleão avançaria para uma posição central entre estas forças e as derrotaria totalmente. Ele garantiria a vitória mobilizando um exército três vezes maior do que qualquer um que já tivesse liderado: 650 mil homens marchariam para a Rússia, 450 mil como parte da principal força de ataque, o resto para garantir linhas de comunicação e suprimentos. Com um exército desse tamanho, ele poderia dominar até os grandes espaços russos, derrotando o frágil inimigo não só com suas usuais manobras brilhantes como com seu superior poder de fogo.

Napoleão pode ter tido certeza da vitória, mas não era um homem imprudente. Como sempre, ele estudou a situação de todos os ângulos. Ele sabia, por exemplo, que as estradas russas eram notoriamente ruins, os suprimentos locais de comida escassos, o clima tendia a extremos de calor e de frio, e as vastas distâncias faziam com que fosse muito mais difícil cercar o inimigo – sempre havia espaço para recuar. Ele leu sobre a fracassada invasão da Rússia pelo rei da Suécia, Carlos XII, em 1709, e previu que os russos poderiam reverter a uma política de terra arrasada. Seu exército teria de ser autossuficiente ao máximo (as distâncias eram grandes demais para ter linhas de suprimentos estendendo-se desde a Europa), mas, devido a seu tamanho, isso exigiria planejamento e organização incríveis.

Para ajudar a abastecer seu exército, Napoleão mandou encher de trigo e arroz imensos armazéns próximos às fronteiras da Rússia. Ele sabia que ia ser impossível providenciar forragem para os 150 mil cavalos de seu exército, e assim, pensando com antecedência, decidiu que teriam de aguardar até junho para invadir, quando as relvas das planícies russas estariam verdes e suculentas. No último minuto, ele soube que a Rússia possuía pouquíssimos moinhos para transformar grãos em farinha, então acrescentou a sua crescente lista a necessidade de trazer material para construírem moinhos ao longo do caminho. Com os problemas logísticos solucionados e sua usual estratégia bem arquitetada à mão, Napoleão disse a seus ministros que previa a vitória total dentro de três meses. No passado, estas previsões de Napoleão tinham sido incrivelmente corretas.

Em junho de 1812, a vasta armada de homens e suprimentos de Napoleão entrou na Rússia. Napoleão sempre planejava pensando no inesperado, mas desta vez dificuldades incontroláveis começaram a se acumular quase que de imediato: chuva, estradas ruins e o intenso calor do verão transformavam os movimentos do exército em um lento rastejar. Em poucos dias, mais de 10 mil cavalos comeram relva rançosa e morreram. Os suprimentos não estavam chegando às tropas de avanço com rapidez suficiente e elas tinham de recorrer a pilhagens, mas os camponeses russos, pouco cooperativos ao longo da marcha, não só se recusavam a vender sua comida a qualquer preço como preferiam tocar fogo em seu feno a deixar que os franceses o pegassem. Mais cavalos franceses morreram quando, forçados a se alimentar com o sapê dos telhados das casas, viam as casas ruírem sobre eles. Os dois exércitos russos na Lituânia recuavam rápido demais para serem apanhados e, conforme prosseguiam, queimavam plantações e destruíam todos os depósitos de alimentos. A disenteria espalhou-se rapidamente pelas tropas francesas; cerca de novecentos homens morriam a cada dia.

Em seu esforço para capturar e destruir pelo menos uma parte deste inimigo arredio, Napoleão era constrangido a marchar cada vez mais para o leste. Em determinados pontos, ele chegava angustiantemente próximo do exército que estava mais ao norte, mas seus homens e cavalos exaustos não podiam se mover com a rapidez suficiente para enfrentá-lo ou cercá-lo, e o adversário escapava todas as vezes com facilidade de suas armadilhas. Junho terminou e entrou julho. Agora ficou evidente que os russos conseguiriam unir seus dois exércitos em Smolensk, mais de 320 quilômetros a leste de onde Napoleão pretendera combatê-los e a meros 450 quilômetros de Moscou. Napoleão tinha de parar e repensar seu plano.

Milhares de soldados franceses haviam sucumbido a doenças e fome sem que fosse travada uma única batalha. O exército estendia-se ao longo de uma linha de 800 quilômetros, partes dele constantemente assediadas por pequenas tropas de cossacos a cavalo, semeando o ter-

Além do desperdício de um número cada vez maior de soldados franceses, as táticas enigmáticas russas também contribuíram para a exaustão mental assim como física das forças de Napoleão. Ataques rápidos e repentinos por pequenos bandos de cossacos eram constantes e exerciam uma influência maléfica muito pior do que o risco militar que representavam. O exército francês tornava-se cada vez mais sujeito a ataques de nervos. O capitão Roeder anotou um exemplo típico em seu diário. As tropas hessenas concentravam-se para desfilar diante dos alojamentos do imperador em Vitebsk, no dia 17 de agosto, quando "tudo de repente virou uma ridícula gritaria porque alguns cossacos tinham sido vistos e se dizia que eles tinham levado embora um forrageador. Toda a guarnição se armou e, quando eles apareceram, descobriu-se que, na realidade, estávamos cercados por apenas uma dúzia de cossacos que andavam furtivamente de um lado para o outro. Deste modo, eles vão conseguir levar toda a guarnição para o hospital em 14 dias sem perder um único homem."
THE CAMPAIGNS OF NAPOLEON, DAVI G. CHANDLER, 1966

ror com seus ataques repentinos e sanguinários. Napoleão não podia permitir que a caçada continuasse por mais tempo – ele marcharia com seus homens até Smolensk e travaria ali a batalha decisiva. Smolensk era uma cidade sagrada, com um grande significado emocional para o povo russo. Certamente os russos lutariam para defendê-la em vez de deixar que fosse destruída. Ele sabia que se pudesse pelo menos enfrentar os russos em batalha, venceria.

E assim os franceses avançaram para Smolensk, chegando lá em meados de agosto, sua força de ataque de 450 mil homens reduzida a 150 mil e exausta pelo calor intenso. Finalmente, como Napoleão previra, os russos resistiram ali – mas por muito pouco tempo; depois de vários dias lutando, eles recuaram mais uma vez, deixando para trás uma cidade incendiada e em ruínas, sem nada para os franceses comerem ou saquearem. Napoleão não conseguia entender o povo russo que, para ele, eram uns suicidas – prefeririam destruir seu país a entregá-lo.

Agora ele tinha de decidir se deveria marchar sobre a própria Moscou. Talvez fosse prudente esperar até o fim do inverno em Smolensk, mas isso daria ao czar tempo para armar um exército maior com o qual Napoleão teria dificuldade em lidar com suas próprias forças desfalcadas. O imperador francês estava certo de que o czar defenderia Moscou, o coração e a alma da Rússia. Quando Moscou caísse, Alexandre teria de pedir paz. Assim Napoleão marchou com suas tropas debilitadas ainda mais para o leste.

Então, finalmente, os russos viraram-se para enfrentar os franceses em batalha e, no dia 7 de setembro, os dois exércitos se chocaram perto da aldeia de Borodino, a apenas 120 quilômetros de Moscou. Napoleão não tinha mais forças suficientes ou cavalaria para tentar sua usual manobra pelo flanco, então foi obrigado a atacar o inimigo de frente. Os russos lutaram acirradamente, mais do que qualquer exército que Napoleão jamais enfrentara. Mesmo assim, depois de horas de combate brutal, os russos recuaram de novo. A estrada para Moscou estava livre. Mas o exército russo ainda estava intacto, e as forças de Napoleão haviam sofrido baixas terríveis.

Sete dias depois, o exército de Napoleão, agora reduzido a 100 mil homens, entrou tranquilamente em uma Moscou indefesa. Um marechal francês escreveu para sua mulher dizendo que o imperador "transbordava de felicidade. 'Os russos', ele pensa, 'pedirão paz, e eu mudarei a face do mundo'". Anos antes, quando ele havia marchado sobre Viena e Berlim, fora recebido como um herói conquistador, com dignitários entregando-lhe as chaves de suas cidades. Mas Moscou estava vazia: nenhum cidadão, nada de comida. Um incêndio terrível teve início quase imediatamente e durou cinco dias; todas as bombas-d'água da cidade tinham sido retiradas – uma elaborada sabotagem para tornar Moscou ainda mais inóspita.

Napoleão enviou cartas ao czar, oferecendo termos generosos de paz. De início, os russos pareceram dispostos a negociar, mas semanas se passaram e, finalmente, ficou claro que eles estavam arrastando as conversações para dar tempo de montarem seu exército – e deixar o inverno chegar.

Napoleão não podia se arriscar a continuar mais um dia em Moscou; os russos em breve seriam capazes de cercar sua agora mísera força. No dia 19 de outubro, ele saiu da capital russa com o que restava de seu exército. Seu objetivo era chegar a Smolensk o mais rápido possível. Agora aqueles bandos indisciplinados de cossacos que o haviam assediado na estrada a leste haviam se formado em divisões maiores – forças de guerrilha de quinhentos homens –, e todos os dias matavam mais e mais soldados franceses. Marchando em constante temor, os homens de Napoleão raramente dormiam. Milhares sucumbiam de cansaço e fome. Napoleão foi obrigado a liderá-los através dos apavorantes campos de Borodino, ainda lotados de cadáveres de franceses, muitos semidevorados por lobos. A neve começou a cair – o inverno russo chegou. Os cavalos franceses morriam de frio e até o último soldado teve de se arrastar pela neve a pé. Uns 40 mil, se tanto, chegaram a Smolensk.

O frio estava aumentando. Não havia tempo para ficar parado em Smolensk. Em uma hábil manobra, Napoleão conseguiu fazer suas tropas atravessarem o rio Berezina, permitindo-lhes uma linha clara de retirada para o oeste. Então, no início de dezembro, ouvindo falar de um golpe de Estado fracassado em casa, na França, ele deixou suas tropas para trás e dirigiu-se para Paris. Dos 450 mil homens em sua principal força de ataque, cerca de 25 mil retornaram. Poucos dos que restavam do exército sobreviveram também. Napoleão havia milagrosamente escapado para combater mais guerras, porém nunca mais recuperaria suas perdas em homens e cavalos. A Rússia foi o seu túmulo.

Interpretação. Na época em que Napoleão invadiu a Rússia, o czar Alexandre I já havia se encontrado com ele várias vezes anos antes e o conhecia muito bem. O imperador Alexandre era um homem agressivo que adorava qualquer espécie de briga, mesmo se as chances fossem contra ele. Ele precisava de conflitos como uma oportunidade de colocar em ação seu talento. Recusando-se a enfrentá-lo em batalha, Alexandre podia deixá-lo frustrado e atraí-lo para um vazio; vastas, porém vazias terras sem alimento ou forragem, cidades vazias sem nada para pilhar, negociações vazias, tempo vazio no qual nada acontecia e, finalmente, o frio intenso do inverno. O clima severo da Rússia destruiria o talento organizador de Napoleão. E como acabou acontecendo, a estratégia de Alexandre funcionou às mil maravilhas. A incapacidade de enfrentar seu inimigo irritou Napoleão; mais alguns quilômetros a leste, uma batalha para valer e ele daria uma lição a este inimigo covarde. Suas emoções – irritação, raiva, confusão – dominaram sua capacidade de planejar estratégias. Como ele poderia ter chegado a acreditar, por exemplo, que a queda de Moscou forçaria o czar a se render? O exército de Alexandre ainda estava intacto, os franceses tinham ficado assustadoramente fracos e o inverno chegava. A mente de Napoleão sucumbira à poderosa atração do vazio no qual havia entrado, e isso o deixara desnorteado.

A estratégia de Alexandre confundiu os soldados franceses também, que eram famosos por sua superior disciplina e espírito de combate. Um soldado pode suportar quase tudo, menos a expectativa de uma batalha que não acontece nunca e uma tensão que não tem alívio. Em vez de batalha, os franceses recebiam infindáveis ataques de surpresa que vinham do nada, uma contínua ameaça que gradualmente virou pânico. Enquanto milhares de soldados adoeciam, muitos mais simplesmente perdiam a vontade de lutar.

É da natureza humana não conseguir suportar nenhum tipo de vazio. Nós detestamos o silêncio, longos períodos de inatividade, solidão. (Talvez isto esteja relacionado com nosso medo daquele vazio final, nossa própria morte.) Temos de preencher e ocupar os espaços vazios. Quando não se dá às pessoas nada para atacar, quando se é o mais diáfano possível, você se aproveita desta fraqueza humana. Furiosas com a ausência não só de uma luta, mas de qualquer tipo de interação, as pessoas tendem a persegui-lo como loucas, perdendo toda a capacidade de pensamento estratégico. É o lado esquivo, não importa se sua força é fraca ou pequena, que controla a dinâmica.

Quanto maior o exército, melhor esta estratégia funciona: lutando para chegar até você, o adversário grande demais apresenta alvos interessantes para você atingir. Para criar o máximo de perturbação psicológica, você deve tornar seus ataques pequenos, mas incansáveis, mantendo a raiva e a frustração de seu inimigo em constante ebulição. Torne seu vazio completo: negociações vazias, conversas que não levam a lugar algum, um tempo que se passa sem vitória nem derrota. Em um mundo de ritmo e atividade acelerados, esta estratégia terá um efeito poderosamente debilitante sobre os nervos das pessoas. Quanto menos puderem atingir, maior será a queda.

> *Tal foi o sistema que a Espanha usou contra nós. Cento e cinquenta a duzentos grupos de guerrilheiros espalhados pela Espanha tinham jurado matar trinta a quarenta franceses por mês cada um: isso somava 6 a 8 mil homens por mês para todos os grupos de guerrilha juntos. A ordem era jamais atacar soldados viajando como uma organização, a não ser que os guerrilheiros estivessem em maior número. Mas eles disparavam em todos os extraviados, atacavam pequenas escoltas e procuravam colocar as mãos nos fundos, nos mensageiros e especialmente nos comboios do inimigo. Como todos os habitantes atuavam*

A maioria das guerras são guerras de contato, ambas as forças esforçando-se para se manter em contato... A guerra árabe deveria ser uma guerra de desprendimento: conter o inimigo pela silenciosa ameaça de um vasto deserto desconhecido, não se revelar até o momento do ataque... Desta teoria desenvolveu-se finalmente um hábito inconsciente de jamais travar combate com o inimigo. Isto rima com o apelo numérico de jamais dar ao soldado inimigo um alvo.

– T. E. Lawrence, *Os sete pilares da sabedoria* (1926)

CHAVES PARA A GUERRA

Ao longo dos séculos, a guerra organizada – em todas as suas infinitas variações, desde primitivas até modernas, de asiáticas a ocidentais – sempre teve a tendência de seguir uma determinada lógica, que é tão universal que quase parece inerente ao processo. A lógica é a seguinte: um líder decide levar seu país à guerra e arma um exército com este propósito. O objetivo do exército é enfrentar e derrotar o inimigo em uma batalha decisiva que forçará uma rendição e termos favoráveis de paz. O estrategista conduzindo a campanha deve lidar com uma área específica, o teatro de guerra. Esta área é, com relativa frequência, limitada; manobrar em vastos espaços abertos complica a possibilidade de levar uma guerra até o fim. Trabalhando dentro do teatro de guerra, portanto, o estrategista planeja conduzir seu exército à batalha decisiva de um modo que irá surpreender o inimigo ou colocá-lo em desvantagem – ele é encurralado ou atacado tanto pela frente como pela retaguarda, ou deve lutar subindo morro. Para manter suas tropas fortes o bastante para desferirem o golpe mortal, ele as concentra em vez de dispersá-las. Uma vez iniciada a batalha, o exército formará naturalmente um flanco e uma retaguarda que deve proteger contra o cerco, assim como linhas de comunicação e suprimentos. Talvez sejam necessárias várias batalhas para encerrar a guerra, visto que cada lado trabalha para dominar as posições-chaves que lhe darão o controle do teatro, mas líderes militares devem tentar terminá-la o mais rápido possível. Quanto mais ela se arrastar, mais os recursos do exército se esgarçam até o ponto de rompimento onde a capacidade de combate entra em colapso. O moral dos soldados declina com o tempo também.

Como em qualquer atividade humana, entretanto, este lado positivo, disciplinado, gera um lado sombrio, negativo, que contém sua própria forma de poder e lógica inversa. O lado sombrio é a guerrilha. Os rudimentos da guerrilha originaram-se há milhares de anos, quando nações menores se viam invadidas por vizinhos mais poderosos; para sobreviverem, seus exércitos eram obrigados a fugir do invasor, pois

como espiões para seus companheiros cidadãos, os guerrilheiros sabiam quando os comboios sairiam e de quantos homens estaria composta a escolta, e os bandos se certificavam de serem duas vezes mais numerosos. Eles conheciam muito bem o país e atacavam furiosamente no local mais favorável. O sucesso com frequência coroava o empreendimento; mas eles sempre matavam muitos homens, e o objetivo era alcançado. Como um ano tem 12 meses, estávamos perdendo cerca de 80 mil homens por ano, sem batalhas campais. A guerra na Espanha durou sete anos, portanto mais de quinhentos morreram... Mas isso inclui apenas aqueles mortos pelos guerrilheiros. Somem-se as batalhas de Salamanca, Talavera e Vitoria, e várias outras que nossas tropas perderam; os cercos... o infrutífero ataque a Cádiz; acrescente-se também a invasão e evacuação de Portugal, as febres e diversas doenças que a temperatura causava a nossos soldados, e você verá que poderíamos acrescentar mais 300 mil homens a esse número durante aqueles sete anos...
Do que se tem dito, ficará evidente que o principal objetivo

deste tipo de guerra é causar a destruição do inimigo quase sem que ele perceba. E, como água mole em pedra dura tanto bate até que fura, paciência e perseverança são necessárias, sempre seguindo o mesmo sistema. A longo prazo, o inimigo sofrerá mais com isso do que perdendo batalhas campais.
ON PARTISANS AND IRREGULAR FORCES,, J. F. A. LE MIÈRE DE CORVEY, 1823

qualquer enfrentamento direto os teria destruído. Logo ficou claro que quanto mais fugissem e se esquivassem da batalha, mais eles arruinavam as estratégias do inimigo e o confundiam ao não se conformarem com a usual lógica de combate.

O próximo passo era levar isso mais adiante; estes guerrilheiros primitivos aprenderam quanto vale operar em bandos pequenos, dispersos, ao contrário de um exército concentrado, mantendo-se em constante movimento, jamais formando frente, flanco ou retaguarda para o outro lado atacar. O inimigo gostaria de manter a guerra confinada a um determinado espaço; melhor, então, estendê-la pelo maior território possível, espalhando-se pelos campos, forçando o inimigo a se dispersar na perseguição, expondo-se a ataques repentinos. O inimigo naturalmente gostaria de terminar rápido a guerra, então seria bom arrastá-la o máximo possível, fazendo do tempo uma arma ofensiva que consumisse o adversário com atritos e moral declinante.

Deste modo, durante milhares de anos e com tentativas e erros, a arte da guerrilha desenvolveu-se e foi refinada em sua forma atual. Treinamento e ideias militares convencionais giram em torno da concentração para a batalha, de manobras dentro de áreas limitadas e do esforço para a matança rápida. A guerrilha, ao inverter esta ordem natural de guerra, faz com que seja impossível para um exército convencional enfrentá-la – daí seu poder. Na terra sombria da guerra inversa, onde nenhuma das regras normais se aplica, o exército convencional se atrapalha. Feita corretamente, a guerrilha é praticamente invencível.

A palavra "guerrilha" foi cunhada em referência à Guerra Peninsular de 1808-14, que começou quando Napoleão invadiu a Espanha. Dispersando-se pelas montanhas e terrenos inóspitos do país, os espanhóis torturavam os franceses, tornando impossível para eles lucrarem com sua superioridade em homens e armas. Napoleão era confundido por um inimigo que atacava sem formar uma frente ou uma retaguarda. Os guerreiros cossacos que o arruinaram na Rússia, em 1812, tinham aprendido muito com os espanhóis e aperfeiçoaram o uso da guerrilha; seus assédios causavam muito mais dano do que qualquer coisa que o incompetente exército russo pudesse infligir.

Esta estratégia tornou-se uma ferramenta mais poderosa e prevalecente na guerra moderna por vários motivos. Primeiro, ao explorar avanços tecnológicos em armamentos e explosivos, um pequeno bando de guerrilheiros pode causar danos desproporcionais. Segundo, a guerra no estilo napoleônico expandiu muito o tamanho dos exércitos convencionais, tornando-os muito mais vulneráveis às táticas de atacar-e-fugir das forças mais leves e móveis. Finalmente, a guerrilha tem sido adotada com propósitos políticos com grande efeito. Ao infundir na população local o entusiasmo por uma causa, um líder revolucionário pode veladamente multiplicar sua força; seus defensores civis podem sabotar a força invasora do inimigo, oferecer valiosas informações secretas e transformar as áreas rurais em um campo armado.

O poder da guerrilha é essencialmente psicológico. Na guerra convencional tudo converge para o encontro de dois exércitos em batalha. Para isto é que se planejam todas as estratégias e é isto que o instinto marcial exige como uma espécie de alívio da tensão. Ao adiar indefinidamente esta convergência natural, o estrategista de guerrilha cria intensa frustração. Quanto mais tempo esta corrosão mental durar, mais debilitante ela se torna. Napoleão perdeu para os russos porque seu sentido estratégico se desorientou; sua mente caiu antes de seu exército.

Por ser tão psicológica, a estratégia de guerrilha é infinitamente aplicável ao conflito social. Na vida como na guerra, nossos pensamentos e emoções convergem naturalmente para momentos de contato e enfrentamento com outras pessoas. Encontramos pessoas que são intencionalmente esquivas, que fogem ao contato, extremamente desconcertantes. Seja porque queremos agarrá-las e fixá-las em um lugar, ou porque nos incomodem tanto que queremos agredi-las, elas nos atraem, assim, de um modo ou de outro, o esquivo é quem controla a dinâmica. Algumas pessoas levam isso ainda mais longe, atacando-nos de formas evasivas e imprevisíveis. Estes adversários podem ganhar um perturbador poder sobre nossas mentes, e quanto mais tempo eles continuarem assim, mais somos atraídos para lutar segundo os termos deles. Com avanços tecnológicos que facilitam manter uma presença diáfana, e o uso da mídia como uma cortina e como um coadjuvante na guerrilha, o poder e a eficiência desta guerra na batalha política ou social crescem imensamente. Em épocas políticas acaloradas, uma campanha no estilo guerrilha – aliada a alguma causa – pode ser usada para travar a guerra de uma população contra grandes entidades, corporações, poderes entrincheirados. Neste tipo de combate público, todos adoram lutar do lado da guerrilha porque os participantes estão mais envolvidos na luta, não são meras peças de uma gigantesca engrenagem.

Franklin Roosevelt foi uma espécie de guerrilheiro político. Ele gostava de lutar evasivamente e usava de estratégias para negar aos republicanos qualquer alvo que pudessem atingir. Ele usava a mídia para parecer estar por toda parte e travando um tipo de guerra popular contra interesses pecuniários. No estilo clássico de guerrilha, ele também organizou o Partido Democrata para torná-lo menos centralizado, mais móvel e fluido para batalhas locais. Para Roosevelt, entretanto, a abordagem de guerrilha não era tanto uma estratégia coerente como um estilo. Como muitos, ele inconscientemente sentia o poder de ser evasivo e lutava assim com muita eficácia – mas, para fazer esta estratégia realmente funcionar, é melhor usá-la com consciência e racionalmente. A estratégia de guerrilha pode ser o avesso da guerra, mas tem sua própria lógica, invertida mas rigorosa. Você não pode apenas improvisá-la anarquicamente; deve pensar e planejar de um novo modo – móvel, dimensional e abstrato.

O que é preciso considerar antes de tudo é se a campanha no estilo guerrilha é apropriada para as circunstâncias que você está enfrentando. Ela funciona muito bem, por exemplo, contra um adversário que é agressivo mas esperto – um homem como Napoleão. Estes tipos não suportam a falta de contato com um inimigo. Eles vivem para manobrar, ser os melhores, atacar melhor. Não ter nada para atingir neutraliza a esperteza deles, e sua agressão torna-se sua ruína. É interessante notar que esta estratégia funciona no amor assim como na guerra e ali, também, Napoleão foi sua vítima: foi com uma sedução no estilo guerrilha – incitando-o a persegui-la, dando-lhe hipnotizantes iscas, mas não lhe oferecendo nada de sólido para agarrar – que a imperatriz Josefina fez dele seu escravo.

Esta estratégia do vazio funciona às maravilhas com aqueles que estão acostumados com a guerra convencional. A falta de contato está tão distante de sua experiência que deforma qualquer poder estratégico que possam ter. Grandes burocracias são com frequência alvos perfeitos para uma estratégia de guerrilha pela mesma razão: elas são capazes de reagir apenas do modo mais ortodoxo. Em qualquer circunstância, guerrilheiros em geral precisam de um adversário que seja grande, vagaroso e com tendências a se mostrar valente.

Uma vez tendo determinado que uma guerrilha é adequada, examine o exército que você vai usar. Um exército grande, convencional, nunca é o apropriado; fluidez e habilidade para atacar de muitos ângulos é o que conta. O modelo organizacional é a célula – um grupo relativamente pequeno de homens e mulheres, bem unidos, dedicados, automotivados e espalhados. Estas células devem penetrar no próprio campo inimigo. Foi assim que Mao Tsé-Tung organizou seu exército na Revolução Chinesa, infiltrando-se no lado nacionalista, causando sabotagens nas cidades, deixando a ilusória e aterrorizante impressão de que seus homens estavam por toda parte.

Quando o coronel John Boyd, da Força Aérea dos Estados Unidos, ingressou no Pentágono no final da década de 1960 a fim de ajudar a desenvolver caças a jato, enfrentou uma burocracia reacionária dominada por interesses comerciais em vez de militares. O Pentágono estava precisando demais de reformas, mas uma guerra tradicional burocrática

– uma tentativa de convencer direta e frontalmente o escalão-chave da importância de sua causa – seria inútil: Boyd teria sido simplesmente isolado e expulso do sistema. Ele decidiu travar um combate de guerrilha em vez disso. Seu primeiro e mais importante passo foi organizar células dentro do Pentágono. Estas células eram pequenas e difíceis de detectar, sem dar aos reacionários nada para atacar quando percebessem que estavam em guerra. Boyd recrutou seus guerrilheiros entre aqueles insatisfeitos com o *status quo*, especialmente os jovens – gente jovem é sempre mais receptiva a mudanças, e adora este estilo de combate.

Com suas células posicionadas, Boyd tinha sempre informações secretas sobre o que estava acontecendo no Pentágono e podia prever a hora e o conteúdo dos ataques que lhe fariam. Ele podia também usar estas células para espalhar sua influência boca a boca, infiltrando-se ainda mais na burocracia. O principal é evitar os canais formais de uma organização e a tendência à grandeza e concentração. Opte, pelo contrário, por mobilidade; torne seu exército leve e clandestino. Você pode também anexar suas células de guerrilha em um exército regular, como os cossacos russos apoiavam o exército de Alexandre. Esta mistura de convencional e não convencional pode se mostrar muito eficaz.

Depois de organizar suas células, você precisa dar um jeito de fazer com que o inimigo o ataque. Na guerra, isso em geral se faz recuando, depois virando para atacar o inimigo com pequenos ataques de surpresa e emboscadas constantes que não podem ser ignorados. Esta foi a clássica estratégia usada por T. R. Lawrence na Arábia durante a Primeira Guerra Mundial. O mago americano das finanças do século XIX, Jay Gould, um homem que combateu muitas guerrilhas em sua vida de negócios, fazia algo semelhante em suas batalhas diárias. Seu objetivo era criar o máximo de desordem nos mercados – desordem que ele podia prever e explorar. Um de seus principais adversários foi o magnata muito agressivo, comodoro Cornelius Vanderbilt, com o qual travou uma guerra pelo controle da Erie Railroad no final da década de 1860. Gould mantinha uma presença incrivelmente evasiva; ele trabalhava por canais indiretos para ganhar influência, por exemplo, na legislatura do Estado de Nova York, que na época sancionava leis minando os interesses de Vanderbilt. O furioso Vanderbilt corria atrás de Gould e contra-atacava, mas Gould naquela altura já teria se transferido para algum outro alvo inesperado. Para privar Vanderbilt da iniciativa estratégica, Gould o perturbava, alimentava seus instintos competitivos e agressivos, em seguida irritava-o ainda mais não lhe dando um alvo para contra-atacar.

Gould também era perito na utilização da mídia. Ele plantava um artigo no jornal que de repente atingia Vanderbilt de raspão, retratando-o como um monopolizador perverso; Vanderbilt teria de responder, mas isso só divulgaria a acusação, e, enquanto isso, o nome de Gould não aparecia em lugar algum. A mídia neste caso é perfeita, tanto como cortina de fumaça ocultando táticas de guerrilha quanto como veículo de transmissão para elas. Use a mídia para irritar seus inimigos, fazendo com que dispersem suas energias defendendo-se enquanto você observa, ou encontrem um novo alvo para atacar e emboscar. Sem uma batalha real com que se preocupar, a frustração deles aumentará e os levará a cometer erros que vão sair caro.

Na guerra convencional, o modo como você abastece seu exército é um problema. Na guerrilha, por outro lado, você sobrevive a seus inimigos o máximo possível, usando os recursos deles, a energia e o poder que eles têm como uma espécie de base de suprimentos. Mao abastecia seu exército principalmente com equipamentos e comida capturados. Gould, na verdade, começou infiltrando-se no círculo íntimo de Vanderbilt como um parceiro financeiro, depois usando os imensos recursos de Vanderbilt para financiar suas ações danosas. Usar o material do inimigo vai ajudá-lo a suportar o tempo de duração maior de qualquer campanha de guerrilha bem-sucedida. Independentemente do que possa acontecer, você deve se planejar para viver com pouco, administrando o que tem para o longo percurso.

Na maioria dos conflitos, o tempo é um perigo, colocando em jogo a Lei de Murphy: se algo pode dar errado, dará. Se seu inimigo é pequeno e relativamente autossuficiente, entretanto, há menos coisas para dar errado, e enquanto isso você trabalha para garantir que, para ele, a passagem do tempo seja um pesadelo. O moral afunda, recursos ficam escassos e até grandes planejadores como Napoleão se veem com problemas que nunca poderiam ter previsto. O efeito é exponencial: conforme vão surgindo problemas inesperados, o inimigo começa a cometer erros, o que gera mais problemas – e por aí vai.

Faça do tempo uma arma ofensiva em suas estratégias. Planeje suas manobras para manter seus inimigos movendo-se simplesmente, sempre pensando que uma batalha a mais será a solução. Você quer que eles se deteriorem aos poucos; um súbito revés nítido, uma visão clara da armadilha que você está armando para eles, e pulam fora antes de o prejuízo ter sido causado. Deixe-os tomar posições-chaves que lhes deem a ilusão de sucesso. Seus inimigos se apegarão a elas com tenacidade conforme cresce o número de seus ataques repentinos e momentâneos. E então, à medida que eles enfraquecem, aumente o ritmo destes ataques. Deixe-os na esperança, deixe-os pensar que ainda vale a pena, até a armadilha estar armada. Aí, desfaça a ilusão deles.

Assim como você está estendendo o tempo, contrariamente às convenções, também está ampliando o espaço. Você quer levar a luta para áreas fora do teatro de guerra, para incluir a opinião pública e internacional, transformando a guerra em uma questão política e global e dando ao inimigo um espaço grande demais para defender. O apoio político é inestimável para uma campanha de guerrilha baseada na injustiça social; quanto mais a luta se arrasta, mais o inimigo parece moralmente sem razão e politicamente isolado. Tente sempre aliar sua campanha de guerrilha a uma causa que possa defender como justa e digna.

Há duas maneiras de vencer sua guerrilha. A primeira é aumentar o nível de seus ataques à medida que seus inimigos se deterioram, depois acabar com eles, como os russos acabaram com Napoleão. O outro método é tirar proveito da simples exaustão: você simplesmente deixa o inimigo desistir, pois a luta não vale mais a provocação. A última opção é a melhor. É mais barata para você em termos de recursos, e tem melhor aparência: o inimigo caiu sob sua própria espada. Mas até uma campanha de guerrilha não dura para sempre; em um determinado ponto ela começa a trabalhar contra você também. Se o encerramento está demorando demais, você deve partir para a ofensiva e acabar com o inimigo. Na Guerra do Vietnã, os norte-vietnamitas arrastaram a guerra até um ponto em que ela também estava lhes saindo caro demais. Foi por isso que lançaram a Ofensiva Tet, em 1968, para acelerar bastante a deterioração do esforço de guerra dos Estados Unidos.

A essência da guerrilha é fluidez. O inimigo sempre tentará se ajustar ao que você está fazendo, tentando se equilibrar neste terreno pouco familiar. Você precisa estar preparado para mudar e adotar o que for contrário às expectativas: isto pode significar lutar ocasionalmente de um modo convencional, concentrando seu exército para atacar aqui ou ali, depois dispersando-o de novo. Seu objetivo é o máximo de desordem e estranheza. Lembre-se: esta guerra é psicológica. Está mais no nível da estratégia do que qualquer outra coisa que você não dê ao inimigo para que ele possa se apegar, nada de tangível para enfrentar. São as mentes dos inimigos que perdem fôlego e são elas que caem primeiro.

Imagem: *O Mosquito. A maioria dos animais apresenta frente, costas e lados que podem ser atacados ou ameaçados. Os mosquitos, entretanto, não lhe dão nada a não ser um zumbido irritante no ouvido, de todos os lados e ângulos. Você não consegue acertá-lo, você não pode vê-lo. Sua carne, enquanto isso, lhes dá infinitos alvos. Um número suficiente de picadas e você percebe que a única solução é parar de lutar e sair dali o mais rápido possível.*

Autoridade: *Tudo que tem forma pode ser superado; tudo que tem contorno pode ser enfrentado. É por isso que os sábios ocultam suas formas no nada e deixam suas mentes pairarem no vazio. – Huainanzi (século II a.C.)*

INVERSO

Uma estratégia de guerrilha é extremamente difícil de enfrentar, por isso é tão eficaz. Se você se encontra em uma luta com guerrilheiros e usa métodos convencionais para combatê-los, está fazendo o que eles querem; vencer batalhas e tomar territórios não significa nada neste tipo de guerra. A única contraestratégia que funciona é inverter a inversão dos guerrilheiros, neutralizando as vantagens deles. Você deve lhes recusar a liberdade de tempo e espaço de que precisam para a desordem que causam. Você precisa trabalhar para isolá-los – física, política e moralmente. Acima de tudo, você não deve jamais reagir gradualmente, avançando suas forças pouco a pouco, como os americanos fizeram na Guerra do Vietnã. Você precisa de uma vitória rápida, decisiva, sobre esse tipo de adversário. Se isto parecer impossível, é melhor pular fora enquanto pode do que mergulhar na guerra prolongada para a qual o guerrilheiro está tentando atraí-lo.

27

FAÇA DE CONTA QUE ESTÁ TRABALHANDO PELOS INTERESSES ALHEIOS ENQUANTO PROMOVE OS SEUS

A ESTRATÉGIA DA ALIANÇA

A melhor maneira de promover sua causa com o mínimo de esforço e derramamento de sangue é criando uma rede de alianças que mudem constantemente, conseguindo que os outros compensem suas deficiências, façam o trabalho sujo, combatam suas guerras, gastem energia fazendo você avançar. A arte está em escolher os aliados que se encaixem em suas necessidades do momento e preencham os hiatos de seu poder. Dê-lhes presentes, ofereça-lhes amizade, ajude-os em épocas difíceis – tudo para que não vejam a realidade e fiquem como sutis devedores com relação a você. Ao mesmo tempo, trabalhe para semear dissidências nas alianças dos outros, enfraquecendo seus inimigos ao isolá-los. Embora formando coalizões convenientes, mantenha-se livre de envolvimentos negativos.

O CÃO, O GALO E A RAPOSA

Um cão e um galo, tendo feito amizade, caminhavam juntos pela estrada. Ao anoitecer, o galo voou para cima de uma árvore para dormir, e o cão foi descansar aos pés da árvore, que era oca. Como de hábito, o galo cantou pouco antes do amanhecer. Isto chamou a atenção de uma raposa ali perto, que correu até a árvore e gritou para o galo: "Desça, senhor, pois desejo muito abraçar uma criatura com uma voz tão bonita como a sua!" O galo disse: "Desço assim que você acordar o porteiro que está dormindo ao pé da árvore." Então, quando a raposa foi procurar o "porteiro", o cão pulou rapidamente em cima dela e a estraçalhou. Esta fábula nos ensina que homens sensatos, quando atacados, desviam o inimigo para alguém mais capaz de defendê-los do que eles mesmos.
FÁBULAS, ESOPO, SÉCULO VI A.C.

O ALIADO PERFEITO

Em 1467, Charles, o conde de Charlois, com 34 anos, recebeu a notícia pela qual esperava secretamente havia muito tempo: o pai, duque de Borgonha – conhecido como Felipe, o Bom – morrera, e Charles era o novo duque. Pai e filho haviam se chocado durante anos. Felipe era paciente e prático, e, durante seu reinado, aos poucos conseguira expandir as posses já magníficas da Borgonha. Charles era mais ambicioso e guerreiro. O império que herdou era imenso, incluindo Flandres, Holanda, Zelândia e Luxemburgo ao norte da atual França, e o próprio importante ducado da Borgonha no noroeste da França. Agora, como duque, Charles tinha o poder e os recursos sob seu comando para realizar seus sonhos de conquistas na Alemanha e mais além.

Dois obstáculos estavam em seu caminho. O primeiro eram os cantões independentes da Suíça, a leste da Borgonha. Charles teria de incorporá-los a seu território, à força, antes de avançar para o sul da Alemanha. Os suíços eram guerreiros valentes que não aceitariam gentilmente uma invasão. Mas no final eles mal podiam se equiparar em tamanho e potência ao exército do duque. O segundo obstáculo era o rei Luís XI da França, primo e arquirrival de Charles desde criança. A França na época ainda era um Estado feudal, composto de vários ducados como a Borgonha, cujos duques deviam aliança ao rei. Mas estes ducados eram na verdade potências independentes e podiam formar sua própria liga se o rei ousasse provocá-los. A Borgonha era o ducado mais poderoso de todos eles, e todos sabiam que Luís sonhava em absorvê-lo e fazer da França um poder unido.

Charles, entretanto, sentia-se confiante de que podia superar seu primo mais velho tanto em diplomacia como na arte de guerrear. Afinal de contas, Luís era fraco, até um pouco mole da cabeça. De que outro modo explicar sua estranha fascinação pelos cantões suíços? Quase desde o início de seu reinado, Luís os havia cortejado assiduamente, tratando-os quase como iguais da França. Existiam muitos Estados mais poderosos com os quais ele poderia ter se aliado para aumentar o poder da França, mas ele parecia obcecado com a Suíça. Talvez sentisse uma afinidade com o estilo de vida simples deles; para um rei, ele mesmo tinha gostos bastante camponeses. Luís tinha aversão por guerras, preferindo comprar a paz, mesmo que o preço fosse alto, a financiar um exército.

Era imperativo que Charles atacasse agora, antes que Luís percebesse e começasse a agir mais como um rei. Charles armou um plano para realizar suas ambições: primeiro ele avançaria para a Alsácia, entre a França e a Alemanha, e engoliria os reinados fracos na área. Depois formaria uma aliança com o grande rei guerreiro da Inglaterra, Eduardo

IV, a quem convenceria a desembarcar um grande exército em Calais. Seu próprio exército se juntaria aos ingleses em Reims, na França central, onde Eduardo seria coroado o novo rei do país. O duque e Eduardo descartariam facilmente o fraco exército de Luís. O duque poderia então avançar para o leste, atravessando os cantões suíços, enquanto Eduardo marcharia para o sul. Juntos, eles formariam o poder dominante na Europa.

Em 1474 tudo estava resolvido. Eduardo concordara com o plano. O duque começou avançando para o alto Reno, mas assim que iniciou as manobras soube que um grande exército suíço tinha invadido seu território natal da Borgonha. Este exército era financiado pelo próprio Luís XI. Com este ato, Luís e os suíços estavam nitidamente avisando ao duque que não veriam com bons olhos qualquer invasão dos cantões no futuro, mas Charles tinha forças suficientes na Borgonha para expulsar os suíços. Ele não era um homem para se provocar desse jeito; ambos os partidos pagariam bem por sua ousada invasão.

No verão de 1475, o exército inglês – o maior já reunido para uma invasão da França – desembarcou em Calais sob a liderança pessoal de Eduardo IV. Charles foi se encontrar com Eduardo para finalizar seus planos e brindar a suas iminentes conquistas. Em seguida, retornou rapidamente para suas próprias tropas, que marchavam para o sul através de Lorraine preparando-se para a grande união com as forças inglesas em Reims.

De repente, notícias perturbadoras alcançaram Charles no campo de batalha: seus espiões na corte francesa relatavam que Luís iniciara negociações secretas com Eduardo. Pelo visto, Luís tinha convencido o rei inglês de que Charles o estava usando e não era digno de confiança. Sabendo que as finanças dos ingleses estavam debilitadas, Luís oferecera termos de paz generosos, chegando a uma grande pensão anual paga diretamente ao rei e sua corte. Ele tinha recebido os ingleses com grandes banquetes regados a muita cerveja. E aí, para enorme desgosto e pasmo do duque, Eduardo concordou, assinou o tratado e levou suas tropas de volta para casa.

O duque mal teve tempo de se recuperar desta desagradável notícia quando Luís, de repente, enviou-lhe emissários para intermediarem uma trégua a longo prazo entre a França e a Borgonha. Isto era típico do rei – tudo que ele fazia era inconsistente e contraditório. O que ele estava pensando? Assinar a trégua significaria que o duque agora poderia marchar com segurança contra a Suíça, sabendo que a França não iria interferir. Talvez o rei estivesse guiado por seu grande medo da guerra? Charles aprovou a trégua com satisfação.

Como em todas as suas decisões, seja por acaso ou por escolha, Roma dava todos os passos necessários para se fazer importante, ela não perdoava fraudes. Ela não podia no início ter sido mais dissimulada do que foi nos meios que utilizou, como estávamos dizendo agora mesmo, para conquistar aliados, visto que sob este título ela fazia de todos eles seus servos, como foi o caso dos latinos e outros povos ao redor. Pois primeiro ela se valia das armas deles para subjugar povos vizinhos e firmar sua reputação como um Estado, e aí, depois de dominá-los, ela crescia a um ponto que podia derrotar todos. Nem os latinos teriam percebido que na realidade eram meros escravos, se não tivessem visto os samnitas duas vezes derrotados e obrigados a aceitar os termos de Roma.
OS DISCURSOS SOBRE A PRIMEIRA DÉCADA DE TITO LÍVIO, NICOLAU MAQUIAVEL, 1520

Os suíços ficaram revoltados: Luís tinha sido amigo deles, e agora, quando o perigo era iminente, ele os abandonava. Mas os suíços estavam acostumados a combater sozinhos; só teriam de mobilizar todos os homens disponíveis.

No final do inverno de 1477, o duque, impaciente pela vitória, atravessou as montanhas do Jura dirigindo-se para o leste. Os suíços esperavam por ele perto da cidade de Grandson. Era a primeira vez que o duque travava combate com os suíços, e foi apanhado de surpresa pelo que viu em sua frente. Começou com o alarmante som das trompas de caça suíças, que ecoavam nas montanhas, criando um estrondo assustador. Em seguida, milhares de soldados suíços avançaram encosta abaixo em direção aos borgonheses. Eles marchavam com perfeita exatidão, bem unidos em falanges das quais as enormes lanças apontavam para cima como os espinhos de um gigantesco ouriço em movimento. Seus flancos e retaguarda estavam protegidos por alabardeiros brandindo achas com pontas de ferro. Era uma visão apavorante. O duque ordenou um ataque após outro com sua cavalaria para romper as falanges, só para vê-los serem chacinados. Sua artilharia era difícil de manobrar no terreno montanhoso. Os suíços lutavam com incrível ferocidade e suas falanges eram impenetráveis.

Uma força suíça de reserva, escondida nos bosques à direita dos borgonheses, surgiu de repente e atacou. O exército do duque bateu em retirada; a batalha terminou em uma carnificina, da qual o duque, entretanto, escapou.

Meses depois, foi a vez de os suíços partirem para a ofensiva marchando para Lorraine. Em janeiro de 1478, o duque contra-atacou com suas forças agora enfraquecidas; de novo, os borgonheses foram expulsos e, desta vez, o duque não escapou. Seu corpo foi finalmente identificado no campo de batalha, a cabeça dividida ao meio por uma alabarda suíça, o corpo perfurado por lanças.

Nos meses que se seguiram à morte de Charles, Luís XI engoliu a Borgonha, eliminando a última grande ameaça feudal a uma França unificada. O duque, sem perceber, tinha caído no elaborado plano de Luís para destruí-lo sem desperdiçar um único soldado francês.

Interpretação. O rei Luís XI acabou ficando conhecido como o Rei Aranha, famoso pelas sofisticadas teias que tecia para atrair seus adversários. Seu talento era pensar com antecedência e planejar um caminho indireto para alcançar seus objetivos – e sua maior meta era transformar a França de Estado feudal em grande potência unificada. A Borgonha era seu maior obstáculo e um que ele não poderia enfrentar de cara: seu exército era mais fraco do que o de Charles, e ele não queria

---

Seis na terceira posição significa: ele encontra um camarada. Agora ele bate o tambor, agora ele para. Agora ele soluça, agora ele canta. Aqui a fonte da força de um homem está, não nele mesmo, mas em sua relação com outras pessoas. Não importa se perto ou longe delas, ele é inevitavelmente jogado de um lado para outro, oscilando entre alegria e tristeza. Em júbilo celestial, depois em uma tristeza mortal – este é o destino daqueles que dependem de um acordo íntimo com outras pessoas a quem amam...
I CHING, C. SÉCULO VIII A.C.

provocar uma guerra civil. Antes de se tornar rei, entretanto, Luís tinha lutado em uma breve campanha contra os suíços e visto a brutal eficiência com que suas falanges combatiam e como elas tiravam vantagem de seu terreno montanhoso. Ele os considerava invencíveis na guerra. Luís traçou um plano para fazer com que Charles invadisse os cantões, onde sua máquina militar seria destruída.

Os fios da teia de Luís foram finamente tecidos. Primeiro, ele passou anos cortejando os suíços, forjando vínculos que os cegaram para suas segundas intenções. Esta aliança também atordoou o arrogante duque, que não podia imaginar o que Luís planejava fazer com um aliado assim. O rei também sabia que, ao fazer com que os suíços invadissem a Borgonha em 1474, ia deixar o duque tão furioso que ele perderia a paciência em seu desejo de vingança.

Quando Eduardo desembarcou em Calais, o rei havia previsto a invasão e estava pronto para ela. Em vez de tentar repelir seu poderoso adversário, ele trabalhou para convencer o rei inglês a desistir de sua aliança com a Borgonha apelando para seus interesses: sem arriscar uma única batalha tão longe de casa, Eduardo receberia uma recompensa financeira atraente demais para recusar. De novo pensando com antecedência, Luís sabia que, ao engolir finalmente o rico ducado da Borgonha, ia receber de volta muito mais do que estava pagando a Eduardo. Abandonado pelos ingleses, Charles estava isolado, mas ainda determinado a vingar a invasão da Borgonha. A esta altura, Luís mudou de posição assinando um tratado com o duque, eliminando o último obstáculo possível no caminho de Charles até os cantões suíços. Este novo tratado deixaria seus amigos suíços furiosos, mas e daí? Amizade não significava muita coisa para Luís; os suíços lutariam para defender suas terras com ou sem ele. Paciente e claro em seus objetivos, Luís usava alianças como uma forma de guerra sem derramar sangue, destruindo seus adversários ao conseguir que outros trabalhassem por ele.

Quase todos nós compreendemos instintivamente a importância de ter aliados. Como operamos por sentimentos e emoções muito mais do que por estratégias, entretanto, com frequência fazemos os piores tipos de aliança. Um erro comum é pensar que quanto maior o número de aliados, melhor; mas qualidade é mais importante do que quantidade. Ter numerosos aliados aumenta as chances de ficarmos envolvidos nas guerras dos outros. Indo ao outro extremo, às vezes pensamos que um único aliado poderoso é tudo de que precisamos; mas aliados assim tendem a tirar o que podem de nós e depois nos largam quando nossa utilidade se esgotou, exatamente como Luís abandonou os suíços. Em qualquer um dos casos, é um erro ficar dependente de uma única pessoa. Finalmente, às vezes escolhemos

A RAPOSA E O BODE
Uma raposa, tendo caído em um poço, estava diante da perspectiva de ficar presa ali. Mas então um bode aproximou-se do mesmo poço porque estava com sede e viu a raposa. Ele lhe perguntou se a água era boa. A raposa decidiu enfrentar a situação com coragem e fez um discurso enorme dizendo que a água lá embaixo era maravilhosa, excelente. Assim o bode desceu, pensando apenas em sua sede. Depois de beber bastante, ele quis saber de que maneira ela achava melhor subir de novo. A raposa disse: "Bem, eu tenho um jeito muito bom de fazer isso. Claro, vamos ter de trabalhar juntos. Se você colocar as patas da frente contra a parede e erguer seus chifres o mais alto possível, eu subo neles e depois puxo você atrás de mim."

O bode concordou satisfeito com a ideia, e a raposa subiu logo pelas pernas, ombros e finalmente chifres do seu companheiro. Ela se viu na boca do poço, pulou lá de dentro e fugiu correndo. O bode gritou atrás dela censurando-a por quebrar seu acordo mútuo de ajuda...
FÁBULAS, ESOPO, SÉCULO VI A.C.

aqueles que parecem os mais amigos, que pensamos que serão fiéis. Nossas emoções nos induzem ao erro.

Compreenda: aliados perfeitos são aqueles que lhe dão alguma coisa que você não pode conseguir sozinho. Eles têm os recursos que faltam a você. Eles farão o trabalho sujo por você ou travarão seus combates. Como os suíços, nem sempre são os mais óbvios ou os mais poderosos. Seja criativo e procure aliados a quem você, por sua vez, também tenha algo a oferecer, criando um vínculo de interesses pessoais. Perder esses aliados de conveniência não destruirá você ou o fará se sentir traído. Você deve pensar neles como ferramentas temporárias. Quando você não precisar mais desse tipo de ferramenta, o abandono não vai significar a perda de um amor.

As forças de um aliado poderoso podem ser úteis e boas para quem recorre a elas... mas perigosas para quem se torna dependente delas.

– Nicolau Maquiavel, O príncipe (1513)

FALSAS ALIANÇAS

Hércules tinha realizado estes dez trabalhos no espaço de oito anos e um mês; mas Euristus, descontando o segundo e o quinto, deu-lhe mais dois. O 11º trabalho foi pegar o fruto da árvore dos pomos de ouro, presente de casamento da Mãe Terra para Hera, que ficou tão encantada que a plantou em seu próprio jardim divino. Este jardim ficava nas encostas do Monte Atlas, onde os ofegantes cavalos do carro do Sol completavam sua jornada, e onde os carneiros e bois de Atlas, mil rebanhos de cada, vagam sobres seus pastos incontestes. Quando Hera, um dia, descobriu que as filhas de Atlas, as Espérides, a quem ela havia confiado

Em novembro de 1966, Murray Bowen, professor de psiquiatria clínica na Georgetown University e um dos mais influentes terapeutas familiares, enfrentou uma crise que estava surgindo dentro de sua própria família, em Waverly, Tennessee, onde ela morava. Bowen era o mais velho de cinco filhos. Sua família havia operado um negócio importante em Waverly por várias gerações. O terceiro irmão mais velho, apelidado de June, vinha dirigindo os negócios havia algum tempo. Continuamente sobrecarregado de trabalho e sentindo-se depreciado, June agora estava pedindo o controle da maioria das ações na empresa. O pai o apoiava e a mãe, não. Membros da família por afinidade estavam tomando partidos. A situação era tensa.

Ao mesmo tempo, uma morte na família da mulher de June a deixara tão deprimida que isto já começava a afetar a saúde do marido. Um efeito onda vinha se espalhando pelo resto da família, e a irmã de Bowen, a segunda mais jovem e mais instável, estava começando a demonstrar todos os tipos de sintomas nervosos. Bowen estava mais apreensivo, entretanto, por causa do pai, que tinha o coração fraco. Como terapeuta familiar, Bowen tinha estudado um fenômeno chamado "onda de ansiedade", no qual um evento periférico seria capaz de detonar um turbilhão de emoções suficientes para causar a morte da pessoa mais idosa da família ou da mais vulnerável. Bowen precisava encontrar um jeito de acalmar esta onda de ansiedade em sua própria família.

O problema para Bowen era que ele, também, estava passando por uma espécie de crise pessoal e profissional na época. Uma de suas teorias mais influentes dizia que os membros de uma família eram saudáveis na medida em que pudessem se diferenciar de seus irmãos e pais, estabelecendo a própria identidade, sendo capazes de tomar decisões próprias, estando ao mesmo tempo integrados e ativamente envolvidos com o resto da família. Ele via isto como uma tarefa psíquica difícil para qualquer um. As famílias têm uma espécie de ego grupal e uma rede de conexões emocionais entrosada; é preciso um bocado de esforço e prática para estabelecer uma autonomia fora deste sistema. Mas isso, Bowen acreditava, embora crucial para todo mundo, era também necessário do ponto de vista profissional no caso de terapeutas familiares, que não podiam ajudar outras pessoas de uma forma adequada se não conseguissem se diferenciar de suas próprias famílias. Eles transfeririam seus problemas pessoais para o consultório.

E na verdade aqui estava o professor Bowen, um homem com cinquenta e poucos anos, que vinha trabalhando seu relacionamento com sua família havia anos, mas que se via sugado pela dinâmica de grupo, regredindo emocionalmente, incapaz de pensar direito, sempre que ia visitá-la, no Tennessee. Isso o fazia sentir-se profundamente frustrado e deprimido. Estava na hora, ele decidiu, de tentar uma experiência pessoal radical em sua próxima visita à família.

No final de janeiro de 1967, June Bowen recebeu uma extensa carta do irmão Murray. Os dois não se escreviam havia algum tempo; na verdade, June estava ressentido com o irmão e vinha evitando encontrar-se pessoalmente com ele havia muitos anos, pois sentia que a mãe sempre tomava o partido de Murray, mesmo que fosse June a dirigir os negócios. Na carta, Murray transmitia muitas fofocas a respeito de June que membros da família haviam lhe contado ao longo dos anos, sempre com o cuidado de acrescentar que era melhor Murray não deixar seu "sensível" irmão saber. Murray dizia que estava cansado destas histórias e de ouvir as pessoas lhe dizerem como lidar com seu irmão. Seria melhor, ele pensava, falar diretamente com June. Ele terminou a carta falando que seria desnecessário os dois se verem em sua próxima visita em casa, visto que já lhe havia dito tudo que queria. Ele assinou a carta como "Seu Irmão Intrometido".

Quanto mais June pensava na carta, mais zangado ficava. Murray havia remexido intencionalmente em um ponto de discórdia entre June e sua família. Então, dias depois, a irmã mais nova também recebeu uma carta de Murray, dizendo que sabia de seu estado emocional e que tinha escrito a June para que cuidasse dela até ele chegar em casa. Assinou

a árvore, estavam furtando os pomos, mandou o sempre atento dragão Ladon se enroscar no tronco para protegê-la... Quando finalmente Hércules chegou ao Pó, as ninfas do rio, filhas de Zeus e Temis, mostraram-lhe Nereu adormecido. Ele pegou o grisalho deus do mar e, grudando-se a ele apesar de suas muitas mudanças multiformes, forçou-o a profetizar como as maçãs douradas podiam ser conquistadas...

... Nereu havia aconselhado Hércules a não colher os pomos ele mesmo, mas usar Atlas como seu agente, enquanto o aliviava de sua carga fantástica; portanto, ao chegar ao Jardim das Espérides ele pediu a Atlas para lhe fazer este favor. Atlas teria feito qualquer coisa por uma hora de trégua, mas tinha medo de Landon, a quem Hércules, por conseguinte, matou com uma flecha lançada por cima do muro do jardim. Hércules então curvou-se para receber o peso do globo celestial e Atlas se afastou, retornando logo com os três pomos colhidos por suas filhas. Ele achou a sensação de liberdade deliciosa. "Eu mesmo levarei estes pomos para Euristeus, sem falta", disse, "se você

> *segurar os céus um pouco mais."* Hércules fingiu concordar, mas, tendo sido avisado por Nereu para não aceitar nenhuma oferta desse tipo, implorou a Atlas que sustentasse o globo só por um instante, enquanto colocava uma almofada na cabeça. Atlas, facilmente enganado, colocou os pomos no chão e retomou sua carga; quando então Hércules pegou-os e partiu com um irônico adeus.
> THE GREEK MYTHS, VOL. 2, ROBERT GRAVES, 1955

a carta, "Seu Irmão Preocupado". Esta carta foi tão perturbadora para a irmã como a de June tinha sido para ele: estava cansada de ver as pessoas tratando-a como se estivesse doente – isso só a deixava mais aflita do que estava na realidade. Depois de um breve intervalo, Murray enviou uma terceira carta, desta vez para a mãe. Ele mencionava as cartas que tinha escrito para os outros. Estava tentando diminuir a crise familiar, dizia, atraindo todas as atenções para ele. Escreveu que sua intenção fora a de perturbar o irmão e que tinha material para irritá-lo ainda mais se fosse necessário; mas, avisava, nunca é prudente dividir informações secretas com o "inimigo", portanto a mãe devia guardar tudo isso para ela mesma. Ele assinou a carta, "Seu Filho Estrategista". Pensando que ele estava maluco, a mãe queimou a carta.

Notícias destas cartas passaram rapidamente pela família, mexendo em uma casa de maribondos repleta de acusações, preocupações e ansiedades. Todos estavam nervosíssimos, mas June era o centro da tempestade. Ele mostrou a carta de Murray à mãe, que ficou muito preocupada. June prometeu que, na próxima visita de Murray à família, ele não só não o evitaria como iria confrontá-lo e dizer tudo que ele precisa escutar.

Murray chegou em Waverly no início de fevereiro. Na segunda noite de sua visita, em um jantar na casa da irmã, June apareceu com a mulher; o pai e a mãe também estavam presentes. O encontro durou umas duas horas, seus principais participantes foram Murray, June e a mãe deles. Foi um confronto familiar desagradável. June furioso ameaçava processar Murray pelas histórias grosseiras e acusava a mãe de conspirar com seu preferido. Quando Murray confirmou que ele e a mãe estavam de cumplicidade, de que tudo havia sido tramado anos antes entre ele e a mãe, ela achou isso um insulto, negou ter conhecimento de qualquer trama e disse que nunca mais ia contar coisa alguma a Murray. June contou suas próprias histórias sobre seu irmão professor; Murray respondeu que elas eram interessantes, mas que conhecia outras melhores. Toda a conversa girou em torno de assuntos pessoais, e muitas emoções reprimidas vieram à tona. Mas Murray permanecia estranhamente desligado. Ele fez questão de não tomar nenhum partido; ninguém estava lá muito satisfeito com o que ele dizia.

No dia seguinte, Murray apareceu na casa de June – e June, por algum motivo, ficou feliz em vê-lo. Murray contou mais fofocas, inclusive a que ouvira sobre como June estava lidando com a situação, considerando-se todo o estresse a que estava sendo submetido. June, muito emocionado, começou a se abrir com o irmão sobre seus problemas: ele estava realmente preocupado com a irmã, disse, até pensando que ela talvez fosse retardada. Mais tarde, naquele mesmo dia, Murray visitou a irmã e lhe contou o que June dissera a seu respeito; ela era mais do que capaz de cuidar de si mesma, respondeu, e já estava cansada da família se metendo em sua vida. Mais visitas seguiram-se a outros membros da família. Em cada um dos casos, sempre que alguém tentava passar adiante alguma fofoca ou fazer Murray tomar este ou aquele partido na constelação familiar, ele desviava a tentativa com um comentário neutro ou a transmitia para a pessoa envolvida.

No dia que Murray foi embora, todos foram se despedir dele. A irmã parecia mais relaxada; o pai, também. O humor da família estava nitidamente alterado. Uma semana depois, a mãe de Murray lhe enviou uma carta que terminava assim: "Com todos estes altos e baixos, sua última visita foi a melhor de todas." June agora escrevia regularmente para o irmão. O conflito sobre quem controlava os negócios da família estava acalmado e acertado. As visitas de Murray em casa agora eram esperadas por todos, mesmo ele continuando com seus velhos truques, com histórias e coisas semelhantes.

Murray mais tarde escreveu sobre o incidente e incorporou o que havia aprendido com ele a seu treinamento de outros terapeutas familiares. Ele o considerava o momento decisivo de sua carreira.

Interpretação. A estratégia de Bowen no experimento que realizou com sua família foi simples: fazer com que fosse impossível para qualquer membro da família forçá-lo a tomar partido ou prendê-lo em algum tipo de aliança. Ele ia causar também uma tempestade emocional de propósito para quebrar a dinâmica familiar rançosa, mirando especialmente em June e na mãe, essas forças centrífugas dinâmicas. Ele ia fazer a família ver as coisas sob uma nova perspectiva obrigando-a a falar sobre assuntos pessoais em vez de evitá-los. E fazer um trabalho consigo mesmo para permanecer calmo e racional, reprimindo qualquer desejo seja de agradar ou de fugir ao confronto.

E em meio a este experimento, Bowen teve uma sensação incrível de leveza – uma quase euforia. Pela primeira vez na vida, ele se sentiu conectado com a família sem ficar submerso em suas influências emocionais. Ele podia conversar, discutir e zombar sem regredir a acessos de raiva infantis ou esforçar-se demais para ser agradável com atitudes falsas. Quanto mais ele lidava com a família desse jeito, mais fácil ficava.

Bowen também notou o efeito de seu comportamento nos outros. Primeiro, eles não podiam interagir de seu modo usual: June não podia evitá-lo, a irmã fraca não podia incorporar todos os problemas da família, a mãe não podia usá-lo como muleta. Em seguida, eles se viram atraídos por ele. A rançosa dinâmica familiar de fofocas, comunicações

---

Eu considerava a maioria das pessoas que conhecia única e exclusivamente como criaturas que podia usar como carregadores em minhas viagens movidas à ambição. Quase todos, mais cedo ou mais tarde, ficavam exaustos. Não conseguindo suportar as longas marchas que eu os obrigava a fazer a toda a velocidade e em qualquer condição climática, eles morriam pelo caminho. Eu pegava outros. Para atraí-los para meu serviço, eu prometia levá-los para onde eu mesmo estava indo, para aquela estação final de glória à qual os alpinistas querem desesperadamente chegar...
THE SECRET LIFE OF SALVADOR DALÍ, SALVADOR DALÍ, 1942

O LEÃO E O BURRO SELVAGEM
O leão e o burro selvagem entraram em um acordo para caçar animais selvagens juntos. O leão ia usar sua grande força, enquanto o burro usaria sua velocidade maior. Depois de apanhar um determinado número de animais, o leão os dividiu em três partes, "Vou

> *ficar com a primeira porque sou o rei", ele disse. "A segunda também será minha porque fui seu parceiro na caça. Quanto à terceira parte", ele falou para o burro selvagem, "esta vai lhe causar muitos prejuízos, acredite-me, se não me ceder. E, por falar nisso, suma daqui!"*
> *É sempre adequado calcular sua própria força, e não entrar em uma aliança com pessoas mais fortes do que você.*
> *FÁBULAS, ESOPO, SÉCULO VI A.C.*

secretas e irritantes alianças foi desfeita em uma única visita. E de acordo com Bowen, assim ficou pelo resto de sua vida.

Bowen levou sua teoria e prática além dos limites familiares. Ele pensou em seu ambiente de trabalho, que tinha um ego de grupo e um sistema emocional semelhantes aos de uma família e que o contaminavam todas as vezes que estava lá: as pessoas o atraíam para alianças, criticavam colegas ausentes, tornavam impossível para ele permanecer desligado. Evitar estas conversas não resolvia nada; ele continuava afetado pela dinâmica de grupo, incapaz de lidar com ela. Escutar com paciência as fofocas dos outros querendo ao mesmo tempo que eles parassem com isso era igualmente frustrante. Bowen precisava fazer alguma coisa para quebrar a dinâmica – então ele descobriu que podia aplicar as mesmas táticas que havia usado com sua família, e funcionou. Ele agitava as coisas de propósito e ao mesmo tempo não se envolvia em alianças. E como acontecera com sua família, ele notou o tremendo poder que sua autonomia lhe dava no grupo.

Ninguém vai muito longe na vida sem aliados. O truque, entretanto, é reconhecer a diferença entre aliados falsos e verdadeiros. A falsa aliança é criada a partir de uma necessidade emocional imediata. Ela requer que você desista de algo que é essencial para você mesmo e o impede de tomar suas próprias decisões. Uma aliança verdadeira é formada por interesses pessoais mútuos, cada lado suprindo o que o outro não pode conseguir sozinho. Não é preciso fundir sua própria identidade com a de um grupo ou prestar atenção às necessidades emocionais de todo mundo. Ela lhe dá autonomia.

Durante toda a sua vida você vai se encontrar em grupos que exigem fusão, forçando-o a todos os tipos de falsas alianças que comandam suas emoções. Você precisa encontrar um caminho para a posição de força e poder: ser capaz de interagir e se envolver com pessoas sem perder a autonomia. Você habilmente evita falsas alianças ao tomar atitudes provocantes que não deixam as pessoas prendê-lo em uma armadilha. Você perturba a dinâmica o máximo possível, tendo como alvo os causadores de problemas e os controladores. Quando estiver em uma posição em que for capaz de permanecer racional dentro do grupo, você pode parecer unir-se em uma aliança sem ter de se preocupar em perder o controle de suas emoções. E descobrirá que, como a pessoa que é ao mesmo tempo autônoma e parte do grupo, você se tornou um centro de gravidade e de atenção.

Entre em ação para fingir que está ajudando os interesses dos outros, só para promover os seus próprios no final... Este é o disfarce e estratagema perfeitos para concretizar suas ambições, pois as vantagens que você parece oferecer servem apenas como chamarizes para influenciar a vontade das outras pessoas. Elas pensam que os interesses delas estão sendo favorecidos quando, na verdade, estão abrindo caminho para os seus.

– Baltasar Gracian (1601-1658)

CHAVES PARA A GUERRA

Para sobreviver e progredir na vida, nos vemos constantemente tendo de usar as outras pessoas para algum propósito, alguma necessidade – para obter recursos que não conseguimos sozinhos, para nos dar algum tipo de proteção, para compensar uma habilidade ou talento que não possuímos. Para descrever relacionamentos humanos, entretanto, a palavra "uso" tem conotações pejorativas, e em qualquer caso sempre gostamos que nossas atitudes pareçam mais nobres do que são. Preferimos pensar nestas interações como relacionamentos de assistência, parceria, amizade.

Não se trata de uma simples questão semântica; ela é a origem de uma perigosa confusão que vai acabar prejudicando você. Quando você procura um aliado, é porque tem uma necessidade, um interesse, que quer satisfazer. Esta é uma questão prática, estratégica, de que depende seu sucesso. Se deixar que emoções e aparências contaminem os tipos de alianças que você forma, está correndo perigo. A arte de formar alianças depende de sua perícia para separar amizade de necessidade.

O primeiro passo é compreender que estamos sempre usando as outras pessoas para nos ajudar e promover. (Bowen chegou até a usar sua própria família em um experimento para solucionar um dilema profissional.) Não há nenhuma vergonha nisto, nenhuma necessidade de se sentir culpado. Nem devemos levar para o lado pessoal se percebermos que alguém está nos usando; usar as pessoas é uma necessidade humana e social. Em seguida, pensando nisso, você deve aprender a fazer com que estas alianças necessárias sejam estratégicas, aliando-se a pessoas que podem lhe dar algo que você não consegue sozinho. Para isto você precisa resistir à tentação de deixar que suas decisões sejam governadas por suas emoções; suas necessidades emocionais são o objetivo de sua vida pessoal, e você precisa deixá-las para trás quando entra na arena das batalhas sociais. As alianças que mais o ajudarão são aquelas que envolvem interesses pessoais mútuos. Alianças contaminadas com emoções, ou com laços de lealdade e amizade, só causam confusão.

O estado de Jin, localizado na moderna Shaanhsi, estava ficando cada vez mais forte engolindo pequenos vizinhos. Havia dois estados pequenos, Hu e Yu, ao sul. Na primavera do 19º ano sob o reinado de Hui de Zhou (658 a.C.), o duque Xian de Jin mandou chamar um leal ministro, Xun Xi, e declarou sua intenção de atacar Hu. "Temos poucas chances de ganhar vantagem", observou Xun Xi depois de uma pausa. "Hu e Yu sempre foram muito amigos. Quando atacamos um, o outro certamente vem em seu auxílio. Isolados, nenhum dos dois é páreo para nós, mas o resultado não está nada garantido se combatermos ambos ao mesmo tempo." "Certamente você não está dizendo que não temos como enfrentar estes dois Estados pequenos?", perguntou o duque. Xun Xi pensou um pouco antes de responder... "Pensei em um plano com o qual seremos capazes de subjugar Hu e Yu. Primeiro, devemos oferecer ao duque de Yu belos presentes e pedir que nos conceda um caminho por onde possamos atacar Hu." O duque perguntou: "Mas acabamos de oferecer presentes a Hu e assinamos um acordo amigável com ele. Não vamos conseguir fazer Yu acreditar que queremos atacar Hu em vez do próprio Yu." "Isto não é tão difícil de resolver", respondeu Xun Xi. "Podemos mandar nossos homens na fronteira atacar Hu de surpresa. Quando os homens de Hu protestarem, podemos usar isso como pretexto para atacá-los. Assim, Yu ficará convencido de nossa intenção declarada." O duque gostou do plano. Não demorou muito e conflitos armados explodiram ao longo da fronteira de Jin-Hu ao sul. Logo a seguir o duque perguntou: "Agora temos bons motivos para convencer Yu da nossa intenção de atacar Hu. Mas ele não vai nos mostrar o caminho se não tiver um bom lucro com a troca. Então, o que vamos usar para subornar o duque de Yu?" Xun Xi respondeu: "Embora o duque de Yu seja conhecido por sua exagerada ganância, ele não se comoverá a não ser que nossos presentes sejam extremamente preciosos. Portanto, por que não lhe oferecer cinco bons cavalos de Qu e jade de Chuiji?" O duque parecia relutante. "Mas estes são meus maiores tesouros. Não posso concordar em me desfazer deles."

Ser estratégico em suas alianças também o afastará de envolvimentos nocivos que são a ruína de tantos.

Pense em suas alianças como pedras para pisar em direção a um objetivo. Ao longo de sua vida, você estará constantemente pulando de uma para outra segundo suas necessidades. Depois de atravessar este determinado rio, elas ficam para trás. Vamos chamar esta forma de usar aliados, mudando constantemente mas avançando, de "jogo de alianças".

Muitos princípios-chaves do jogo de alianças tiveram origem na antiga China, que era composta de numerosos estados em um fluxo contínuo – ora fracos, ora poderosos, depois fracos de novo. A guerra era um assunto perigoso, pois o estado que invadisse outro despertaria um bocado de desconfiança entre os outros e com o tempo frequentemente se veria perdendo terreno. Enquanto isso, um estado que permanecesse fiel demais a um aliado talvez se visse atraído para uma guerra da qual não poderia se livrar e, no processo, acabaria derrotado. A formação de alianças adequadas era de certo modo uma arte mais importante do que a própria guerra, e os estadistas especializados nisso eram mais poderosos do que os líderes militares.

Foi com o jogo de alianças que o estado de Chin conseguiu aos poucos se expandir durante o perigoso período dos Estados Guerreiros, de 403-221 a.C. Chin fazia alianças com estados distantes e atacava os vizinhos; o estado vizinho que Chin tinha invadido não podia obter ajuda de seu vizinho distante porque esse agora era aliado de Chin. Se Chin enfrentava um inimigo que tivesse um aliado-chave, trabalharia primeiro para desfazer a aliança – semeando divergências, espalhando boatos, cortejando um dos dois lados com dinheiro –, até a aliança se romper. Então Chin invadia primeiro um dos dois estados, depois o outro. Aos poucos, ele foi engolindo estados vizinhos até que, no final do século III a.C., conseguiu unificar a China – um feito notável.

Para jogar corretamente o jogo de alianças, hoje como na antiga China, você precisa ser totalmente realista. Pensando com muita antecedência e mantendo a situação o mais fluida possível. O aliado de hoje talvez seja o inimigo de amanhã. Sentimentos não têm lugar neste quadro. Se você é fraco, mas inteligente, pode aos poucos ir pulando para uma posição de força ao quicar de uma para outra aliança. A abordagem oposta é fazer uma aliança-chave e ficar nela, valorizando a confiança e um relacionamento firme. Isto pode funcionar bem em épocas estáveis, mas em períodos de mudanças constantes, que são os mais comuns, pode ser sua ruína: diferenças de interesses surgem inevitavelmente e, ao mesmo tempo, ficará difícil você se desemaranhar de um relacionamento no qual foram investidas tantas emoções.

É mais seguro confiar na mudança, manter suas opções em aberto e suas alianças baseadas na necessidade, não em lealdade ou valores em comum.

Na era dourada de Hollywood, atrizes eram pessoas que quase não tinham poder. As carreiras eram curtas; mesmo uma grande estrela seria substituída em poucos anos por alguém mais jovem. A atriz permanecia fiel a seu estúdio, depois via os papéis se esgotarem sem poder fazer nada. A atriz que melhor resistiu a essa tendência foi Joan Crawford, que jogou sua própria versão do jogo de alianças. Em 1933, por exemplo, ela conheceu o roteirista Joseph Mankiewicz, na época um rapaz tímido apenas estreando no que seria uma ilustre carreira. Crawford reconheceu imediatamente seu talento e não poupou esforços para ser sua amiga, para grande espanto dele. Ele continuou escrevendo nove roteiros para ela, ampliando muito sua carreira.

Crawford também cortejava câmeras e fotógrafos, que depois trabalhavam horas extras para iluminá-la bem e lhe dar uma boa aparência. Ela faria a mesma coisa com um produtor que controlasse um roteiro que tivesse um papel que cobiçasse. Crawford com frequência fazia alianças com jovens talentos promissores que valorizavam um relacionamento com a estrela. Depois, rompia diplomaticamente com eles ou esquecia os laços quando não mais atendiam a suas necessidades. Nem ela permanecia fiel ao estúdio, ou, na verdade, a ninguém – só a si mesma. Sua forma não sentimental de abordar sua própria rede de alianças sempre diferentes permitiu que ela evitasse a armadilha que a maioria das atrizes encontrava inserida no sistema.

O segredo deste o jogo é reconhecer quem pode promover melhor seus interesses naquele momento. Não precisa ser a pessoa obviamente mais poderosa em cena, aquela que *parece* ser capaz de fazer o máximo por você; alianças que satisfazem necessidades específicas ou atendem a deficiências particulares são quase sempre as mais úteis. (Grandes alianças entre duas grandes potências em geral são as menos eficazes.) Como Luís XI tinha um exército fraco, os suíços, embora atores menores no cenário europeu, eram os aliados de que ele precisava. Reconhecendo isso com anos de antecedência, ele cultivou uma aliança que confundiu seus inimigos. Quando jovem e ambicioso assistente de congressista em Washington, Lyndon Johnson percebeu que lhe faltavam todos os tipos de poderes e talentos para levá-lo até o topo. Ele se tornou um esperto usuário dos talentos alheios. Percebendo a importância de estar bem informado no Congresso, ele fez questão de travar amizades e se aliar àqueles que ocupavam posições-chaves – altas ou baixas – na cadeia das informações. Ele era particularmente bom com homens mais ve-

---

"Não me surpreendo com suas dúvidas", disse Xun Xi. "Não obstante, somos obrigados a subjugar Hu agora que ele perdeu a proteção de Yu. Depois da conquista de Hu, Yu não conseguirá sobreviver sozinho. Portanto, quando você enviar estes presentes ao duque de Yu, estará simplesmente consignando o jade para sua mansão externa e os cavalos para o seu estábulo externo..."

... Quando Xun Xi foi introduzido na corte de Yu e ofereceu os presentes, os olhos do duque de Yu saltaram...

... "Os homens de Hu têm repetidamente causado perturbações ao longo de nossa fronteira." [disse Xun Xi]. "Para proteger nosso povo da calamidade da guerra, exercemos a maior restrição e concluímos um tratado de paz com Hu. Não obstante, o imprudente Hu entende nossa restrição como fraqueza e está agora criando novos problemas ao fazer acusações invejosas contra nós. Portanto, meu senhor foi obrigado a enviar uma expedição punitiva contra Hu, e ele me mandou pedir sua permissão para deixar nossas tropas passarem por suas terras. Deste modo, podemos chegar a nossa fronteira com

Hu, onde sua defesa é forte, e lançar um ataque surpresa em seu ponto fraco. Quando tivermos derrotado os homens de Hu, nós lhe daremos de presente esplêndidos troféus como testemunho de nossa mútua aliança e amizade."

... Naquele verão as tropas de Jin atacaram Hu passando por Yu. O duque de Yu liderou um grupo de força pessoalmente para se unir à expedição. Eles derrotaram o exército de Hu e capturaram Xianyang, uma das duas principais cidades de Hu. O duque de Yu recebeu sua parte do saque e acreditou não haver nada do que se arrepender...

... No outono do 22º ano sob o reinado de Hui de Zhou (655 a.C.), o duque de Jin de novo enviou um emissário para pedir que lhe concedesse um caminho até Yu [para Hu], e de novo o duque de Yu consentiu...

... No oitavo mês, o duque de Jin liderou seiscentos carros de guerra e prosseguiu por Yu a fim de atacar Hu... Eles cercaram Shangyang, a capital de Hu... A cidade, depois de resistir durante quase quatro meses, finalmente cedeu. O duque de Hu fugiu... e Hu como um estado

lhos que gostavam da companhia de um rapaz animado e do papel de figura paterna dando conselhos. Lentamente, de garoto pobre do Texas sem conexões, Johnson alçou-se ao topo, por intermédio de sua rede de alianças convenientes.

É uma estratégia comum em corridas de bicicletas não sair na dianteira, mas ficar logo atrás do líder, uma posição que reduz a resistência do vento – o líder enfrenta o vento por você e economiza sua energia. No último minuto, você dispara na frente. Deixar que os outros reduzam a resistência por você e gastem a energia deles em seu benefício é o auge da economia e da estratégia.

Um dos melhores estratagemas no jogo de alianças é começar parecendo ajudar uma outra pessoa em alguma causa ou luta, com o único propósito de promover seus próprios interesses no final. É fácil encontrar pessoas assim: elas têm uma óbvia necessidade, uma fraqueza temporária que você pode ajudá-las a superar. Agora você as colocou em uma situação de sutil obrigação com você, para você usar como quiser – para dominar os assuntos delas, desviar as energias na direção que você deseja. As emoções que você cria com sua oferta de ajuda cegam a outra pessoa para suas segundas intenções.

O artista Salvador Dalí era especialista nesta versão do jogo: se alguém precisasse levantar dinheiro, digamos, Dalí ajudava, organizando um baile de caridade ou outro evento para angariar fundos. A pessoa em necessidade dificilmente resistia: Dalí era amigo de nobres, de astros de Hollywood, de socialites. Logo ele estaria encomendando todos os tipos de acessórios sofisticados para o baile. Para sua infame "Noite em uma Floresta Surrealista" em Pebble Beach, Califórnia, em 1941, em benefício de artistas que passavam fome na Europa devastada pela guerra, Dalí requisitou uma girafa viva, pinheiros em quantidade suficiente para criar uma floresta falsa, a maior cama do mundo, um automóvel todo arrebentado e milhares de pares de sapatos nos quais se serviriam os primeiros pratos. No final, a festa foi um estrondo e recebeu a mais variada publicidade, mas, como era frequente tratando-se de Dalí, as contas excederam em muito as receitas; não sobrou dinheiro para os artistas morrendo de fome na Europa. E por estranho que pareça, toda a publicidade concentrou-se nele, aumentando sua fama e lhe conquistando um número ainda maior de aliados poderosos.

A variação no jogo de alianças é fazer o papel de mediador, o centro em torno do qual giram os outros poderes. Enquanto você permanece veladamente autônomo, faz aqueles a sua volta lutarem por sua aliança. Basicamente, foi assim que o príncipe Klemens von Metternich, o ministro das Relações Exteriores austríaco durante a era napoleônica e depois dela, recolocou a Áustria como principal potência europeia. Ajudou o fato de a Áustria estar localizada no centro da Europa e, portanto, ser estrategicamente vital para as nações ao redor. Mesmo durante o reinado de Napoleão, quando a Áustria estava em sua fase mais fraca e Metternich tinha de fazer amizade com os franceses, ele manteve seu país livre de envolvimentos duradouros. Sem unir a Áustria e a França por meio de nenhuma aliança legal, por exemplo, ele amarrou Napoleão a ele emocionalmente ao arranjar o casamento do imperador com a família real austríaca. Mantendo todas as grandes potências – Inglaterra, França, Rússia – a distância, ele fez tudo girar em torno da Áustria, mesmo que a própria Áustria não fosse mais uma grande potência militar.

A genialidade desta variação é que pelo simples fato de assumir uma posição central, você pode exercer um tremendo poder. Por exemplo, você se coloca em um ponto crítico na cadeia de informações, tendo acesso a elas e podendo exercer controle sobre elas. Ou você produz algo de que as pessoas dependam, ficando com uma vantagem incrível. Ou faz o papel de mediador de que todos necessitam para resolver uma disputa. Seja o que for, você pode manter o poder nesta posição central só pelo fato de não se deixar envolver e ser cortejado por todos. Assim que você entrar em qualquer tipo de aliança duradoura, seu poder fica imensamente reduzido.

Um componente importantíssimo no jogo de alianças é a habilidade para manipular as alianças dos outros e até destruí-las, semeando discórdia entre os adversários de modo que eles lutem entre si. Quebrar as alianças de seu inimigo é tão bom quanto fazê-las você mesmo. Quando Hernán Cortés desembarcou no México, em 1519, enfrentou centenas de milhares de astecas com quinhentos homens apenas. Sabendo que muitas tribos mexicanas menores ressentiam-se do poderoso Império Asteca, ele lentamente trabalhou para desligá-las de suas alianças com os astecas. Ao encher os ouvidos de um líder tribal com histórias horríveis sobre os planos do imperador asteca, por exemplo, ele talvez seduzisse o homem a prender os enviados astecas em sua próxima visita. Isso é claro que deixaria o imperador furioso, e agora a tribo ficaria isolada e correndo perigo – e apelaria pela proteção de Cortés. Sem parar, Cortés continuou com esta versão negativa do jogo de alianças, até que os aliados dos astecas aliaram-se a ele.

Aqui seu foco é despertar a desconfiança. Faça um parceiro desconfiar do outro, espalhe boatos, lance dúvidas sobre os motivos das pessoas, seja gentil com um aliado para deixar o outro com ciúmes. Divida e conquiste. Deste modo, você cria uma maré de emoções, atingindo primei-

feudal foi destruído. No caminho de volta, as tropas de Jin pararam em Yu. O duque de Yu veio recebê-las, hospedando o duque de Jin na capital. As tropas de Jin aproveitaram a oportunidade para atacar a cidade. Apanhado totalmente desprevenido, o exército de Yu rendeu-se quase sem resistência, e o duque de Yu foi feito prisioneiro. O duque Xian de Jin ficou muito satisfeito quando Xun Xi retornou para presenteá-lo com os cavalos e o jade, assim como com o duque de Yu capturado.
THE WILES OF WAR: 36 MILITARY STRATEGIES FROM ANCIENT CHINA, TRADUZIDO PARA O INGLÊS POR SUN HAICHEN, 1991

ro este lado, depois aquele, até que a aliança vacila. Agora aqueles que tinham participado da aliança se sentirão vulneráveis. Com manipulações ou convites sem rodeios, faça-os se voltarem para você em busca de proteção.

Ao enfrentar um inimigo que se compõe de aliados, não importa o quanto eles sejam grandes ou formidáveis, não tenha medo. Como disse Napoleão, "Dê-me aliados para combater". Na guerra, aliados em geral têm problemas de comando e controle. O pior tipo de liderança é a liderança dividida; forçados a debater e concordar antes de agir, generais aliados em geral se movem como lesmas. Combatendo grupos grandes de aliados, como era frequente, Napoleão sempre atacava primeiro o elo mais fraco, o parceiro júnior. O colapso aqui poderia desfazer todo o tecido da aliança. Ele também buscava vitória rápida em batalha, mesmo que fosse pequena, pois nenhuma força é mais facilmente desencorajada por uma derrota do que uma força aliada.

Finalmente, sem dúvida alguma você vai ser atacado por fazer o jogo de alianças. Vão acusá-lo de ser irresponsável, amoral, traiçoeiro. Lembre-se: essas acusações são elas mesmas estratégicas. Fazem parte de uma ofensiva moral (ver capítulo 25). Para promover os próprios interesses, seus acusadores estão tentando fazer você se sentir culpado e com aspecto ruim. Não deixe que eles o peguem. O único perigo real é que sua reputação vai acabar impedindo as pessoas de fazerem alianças com você – mas o interesse próprio governa o mundo. Se você é visto como alguém que beneficiou outras pessoas no passado e é capaz de fazer o mesmo no presente, você terá pretendentes e parceiros para jogar. Além do mais, você é leal e generoso, desde que exista uma necessidade mútua. E, se você mostra que não pode ser conquistado pela falsa sedução de eterna lealdade e amizade, vai perceber que está sendo tratado com mais respeito. Muitos serão atraídos pelo seu estilo realista e enérgico de jogar.

Imagem: *Caminho de Pedras. O rio corre rápido e perigoso, mas você deve atravessá-lo em algum ponto. Ali estão algumas pedras alinhadas ao acaso que podem levar você até o outro lado. Se demorar muito em cima de uma pedra, você perde o equilíbrio. Se for rápido demais ou saltar uma delas, você escorrega. Em vez disso, você deve pular com agilidade de pedra em pedra e jamais olhar para trás.*

Autoridade: *Cuidado com as alianças baseadas em sentimentos onde a consciência de boas ações é a única compensação por sacrifícios nobres.*
– Otto von Bismarck (1815-1898)

INVERSO

Se você fizer o jogo de alianças, o mesmo farão as pessoas a sua volta, e você não pode levar para o lado pessoal o comportamento delas – você precisa continuar lidando com elas. Mas existem uns tipos com quem qualquer espécie de aliança vai prejudicá-lo. Você pode reconhecê-los pela exagerada avidez com que o perseguem: eles farão o primeiro movimento, tentando cegá-lo com ofertas sedutoras e promessas fascinantes. Para não ser usado de uma forma negativa, sempre examine os benefícios tangíveis que irá obter com esta aliança. Se os benefícios parecerem vagos ou difíceis de concretizar, pense duas vezes antes de unir forças. Procure no passado de seus prováveis aliados sinais de ganância ou de usar pessoas sem dar nada em troca. Cuidado com as pessoas que têm uma boa conversa, personalidades aparentemente encantadoras e que falam de amizade, lealdade e altruísmo: são quase sempre vigaristas tentando se aproveitar de suas emoções. Fique de olho nos interesses envolvidos de ambos os lados, e jamais se deixe distrair.

28

DÊ A SEUS INIMIGOS CORDA PARA SE ENFORCAREM

A ESTRATÉGIA DE MANOBRA PARA GANHAR VANTAGEM

O maior perigo na vida não costuma ser o inimigo externo, mas nossos supostos colegas e amigos que fingem trabalhar pela causa comum enquanto se esforçam para nos sabotar e roubar nossas ideias em benefício próprio. Entretanto, na corte em que você atua, você deve manter a aparência de consideração e civilidade, você deve também aprender a derrotar estas pessoas. Trabalhe para instilar dúvidas e inseguranças nesses rivais, fazendo-os pensar demais e agir na defensiva. Seduza-os com sutis desafios que os irritem, detonando uma reação exagerada, um erro constrangedor. A vitória que você está buscando é deixá-los isolados. Faça com que se enforquem com suas próprias tendências autodestrutivas, deixando você sem culpa e limpo.

> *Vida é guerra contra a malícia dos homens.*
> BALTASAR GRACIAN, 1601-58

A ARTE DE MANOBRAR PARA GANHAR VANTAGEM

Durante toda a sua vida você vai se ver combatendo em duas frentes. Primeiro, a frente externa, seus inimigos inevitáveis, a segunda, e menos óbvia, é a frente interna, seus colegas e companheiros de corte, muitos dos quais tramarão contra você, promovendo suas próprias prioridades a sua custa. O pior de tudo é que muitas vezes você terá de lutar nas duas ao mesmo tempo, enfrentando seus inimigos externos enquanto também precisa trabalhar para garantir sua posição interna, um esforço exaustivo e debilitante.

A solução não é ignorar o problema interno (sua vida será curta se fizer isso) ou lidar com ele de uma forma direta e convencional, agindo agressivamente ou formando alianças defensivas. Compreenda: a guerra interna é por natureza não convencional. Visto que as pessoas que estão teoricamente do mesmo lado em geral fazem o possível para manter a aparência de jogadores de equipe trabalhando pelo bem maior, queixar-se delas ou atacá-las só serve para deixar você com um aspecto ruim e isolado. Mas, ao mesmo tempo, espera-se que estes tipos ambiciosos operem clandestina e indiretamente. Charmosos e cooperativos por fora, nos bastidores são manipuladores e traiçoeiros.

Você precisa adotar uma forma de guerra adequada a estas nebulosas, porém arriscadas, batalhas que acontecem todos os dias. A estratégia não convencional que funciona melhor nesta arena é a arte de manobrar para obter vantagem. Desenvolvida pelos mais entendidos cortesãos da história, ela se baseia em duas premissas simples: a primeira, seus rivais abrigam as sementes de sua própria autodestruição, e a segunda, um rival que é levado a se sentir na defensiva e inferiorizado, embora sutilmente, tenderá a agir na defensiva e inferiorizado, em seu próprio detrimento.

As personalidades das pessoas quase sempre se formam em torno de fraquezas, falhas de caráter, emoções incontroláveis. Pessoas carentes, ou que têm um complexo de superioridade, ou que têm medo do caos, ou que querem ordem desesperadamente, desenvolverão uma personalidade – uma máscara social – para encobrir suas falhas e lhes permitir apresentar ao mundo um exterior confiante, agradável e responsável. Mas a máscara é como um tecido encobrindo a cicatriz de uma ferida: toque-a de mau jeito e ela dói. As vítimas começam a perder o controle de suas reações; elas se queixam, agem na defensiva e com atitudes paranoicas, ou mostram uma arrogância que tanto se esforçam para esconder. Por um momento, a máscara cai.

Quando perceber que tem colegas que podem se revelar perigosos – ou já estão na verdade tramando alguma coisa –, você deve tentar, primeiro, colher informações secretas sobre eles. Examine o comportamento cotidiano deles, suas ações no passado, seus erros, em busca de sinais de suas falhas. Com este conhecimento em mãos, você está pronto para o jogo da manobra para ganhar vantagem.

Comece fazendo alguma coisa para alfinetar a ferida subjacente, criando dúvida, insegurança e ansiedade. Pode ser um comentário precipitado ou algo que suas vítimas sintam como um desafio a suas posições dentro da corte. Seu objetivo não é desafiá-las de uma forma muito óbvia, mas irritá-las: elas se sentem atacadas, mas não sabem muito bem por que e como. O resultado é uma sensação vaga, incômoda. Um sentimento de inferioridade se insinua.

Você em seguida prossegue com ações secundárias que alimentam as dúvidas delas. Aqui é melhor agir com dissimulação, fazendo com que outras pessoas, a mídia ou simples boatos trabalhem por você. O final do jogo parece simples, mas não é: tendo acumulado inseguranças suficientes para detonar uma reação, você recua e deixa o alvo se destruir sozinho. É preciso fugir à tentação de tripudiar ou dar um último golpe; a esta altura, na verdade, é melhor agir amigavelmente, até oferecer ajuda e conselhos questionáveis. A reação de seus alvos será exagerada. Ou eles atacam com violência, cometem um erro constrangedor ou se revelam demais, ou ficarão exageradamente na defensiva e tentarão de todos os modos agradar os outros, esforçando-se de uma forma por demais óbvia para garantir suas posições e validarem suas autoestimas.

Neste ponto sua ação inicial, principalmente se for de uma agressividade apenas sutil, será esquecida. O que vai se destacar é a reação exagerada e a humilhação de seus rivais. Suas mãos estão limpas, sua reputação, imaculada. A perda de posição é seu ganho; você está em vantagem e eles em desvantagem. Se você os tivesse atacado diretamente, sua vantagem seria temporária ou inexistente; na verdade, sua posição política seria precária: seus patéticos sofredores rivais ganhariam simpatia como suas vítimas e as atenções se concentrariam em você como responsável pela ruína deles. Em vez disso, eles precisam cair sobre suas próprias espadas. Talvez você tenha lhes dado uma ajudinha, mas na medida do possível aos próprios olhos deles, e certamente aos de todo mundo, eles precisam ter apenas a si mesmo para culpar. Isso fará sua derrota duplamente exasperante e duplamente eficaz.

Vencer sem sua vítima saber como isso aconteceu, ou exatamente o que você fez, é o auge da guerra não convencional. Domine a arte e não só você verá que é mais fácil lutar em duas frentes ao mesmo tempo, como seu caminho para os mais altos postos será muito mais suave.

Antes de tudo, uma definição completa do termo técnico "arte de tirar vantagem" deveria preencher, e de fato preenche, uma enciclopédia bem grande. Ele pode ser definido resumidamente como a arte de colocar uma pessoa "em desvantagem". O termo "desvantagem" é tecnicamente definido como aquele estado psicológico que existe em um indivíduo que não está em "vantagem" com relação a uma outra pessoa... Para exprimir estes termos em linguagem popular, com o risco de perder o rigor científico, pode-se dizer que em qualquer relacionamento humano (e na verdade entre outros mamíferos) uma pessoa está constantemente manobrando para sugerir que está em uma "posição superior" com relação ao outro no relacionamento. Esta "posição superior" não significa necessariamente um status social ou situação econômica mais acima; muitos funcionários são mestres em rebaixar seus patrões. Nem implica superioridade intelectual como qualquer intelectual que tenha sido "rebaixado" por um lixeiro musculoso em uma luta indiana sabe muito bem. "Posição superior" é um termo relativo que está continuamente

sendo definido e redefinido pelo relacionamento vigente. Manobras para alcançar a posição superior podem ser rudes ou infinitamente sutis. Por exemplo, uma pessoa não costuma estar em uma posição superior se é obrigada a pedir alguma coisa a outra. Mas se puder pedir de um jeito que sugira: "Isto é, claro, o que eu mereço."
THE STRATEGIES OF PSYCHOTERAPY, JAY HALEY, 1963

Jamais interfira quando o inimigo estiver em vias de cometer suicídio.

– Napoleão Bonaparte (1769-1821)

EXEMPLOS HISTÓRICOS

1. John A. McClernand (1812-1900) observava com inveja o amigo e colega advogado Abraham Lincoln chegando à Presidência dos Estados Unidos. McClernand, advogado e congressista de Springfield, Illinois, tinha alimentado ele mesmo essa ambição. Logo depois de deflagrada a Guerra Civil, em 1861, ele renunciou a sua cadeira no congresso para aceitar uma patente de general de brigada no exército da União. Ele não tinha experiência militar, mas a União precisava de qualquer tipo de liderança que fosse possível obter, e se ele se mostrasse bom em batalha, poderia subir rápido. Ele viu esta posição no exército como seu caminho para a presidência.

O primeiro posto de McClernand foi como chefe de uma brigada em Missouri sob o comando geral do general Ulysses S. Grant. Em um ano ele foi promovido a major-general, ainda sob Grant. Mas McClernand não ficou satisfeito com isto, ele precisava de um palco para seus talentos, uma campanha para dirigir e conseguir crédito. Grant havia conversado com ele sobre seus planos para capturar o forte confederado em Vicksburg, no rio Mississippi. A queda de Vicksburg, segundo Grant, poderia ser o momento decisivo na guerra. McClernand decidiu vender a ideia de uma marcha sobre Vicksburg como sendo sua e usá-la como trampolim para sua carreira.

Em setembro de 1862, de licença em Washington, D.C., McClernand foi visitar o presidente Lincoln. Ele estava "cansado de equipar cérebros" para o exército de Grant, disse. Ele havia provado seu valor no campo de batalha e era melhor estrategista do que Grant, que gostava um pouco demais de tomar seu uísque. McClernand propôs voltar a Illinois, onde era bem conhecido e podia recrutar um exército numeroso. Em seguida, ele seguiria o rio Mississippi na direção sul até Vicksburg para capturar o forte.

Vicksburg estava tecnicamente no departamento de Grant, mas Lincoln não tinha lá muita certeza se o general seria capaz de liderar o audacioso ataque necessário. Ele levou McClernand para falar com o secretário de guerra Edwin Stanton, outro ex-advogado, que expressou sua solidariedade aos dois visitantes com relação ao problema que era lidar com as altas patentes militares. Stanton ouviu e gostou do plano de McClernand. Nesse mês de outubro o ex-congressista partiu de Washington com ordens confidenciais, aprovando a marcha sobre Vicksburg. As ordens eram um tanto vagas, e Grant não fora informado a respeito, mas McClernand as aproveitaria ao máximo.

McClernand rapidamente recrutou mais soldados do que havia prometido a Lincoln fazer. Ele enviou seus recrutas a Memphis, Tennessee, onde em breve se uniria a eles para marchar sobre Vicksburg. Mas, ao chegar a Memphis, no final de dezembro de 1862, os milhares de homens que havia recrutado não estavam ali. Um telegrama de Grant – datado de dez dias antes e esperando por ele em Memphis – informava que o general estava planejando atacar Vicksburg. Se McClernand chegasse a tempo, lideraria o ataque; se não, seus homens seriam liderados pelo general William Tecumseh Sherman.

McClernand ficou lívido. A situação havia sido nitidamente orquestrada para que fosse impossível para ele chegar a tempo de liderar seus próprios recrutas; Grant devia ter descoberto seu plano. O polido telegrama do general cobrindo suas bases tornou a história toda duplamente exasperante. Bem, McClernand ia lhe mostrar: desceria correndo o rio, alcançaria Sherman, assumiria a campanha e humilharia Grant ao conquistar o crédito e a honra de capturar Vicksburg.

McClernand realmente alcançou Sherman, no dia 2 de janeiro de 1863, e assumiu imediatamente o comando do exército. Ele fez um esforço para agradar a Sherman, que, ele soube, tinha planejando atacar de surpresa os postos avançados confederados ao redor de Vicksburg para suavizar a abordagem ao forte. A ideia caiu do céu para McClernand: ele assumiria estes ataques, venceria as batalhas sem o nome de Grant acima do seu, ganharia alguma publicidade e faria de seu comando da campanha de Vicksburg um *fait accompli*. Ele seguiu o plano de Sherman ao pé da letra, e a campanha foi um sucesso.

Neste ponto triunfante, inesperadamente, McClernand recebeu um telegrama de Grant: ele devia interromper as operações e aguardar uma reunião com o general. Estava na hora de McClernand jogar seu trunfo, o presidente; ele escreveu a Lincoln requisitando ordens mais explícitas e, especificamente, um comando independente, mas não obteve resposta. E agora vagas dúvidas começaram a perturbar a paz de espírito de McClernand. Sherman e outros oficiais pareciam tranquilos; de algum modo ele os havia ofendido. Talvez estivessem conspirando com Grant para se livrarem dele. Grant apareceu logo em cena com planos detalhados para uma campanha contra Vicksburg sob sua própria direção. McClernand lideraria uma unidade, mas que estava estacionada no distante posto avançado de Helena, Arkansas. Grant fez questão de tratá-lo polidamente, mas tudo somado era um humilhante retrocesso.

Como ser superior – como fazer o outro homem sentir que alguma coisa deu errado, ainda que só um pouco. O corretor de seguros jamais é mal-educado, mas com que simplicidade e certeza, e frequência, ele é capaz de fazer o outro homem se sentir um malcriado, e por muito tempo.
THE COMPLETE UPMANSHIP, STEPHEN POTTER, 1950

Agora McClernand explodiu, escrevendo uma carta após outra para Lincoln e Stanton para lembrar a eles suas boas relações anteriores e o apoio que haviam lhe dado no passado, e queixando-se amargamente de Grant. Depois de passar vários dias furioso e escrevendo, McClernand finalmente recebeu uma resposta de Lincoln – e, para seu susto e desânimo, o presidente havia por alguma razão se voltado contra ele. Tinham acontecido muitas discussões familiares entre seus generais, escreveu Lincoln; em prol da causa da União, McClernand devia se subordinar a Grant.

McClernand ficou arrasado. Não podia imaginar o que tinha feito ou como tudo tinha dado errado. Triste e frustrado, ele continuou a servir sob o comando de Grant, mas questionava a capacidade de seu chefe com quem quer que estivesse disposto a escutar, inclusive jornalistas. Em junho de 1863, depois de ter sido impressa uma quantidade suficiente de artigos negativos, Grant finalmente o demitiu. A carreira militar de McClernand estava encerrada, e com ela seus sonhos de glória pessoal.

Interpretação. Desde o momento em que conheceu John McClernand, o general Grant soube que tinha nas mãos um causador de problemas. McClernand era o tipo de homem que só pensava em sua própria carreira – capaz de roubar as ideias dos outros e tramar por suas costas em prol de sua glória pessoal. Mas Grant precisava ter cuidado: McClernand era popular com o público, um sedutor. Então, ao descobrir sozinho que McClernand estava tentando derrotá-lo em Vicksburg, Grant não o enfrentou nem se queixou. Pelo contrário, agiu.

Sabendo que McClernand tinha um ego supersensível, Grant reconheceu que seria relativamente fácil irritar o homem. Ao assumir os recrutas de seu subordinado (de qualquer maneira, em seu departamento do ponto de vista técnico), enquanto aparentemente cobria suas bases no telegrama, ele forçou McClernand a dar uma resposta precipitada que pareceu insubordinação para os outros militares e deixou claro até onde ele estava usando a guerra para fins pessoais. Quando McClernand correu para recuperar suas tropas das mãos de Sherman, Grant ficou de lado. Ele sabia que um homem assim – vaidoso e antipático – deixaria irritadíssimos seus oficiais correligionários; mas eles inevitavelmente se queixariam dele para Grant, que, como um oficial responsável, teria de transmitir as queixas aos superiores, aparentemente sem colocar em jogo sentimentos pessoais. Tratando McClernand polidamente enquanto lhe dava um cheque-mate indireto, Grant no final conseguiu fazer com que ele reagisse com exagero da pior maneira possível, com suas cartas a Lincoln e Stanton. Grant sabia que Lincoln estava cansado

Há outros meios de irritar. Durante a Guerra do Golfo, o presidente Bush pronunciava sempre o nome do líder iraquiano como "SAD-am", que em inglês quer dizer mais ou menos "engraxate". No Capitólio, o ritual de pronunciar errado o nome de um membro é um jeito já comprovado de provocar adversários ou confundir recém-chegados. Lyndon Johnson era mestre nisso. Quando líder da maioria no Senado, escreve J. McIver Weatherford,

das discussões dentro do alto-comando da União. Enquanto Grant podia ser visto trabalhando tranquilamente para aperfeiçoar seus planos a fim de conquistar Vicksburg, McClernand agia de maneira mesquinha e tinha acessos de raiva. A diferença entre os dois homens era bem clara. Com esta batalha vencida, Grant a repetiu, deixando McClernand se enforcar com suas insensatas queixas para a imprensa.

Você vai encontrar McClernands com frequência em suas batalhas cotidianas – gente que por fora é um encanto, mas é traiçoeira nos bastidores. Não é bom confrontá-las diretamente; elas são peritas no jogo político. Mas uma campanha para ganhar vantagem pode fazer maravilhas.

Seu objetivo é fazer estes rivais colocarem à mostra sua ambição e seu egoísmo. O jeito de fazer isto é ferindo suas latentes, porém fortes, inseguranças – deixando-os preocupados com a possibilidade de que as pessoas não gostem deles, de que a posição que ocupam seja instável, que seu caminho para o topo não esteja limpo. Talvez, como Grant, você possa tomar uma atitude que frustre os planos deles de algum modo enquanto oculta os seus sob um verniz de polidez. Você está fazendo com que fiquem na defensiva e desrespeitados. Todas as emoções feias, sombrias, que tentam tanto esconder virão à superfície; eles tenderão a explodir, superestimando as cartas que têm nas mãos. Trabalhe para que fiquem dominados pelas emoções e percam a habitual frieza. Quanto mais eles se revelarem, mais afastarão as outras pessoas, e o isolamento será a condenação.

2. A Académie Française, fundada pelo cardeal Richelieu, em 1635, é uma sociedade altamente seleta composta pelos quarenta intelectuais mais cultos da França, cuja tarefa é supervisionar a pureza da língua francesa. Era comum nos primeiros anos da academia, quando vagava uma das cadeiras, que os membros em potencial solicitassem preenchê-la, mas quando isso aconteceu em 1694 o rei Luís XIV decidiu contrariar o protocolo e indicar o bispo de Noyon. A indicação de Luís certamente fazia sentido. O bispo era um intelectual, muito respeitado, um excelente orador e ótimo escritor.

O bispo, entretanto, também possuía mais uma qualidade: era de uma empáfia extraordinária. Luís achava graça nesta falha, mas para a maioria das pessoas na corte ela era insuportável: o bispo tinha um jeito de fazer quase todo mundo se sentir inferior, em devoção, erudição e *pedigree* familiar – fosse lá o que eles tivessem.

Por causa de sua posição, por exemplo, ele tinha o raro privilégio de entrar com sua carruagem até a porta da frente da residência real, enquanto a maioria tinha de descer do carro e caminhar dos portões de

Johnson o aplicava aos membros juniores que votavam errado: "Enquanto dava tapinhas nas costas do sujeito e lhe dizia que compreendia, Johnson estraçalhava o nome dele com uma declaração metafórica do que ia acontecer se a deslealdade persistisse."
THE ART OF POLITICAL WARFARE, JOHN PITNEY, JR., 2000

QUANDO DAR CONSELHOS
Em minha opinião (mas compare Motherwell) só existe uma hora certa para o jogador dar conselhos: e isso é quando ele conseguiu uma útil embora não necessariamente vencedora liderança. Digamos três a nove no golfe ou, no bilhar, 65 aos trinta do adversário. A maioria dos métodos aceitos funciona. Por exemplo, no bilhar, a velha frase serve. É mais ou menos assim:

> Jogador: Senhores: Vejam... posso dizer uma coisa?
> Leigo: O quê?
> Jogador: Vai de mansinho.
> Leigo: O que quer dizer?
> Jogador: Quero dizer – você sabe bater, mas está se esforçando demais o tempo todo. Veja. Caminhe até a bola. Olhe a linha. E bata. Confortável. Fácil. É simples.
> Em outras palavras, o conselho deve ser vago, para garantir que não seja útil. Mas, em geral, se administrado de forma adequada, o simples fato de dar conselho basta pra colocar o jogador em uma posição praticamente invencível.
> THE COMPLETE UPMANSHIP, STEPHEN POTTER, 1950

entrada até lá. Certa vez o arcebispo de Paris estava andando em direção ao palácio quando o bispo de Noyon passou por ele. De sua carruagem, o bispo acenou e fez sinal para o arcebispo se aproximar. O arcebispo esperava que ele fosse descer e acompanhá-lo a pé. Em vez disso, Noyon deu ordem para a carruagem diminuir a marcha e continuar até a porta da frente, conduzindo o arcebispo pelo braço através da janela, como se fosse um cachorro na coleira, enquanto ia conversando altivamente. Depois, quando o bispo desceu da carruagem e os dois começaram a subir a grande escadaria, Noyon abandonou o arcebispo como se ele fosse ninguém. Quase todos na corte tinham uma história semelhante para contar, e todos, no íntimo, nutriam ressentimentos contra o bispo.

Com a aprovação de Luís, entretanto, era impossível não votar a favor de Noyon para a academia. Além disso, o rei insistia para que seus cortesãos assistissem à posse do bispo, visto ser esta sua primeira indicação para a ilustre instituição. Na posse, como de costume, o indicado fazia um discurso, que seria respondido pelo diretor da academia – que na época era um homem ousado e espirituoso com o título de abade de Caumartin. O abade não suportava o bispo, mas antipatizava principalmente com seu estilo rebuscado de escrever. Caumartin teve a ideia de ridicularizar Noyon com muita sutileza: redigiria sua resposta em uma imitação perfeita do estilo do bispo, cheia de metáforas complicadas e transbordando de elogios ao mais recente acadêmico. Para garantir que isso não lhe traria problemas, ele ia mostrar o discurso para o bispo antes. Noyon ficou encantado, leu o texto com muito interesse, e chegou até a suplementá-lo com mais elogios efusivos e retórica empolada.

No dia da posse, o salão da academia estava lotado com os membros mais iminentes da sociedade francesa. (Ninguém ousava desagradar o rei não comparecendo.) O bispo apresentou-se, satisfeitíssimo por comandar esta prestigiosa audiência. Seu discurso foi de uma pompa com mais floreios do que qualquer outro que ele já tivesse feito antes; foi cansativo ao extremo. Em seguida veio a resposta do abade. Ele iniciou devagar e muitos na plateia começaram a mostrar um certo desconforto. Mas aí aos poucos ele decolou, quando todos perceberam que era uma elaborada mas sutil paródia do estilo do bispo. A ousada sátira de Caumartin cativou todo mundo e, ao terminar, a audiência aplaudiu, alto e bom som, agradecida. Mas o bispo – inebriado pelo evento e as atenções – pensou que os aplausos eram sinceros e que, aplaudindo os elogios que o abade lhe fazia, na verdade eram para ele as palmas da plateia. Ele foi embora todo vaidoso.

Logo Noyon estava falando sobre o evento com todo mundo, provocando lágrimas de tédio. Finalmente, ele teve o azar de se vangloriar a esse respeito com o arcebispo de Paris, que ainda não se recuperara do incidente da carruagem. O arcebispo não resistiu: disse a Noyon que o discurso do abade tinha sido uma brincadeira e que todos na corte estavam rindo à custa dele. Noyon não podia acreditar nisto, então foi visitar seu amigo e confessor Père La Chaise, que confirmou tudo.

Agora o prazer que o bispo tinha sentido virou a raiva mais acirrada. Ele foi se queixar com o rei pedindo que punisse o abade. Luís tentou amenizar o problema, mas ele gostava de paz e de tranquilidade, e a raiva quase insana de Noyon estava lhe dando nos nervos. Finalmente, o bispo, magoadíssimo, deixou a corte e voltou para sua diocese onde permaneceu por um bom tempo, humilhado e humilde.

Interpretação. O bispo de Noyon não era um homem inofensivo. Vaidoso, ele achava que seu poder não tinha limites. Ele não tinha consciência de ter ofendido tantas pessoas, mas ninguém podia enfrentá-lo ou lhe mostrar como estava se comportando. O abade encontrou a única maneira efetiva de derrubar esse homem. Se sua paródia tivesse sido óbvia demais, não teria sido muito divertida, e o bispo, sua infeliz vítima, teria ganhado a simpatia. Mas ao fazê-la diabolicamente sutil, e com a cumplicidade do bispo também, Caumartin, ao mesmo tempo, divertiu a corte (sempre importante) e deixou que Noyon cavasse seu próprio túmulo com a reação que teve – do cúmulo da vaidade aos abismos da raiva e da humilhação. Ao se dar conta de repente da opinião que as pessoas tinham dele, o bispo perdeu o equilíbrio, afastando até o rei que antes se divertia com sua vaidade. Acabou tendo de abandonar a corte, para alívio de muita gente.

Os piores colegas e camaradas costumam ser aqueles com egos inflados, que pensam que tudo que fazem é correto e digno de elogios. Piadas sutis e paródias disfarçadas são meios brilhantes de tirar vantagem destes tipos. Você parece estar cumprimentando-os, até imitando o estilo e as ideias deles, mas o elogio tem um ferrão na cauda: você imita para rir deles? Seu elogio esconde críticas? Estas dúvidas os deixam irritados, despertando uma vaga insegurança. Talvez você ache que eles têm defeitos – e talvez essa opinião seja a de muita gente. Você perturbou a elevada percepção que têm de si mesmos, e eles tenderão a reagir com exagero ou superestimando as próprias cartas no jogo. Esta estratégia funciona muito bem com aqueles que se imaginam intelectuais poderosos e que são impossíveis de derrotar em uma discussão. Ao repetir para eles suas palavras e ideias de uma forma ligeiramente grotesca, você neutraliza suas forças verbais e os deixa duvidando de si mesmos e inseguros.

O LEÃO, O LOBO E A RAPOSA
Um leão muito idoso estava doente em sua caverna. Todos os animais vinham prestar homenagens a seu rei, exceto a raposa. O lobo, percebendo uma oportunidade, acusou-a na frente do leão: "A raposa não tem respeito pelo senhor ou por seu governo. É por isso que nem veio visitá-lo." Nisso, a raposa chegou e ouviu tudo. Então o leão rugiu raivoso em sua direção, mas ela conseguiu dizer em sua própria defesa: "E quem, de todos os reunidos aqui, tem prestado a Vossa Majestade tantos serviços como eu? Pois viajei por todos os cantos pedindo aos médicos um remédio para sua doença, e encontrei um." O leão quis saber logo que remédio ela havia encontrado e a raposa disse: "O senhor precisa esfolar vivo um lobo, depois pegar sua pele e se envolver nela enquanto ainda está quente." Ordens foram dadas para levarem o lobo imediatamente e o esfolarem vivo. Quando estava sendo levado embora, a raposa se virou para ele e disse sorrindo: "Você devia ter falado bem de mim para Sua Majestade, em vez de mal."
FÁBULAS, ESOPO, SÉCULO VI A.C.

[Christy] Mathewson em seus últimos anos de vida contava um incidente de knockdown no primeiro jogo da World Series de 1911, que ele venceu para os Giants, derrotando o Philadelphia Athletics por 2 a 1. Charles Albert "Chief" Bender iniciou pelo Athletics, e Bender estava lançando mais forte naquele dia como Mathewson nunca tinha visto. Duas vezes Bender deu instruções a Fred Snodgrass, o jovem center fielder do Giants. Quando Snodgrass foi bater pela terceira vez – em um "arremesso" –, Bender sorriu para ele. "Cuidado", ele disse, "não vão te acertar desta vez." E lançou uma bola rápida na cabeça de Snodgrass. Snodgrass se abaixou. Bola um. "Se não pode lançar melhor do que isso", Snodgrass gritou, "não precisa receber um golpe." Bender continuou sorrindo. ("Seus dentes eram perfeitos", Mathewson lembrou.) Em seguida ele lançou uma bola rápida que subjugou Snodgrass. "Perdeu por 1 quilômetro", Bender disse, sorrindo de novo. Snodgrass travou o queixo com raiva e começou a exagerar seus lances. "Sorrindo cronicamente", na frase de Mathewson, Bender tirou Snodgrass

3. Lá por meados do século XVI, um jovem samurai, cujo nome a história esqueceu, criou um novo estilo de luta: ele brandia duas espadas com igual destreza com as mãos direita e esquerda ao mesmo tempo. Esta técnica era terrível, ele estava ansioso para usá-la e ficar famoso. Então resolveu desafiar para um duelo o melhor espadachim da sua época, Tsukahara Bokuden, que já era um homem de meia-idade e estava quase se aposentando. Bokuden respondeu ao desafio do jovem com uma carta: o samurai capaz de usar uma espada com a mão esquerda tão bem quanto com a sua direita tinha uma vantagem injusta. O jovem espadachim não entendeu o que ele queria dizer. "Se pensa que é injusto eu usar uma espada com a esquerda", ele escreveu de volta, "renuncie à competição." Em vez disso, Bokuden mandou mais dez cartas, todas repetindo com palavras um pouco diferentes a acusação a respeito da mão esquerda. Cada carta só fazia incomodar mais ainda o desafiante. Mas, finalmente, Bokuden concordou em lutar.

O jovem samurai estava acostumado a lutar por instinto e com grande velocidade, mas, quando o duelo começou, ele só pensava em sua mão esquerda e no medo que Bokuden sentia dela. Com a mão esquerda – ele se viu calculando – daria uma estocada aqui, uma lanhada ali. Sua mão esquerda não podia falhar; ela parecia possuída de poder próprio... Então, de repente, do nada, a espada de Bokuden deu um corte profundo no braço *direito* do desafiante. O duelo estava encerrado. O jovem samurai recuperou-se fisicamente, mas sua cabeça ficou para sempre perturbada: ele não conseguiu mais lutar por instinto. Ele pensava demais e logo abandonou a espada.

Em 1605, Genzaemon, chefe da renomada família Yoshioka de espadachins de Kioto, recebeu o mais estranho desafio de sua vida. Um samurai desconhecido, de 21 anos, chamado Miyamoto Musashi e vestido como um mendigo com roupas sujas e esfarrapadas, desafiou-o para um duelo com tanta arrogância que devia se achar o melhor espadachim do mundo. Genzaemon achou que não tinha de dar atenção a este jovem; um homem tão ilustre como ele não podia passar a vida aceitando desafios de cada caipira que cruzasse seu caminho. Mas alguma coisa na arrogância de Musashi o irritava. Genzaemon ia gostar de dar uma lição a este jovem. O duelo foi marcado para as cinco horas da manhã seguinte, em um campo no subúrbio.

Genzaemon chegou na hora combinada, acompanhado por seus alunos. Musashi não estava lá. Minutos somaram uma hora. O rapaz provavelmente ficara com medo e fugira da cidade. Genzaemon mandou um aluno procurar o jovem samurai na hospedaria onde ele estava. O aluno voltou logo: Musashi, ele relatou, estava dormindo quando ele chegou e, ao ser acordado, havia lhe ordenado com muita impertinência que enviasse a Genzaemon seus respeitos e que em breve estaria lá. Genzaemon ficou furioso e começou a andar de um lado para o outro. E Musashi não aparecia. Duas horas mais se passaram antes que ele surgisse ao longe, atravessando tranquilamente o campo na direção deles. E usava, também, uma faixa vermelha na cabeça, não a branca tradicional como Genzaemon.

Genzaemon gritou zangado para Musashi e avançou, impaciente, para acabar com este irritante campônio. Mas Musashi, parecendo quase entediado, aparava um golpe após o outro. Os dois conseguiam fustigar as testas um do outro, mas enquanto a faixa branca de Genzaemon ficava vermelha, a de Musashi continuava da mesma cor. Finalmente, frustrado e confuso, Genzaemon atacou mais uma vez – bem na direção da espada de Musashi, que bateu em sua cabeça e o derrubou ao chão inconsciente. Genzaemon mais tarde se recuperaria, mas ficou tão humilhado com a derrota que largou o mundo da esgrima e foi ser monge, e assim viveu o resto de seus dias.

Interpretação. Para um samurai, perder um duelo podia significar morte ou humilhação pública. Espadachins exploravam qualquer vantagem – destreza física, superioridade no uso da espada, a técnica perfeita – para evitar esse destino. Mas os melhores samurais, os Bokudens e Musashis, exploravam sua vantagem conseguindo tirar o adversário do jogo com sutileza, confundindo sua mente. Eles tentavam deixá-lo inibido, um pouco preocupado demais com a técnica e o estilo – uma armadilha mortal para quem precisasse reagir na hora. Eles o induziam a se concentrar na coisa errada – a mão esquerda, a faixa vermelha. Principalmente no caso de um adversário com ideias convencionais, eles podiam demorar para aparecer, provocando uma frustração que perturbaria o senso de oportunidade e a concentração dele. Em todos estes casos, uma mudança no foco ou humor do inimigo poderia levar a um erro. Tentar reparar esse erro no calor do momento levaria a outro, até que o lutador em desvantagem, literalmente, caminhava em direção à espada do outro homem.

Compreenda: o que vai funcionar melhor no jogo das manobras para ganhar vantagem é uma sutil perturbação do humor e da maneira de pensar de seus adversários. Seja direto demais – faça um comentário ofensivo, uma ameaça óbvia – e você os acorda para o perigo que você representa, incita seus humores competitivos, desperta o que há de melhor neles. Em vez disso, você precisa despertar o pior. Um comentário sutil que os deixe conscientes de si mesmos e os irrite fará com que se voltem para dentro, perdidos nos labirintos de seus próprios pen-

do jogo com uma curva que foi parar na poeira. Snodgrass não tinha medo dos arremessos de Chief Bender. Ele era um sólido batedor que encerrou com uma média vitalícia de .275. O que aconteceu, Mathewson disse, foi que uma combinação de arremessos knock-down, o sarcasmo, o sorriso condescendente distraíram Snodgrass. Em seguida, tendo tirado este homem de campo, Bender enfiou a agulha mais fundo e girou. "Você não é um batedor, Freddie. Você é um backstop. Você não chega a lugar algum sem ser acertado!" Embora derrotado naquele dia, Chief Bender venceu dois outros jogos. O Athletics venceu o World Series, 4 jogos a 2. Durante seis jogos, o irritado Fred Snodgrass, um batedor de .294 toda a temporada, rebateu .105. Mas na interpretação de Mathewson, ele foi uma vítima da arte de jogar, óbvia e distintamente muito diferente de estar com medo. "Chief distraiu Fred do jogo", Mathewson disse.
THE HEAD GAME, ROGER KAHN, 2001

samentos. Um ato aparentemente inocente que desperte um estado emocional como frustração, raiva ou impaciência igualmente turvará sua visão. Em ambos os casos, eles tendem a não conseguir o resultado esperado e começam a cometer erros.

Isto funciona muito bem com rivais que precisam mostrar um desempenho – fazer um discurso, digamos, ou apresentar um projeto: a ideia fixa ou emoção ruim que você cria neles os faz perder o contato com o momento e eles ficam confusos sem saber o que fazer e quando. Faça isto corretamente, também, e ninguém perceberá sua participação no mau desempenho, nem mesmo o rival de quem você se aproveitou.

> SILÊNCIO. – O jeito de responder a um ataque polêmico muito desagradável para ambas as partes é ficar aborrecido e se calar: pois o atacante em geral interpreta o silêncio como um sinal de desprezo.
> FRIEDRICH NIETZSCHE, 1844-1900

4. Em janeiro de 1988, o senador Robert Dole, do Kansas, pôde sentir o cheiro da vitória em sua busca de chegar a ser presidente dos Estados Unidos. Seu principal adversário para a indicação dos republicanos era George H. W. Bush, o vice-presidente titular na administração de Ronald Reagan. Nas reuniões de líderes políticos de Iowa, o primeiro teste na temporada das primárias, Bush estivera apagado e terminara em um distante terceiro lugar, atrás de Dole e do tele-evangelizador Pat Robertson. A campanha agressiva de Dole havia lhe granjeado muitas atenções – ele tinha fôlego e era nitidamente o líder na corrida.

Para Dole, entretanto, havia uma nódoa em sua grande vitória em Iowa. Lee Atwater, de 36 anos, estrategista da campanha de Bush, tinha espalhado na mídia uma história que colocava em questão a integridade da mulher do senador, ex-secretária de transportes, Elizabeth Dole. O senador era um político eleito com quase três décadas de permanência no cargo e que havia criado a couraça necessária, mas atacar sua mulher, ele achava, extrapolava os limites. Ele tinha um gênio que seus conselheiros lutavam para conter e, quando a história veio à tona, partiu para cima dos repórteres, dando a Atwater a oportunidade de dizer: "Ele pode explodir, mas se alguém o atacar de novo começa a choramingar." Em seguida, Atwater mandou a Dole uma carta com dez páginas enumerando as muitas vezes que o senador pelo Kansas havia estado negativo na campanha, e esta carta, também, chegou à mídia. Dole estava furioso. Apesar de sua vitória em Iowa, ele não suportava ver o nome de sua mulher na lama. Ele ia se vingar do pessoal de Bush e de Atwater.

> Gelo... é o nome do conjunto de artifícios destinados a induzir um silêncio constrangedor, ou de qualquer maneira uma falta de inclinação para falar, por parte de possíveis adversários. Os efeitos "congelantes" destes

Logo depois veio a primária em New Hampshire. A vitória aqui colocaria Dole no caminho, e ele estava na frente segundo as pesquisas, mas desta vez Bush surgiu lutando e a corrida apertou. Uma semana antes das eleições, o pessoal de Bush publicou um anúncio retratando Dole como um "sujeito em cima do muro", um homem de duas caras cujos votos no Senado dependiam de oportunismo, não de uma crença sincera. Humorístico, ilusório, sarcasticamente negativo, o anúncio tinha as digitais de Atwater espalhadas por toda parte. E o momento era perfeito – tarde demais para Dole responder com seu próprio anúncio. A publicidade ajudou a empurrar Bush para a liderança e, dias depois, para a vitória.

Logo depois de divulgados os resultados da primária de New Hampshire, o repórter da NBC, Tom Brokaw, foi procurar Bush querendo saber se ele tinha alguma mensagem para seu rival.

– Não – ele respondeu, com um sorriso – desejo-lhe apenas felicidades.

Em seguida Brokaw encontrou-se com Dole e fez a mesma pergunta.

– Sim – disse Dole, mal-humorado. – Pare de mentir sobre minha ficha.

Nos dias seguintes, a resposta de Dole foi repetida diversas vezes pela televisão e discutida nos jornais. Ela o fazia parecer um perdedor magoado. A imprensa começou a exagerar, e Dole era indelicado – parecia um chorão. Semanas depois, ele sofreu uma esmagadora derrota na Carolina do Sul e logo em seguida uma série de fracassos ainda piores nas primárias da Super Terça-feira em todo o Sul do país. Em algum ponto ao longo do caminho, a campanha de Dole havia se espatifado e incendiado. Ele nem desconfiava que tudo começara em Iowa.

Interpretação. Lee Atwater acreditava que os adultos podiam ser divididos em dois grupos: os maduros demais e os infantis. Os maduros demais eram inflexíveis e sérios em excesso, tornando-se muito vulneráveis na política, principalmente na era da televisão. Dole era nitidamente do tipo maduro, Atwater era infantil.

Atwater não precisou pesquisar muito para ver que Dole era hipersensível a respeito dos ataques a sua mulher. Repetindo antigas acusações contra ele em Iowa, Atwater conseguiu irritar o senador. Ele fez o sangue de Dole ferver com a carta que o acusava de iniciar a campanha suja, e aumentou a pressão com o anúncio na hora certa colocando em ridículo a ficha de Dole diante dos eleitores de New Hampshire. Embora Atwater é quem estivesse pressionando, a explosão de Dole com Brokaw concentrou todas as atenções nele e em sua falta de espírito esportivo. Atwater, um gênio na arte de manobrar para tirar vantagem, agora recuou. Dole só pôde reagir com mais azedume, agravando o problema e levando ao suicídio eleitoral.

Os tipos mais fáceis de tirar vantagem são aqueles rígidos. Ser rígido não significa necessariamente perder o bom humor ou o charme, mas significa ser intolerante com qualquer coisa que quebre o código de comportamento que eles consideram aceitável. Ser alvo de gozações anárquicas ou não convencionais detonará uma reação exagerada que

---

ardis são às vezes de um poder incrível... Se alguém mais lhe conta uma história engraçada, não responda, em hipótese alguma, contando sua própria história hilariante, mas ouça com atenção e não só se controle para não rir ou sorrir, como não reaja, nem mude de expressão ou movimento. O contador da história engraçada, seja qual for a natureza da piada, vai sentir de repente que o que ele disse é de mau gosto. Insista em sua vantagem. Se ele é um estranho e contou uma história sobre um homem com uma perna só, não é má ideia fingir que uma de suas próprias pernas é artificial, ou que você manca. Isto sem dúvida silenciará o adversário pelo resto da noite...

... Se, por exemplo, alguém está sendo realmente engraçado ou espirituoso, e existe um clima realmente agradável de boas risadas, então (a) junte-se a elas de início. Em seguida (b) aos poucos se cale. Finalmente (c) em uma pausa na conversa, seja flagrado sussurrando: "Ah, quem me dera uma conversa de verdade."
THE COMPLETE UPMANSHIP, STEPHEN POTTER, 1950

os faz parecer azedos, vingativos, incapazes de liderar. A calma exterior do adulto maduro momentaneamente vai para o espaço, revelando algo bastante rabugento e pueril.

Não desencoraje esses alvos a levarem as coisas para o lado pessoal: quanto mais amargos eles forem em seus protestos e acusações, pior vão parecer. Eles esquecem que o importante é como são percebidos pelas pessoas ao redor ou, em uma disputa eleitoral, pelo público. Inflexíveis até a alma, eles podem ser induzidos a um erro atrás do outro, com o mais leve empurrão.

5. Em 1939, Joan Crawford (1904-1977) conseguiu um papel relativamente insignificante no filme *As mulheres*: a vendedora de perfumes de classe baixa que rouba o marido de uma mulher elegante representada por Norma Shearer. Crawford e Shearer eram também grandes rivais na vida real. Shearer era casada com o produtor de cinema Irving Thalberg, que sempre conseguia lhe arrumar os melhores papéis. Crawford a detestava por isso e por causa de sua arrogância. Thalberg tinha morrido em 1936, mas, para o desgosto de Crawford, o estúdio ainda mimava Shearer. Todos em Hollywood sabiam de sua antipatia mútua e estavam esperando o confronto final. Mas Crawford era a consumada profissional no *set* e mantinha as coisas em um nível civilizado.

As personagens de Crawford e Shearer em *As mulheres* dividiam apenas uma cena: o clímax do filme, quando Shearer finalmente vai pedir satisfações a Crawford a respeito de seu caso com o marido dela. O ensaio foi bem, como foi a filmagem de base, a *master shot*, mostrando as duas atrizes representando juntas. Aí chegou a vez dos *close-ups*. Claro que Shearer foi a primeira. Crawford ficou sentada em uma cadeira fora do alcance da câmera, dizendo suas falas para Shearer. (Muitos atores deixavam um assistente ou o diretor encarregado disso, enquanto iam descansar no camarim, mas Crawford sempre fazia questão de ler o texto ela mesma.)

Crawford na época estava fazendo uma manta de tricô e, enquanto dizia seu texto, ela tricotava com toda a fúria, depois parava na hora de Shearer responder. Nunca olhava Shearer nos olhos. O barulho das agulhas estava deixando Shearer louca. Em um esforço para não ser grosseira, Shearer disse:

– Joan, querida, seu tricô está me distraindo.

Fingindo não escutar, Crawford continuou tricotando. Finalmente, Shearer, mulher famosa por sua elegância, perdeu o controle; ela *gritou* com Crawford, expulsando-a do *set* de volta ao camarim. Enquanto Crawford se afastava, ainda sem olhar para Shearer, o diretor do filme, George Cukor, correu para seu lado, mas Shearer mandou que ele vol-

---

Inevitavelmente, um paciente que faz análise começa a usar artifícios que o colocaram em vantagem em relacionamentos anteriores (isto se chama "padrão neurótico"). O analista aprende a destruir estas manobras do paciente. Um modo simples, por exemplo, é responder inadequadamente ao que o paciente diz. Isto o coloca em dúvida quanto a tudo que aprendeu em relacionamentos com outras pessoas.

O paciente talvez diga, "Todo mundo deveria ser sincero", esperando fazer o analista concordar com ele e, portanto, fazer o que ele quer. Quem segue o outro está em desvantagem. O analista talvez responda com o silêncio, um artifício bem fraco nesta circunstância, ou diga "Ah?". Ao "Ah?" é dada exatamente a inflexão para sugerir: "Que ideia é essa?" O paciente não só vai ficar em dúvida quanto ao que ele afirmou, mas

tasse. Sua voz tinha um tom amargo que ninguém ali conhecia e de que poucos se esqueceriam – não era seu estilo. Ou era?

Em 1962, Crawford e Bette Davis, estrelas havia muito tempo e que nunca tinham aparecido juntas no mesmo filme, coestrelavam finalmente no filme de Robert Aldrich, *O que terá acontecido a Baby Jane?*. Ninguém achava que Crawford e Davis gostassem muito uma da outra, mas Crawford havia incentivado a dupla – como boa publicidade, ajudaria a estender suas carreiras. Mais uma vez, o comportamento delas foi civilizado no *set*, porém depois de lançado o filme, foi Davis, não Crawford, a indicada para o Oscar de melhor atriz. Pior, ela começou logo a cantar vitória, anunciando orgulhosamente que seria a primeira atriz a ganhar três Oscars. Crawford tinha só um.

Davis estava no centro das atenções na festa do Oscar. Nos bastidores, antes do evento, ela foi gentil como nunca com Crawford – afinal de contas, ela podia se permitir esse luxo; a noite era dela. (Eram apenas três atrizes indicadas, e todos esperavam que Davis ganhasse.) Crawford foi igualmente polida. Durante a cerimônia, entretanto, enquanto aguardava nos bastidores, era sua expectativa, a hora de aceitar o prêmio, Davis levou um choque: ela perdeu. Anne Bancroft venceu com seu papel em *O milagre de Anne Sullivan*. E não foi só isso: enquanto estava ali tentando assimilar o choque, Davis sentiu uma mão tocar em seu braço.

– Com licença – disse Crawford, que passou calmamente pela aturdida Davis e foi receber o prêmio em nome de Bancroft. (A vencedora do Oscar não pôde estar ali naquela noite.)

Na noite supostamente de glória para Davis, Crawford dera um jeito de roubar os holofotes, uma afronta insuportável.

Interpretação. Uma atriz de Hollywood tinha que ter a casca grossa, ser insensível, e Joan Crawford era a quinta-essência da atriz hollywoodiana: tinha uma capacidade enorme de assimilar insultos e falta de respeito e sabia lidar muito bem com isso. Sempre que possível, entretanto, ela dava um jeito de rir por último na relação com suas várias rivais, deixando-as humilhadas. Crawford sabia que as pessoas a tinham como uma mulher egoísta, dura, até desagradável. Ela achava isto injusto – tinha sido boa com tanta gente –, mas podia viver com isso. O que a incomodava era como Shearer se dava bem representando a dama elegante quando, na verdade, Crawford acreditava, ela era um espécime detestável sob sua aparência charmosa. Então Crawford manobrou para fazer Shearer expor um lado seu que poucos tinham visto. Apenas este vislumbre ficou na memória da comunidade de Hollywood e foi humilhante para Shearer.

também quanto ao que o analista quis dizer com "Ah?". A dúvida é o primeiro passo para a condição de desvantagem. Quando em dúvida, o paciente tende a depender do analista para solucioná-la, e nós dependemos daqueles que são superiores a nós. Manobras analíticas destinadas a colocar um paciente em dúvida são instituídas desde cedo na análise. Por exemplo, o analista pode dizer: "Eu me pergunto se é isso realmente que você está sentindo." O uso de "realmente" é norma na prática analítica. Ele sugere que o paciente tem motivações das quais não está consciente. Qualquer um se sente abalado e, portanto, inferiorizado, se esta suspeita é colocada em sua mente.
STRATEGIES OF PSYCHOTERAPY, JAY HALEY, 1963

Com Davis foi tudo uma questão de saber o momento certo: Crawford arruinou sua noite de glória (de que ela vinha se vangloriando havia meses) sem dizer uma única palavra maldosa. Crawford sabia que Bancroft não poderia estar presente e soube confidencialmente que ela ia vencer, então se ofereceu para receber o prêmio em seu nome.

Muitas vezes você vai se pegar alimentando o desejo de se vingar de quem tratou você mal. A tentação é agir logo, dizer algo sincero e maldoso, deixar as pessoas saberem como você se sente – mas neste caso as palavras não funcionam. Um tabefe verbal rebaixa você ao nível do outro e você fica com uma sensação ruim. A vingança mais doce é uma ação que lhe permita rir por último, deixando sua vítima com uma sensação de vaga, mas corrosiva inferioridade. Provoque-as para que exponham um aspecto oculto, desagradável, do caráter delas, roubando seu momento de glória – mas que esta seja a última manobra da batalha. Isso lhe dá o duplo prazer de mostrar que com você não se brinca e de provocar uma ferida que não sara. Como se diz, vingança é um prato que se come frio.

Imagem:
A Máscara. Todo ator no palco superlotado está usando uma máscara – um rosto agradável, atraente, para mostrar à plateia. Se um esbarrão à primeira vista inocente de um colega de palco a derruba, revela-se uma expressão bem menos agradável e de que poucos se esquecerão mesmo depois de restaurada.

Autoridade: *Com frequência damos a nossos rivais os meios para nossa própria destruição. – Esopo (século VI a.C.)*

INVERSO

Às vezes, a guerra direta é melhor – quando, por exemplo, você pode destruir seus inimigos cercando-os. Nos relacionamentos do dia a dia, entretanto, manobrar para tirar vantagem costuma ser a estratégia mais sensata. Às vezes, pode parecer terapêutico enfrentar seus rivais sem rodeios; às vezes, pode ser tentador mandar uma mensagem visivelmente intimidante. Mas os ganhos momentâneos que você talvez obtenha com uma abordagem direta serão desviados pelas suspeitas que você desperta em seus colegas, preocupados com a possibilidade de um dia você ser violento com eles também. No final das contas, é mais importante assegurar bons sentimentos e manter as aparências. Cortesãos prudentes sempre parecem ser modelos de civilidade, envolvendo seu punho de ferro em uma luva de pelica.

29

MORDA AOS BOCADINHOS

A ESTRATÉGIA DO *FAIT ACCOMPLI*

Se você parece ambicioso demais, desperta ressentimentos nas outras pessoas; tomadas de poder excessivas ou ascensões agudas ao topo são perigosas, gerando inveja, desconfiança e suspeita. Muitas vezes a melhor solução é morder aos poucos, engolir pequenos territórios, jogar com a atenção relativamente curta das pessoas. Fique sob o radar e elas não verão seus movimentos. E se virem, talvez seja tarde demais; o território é seu, um fait accompli. *Você pode sempre alegar que agiu em defesa própria. Antes que percebam, você acumulou um império.*

CONQUISTA GRADATIVA

No dia 17 de junho de 1940, Winston Churchill, primeiro-ministro da Inglaterra, recebeu uma visita de surpresa do general francês Charles De Gaulle. Os alemães haviam começado sua invasão *blitzkrieg* aos Países Baixos e à França havia apenas cinco semanas e tinham avançado tanto e tão rápido que não só o exército da França como seu governo também já haviam sucumbido. As autoridades francesas tinham fugido para partes da França ainda não ocupadas pelos alemães ou para colônias francesas na África do Norte. Ninguém, entretanto, tinha fugido para a Inglaterra – mas ali estava o general De Gaulle, um solitário exilado buscando refúgio e oferecendo seus serviços à causa dos Aliados.

Os dois homens já tinham se encontrado antes, quando De Gaulle serviu por um breve período como subsecretário de Estado para assuntos de guerra da França durante as semanas da *blitzkrieg*. Churchill tinha admirado sua coragem e resolução naquele momento difícil, mas De Gaulle era um sujeito estranho. Aos 50 anos, ele possuía uma ficha militar sem muita distinção e dificilmente poderia ser considerado uma figura política importante. Mas agia sempre como se estivesse no centro das coisas. E aqui estava ele, apresentando-se como o homem que podia salvar a França, embora muitos outros franceses pudessem ser considerados mais adequados para o papel. Não obstante, De Gaulle talvez fosse alguém que Churchill pudesse moldar e usar para seus propósitos.

Poucas horas depois da chegada de De Gaulle à Inglaterra, as Forças Armadas francesas assinaram a paz com os alemães. Segundo o acordo entre as duas nações, as partes ocupadas da França seriam governadas por um governo francês favorável aos invasores e baseado em Vichy. Naquela mesma noite, De Gaulle apresentou a Churchill um plano: em transmissões pela Rádio BBC, ele se dirigiria a todos os franceses ainda leais a uma França livre e insistiria com eles para que não desanimassem. Ele também convocaria quem quer que tivesse conseguido chegar à Inglaterra para entrar em contato com ele. Churchill estava relutante: não queria ofender o novo governo francês, com o qual talvez tivesse de lidar. Mas De Gaulle prometeu não dizer nada que pudesse ser entendido como traição ao governo de Vichy e, no último minuto, obteve a permissão.

De Gaulle fez o discurso exatamente como o havia esboçado – exceto que encerrou com a promessa de que voltaria ao ar no dia seguinte. Isto era novidade para Churchill, mas, uma vez tendo prometido, ficaria mal tirar De Gaulle do ar, e qualquer coisa que pudesse animar os franceses durante estes dias sombrios parecia valer a pena.

Na transmissão seguinte, De Gaulle foi decididamente mais ousado:
– Qualquer francês que ainda tiver armas – ele anunciou – tem o absoluto dever de continuar na resistência.

Chegou até a instruir seus colegas generais ainda na França a desobedecerem ao inimigo. Aqueles que se unissem a ele na Inglaterra, disse, fariam parte de uma nação sem território que se chamaria França Livre e de um novo exército que teria o nome de França Combatente, a ponta de lança de uma libertação final da França continental dos alemães.

Ocupado com outras questões e acreditando que a audiência de De Gaulle era pequena, Churchill fez vista grossa para as indiscrições do general e deixou que ele continuasse com suas transmissões – só para descobrir que a cada novo programa ficava mais difícil desligar o plugue da tomada. De Gaulle estava se transformando em uma celebridade. O desempenho do exército e do governo francês durante a *blitzkrieg* tinha sido considerado uma desgraça por quase todo mundo e, depois do acontecido, ninguém se apresentara para alterar esta percepção de covardia – exceto De Gaulle. Sua voz irradiava confiança, e seu rosto e altura se distinguiam nas fotografias e cinejornais. Mais importante, seus apelos tinham efeito: seu França Combatente cresceu de poucas centenas de soldados em julho de 1940 para vários milhares um mês depois.

Em breve, De Gaulle estaria clamando para liderar suas forças em uma campanha a fim de libertar do governo de Vichy as colônias francesas na África Central e Equatorial. A área era quase toda ela formada por deserto e floresta tropical, e distante de regiões mais estratégicas na África do Norte, no Mediterrâneo, mas tinha alguns portos que podiam ser úteis, e assim Churchill deu seu apoio a De Gaulle. As forças francesas conseguiram tomar Chade, Camarões, o Congo Francês e Gabão com relativa facilidade.

Quando De Gaulle retornou à Inglaterra, no final de 1940, tinha agora milhares de quilômetros quadrados de território sob seu controle. Seu comando, enquanto isso, havia inchado para perto de 20 mil soldados, e sua ousada aventura capturara a imaginação do público inglês. Não mais o general discreto que tinha procurado refúgio meses antes, ele agora era um líder militar e político. E De Gaulle estava à altura desta mudança em status: ele agora exigia dos ingleses e agia de um modo bastante agressivo. Churchill estava começando a se arrepender por ter lhe dado tanta liberdade de movimento.

No ano seguinte, o serviço secreto britânico descobriu que De Gaulle vinha fazendo importantes contatos com o crescente movimento de Resistência francês. A Resistência, dominada por comunistas e

*Chien/Desenvolvimento
(Avanço Gradual)
Este hexagrama é composto de Sol (madeira, penetração) acima, isto é, sem, e Ken (montanha, silêncio) abaixo, isto é, dentro.
Uma árvore sobre uma montanha cresce devagar de acordo com a lei de seu ser e, por conseguinte, se ergue firme em suas raízes. Isto dá ideia de um desenvolvimento que se dá gradativamente, passo a passo. Os atributos dos trigramas também apontam para isto: dentro é silêncio, que protege contra ações precipitadas, e fora é penetração, que torna possível o desenvolvimento e o progresso.
I CHING, CHINA, C. SÉCULO VIII A.C.*

socialistas, começara como uma estrutura caótica, sem coerência. De Gaulle havia escolhido pessoalmente um oficial no governo socialista anterior à guerra, Jean Moulin, que estava na Inglaterra desde outubro de 1941, para ajudar a unificar esta força clandestina. De todas as manobras de De Gaulle, esta era a que poderia beneficiar mais diretamente os Aliados; uma Resistência eficiente seria valiosa. Portanto, com a bênção de Churchill, Moulin foi lançado de paraquedas no sul da França no início de 1942.

No final daquele ano, o cada vez mais arrogante De Gaulle tinha ofendido tantos dentro dos governos e exércitos aliados – principalmente o presidente Franklin D. Roosevelt, dos Estados Unidos – que se discutia um plano para substituí-lo por alguém mais dócil. Os americanos acreditavam terem encontrado o homem perfeito para a função: general Henri Giraud, um dos oficiais do exército francês mais respeitado, um homem com antecedentes bem mais ilustres do que os de De Gaulle. Churchill aprovou e Giraud foi nomeado comandante em chefe das forças francesas na África do Norte. Percebendo a conspiração aliada, De Gaulle requisitou um encontro pessoal com Giraud para discutirem a situação; depois de muita altercação burocrática, concederam-lhe a autorização e ele chegou em Argel em maio de 1943.

Os dois homens agarraram-se pelo pescoço quase imediatamente, cada um fazendo exigências com as quais o outro jamais concordaria. Finalmente, De Gaulle fez uma concessão: propondo um comitê que se prepararia para liderar uma França pós-guerra, ele rascunhou um documento nomeando Giraud comandante em chefe das Forças Armadas e copresidente da França junto com De Gaulle. Em troca, De Gaulle ampliaria o comitê aumentando seu tamanho e eliminando oficiais com conexões com Vichy. Giraud ficou satisfeito e assinou. Logo depois, entretanto, Giraud deixou Argel para uma visita aos Estados Unidos, e De Gaulle, em sua ausência, encheu o comitê expandido de simpatizantes gaullistas e membros da Resistência. Ao voltar, Giraud descobriu que havia sido despojado de uma boa parte de seu poder político. Isolado em um comitê que havia ajudado a formar, ele não tinha como se defender, e em questão de meses De Gaulle foi nomeado único presidente, em seguida comandante em chefe. Giraud foi silenciosamente aposentado.

Roosevelt e Churchill observavam estes acontecimentos cada vez mais assustados. Tentaram intervir, fazendo várias ameaças, mas no final estavam impotentes. Aquelas transmissões pela BBC que tinham começado tão inocentemente agora eram escutadas com avidez por milhões de franceses. Por intermédio de Moulin, De Gaulle ficara com o controle quase total da Resistência Francesa; um rompimento com De Gaulle colocaria em risco as relações dos aliados com a Resistência. E o comitê que De Gaulle havia ajudado a formar para governar a França pós-guerra era agora reconhecido por governos no mundo inteiro. Enfrentar o general em qualquer tipo de luta política seria um pesadelo nas relações públicas e destrutivo para o esforço de guerra.

De alguma maneira este general antes insignificante havia forjado uma espécie de império sob seu controle. E não havia nada que se pudesse fazer a respeito.

Interpretação. Quando o general De Gaulle fugiu para a Inglaterra, tinha um objetivo: restaurar a honra da França. Ele pretendia fazer isto liderando uma organização militar e política que trabalhasse para libertar a França. Ele queria que seu país fosse visto como um igual entre os aliados, e não como uma nação derrotada que dependia dos outros para recuperar sua liberdade.

Se De Gaulle tivesse anunciado suas intenções, teria sido visto como um misto perigoso de delírio e ambição. E se tivesse tentado se apossar do poder rápido demais, teria revelado estas intenções. Em vez disso, com extrema paciência e de olho em seu objetivo, ele foi mordendo um pedacinho de cada vez. A primeira mordida – sempre a mais importante – foi ganhar exposição pública, primeiro com uma transmissão pela BBC, depois, com uma esperta manobra, em uma série de transmissões. Aqui, explorando seus afiados instintos dramáticos e voz hipnótica, ele rapidamente estabeleceu uma presença sobrenatural. Isto lhe permitiu criar e montar seu grupo militar França Combatente.

A mordida seguinte foi colocar aqueles territórios africanos sob controle da França Combatente. Seu controle sobre uma grande área geográfica, por mais isolada que estivesse, lhe dava incontestável poder político. Em seguida ele se insinuou na Resistência, assumindo o comando de um grupo que tinha sido um bastião comunista. Finalmente ele criou – e, pedacinho por pedacinho, ganhou o total controle – um comitê para governar a França do futuro. Como procedia assim aos poucos, ninguém realmente notou o que ele pretendia. Quando Churchill e Roosevelt perceberam o quanto ele havia se insinuado na Resistência, e nas mentes dos públicos britânico e americano como o líder destinado para o pós-guerra da França, já era tarde demais. Sua preeminência era um *fait accompli*.

Não é fácil abrir caminho neste mundo, lutar com energia para conseguir o que você quer sem ficar sujeito à inveja e antipatia dos outros que talvez o vejam como agressivo e ambicioso, alguém para ser contrariado. A resposta não é baixar o nível de suas ambições mas, sim, disfarçá-las. Uma abordagem gradativa para a conquista de qualquer coisa é perfeita para estas épocas políticas, a melhor máscara de agressão. O segredo para fazer isso funcionar é ter uma ideia clara de seu objetivo, do império que você quer forjar e, em seguida, identificar as pequenas, distantes, áreas do império que você vai engolir primeiro. Cada mordida tem de ter uma lógica em uma estratégia geral, mas ser bem pequena para ninguém perceber suas intenções maiores. Se suas mordidas forem grandes demais, você vai pegar mais do que pode mastigar e se verá sobrecarregado de problemas; se você morder muito rápido, os outros verão o que você pretende. Deixe que o tempo disfarce magistralmente suas intenções e lhe dê a aparência de alguém com ambições modestas. Quando acordarem para o que você consumiu, seus rivais correm o risco de serem eles mesmos consumidos se ficarem em seu caminho.

A ambição tanto rasteja quanto se eleva.
– Edmund Burke (1729-1797)

CHAVES PARA A GUERRA

À primeira vista, nós, humanos, podemos parecer irremediavelmente violentos e agressivos. De que outra forma explicar as infinitas séries de guerras da história que continuam no presente? Mas, na verdade, isto é um pouco de ilusão. Destacando-se dramaticamente do cotidiano, guerras e conflitos atraem uma atenção desproporcional. O mesmo pode-se dizer daqueles indivíduos agressivos na esfera pública que estão constantemente querendo mais.

A verdade é que as pessoas, em sua maioria, são conservadoras por natureza. No desespero de conservarem o que têm, elas temem as consequências imprevistas e situações que o conflito inevitavelmente gera. Elas odeiam confrontos e tentam evitá-los. (É por isso que tanta gente recorre a agressões passivas para conseguir o que quer.) Você deve sempre lembrar esta realidade da natureza humana ao tramar seu caminho pela vida. Ela é também a base para qualquer estratégia de *fait accompli*.

A estratégia funciona da seguinte maneira: suponha que existe alguma coisa que você quer ou precisa para sua segurança e poder. Pegue-a sem discutir ou avisar e você dá a seus inimigos uma só opção, lutar ou aceitar que perderam e aí o deixam em paz. O que você pegou, e sua atitude unilateral ao fazer isso, vale o aborrecimento, o custo e os riscos de uma guerra? O que custa mais, a guerra (que facilmente pode ir crescendo progressivamente para algo maior) ou a perda? Pegue algo de valor real e eles terão de escolher com cuidado; eles têm uma decisão importante a tomar. Pegue algo pequeno e marginal, entretanto, e é quase impossível para seus adversários escolherem a batalha. É provável que existam muito mais razões para deixar você sossegado do que para lutar por algo insignificante. Você jogou com os instintos conservadores do inimigo, que em geral são mais fortes do que os aquisitivos. E não demora muito para sua posse deste bem se tornar um *fait accompli*, parte do *status quo*, no qual é sempre melhor não mexer.

Mais cedo ou mais tarde, como parte desta estratégia, você dá mais uma mordidinha. Desta vez seus rivais estão mais atentos; eles estão começando a ver um padrão de comportamento. Mas o que você pegou é mais uma vez uma coisa pequena, e mais uma vez eles têm de se perguntar se vale a pena a dor de cabeça. Não fizeram isso antes – por que agora? Execute uma estratégia de *fait accompli* sutilmente e bem, como De Gaulle, e mesmo que chegue uma hora em que a meta se torne clara, e eles lamentem seu pacifismo e considerem a possibilidade de uma guerra, você já terá alterado a situação: você não é nem tão pequeno nem tão fácil de derrotar. Enfrentar você agora acarreta um tipo diferente de risco; existe uma outra razão, mais forte, para evitar o conflito. Vá beliscando apenas o que você quer e você jamais desperta raiva, medo ou desconfiança o bastante para fazer as pessoas superarem suas naturais relutâncias em partir para a briga. Deixe transcorrer um tempo suficiente entre as mordidas e você também se aproveitará da brevidade da atenção das pessoas.

O segredo da estratégia do *fait accompli* é agir rápido e sem discutir. Se você revela suas intenções antes de agir, vai se expor a uma porção de críticas, análises e perguntas: "Como ousa pensar em dar essa mordida? Fique satisfeito com o que já tem!" Faz parte do conservadorismo das pessoas preferir discussões intermináveis em vez de agir. Você deve contornar isso com uma rápida apreensão de seu alvo. A discussão termina antes de começar. Por menor que seja sua mordida, pegá-la também faz com que você se destaque dos outros e ganhe peso e respeito.

Quando Frederico, o Grande, se tornou rei da Prússia, em 1740, seu reino era uma potência europeia insignificante. O pai de Frederico havia montado o exército prussiano com muito custo, porém jamais o utilizara realmente; mal colocasse o exército em ação, ele sabia, as outras potências europeias se uniriam contra ele, temendo qualquer ameaça ao *status quo*. Frederico, embora extremamente ambicioso, sabia o que mantivera o pai controlado.

No mesmo ano em que subiu ao trono, entretanto, surgiu uma oportunidade. A grande inimiga da Prússia era a Ásutria, onde um novo líder, Maria Teresa, tinha recentemente se tornado imperatriz. Muitos questionavam sua legitimidade, entretanto, e Frederico resolveu explorar esta instabilidade política para avançar com seu exército

*Todos os conceitos nascidos da impaciência e visando a obter vitória rápida só podem ser erros grosseiros...
Foi necessário acumular milhares de pequenas vitórias para transformá-las em um grande sucesso.*
GENERAL VO NGUYEN GIAP, 1911-

até a pequena província austríaca da Silésia. Maria Teresa, querendo provar sua firmeza, decidiu brigar para recuperá-la. A guerra durou vários anos – mas Frederico havia julgado bem o momento; ele finalmente ameaçou pegar mais territórios do que apenas a Silésia, e no final a imperatriz pediu paz.

Frederico repetiria esta estratégia diversas vezes, conquistando pequenos Estados aqui e ali que não valiam a pena brigar por eles, pelo menos não muito. Assim, quase sem ninguém perceber, ele fez da Prússia uma grande potência. Se tivesse começado invadindo um território maior, teria mostrado suas ambições com muita clareza e colocado contra ele uma aliança de poderes determinada a manter o *status quo*. O segredo desta estratégia gradual foi uma oportunidade que caiu em seu colo. A Áustria passava por um momento de fragilidade; a Silésia era pequena; ao incorporar este Estado vizinho, a Prússia enriquecia seus recursos e se colocava em uma posição favorável a um maior desenvolvimento. As duas coisas combinadas lhe deram impulso e lhe permitiram espaço para, aos poucos, se expandir.

Nosso problema é que temos grandes sonhos e ambições. Presos nas emoções de nossos sonhos e na vastidão de nossos desejos, achamos muito difícil nos concentrar nos pequenos e maçantes passos necessários em geral para alcançá-los. Tendemos a pensar em termos de passos gigantescos em direção a nossas metas. Mas no mundo social, como na natureza, qualquer coisa grande e estável cresce lentamente. A estratégia gradual é o antídoto perfeito para nossa natural impaciência: ela nos faz focalizar em algo pequeno e imediato, uma primeira mordida, depois como e onde uma segunda mordida pode nos aproximar melhor de nosso objetivo final. Ela nos força a pensar em termos de um processo, uma série de passos e ações conectados, não importa se pequenos, que tenham benefícios psicológicos imensuráveis também. Muitas vezes a magnitude de nossos desejos nos sufoca; dar esse pequeno primeiro passo faz com que pareçam realizáveis. Não há nada mais terapêutico do que agir.

Ao tramar esta estratégia, preste atenção às súbitas oportunidades e às crises e fraquezas momentâneas de seus inimigos. Mas não fique tentado a pegar nada grande; morda mais do que consegue mastigar e será consumido por problemas e covardia, se não conseguir lidar com eles.

A estratégia do *fait accompli* é a melhor maneira de assumir o controle de um projeto que ficaria arruinado pela liderança dividida. Em quase todos os seus filmes, Alfred Hitchcock teve que passar pelas mesmas guerras, arrebatando gradualmente o controle das mãos do produtor, dos atores e do resto da equipe. Suas lutas com roteiristas eram um microcosmo da guerra mais ampla. Hitchcock sempre quis que sua visão do filme se refletisse exatamente no roteiro, mas com a mão muito firme no pescoço de seu escritor ele não conseguiria nada exceto ressentimentos e um trabalho medíocre. Assim, em vez disso, ele avançava aos poucos, começando por dar ao roteirista espaço para trabalhar com conforto a partir de suas anotações, depois pedindo revisões que colocavam o roteiro de seu jeito. Seu controle só se tornava óbvio pouco a pouco, e aí o roteirista já estava emocionalmente amarrado ao projeto e, embora frustrado, esforçando-se para conseguir sua aprovação. Um homem muito paciente, Hitchcock deixava seus jogos de poder se desenvolverem com o tempo, de modo que produtor, roteirista e astros só compreendiam a totalidade de seu controle quando o filme terminava.

Para ganhar controle de qualquer projeto, você deve estar disposto a fazer do tempo um aliado. Se começar com controle total, você esgota o ânimo das pessoas e desperta inveja e ressentimento. Portanto, comece criando a ilusão de que você está trabalhando junto em um esforço de equipe; depois, aos poucos, vá mordiscando. Se no processo você deixar as pessoas zangadas, não se preocupe. Isso é apenas um sinal de que as emoções delas estão envolvidas, o que significa que podem ser manipuladas.

Finalmente, o uso da estratégia gradativa para disfarçar suas intenções agressivas é inestimável nestas épocas políticas, mas ao mascarar suas manipulações você não pode exagerar. Assim, ao dar uma mordida, ainda que pequena, demonstre estar agindo em defesa própria. Também ajuda parecer que está sendo vítima de uma injustiça. Dê a impressão de que seus objetivos são limitados fazendo uma pausa substancial entre as mordidas – explorando a falta de concentração das pessoas – enquanto proclama para todo mundo que você é uma pessoa de paz. Na verdade, seria o máximo da sabedoria dar uma mordida um pouco maior de vez em quando e depois devolver uma parte do que pegou. As pessoas veem apenas sua generosidade e suas ações limitadas, não o império cada vez maior que você está acumulando.

Imagem:
*A Alcachofra.
À primeira vista
é pouco apetitosa,
até repulsiva, com a
mísera matéria comestível
em seu exterior duro. A recompensa, entretanto, surge ao dividi-la
devorando folha por folha. Suas
folhas lentamente se tornam
macias e mais saborosas, até que
você chega a seu suculento
coração.*

Autoridade: *Multiplicar pequenos sucessos é exatamente construir um tesouro após o outro. Com o tempo fica-se rico sem saber como.* – Frederico, o Grande (1712-1786)

INVERSO

Se você vir ou suspeitar que está sendo atacado mordida por mordida, sua única contraestratégia é impedir que isso continue ou vire um *fait accompli*. Uma reação rápida e enérgica em geral basta para desencorajar os mordedores, que costumam recorrer a esta estratégia por fraqueza e não podem se permitir muitas batalhas. Se eles são mais firmes e mais ambiciosos, como Frederico, o Grande, essa resposta convincente torna-se ainda mais crucial. Deixar que prossigam com suas mordidas, por menores que sejam, é perigoso demais – corte-os pela raiz.

30

PENETRE EM SUAS MENTES

ESTRATÉGIAS DE COMUNICAÇÃO

A comunicação é um tipo de guerra; seu campo de batalha, as mentes resistentes e defensivas das pessoas a quem você quer influenciar. O objetivo é avançar, penetrar em suas defesas e ocupar suas mentes. Qualquer outra coisa é comunicação ineficaz e discurso autoindulgente. Aprenda a infiltrar suas ideias por trás das linhas inimigas, enviando mensagens por meio de pequenos detalhes, seduzindo as pessoas para que cheguem às conclusões que você deseja e pensem que fizeram isso sozinhas. Algumas você pode enganar disfarçando suas ideias extraordinárias em formas ordinárias; outras, mais resistentes e insensíveis, precisam ser despertadas com uma linguagem exagerada cheia de novidades. A qualquer custo, evite a linguagem estática, moralizante e excessivamente pessoal. Faça de suas palavras uma centelha para a ação, não para a contemplação passiva.

> *O modo mais superficial de tentar influenciar os outros é com um discurso que não tem nada de real por trás. A influência causada por esta mera tagarelice deve necessariamente permanecer insignificante.*
> I CHING, CHINA, C. SÉCULO VIII A.C.

COMUNICAÇÃO VISCERAL

Trabalhar com o diretor de cinema Alfred Hitchcock pela primeira vez costumava ser uma experiência desconcertante. Ele não gostava de falar muito no *set* de seus filmes – apenas a observação ocasional sarcástica e espirituosa. Era intencionalmente dissimulado? Ou apenas calado? E como alguém podia dirigir um filme, que implica dar ordens a tanta gente, sem falar muito e dar instruções explícitas?

Esta peculiaridade de Hitchcock causava muitos problemas para seus atores. Muitos deles estavam acostumados com os diretores mimando-os, discutindo em detalhes os personagens que iam representar e como entrar no papel. Hitchcock não fazia nada disso. Nos ensaios falava muito pouco; no *set*, também; os atores olhavam para ele em busca de aprovação e ele estava cochilando ou com cara de entediado. Segundo a atriz Thelma Ritter: "Se Hitchcock gostasse do que você estava fazendo, não falava nada. Se não gostasse, fazia cara de quem ia vomitar." E no entanto, de alguma forma, do próprio jeito indireto, ele conseguia que os atores fizessem exatamente o que ele queria.

No primeiro dia de filmagem de *Os 39 degraus*, em 1935, os dois atores principais de Hitchcock, Madeleine Carroll e Robert Donat, chegaram ao *set* um pouco tensos. Naquele dia eles iam atuar em uma das cenas mais complexas do filme: representando pessoas relativamente estranhas que, entretanto, tinham sido algemadas uma a outra em um período anterior da trama e, ainda algemadas, eram obrigadas a atravessar correndo uma região rural escocesa (na verdade um palco sonoro) para fugir dos vilões do filme. Hitchcock não tinha dado nenhum indício real de como queria que eles representassem a cena. Carroll em particular estava incomodada com o comportamento do diretor. Esta atriz inglesa, uma das atrizes de cinema mais elegantes da época, tinha passado uma boa parte de sua carreira em Hollywood, onde os diretores a tratavam como um membro da família real; Hitchcock, por outro lado, era distante, difícil de entender. Ela havia decidido representar a cena com um ar de dignidade e reserva, como achava que uma dama reagiria à situação de estar algemada a um homem estranho. Para vencer o nervosismo, ela conversava animada com Donat, tentando colocar tanto um quanto outro em um clima de colaboração.

Quando Hitchcock chegou ao *set*, explicou a cena para os dois atores, prendeu um par de algemas neles e começou conduzindo-os pelo *set*, por uma ponte fictícia e outras peças do cenário. Em seguida, no meio dessa demonstração, de repente alguém o chamou para cuidar de um problema técnico. Disse que voltaria logo, eles podiam descansar um pouco. Apalpou os bolsos procurando a chave das algemas – mas não, elas deviam ter ficado em outro lugar, e lá foi ele correndo, ostensivamente à procura da chave das algemas. Horas se passaram. Donat e Carroll estavam cada vez mais frustrados e constrangidos; de repente eles tinham perdido o controle, uma sensação muito incomum para dois astros no *set*. Enquanto até os membros mais humildes do *set* estavam livres para tratar de seus assuntos, os dois astros estavam algemados um ao outro. A intimidade forçada e o desconforto tornavam a conversa bem-humorada de antes impossível. Não podiam nem ir ao banheiro. Era humilhante.

Hitchcock retornou de tarde – tinha encontrado a chave. A filmagem começou, mas estava sendo difícil para os atores superar a experiência daquele dia; a usual impassibilidade típica dos artistas de cinema desaparecera. Carroll tinha esquecido todas as suas ideias para representar a cena. E, no entanto, apesar da raiva que ela e Donat sentiam, a cena parecia fluir com inesperada naturalidade. Agora eles sabiam como era estar amarrado um ao outro; eles tinham *sentido* o constrangimento, então não havia necessidade de fingir. Ele vinha de dentro.

Quatro anos depois, Hitchcock fez *Rebecca, a mulher inesquecível* com Joan Fontaine e Laurence Olivier. Fontaine, aos 21 anos, estava assumindo seu primeiro papel principal e nervosíssima com a ideia de contracenar com Olivier, que já tinha fama de ator talentoso. Outro diretor talvez tivesse acalmado suas inseguranças, mas Hitchcock, pelo visto, estava fazendo o oposto. Ele preferiu transmitir os comentários do resto do elenco e da equipe: ninguém achava que ela estava à altura do papel, ele lhe disse, e Olivier na verdade queria sua mulher, Vivien Leigh, a seu lado. Fontaine estava assustada, sentindo-se isolada e insegura – exatamente as qualidades de seu personagem no filme. Ela nem precisava representar. E seu memorável desempenho em *Rebecca, a mulher inesquecível* foi o início de uma gloriosa carreira.

Quando Hitchcock fez *Agonia de amor*, em 1947, a atriz principal, Ann Todd, ia aparecer em seu primeiro filme em Hollywood e estava tendo dificuldade para relaxar. Então, no silêncio do *set* antes que o diretor gritasse "Ação!", Hitchcock lhe contava uma história bem picante que a fazia rir ou perder o fôlego, chocada. Antes de uma cena em que ela precisava ficar deitada em uma cama vestida com uma camisola elegante, Hitchcock de repente pulou em cima dela: "Relaxe!" Com essas brincadeiras ficou fácil esquecer suas inibições e ser mais natural.

Quando elenco e equipe estavam cansados no *set*, ou quando estavam muito à vontade e conversando em vez de se concentrarem no trabalho, Hitchcock jamais gritava ou se queixava. Em vez disso, ele esmagava uma lâmpada com o punho ou jogava sua xícara de chá contra uma parede; todos rapidamente ficavam sérios e recuperavam o foco.

> *Quando você está tentando comunicar e não consegue encontrar aquele ponto na experiência da outra parte no qual ela seja capaz de receber e compreender, então, você precisa criar a experiência para ela. Eu estava tentando explicar a dois organizadores de staff em treinamento que os problemas que estavam enfrentando em suas comunidades surgiram porque eles não tinham penetrado na experiência das outras pessoas: que, quando você fica de fora da experiência de alguém, não só não comunica, como causa confusão. As expressões em seus rostos eram sinceras, inteligentes, e eles estavam verbal e visualmente concordando e compreendendo, mas eu sabia que na realidade não compreendiam e que eu não estava me comunicando. Eu não tinha tocado na experiência deles. Então eu tinha de lhes dar uma experiência.*
> RULES FOR RADICALS, SAUL D. ALINSKY, 1971

A carta fez Ciro pensar qual seria a melhor maneira de convencer os persas a se revoltarem, e suas deliberações o levaram a adotar o seguinte plano, que ele achou mais adequado a seu propósito. Ele escreveu em um rolo de pergaminho que Astíages o havia indicado para comandar o exército persa; em seguida convocou uma assembleia de persas, abriu o rolo na presença deles e leu em voz alta o que havia escrito: "E agora", acrescentou, "tenho uma ordem para vocês: todos os homens devem aparecer desfilando com um podão."
... A ordem foi cumprida. Todos os homens se reuniram com seus podões, e o comando seguinte de Ciro foi que, antes do amanhecer, eles deviam limpar um determinado pedaço de terreno acidentado cheio de espinheiros, uns 3600 ou 4000 metros quadrados. Isto também foi feito, e então Ciro deu outra ordem para que eles se apresentassem de novo no dia seguinte, depois de terem tomado banho. Enquanto isso, Ciro recolhia e matava todas as cabras, ovelhas e bois de seu pai, preparando-se para receber todo o exército persa em um banquete, junto com

Nitidamente Hitchcock não acreditava em falar e dar explicações, preferindo ação em vez de palavras como meio de comunicação, e esta preferência estendia-se à forma e conteúdo de seus filmes. Isso dava muito trabalho principalmente para seus roteiristas; afinal de contas, colocar o filme em palavras era a função deles. Nas reuniões sobre o enredo, Hitchcock discutia as ideias nas quais estava interessado – temas como a ambiguidade das pessoas, a capacidade delas tanto para o bem como para o mal, o fato de que ninguém neste mundo é verdadeiramente inocente. Os escritores produziam páginas de diálogos expressando estas ideias com elegância e sutileza, para descobrir depois que tinham sido cortados na edição em favor de ação e imagens. Em *Um corpo que cai* (1958) e *Psicose* (1960), por exemplo, Hitchcock inseriu espelhos em muitas cenas; em *Quando fala o coração* (1945) foram filmagens de marcas de esqui na neve e outros tipos de linhas paralelas; o assassinato de *Pacto sinistro* (1951) foi revelado por seu reflexo em um par de óculos. Para Hitchcock, evidentemente, imagens como estas revelavam suas ideias sobre a ambiguidade da alma humana melhor do que palavras, mas no papel isto parecia um tanto improvisado.

No *set*, os produtores dos filmes de Hitchcock muitas vezes ficavam observando sem entender enquanto o diretor movimentava a câmera, não os atores, para enquadrar a cena. Parecia não fazer sentido, como se ele gostasse do aspecto técnico da filmagem mais do que dos diálogos e da presença humana. Nem os editores podiam compreender sua obsessão com sons, cores, o tamanho das cabeças dos atores dentro de um fotograma, a velocidade com que as pessoas se moviam – ele preferia favorecer estes infindáveis detalhes visuais em vez da própria história.

E então o filme era um produto final e, de repente, tudo que tinha parecido peculiar em seu método fazia sentido. As plateias muitas vezes reagiam aos filmes de Hitchcock mais profundamente do que ao trabalho de qualquer outro diretor. As imagens, o ritmo, os movimentos da câmera arrebatavam as plateias e as deixavam interessadas. Um filme de Hitchcock não era apenas visto, era vivenciado, e muito tempo depois as pessoas ainda se lembravam dele.

Interpretação. Nas entrevistas, Hitchcock costumava contar uma história sobre sua infância: lá por volta dos 6 anos, seu pai, aborrecido com alguma coisa que ele tinha feito, mandou-o para a delegacia de polícia com um bilhete. O policial de serviço leu o bilhete e trancou o pequeno Alfred em uma cela, dizendo: "Isso é o que fazemos com meninos que não sabem se comportar." Ele foi solto minutos depois, mas a experiência o marcou para sempre. Se o pai tivesse gritado com ele, como a maioria dos pais das outras crianças, ele teria ficado defensivo e rebelde.

Mas deixá-lo sozinho, cercado de figuras de autoridade assustadoras, em uma cela escura, com seus cheiros estranhos, foi uma forma muito mais eficaz de comunicação. Como Hitchcock descobriu, para ensinar aos outros uma lição, para realmente modificar o comportamento das pessoas, você precisa alterar a vivência delas, mirar em suas emoções, injetar em suas mentes imagens inesquecíveis, sacudi-las. A não ser que você seja extremamente eloquente, é difícil fazer isso com palavras e expressões diretas. Existe gente demais falando conosco, tentando nos convencer disto ou daquilo. As palavras fazem parte desse barulho e ou as sintonizamos corretamente ou elas se tornam ainda mais resistentes.

Para se comunicar de um modo profundo e real, você precisa levar as pessoas de volta à infância, quando eram menos defensivas e mais impressionadas por sons, imagens, ações, um mundo de comunicação pré-verbal. Isto requer falar em uma linguagem composta de ações, todas estrategicamente destinadas a afetar os humores e emoções das pessoas, o que elas menos podem controlar. Essa é exatamente a linguagem que Hitchcock criou e aperfeiçoou ao longo dos anos. Com atores, ele queria extrair deles o desempenho mais natural, em essência fazer com que *não* representassem. Dizer para relaxar e ser natural teria sido um absurdo; isso só os deixaria mais constrangidos e na defensiva do que já estavam. Em vez disso, exatamente como seu pai o havia feito sentir terror em uma delegacia de polícia de Londres, ele os fazia *sentir* as emoções do filme: frustração, isolamento, perda de inibição. (Claro que ele não tinha largado a chave das algemas em algum outro lugar no *set* de *Os 39 degraus*, como Donat depois descobriu; a suposta perda foi uma estratégia.) Em vez de cutucar os atores com palavras irritantes, que vem de fora e são ignoradas, Hitchcock tornava esses sentimentos parte de suas experiências interiores – e isto era comunicado imediatamente na tela. Com as plateias, também, Hitchcock jamais pregava uma mensagem. Pelo contrário, ele usava o poder visual do filme para fazê-las retornar àquele estado infantil quando imagens e símbolos atraentes tinham um efeito tão visceral.

É imperativo nas batalhas da vida ser capaz de comunicar suas ideias para as pessoas, ser capaz de alterar o comportamento delas. Comunicação é uma forma de guerra. Seus inimigos estão na defensiva; eles querem ser deixados em paz com seus preconceitos e crenças preexistentes. Quanto mais você penetra em suas defesas, quanto mais você ocupa o espaço mental deles, melhor é sua comunicação. Em termos verbais, a maioria das pessoas trava uma espécie de guerra medieval, usando palavras, apelos e pedidos de atenção como achas e porretes para bater na cabeça das pessoas. Mas sendo tão diretas, elas só tornam seus alvos mais resistentes. Em vez disso, você precisa aprender a lu-

os melhores vinhos e pães que pudesse conseguir. No dia seguinte, os convidados se reuniram e foram informados de que deveriam se sentar na grama e se divertir. Depois da refeição, Ciro lhes perguntou o que eles preferiam – o trabalho do dia anterior ou a diversão daquele dia; e eles responderam que havia uma distância muito grande entre o tormento da véspera e os prazeres do presente. Esta era a resposta que Ciro desejava; ele aproveitou a chance e começou a expor bem claro o que tinha em mente. "Homens da Pérsia", ele disse, "ouçam-me; obedeçam a minhas ordens, e vocês serão capazes de gozar de mil prazeres bons como este sem jamais colocarem as mãos em trabalho servil; mas, se desobedecerem, a tarefa de ontem será o modelo de inúmeras outras que serão forçados a cumprir. Aceitem meu conselho e conquistem sua liberdade. Eu sou o homem destinado a empreender sua libertação, e acredito que vocês estão à altura dos medas na guerra como em tudo o mais. O que lhes digo é a verdade." Não demorem, mas reneguem de uma vez o jugo de Astíages." Já fazia tempo que os persas estavam indignados com sua

> submissão aos medas. Finalmente tinham encontrado um líder e aceitaram com entusiasmo a perspectiva de liberdade.
> HISTÓRIA, HERÓDOTO, 484-432 A.C.

tar indiretamente e de forma não convencional, induzindo as pessoas a baixarem suas defesas – atingindo suas emoções, alterando a experiência delas, atordoando-as com imagens, símbolos poderosos e pistas sensoriais viscerais. Ao levá-las de volta àquele estado infantil quando eram mais vulneráveis e fluidas, a ideia comunicada penetra fundo por trás de suas defesas. Como não está lutando do modo comum, você tem um poder incomum.

> *O monge Ryokan... pediu ao mestre zen Bukkan... uma explicação sobre os quatro mundos dharma. [Bukkan] disse: "Para explicar os quatro mundos dharma não é preciso muita conversa." Ele encheu uma xícara branca com chá, bebeu, e quebrou a xícara em pedaços bem na frente do monge, dizendo: "Entendeu?" O monge disse: "Obrigado pelo ensinamento aqui-e-agora. Penetrei direto no reino de Princípio e Evento."*
> – Trevor Leggett, *Samurai Zen: The Warrior Koans* (1985)

A INTELIGÊNCIA SUPERIOR

> Ainda mais tolo é quem se apega a palavras e frases e assim tenta ser entendido. É como tentar bater na lua com uma vareta, ou esfregar o sapato porque sente uma coceira no pé. Não tem nada a ver com a Verdade.
> MUMON MESTRE ZEN, 1183-1260

Em 1498, Nicolau Maquiavel, aos 29 anos, foi nomeado secretário da Segunda Chancelaria de Florença, que administrava as Relações Exteriores da cidade. A escolha era inusitada: Maquiavel era de família relativamente simples, não tinha experiência política e lhe faltava um diploma em leis ou outra qualificação profissional. Ele tinha um contato no governo florentino, entretanto, que o conhecia pessoalmente e via nele um grande potencial. E na verdade, ao longo dos anos seguintes, Maquiavel se destacou de seus colegas na Chancelaria por sua incansável energia, seus relatórios incisivos sobre questões políticas, e seus excelentes conselhos a embaixadores e ministros. Ele ganhou atribuições de prestígio, viajando por toda a Europa em missões diplomáticas – a várias partes da Itália para se encontrar com César Bórgia, a fim de investigar as impiedosas intenções do estadista com respeito à Florença; à França para falar com o rei Luís XII; a Roma para conferenciar com o papa Júlio II. Ele parecia estar no início de uma carreira brilhante.

Mas nem tudo estava indo bem na vida profissional de Maquiavel. Ele se queixava com seus amigos do baixo salário da Chancelaria; ele também se descrevia fazendo todo o trabalho duro em várias negociações, só para ver algum ministro poderoso mais antigo ser trazido a bordo no último momento para terminar o trabalho e ficar com o crédito. Muitos acima dele, ele dizia, eram idiotas e preguiçosos, indicados para as posições que ocupavam em virtude de berço e conexões. Ele estava aprimorando a arte de lidar com estes homens, contou aos amigos, descobrindo um jeito de usá-los em vez de ser usado.

Antes da chegada de Maquiavel à Chancelaria, Florença tinha sido governada pela família dos Medici que, em 1494, fora deposta depois que a cidade se tornou uma república. Em 1512, o papa Júlio II financiou um exército para tomar Florença à força, derrubar a república e recolocar os Medici no poder. O plano teve êxito, e os Medici assumiram o controle, graças a Júlio. Semanas depois, Maquiavel foi mandado para a prisão, vagamente implicado em uma conspiração contra os Medici. Ele foi torturado mas recusou-se a falar, fosse sobre seu próprio envolvimento ou sobre o de outras pessoas. Solto em março de 1513, ele se retirou em desgraça para uma pequena fazenda de propriedade de sua família a poucos quilômetros de Florença.

Maquiavel tinha um grande amigo chamado Francesco Vettori, um homem que conseguira sobreviver à mudança de governo e cair nas graças dos Medici. Na primavera de 1513, Vettori começou a receber cartas nas quais Maquiavel descrevia sua nova vida. De noite ele se fechava em seu estúdio e conversava mentalmente com grandes figuras da história, tentando descobrir os segredos de seu poder. Queria refinar o muito que ele mesmo já havia aprendido sobre política e a arte de governar. E, escreveu a Vettori, estava redigindo um pequeno panfleto chamado *De principatibus* – mais tarde denominado *O príncipe* – "onde mergulho o mais fundo que posso nas ideias sobre este assunto, discutindo a natureza do governo principesco, que formas assume, como estas são adquiridas, como são mantidas, como são perdidas". O conhecimento e conselhos comunicados neste panfleto seriam mais valiosos para um príncipe do que o maior exército – talvez Vettori pudesse mostrá-lo a um dos Medici, a quem Maquiavel teria muito gosto em dedicá-lo? Ele poderia ser muito útil para esta família de "novos príncipes". Podia também ressuscitar a carreira de Maquiavel, pois ele estava desanimado em seu isolamento da política.

Vettori entregou o artigo a Lorenzo de' Medici, que o aceitou com bem menos interesse do que dedicou a dois cães de caça que recebeu de presente na mesma ocasião. Na verdade, *O príncipe*, deixou perplexo até Vettori: seus conselhos eram às vezes muito violentos e amorais, mas a linguagem era bastante moderada e prosaica – uma mistura estranha e incomum. O autor escrevia a verdade, mas era um pouco atrevido demais. Maquiavel também enviou o manuscrito a outros amigos, que também ficaram sem entender lá muito bem. Talvez a intenção fosse uma sátira? O desdém de Maquiavel por aristocratas com poder, mas sem cérebro, era conhecido em seu círculo de amizades.

Yoriyasu era um samurai arrogante e agressivo... Na primavera de 1341, ele foi transferido de Kofu para Kamakura, onde visitou o mestre Toden, o 45º professor em Kenchoji, para lhe perguntar o que era Zen.
O professor disse: "É manifestar diretamente a Grande Ação nas centenas de assuntos da vida. Quando é lealdade como um samurai, é a lealdade de Zen. 'Lealdade' está escrita em caracteres chineses compostos de 'centro' e 'coração', de modo que significa o senhor no centro do homem. Não deve haver paixões erradas. Mas, quando este velho sacerdote olha para os samurais hoje, existem alguns cujo centro do coração inclina-se para fama e dinheiro, em outros ele se volta para o vinho e a luxúria, e com outros ele pende para o poder e a arrogância. Estão todos nessas ladeiras, e não podem ter um coração centrado; como podem ser leais ao Estado? Se quereis praticar Zen, Senhor, antes de tudo é preciso praticar a lealdade e não escorregar em desejos errados."
O guerreiro disse: "Nossa lealdade é a Grande Ação direta no campo de batalha. Que necessidade temos de sermões de um monge?"

O professor respondeu: "Vós, Senhor, sois um herói na luta, eu sou um cavalheiro da paz – não podemos ter nada a dizer um ao outro."
O guerreiro então sacou da espada e disse: "A lealdade está na espada do herói, e se não conheces isto não deverias falar de lealdade."
O professor respondeu: "Este velho monge tem a espada do tesouro do rei Diamante, e se não sabeis o que é isso não deveríeis falar de lealdade."
O samurai disse: "Lealdade de sua Espada Diamante – e que serve esse tipo de coisa em uma luta de verdade?"
O professor deu um salto para a frente e gritou Katzu!, dando um susto tão grande no samurai que ele perdeu a consciência. Depois de um certo tempo, o professor gritou de novo e o samurai acordou de imediato. O professor disse: "A lealdade na espada do herói, onde está ela? Fale!"
O samurai estava apavorado; pediu desculpas e partiu.
SAMURAI ZEN: THE WARRIOR KOANS, TREVOR LEGGETT, 1985

Não demorou muito e Maquiavel escreveu outro livro, mais tarde conhecido como *Os discursos*, uma filtragem de suas conversas com amigos desde que caíra em desgraça. Uma série de meditações sobre política, o livro continha alguns dos mesmos conselhos violentos de sua obra anterior, mas eles eram mais voltados para a constituição de uma república do que para os atos de um único príncipe.

Nos anos seguintes, Maquiavel foi lentamente recuperando as simpatias e pôde participar dos assuntos florentinos. Ele escreveu uma peça, *Mandragola*, que, embora escandalosa, foi admirada pelo papa e encenada no Vaticano; ele também recebeu a encomenda para escrever uma história de Florença. *O príncipe* e *Os discursos* continuaram inéditos, mas circulavam em manuscritos entre os líderes e políticos da Itália. Sua audiência era pequena, e quando Maquiavel morreu em 1527, o ex-secretário da república parecia destinado a retornar à obscuridade de onde saíra.

Depois da morte de Maquiavel, entretanto, aquelas suas duas obras inéditas começaram a circular fora da Itália. Em 1529, Thomas Cromwell, o ardiloso ministro de Henrique VIII da Inglaterra, conseguiu se apossar de uma cópia de *O príncipe* e, ao contrário do mais volúvel Lorenzo de' Medici, leu atentamente. Para ele as anedotas históricas do livro tornavam a leitura animada e divertida. A linguagem simples não era bizarra, mas agradável. Mais importante, os conselhos amorais eram de fato indispensáveis: o autor explicava não apenas o que um líder tinha de fazer para garantir seu poder, mas também como apresentar suas ações ao público. Cromwell não pôde deixar de adaptar as opiniões de Maquiavel em seus conselhos ao rei.

Publicado em vários idiomas nas décadas que se seguiram à morte de Maquiavel, *O príncipe* aos poucos se espalhou por todos os cantos. Com o passar dos séculos, ele adquiriu vida própria, na verdade, uma vida dupla: amplamente condenado como amoral, mas avidamente lido em particular por grandes figuras políticas através dos tempos. O ministro francês Cardeal Richelieu fez dele uma espécie de bíblia política. Napoleão o consultava com frequência. O presidente americano John Adams o mantinha ao lado de sua cama. Com ajuda de Voltaire, o rei prussiano Frederico, o Grande, escreveu um tratado com o título *O Anti-Maquiavel*, mas descaradamente praticava ao pé da letra muitas das ideias de Maquiavel.

Conforme os livros de Maquiavel alcançavam plateias mais amplas, sua influência se estendia além da política. Filósofos, desde Bacon até Hegel, encontraram em seus escritos a confirmação de muitas de suas próprias teorias. Poetas românticos como Lorde Byron admiravam a energia de seu espírito. Na Itália, Irlanda e Rússia, jovens revolucionários descobriram em *Os discursos* uma inspiradora convocação às armas e um plano de ação detalhado para uma sociedade do futuro.

Ao longo dos séculos, milhões e milhões de leitores usaram os livros de Maquiavel em busca de inestimáveis conselhos a respeito do poder. Mas poderia ser o contrário – Maquiavel é que tem usado seus leitores? Espalhados por todos os seus escritos e em suas cartas aos amigos, algumas delas descobertas séculos após sua morte, estão sinais de que ele refletiu profundamente sobre a própria estratégia de escrever e o poder que exerceria depois de morto infiltrando suas ideias *indiretamente* e *em profundidade* nas mentes de seus leitores, transformando-os em discípulos involuntários de sua filosofia amoral.

Interpretação. Depois de se retirar para sua fazenda, Maquiavel teve o tempo e a distância necessários para pensar profundamente naquelas questões que mais lhe diziam respeito. Primeiro, ele devagar formulou a filosofia política que vinha fermentando havia muito tempo em sua cabeça. Para Maquiavel, o bem supremo era um mundo de mudanças dinâmicas em que cidades ou repúblicas se reordenassem e revitalizassem em movimento perpétuo. A maior calamidade era a estagnação e a complacência. Os agentes da mudança saudável eram o que ele chamava de "novos príncipes" – pessoas jovens, ambiciosas, meio leões, meio raposas, inimigas conscientes ou inconscientes da ordem estabelecida. Segundo, Maquiavel analisou o processo pelo qual novos príncipes alcançavam o ápice do poder e, com frequência, caíam lá de cima. Certos padrões eram claros: a necessidade de administrar as aparências, de tirar vantagem dos sistemas de crenças das pessoas e, às vezes, tomar atitudes decididamente amorais.

Maquiavel ansiava pelo poder de espalhar suas ideias e conselhos. Tendo lhe sido negado este poder no exercício de cargos políticos, ele partiu para conquistá-lo com livros: ele converteria os leitores a sua causa, e *eles* espalhariam suas ideias, mensageiros voluntários ou involuntários. Maquiavel sabia que os poderosos em geral relutavam em aceitar conselhos, em particular de alguém que aparentemente estava abaixo deles. Ele também sabia que muitos daqueles que não estavam no poder talvez se assustassem com os aspectos perigosos de sua filosofia – que muitos leitores seriam atraídos e repelidos ao mesmo tempo. (Quem não tem poder quer o poder, mas teme o que talvez tenha de fazer para consegui-lo.) Para conquistar os resistentes e indecisos, os livros de Maquiavel teriam de ser estratégicos, indiretos e ardilosos. Assim, ele imaginou táticas retóricas não convencionais para penetrar fundo por trás das defesas de seus leitores.

O rei da Lídia, Creso, estava pensando muito em Miltíades, portanto, quando soube de sua captura, enviou uma ordem ao povo de Lampsacus para libertá-lo; se recusassem, ele estava determinado, acrescentou, a "abatê-los como a um pinheiro". O povo da torre ficou atarantado com a ameaça de Creso e sem entender direito o que queria dizer abatido como a um pinheiro, até que finalmente um certo homem idoso começou a entender: o pinheiro, ele explicou, é o único tipo de árvore que não lança novos brotos depois de derrubado – abata um pinheiro e ele morre totalmente. A explicação deixou os lampsacenos tão assustados com Creso que libertaram Miltíades..
HISTÓRIA, HERÓDOTO, 484-432 A.C.

Primeiro, ele encheu seu livros de conselhos indispensáveis – ideias práticas para conseguir o poder, ficar no poder, proteger o próprio poder. Isto atrai leitores de todos os tipos, pois todos nós pensamos primeiro em nossos próprios interesses. Também, por mais que um leitor resista, vai perceber que ignorar este livro e suas ideias pode ser perigoso.

Em seguida, Maquiavel alinhavou anedotas históricas espalhadas no texto para ilustrar suas ideias. As pessoas gostam que lhes mostrem meios para se imaginarem Césares ou Medicis modernos, e gostam de se divertir com uma boa história; e uma mente cativada por uma história fica relativamente sem defesas e aberta a sugestões. Os leitores mal percebem que lendo estas histórias – ou, melhor, suas versões habilmente alteradas por Maquiavel – estão assimilando ideias. Maquiavel também citava escritores clássicos, adaptando as citações para se adequarem a seus propósitos. Suas ideias e conselhos perigosos seriam mais fáceis de aceitar se parecessem estar saindo da boca de um Lívio ou de um Tácito.

Finalmente, Maquiavel usava uma linguagem árida, sem adornos, para dar movimento a sua escrita. Em vez de ficarem com as mentes entorpecidas, seus leitores eram contaminados pelo desejo de ir além das ideias e agir. Seus conselhos muitas vezes estão expressos em termos violentos, mas suas obras despertam seus leitores do estupor em que estão. Eles também apelam aos jovens, o terreno mais fértil de onde brota o novo príncipe. Ele deixava seus escritos em aberto, jamais dizendo às pessoas o que fazer. Elas têm de usar suas próprias ideias e experiências com o poder para completar o que ele escreve, tornando-se parceiros cúmplices no texto. Com esses vários artifícios, Maquiavel ganhava poder sobre seus leitores enquanto disfarçava a natureza de suas manipulações. É difícil resistir ao que você não pode ver.

Compreenda: você pode ter ideias brilhantes, do tipo que é capaz de revolucionar o mundo, mas, a não ser que saiba expressá-las bem, elas não terão nenhuma força, nenhum poder para entrar na mente das pessoas de uma forma profunda e duradoura. Você precisa dirigir o foco não para si mesmo ou para a necessidade que sente de expressar o que tem a dizer, mas para sua audiência – tão atentamente como um general focaliza o inimigo que está planejando derrotar com uma estratégia. Ao lidar com pessoas que estão entediadas e com pouca capacidade de concentração, você precisa distraí-las, fazendo suas ideias entrarem sorrateiramente pela porta dos fundos. Com líderes você precisa ser mais violento, talvez usando terceiros para disfarçar de onde vêm as ideias que está tentando espalhar. Com os jovens, sua expressão precisa ser mais violenta. Em geral, suas palavras precisam ter movimento, entusiasmando os leitores, jamais chamando a atenção para a engenhosidade delas. Você não está atrás de expressão pessoal, mas de poder e influência. Quanto menos as pessoas se concentrarem conscientemente na forma de comunicação que você escolheu, menos perceberão o quanto suas ideias perigosas estão se enfurnando em suas mentes.

Durante um certo tempo eu nunca disse no que acreditava, e nunca acreditava no que dizia, e se às vezes acontece de dizer o que penso, sempre o escondo entre tantas mentiras que fica difícil recuperar.

– Nicolau Maquiavel, carta a Francesco Guicciardini (1521)

CHAVES PARA A GUERRA

Há séculos as pessoas buscam a fórmula mágica que lhes dê o poder de influenciar os outros com palavras. Esta busca tem sido muito difícil. As palavras têm qualidades paradoxais, estranhas: dê conselhos às pessoas, por exemplo, não importa se bons ou não, e você estará sugerindo que sabe mais do que elas. Na medida em que isto atinge as inseguranças delas, suas sábias palavras podem ter o mero efeito de entrincheirá-las exatamente naqueles hábitos que você quer mudar. Uma vez tendo suas palavras se espalhado pelo mundo, sua audiência fará o que quiser com elas, interpretando-as segundo as suas próprias ideias preconcebidas. Em geral, quando as pessoas parecem escutar, concordando com um movimento de cabeça, se conclui com isso que estão convencidas, mas, na verdade, estão apenas tentando ser agradáveis – ou só querendo se livrar de você. Há palavras demais inundando nossas vidas para que aquilo que se fala tenha algum efeito real, duradouro.

Isto não significa que a busca de poder através da linguagem seja inútil, só que ela deve ser muito mais estratégica e baseada no conhecimento de psicologia fundamental. O que realmente nos faz mudar e altera nosso comportamento não são as palavras que uma outra pessoa pronuncia, mas nossa própria experiência, algo que vem não de fora, mas de dentro. Alguma coisa que acontece e nos abala emocionalmente, rompe com nossos padrões usuais de ver o mundo, e causa um impacto persistente em nós. Algo que lemos ou escutamos de um grande professor nos faz questionar o que sabemos, nos faz meditar naquela questão, e no processo mudamos nossa maneira de pensar. As ideias são assimiladas e sentidas como experiência pessoal. As imagens de um filme penetram em nosso inconsciente, comunicando de um modo pré-verbal, e se tornam parte de nossa vida de sonhos. Somente o que desperta no fundo dentro de nós, lançando raízes em nossas mentes como pensa-

Naquele mesmo dia, saindo Jesus de casa, sentou-se à beira-mar. Em torno dele reuniu-se uma grande multidão. Por isso, entrou em um barco e sentou-se, enquanto a multidão ficava em pé na praia. E contou-lhes muitas coisas em parábolas:
"Eis que o semeador saiu para semear. E ao semear, uma parte da semente caiu à beira do caminho e as aves vieram e a comeram. Outra parte caiu em lugares pedregosos, onde não havia muita terra. Logo brotou, porque a terra era pouco profunda. Mas, ao surgir o sol, queimou-se e, por não ter raiz, secou. Outra ainda caiu entre os espinhos. Os espinhos cresceram e a abafaram. Outra parte, finalmente, caiu em terra boa e produziu fruto, umas cem, outras sessenta e outras trinta. Quem tem ouvidos, ouça!"
Aproximando-se os discípulos, perguntaram-lhe: "Por que falas em parábolas?" Jesus respondeu: "Porque a vós foi dado conhecer os mistérios do Reino dos céus, mas a eles não. Pois àquele que tem, lhe será dado e lhe será dado em abundância, mas ao que não tem, mesmo o que tem lhe será tirado. É por isso que lhes falo em parábolas, porque veem sem ver e ouvem sem ouvir nem entender.

É neles que se cumpre a profecia de Isaías, que diz: Certamente haveis de ouvir, e jamais entendereis. Certamente haveis de enxergar, e jamais vereis.
MATEUS, 13:1-15, A BÍBLIA DE JERUSALÉM

mento e experiência, tem o poder de mudar o que fazemos de alguma forma que dure.

A figura histórica que mais profundamente meditou sobre a natureza da comunicação foi, sem dúvida, Sócrates, o grande filósofo da Atenas clássica. O objetivo de Sócrates era simples: ele queria fazer que as pessoas percebessem que o conhecimento que tinham do mundo era superficial, senão totalmente falso. Mas, se ele tivesse tentado dizer isso em um estilo direto e convencional, só teria deixado sua audiência mais resistente e reforçado sua vaidade intelectual. E assim, avaliando este fenômeno, e por meio de muitas tentativas e erros, Sócrates chegou a um método. Primeiro seria a montagem de cena: ele faria uma demonstração de sua própria ignorância, dizendo a sua audiência formada principalmente de homens jovens que ele mesmo sabia muito pouco – que sua suposta sabedoria era só conversa. Enquanto isso, ele cumprimentava seus ouvintes, alimentando a vaidade deles ao elogiar suas ideias de um modo meio de improviso. Então, em uma série de perguntas constituindo um diálogo com um membro de sua audiência, ele aos poucos destruía aquelas mesmas ideias que tinha acabado de elogiar. Ele nunca dizia diretamente nada que fosse negativo, mas através de suas perguntas ele fazia a outra pessoa ver a imperfeição ou falsidade de suas ideias. Isto era confuso; ele tinha acabado de confessar sua própria ignorância, e havia elogiado sinceramente seus interlocutores. No entanto, ele havia levantado uma porção de dúvidas quanto ao que eles tinham afirmado conhecer.

O diálogo ficava na cabeça dos alvos de Sócrates por vários dias, levando-os a questionar por sua própria conta o que pensavam a respeito do mundo. Neste estado mental, eles agora estavam mais abertos para o verdadeiro conhecimento, para algo novo. Sócrates rompeu com as ideias preconcebidas das pessoas sobre o mundo adotando o que chamou de papel da "parteira": ele não implantava suas ideias, ele simplesmente ajudava no parto das dúvidas que todos têm latentes dentro de si.

O sucesso do método de Sócrates foi assombroso: toda uma geração de jovens atenienses ficou enfeitiçada por ele e para sempre alterada por seus ensinamentos. O mais famoso foi Platão, que divulgou as ideias de Sócrates como se fossem um evangelho. E a influência de Platão sobre o pensamento ocidental talvez seja maior do que a de qualquer outro. O método de Sócrates foi altamente estratégico. Ele começou enfraquecendo-se e fortalecendo os outros, um modo de acalmar as atitudes defensivas naturais de seus ouvintes, derrubando imperceptivelmente seus muros. Em seguida ele os atraía para um labirinto de discussões para o qual não conseguiam encontrar uma saída e no qual tudo em que acreditavam era questionado. Segundo Alcebíades, um dos jovens a quem Sócrates enfeitiçara, nunca se sabia no que ele realmente acreditava ou o que realmente queria dizer; tudo que ele dizia era retórica, era irônico. E como você não tinha certeza do que ele estava fazendo, o que vinha à tona nestas conversas era sua própria confusão e dúvida. Ele alterava sua experiência do mundo de dentro para fora.

Pense neste método como *comunicação-em-profundidade*. O discurso normal, e até a boa literatura e as belas-artes, em geral, só atingem as pessoas na superfície. Nossas tentativas de nos comunicarmos com elas são absorvidas por todo o barulho que enche seus ouvidos todos os dias. Mesmo se alguma coisa que dissermos ou fizermos de alguma maneira tocar em uma corda emocional e criar algum tipo de conexão, raramente ela permanece em suas mentes tempo suficiente para alterar o modo como elas pensam e agem. Muitas vezes, estas comunicações superficiais são ótimas; não podemos passar a vida inteira lutando para atingir todo mundo – isso seria exaustivo. Mas a capacidade de atingir as pessoas mais profundamente, de alterar suas ideias e comportamento desagradável, às vezes é crítica.

Você precisa prestar atenção não é ao conteúdo apenas de sua comunicação, mas à forma – o modo como você conduz as pessoas às conclusões que deseja, em vez de lhes transmitir a mensagem com uma porção de palavras. Se você quer que as pessoas mudem um mau hábito, por exemplo, muito mais eficaz do que simplesmente persuadi-las a fazer isso é lhes mostrar – talvez espelhando de alguma maneira o comportamento ruim – como as outras pessoas *se sentem* incomodadas com esse hábito. Se você quer fazer com que pessoas com baixa autoestima se sintam melhor a respeito de si mesmas, o elogio tem um efeito superficial; em vez de elogiar, você precisa incentivá-las a realizar algo mais tangível, dando-lhes uma experiência real. Isso se traduzirá em uma sensação muito mais profunda de confiança. Se você quer comunicar uma ideia importante, não deve fazer sermão; ao contrário, faça com que seus leitores ou ouvintes liguem os pontinhos e cheguem à conclusão por si mesmos. Faça com que assimilem a ideia que você está tentando comunicar; faça com que pareça brotar da cabeça delas. Essa comunicação indireta tem o poder de penetrar fundo por trás das defesas das pessoas.

Ao falar usando esta nova linguagem, aprenda a expandir seu vocabulário além da comunicação explícita. O silêncio, por exemplo, tem um grande efeito; calado, sem responder, você diz muita coisa; sem mencionar algo sobre o qual as pessoas esperam que você fale, você chama a atenção para esta elipse, faz com que ela comunique. Similarmente, os detalhes – o que Maquiavel chama *le cose piccole* (as pequenas coisas) – em um texto, discurso, ou obra de arte têm grande capacidade expressiva. Quando Cícero, o famoso advogado e orador romano, que-

Ironia. – A ironia serve apenas como uma ferramenta pedagógica, utilizada por um professor ao lidar com qualquer tipo de aluno: seu objetivo é a humilhação, causar vergonha, mas do tipo saudável que desperta boas resoluções e inspira respeito e gratidão por quem nos ameaça, portanto, do tipo que sentimos por um médico. O irônico posa de inocente, e faz isso tão bem que os alunos que discutem com ele se iludem, tornam-se ousados em sua crença de que sabem mais e se expõem em todos os aspectos; eles abandonam a circunspecção e se revelam como são – até o momento em que a lâmpada que estiveram erguendo para iluminar o rosto do professor reflete neles seus raios de luz de uma forma muito humilhante. – Onde um relacionamento assim entre professor e aluno não prevalece, ironia é falta de educação, um vulgar fingimento. Todos os escritores irônicos dependem da tola espécie de homens que, juntos com o autor, gostariam de se sentirem superiores aos outros e que consideram o autor um porta-voz de sua presunção. – O hábito da ironia, como o do sarcasmo, estraga o caráter, ao qual aos

> *poucos vai emprestando a qualidade de uma maliciosa e escarnecedora superioridade: no final a pessoa parece um cão esperto que aprendeu a rir, mas esqueceu como morder.*
> HUMANO, DEMASIADO HUMANO, FRIEDRICH NIETZSCHE, 1878

ria difamar o caráter de alguém que estava processando, ele não acusava ou usava linguagem bombástica; em vez disso, ele mencionava detalhes da vida do acusado – o luxo incrível de sua casa (era sustentado com meios ilegais?), a prodigalidade de suas festas, seu estilo de vestir, os pequenos sinais de que ele se considerava superior ao romano médio. Cícero dizia essas coisas de passagem, mas o subtexto era claro. Sem atingir os ouvintes na cabeça, ele os conduzia para uma determinada conclusão.

Em qualquer época é perigoso expressar ideias contrárias à natureza da opinião pública ou ofender noções do que é correto. É melhor parecer se conformar com estas normas, portanto, papagueando a sabedoria aceita, inclusive a conclusão moral adequada. Mas você pode usar detalhes aqui e ali para dizer outra coisa. Se você está escrevendo um romance, por exemplo, pode colocar suas perigosas opiniões na boca do vilão mas expressá-las com tanta energia e colorido que elas se tornam mais interessantes do que os discursos do herói. Nem todos vão compreender suas alusões e demãos de significados, mas alguns certamente sim, pelos menos aqueles com bom discernimento; e mensagens confusas excitarão sua audiência: formas indiretas de expressão – silêncio, alusão, detalhes falsificados, erros intencionais – fazem as pessoas se sentirem como se estivessem participando, descobrindo sozinhas o sentido. Quanto mais essas pessoas participarem no processo de comunicação, mais profundamente elas assimilam as ideias nele contidas.

Ao colocar esta estratégia em prática, evite o erro comum de se esforçar para conseguir a atenção das pessoas usando uma fórmula que seja chocante ou estranha. A atenção que você consegue desse modo será superficial e efêmera. Ao usar uma forma que deixe de fora um público amplo, você estreita sua audiência; você vai acabar pregando para os convertidos. Como o caso de Maquiavel mostra, usar uma forma convencional é mais eficaz no longo prazo, porque atrai uma audiência maior. Uma vez tendo esta audiência, você pode insinuar seu verdadeiro (e até chocante) conteúdo através de detalhes e subtextos.

Na guerra quase tudo é julgado por seu resultado. Se um general lidera seu exército para a derrota, não importam suas nobres intenções; nem a possibilidade de fatores imprevistos o terem desviado do curso. Ele perdeu; não há desculpas. Uma das ideias mais revolucionárias de Maquiavel foi aplicar este padrão à política: o importante não é o que as pessoas dizem ou pretendem, mas os resultados de suas ações, se o poder aumenta ou diminui. Isto é o que Maquiavel chamou de a "verdade efetiva" – a verdade verdadeira, em outras palavras, o que acontece de fato, não o que é expresso em palavras ou teorias. Ao examinar a carreira de um papa, por exemplo, Maquiavel procurava as alianças que ele havia construído e a riqueza e o território que adquirira, não seu caráter ou proclamações religiosas. Fatos e resultados não mentem. Você precisa aprender a aplicar o mesmo barômetro a suas tentativas de comunicação e às das outras pessoas.

Se um homem diz ou escreve algo que ele considera revolucionário e que espera que vá mudar o mundo e melhorar a humanidade, mas no final quase ninguém é afetado de algum modo real, então ele não é nada revolucionário ou progressista. A comunicação que não promove sua causa ou produz um resultado desejado é um discurso para satisfação de seus próprios desejos, refletindo nada mais do que o amor das pessoas por suas próprias vozes e o gosto de bancarem os paladinos da moral. A verdade real do que elas escreveram ou disseram é que nada mudou. A habilidade para atingir as pessoas e alterar as opiniões delas é um assunto sério, tão sério e estratégico quanto a guerra. Você precisa ser mais severo consigo mesmo e com os outros: o fracasso na comunicação é culpa não da audiência burra, mas do comunicador sem estratégia.

Imagem: *O Estilete.*
Ele é longo e pontudo. Ele
não precisa ser afiado. Em sua forma reside
a perfeição como um instrumento para penetrar de um
modo limpo e profundo. Seja em uma estocada
pelo flanco, costas ou atravessando o
coração, seu efeito é fatal.

Autoridade: *Não posso parir a sabedoria e aquilo de que muitos me acusam, que ao questionar os outros eu mesmo não revelo nada de sábio devido a minha falta de sabedoria, está certo. A razão é a seguinte: Deus me força a servir de parteira e me impede de dar à luz.* – Sócrates (470-399 a.C.)

INVERSO

Mesmo enquanto planeja sua comunicação para que sejam mais conscientemente estratégicas, você deve desenvolver a habilidade inversa para decodificar os subtextos, as mensagens ocultas e os sinais inconscientes no que as outras pessoas dizem. Quando elas falam em vagas generalidades, por exemplo, e usam muitos termos abstratos como "justiça", "moral", "liberdade", e daí por diante, sem na verdade explicar exatamente sobre o que estão falando, quase sempre escondem alguma coisa. Em geral são as próprias ações desagradáveis, mas necessárias, que elas preferem dissimular sob uma cortina de verborragia virtuosa. Quando escutar esse tipo de discurso, desconfie.

Enquanto as pessoas que usam uma linguagem engraçadinha, transbordando de clichês e gírias, talvez estejam tentando distrair você da fragilidade de suas ideias, tentando convencer você não pela firmeza de seus argumentos, mas fazendo você se sentir em um clima de intimidade e afeto com elas. E pessoas que usam linguagem floreada, pretensiosa, abarrotada de metáforas brilhantes, com frequência estão mais interessadas no som de suas próprias vozes do que em atingir um público com uma ideia autêntica. Em geral, você precisa prestar atenção ao modo como as pessoas se expressam; nunca tome seu conteúdo pelo que parece ser.

31

DESTRUA DE DENTRO PARA FORA

A ESTRATÉGIA DO FRONTE-INTERIOR

Só se pode realmente travar uma guerra com um inimigo que se mostra. Ao se infiltrar nas fileiras de seus adversários, trabalhando de dentro para fora para derrubá--los, você não lhes dá nada para ver ou a que reagir – a suprema vantagem. De dentro para fora, você também fica conhecendo as fragilidades deles e cria possibilidades para semear divergências internas. Portanto, oculte suas intenções hostis. Para pegar aquilo que você quer, não lute contra quem o tem, mas junte-se a eles – depois, lentamente, tome posse dessa coisa ou espere pelo momento de encenar um coup d'état. *Nenhuma estrutura permanece de pé por muito tempo se está podre por dentro.*

O INIMIGO INVISÍVEL

Atena então inspirou Prylis, filho de Hermes, para sugerir que a entrada em Troia deveria ser por meio de um cavalo de madeira; e Epeius, filho de Panopeus, um fócio de Parnaso, apresentou-se como voluntário para construir um sob a supervisão de Atena. Depois disso, é claro, Ulisses reivindicou para si todo o crédito por este estratagema...

... [Epeius] construiu um enorme cavalo oco de tábuas de pinheiro, com uma escotilha encaixada em um dos lados, e letras garrafais esculpidas do outro que o consagravam a Atena: "Em agradecida expectativa de um retorno seguro de seus homens a seus lares, os gregos dedicam esta oferta à Deusa." Ulisses convenceu os mais corajosos dos gregos a subirem com suas armas por uma escada de corda e entrarem pela escotilha na barriga do cavalo... Entre eles estavam Menelau, Ulisses, Diomedes, Sthenelus, Acamas, Thoas e Neoptolemus. Induzido, ameaçado e subornado, o próprio Epeius uniu-se ao grupo. Ele subiu por último, puxou atrás de si a escada e, como só ele sabia como funcionava a escotilha, sentou-se ao lado da trava. Ao anoitecer, os gregos restantes sob o comando de

No final de 1933, Adolf Hitler nomeou o contra-almirante, de 46 anos, Wilhelm Canaris, chefe do Abwehr, o serviço de informações secretas e contraespionagem do Estado-Maior Alemão. Hitler acabara de conquistar poderes ditatoriais como governante da Alemanha e, de olho em futuras conquistas na Europa, queria que Canaris fizesse da Abwehr uma agência tão eficiente quanto o Serviço Secreto Britânico. Canaris era uma escolha um tanto estranha para o posto. Ele era um aristocrata, não estava filiado ao Partido Nazista e não tinha tido uma carreira militar de grande destaque. Mas Hitler viu em Canaris traços que fariam dele um excelente mestre na arte da espionagem: ardiloso ao extremo, um homem feito para intrigas e trapaças, ele sabia como obter resultados. E também ficaria devendo sua promoção exclusivamente a Hitler.

Nos anos seguintes, Hitler teria razão para se sentir orgulhoso de sua escolha. Canaris reorganizou rigorosamente a Abwehr e ampliou as redes de espionagem por toda a Europa. Em seguida, em maio de 1940, ele forneceu excepcionais informações secretas para a *blitzkrieg* quando da invasão da França e dos Países Baixos no princípio da Segunda Guerra Mundial. E assim, no verão daquele mesmo ano, Hitler deu a Canaris sua missão mais importante até aquela data: fornecer informações secretas para a Operação Sealion, um plano para conquistar a Inglaterra. Depois da *blitzkrieg* e da evacuação do exército aliado em Dunquerque, os britânicos pareciam profundamente vulneráveis, e expulsá-los da guerra àquela altura garantiria a Hitler a conquista da Europa.

Depois de algumas semanas, entretanto, Canaris relatou que os alemães haviam subestimado o tamanho do exército e da força aérea ingleses. Sealion exigiria muito mais recursos do que o Führer havia previsto; a não ser que Hitler estivesse disposto a comprometer muito mais tropas, as coisas iam ficar complicadas. Foram notícias muito decepcionantes para Hitler, que queria derrubar a Inglaterra com um só golpe rápido. De olho em uma iminente invasão da Rússia, ele não estava disposto a empenhar muitos soldados na Operação Sealion ou passar anos subjugando os britânicos. Acostumado a confiar em Canaris, ele abandonou a planejada invasão.

Naquele mesmo verão, o general Alfred Jodl surgiu com um plano brilhante para prejudicar a Inglaterra de outro modo: usando a Espanha como base de operações, ele invadiria a ilha de Gibraltar, propriedade da Grã-Bretanha, interrompendo as rotas marítimas da Inglaterra através do Mediterrâneo e do Canal de Suez até seu império na Índia e pontos a leste – um golpe desastroso. Mas os alemães tinham de agir rápido, antes que os ingleses percebessem a ameaça. Excitado com a perspectiva de arruinar a Inglaterra dessa forma indireta, Hitler mais uma vez pediu a Canaris para avaliar o plano. O chefe da Abwehr foi para a Espanha, estudou a situação e mandou seu relatório. Assim que o exército alemão avançasse para a Espanha, ele disse, os ingleses perceberiam o plano, e Gibraltar tinha ótimas defesas. Os alemães precisariam também da cooperação de Francisco Franco, ditador da Espanha, que, Canaris acreditava, não ia ajudar muito. Em resumo: Gibraltar não valia o esforço. Havia muita gente ao redor de Hitler que acreditava que tomar Gibraltar era eminentemente possível e poderia significar a vitória total na guerra contra a Grã-Bretanha. Chocado com o relatório de Canaris, eles expressaram veementemente suas dúvidas sobre as informações secretas que ele vinha fornecendo o tempo todo. Sua natureza enigmática – falava pouco e era impossível de decifrar – apenas alimentava as suspeitas de que não era uma pessoa confiável. Hitler não quis dar ouvidos a seu *staff*, mas um encontro com o generalíssimo Franco a fim de discutirem o plano para Gibraltar indiretamente corroborou tudo que Canaris tinha dito. Franco era difícil e fez todos os tipos de exigências tolas; seria impossível lidar com os espanhóis; as logísticas eram complicadas demais. Hitler logo perdeu interesse pelo plano de Jodl.

Nos anos seguintes, um número cada vez maior de oficiais alemães estava desconfiando da lealdade de Canaris ao Terceiro Reich, mas ninguém conseguia atribuir a ele nada de concreto. O próprio Hitler tinha muita fé no chefe da Abwehr e o enviava em missões secretas críticas. Uma delas foi no verão de 1943, quando o marechal Pietro Badoglio, ex-chefe do Estado-Maior italiano, prendeu Benito Mussolini, ditador da Itália e o mais fiel aliado de Hitler. Os alemães temiam que Badoglio pudesse secretamente iniciar conversações com o general Dwight D. Eisenhower a favor da rendição da Itália – um golpe devastador para o Eixo que Hitler poderia evitar, se necessário, enviando um exército a Roma, prendendo Badoglio e ocupando a capital. Mas isso era necessário?

Os exércitos de Hitler eram necessários em outras partes, portanto Canaris foi despachado para avaliar a probabilidade de a Itália se render. Ele se encontrou com seu colega no governo italiano, o general Cesare Amé, em seguida combinou uma reunião com membros do alto escalão do serviço de inteligência dos dois países. Na reunião, Amé negou enfaticamente que Badoglio tivesse qualquer intenção de trair a Alemanha; na verdade, o marechal era fidelíssimo à causa. E Amé foi muito convincente. Hitler então deixou a Itália em paz. Poucas semanas depois, entretanto, Badoglio entregou-se a Eisenhower, e a valiosa frota italiana passou para as mãos dos aliados. Canaris fora enganado – ou Canaris é quem enganara todo mundo?

> Agamenon seguiram as instruções de Ulisses, que eram tocar fogo em seu acampamento, partir para o mar e esperar ao largo de Tenedos e das ilhas calidianas até a noite seguinte...
> ... Ao alvorecer, patrulheiros troianos relataram que do acampamento só restavam cinzas e que os gregos tinham partido, deixando um cavalo enorme na praia. Príamo e vários de seus filhos foram ver e, enquanto olhavam maravilhados, Timoetes foi o primeiro a romper o silêncio. "Visto que este é um presente para Atena", disse, "proponho levá-lo para dentro de Troia e rebocá-lo até sua cidadela." "Não, não!", gritou Capys. "Atena favoreceu os gregos durante muito tempo; devemos queimá-lo imediatamente ou abri-lo para ver o que tem em sua barriga." Mas Príamo declarou: "Timoetes está certo. Vamos colocá-lo sobre rolos. Que ninguém profane uma propriedade de Atena." O cavalo era largo demais para passar pelos portões. Mesmo depois de os muros terem sido quebrados, ele ficou preso quatro vezes. Com um esforço enorme os troianos então o rebocaram até a cidadela; mas pelo menos tomaram a precaução de consertar o muro quebrado atrás deles...

À meia-noite... Ulisses ordenou a Epeius que destrancasse a escotilha... Então os gregos espalharam-se em silêncio pelas ruas iluminadas pelo luar, invadiram casas desprotegidas e cortaram as gargantas dos troianos adormecidos.
THE GREEK MYTHS, VOL. 2, ROBERT GRAVES, 1955

O general Walter Schellenberg, chefe da divisão do serviço secreto estrangeiro da SS, começou a investigar o fiasco de Badoglio e descobriu dois homens a serviço de Amé que haviam escutado as conversas de Canaris com seu chefe. Canaris, eles relataram, sabia o tempo todo das intenções de Badoglio de se render e colaborara com Amé para enganar Hitler. Certamente desta vez o chefe da Abwehr fora apanhado no ato e pagaria com a própria vida. Schellenberg reuniu um grosso dossiê com outros atos que lançaram mais dúvidas sobre Canaris. Ele o apresentou a Heinrich Himmler, chefe da SS, que, entretanto, disse a seu subordinado para ficar calado – ele apresentaria o dossiê a Hitler quando chegasse a hora. No entanto, para desânimo de Schellenberg, meses se passaram e Himmler não fez nada, exceto aposentar Canaris do serviço com todas as honras.

Logo depois da aposentadoria de Canaris, seus diários caíram nas mãos da SS. Eles revelavam que ele havia conspirado contra Hitler desde o início de sua função como chefe da Abwehr, até tramando assassinar o Führer em intrigas que falharam por pouco. Canaris foi mandado para um campo de concentração, onde, em abril de 1945, foi torturado e morto.

Interpretação. Wilhelm era um homem conservador e de grande devoção patriótica. Nos primeiros dias da ascensão do Partido Nazista ao poder, ele já acreditava que Hitler levaria sua amada Alemanha à destruição. Mas o que ele podia fazer? Era apenas um homem e levantar a voz contra Hitler não lhe daria mais do que um pouco de publicidade e uma morte prematura. Canaris estava interessado apenas nos resultados. Portanto ficou calado e, ao lhe oferecerem o posto de chefe da Abwehr, aproveitou a oportunidade. De início, ele não se apressou, conquistando a credibilidade por seu trabalho na Abwehr e tentando compreender o funcionamento interno do governo nazista. Enquanto isso, ele secretamente organizava um grupo de conspiradores que pensavam como ele, a Schwarze Kapelle (Orquestra Negra), que planejaria várias conspirações para matar Hitler. De sua posição na Abwehr, Canaris era capaz de proteger até certo ponto a Schwarze Kapelle de investigações. Ele também sigilosamente reunia informações sobre as sujeiras mais secretas de nazistas do alto escalão, como Himmler, e deixava que ficassem sabendo que qualquer movimento contra ele resultaria em revelações que acabariam com eles.

Designado para a Operação Sealion, Canaris adulterou as informações secretas para fazer a Inglaterra parecer muito mais formidável do que era. Designado para investigar a invasão de Gibraltar, ele secretamente disse aos espanhóis que seria um desastre deixar que a Alemanha usasse o país deles: a Alemanha nunca mais sairia de lá. Daí a frieza de Franco com Hitler. Em ambos os casos, Canaris explorou a impaciência de Hitler querendo vitórias fáceis e rápidas para desencorajá-lo a se meter em aventuras que poderiam ter virado fácil e irrevogavelmente a guerra a seu favor. Por fim, no caso de Badoglio, Canaris entendeu qual era o ponto fraco de Hitler – uma preocupação paranoica com a lealdade dos outros – e instruiu Amé para apelar para esta fragilidade e dar uma prova da devoção da Itália à causa do Eixo. Os resultados do trabalho de Canaris pelo lado de dentro foram surpreendentes: um homem representou um papel importantíssimo salvando a Inglaterra, a Espanha e a Itália do desastre, inegavelmente mudando a maré da guerra. Os recursos da máquina de guerra alemã estavam essencialmente à disposição dele, para dilacerar e descarrilar seus esforços.

Como a história de Canaris demonstra, se existe alguma coisa que você queira combater ou destruir, quase sempre é melhor reprimir o desejo de expressar sua hostilidade, revelar sua posição e deixar que o outro lado saiba quais são suas intenções. O que você ganha em publicidade, e talvez se sentindo bem com sua franqueza, você perde na redução de seu poder de causar danos reais, particularmente se o inimigo é forte.

Em vez disso, a melhor estratégia é parecer que está do lado do inimigo, entrando no fundo do coração dele. Dali você pode colher informações valiosas: fragilidades para atacar, evidências incriminadoras para publicar. Aqui, manobras sutis, como transmitir informações falsas ou guiar seu adversário para uma política autodestrutiva, podem ter grandes efeitos – bem maiores do que qualquer coisa que você pudesse fazer pelo lado de fora. Os poderes do inimigo tornam-se armas que você pode usar contra ele, uma espécie de armadura vira-casaca a sua disposição. É difícil para a maioria das pessoas imaginar que alguém, que por fora faz o papel de fiel defensor ou amigo, possa secretamente ser um inimigo. Isto torna suas intenções hostis relativamente fáceis de disfarçar. Quando você é invisível para o inimigo, não há limite para os poderes destrutivos a sua disposição.

Fale com deferência, ouça com respeito, obedeça a seu comando e concorde com ele em tudo. Ele jamais imaginará que você pode estar em conflito com ele. Nossas medidas traiçoeiras estarão, portanto, resolvidas.
– Tai Kung, *Os seis ensinamentos secretos* (c. século IV a.C.)

A CONQUISTA AMIGÁVEL

No verão de 1929, André Breton, o líder de 33 anos do movimento surrealista de vanguarda em Paris, assistiu à exibição privada de um filme chamado *Um cão andaluz*. Era dirigido por um membro espanhol do grupo, Luis Buñuel, e a sua primeira imagem mostrava um homem cortando o olho de uma mulher com uma faca. Este, Breton exclamou, era o primeiro filme surrealista. *Um cão andaluz* criou muito alvoroço em parte por causa da contribuição para a filmagem de um novo artista no cenário, Salvador Dalí, amigo e colaborador de Buñuel. O diretor falou muito bem a Breton sobre seu colega espanhol, cujos quadros, disse, podem sem dúvida alguma ser considerados surrealistas e cuja personalidade era extremamente peculiar. Em breve outras pessoas, também, estavam falando de Dalí, discutindo o que ele chamava de seu método "paranoico-crítico" de pintar: ele mergulhava em seus sonhos e em seu inconsciente e interpretava as imagens que encontrava ali, não importava qual fosse seu conteúdo, em delirantes detalhes. Dalí ainda vivia na Espanha, mas Breton de repente via seu nome por toda parte. E aí, em novembro de 1929, Dalí, aos 25 anos, fez sua primeira grande exposição em uma galeria de Paris, e Breton ficou fascinado com as imagens. Ele escreveu a respeito da mostra: "Pela primeira vez as janelas da mente se escancararam."

O final da década de 1920 foi um período difícil para Breton. O movimento que havia fundado uns cinco anos antes estava estagnado e seus membros constantemente discutiam por questões ideológicas que faziam Breton chorar de tédio. Na verdade, o surrealismo estava à beira de se tornar *passé*. Talvez Dalí pudesse oferecer o sangue novo de que ele precisava: sua arte, suas ideias, sua personalidade provocante poderiam fazer do surrealismo algo sobre o que as pessoas voltariam a falar. Com tudo isto em mente, Breton convidou Dalí para entrar no movimento, e o espanhol muito satisfeito aceitou. Dalí mudou-se para Paris e ali se estabeleceu.

Durante alguns anos, a estratégia de Breton pareceu funcionar. Os escandalosos quadros de Dalí eram o assunto de Paris. Suas exposições causavam tumulto. De repente, todos estavam interessados de novo no surrealismo, até artistas mais jovens. Mas, em 1933, Breton já estava se arrependendo de ter incluído Dalí. Ele tinha começado a receber cartas do espanhol manifestando um grande interesse em Hitler como uma fonte de inspiração paranoica. Só os surrealistas, Dalí achava, eram capazes de "dizer coisas bonitas sobre o assunto" Hitler; ele até escreveu a respeito de sonhos com Hitler que tinham uma carga sexual. Conforme as notícias da paixão de Dalí pelo Führer se espalha-

Durante todas as suas viagens revolucionárias e missionárias, Hasan [líder dos ismaelitas de Nizari] estava em busca de uma fortaleza inexpugnável de onde conduzir sua resistência ao império Seljuk. Por volta de 1088, ele finalmente escolheu o castelo de Alamut, construído em um cume estreito sobre um alto rochedo no coração das Montanhas Elburz, em uma região conhecida como o Rudbar. O castelo dominava um vale cultivado cercado, com 48 quilômetros de comprimento e 5 de largura em sua parte mais larga, aproximadamente 1.800 metros acima do nível do mar. Várias aldeias pontilhavam o vale, e

vam dentro do movimento, elas provocavam discussões sem-fim. Muitos surrealistas tinham simpatias comunistas e não estavam gostando dos devaneios do artista espanhol. Para piorar as coisas, ele incluiu um quadro enorme de uma imagem de Lenin em uma pose grotesca – expondo nádegas imensas (quase três metros de comprimento), apoiado em uma muleta. Muitos no grupo surrealista admiravam Lenin; Dalí estaria sendo intencionalmente provocador? Depois que Breton disse a Dalí que não gostava de suas pinturas de nádegas e ânus humanos, uma delirante profusão de imagens de ânus de repente começou a povoar os quadros do artista.

No início de 1934, Breton não suportou mais e publicou uma declaração, assinada também por vários membros, propondo a expulsão de Dalí do grupo surrealista. O movimento se dividiu; Dalí tinha defensores assim como inimigos. Finalmente foi convocada uma reunião para debater o assunto. Dalí estava com febre e dor de garganta; ele apareceu na reunião vestindo uma meia dúzia de roupas superpostas e um termômetro na boca. Enquanto Breton andava pela sala de um lado para o outro, relacionando as razões para sua expulsão, Dalí começou a tirar e colocar o sobretudo, o casaco, as suéteres, tentando regular sua temperatura. Estava difícil alguém prestar atenção a Breton.

Finalmente, pediram a Dalí para dar sua resposta.

– Eu tinha pintado Lenin e Hitler com base em sonhos – ele disse, o termômetro na boca fazendo-o cuspir muitas de suas palavras. – As nádegas anamórficas de Lenin não foram um insulto, mas a prova da minha fidelidade ao surrealismo.

Ele continuava despindo e vestindo as roupas.

– Todos os tabus são proibidos ou então é preciso fazer uma lista daqueles a serem observados, e deixar que Breton formalmente afirme que o reino da poesia surrealista nada mais é do que um pequeno domínio usado para prisão domiciliar daqueles réus colocados sob vigilância pelo esquadrão do vício ou pelo Partido Comunista.

Os membros do círculo ficaram perplexos, para dizer o mínimo: Dalí tinha transformado a reunião deles em uma espécie de performance surrealista, ao mesmo tempo ridicularizando a liberdade criativa que defendia e reivindicando-a para si mesmo. Ele também os tinha feito rir. Uma votação para excluí-lo só confirmaria as coisas de que ele os havia acusado. Por enquanto, decidiram deixá-lo em paz, mas na conclusão do encontro ficou claro que o movimento surrealista estava agora mais dividido do que nunca.

No final daquele mesmo ano. Dalí retirou-se para Nova York. Paris recebeu a notícia de que ele havia conquistado totalmente o mundo das

> seus habitantes eram muito receptivos com relação à ascética crença de Hasan. O castelo era acessível apenas com grande dificuldade por uma estreita garganta do Rio Alamut... Hasan empregou uma estratégia cautelosa para tomar o castelo, que fora cedido a seu atual proprietário shiita, chamado Mahdi, pelo sultão de Seljuk, Malikshah. Primeiro, Hasan enviou seu fiel dai *Husayn Qai-ni* e dois outros para conquistarem convertidos nas aldeias vizinhas. Em seguida, muitos dos residentes e soldados de Alamut foram secretamente convertidos ao ismaelismo. Finalmente, em setembro de 1090, o próprio Hasan foi secretamente introduzido no castelo. Quando Mahdi percebeu que Hasan havia de fato dominado em silêncio sua fortaleza, saiu pacificamente...
> THE TEMPLARS AND THE ASSASSINS, JAMES WASSERMAN, 2001

artes nos Estados Unidos, fazendo do surrealismo o movimento mais excitante por toda parte. Nos anos seguintes, ele emigraria para os Estados Unidos e seu rosto enfeitaria a capa da revista *Time*. De Nova York, sua fama se espalhou pelo mundo inteiro. Enquanto isso, os próprios surrealistas iam se apagando tranquilamente aos olhos do público, marginalizados por outros movimentos artísticos. Em 1939, Breton, desgostoso com sua falta de controle sobre Dalí, finalmente expulsou o espanhol do grupo, mas a essa altura isso pouco importava: o próprio Dalí havia se tornado sinônimo de surrealismo, e continuaria assim muito depois de o movimento surrealista deixar de existir.

Interpretação. Salvador Dalí era um homem extremamente ambicioso. Embora parecendo no mínimo excêntrico, seus diários mostram até que ponto ele aplicava estratégias para conseguir o que queria. Aborrecendo-se na Espanha no início da sua carreira, ele viu a importância de conquistar o mundo artístico de Paris, o centro do movimento da arte moderna, se quisesse chegar ao ápice da fama. E para ter sucesso em Paris, seu nome deveria estar ligado a algum tipo de movimento – isso demonstraria seu status *avant-garde* e lhe daria publicidade gratuita. Considerando a natureza do seu trabalho e método crítico-paranoico, o surrealismo era a única opção lógica. Claro que ajudou o fato de Buñuel, grande amigo de Dalí, já ser um dos membros do grupo e sua amante, Gala, estar também casada com Paul Éluard, um dos principais autores e pensadores do surrealismo. Por intermédio de Buñuel, Gala e alguns outros (pessoas a quem Dalí chamava de "mensageiros" e "porteiros"), ele espalhou seu nome estrategicamente por toda a Paris e se voltou diretamente para Breton. Na verdade, Dalí desprezava qualquer espécie de grupo organizado e não gostava nada de Breton, mas ambos podiam lhe ser úteis. Ao insinuar sua presença e sugerir que ele era um surrealista *avant la lettre*, ele espertamente conseguiu que Breton o convidasse para fazer parte do grupo.

Agora, como um verdadeiro surrealista, oficialmente íntimo no movimento, Dalí podia continuar travando sua guerra insidiosa. Primeiro ele se exibiu como um membro leal do grupo, a plataforma de onde passaria vários anos conquistando Paris com seus quadros surpreendentes. Os surrealistas agradeciam a nova vida que ele lhes tinha dado, mas na realidade ele estava usando o nome e a presença deles para promover sua carreira. Depois, quando sua fama estava garantida, ele começou a dinamitar o grupo por dentro. Quanto mais fracos estivessem os surrealistas internamente, mais ele poderia dominá-lo em público. Dalí intencionalmente escolheu Hitler e Lenin como imagens que sabia que iam desagradar a muitas pessoas no grupo. Isso ao mesmo tempo revelaria o lado totalitário de Breton e causaria uma grande divisão entre os membros. A "performance" de Dalí na reunião para expulsá-lo foi em si mesma uma obra-prima surrealista e um golpe estratégico a qualquer vestígio de unidade do grupo. Finalmente, quando o movimento se dividiu, ele escapuliu para Nova York para completar sua campanha. Apropriando-se do sedutor nome de surrealismo, ele entraria para a história como seu membro mais famoso, muito mais do que Breton.

É difícil abrir caminho no mundo sozinho. Alianças podem ajudar, mas, se você está iniciando, é complicado conseguir que as pessoas certas se interessem em estabelecer uma aliança com você; não ganham nada com isso. A estratégia mais prudente costuma ser a de se juntar ao grupo que melhor servir a seus interesses no longo prazo, ou àquele com o qual você tiver mais afinidade. Em vez de tentar conquistar este grupo de fora, você se enfia dentro dele. Ao estabelecer uma intimidade, você pode colher informações valiosas sobre como ele funciona e particularmente sobre as hipocrisias e fragilidades de seus membros – conhecimento que você pode usar para travar uma insidiosa guerra intraorganizacional. De dentro, você pode dividir e conquistar.

Lembre-se: sua vantagem aqui é que, ao contrário de outros membros, você não tem apegos sentimentais com o grupo; sua única aliança é com você mesmo. Isso lhe dá a liberdade necessária para fazer as manobras manipuladoras e destrutivas que o colocarão em primeiro plano à custa dos outros.

> *Se você decidir travar uma guerra pelo total triunfo de sua individualidade, deve começar destruindo inexoravelmente aqueles que têm mais afinidade com você.*
> – Salvador Dalí (1904-1989)

CHAVES PARA A GUERRA

A forma mais comum de defesa em uma guerra à moda antiga era a fortaleza ou cidade murada, e líderes militares planejaram estratégias durante séculos para tomar essas estruturas. A fortaleza apresentava um problema simples; era projetada para ser impenetrável, para exigir um tamanho esforço para ser dominada que, a não ser que fosse estrategicamente essencial, um exército tenderia a passar adiante. A estratégia convencional contra a fortaleza era escalar suas muralhas ou abrir brechas usando engenhocas próprias para cercos e aríetes. Quase sempre isso significava primeiro cercá-la, criando a sua volta círculos

Atacar ou intervir. – Com frequência cometemos o erro de nos opormos ativamente a uma tendência, a um partido ou era porque vimos apenas seu lado externo, sua desagregação ou as "falhas de suas virtudes" aderindo necessariamente a ela – talvez porque nós mesmos tenhamos participado delas em um grau notável. Em seguida viramos as costas e seguimos na direção oposta; mas seria melhor se, em vez disso, procurássemos seu lado bom e forte ou o evoluíssemos e desenvolvêssemos em nós mesmos. É necessário, sem dúvida, um olhar mais penetrante e uma inclinação mais favorável para promover o que está imperfeito e em evolução, em vez de enxergá-lo em sua imperfeição e negá-lo.
HUMANO, DEMASIADO HUMANO, FRIEDRICH NIETZSCHE, 1878

conhecidos como "linhas de circunvalação e contravalação" que impediriam a entrada de suprimentos e reforços e a saída dos defensores. Os habitantes da cidade aos poucos morriam de fome e fraqueza, possibilitando no final a abertura de brechas nas muralhas e a conquista do castelo. Estes cercos tendiam a ser muito demorados e sangrentos.

Ao longo dos séculos, entretanto, certos estrategistas iluminados descobriram um jeito diferente de derrubar as muralhas. A estratégia deles baseava-se em uma simples premissa: a aparente resistência da fortaleza é uma ilusão, pois atrás de seus muros há pessoas que estão presas, com medo e até desesperadas. Os líderes da cidade essencialmente esgotaram suas opções; só podem depositar sua fé na arquitetura da fortaleza. Levantar cerco a estes muros é confundir aparência de força com realidade. Se na verdade as paredes estão ocultando uma grande fragilidade lá dentro, então a estratégia adequada é contorná-las e mirar no interior. Isto pode ser feito literalmente, cavando túneis sob os muros, minando a resistência delas – uma estratégia militar convencional. Um jeito melhor, mais traiçoeiro, é infiltrando pessoas lá para dentro ou trabalhar com os habitantes da cidade que estão descontentes. Isto é conhecido como "abrir um fronte interno" – encontrar um grupo lá de dentro que trabalhe a seu favor espalhando insatisfação e que no final acabe entregando a fortaleza em suas mãos, poupando a você um longo cerco.

No final de janeiro de 1968, os norte-vietnamitas lançaram a famosa Ofensiva Tet contra os exércitos sul-vietnamitas e americanos. Entre seus alvos estava Hue, a antiga capital do Vietnã e uma cidade de grande significado religioso para o povo vietnamita. No centro de Hue fica um enorme forte chamado a Cidadela, e dentro da Cidadela está o conjunto residencial do Palácio Imperial, o coração e a alma de Hue. A Cidadela tem muros incrivelmente grossos e altos, e está cercada de água por todos os lados. Em 1968, estava guardada por soldados americanos e seus aliados. Mas os norte-vietnamitas conseguiram de alguma maneira tomar a Cidadela com uma facilidade extraordinária. Eles a mantiveram por várias semanas, depois desapareceram de Hue como em um passe de mágica após um contra-ataque maciço dos Estados Unidos. A Cidadela era insignificante para eles como uma posse física ou estratégica; eles estavam interessados era no valor simbólico de terem conseguido tomá-la, mostrando ao mundo que a invencibilidade americana era um mito.

A captura da Cidadela foi um feito notável, e foi assim que aconteceu. Meses antes de Tet, os norte-vietnamitas começaram a infiltrar homens na cidade e a organizar aqueles entre seus simpatizantes que já moravam em Hue e trabalhavam dentro da Cidadela. Eles se apossaram de plantas detalhadas da fortaleza, o que lhes permitiu cavar túneis complicados sob seus muros. Conseguiram também deixar reservas de armas em pontos-chaves. Durante o feriado de Tet, eles infiltraram na cidade mais homens seus, vestidos como camponeses. Cúmplices dentro da fortaleza os ajudaram a inundar alguns dos postos de guarda e abrir os portões. Misturando-se à população, eles fizeram com que ficasse impossível para os defensores da Cidadela distinguir amigo de inimigo. Finalmente, tendo feito o reconhecimento da localização da estrutura de comando concentrada dentro da Cidadela, os norte-vietnamitas puderam retirá-la na mesma hora, deixando os defensores incapazes de se comunicarem uns com os outros. Isto criou uma confusão em massa, e no processo a defesa da Cidadela ruiu.

Os norte-vietnamitas chamaram esta estratégia de o "lótus em flor". Ela tem raízes profundas no pensamento militar asiático e suas aplicações vão muito além da guerra. Em vez de se concentrar na formidável frente inimiga, em capturar pontos-chaves na periferia de suas defesas e encontrar um jeito de atravessá-las (a abordagem tradicional ocidental), a estratégia do lótus mira primeiro e principalmente no centro – as partes macias e vulneráveis de dentro. O objetivo é canalizar soldados e confederados para esta área central da forma que for possível e atacá-la primeiro a fim de espalhar confusão. Em vez de tentar penetrar nas defesas, ela se infiltra. Isto inclui as mentes dos soldados e oficiais inimigos – armando estratégias para irritá-los, desequilibrar suas capacidades de raciocínio, amolecê-los pelo lado de dentro. Como a flor de lótus, tudo se desdobra a partir do centro do alvo.

Aqui, o princípio básico é o de que é mais fácil derrubar uma estrutura – uma parede, um grupo, uma mente defensiva – de dentro para fora. Quando alguma coisa começa a apodrecer ou se desfazer pelo lado de dentro, desmorona sob seu próprio peso – um modo muito melhor de derrubá-lo do que socando suas paredes. Ao atacar qualquer grupo, o estrategista do lótus pensa primeiro em abrir uma frente interna. Os confederados do lado de dentro fornecerão informações secretas valiosas sobre as vulnerabilidades do inimigo. Eles em silêncio e sutilmente o sabotarão. Eles espalharão divergência e divisões internas. A estratégia pode enfraquecer o inimigo até o ponto em que você consegue acabar com ele de um só golpe penetrante; ela pode também fazer o inimigo cair sozinho.

Uma variação da estratégia do lótus é fazer amizade com seus inimigos, insinuando-se em seus corações e mentes. Como amigo de seus alvos, você naturalmente ficará sabendo de suas necessidades e inseguranças, o interior mole que eles tanto se esforçam para ocultar. As defesas deles baixam com um amigo. E mesmo mais tarde, quando você revelar suas intenções traiçoeiras, a ressonância persistente de sua amizade ainda os confundirá, deixando que você continue manipulando-os

Um príncipe não precisa se preocupar muito com conspirações se o povo está bem disposto, mas, se é hostil e o odeia, então deve temer tudo e todos.
NICOLAU MAQUIAVEL, 1469-1527

ao brincar com suas emoções e forçando para que reajam de uma forma exagerada. Para um efeito mais imediato, você pode tentar um ato repentino de bondade e generosidade que faz as pessoas baixarem suas defesas – a estratégia do Cavalo de Troia. (Durante dez longos anos, os gregos espancaram os muros de Troia sem nenhum resultado; com a simples oferta de um cavalo de madeira de presente, eles colocaram dentro de Troia sorrateiramente alguns homens, que abriram os portões pelo lado de dentro.)

A estratégia do lótus tem muitas aplicações: quando confrontado por alguém difícil ou espinhoso, não se deixe distrair ou perder a coragem por causa de sua formidável aparência exterior; pense em como entrar no núcleo mole, o centro de onde brota o problema. Talvez a origem de seu problema seja uma determinada pessoa; talvez seja você mesmo e suas próprias ideias rançosas; talvez seja a organização disfuncional de um grupo. Conhecer o núcleo do problema lhe dá um grande poder para mudá-lo de dentro para fora. Sua primeira preocupação deve sempre ser a de se infiltrar até o centro – seja em pensamento ou atos –, jamais vagar pela periferia ou simplesmente socar muros.

Se existe alguém do lado de dentro de quem você precisa se livrar ou que deseja frustrar, a tendência natural é considerar a possibilidade de conspirar com outras pessoas que sentem a mesma coisa. Na maioria das conspirações, o objetivo é alguma ação em grande escala para derrubar o líder e tomar o poder. Os riscos são grandes, motivo pelo qual as conspirações são com frequência difíceis e perigosas. A principal fragilidade em qualquer conspiração em geral é a natureza humana; quanto maior o número de pessoas envolvidas na trama, maiores as chances de alguém a revelar, seja intencional ou acidentalmente. Como disse Benjamin Franklin: "Três conseguem guardar um segredo, se dois deles estiverem mortos." Não importa o quanto você confie em seus companheiros conspiradores, é impossível saber ao certo o que se passa em suas cabeças – suas possíveis dúvidas, as pessoas com quem eles talvez estejam conversando.

Existem algumas precauções que você pode tomar. Mantenha o número de conspiradores o menor possível. Envolva-os nos detalhes da trama somente o necessário; quanto menos eles souberem, menos terão para dar com a língua nos dentes. Revelar datas e horários de seu plano o mais tarde possível antes de todos vocês agirem não lhes dará tempo para recuar. Portanto, uma vez descrito o plano, fique com ele. Nada semeia mais dúvidas nas mentes dos conspiradores do que mudanças de última hora. Mesmo diante de toda esta insegurança, tenha em mente que a maioria das conspirações falha e, em seu fracasso, elas criam todos os tipos de consequências não pretendidas. Até a trama bem-sucedida para assassinar Júlio César levou não à restauração da República Romana, como pretendiam os conspiradores, mas ao regime não democrático do imperador Augusto. Conspiradores de menos, e você não terá força para controlar as consequências; conspiradores demais, e a conspiração ficará exposta antes de dar frutos.

Ao destruir qualquer coisa pelo lado de dentro, você precisa ter paciência e resistir ao fascínio da ação dramática, em grande escala. Como Canaris mostrou, a colocação de pequenos alicates no mecanismo é igualmente destrutiva no longo prazo, e mais segura por ser mais difícil de localizar. Considere a habilidade para dissuadir seus adversários de agirem agressivamente ou fazer seus planos negarem fogo como uma espécie de vitória no campo de batalha, mesmo que seu triunfo seja sub-reptício. Umas poucas vitórias desse tipo e seu inimigo se desintegra de dentro para fora.

Finalmente, o moral tem um papel importantíssimo em qualquer guerra, e é sempre prudente trabalhar para minar o moral das tropas inimigas. Os chineses chamam a isto de "tirar a lenha debaixo do caldeirão". Você pode tentar isto pelo lado de fora, por meio de propaganda, mas isso em geral tem o efeito oposto, reforçando a coesão de soldados e civis diante de uma força estrangeira tentando conquistá-los. É bem mais eficaz encontrar simpatizantes dentro de suas fileiras, que espalharão o descontentamento como uma doença. Quando soldados veem aqueles que estão de seu próprio lado com dúvidas a respeito de uma causa pela qual estão lutando, em geral se sentem desmoralizados e vulneráveis a mais insatisfações. Se seus líderes reagem de forma exagerada a esta ameaça punindo os queixosos, eles favorecem seu jogo, representando-se como injustos e autoritários; se eles não dão importância ao problema, ele só se espalhará; e se eles começam a ver inimigos por toda parte a seu redor, a paranoia deles obscurecerá suas habilidades estratégicas. Usar uma frente interna para espalhar discórdia em geral é o que basta para lhe dar a vantagem necessária para você derrotar o inimigo.

Imagem: *O Cupim. Bem no fundo da estrutura da casa, o cupim silenciosamente devora a madeira, seus exércitos pacientemente furam vigas e suportes. O trabalho passa despercebido, mas não o resultado.*

Autoridade: *A pior [política militar é] atacar cidades muradas... Se seu comandante, incapaz de controlar seu temperamento, envia suas tropas sobre as muralhas como um enxame, um homem em cada três morrerá e ainda assim você não terá tomado a cidade... Portanto, o especialista no uso das tropas subjuga as forças inimigas sem entrar em combate, toma as cidades muradas do inimigo sem lançar um ataque.* – Sun Tzu (século IV a.C.)

INVERSO

Há sempre a possibilidade de existirem pessoas descontentes em seu próprio grupo que estarão inclinadas a se voltarem contra você internamente. O pior erro é entrar em paranoia, desconfiando de tudo e de todos, e tentando monitorar cada movimento deles. Sua única garantia contra conspirações e sabotadores é manter suas tropas satisfeitas, engajadas no trabalho que fazem e unidas pela causa em comum. Elas tenderão a se policiar e entregar o insatisfeito que estiver tentando causar problemas internamente. É apenas em corpos doentes e em decomposição que células cancerosas lançam suas raízes.

32

DOMINE ENQUANTO PARECE SE SUBMETER

A ESTRATÉGIA DA AGRESSÃO PASSIVA

Qualquer tentativa para curvar as pessoas à sua vontade é uma forma de agressão. Em um mundo onde as considerações políticas são soberanas, a forma mais eficaz de agressão é a que melhor se oculta: agressão por trás de uma aparência complacente, até amorosa. Para seguir esta estratégia passivo-agressiva, você deve parecer estar de acordo com as pessoas sem oferecer resistência. Mas na verdade você domina a situação. Você não se compromete, é até um pouco indefeso, mas isso só significa que tudo gira em torno de você. Algumas pessoas podem perceber o que você está pretendendo e ficar com raiva. Não se preocupe – apenas certifique-se de disfarçar bem sua agressão para poder negar que ela existe. Faça isso corretamente e elas se sentirão culpadas por acusar você. Agressão passiva é uma estratégia popular; você precisa aprender a se defender das vastas legiões de guerreiros passivo-agressivos que o atacarão em sua vida diária.

A CULPA COMO ARMA

Gandhi e seus associados deploravam repetidamente a incapacidade de seu povo de oferecer resistência violenta, organizada, eficaz contra injustiças e tirania. Sua própria existência foi corroborada por uma série interminável de reiterações de todos os líderes da Índia – que a Índia não podia praticar guerra física contra seus inimigos. Muitas razões foram dadas, inclusive fraqueza, falta de armas, o fato de terem sido derrotados até a submissão, e outros argumentos de natureza semelhante...

... Confrontados com a questão de saber que meios ele poderia empregar contra os britânicos, chegamos aos outros critérios previamente mencionados; que o tipo de meios selecionados e como eles podem ser usados depende significativamente da face do inimigo, ou do caráter de sua oposição. A oposição de Gandhi não apenas tornou possível o uso eficaz da resistência passiva, mas praticamente a convidou. Seu inimigo era uma administração britânica caracterizada por uma tradição liberal antiga, aristocrática, que concedia muita liberdade a seus colonizados e que sempre havia operado segundo um padrão

Em dezembro de 1929, o grupo de ingleses que governava a Índia estava meio nervoso. O Congresso Nacional Indiano – o principal movimento pela independência do país – havia encerrado conversações sobre a proposta de que os britânicos devolveriam gradualmente o governo autônomo ao subcontinente. Em vez disso, o congresso estava querendo nada menos do que a total e imediata independência, e havia pedido a Mahatma Gandhi para liderar uma campanha de desobediência civil para iniciar esta luta. Gandhi, que havia estudado direito em Londres anos antes, inventara uma forma de protesto baseada na resistência passiva em 1906, enquanto trabalhava como advogado na África do Sul. Na Índia, no início da década de 1920, ele havia liderado campanhas de desobediência civil contra os britânicos que haviam causado muito rebuliço, e com isso ele tinha ido parar na prisão e se tornado o homem mais respeitado no país. Para os britânicos, nunca foi fácil lidar com ele; apesar de sua frágil aparência, ele era intransigente e implacável.

Embora Gandhi acreditasse e praticasse uma forma rigorosa de não violência, os oficiais coloniais do Raj Britânico estavam temerosos: em um momento em que a economia inglesa estava fraca, eles o imaginavam organizando um boicote aos produtos britânicos, sem falar nas demonstrações de massa nas ruas das cidades da Índia, um pesadelo policial.

O homem encarregado da estratégia do Raj no combate ao movimento de independência era o vice-rei da Índia, lorde Edward Irwin. Embora admirasse Gandhi pessoalmente, Irwin havia decidido reagir com força e rápido – ele não podia deixar a situação ficar fora de controle. Ele esperou ansiosamente para ver o que Gandhi ia fazer. Semanas se passaram e, finalmente, no dia 2 de março Irwin recebeu uma carta de Gandhi – muito tocante em sua honestidade – que revelava os detalhes da campanha de desobediência civil que estava prestes a lançar. Seria um protesto contra os impostos cobrados sobre o sal. Os britânicos detinham o monopólio da produção de sal da Índia, mesmo que qualquer um pudesse recolhê-lo facilmente na costa. Eles também cobravam um imposto muito alto sobre o sal. Era um peso muito grande para a população paupérrima na Índia, para quem o sal era seu único condimento. Gandhi planejava liderar uma marcha de seus seguidores desde o seu ashram perto de Bombaim (atual Mumbai) até a cidade costeira de Dandi, onde ele iria recolher o sal marinho deixado na praia pelas ondas e encorajar indianos em geral a fazerem o mesmo. Era possível evitar tudo isto, ele escreveu a Irwin, se o vice-rei retirasse imediatamente o imposto sobre o sal.

Irwin leu esta carta com uma sensação de alívio. Ele imaginou Gandhi com sessenta anos de idade, frágil e apoiando-se em uma bengala de bambu, liderando seus seguidores maltrapilhos de seu ashram – menos de oitenta pessoas – em uma marcha de 320 quilômetros até o mar, onde recolheria o sal das areias. Comparado com o que Irwin e seu *staff* vinham esperando, o tamanho do protesto era ridículo. O que Gandhi estava pensando? Teria perdido o contato com a realidade? Até alguns membros do Congresso Nacional Indiano estavam profundamente desapontados com a forma de protesto que ele havia escolhido. De qualquer maneira, Irwin tinha de repensar sua estratégia. Assediar ou prender este velho santo e seus seguidores (muitos deles mulheres) simplesmente não ia funcionar. Soaria muito mal. Seria melhor deixá-lo em paz, evitando a aparência de uma reação autoritária demais e deixar a crise passar. No final, a ineficácia de sua campanha deixaria Gandhi um tanto desacreditado, quebrando seu encanto sobre as massas indianas. O movimento de independência poderia se fragmentar ou pelo menos perder o ímpeto, deixando a Inglaterra em uma posição mais forte a longo prazo.

Conforme observava os preparativos de Gandhi para a marcha, Irwin cada vez mais se convencia de ter escolhido a estratégia certa. Gandhi estava dando ao evento um aspecto quase religioso, como a famosa marcha do Senhor Buda para alcançar a sabedoria divina, ou o recolhimento do Senhor Rama no Ramayana. Sua linguagem era cada vez mais apocalíptica: "Estamos entrando em uma luta de vida e morte, uma guerra santa." Isto parecia ter ressonância com os pobres, que começaram a afluir em bando para o ashram de Gandhi para escutá-lo falar. Ele chamou equipes de filmagem do mundo inteiro para registrar a marcha, como se fosse um acontecimento histórico importantíssimo. O próprio Irwin era um homem religioso e se via como o representante de uma nação civilizada, temente a Deus. Resultaria em crédito para a Inglaterra que ela fosse vista deixando este homem santo intocado em sua procissão até o mar.

Gandhi e seus seguidores deixaram o ashram no dia 12 de março de 1930. Conforme o grupo passava de aldeia em aldeia, suas fileiras iam crescendo. A cada dia, Gandhi estava mais ousado. Ele convocou estudantes de todas as regiões da Índia para que abandonassem os estudos e se juntassem a ele na marcha. Milhares atenderam. Multidões se congregavam pelo caminho para vê-lo passar; os discursos que ele fazia para estas pessoas eram cada vez mais inflamados. Ele parecia estar tentando dar aos ingleses um motivo para prendê-lo. No dia 6 de abril, ele liderou seus seguidores até o mar para se purificarem, em seguida recolheu o sal da praia. A notícia de que Gandhi infringira a lei do sal espalhou-se rapidamente por toda a Índia.

que era o de usar, assimilar, seduzir ou destruir através de elogios ou corrupção os líderes revolucionários que surgiam das fileiras coloniais. Este foi o tipo de oposição que teria tolerado a tática de resistência passiva e finalmente se rendido à dela.
RULES FOR RADICALS, SAUL D. ALINSKY, 1971

É impossível vencer uma competição com um adversário impotente, visto que você não ganha nada com a vitória. Seus golpes não são devolvidos, de modo que você só sente culpa por ter atacado enquanto ao mesmo tempo experimenta a desconfortável desconfiança de que a impotência é calculada.
STRATEGIES OF PSYCHOTHERAPY, JAY HALEY, 1963

Dizem que Huang Ti, o legendário Imperador Amarelo e famoso ancestral da dinastia Chou, o paradigma histórico da concórdia e da civilização, criou do caos a harmonia, domesticou os bárbaros e animais selvagens, limpou as florestas e pântanos e inventou os "cinco sons harmoniosos", não com atos de épicos derramamentos de sangue, mas com sua virtude superior, adaptando-se e cedendo às "condições naturais" e à Vontade Celestial. O confucionismo, desde então, repudia como impraticável a ideia de soluções militares para problemas humanos.
O herdeiro mais notável de Huang Ti, dizem, foi Ti Yao, um cavalheiro que "naturalmente e sem esforço" adotou a reverência, a cortesia e a inteligência. Não obstante, durante seu reinado, o Dilúvio, símbolo universal de anomia na mitologia, ameaçou inundar as terras. Assim, coube a ele indicar um sucessor para preservar a ordem de seu próprio filho. Ti Yao escolheu o homem mais qualificado para a tarefa, o venerável Shun, que em vários testes já havia demonstrado ser capaz de harmonizar questões humanas com integridade...
... Shun por sua vez escolheu Yu, o Sábio,

Irwin acompanhou estes acontecimentos cada vez mais assustado. Estava começando a compreender que Gandhi o havia enganado: em vez de reagir com rapidez e decisão a esta marcha aparentemente inocente até o mar, o vice-rei havia deixado Gandhi tranquilo, permitindo que ela ganhasse ímpeto. O simbolismo religioso que parecera tão inofensivo havia agitado as massas, e a questão do sal havia de certa forma se tornado um para-raios para a insatisfação com a política inglesa. Gandhi havia escolhido com muita sagacidade um problema que os ingleses não reconheceriam como ameaça, mas teria repercussão entre os indianos. Se Irwin tivesse reagido mandando prender Gandhi imediatamente, tudo poderia ter passado despercebido. Agora era tarde demais; prendê-lo a esta altura só acrescentaria combustível ao fogo. Mas deixá-lo em paz demonstraria fraqueza e cederia a ele a iniciativa. Enquanto isso, demonstrações não violentas estavam surgindo em cidades e aldeias por toda a Índia, e reagir com violência só tornaria os manifestantes mais simpáticos aos indianos moderados. O que Irwin fizesse, pelo visto, só ia piorar as coisas. E assim ele se afligia, convocava reuniões intermináveis e não fazia nada.

Os dias se passavam e a causa ia encrespando visivelmente. Milhares de indianos viajavam para as costas da Índia para recolher sal como Gandhi havia feito. Cidades grandes viam demonstrações em massa nas quais este sal ilegal era distribuído ou vendido a um preço mínimo. Uma forma de protesto não violento gerava outra em um efeito cascata – um boicote liderado pelo Congresso a produtos britânicos, por exemplo. Finalmente, por ordem de Irwin, os britânicos começaram a reagir às demonstrações com força. E, no dia 4 de maio, eles prenderam Gandhi e o levaram para a prisão onde ficaria durante nove meses sem ser julgado.

A prisão de Gandhi detonou uma conflagração de protesto. No dia 21 de maio, um grupo de 2.500 indianos marchou pacificamente sobre o Dharasana Salt Works do governo, que era defendido por policiais armados indianos e oficiais britânicos. Quando os manifestantes avançaram sobre a fábrica, foram abatidos com porretes revestidos de aço. Instruídos nos métodos de não violência de Gandhi, os manifestantes não tentaram se defender, sujeitando-se simplesmente aos golpes que choviam sobre eles. Aqueles que não foram atingidos continuaram a marcha até que quase todos tivessem levado cacetada. Foi uma cena repugnante com muita exposição na imprensa. Incidentes semelhantes por toda a Índia ajudaram a destruir o último apego sentimental que qualquer indiano ainda tivesse pela Inglaterra.

Para encerrar os tumultos crescentes, Irwin finalmente foi obrigado a negociar com Gandhi, e, em várias questões, ceder terreno – fato sem precedentes para um vice-rei imperialista inglês. Embora o fim do Raj fosse demorar muito anos, a Marcha do Sal provou ser o início do fim e, em 1947, os ingleses finalmente saíram da Índia sem uma luta.

Interpretação. Gandhi foi um estrategista que sabia disfarçar sua esperteza, cuja fragilidade, até aparência de santo, constantemente confundia seus adversários fazendo com que o subestimassem. O segredo de qualquer estratégia de sucesso é conhecer o inimigo e a si mesmo, e Gandhi, educado em Londres, conhecia muito bem os ingleses. Ele os julgava um povo essencialmente liberal que se considerava defensor das tradições de liberdade política e comportamento civilizado. Esta imagem de si mesmo – embora coalhada de contradições, como indicado por seu comportamento às vezes brutal em suas colônias – era importantíssima para os ingleses. Os indianos, por outro lado, tinham sido humilhados por muitos anos de subserviência a seus senhores feudais ingleses. Estavam em grande parte desarmados e sem condições de se envolver em uma insurreição ou guerrilha. Caso se rebelassem com violência, como outras colônias tinham feito, os ingleses os esmagariam alegando depois terem agido em legítima defesa; sua imagem pessoal civilizada não sofreria danos. O uso da não violência, por outro lado – um ideal e uma filosofia que Gandhi prezava profundamente e que tinha um rica tradição na Índia –, exploraria à perfeição a relutância dos ingleses em reagir com força a não ser que fosse absolutamente necessário. Atacar pessoas que estavam protestando pacificamente não estava de acordo com a noção que os ingleses tinham de sua própria pureza moral. Sentindo-se confusos e culpados, os ingleses ficariam paralisados sem saber o que fazer e renunciariam à iniciativa estratégica.

A Marcha do Sal é talvez o melhor exemplo do brilhantismo estratégico de Gandhi. Primeiro, ele escolheu de propósito uma questão que os ingleses considerariam inofensiva, até ridícula. Reagir com força a uma marcha a respeito de sal teria causado problemas para um inglês. Depois, ao identificar sua questão aparentemente trivial em sua carta a Irwin, Gandhi deu a si mesmo espaço para estruturar a marcha sem medo de repressões. Ele usou esse espaço para inseri-la em um contexto indiano que ia chamar muita atenção. O simbolismo religioso que ele encontrou para isto também teve outra função: acentuou a paralisia dos britânicos, que eram eles mesmos muito religiosos a seu próprio modo e não poderiam aprovar a repressão a um evento espiritual. Finalmente, como qualquer bom empresário teatral, Gandhi fez da marcha um espetáculo dramaticamente visual e usou a imprensa para lhe dar o máximo de exposição.

> *para planejar um fim para a enchente. Como Yu não se lamentava e sempre agia de forma apropriada, movendo-se de acordo com a natureza e sem resistir a ela, o Caminho Celestial (T'ien Tao) lhe foi revelado. Ele em seguida aproveitou as águas do rio, não lutando contra elas com uma represa, mas cedendo a elas e abrindo um canal mais amplo por onde elas poderiam passar. Não fosse Yu, conta a história, que a partir de então personificou a sabedoria tanto de Confúcio como de Lao-Tzu, o profeta taoísta, seríamos todos peixes.*
> RELIGIOUS MYTHOLOGY AND THE ART OF WAR, JAMES A. AHO, 1981

Depois que a marcha ganhou ímpeto, já era tarde para impedi-la. Gandhi havia iniciado um incêndio, e as massas estavam profundamente envolvidas na luta. O que quer que Irwin fizesse, àquela altura dos acontecimentos, só ia piorar a situação. Não só a Marcha do Sal ficou sendo o modelo de protestos futuros, como foi nitidamente o momento crucial na luta da Índia pela independência.

Muita gente hoje é tão indecisa quanto os ingleses foram com relação ao exercício do poder e da autoridade. Elas precisam do poder para sobreviver, mas, ao mesmo tempo, têm uma necessidade igualmente grande de acreditar em sua própria bondade. Neste contexto, combater pessoas com qualquer tipo de violência faz você parecer agressivo e desagradável. E se são mais fortes do que você, na verdade você está fazendo o jogo delas, justificando uma reação autoritária delas. Em vez disso, o máximo da sabedoria estratégica é aproveitar-se da culpa latente e da ambivalência liberal das pessoas mostrando-se como uma pessoa bondosa, gentil e até passiva. Isso as deixará desarmadas e sem defesa. Se agir para desafiá-las e resistir a elas, você deve fazer isso de uma forma moral, justa e pacífica. Se elas não se aguentarem e reagirem com força, vão parecer e se sentir como pessoas ruins; se hesitarem, você prevalece e tem uma abertura para determinar toda a dinâmica da guerra. É quase impossível combater pessoas que levantam as mãos e não resistem da maneira agressiva de costume. É totalmente confuso e incapacitante. Agindo desse modo, você inflige culpa como se ela fosse uma espécie de arma. Em um mundo político, sua resistência passiva, moralista, vai paralisar o inimigo.

> *Eu era um crente na política de petições, delegações e negociações amigáveis. Mas tudo isso deu em nada. Sei que não é assim que se convence este Governo. A rebeldia passou a ser a minha religião.*
> *A nossa é uma guerra sem violência.*
> – Mahatma Gandhi (1869-1947)

PODER PASSIVO

No início de 1820, estourou uma revolução na Espanha, seguida poucos meses depois por outra em Nápoles, que na época era uma cidade-estado incorporada ao Império Austríaco. Forçados a aceitar constituições liberais moldadas na da França revolucionária cerca de trinta anos antes, os reis de ambos os países tinham razões para temerem estar enfrentando o mesmo destino do rei francês naquela época, Luís XVI, decapitado em 1793. Enquanto os líderes das grandes potências da Europa – Inglaterra, Áustria e Prússia – estremeciam diante da ideia de

A devoção que seus soldados lhe dedicavam, afirmada em muitas histórias, deve ser um fato. [Júlio César] não poderia ter feito o que fez sem ela. O discurso no qual sempre se disse que ele acalmou um motim com uma única palavra, chamando seus homens não de companheiros soldados, como era seu costume, mas de cidadãos, civis, revela muito mais sobre seus métodos do que o simples uso inteligente de um termo. Era um momento muito crítico para ele. Estava em Roma depois da derrota de Pompeu, prestes a embarcar para a África a fim de reprimir o poderoso

agitações e radicalismos espalhando-se através de suas fronteiras que tinham recentemente se estabilizado com a derrota de Napoleão. Todos eles queriam se proteger e conter a maré de revoluções.

Em meio a este desconforto geral, o czar Alexandre I da Rússia (1777-1825), propôs de repente um plano que para muitos parecia uma cura mais perigosa do que a doença. O exército russo era o maior e mais temido da Europa; Alexandre queria mandá-lo tanto para a Espanha como para Nápoles, esmagando as duas rebeliões. Em troca, ele faria questão de que os reis de ambos os reinos decretassem reformas liberais que concederiam a seus cidadãos mais liberdade, deixando-os mais satisfeitos e diluindo o desejo deles de revolução.

Alexandre via esta proposta como mais do que um programa prático para proteger as monarquias europeias; era parte de uma grande cruzada, um sonho que ele havia alimentado desde os primeiros dias de seu reinado. Um homem profundamente religioso que via tudo em termos de bem e mal, ele queria que as monarquias da Europa se reformassem e criassem uma espécie de fraternidade composta por governantes sábios, gentis, com ele mesmo, o czar, no leme. Embora os poderosos considerassem Alexandre uma espécie de maluco russo, muitos liberais e até revolucionários por toda a Europa o viam como seu amigo e protetor, o raro líder simpático a sua causa. Dizia-se até que ele fizera contato com vários homens da esquerda e havia conspirado com eles.

O czar foi mais longe com sua ideia: agora ele queria um encontro das principais potências para discutirem o futuro da Espanha, de Nápoles e da própria Europa. O ministro das Relações Exteriores inglês, Lorde Castlereagh, escrevia uma carta após outra tentando dissuadi-lo da necessidade do encontro. Nunca foi prudente se meter nos negócios dos outros países, Castlereagh disse; Alexandre deveria deixar que a Inglaterra ajudasse a dar um fim às agitações na Espanha, sua íntima aliada, enquanto a Áustria faria o mesmo por Nápoles. Outros ministros e governantes escreveram a Alexandre também, usando argumentos semelhantes. Era importantíssimo mostrar uma frente unida contra o plano dele. Mas um homem – ministro das Relações Exteriores austríaco, o príncipe Klemens von Metternich – respondeu ao czar de outro modo, no mínimo chocante.

Metternich era o ministro mais poderoso e respeitado na Europa. O mais perfeito realista, ele nunca se apressava a tomar uma atitude ousada ou envolver a Áustria em qualquer tipo de aventura: segurança e ordem eram suas preocupações básicas. Ele era um conservador, um homem que acreditava nas virtudes do *status quo*. Se alguma coisa precisava mudar, tinha de ser aos poucos. Mas Metternich também era um

exército senatorial ali. Na cidade, ele estava cercado de inimigos rancorosos. Ele só podia depender de seu exército, e nele a melhor e mais confiável legião estava amotinada. Eles quase mataram seu oficial; eles marcharam para Roma e exigiam sua dispensa; eles não iam mais servir a César. Ele mandou chamá-los, dizendo que trouxessem também suas espadas, uma ordem muita característica dele. Tudo que se diz a seu respeito mostra sua despreocupação com o perigo. Cara a cara com eles, César lhes pediu para exporem seu caso e escutou enquanto lhe falavam sobre o que tinham feito e sofrido e como eram mal recompensados por isso, e exigiam ser dispensados. O discurso dele em resposta também foi típico, muito gentil, muito breve, tocando no ponto certo: "Estão certos, cidadãos. Trabalharam muito – sofreram muito. Desejam sua dispensa. Vocês a têm. Eu os dispenso a todos. Terão sua recompensa. Que jamais se possa dizer de mim que os usei quando estava em perigo, e fui ingrato quando o perigo passou." Isso foi tudo, mas os legionários que o escutavam ficaram totalmente dobrados a sua vontade. Eles

> *gritaram que jamais o abandonariam; imploraram para que lhes perdoasse, que os recebesse de novo como seus soldados. Por trás de suas palavras estava sua personalidade, e embora isso não possa jamais ser recapturado, algo ainda transpira nas breves e curtas frases: a força com que enfrentou tranquilamente a deserção em um momento de grande necessidade; o orgulho que não pronunciaria uma palavra de apelo ou censura; a suave tolerância de quem conhecia os homens e não contava com nada da parte deles.*
> THE ROMAN WAY,
> EDITH HAMILTON,
> 1932

tanto enigmático – um elegante cortesão, ele falava pouco, mas sempre parecia conseguir que as coisas fossem feitas do seu jeito. Agora não só ele estava defendendo a convocação de Alexandre para um encontro, como também parecia aberto a outras ideias do czar. Quem tinha sofrido uma mudança de ânimo e estava se voltando para a esquerda no final da vida? De qualquer modo, ele organizou pessoalmente o encontro para o mês de outubro daquele mesmo ano, em Troppau, uma cidade dominada pelos austríacos na moderna república tcheca.

Alexandre estava encantado: com Metternich a seu lado, ele podia realizar suas ambições e muito mais. Quando chegou em Troppau para o encontro, entretanto, os representantes das outras potências que o aguardavam foram menos do que amistosos. Os franceses e os prussianos estavam frios; Castlereagh havia se recusado a comparecer. Sentindo-se um tanto isolado, Alexandre ficou encantado de novo quando Metternich propôs que fizessem reuniões privadas para discutir as ideias do czar. Durante vários dias, e por hora a fio, eles ficaram enfiados em uma sala. O czar falava quase o tempo todo; Metternich ouvia com sua usual expressão atenta, concordando e balançando a cabeça. O czar, cujas ideias eram um tanto vagas, esforçava-se para explicar sua visão da Europa da melhor maneira possível, e a necessidade de que os líderes no encontro demonstrassem sua unidade moral. Ele não pôde deixar de se sentir frustrado com sua falta de habilidade para expressar suas ideias de uma forma mais específica.

Depois de vários dias discutindo, Metternich finalmente confessou ao czar que ele, também, via um perigo moral fermentando na Europa. A revolução dos ateus era o flagelo da época; ceder ao espírito radical, sem fazer nenhuma concessão, acabaria por levar à destruição nas mãos destas forças satânicas. Durante o encontro em Troppau, irrompeu um motim em um regimento de guardas russos; Metternich alertou Alexandre de que este era o primeiro sintoma de uma infecção revolucionária atacando a própria Rússia. Graças a Deus, o czar, um pilar de força moral, não cederia. Alexandre teria de ser o líder desta cruzada contrarrevolucionária. Por isso Metternich tinha ficado tão entusiasmado com as ideias do czar a respeito de Nápoles e Espanha, e foi assim que ele as interpretou.

> *Às vezes é preciso lidar com inimigos ocultos, influências intangíveis que se retiram furtivamente para cantos escuros e deste esconderijo afetam as pessoas*

O czar foi contaminado pelo entusiasmo de Metternich; juntos eles se manteriam firmes enfrentando os radicais. De alguma forma, entretanto, o resultado da conversa não foi um plano para a Rússia invadir Nápoles e Espanha; na verdade, Alexandre especulou em vez disso que talvez não fosse a hora de pressionar os reis daqueles países para reformarem seus governos – isso só enfraqueceria ambos os monarcas. Por enquanto, a energia dos líderes deveria ser canalizada para deter a maré revolucionária. Na verdade, o czar começava a se arrepender de algumas de suas ideias mais liberais, e confessou isso a Metternich. O encontro terminou com uma declaração de grandes intenções em comum entre as potências – boa parte nas palavras do czar – e um acordo de que tropas austríacas, não russas, devolveriam o rei de Nápoles ao poder, depois o deixariam prosseguir com as políticas que preferisse.

Depois que Alexandre retornou à Rússia, Metternich escreveu para elogiá-lo por liderar o caminho. O czar respondeu com veemência: "Estamos travando um combate com o reino de Satã. Embaixadores não bastam para esta tarefa. Somente aqueles que o Senhor colocou à testa de seus povos podem, se Ele lhes der Sua bênção, sobreviver à competição... com esta força diabólica." De fato, o czar queria ir mais adiante; ele havia retornado à ideia de entrar com seu exército na Espanha e abafar a revolução ali. Metternich respondeu que isso não seria necessário – os britânicos estavam cuidando da situação –, mas uma conferência no ano seguinte voltaria a tratar da questão.

No início de 1821, estourou outra revolução, desta vez no Piemonte, o único estado italiano fora do controle austríaco. O rei foi obrigado a abdicar. Neste caso, Metternich recebeu bem a intervenção russa e 90 mil tropas russas ficaram sendo reservas em um exército austríaco que se dirigia para o Piemonte. Uma presença militar russa tão próxima de suas fronteiras enfraqueceu muito o ânimo dos rebeldes e de seus simpatizantes por toda a Itália – todos aqueles esquerdistas que tinham visto o czar como seu amigo e protetor. Já não pensavam assim.

O exército austríaco esmagou a revolução em poucas semanas. A pedido de Metternich, os russos polidamente recuaram suas forças. O czar estava orgulhoso de sua crescente influência na Europa, mas ele havia embarcado exatamente no oposto do que tinham sido seus planos originais para uma cruzada; em vez de estar à frente da luta por progresso e reforma, ele havia se tornado um guardião do *status quo*, um conservador nos moldes do próprio Metternich. As pessoas que o cercavam não conseguiam compreender como isto tinha acontecido.

Interpretação. O príncipe Metternich talvez tenha sido o praticante da agressão passiva mais eficaz na esfera pública. Outros diplomatas às vezes o achavam cauteloso, até fraco, mas, no final, como em um passe de mágica, ele sempre conseguia o que queria. O segredo de seu sucesso era sua habilidade para esconder sua agressão tão bem que ela ficava invisível.

Metternich sempre tinha o cuidado de avaliar seu adversário. No caso do czar Alexandre, ele estava lidando com um homem governado por emoções e sujeito a violentas oscilações de humor. Mas o czar, por

---

*por sugestão. Nestes casos, é necessário buscar as origens dessas coisas nos recessos mais secretos, a fim de determinar a natureza das influências com as quais se deve lidar...
A própria anonimidade de tal trama requer um esforço especialmente vigoroso e infatigável, mas vale a pena. Pois quando essas influências impalpáveis são trazidas à luz e registradas perdem seu poder sobre as pessoas.*
I CHING, CHINA, C. SÉCULO VIII A.C.

Naqueles dias, força e armas prevaleciam; mas agora a espertez da raposa vigora por toda parte, tanto que é difícil encontrar um homem fiel e virtuoso.
RAINHA ELIZABETH I, 1533-1603

trás de sua fachada cristã moralista, também era agressivo a seu próprio modo e ambicioso; ele estava ansioso para liderar uma cruzada. Aos olhos de Metternich, ele era tão perigoso quanto Napoleão tinha sido: em nome de estar agindo para o bem da Europa, esse homem poderia fazer suas tropas marcharem de uma ponta a outra do continente, criando um caos incalculável.

Ficar no meio do caminho do poderoso exército de Alexandre seria a própria destruição. Mas o hábil Metternich sabia que tentar convencer o czar de que ele estava errado teria o efeito não pretendido de alimentar suas inseguranças e empurrá-lo para a esquerda, tornando-o mais propenso a tomar atitudes arriscadas sozinho. Em vez disso, o príncipe teria de tratá-lo como se fosse uma criança, desviando suas energias para a direita com uma campanha passivo-agressiva.

A parte passiva era simples: Metternich se apresentou como complacente, concordando com ideias das quais ele na verdade discordava ao máximo. Ele aceitou o pedido de Alexandre para a realização de um encontro, por exemplo, embora pessoalmente não concordasse com isso. Em seguida, em suas discussões particulares com o czar em Troppau, ele primeiro escutou apenas, depois concordou entusiasmado. O czar acreditava em demonstrar unidade moral? Então Metternich, também – embora suas próprias políticas sempre tivessem sido mais práticas do que morais; ele era mestre na *realpolitik*. Ele elogiava qualidades pessoais no czar – fervor moral, por exemplo – que na verdade achava perigosas. Ele também incentivou o czar a levar avante suas ideias.

Tendo desarmado, assim, as suspeitas e a resistência de Alexandre, Metternich ao mesmo tempo operava de forma agressiva. Em Troppau, ele trabalhou nos bastidores para isolar o czar das outras potências, de modo que o líder russo ficasse dependente dele. Em seguida, organizou com habilidade aquelas reuniões privadas até tarde da noite, quando sutilmente contaminou o czar com a ideia de que a revolução era muito mais perigosa do que o *status quo* e desviava a cruzada cristã radical russa para um ataque ao próprio liberalismo. Finalmente, tendo espelhado a energia de Alexandre, seus humores, seu entusiasmo e sua linguagem, Metternich conseguiu induzi-lo a enviar tropas contra a rebelião no Piemonte. Essa ação, ao mesmo tempo, comprometia Alexandre de fato com a causa conservadora e o alienava dos liberais da Europa. Ele não podia mais proferir discursos vagos e ambíguos a respeito da esquerda; ele havia finalmente tomado uma atitude, e era na direção oposta. O triunfo de Metternich foi total.

Embora a expressão "agressão passiva" tenha conotações negativas para a maioria de nós, como estratégia consciente o comportamento passivo-agressivo oferece um modo insidiosamente poderoso de manipular as pessoas e travar guerras pessoais. Como Metternich, você deve operar em duas frentes. Por fora você é agradável, aparentemente curvando-se às ideias, à energia e vontade das pessoas, mudando de forma como Proteus. Lembre-se: as pessoas são prepotentes e perversas. Opor-se a elas diretamente ou tentar que mudem de ideia quase sempre tem o efeito oposto. Uma frente passiva, condescendente, por outro lado, não lhes dá nada contra o que lutar ou resistir. Acompanhar a energia delas lhe dá o poder de desviá-la na direção que você deseja, como se estivesse canalizando um rio em vez de tentar construir um dique. Enquanto isso a parte agressiva de sua estratégia assume a forma de contaminação das pessoas com mudanças sutis em suas ideias e com uma energia que fará com que ajam em seu benefício. A incapacidade delas de colocar em foco o que você está fazendo lhe dá espaço para trabalhar por trás do cenário, conferindo o progresso que fazem, isolando-as das outras pessoas, induzindo-as a movimentos perigosos que as tornam dependentes de seu apoio. Elas pensam que você é um aliado. Por trás de uma fachada agradável, complacente, até fraca, você está manipulando os cordões.

> *Esta foi a verdadeira conquista da política de Metternich, o fato de ter acabado com o liberalismo russo e alcançado um tamanho domínio sobre o mais perigoso rival da Áustria sob o disfarce de estar se submetendo a ele.*
>
> — Henry Kissinger, *A World Restored* (1957)

CHAVES PARA A GUERRA

Nós humanos temos uma limitação em nossa capacidade de raciocínio que nos causa infinitos problemas: quando pensamos em alguém ou em alguma coisa que nos aconteceu, em geral optamos pela interpretação mais simples, mais fácil de digerir. Uma pessoa conhecida é boa ou má, agradável ou mesquinha, suas intenções são nobres ou nefastas; um acontecimento é positivo ou negativo, benéfico ou danoso; estamos felizes ou tristes. A verdade é que nada na vida é assim tão simples. As pessoas são invariavelmente um misto de boas e más qualidades, forças e fragilidades. Suas intenções ao fazerem alguma coisa podem ser as de nos ajudar e prejudicar ao mesmo tempo, um resultado da ambivalência do que sentem por nós. Até o evento mais positivo tem um lado negativo. E com frequência nos sentimos felizes e tristes ao mesmo tempo. Reduzindo as coisas a termos mais simples, fica mais fácil para nós lidar com elas, mas como isso não está relacionado com a realidade também significa que estamos constantemente confundindo e

---

Neste pós-escrito sobre a solução de César para o problema, não é nossa intenção traçar a ascensão ao poder de Otávio desde quando ele chegou a Roma para reivindicar sua herança até, em 31 a.C., com ajuda de Vipsanius Agrippa, derrotar Antônio e Cleópatra em Actium e se tornar dono do mundo romano. Em vez disso, o intuito é descrever em resumo como ele solucionou o problema de César e estabeleceu uma paz que duraria por mais de duzentos anos. Quando ele contemplou o império que havia ganho e seus heterogêneos governos locais e povos, percebeu que era grande e complexo demais para ser governado pelo conselho de uma cidade-estado; que ele exigia alguma forma de governo de um só homem, e que seu problema era como disfarçar isso. Desde o início, ele decidiu não mexer na constituição da República, ou pensar em monarquia...

... Antes de tudo, em 28 a.C., ele declinou de todas as honras calculadas para lembrar aos romanos o poder real; adotou o título de princeps ("primeiro cidadão") e chamou a seu sistema de Principado. Em segundo lugar, aceitou todas

> as antigas convenções – cônsules, tribunos, magistrados, eleições etc. Em terceiro, em vez de ignorar o Senado e insultar seus membros como César havia feito, ele fazia questão de consultá-los e aplacá-los. Por último, no dia 13 de janeiro de 27 a.C., em uma sessão no Senado, ele renunciou a todos os seus poderes extraordinários e os colocou à disposição do Senado e do povo. E quando os senadores lhe imploraram para que os reassumisse e não abandonasse a nação que havia salvado, ele cedeu ao pedido e consentiu em assumir a autoridade pró-consular sobre uma província maior, que incluía Espanha, Gália, Síria, Cilícia e Chipre, enquanto o Senado ficava com as províncias restantes. Assim, pelo visto, estava restaurada a soberania do Senado e do povo; mas, na verdade, porque a província ampliada compreendia a maioria das legiões, e o Egito, sobre o qual governava como rei... a base do poder político passou para suas mãos. Três dias depois, o Senado decretou que o título "Augusto" (o Reverenciado) deveria lhe ser conferido.
> JULIUS CESAR, J. F. C. FULLER, 1965

entendendo mal. Seria de infinito benefício para nós dar mais nuances e ambiguidade a nossos julgamentos de pessoas e fatos.

Esta nossa tendência a julgar as coisas em termos simples explica por que a agressão passiva é tão diabolicamente eficaz como estratégia e por que tantas pessoas a usam – consciente e inconscientemente. Por definição, as pessoas que agem de forma passivo-agressiva estão sendo simultaneamente passivas e agressivas. Por fora elas são complacentes, amigas, obedientes, até amorosas. Ao mesmo tempo, por dentro elas tramam e tomam atitudes hostis. A agressão delas é quase sempre bastante sutil – pequenas sabotagens, observações destinadas a irritar você. Ela também pode ser gritantemente danosa.

Quando somos as vítimas deste comportamento, achamos difícil imaginar que ambas as coisas estejam acontecendo ao mesmo tempo. Conseguimos aceitar a ideia de que alguém possa ser gentil um dia e desagradável no outro; chama-se a isso de mau humor. Mas ser desagradável e gentil simultaneamente – isso nos confunde. Tendemos a tomar como realidade o exterior passivo destas pessoas, nos deixando envolver emocionalmente por sua aparência agradável, não ameaçadora. Se notamos alguma coisa que não é lá muito correta, que embora pareçam amigos talvez estejam fazendo algo hostil, ficamos confusos. Nossa confusão dá ao guerreiro passivo-agressivo um grande poder de manipulação sobre nós.

Existem dois tipos de agressão passiva. O primeiro é uma estratégica consciente como a praticada por Metternich. O segundo é um comportamento semiconsciente ou até inconsciente que as pessoas usam o tempo todo em questões triviais e não tão triviais do dia a dia. Você talvez se sinta tentado a perdoar este segundo tipo passivo-agressivo, que parece não perceber os efeitos de suas atitudes ou conseguir deixar de se comportar assim, mas as pessoas em geral compreendem o que estão fazendo muito melhor do que você imagina, e é mais do que provável que você se deixe seduzir por sua aparência amigável e desamparada. Costumamos ser muito tolerantes com esta segunda variedade.

O segredo para usar a agressão passiva como uma estratégia consciente, positiva, é a fachada que você apresenta a seus inimigos. Eles não devem jamais conseguir detectar os pensamentos sombrios, rebeldes que existem dentro de você.

Em 1802, o que hoje é o Haiti era uma possessão francesa dividida por uma revolta dos escravos negros do país sob a liderança de Toussaint-L'ouverture. Naquele ano um exército enviado por Napoleão para esmagar a rebelião conseguiu capturar Toussaint, vítima de uma traição, e embarcá-lo para a França, onde acabaria morrendo na cadeia. Entre os generais mais condecorados de Toussaint estava um homem chamado Jean-Jacques Dessalines, que então se rendeu aos franceses e até serviu no exército deles, ajudando-os a sufocar bolsões isolados de revolta e conquistando seu reconhecimento. Mas era tudo uma manobra: ao reprimir estes vestígios de rebelião, Dessalines entregava as armas capturadas aos franceses, mas secretamente ia guardando algumas até ter um arsenal razoavelmente grande. Enquanto isso ele montava e treinava um novo exército rebelde nas áreas remotas onde suas missões o levavam. Em seguida, escolhendo um momento quando um surto de febre amarela havia dizimado o exército francês, ele reiniciou as hostilidades. Em poucos anos, havia derrotado os franceses e libertado o Haiti para sempre do controle colonial.

O uso da agressão passiva por Dessalines tem raízes profundas na estratégia militar, no que pode se chamar de "falsa rendição". Na guerra, seus inimigos não podem jamais ler seus pensamentos. Eles devem se guiar por sua aparência, interpretando os sinais que você emite para decifrar o que você está pensando e planejando. Enquanto isso, a rendição de um exército tende a ser seguida por uma torrente de emoções e uma redução da vigilância por parte de todos. O vencedor ficará de olho nas tropas derrotadas e, exausto pelo esforço necessário para a vitória, também imensamente tentado a ser menos cauteloso do que antes. Um estrategista inteligente, portanto, pode fingir uma rendição – anunciar que está derrotado de corpo e alma. Não vendo indícios do contrário, e incapaz de ler seus pensamentos, o inimigo vai tomar sua submissão como real. Agora o falso rendido tem tempo e espaço para armar novas hostilidades.

Na guerra como na vida, o falso rendido depende da aparência ininterrupta de submissão. Dessalines não só cedeu, como ativamente serviu a seus ex-inimigos. Para que isto funcione, você precisa fazer a mesma coisa; dê ênfase a sua fraqueza, a seu desânimo, a seu desejo de fazer amizade – uma manobra emocional com grande poder de distrair. Você também precisa ser meio ator. Qualquer sinal de ambivalência arruinará o efeito.

Em 1940, o presidente Franklin D. Roosevelt enfrentava um dilema. Estava chegando ao término de seu segundo mandato no cargo, e era tradição na política americana que nenhum presidente concorreria a um terceiro mandato. Mas Roosevelt tinha muitos negócios por terminar. Lá fora, a Europa estava mergulhada em uma guerra que era quase certo acabar envolvendo os Estados Unidos; em casa, o país vinha passando por momentos difíceis, e Roosevelt queria completar seu programa para remediá-los. Se ele revelasse seu desejo de um terceiro mandato, entretanto, incitaria a oposição até mesmo dentro de seu próprio partido. Muitos já o haviam acusado de tendências ditatoriais.

*Se um inimigo me insultasse,
eu poderia suportar;
Se meu adversário se elevasse contra mim,
eu me esconderia dele.
Mas és tu, um homem como eu,
meu amigo, meu confidente...
... Ele estende as mãos contra seus aliados,
Violando sua aliança;
Sua boca é mais lisa do que o creme,
Mas em seu coração está a guerra; são suaves como óleo suas palavras,
Porém são espadas fora da bainha.*
SALMOS,
55: 13-14, 21-22,
A BÍBLIA DE JERUSALÉM

Então Roosevelt decidiu conseguir o que queria com uma forma de agressão passiva.

Nos meses que antecederam a Convenção Democrática, que ia escolher o candidato do partido para concorrer à presidência, Roosevelt reafirmou diversas vezes sua falta de interesse. Ele também incentivou ativamente outros no partido a tentarem a indicação para substituí-lo. Ao mesmo tempo, escolhia com cuidado suas palavras de modo a não fechar totalmente a porta para a possibilidade de ele mesmo concorrer, e fazia pressão para ser grande o número de candidatos na disputa de forma a não chegar apenas um na convenção como o favorito. Em seguida, quando a convenção abriu, Roosevelt retirou-se de cena, tornando sua grande presença conhecida por sua ausência: sem ele os procedimentos perderam toda a graça. Comunicados chegaram até ele de que as pessoas no recinto estavam começando a pedir que ele comparecesse. Deixando esse desejo chegar a seu auge, o presidente então pediu a seu amigo senador Alben Barkley para inserir em seu próprio discurso na convenção uma mensagem de Roosevelt: "O presidente nunca teve, nem tem hoje, qualquer desejo ou propósito de continuar no cargo de presidente, de ser candidato a esse cargo ou ser indicado pela convenção para esse cargo." Depois de um momento de silêncio, o recinto da convenção começou a soar com os gritos dos delegados: "NÓS QUEREMOS ROOSEVELT!" O apelo continuou por uma hora. No dia seguinte os delegados iam votar, e a cantilena "ROOSEVELT!" de novo encheu o salão. O nome do presidente foi acrescentado à lista e ele teve uma vitória esmagadora na primeira apuração.

Lembre-se: não é prudente parecer ansioso demais por poder, riqueza ou fama. Sua ambição talvez o leve até o topo, mas você não vai agradar e vai descobrir que sua impopularidade é um problema. Melhor disfarçar suas manobras pelo poder: você não o quer, mas está sendo obrigado a aceitar. Ser passivo e fazer os outros virem até você é uma brilhante forma de agressão.

Atos sutis de sabotagem fazem maravilhas na estratégia passivo-agressiva porque você pode camuflá-los sob sua fachada amigável, complacente. Foi assim que o diretor de cinema Alfred Hitchcock passou a perna no intrometido produtor Davi O. Selznick, que costumava alterar o roteiro a seu modo. Nestas ocasiões Hitchcock dava um jeito para a câmera enguiçar ou rodava sem o filme – quando Selznick via a edição, filmar tudo de novo seria caro e impossível. Nesse meio-tempo, o diretor fazia alarde demonstrando estar feliz por ver Selznick no *set* e espantado se a câmera não tivesse rodado ou rodado sem gravar nada.

> *O idioma representa um arquétipo na literatura mundial: uma pessoa com um rosto sorridente e um coração cruel, apelidada de "tigre sorridente" no folclore chinês.*
> THE WILES OF WAR, TRADUZIDO PARA O INGLÊS POR SUN HAICHEN, 1991

A agressão passiva é tão comum no dia a dia que você precisa saber jogar na defesa e no ataque. A todo custo use a estratégia você mesmo; ela é eficaz demais para escapar de seu arsenal. Mas você também precisa saber como lidar com esses tipos passivo-agressivos semiconscientes tão comuns no mundo moderno, reconhecendo o que eles pretendem antes que o irritem e sendo capaz de se defender desta estranha forma de ataque.

Primeiro, você precisa compreender por que a agressão passiva tornou-se tão onipresente. No mundo de hoje, expressar críticas abertamente ou manifestar sentimentos negativos com relação a outras pessoas é cada vez menos incentivado. As pessoas tendem a levar as críticas muito pelo lado pessoal. Além do mais, o conflito é algo que deve ser evitado a qualquer custo. Existe uma grande pressão da sociedade para agradar e satisfazer ao maior número possível de pessoas. Mas é da natureza humana ter impulsos agressivos, sentimentos negativos e pensamentos críticos com relação a outras pessoas. Incapazes de expressar estes sentimentos abertamente, sem o medo de que não gostem delas, cada vez mais as pessoas recorrem a um tipo de agressão passiva constante, por debaixo do pano.

Na maioria das vezes o comportamento delas é relativamente inofensivo; talvez sejam cronicamente atrasadas, façam comentários elogiosos que ocultam um ferrão sarcástico, ou ofereçam ajuda e depois esquecem. Estas táticas comuns é melhor ignorar; deixe que passem por você como parte da corrente da vida moderna, e jamais as leve para o lado pessoal. Você tem batalhas mais importantes a travar.

Existem, entretanto, versões mais fortes, mais nocivas da agressão passiva, atos de sabotagem que fazem verdadeiros estragos. Um colega é afetuoso em sua frente, mas diz coisas pelas costas que podem lhe causar problemas. Você permite que entre em sua vida alguém que em seguida lhe rouba algo de valor. Um funcionário assume em seu lugar uma tarefa importante, mas a cumpre devagar e mal. Estes tipos causam danos, mas são excelentes em evitar qualquer tipo de culpa. Seu *modus operandi* é deixar em dúvida se foram eles que agiram de modo agressivo; nunca a culpa é deles. De algum modo eles são inocentes espectadores, impotentes, as verdadeiras vítimas em toda a dinâmica. Suas recusas em assumir responsabilidade são confusas: você suspeita de que eles fizeram alguma coisa, mas não pode provar, ou, pior, se eles são *realmente* hábeis, você se sente culpado até de pensar mal deles. E se em sua frustração você explode com eles, paga um preço alto: eles concentrarão as atenções em sua resposta irada, agressiva, em sua reação exagerada, distraindo seus pensamentos das manobras passivo-agressivas

Não é patológico ganhar o controle de um relacionamento, todos nós fazemos isto, mas quando alguém tenta ganhar este controle, mas nega, então essa pessoa está exibindo um comportamento sintomático. Em qualquer relacionamento que se estabiliza, como o de marido e mulher, as duas pessoas fazem acordos sobre quem vai controlar que área do relacionamento... Um relacionamento torna-se patológico quando uma das duas pessoas manobra para circunscrever o comportamento da outra, indicando ao mesmo tempo que não está fazendo isso. A esposa em um relacionamento

desses forçará o marido a cuidar da casa de um modo que negue que esteja agindo assim. Ela pode, por exemplo, ter obscuras crises de tonteira, alergia a sabão, ou vários tipos de ataques que exigem dela deitar-se regularmente. Essa mulher está circunscrevendo o comportamento do marido enquanto nega que ela é que está fazendo isto; afinal de contas, ela não pode controlar suas crises de tonteira. Quando uma pessoa circunscreve o comportamento de outra enquanto nega fazer isso, o relacionamento começa a ser bastante peculiar. Por exemplo, quando a mulher exige que o marido fique em casa todas as noites porque ela tem ataques de ansiedade quando está sozinha, ele não pode reconhecer que ela está controlando o comportamento dele porque ela não está lhe pedindo para ficar em casa – a ansiedade é que está e o comportamento dela é involuntário. Nem ele pode se recusar a deixar que ela controle seu comportamento pela mesma razão.
STRATEGIES OF PSYCHOTHERAPY, JAY HALEY, 1963

que o deixaram tão irritado em primeiro lugar. A culpa que você sente é um sinal do poder que eles têm sobre você. Na verdade, você pode virtualmente reconhecer a variedade nociva de agressão passiva pela força das emoções que ela desperta em você: não um incômodo superficial, mas confusão, paranoia, insegurança e raiva.

Para derrotar o guerreiro passivo-agressivo, você deve primeiro fazer um trabalho com você mesmo. Isto significa estar muito atento à tática de desvio de culpa, no momento em que ela está acontecendo. Reprima qualquer sentimento de culpa que ela possa estar começando a fazer você sentir. Estes tipos podem ser muito insinuantes, para atraí-lo para sua teia, aproveitando-se de suas inseguranças. Quase sempre são suas próprias fragilidades que o sugam para dentro da dinâmica passivo-agressiva. Cuidado com isto.

Segundo, quando perceber que está lidando com a variedade perigosa, o movimento mais inteligente é se soltar, na melhor das hipóteses tirar essa pessoa de sua vida ou, pelo menos, não explodir e fazer uma cena, tudo isso só vai servir aos interesses do outro. Você precisa manter a calma. Se por acaso for um parceiro em um relacionamento do qual você não pode se afastar, a única solução é encontrar um jeito de fazer a pessoa se sentir confortável ao expressar sentimentos negativos com relação a você e incentivando-o. Isto pode ser difícil no início, mas acalma a necessidade dela de agir sorrateiramente; e é mais fácil lidar com críticas abertas do que com sabotagens dissimuladas.

O espanhol Hernán Cortés tinha muitos soldados passivo-agressivos no exército com o qual conquistou o México, homens que externamente aceitavam sua liderança, mas por dentro eram traiçoeiros. Cortés jamais enfrentava ou acusava essas pessoas, jamais as atacava com violência; pelo contrário, ele tranquilamente descobria quem eram e o que estavam tramando, depois combatia fogo com fogo, mantendo uma fachada amigável, mas trabalhando pelos bastidores para isolá-las e atraí-las a ataques nos quais se revelavam. A contraestratégia mais eficaz com os passivo-agressivos é reagir com sutileza e dissimuladamente, neutralizando seus poderes. Você também pode tentar isto com os tipos menos nocivos – aqueles que estão cronicamente atrasados, por exemplo: fazê-los provar de seu próprio remédio talvez lhes abra os olhos para os efeitos irritantes de seu comportamento.

De qualquer maneira, você não deve jamais dar aos passivo-agressivos tempo e espaço para operarem. Deixe-os criar raízes e eles encontrarão os meios mais maliciosos para fazerem o que querem com você. Sua melhor defesa é ser sensível a qualquer manifestação passivo-agressiva daqueles que o cercam e manter sua mente o mais livre possível de sua insidiosa influência.

Imagem: *O Rio. Ele flui com muita força, às vezes transbordando e criando danos extraordinários. Tente represá-lo e você só acrescenta a sua energia confinada e aumenta seu risco. Em vez disso, inverta seu curso, canalize-o, faça com que seu poder sirva a seus propósitos.*

Autoridade: *Assim como o pingo d'água fura a pedra, o fraco e submisso subjuga o firme e forte.* – Sun Haichen, *Wiles of War* (1991)

INVERSO

O inverso da agressão passiva é a passividade agressiva, apresentando um rosto aparentemente hostil enquanto por dentro permanece calmo e sem tomar nenhuma atitude pouco amistosa. O propósito aqui é a intimidação: talvez você saiba que é a parte mais fraca dos dois lados e espera encorajar seus inimigos a não atacá-lo apresentando uma fachada violenta. Influenciados por sua aparência, será difícil para eles acreditarem que você não pretende fazer nada. Em geral, apresentar-se como o oposto do que realmente é e pretende pode ser útil para disfarçar suas estratégias.

33

SEMEIE INCERTEZA E PÂNICO COM ATOS DE TERROR

A ESTRATÉGIA DA REAÇÃO EM CADEIA

O terror é a melhor maneira de paralisar a vontade de resistir e tornar a pessoa incapaz de planejar uma reação estratégica. Esse poder é obtido com atos esporádicos de violência que criam uma constante sensação de ameaça, incubando um medo que se espalha por toda a esfera pública. O objetivo em uma campanha de terror não é sair vencedor no campo de batalha, mas causar o máximo de caos e provocar o outro lado para uma reação exagerada de desespero. Fundindo-se invisivelmente na população, talhando suas ações para a mídia de massa, os estrategistas do terror criam a ilusão de que estão em toda parte e, portanto, que são muito mais poderosos do que são na realidade. É uma guerra de nervos. As vítimas do terror não devem sucumbir ao medo ou mesmo à raiva; para tramarem a contraestratégia mais eficaz, as vítimas do terror devem permanecer equilibradas. Diante de uma campanha de terror, a racionalidade de uma pessoa é a última linha de defesa.

A ANATOMIA DO PÂNICO

"Irmãos", diz um poeta ismaelita, "quando chega a hora do triunfo, com a boa sorte de ambos os mundos como nossa companheira, então por um único guerreiro a pé um rei pode ser aterrorizado, embora possua mais de 100 mil cavalarianos."
CITADO EM *THE ASSASSINS*, BERNARD LEWIS, 1967

Em Isfahan (atual Irã) lá pelo final do século XI, Nizam al-Mulk, o poderoso vizir do sultão Malik Shah, governante do grande império islâmico da época, começou a perceber uma pequena, porém irritante, ameaça. No norte da Pérsia vivia uma seita chamada ismaelita nizari, seguidores de uma religião que combinava misticismo com o Corão. Seu líder, o carismático Hasan-i-Sabah, havia recrutado milhares de convertidos alienados pelo rígido controle que o império exercia sobre as práticas religiosas e políticas. A influência dos ismaelitas estava crescendo, e o que mais incomodava Nizam al-Mulk era o total sigilo com que operavam: era impossível saber quem havia se convertido à seita, pois seus membros faziam isso em segredo e escondiam sua aliança.

O vizir monitorava suas atividades da melhor maneira possível, até que finalmente soube de notícias que o colocaram em ação. Ao longo dos anos, pelo visto, milhares destes ismaelitas convertidos em segredo haviam conseguido se infiltrar em castelos-chaves, e agora os haviam dominado em nome de Hasan-i-Sabah. Isto lhes deu o controle de parte do norte da Pérsia, uma espécie de estado independente dentro do império. Nizam al-Mulk era um administrador benevolente, mas sabia como era perigoso permitir que seitas como os ismaelitas prosperassem. Melhor extingui-las logo de início do que enfrentar uma revolução. Portanto, em 1092, o vizir convenceu o sultão a enviar dois exércitos para derrubarem os castelos e destruírem os ismaelitas.

Os castelos estavam fortemente defendidos e toda a região rural ao redor deles fervilhava de simpatizantes. A guerra empatou e os exércitos do sultão acabaram tendo de voltar para casa. Nizam al-Mulk teria de encontrar uma outra solução, talvez uma força de ocupação na área – meses depois, entretanto, o vizir viajava de Isfahan para Bagdá quando um monge sufi aproximou-se da liteira em que ele estava e, tirando uma adaga de dentro da roupa, matou-o a facadas. O assassino revelou-se um ismaelita vestido de pacífico sufi, e ele confessou a seus captores que o próprio Hasan lhe havia encomendado essa missão.

A morte de Nizam al-Mulk foi seguida, semanas depois, pela morte, de causa natural, de Malik Shah. Sua perda teria sido um golpe na época, mas, sem seu ardiloso vizir para supervisionar a sucessão, o império entrou em um período de caos que durou vários anos. Em 1105, entretanto, a estabilidade estava até certo ponto restabelecida e as atenções de novo se concentraram nos ismaelitas. Com um assassinato eles haviam feito o império todo tremer. Tinham de ser destruídos. Uma nova e vigorosa campanha foi lançada contra a seita. E logo revelou-se que o assassinato de Nizam al-Mulk não fora um ato isolado de vingança, como parecera na época, mas uma política dos ismaelitas, um novo estilo de guerrear estranho e assustador. Nos próximos anos, membros-chaves da administração do novo sultão, Muhammad Tapar, foram assassinados do mesmo modo ritualístico: um assassino surgia do meio da multidão e desfechava um golpe mortal com uma adaga. O ato era quase sempre em público e em plena luz do dia; às vezes, entretanto, acontecia enquanto a vítima estava na cama, por um ismaelita misterioso infiltrado entre os empregados da casa.

Um onda de medo espalhou-se entre a hierarquia do império. Era impossível dizer quem era um ismaelita: os adeptos da seita eram pacientes, disciplinados e haviam dominado a arte de manter para si mesmos suas crenças e se encaixar em qualquer lugar. De nada adiantava os assassinos, quando eram capturados e torturados, acusarem várias pessoas dentro do círculo íntimo do sultão de serem espiões pagos pelos ismaelitas ou convertidos secretos. Ninguém sabia com certeza se estavam dizendo a verdade, mas a suspeita recaía sobre todos.

Perdas a que estamos acostumados nos afetam menos.
JUVENAL,
SÉCULO I A II A.C.

Agora, vizires, juízes e oficiais locais tinham de viajar cercados de guarda-costas. Muitos começaram a usar camisas grossas, desconfortáveis, de cota de malha. Em certas cidades, ninguém podia ir de uma casa a outra sem autorização, o que espalhava desafetos entre os cidadãos e facilitava aos ismaelitas recrutar convertidos. Muitos tinham dificuldade para dormir de noite ou confiar em seus melhores amigos. Pessoas com delírios paranoicos espalhavam todos os tipos de boatos absurdos. Surgiam divisões violentas dentro da hierarquia, com uns argumentando a favor de uma abordagem de linha dura para Hasan e outros pregando a acomodação como a única resposta.

E nisso, enquanto o império se esforçava para reprimir de alguma maneira os ismaelitas, os assassinatos continuavam – mas eram muito esporádicos. Passavam-se meses sem que acontecesse um, e aí, de repente, eram dois na mesma semana. Não havia explicação real para quando isso acontecia ou que alto administrador era escolhido. Os oficiais estavam sempre falando de um padrão, analisando todos os movimentos dos ismaelitas. Sem que percebessem, esta pequena seita acabara por dominar seus pensamentos.

Em 1120, Sanjar, o novo sultão, decidiu agir, planejando uma campanha militar para capturar os castelos ismaelitas com força devastadora e transformar a região ao redor em um acampamento armado. Ele tomou precauções extras para impedir qualquer atentado contra sua vida, mudando suas horas e locais de dormir e só permitindo que se aproximassem deles aquelas pessoas que ele conhecia bem. Cuidando de sua segurança pessoal, ele acreditava poder se livrar do pânico a sua volta.

Conforme prosseguiam os preparativos para a guerra, Hasan-i-Sabah enviava um embaixador após outro a Sanjar oferecendo-se para negociar um fim para os assassinatos. Todos eram recusados. O jogo parecia ter virado: agora os ismaelitas é que estavam assustados.

Pouco antes de lançar a campanha, o sultão acordou um dia de manhã e viu uma adaga enfiada no chão a poucos centímetros de onde seu peito repousava na cama. Como tinha chegado lá? O que isso significava? Quanto mais ele pensava, mais tremia literalmente de medo – era uma mensagem, não havia dúvida. Ele não comentou nada com ninguém, pois ia confiar em quem? Até suas esposas eram suspeitas. No final do dia, seu estado emocional era um desastre. Naquela noite ele recebeu uma mensagem do próprio Hasan: "Se eu não desejasse a felicidade do sultão, essa adaga atirada no chão duro teria sido plantada em seu peito macio."

Sanjar perdeu a paciência. Não podia passar outro dia assim. Não estava disposto a viver em constante temor, a mente tresloucada por incertezas e suspeitas. Era melhor, ele pensou, negociar com este demônio. Ele suspendeu a campanha e fez as pazes com Hasan.

Ao longo dos anos, conforme o poder político dos ismaelitas crescia e a seita se expandia para a Síria, seus assassinos tornaram-se quase míticos. Eles nunca tentavam escapar; depois de matar, eles eram apanhados, torturados e executados, mas novos continuavam aparecendo, e nada parecia impedi-los de completar sua missão. Eles pareciam possessos, extremamente dedicados a sua causa. Havia quem os chamasse de *hashshashin*, do árabe *hashish*, porque agiam como se estivessem drogados. Os cruzados europeus ouviram histórias sobre estes diabólicos *hashshashin* e as passaram adiante, a palavra aos poucos se transformou em "assassinos", entrando para sempre para o léxico.

Interpretação. Hasan-i-Sabah tinha um objetivo: criar um estado para sua seita no norte da Pérsia, permitindo que ela sobrevivesse e prosperasse dentro do império islâmico. Dado seu número relativamente pequeno e os poderes unidos contra ele, não podia esperar por mais do que isso, então imaginou uma estratégia que certamente foi a primeira campanha terrorista organizada cujo objetivo era o poder político. O plano de Hasan era ilusoriamente simples. No mundo islâmico, o líder que conquistasse o respeito ficava investido de considerável autoridade e, como tinha autoridade, sua morte poderia semear o caos. Por conseguinte, Hasan optou por atacar estes líderes, porém de uma forma

---

*Em suas viagens, Pisandro e os outros aboliram as democracias nas cidades [gregas], como fora decidido. De alguns lugares eles também pegaram hoplitas para acrescentar a suas forças, e assim chegaram a Atenas. Aqui eles descobriram que a maior parte de seu trabalho já havia sido feita por membros de seu partido [antidemocrático]. Alguns dos homens mais jovens haviam formado um grupo e assassinado, sem serem descobertos, um certo Androcles, que era um dos principais líderes do partido [democrático]... Havia também outras pessoas que eles consideravam indesejáveis e mataram secretamente...
... [atenienses] temeram ao ver seus*

um tanto aleatória: era impossível ver qualquer padrão em suas escolhas, e a incômoda possibilidade de ser a próxima vítima era insuportável para muitos. Na verdade, exceto pelos castelos que dominavam, os ismaelitas eram bastante fracos e vulneráveis, mas, infiltrando pacientemente seus homens bem no núcleo da administração do sultão, Hasan conseguiu criar a ilusão de que estavam por toda parte. Somente uns cinquenta assassinatos estão registrados em toda a sua vida, mas ele conquistou com eles o mesmo poder político do que se possuísse um enorme exército.

Este poder não poderia vir simplesmente fazendo indivíduos sentirem medo. Ele dependia do efeito que as mortes teriam em todo o grupo social. Os oficiais mais fracos na hierarquia eram os que iriam sucumbir à paranoia e expressar dúvidas e boatos que se espalhariam contaminando os menos fracos. O resultado foi um efeito onda – violenta alternância de emoções, de ira a rendição, subindo e descendo. Um grupo apanhado por este tipo de pânico não consegue encontrar seu equilíbrio e pode cair ao mais leve empurrão. Até os mais fortes e mais determinados serão contaminados no final, como foi o sultão Sanjar: suas tentativas com relação à segurança e a dura vida a que se submeteu para se proteger revelaram que ele estava sob influência deste pânico. Uma simples adaga enterrada no chão bastou para desequilibrá-lo totalmente.

Compreenda: somos todos extremamente suscetíveis às emoções das pessoas que nos cercam. É muito difícil para nós perceber o quanto estamos afetados pelos humores que permeiam um grupo. É isto que torna a utilização do terror tão eficaz e perigosa: com uns poucos atos oportunos de violência, um punhado de assassinos pode detonar todos os tipos de pensamentos corrosivos e incertezas. Os membros mais fracos do grupo-alvo sucumbirão a um medo enorme, espalhando boatos e ansiedade que lentamente dominam o resto. Os mais fortes talvez reajam com raiva e violência à campanha de terror, mas isso só mostra como estão influenciados pelo pânico; eles estão reagindo em vez de planejar estratégias – um sinal de fraqueza, não de força. Em circunstâncias normais, indivíduos amedrontados, com o tempo, acabam conseguindo um jeito de recuperar seu equilíbrio mental, especialmente se estiverem no meio de outras pessoas que estão calmas. Mas isto é quase impossível dentro de um grupo em pânico.

Conforme a imaginação pública enlouquece, os assassinos se tornam algo muito maior, parecendo onipotentes e onipresentes. Como Hasan provou, um punhado de terroristas pode manter refém todo um império com uns poucos golpes bem calibrados contra a psique de grupo. E uma vez tendo os líderes do grupo sucumbido à influência

exércitos, e ninguém agora ousava falar em oposição a eles. Se alguém se aventurasse a fazer isso, algum método adequado era encontrado para matá-lo, e ninguém tentava investigar esses crimes ou agir contra os suspeitos de os terem cometido. Em vez disso, as pessoas se calavam e estavam tão aterrorizadas que se achavam com muita sorte por não terem sido molestadas mesmo não tendo dito nada. Imaginavam que o partido revolucionário era muito maior do que era realmente, e perderam toda a confiança em si mesmas, sendo incapazes de descobrir a verdade por causa do tamanho da cidade e porque não se conheciam o suficiente... em todo o partido democrático as pessoas se aproximavam umas das outras com desconfiança, todos pensando que o homem ao lado tinha algo a ver com o que estava acontecendo. HISTORY OF THE PELOPONNESIAN WAR, TUCÍDIDES, C. 460-C. 399 A.C.

emocional – seja rendendo-se ou lançando um contra-ataque pouco estratégico –, o sucesso da campanha de terror é total.

> *A vitória se conquista não pelo número de mortos,*
> *mas pelo número de pessoas amedrontadas.*
>
> – Provérbio árabe

CHAVES PARA A GUERRA

No decorrer de nossas vidas diárias, estamos sujeitos a medos de vários tipos. Estes medos em geral estão relacionados com algo específico: alguém pode nos prejudicar, está surgindo um determinado problema, doenças nos ameaçam, e até a própria morte. Na luta contra um medo terrível, nossa força de vontade fica momentaneamente paralisada enquanto contemplamos as coisas ruins que podem nos acontecer. Se esta condição durar muito tempo ou for intensa demais, vai tornar a vida insuportável, então procuramos formas de evitar estas ideias e tranquilizar nossos temores. Vamos recorrer, quem sabe, às distrações do cotidiano: trabalho, rotinas sociais, atividades com amigos. Religião ou algum outro sistema de crença, como fé na tecnologia ou ciência, também pode oferecer esperança. Estas distrações e crenças passam a ser o chão sob nossos pés, mantendo-nos eretos e capazes de caminhar sem a paralisia provocada pelo medo.

Em determinadas circunstâncias, entretanto, este chão pode ruir debaixo de nós, e então não há nada que possamos fazer para recuperar o equilíbrio. No curso da história, é possível acompanhar uma espécie de loucura que toma conta dos humanos durante certos desastres – um grande terremoto, uma praga brutal, uma violenta guerra civil. O que nos preocupa mais nestas situações não é algo assustador específico que aconteceu no passado recente; temos uma capacidade tremenda de superar e nos adaptar a qualquer coisa horrível. É o futuro incerto, o medo de que coisas mais terríveis estejam para acontecer e que possamos em breve sofrer alguma tragédia imprevisível – isso é o que nos enerva. Não podemos afastar esses pensamentos com rotinas ou religião. O medo se torna crônico e intenso, nossas mentes ficam dominadas por todos os tipos de pensamentos irracionais. Os medos específicos se tornam mais gerais. Em um grupo, o pânico se estabelece.

Em essência, isto é terror: um medo intenso, avassalador, que não podemos controlar ou de que não podemos nos livrar do modo normal. Há muitas incertezas, coisas ruins demais que podem nos acontecer.

Seis no alto significa: choque provoca ruína e o olhar aterrorizado ao redor. Seguir em frente dá azar. Se ainda não tocou seu próprio corpo, mas alcançou primeiro o do vizinho, não existe vergonha. Os camaradas têm algo sobre o que falar. Quando o choque interior está em seu auge, ele rouba do homem a capacidade de reflexão e a clareza de visão. Em tal estado de choque, claro que é impossível agir com presença de espírito. Então, o certo é ficar quieto até que a compostura e a clareza sejam

Durante a Segunda Guerra Mundial, quando os alemães bombardeavam Londres, os psicólogos notaram que, se os bombardeios eram frequentes e com uma certa regularidade, as pessoas da cidade ficavam insensíveis a eles; elas se acostumavam com o barulho, o desconforto e a carnificina. Mas, se o bombardeio era esporádico e irregular, o medo virava terror. Era muito mais difícil lidar com a incerteza de quando seria o próximo.

É uma lei da guerra e da estratégia que, na busca de uma vantagem, qualquer coisa será testada e experimentada. E assim é que grupos e indivíduos, vendo o imenso poder do terror sobre os seres humanos, encontraram um jeito de usá-lo como estratégia. Pessoas são criaturas ardilosas, cheias de recursos e adaptáveis. O jeito de paralisar a vontade delas e destruir sua capacidade de pensar direito é criar conscientemente incertezas, confusão e um medo incontrolável.

Este terror estratégico pode assumir a forma de atos exemplares de destruição. Os mestres nesta arte foram os mongóis. Eles arrasavam algumas cidades aqui e ali, da forma mais horrível possível. A lenda aterrorizante da horda mongol espalhou-se rapidamente. Bastava que se aproximassem de uma cidade, e o pânico tomava conta de seus habitantes porque eles só podiam imaginar o pior. Quase sempre a cidade se rendia sem lutar – o objetivo dos mongóis o tempo todo. Um exército relativamente pequeno longe de casa, eles não podiam se dar o luxo de longos cercos ou guerras demoradas.

Este terror estratégico também pode ser usado com propósitos políticos, dominar um grupo ou toda uma nação. Em 1792, a Revolução Francesa estava fugindo ao controle. Exércitos estrangeiros estavam na iminência de invadir a França; o país estava irremediavelmente dividido em facções. Os radicais, liderados por Robespierre, enfrentaram esta ameaça iniciando uma guerra contra os moderados, o Reinado do Terror. Acusados de contrarrevolução, milhares foram mandados para a guilhotina. Ninguém sabia quem seria o próximo. Embora os radicais fossem relativamente pouco numerosos, ao criarem esse medo e essa incerteza eles conseguiram paralisar a vontade de seus adversários. Paradoxalmente, o Reinado do Terror – que nos dá o primeiro exemplo registrado do uso das palavras "terrorismo" e "terrorista" – produziu uma certa estabilidade.

Embora o terror como estratégia possa ser utilizado por grandes exércitos e, na verdade, por Estados inteiros, ele é praticado com mais eficiência por aqueles menos numerosos. A razão é simples: o uso do terror em geral requer uma disposição para matar civis inocentes em nome de um bem maior e com intenções estratégicas. Durante séculos, com algumas exceções dignas de nota como os mongóis, líderes mili-

restauradas. Mas isto um homem só pode fazer se ele mesmo ainda não estiver contaminado pela agitação, embora seus desastrosos efeitos já sejam visíveis nas pessoas a sua volta. Se ele se afasta do problema a tempo, permanece livre de erros e danos. Mas seus camaradas, que não dão mais ouvidos a alertas, em sua excitação certamente ficarão descontentes com ele. Mas ele não deve levar isso em conta.
I CHING, CHINA, C. SÉCULO VIII A.C.

A base do estilo de guerra mongol era o terror autêntico. Massacre, rapina e tortura eram o preço da derrota, seja imposta ou negociada... Todo o aparato de terror

era sem nenhum remorso usado para exaurir a vontade de resistir e, em termos práticos, esta política de "pavor" certamente pagava dividendos a curto prazo. Exércitos inteiros eram conhecidos por se dissolverem em fragmentos aterrorizados com notícias da aproximação dos toumans... Muitos inimigos ficavam paralisados... antes que um exército [mongol] atravessasse suas fronteiras.
THE ART OF WARFARE ON LAND, DAVI CHANDLER, 1974

tares não quiseram ir tão longe. Entretanto, um estado que infligisse o terror em massa a sua própria população soltaria demônios e criaria um caos que talvez fosse difícil controlar. Mas grupos pequenos não têm esses problemas. Sendo poucos, eles não podem ter esperança de travar uma guerra convencional ou mesmo uma campanha de guerrilha. O terror é sua estratégia de último recurso. Ao enfrentarem um exército muito maior, quase sempre estão desesperados, e possuem uma causa com a qual estão extremamente comprometidos. Considerações éticas empalidecem em comparação. E criar o caos faz parte da estratégia deles.

O terrorismo esteve limitado durante muitos séculos por suas ferramentas: a espada, a faca, o revólver, todas agentes de assassinatos individuais. Mas aí, no século XIX, uma única campanha inovou radicalmente, dando origem ao terrorismo como o conhecemos hoje.

No final da década de 1870, um grupo de radicais russos, em sua maior parte do serviço secreto, vinha agitando no sentido de uma revolução liderada por camponeses. Eles acabaram percebendo que sua causa não tinha esperanças: os camponeses estavam despreparados para tomar este tipo de atitude, e, o mais importante, o regime czarista e suas forças de repressão eram poderosos demais. O czar Alexandre II havia recentemente iniciado o que ficou conhecido como Terror Branco, uma imposição de leis severíssimas a qualquer forma de dissidência. Era quase impossível para os radicais operar abertamente, muito menos espalhar sua influência. Mas, se não fizessem nada, a força do czar só aumentaria.

E, assim, entre estes radicais surgiu um grupo inclinado a travar uma guerra terrorista. Ele se autodenominaram Narodnaya Volia, ou "Vontade do Povo". Para manter sua organização clandestina, eles a conservaram pequena. Vestiam-se discretamente, misturando-se à multidão. E começaram a fabricar bombas. Depois de terem assassinado vários ministros do governo, o czar estava praticamente prisioneiro em seu palácio. Enlouquecido de desejo de encurralar os terroristas, ele canalizou todas as suas energias para este objetivo, e o resultado foi que uma boa parte de sua administração ficou disfuncional.

"Isto é que você deveria experimentar. Um atentado a uma cabeça coroada ou a um presidente é bastante sensacional de certo modo, mas não tanto como costumava ser. Já faz parte de uma concepção geral da existência de todos os chefes de Estado. É quase convencional

Em 1880, os radicais conseguiram explodir uma bomba no Palácio de Inverno, a residência do czar em São Petersburgo. Então, finalmente, no ano seguinte, outra bomba matou o próprio Alexandre. O governo reagiu naturalmente com repressões ainda mais enérgicas do que a política já em vigor, instituindo um virtual estado totalitário. Apesar disto, em 1888, Alexander Ulianov – irmão de Vladimir Lenin e membro do Narodnaya Volia – quase conseguiu matar o sucessor de Alexandre, o czar Alexandre III.

A captura e execução de Ulianov encerraram as atividades do Narodnaya Volia, mas o grupo já havia começado a inspirar uma onda de ataques terroristas no mundo inteiro, inclusive os assassinatos pelos anarquistas dos presidentes americanos James A. Garfield, em 1881, e William McKinley, em 1901. E com Narodnaya, todos os elementos do terrorismo moderno estavam assentados. O grupo preferia bombas a armas de fogo, por serem mais dramáticas e mais assustadoras. Eles acreditavam que se matassem um número suficiente de ministros do governo, chegando até o próprio czar, o regime entraria em colapso ou iria a extremos na tentativa de se defender. Essa reação repressiva, entretanto, a longo prazo serviria aos propósitos dos radicais, fomentando um descontentamento que acabaria por deflagrar uma revolução. Enquanto isso, a campanha de bombardeios conquistava a cobertura da imprensa para o grupo, divulgando indiretamente sua causa para simpatizantes do mundo inteiro. Eles chamaram a isto de "a propaganda dos atos".

O Narodnaya Volia mirava principalmente no governo, mas estava disposto a matar civis nesse processo. A queda do governo czarista valia a perda de algumas vidas, e, no final, as bombas eram menos mortais do que sua alternativa, que era a guerra civil. No mínimo, o Narodnaya Volia mostraria ao povo russo que o governo não era o poder monolítico intocável como queria ser visto; ele era vulnerável. Os membros do grupo sabiam que era bem provável que o regime conseguisse liquidá-los com o tempo, mas estavam dispostos a morrer por sua causa.

O Narodnaya Volia viu que podia usar um evento de relativa importância – a explosão de uma bomba – para detonar uma reação em cadeia: o medo na administração produziria rígida repressão, que conquistaria publicidade e simpatia para o grupo e aumentaria a impopularidade do governo, que levaria a mais radicalismo, que levaria a mais repressão, e assim por diante até que o ciclo todo colapsasse no turbilhão. O Narodnaya Volia era pequeno e fraco, no entanto atos simples e dramáticos de violência poderiam lhe dar um poder imenso para semear caos e incerteza, criando a aparência de força entre a polícia e o público. Na verdade, o seu reduzido tamanho e a discrição lhes davam uma tremenda vantagem: a um custo enorme, uma força menos ágil de milhares de policiais teria de procurar um bando minúsculo, clandestino, que tinha as vantagens de mobilidade, surpresa e relativa invisibilidade. Além de dar aos terroristas a chance de se apresentarem como heroicas vítimas da injustiça social, a assimetria de forças os tornava quase impossíveis de combater.

Esta assimetria leva a guerra a seu ápice: o menor número de pessoas travando guerra contra um enorme poder, transformando sua pequenez e desespero em uma arma potente. O dilema que surge com todos os tipos de terrorismo, e a razão pela qual ele atrai tanta gente e

– especialmente visto que tantos presidentes foram assassinados. Agora vejamos uma ofensa a – uma igreja, por exemplo. Horrível à primeira vista, sem dúvida, mas não tão eficaz quanto uma pessoa de mente comum poderia pensar. Não importa o quão revolucionário e anarquista no começo, haverá tolos o suficiente para dar a essa ofensa o caráter de manifestação religiosa. E isso depreciaria o significado alarmante especial que desejamos dar ao ato. Um atentado assassino a um restaurante ou teatro sofreria do mesmo modo com a sugestão de paixão não política: a exasperação de um homem faminto,, um ato de vingança social. Tudo isto está desgastado; deixou de ser instrutivo como uma lição objetiva em anarquismo revolucionário. Todos os jornais têm frases feitas para explicar essas manifestações. Eu vou lhe dar a filosofia das bombas de meu ponto de vista; do ponto de vista que você finge estar servindo nos últimos 11 anos. Não pretendo me mostrar superior a você. As sensibilidades de classe que você está atacando logo ficam embotadas. A propriedade lhes parece uma coisa indestrutível. Você não pode contar com suas

emoções, seja de piedade ou medo, por muito tempo. Um atentado a bomba, para ter qualquer influência na opinião pública, deve agora ir além da intenção de vingança ou terrorismo. Ele deve ser puramente destrutivo. Deve ser isso, e apenas isso, além da mais leve suspeita de qualquer outro objetivo. Vocês anarquistas devem deixar claro que estão totalmente determinados a fazer a limpeza de toda a criação social...

... O que se pode dizer de um ato de ferocidade destrutiva tão absurdo a ponto de ser incompreensível, inexplicável, quase impensável, na verdade, louco. A loucura apenas é verdadeiramente aterrorizante, visto que você não pode aplacá-la seja por ameaças, persuasão ou subornos. Além do mais, eu sou um homem civilizado. Eu jamais sonharia em orientá-lo para organizar uma mera carnificina mesmo se esperasse os melhores resultados com isso. Mas eu não esperaria de uma carnificina os resultados que desejo. Assassinatos existem sempre. É quase uma instituição. A demonstração deve ser contra a cultura – ciência. Mas nem toda ciência servirá. O ataque deve ter toda a chocante falta

é tão potente, é que os terroristas têm muito menos a perder do que os exércitos unidos contra eles, e muito a ganhar com o terror.

Argumenta-se com frequência que grupos terroristas como o Narodnaya Volia estão condenados ao fracasso: convidando severa repressão, eles fazem o jogo das autoridades, que podem efetivamente reivindicar carta branca para combater esta ameaça – e no final não provocam nenhuma mudança real. Mas este argumento é absurdo e se engana na interpretação do terrorismo. O Narodnaya Volia despertou milhões de russos para sua causa, e suas técnicas foram copiadas no mundo inteiro. Ele também desestabilizou profundamente o regime czarista, que reagia de forma irracional e prepotente, dedicando recursos à repressão que poderiam ter sido melhor aplicados em reformas que talvez estivessem prologando sua permanência no poder. A repressão também serviu de incubadora para um grupo revolucionário muito mais potente, o movimento comunista que desabrochava.

Em essência, os terroristas chutam uma pedra para iniciar uma avalanche. Se não acontece nenhum deslizamento de terra, pouco se perde, exceto talvez suas próprias vidas, que eles estão dispostos a sacrificar em sua dedicação à causa. Mas, se daí decorrerem ações violentas e caos, eles têm um grande poder para influenciar os acontecimentos. Terroristas em geral reagem a uma situação extremamente estática em que mudanças por qualquer caminho estão bloqueadas. Em seu desespero eles podem muitas vezes romper o *status quo*.

É um engano julgar a guerra pela rubrica de vitória ou derrota: ambos os estados são nuances e gradações. Poucas vitórias na história são totais ou geram paz eterna; poucas derrotas levam à destruição permanente. A capacidade de efetuar alguma mudança, de alcançar um objetivo limitado, é que torna o terrorismo tão atraente, especialmente para aqueles que de outra forma estão impotentes.

Por exemplo, o terrorismo funciona muito bem para o objetivo limitado de conquistar publicidade para uma causa. Quando ele é alcançado, estabelece-se uma presença pública que pode se traduzir em poder político. Quando os terroristas palestinos sequestraram o avião El Al, em 1968, chamaram a atenção da mídia de massa do mundo inteiro. Nos anos seguintes, eles encenaram outros atos terroristas que tiveram um bom desempenho na televisão, inclusive o infame ataque durante as Olimpíadas de Munique, em 1972. Embora estes atos os tornem odiados pela maioria dos países não árabes, eles estão dispostos a suportar isso – a publicidade para sua causa, e o poder que vem disso, era tudo que eles queriam. Como observa o escritor Brian Jenkins: "Insurgentes lutaram 14 anos em Angola, Moçambique e Guiné Portuguesa usando as táticas padrão de guerrilha rural. O mundo mal notou sua luta, enquanto que um número aproximadamente igual de comandos palestinos, empregando táticas terroristas, em poucos anos tornou-se a principal preocupação do mundo."

Em um mundo dominado pelas aparências, onde o valor é determinado pela presença pública, o terrorismo pode oferecer um espetacular atalho para a publicidade – e terroristas consequentemente talham sob medida sua violência para a mídia, particularmente a televisão. Elas a fazem medonha demais, constrangedora demais, para ser ignorada. Repórteres e especialistas podem se dizer chocados e desgostosos, mas são impotentes; é tarefa deles espalhar notícias, mas em essência estão espalhando o vírus que só pode ajudar os terroristas dando-lhes muita presença. O efeito não passa despercebido entre os pequenos e impotentes, conferindo ao uso do terrorismo um fascínio perverso para uma nova geração.

Mas apesar de toda a sua força o terrorismo também tem limitações que provaram ser o fim de muitas campanhas violentas, e quem se opõe a ele precisa conhecer e explorar isto. A principal fraqueza da estratégia é a falta de vínculos dos terroristas com o público ou com uma base política real. Em geral isolados, vivendo escondidos, eles tendem a perder o contato com a realidade, superestimando seu próprio poder e exagerando na mão. Embora seu uso da violência deva ser estratégico para ter êxito, sua alienação do público torna difícil para eles manter uma noção de equilíbrio. Os membros do Narodnaya Volia tinham de algum modo desenvolvido uma compreensão dos servos russos, mas grupos terroristas mais recentes, tais como os Weathermen nos Estados Unidos e as Brigadas Vermelhas na Itália, divorciaram-se tanto do público a ponto de beirar o delírio. Acentuar o isolamento dos terroristas e negar-lhes uma base política deveria fazer parte de qualquer contraestratégia eficaz contra eles.

O terrorismo em geral nasce de sentimentos de fraqueza e desespero, combinados com uma convicção de que a causa que está sendo defendida, seja pública ou pessoal, vale tanto a provocação quanto o sofrimento de qualquer tipo de dano. Um mundo em que as faces do poder são quase sempre grandes e aparentemente invulneráveis só torna a estratégia mais atraente. Neste sentido, o terrorismo pode se tornar uma espécie de estilo, um tipo de comportamento que se infiltra na própria sociedade.

Nas décadas de 1920 e 1930, o psicanalista francês Jacques Lacan bateu cabeça com as sociedades médicas extremamente conservadoras que dominavam quase todos os aspectos da prática psicanalítica. Percebendo a inutilidade de enfrentar estas autoridades do modo convencional, Lacan desenvolveu um estilo que pode ser mais ou menos descrito como terrorista. Suas sessões com os pacientes, por exemplo, eram com

de sentido da blasfêmia gratuita..."
O AGENTE SECRETO,
JOSEPH CONRAD,
1857-1924

Quando o Castelo Odawara caiu nas mãos dos atacantes no período Meiō (fim do século XV), Akiko, que tinha sido uma das criadas a serviço de Mori Fujiyori, o senhor do castelo, escapou com um gato que tinha sido seu animalzinho de estimação durante anos, e então o gato virou um monstro feroz sobrenatural que aterrorizava a população, finalmente até atacando bebês na aldeia. Os oficiais locais uniram-se à população nas tentativas de capturá-lo, mas, com seus estranhos poderes de aparecer e desaparecer, os espadachins e arqueiros não podiam encontrar nada para atacar, e homens e mulheres passavam dias e noites assustados. Então, em dezembro do segundo ano de Eishō (1505), o sacerdote Yakkoku subiu no estrado em Hokokuji e desenhou a figura de um gato, que exibiu para a congregação dizendo: "Do mesmo modo como eu o desenhei, eu o matarei com Katzu!, que os temores possam ser removidos dos corações das pessoas."

frequência interrompidas antes dos usuais cinquenta minutos; elas podiam durar o tempo que ele achasse adequado e às vezes eram só de dez minutos. Esta provocação intencional da sociedade médica causou muito escândalo, detonando uma reação em cadeia que chocou a comunidade psicanalítica durante anos. (Estas sessões também assustavam muito os pacientes que nunca tinham certeza de quando Lacan as encerraria e, portanto, eram obrigados a se concentrar e aproveitar cada segundo – tudo isso tinha um grande valor terapêutico, segundo Lacan.) Tendo conquistado muita publicidade deste modo, Lacan continuava colocando lenha na fogueira com novas provocações, culminando na criação de sua própria escola rival e sociedade profissional. Seus livros são escritos em um estilo que combina com sua estratégia: violentos e misteriosos. Era como se ele ocasionalmente gostasse de jogar bombinhas no mundo, prosperando com o terror e as atenções que provocavam a seu favor.

Pessoas que se sentem fracas e impotentes com frequência sentem-se tentadas a explodir de raiva ou se comportar de modo irracional, o que deixa os outros ao redor em suspenso sem saber quando será o próximo ataque. Estes surtos de mau humor, como outros tipos de terror mais sérios, podem deixar os seus alvos arrepiados, drenando a vontade de resistir; quando as mais simples negociações com estas pessoas são potencialmente tão desagradáveis, por que lutar? Por que não ceder simplesmente? Um temperamento violento ou uma atitude esquisita, vulcânica ou surpreendente pode também criar a ilusão de poder, disfarçando verdadeiras fraquezas e inseguranças. E uma reação emocional ou descontrolada só beneficia a outra pessoa, criando o tipo de caos e atenção de que ela se alimenta. Se tiver de lidar com um cônjuge ou chefe terrorista, é melhor revidar de um modo determinado mas sem grandes paixões – a resposta que esses tipos menos esperam.

Embora o terrorismo organizado tenha evoluído e a tecnologia aumentado sua capacidade de violência, sua constituição essencial não parece ter mudado – os elementos desenvolvidos pelo Narodnaya Volia ainda vigoram. Mas a pergunta que muitos fazem hoje é se um novo tipo de terrorismo mais virulento não estaria se desenvolvendo, um que superasse em muito a versão clássica. Se os terroristas podem se apossar de mais armamentos potentes, por exemplo – armas nucleares ou biológicas, digamos –, e têm estômago para usá-las, seu tipo de guerra e o poder que ela pode lhe oferecer dariam um salto qualitativo para uma nova e apocalíptica forma. Mas talvez já tenha surgido um tipo de terrorismo que não precisa da ameaça de armas sujas para criar um resultado mais devastador.

Ele deu o grito e rasgou em pedaços a figura do gato. Naqueles dias um lenhador no vale perto da vila de Takuma ouviu um berro estridente; ele guiou um grupo de arqueiros até a parte superior do vale, onde encontraram o corpo do gato-monstro, grande como um filhote de urso, morto em cima de uma pedra. O povo concordou que este tinha sido o resultado do Katzu! do mestre.

Testes
(1) Como rasgar o desenho de um gato pode destruir um monstro vivo? (2) Esse gato diabólico está agora mesmo atacando com violência as pessoas, enfeitiçando e matando. Mate-o rapidamente com um Katzu! Mostre a prova!
SAMURAI ZEN: THE WARRIOR KOANS, TREVOR LEGGETT, 1985

Quando um homem aprendeu do fundo de seu coração o que significa medo e tremor, está protegido contra qualquer terror produzido por influências externas. Que o trovão reboe e espalhe terror centenas de quilômetros ao redor: ele permanece tão composto e reverente

No dia 11 de setembro de 2001, um punhado de terroristas ligados ao movimento islâmico Al Qaeda efetuaram o pior ato terrorista até então, em seus ataques ao World Trade Center, na cidade de Nova York, e no Pentágono, nos arredores de Washington D.C. O ataque tinha muitos dos sinais de identificação do terrorismo clássico: um grupo pequeno, com meios extremamente limitados, usando a tecnologia dos Estados Unidos a sua disposição, conseguiu atacar com o máximo de efeito. Aqui estava a assimetria familiar de forças em que ser pequeno é um trunfo, sem se distinguir dentro da população maior e, por conseguinte, muito difícil de detectar. O terror do que aconteceu por si só aciona uma reação de pânico da qual os Estados Unidos ainda não se recuperaram totalmente. O drama e o simbolismo das Torres Gêmeas, sem falar do Pentágono, criaram um espetáculo de um fascínio grotesco que deu aos terroristas o máximo de exposição enquanto demonstrava incisivamente a vulnerabilidade dos Estados Unidos, com frequência descrito nos últimos anos como a única superpotência restante no mundo. Havia aqueles no mundo inteiro que jamais tinham imaginado que a América podia ser tão rápida e gravemente ferida, mas ficaram encantados ao descobrir que estavam errados.

Muitos negam que o atentado de 11 de setembro tenha sido uma nova forma de terrorismo. Ele só se distinguiu, dizem, pelo número de vítimas; a mudança foi quantitativa, não qualitativa. E como no terrorismo clássico, estes analistas dizem, a Al Qaeda está condenada ao fracasso: o contra-ataque americano no Afeganistão destruiu sua base operacional, e eles agora são os alvos da implacável vontade do governo americano, cuja invasão do Iraque foi um estágio na grande estratégia para livrar a região do terrorismo em geral. Mas há uma outra maneira de se ver o ataque, tendo em mente a reação em cadeia que é sempre o objetivo do terrorista.

É difícil medir o impacto econômico total do 11 de setembro, mas o efeito onda do ataque é imenso e inegável, segundo qualquer padrão: aumentos substanciais nos custos com a segurança, inclusive o financiamento de novos programas do governo com este propósito; enormes gastos militares com as invasões de duas nações distintas; um efeito depressivo na bolsa de valores (sempre muito suscetível à psicologia do pânico) e um consequente prejuízo na confiança do consumidor; choques em indústrias específicas, tais como viagens e turismo; e o efeito reverberante de tudo isto sobre a economia global. O ataque também teve efeitos políticos tremendos – na verdade, as eleições americanas de 2002 e 2004 foram inegavelmente determinadas por ele. E como a reação em cadeia continuou se manifestando, uma crescente rixa surgiu entre os Estados Unidos e seus aliados europeus. (O terrorismo em ge-

em espírito que o ritual de sacrifício não é interrompido. Este é o espírito que deve animar líderes e governantes de homens – uma profunda seriedade interior da qual todos os terrores externos se desviam inofensivos.
I CHING, CHINA, C. SÉCULO VIII A.C.

"Parece-me que este mistério é considerado insolúvel, pela mesma razão que deveria ser visto como de fácil solução – quero dizer, pelo caráter outré de suas feições. A polícia se confunde com a aparente ausência de motivo – não para o assassinato em si – mas para a atrocidade do assassinato... Eles cometeram o erro crasso, porém comum, de confundir inusitado com obscuro. Mas é por estes desvios do plano do que é comum que a razão é cautelosa, se o é, em sua busca pela verdade. Em investigações como as que estamos agora fazendo, não se deveria perguntar tanto 'o que aconteceu', quanto 'o que aconteceu que nunca aconteceu antes'. Na verdade, a facilidade com que chegarei, ou cheguei, à solução deste mistério está na razão direta de sua aparente insolubilidade aos olhos da polícia."
AUGUSTE DUPIN EM "OS ASSASSINATOS DA RUA MORGUE", EDGAR ALLAN POE, 1809-1849

> Não podemos mais conceber a ideia de um cálculo simbólico, como no pôquer ou no potlatch: mínimo de risco, máximo de resultado. Isto é exatamente o que os terroristas fizeram com seu ataque a Manhattan, que ilustra muito bem a teoria do caos: um choque inicial, provocando incalculáveis consequências.
> O ESPÍRITO DO TERRORISMO, JEAN BAUDRILLARD, 2002

> Em geral, a resposta mais eficaz à provocação não convencional é a mais curta: faça o mínimo possível e isso astuciosamente ajustado à arena. Não ofenda. Sacrifique-se, faça menos e não mais. Estas coisas são incompatíveis com os americanos que, pelo contrário, desejam empregar muita força, rapidamente, para alcançar um resultado veloz e final. O que é necessário é uma mudança na percepção daqueles responsáveis em Washington: menos pode ser mais, os outros não são como nós, e um mundo limpo e arrumado não vale o custo.
> DRAGONWARS, J. BOWYER BELL, 1999

ral visa implicitamente a criar essas rachaduras em alianças e também na opinião pública, onde falcões e pombos se enfileiram.) O 11 de setembro também teve um impacto definido e óbvio no estilo de vida dos americanos, levando diretamente a uma redução das liberdades civis que são a marca característica do país. Finalmente – embora isto seja impossível de medir – ele teve um efeito depressivo e assustador sobre a cultura em geral.

Talvez os estrategistas da Al Qaeda não pretendessem tudo isto ou nem mesmo tivessem imaginado; jamais saberemos. Mas o terrorismo por sua natureza é um jogo de dados, e o terrorista sempre espera pelo efeito máximo. Criar o máximo possível de caos, incerteza e pânico é a ideia. Neste sentido, o atentado de 11 de setembro deve ser considerado um sucesso na medida em que representa, na verdade, um salto qualitativo na virulência do terrorismo. Pode não ter sido tão destrutivo fisicamente como a explosão de uma arma nuclear ou biológica, mas com o passar do tempo seu poder reverberante até agora superou o de qualquer outro ataque terrorista anterior. E seu poder vem da natureza alterada do mundo. Devido às profundas interconexões de nosso cenário global, sejam comerciais, políticas ou culturais, um forte ataque a um único ponto pode ter um efeito de reação em cadeia que os primeiros terroristas jamais poderiam ter imaginado. Um sistema de mercados interconectados que prospera com fronteiras e redes abertas é intensamente vulnerável a este violento efeito onda. O tipo de pânico que antes poderia surgir em uma multidão ou tomar conta de uma cidade agora pode se espalhar pelo mundo, alimentado espetacularmente pela mídia.

Considerar o ataque de 11 de setembro um fracasso porque não atingiu o supremo objetivo do Al Qaeda de expulsar os Estados Unidos do Oriente Médio ou estimular uma revolução pan-islâmica é não entender a estratégia deles e julgá-la pelos padrões da guerra convencional. Terroristas quase sempre têm um grande objetivo, mas sabem que as chances de alcançá-lo de um só golpe são mais ou menos insignificantes. Eles simplesmente fazem o possível para detonar sua reação em cadeia. Seu inimigo é o *status quo*, e seu sucesso pode ser medido pelo impacto de suas ações conforme ele se manifesta ao longo dos anos.

Para combater o terrorismo – clássico ou a nova versão no horizonte – é sempre tentador recorrer a uma solução militar, combater violência com violência, mostrando ao inimigo que sua vontade não foi abalada e que qualquer ataque no futuro da parte deles vai lhes sair muito caro. O problema aqui é que terroristas por natureza têm muito menos a perder do que você. Um contragolpe pode feri-los, mas não vai detê-los; na verdade, pode até lhes dar mais coragem e ajudá-los a conquistar mais recrutas. Os terroristas estão com frequência dispostos a passar anos derrubando você. Atingi-los com um contra-ataque dramático é apenas mostrar sua impaciência, sua necessidade de resultados imediatos, sua vulnerabilidade de reações emocionais – todos os sinais, não de força, mas de fraqueza.

Devido à extrema assimetria de forças em jogo na estratégia terrorista, a solução militar é quase sempre a menos eficaz. Terroristas são diáfanos, espalhados, ligados não fisicamente, mas por alguma ideia radical e fanática. Como um Napoleão Bonaparte frustrado disse quando estava lutando para lidar com grupos nacionalistas alemães que recorriam a atos de terror contra os franceses: "Não se pode destruir uma seita com balas de canhão."

O escritor francês Raymond Aron define o terrorismo como um ato de violência cujo impacto psicológico excede em muito o físico. Esse impacto psicológico, entretanto, traduz-se então em algo físico – pânico, caos, divisão política –, tudo que faz os terroristas parecerem mais poderosos do que são na realidade. Qualquer contraestratégia eficaz deve levar isto em consideração. Logo após um golpe terrorista, o mais importante é deter o efeito onda psicológico. E o esforço aqui deve começar com os líderes do país ou grupo atacado.

Em 1944, próximo do término da Segunda Guerra Mundial, a cidade de Londres estava sofrendo uma feroz campanha de terror por parte dos foguetes V-1 e V-2 alemães, um ato de desespero de Hitler na expectativa de criar divisões internas e paralisar a vontade do público britânico de continuar a guerra. Mais de 6 mil pessoas foram mortas, muito mais feridas e milhares de lares danificados ou destruídos. Mas, em vez de deixar que a melancolia e a preocupação se estabelecessem, o primeiro-ministro Winston Churchill aproveitou a campanha de bombardeios como uma oportunidade para arregimentar e unificar o povo britânico. Ele projetava seus discursos e políticas para acalmar o pânico e diminuir a ansiedade. Em vez de chamar a atenção para os ataques V-1, ou para os mais temíveis V-2s, ele enfatizava a necessidade de permanecer firme. Os ingleses não dariam aos alemães a satisfação de vê-los curvarem a cabeça para tamanho terror.

Em 1961, ao enfrentar uma viciosa campanha de terror de direita pelas forças francesas na Argélia que se opunham a seu plano de conceder à colônia sua independência, o presidente da França, Charles De Gaulle, usou uma estratégia semelhante: ele apareceu na televisão para dizer que os franceses não podiam se render a esta campanha, que os custos em vidas eram relativamente pequenos comparados com o que eles haviam recentemente sofrido na Segunda Guerra Mundial, que os terroristas eram pouco numerosos e que, para derrotá-los, os franceses

> E é este incontrolável efeito de reação em cadeia o verdadeiro poder do terrorismo. Esse poder é visível nos efeitos posteriores óbvios e menos óbvios do que aconteceu – não somente na recessão econômica e política em todo o sistema, e na recessão psicológica que se origina disso, mas também na recessão no sistema de valores, na ideologia de liberdade, na liberdade de movimentos etc., que foi o orgulho do mundo ocidental e a origem de seu poder sobre o resto do mundo. Chegou-se a um ponto em que a ideia de liberdade, que é relativamente recente, está desaparecendo de nossos hábitos e consciências, e a globalização de valores liberais está em sua forma exatamente oposta: uma globalização de forças policiais, de controle total, de um terror de medidas de segurança. Esta inversão avança para o máximo de restrições, semelhante ao de uma sociedade fundamentalista.
> O ESPÍRITO DO TERRORISMO, JEAN BAUDRILLARD, 2002

não deviam sucumbir ao pânico mas, simplesmente, se unir. Em ambos os casos, um líder foi capaz de exercer uma influência estabilizadora, ser um baluarte contra a histeria latente que os cidadãos ameaçados sentiam e era alimentada pela mídia. A ameaça era real, Churchill e De Gaulle reconheciam; medidas de segurança estavam sendo tomadas; mas o importante era canalizar as emoções públicas do medo para algo positivo. Os líderes transformaram os ataques em pontos de congregação, usando-os para unir um público dividido – uma questão crucial, pois a polarização é sempre um objetivo do terrorismo. Em vez de tentarem armar um contra-ataque dramático, Churchill e De Gaulle incluíram o público em suas ideias estratégicas e fizeram dos cidadãos participantes ativos na batalha contra estas forças destrutivas.

Enquanto trabalha para deter os danos psicológicos de um ataque, o líder deve fazer o possível para frustrar um próximo golpe. Terroristas quase sempre trabalham esporadicamente e sem um padrão definido, em parte porque a imprevisibilidade é assustadora, em parte porque quase sempre são de fato muito fracos para montarem um esforço sustentado. É preciso tempo para, com paciência, erradicar a ameaça terrorista. De mais valor aqui do que a força militar é um sólido serviço secreto, infiltração nas fileiras inimigas (trabalhando para encontrar dissidentes lá dentro), e lenta e constantemente exaurir o dinheiro e os recursos de que os terroristas dependem.

Ao mesmo tempo, é importante ocupar o terreno alto da moral. Como a vítima do ataque, você tem vantagem aqui, mas pode perdê-la se contra-atacar agressivamente. O terreno elevado não é um luxo insignificante, mas uma manobra estratégica crítica: a opinião pública e alianças com outras nações se mostrarão cruciais para isolar os terroristas e impedi-los de semear divisões. Tudo isto exige a disposição para travar a guerra no decorrer de muitos anos e, principalmente, pelos bastidores. A paciente resolução e a recusa em reagir com exagero servirão como seus próprios freios. Mostre que você está falando sério e faça seus inimigos sentirem isso, não com uma fachada espalhafatosa usada com propósitos políticos – isto não é sinal de força –, mas com as estratégias calmas e calculistas que você usa para deixá-los encurralados.

No final, em um mundo que está intimamente interligado e dependente de fronteiras abertas, jamais haverá total segurança. A questão é, com quantas ameaças estamos dispostos a conviver? Os fortes podem lidar com um certo grau aceitável de insegurança. Sentimentos de pânico e histeria revelam o grau em que o inimigo triunfou, como revelam uma tentativa excessivamente rígida de defesa, na qual uma sociedade e a cultura em geral são feitas reféns de um punhado de homens.

Imagem: *Tsunami. Algo perturba a água lá longe no oceano – um tremor, um vulcão, um deslizamento de terra. Uma onda com poucos centímetros de altura começa a se formar, crescendo em uma onda maior e depois maior ainda, a profundidade das águas dando-lhe impulso, até que ela quebra na praia com uma força destrutiva inimaginável.*

Autoridade: *Não há destino pior do que estar continuamente em guarda, pois significa que você está sempre com medo.* – Júlio César (100-44 a.C.)

INVERSO

O inverso do terrorismo seria a guerra direta e simétrica, uma volta às próprias origens da arte de guerrear, combater o que é direto e honesto, um simples teste de força contra força – essencialmente uma estratégia arcaica e inútil para os tempos modernos.

BIBLIOGRAFIA

Alinsky, Saul D. *Rules for Radicals.* Nova York: Vintage Books, 1972.

Beer, Sir Gavin de. *Hannibal.* Nova York: Viking, 1969.

Brown, Anthony Cave. *Bodyguard of Lies.* Nova York: Bantam Books, 1976.

Chambers, James. *The Devil's Horsemen: The Mongol Invasion of Europe.* Nova York: Atheneum, 1979.

Chandler, Davi G. *The Art of Warfare on Land,* Londres: Penguin Books, 1974.

_____. *The Campaigns of Napoleon.* Nova York: Macmillan, 1966.

Clausewitz, Carl von. *On War.* Michael Howard e Peter Paret, eds. e trs. Nova York: Everyman's Library, 1993.

Cohen, Eliot A. e John Gooch. *Military Misfortunes: The Anatomy of Failure in War.* Nova York: Vintage Books, 1991.

Creveld, Martin van. *Command in War.* Cambridge, MA: Harvard University Press, 1985.

Douglass, Frederick. *My Bondage and My Freedom.* Nova York: Penguin Books, 2003.

Dupuy, Colonel T. N. *A Genius for War: The German Army and General Staff, 1807-1945.* Englewood Cliffs, NJ: Prentice-Hall Inc., 1977.

Foote, Shelby. *The Civil War: A Narrative* (3 volumes). Nova York: Vintage Books, 1986.

Green, Peter. *The Greco-Persian Wars.* Berkeley: University of California Press, 1998.

Haley, Jay. *Strategies of Psychotherapy.* Nova York: Grune and Stratton, 1963.

Hammond, Grant T. *The Mind of War: John Boyd and American Security.* Washington, D.C.: Smithsonian Institution Press, 2001.

Hart, B. H. Liddell. *Strategy.* Nova York: A Meridian Book, 1991.

Kissinger, Henry. *A World Restored.* Boston: Houghton Mifflin Co., 1957.

Kjetsaa, Geir. *Fyodor Dostoyevsky: A Writer's Life.* Siri Hustvedt e Davi McDuff, trs. Nova York: Viking, 1987.

Lawrence, T. E. *Seven Pillars of Wisdom.* Nova York: Anchor Books, 1991.

Leonard, Maurice. *Mae West: Empress of Sex.* Nova York: A Birch Lane Press Book, 1992.

Lewis, Bernard. *The Assassins: A Radical Sect in Islam.* Nova York: Oxford University Press, 1987.

Madariaga, Salvador de. *Hernán Cortés: Conqueror of Mexico.* Garden City, Nova York: Anchor Books, 1969.

Mansfield, Harvey C. *Machiavelli's Virtue.* Chicago: University of Chicago Press, 1998.

Morris, Donald R. *The Washing of the Spears: The Rise and Fall of the Zulu Nation.* Nova York: Da Capo Press, 1998.

Musashi, Miyamoto. *The Way to Victory: The Annotated Book of Five Rings.* Tradução de Hidy Ochiai. Woodstock, NY: Overlook Press, 2001.

Nietzsche, Friedrich. *Ecce Homo.* R. J. Hollingdale, tr. Londres: Penguin Books, 1992.

Picq, Colonel Ardant du. *Battle Studies: Ancient and Modern Battle.* Colonel John N. Greely e Major Robert C. Cotton, trs. Nova York: Macmillan, 1921.

Poole, H.John. *Phantom Soldier: The Enemy's Answer to U.S. Firepower.* Emerald Isle, NC: Posterity Press, 2001.

Potter, Stephen. *The Complete Upmanship.* Nova York: Holt, Rinehart and Winston, 1971.

Schmitt, Carl. *The Concept of the Political.* Chicago: University of Chicago Press, 1996.

Spoto, Donald. *The Dark Side of Genius: The Life of Alfred Hitchcock.* Nova York: Da Capo Press, 1999.

Sugawara, Makoto. *The Lives of Master Swordsmen*. Tóquio: The East Publications, 1985.

Sun Tzu. *The Art of Warfare*. Tradução e comentários de Roger T. Ames. Nova York: Ballantine Books, 1993.

Sword and the Mind, The. Tradução e introdução de Hiroaki Sato. Woodstock, Nova York: Overlook Press, 1986.

Tomkins, Calvin. *Duchamp: A Biography*. Nova York: Henry Holt and Co., 1996.

Tsunetomo, Yamamato. *Hagakure: The Book of the Samurai*. William Scott Wilson, tr. Tóquio: Kodansha International, 1983.

Wilden, Anthony. *Man and Woman, War and Peace: The Strategist's Companion*. Londres: Routledge & Kegan Paul, 1987.

Wiles of War: 36 Military Strategies from Ancient China, The. Compilação e tradução de Sun Haichen. Beijing: Foreign Languages Press, 1991.

Wilhelm, Richard. *The I Ching* (or *Book of Changes*). Princeton, NJ: Princeton University Press, 1977.

Xenophon's Anabasis: The March Up Country. W.H.D. Rouse, tr. Nova York: A Mentor Classic, 1959.

Young, Desmond. *Rommel*. Londres: Collins, 1950.

Sinceros agradecimentos pela permissão para reproduzir trecho das seguintes obras protegidas por direitos autorais:

Religious Mythology and the Art of War: Comparative Religious Symbolisms of Military Violence de James A. Aho. *Copyright* © 1981 *by* James A. Aho. Permitido por Greenwood Publishing Group, Inc., Westport, Connecticut.

Dragonwars: Armed Struggle and the Conventions of Modern War de J. Bowyer Bell. *Copyright* © 1999 *by* Transaction Publishers. Permitido por Transaction Publishers.

Roosevelt: The Lion and the Fox de James MacGregor Burns. *Copyright* © 1956 *by* James MacGregor Burns. *Copyright* renovado em 1984 *by* James MacGregor Burns. Permitido por Harcourt, Inc.

The Years of Lyndon Johnson: The Path to Power de Robert A. Caro. Copyright © 1982 by Robert A. Caro. Permitido por Alfred A. Knopf, uma divisão da Random House, Inc.

Journey to Ixtlan: The Lessons of Don Juan de Carlos Castañeda. Copyright © 1972 by Carlos Castañeda. Permitido por Simon & Schuster Adult Publishing Group.

The Art of War in World History: From Antiquity to the Nuclear Age, editado por Gerard Chaliand. Copyright © 1994 by The Regents of the University of California. Permitido por University of California Press.

Titan: The Life of John D. Rockefeller, Sr. de Ron Chernow. Copyright © 1998 by Ron Chernow. Permitido por Random House, Inc.

Clausewitz on Strategy: Inspiration and Insight from a Master Strategist, editado por Tiha von Ghyczy, Bolko von Oetinger e Christopher Bassford (John Wiley & Sons). Copyright © 2001 by The Boston Consulting Group, Inc. Permitido por The Strategy Institute.

On War de Carl von Clausewitz, editado e traduzido por Michael Howard e Peter Paret. Copyright © 1976 by Princeton University Press, renovado em 2004 by Princeton University Press. Permitido por Princeton University Press.

Command in War de Martin van Creveld. Copyright © 1985 by the President and Fellows of Harvard College. Permitido por Harvard University Press, Cambridge, Mass.

The Generalship of Alexander the Great de J.F.C. Fuller. Copyright © 1960 by J.F.C. Fuller. Permitido por Rutgers University Press.

Grant and Lee: A Study in Personality and Generalship de J.F.C. Fuller (Indiana University Press). Copyright © 1957 by J.F.C. Fuller. Permitido por Davi Higham Associates.

Julius Caesar: Man, Soldier and Tyrant de J.F.C. Fuller. Copyright © 1965 by J.F.C. Fuller. Permitido por Rutgers University Press.

The Greco-Persian Wars de Peter Green. Copyright © 1996 by Peter Green. Permitido por University of California Press.

Strategies of Psychotherapy de Jay Haley (Triangle Press). Copyright © 1967 by Jay Haley. Permissão do autor.

Masters of War: Classic Strategic Thought de Michael I. Handel (Frank Cass Publishers). Copyright © 1992 by Michael I. Handel. Permitido por Taylor & Francis Books.

Iliad by Homer, traduzido por Stanley Lombardo. *Copyright* © 1997 *by* Hackett Publishing Company, Inc. Permitido por Hackett Publishing Company, Inc. Todos os direitos reservados.

The Head Game: Baseball Seen from the Pitcher's Mound de Roger Kahn. *Copyright* © 2000 Hook Slide, Inc. Permitido por Harcourt, Inc.

A World Restored: Metternich, Castlereagh and the Problems of Peace 1812-1822 de Henry Kissinger (Boston: Houghton Mifflin, 1957). Permitido pelo *publisher*.

The Anatomy of the Zulu Army: From Shaka to Cetshwayo 1818-1879 de Ian Knight. *Copyright* © 1995 *by* Ian Knight. Permitido por Greenhill Books, Londres.

Samurai Zen: The Warrior Koans de Trevor Leggett (Routledge). *Copyright* © 2002 *by* The Trevor Leggett Adhyatma Yoga Trust. Permitido por Taylor & Francis Books.

The Art of Maneuver: Maneuver-Warfare Theory and Airland Battle de Robert R. Leonhard. *Copyright* © 1991 *by* Robert R. Leonhard. Permitido por Presidio Press, an imprint of The Ballantine Publishing Group, uma divisão da Random House, Inc.

Hitter: The Life and Turmoils of Ted Williams de Ed Linn. *Copyright* © 1993 *by* Edward A. Linn. Permitido por Harcourt, Inc.

The Ramayana of R. K. Narayan de R. K. Narayan. *Copyright* © R. K. Narayan, 1972. Permitido por Viking Penguin, da Penguin Group (USA) Inc.

The Gay Science de Friedrich Nietzsche, editado por Bernard Williams, traduzido por Josefine Nauckhoff. *Copyright* © 2001 *by* Cambridge University Press. Permitido por Cambridge University Press.

Human, All Too Human: A Book of Free Spirits de Friedrich Nietzsche, traduzido por R. J. Hollingdale. *Copyright* © 1986, 1996 *by* Cambridge University Press. Permitido por Cambridge University Press.

The Art of Political Warfare de John J. Pitney, Jr. *Copyright* © 2000 *by* University of Oklahoma Press. Permitido por University of Oklahoma Press.

The Tao of Spycraft: Intelligence Theory and Practice in Traditional China de Ralph D. Sawyer. *Copyright* © 1998 *by* Ralph D. Sawyer. Permitido por Westview Press, da Perseus Books, LLC.

The Art of War de Sun Tzu, traduzido por Ralph D. Sawyer. *Copyright* © 1994 *by* Ralph D. Sawyer. Permitido por Westview Press, da Perseus Books, LLC.

Sun Tzu: The Art of Warfare de Sun Tzu, traduzido por Roger T. Ames. *Copyright* © 1993 *by* Roger T. Ames. Permitido por Ballantine Books, uma divisão da Random House, Inc.

Mao: A Biography de Ross Terrill. *Copyright* © 1999 *by* Ross Terrill. Todos os direitos reservados. Permitido por Stanford University Press.

The Templars and the Assassins: The Militia of Heaven de James Wasserman. *Copyright* © 2001 *by* James Wasserman. Permitido por Destiny Books.

The I Ching or Book of Changes (3ª ed.), traduzido por Richard Wilhelm. *Copyright* © 1950 *by* Bollingen Foundation, Inc. Novo material *Copyright* © 1967 *by* Bollingen Foundation. *Copyright* renovado em 1977 *by* Princeton University Press. Permitido por Princeton University Press.

Formado em estudos clássicos, Robert Greene foi editor da *Esquire*, entre outras revistas, e é dramaturgo. Com *As 48 leis do poder,* conquistou milhões de leitores interessados em sabedoria antiga e filosofia por meio de textos essenciais para aqueles que buscam poder, influência e maestria. Sua especialidade é analisar as vidas e filosofias de figuras históricas como Sun Tzu e Napoleão. É também autor de *As leis da natureza humana*, *Maestria* e *A arte da sedução*. Mora em Los Angeles.

Joost Elffers é produtor gráfico de diversos livros e vive em Nova York.